国家哲学社会科学成果文库
NATIONAL ACHIEVEMENTS LIBRARY
OF PHILOSOPHY AND SOCIAL SCIENCES

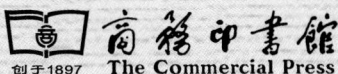

明清閩北方言韻書手抄本音系研究

馬重奇　著

商務印書館
创于1897 The Commercial Press

作者簡介

馬重奇 1949年6月生，福建漳州市人。現爲福建師範大學文學院二級教授，碩士生、博士生、博士後導師，福建省重點學科、漢語言文字學博士點學科帶頭人，校語言研究所所長，曾任中文系副主任、校研究生院常務副院長等職。現任國務院學位委員會中文學科評議組成員，國家社會科學基金語言學科評審組專家，國家語委兩岸語言文字交流與合作協調小組成員，享受國務院政府特殊津貼專家、福建省優秀專家、福建省高校領軍人才。教學與科研成績斐然，先後出版著作十餘部；在《中國語文》《方言》《古漢語研究》及重要刊物上發表學術論文百餘篇；主持國家社科基金重大項目1項、一般項目3項，教育部、省社科項目15項；研究成果《明清閩北方言韻書手抄本音系研究》入選2013年度國家哲學社會科學成果文庫；獲全國普通高校人文社會科學研究優秀成果獎二等獎2項，獲福建省社科優秀成果獎一等獎4項，獲福建省優秀教學成果獎一等獎1項。

《國家哲學社會科學成果文庫》

出版説明

爲充分發揮哲學社會科學研究優秀成果和優秀人才的示範帶動作用，促進我國哲學社會科學繁榮發展，全國哲學社會科學規劃領導小組決定自2010年始，設立《國家哲學社會科學成果文庫》，每年評審一次。入選成果經過了同行專家嚴格評審，代表當前相關領域學術研究的前沿水平，體現我國哲學社會科學界的學術創造力，按照“統一標識、統一封面、統一版式、統一標準”的總體要求組織出版。

全國哲學社會科學規劃辦公室

2011年3月

序　一

我用了幾天時間，仔細讀完《新發現明清時期兩種福建閩北方言韻書手抄本音系研究》的全部書稿。本書稿所指的兩種閩北方言韻書，是明正德本和清光緒本兩種《六音字典》。這兩種本子的《六音字典》此前不爲學界所知，確是由馬重奇教授首次發現，並首次進行研究的。

福建方言非常複雜，其中閩北方言尤甚。明正德本(1515)反映的是五百年前閩北政和方言音系，清光緒本(1894)反映的則是一百多年前政和方言音系。本書稿對這兩個本子作了系統的整理與研究，並通過深入的歷史比較，探索五百年來福建閩北政和方言語音的演變歷史。因此，本書稿的研究成果，填補了閩語方音史研究的空白，對於閩語語音史研究，漢語語音史研究，都具有重要的學術意義和社會價值。

兩本方言韻書的整理與研究，難度極大。本書稿材料詳盡，分析透徹，條理清楚，是一部滲透着研究者專業功力的學術精品。此項研究惟有馬重奇教授可以當此重任，他是音韻學界，方言學界，尤其是閩語研究學界最具權威的學者之一。

據我所知，發現兩種韻書並對此進行專題研究，是近年來閩語研究的最重要事件之一，是一項具有前沿性和開創性的科研成果。本研究成果的問世，將在海內外學術界，特別是在閩、臺學術界産生重大影響。因此，我鄭重推薦本書稿入選"國家哲學社會科學成果文庫"，切盼早日出版。

張振興

中國社科院語言研究所

2013 年 6 月 10 日

序　二

福建方言極爲複雜，閩北方言更甚，且研究成果不多。該項成果發掘了明清時期兩種閩北政和方言字典，即明正德本《六音字典》(1515)和清光緒本(1894)《六音字典》，前者反映的是五百年前閩北政和方言音系，後者反映的則是一百多年前政和方言音系。正德本《六音字典》比清閩北建甌韻書《建州八音字義便覽》(1795)早280年，比明末清初的《戚参軍八音字義便覽》(約16世紀60年代)還早40年左右，可謂迄今爲止發現最早的福建方言韻書。成果通過歷史比較研究，深入探索五百年來福建閩北政和方言語音的演變史。其可貴之處就在於新材料的發掘與研究，提出了新的理論觀點，取得突破性進展，填補閩北方音史研究的空白。

該成果運用了文獻對讀研究法、比較研究法、歷史研究法、數字收集法和排除法等研究方法，使研究取得創新性進展，對明正德年間迄今五百年來閩北政和方言音系的演變軌迹作出系統分析和概括，總結出規律性認識。

該成果研究明正德本《六音字典》和清光緒本《六音字典》的音系性質問題，運用新的研究方法來考證明正德年間、清光緒年間以及現代政和方言音系漸進變移的過程，這是閩方言史最具挑戰性和前沿性的課題。

總之，本人認爲，該成果能很好地運用科學的研究方法和語言學理論來研究明清兩種方言文獻，提出新的重要理論觀點和研究方法，取得突破性和創新性成果；闡述的理論前提科學，研究思路系統縝密，概念明確，邏輯嚴密；體例規範，引用有序。該成果研究十分複雜，資料的搜集與處理難度頗大；該項成果對解决閩方言史研究的最新手段與理論探討問題有着重要的推動作用。因此，本人鄭重推薦書稿《新發現明清時期兩種福建閩北方言韻書手抄本音系研究》入選“國家哲學社會科學成果文庫”，並希望早日出版。

蔣冀騁
湖南師範大學
2013年6月20日

目　録

上編　明本《六音字典》研究

中編　清本《六音字典》(殘卷本)研究

下編　明清韻書《六音字典》二種

緒　論

本书着重探讨新近發現的兩種閩北方言韻書手抄本《六音字典》：一是明朝正德乙亥年(1515 年)陳相手抄本《六音字典》(簡稱明本《六音字典》)；一是清朝光緒二十年(1894 年)歲次甲午陳家箎手抄本《六音字典》(簡稱清本《六音字典》)。這兩種《六音字典》均由福建省政和縣楊源鄉阪頭村蘇坑人陳文義老先生珍藏。陳相和陳家箎，生平事蹟不詳，與陳文義老先生同姓，是其同村祖輩，應均爲文化人。兩種《六音字典》的編撰目的均爲當地老百姓學習文化之用。因涉及閩北的韻書和編者籍貫問題，因此很有必要介紹福建閩北地區的歷史概況、地理概況和方言概況。本章主要參考《南平地區志》(南平市地方誌編纂委員會編，方志出版社 2004 年版)的部分內容。

第一節　福建閩北地區的歷史概況

早在舊石器時代晚期，武夷山市角亭、城村等地就有晚期智人活動。至新石器時代晚期，先民沿建溪、富屯溪兩岸聚居，從事漁獵、紡織和原始農業。距今 3000 年前後，閩北進入青銅器時代，開始生產原始瓷。秦始皇三十三年(前 214 年)後，始置閩中郡。

漢高祖五年(前 202 年)，封越首領無諸爲閩越王，都治今浦城境內，轄閩中地。建元六年至元封元年(前 135—前 110 年)八月，閩越王郢舉兵從冶南(今閩南)進犯南越邊邑，南越上書向漢廷告急。漢武帝封餘善爲東越王。餘善受封後，國勢日強，先後在閩北建成 6 個城堡：一爲烏阪城(在今邵武市東 30 里，背山而南面大溪，地名故縣)；二爲大潭城(在今建陽市西南隅，因山勢而築,俯瞰大溪,故以潭名之);三爲漢陽城(在今浦城縣北);四爲臨浦城(在今浦城縣城關);五爲臨江城(在臨江鎮,地處浦城縣之南,爲津梁要會);六爲古粵城(在今武夷山市城村)。元鼎六年秋至元封元年(前 111—前 110 年),餘善舉兵反漢(一説元鼎五年),自立爲武帝。漢武帝派遣韓説、楊僕等四路兵馬圍攻閩越。元封元年(前 110 年),閩越國亡。始元二年(前 85 年),閩越遺民立冶縣,轄地幾近今福建及江西沿山縣,屬會稽郡。建安初(約 196 年),福建境内分侯官之地置 5 縣,其中閩北置建安(今建甌)、南平、漢興(今浦城)3 縣,屬會稽南部都尉。這是福建最早的縣級政區。建安十年(205 年),析建安之桐鄉及今江西上饒一部分地,置建平縣(今建陽)。

三國・吴永安三年(260 年),以會稽南部置建安郡,郡治建安縣。析建安校鄉置將樂縣;升建安昭武鎮爲昭武縣(今邵武市);析建安校鄉兩偏地置綏安縣(今建寧縣、泰寧縣);改漢興爲吴興。建安郡轄建安、建平、吴興、東平(一説即今松溪)、將樂、昭武、綏安、南平、侯官(今福州)、東安(今同安、南安二縣地)10 縣。建安太守王蕃于覆船山下築建安城,爲全閩第一座郡城。

晉太康元年(280 年),建安郡有居民 4300 户、21500 人。是年,建平縣改名建陽縣。太康三年(282 年)分建安郡設置晉安郡,建安郡,屬揚州後改隸江州。原建安郡轄七縣:建安、吴興、東平、建陽、將樂、邵武、延平,統户 4300。太康六年(285 年)南平縣改名延平縣。元康元年(291 年),昭武縣改名邵武縣。是年,建安郡屬江西九江府,轄建安、東平、吴興、建陽、將樂、邵武、延平 7 縣(綏安縣廢時無考)。永嘉(307—312 年)末年,相傳中州八姓(林、黄、陳、鄭、詹、邱、何、胡)入閩,主要聚居在閩北建溪、富屯溪、閩江下游以及晉江沿岸,交通方便、土地肥沃的地方。太甯元年(323 年),改邵武縣爲昭陽縣(一作武陽縣)。于南朝宋永初元年(420 年)復改爲邵武縣。

南朝宋永初年間(420—422 年)析延平縣地置沙村縣(今沙縣)。宋泰始年間(465—471 年),撤延平、東平 2 縣,歸建安郡地。梁普通六年(525 年),建安郡屬東揚州(今浙江紹興、金華、温州、台州)等地。陳永定元年(557 年),今福建置閩州,建安郡屬閩州。陳光大元年(567 年)閩州改名豐州,又屬豐州。

隋開皇九年(589 年),建安郡改爲建安縣,撤將樂、邵武等縣,屬泉州(今福州)。開皇十二年(592 年),綏城縣(今泰寧縣)歸併邵武,屬江西撫州。大業元年(605 年),泉州復爲閩州,建安屬之。大業三年(607 年),廢閩州,併建安、晉安、南安 3 郡爲建安郡,轄閩中全境。郡治在閩縣。

唐武德四年(621 年),移郡治于建安,改建安郡爲建州。領建安縣、閩縣、唐興縣(原吴興縣)、建陽縣、將樂縣、綏城縣。武德六年(623 年),析閩縣置泉州,建州轄縣如故。武德七年(624 年),邵武劃歸建州,建州轄 7 縣。武德八年(625 年),撤建陽縣併入建安縣,建州轄 5 縣,屬泉州都督府。貞觀三年(629 年),撤綏城仍併入邵武縣,建州轄閩縣、建安、唐興、將樂 4 縣。永徽六年(655 年),復置沙縣,建州轄 5 縣。垂拱四年(688 年),復置建陽縣,建州轄 6 縣。景雲二年(711 年),改泉州都督府爲閩州都督府,建州屬之。

五代後梁開平元年(907 年),閩王王審知擴建武夷山天寶殿,改名武夷觀。閩宰相翁承贊(河南籍)定居于吴屯里。南唐保大四年(946 年),南唐出兵圍建州。改建州爲永安軍,不久改爲忠義軍,領建安、建陽、浦城、邵武、歸化(泰寧)、松源(松溪)、建甯、將樂 8 縣。是年,南唐兵拔鐔州,析建州地置劍州,轄延平、劍浦、富沙(未詳)3 縣,治所延平,自此境内有 2 個古代二級行政區建制。北宋開寶八年(975 年),忠義軍復爲建州。南宋紹興三十二年(1162 年),改建州爲建寧府,屬福建路。元至元十三年(1276 年),改邵武軍爲邵武路,屬福建行中書省,轄縣仍舊。

明洪武元年至二年(1368—1369 年),建甯、邵武、延平 3 路先後復爲府,屬福建布政司,罷録事司,領縣如前。景泰三年(1452 年),延平府以沙縣、尤溪二縣部分地置永安縣。景泰六年(1455 年),建寧府以政和及福州府福安部分地增置壽寧縣。嘉靖十四年(1535 年),以尤溪縣部分地增置大田縣,時建寧府領建安、浦城、建陽、松溪、崇安、政和、甌寧、壽寧 8 縣,邵武府領縣不變,延平府領南平、將樂、沙縣、尤溪、順昌、永安、大田 7 縣。景泰六年(1455 年)八月,析政和、福安部分地置壽寧縣,屬建寧府。

清雍正十二年(1734 年),建寧府劃壽寧縣屬福寧府,延平府劃大田縣歸永春州。至清末,建寧府轄建安、甌寧、建陽、崇安、浦城、松溪、政和 7 縣;延平府轄南平、順昌、將樂、沙縣、尤溪、永安 6 縣及上洋廳(今順昌洋口);邵武府轄邵武、光澤、建寧、泰寧 4 縣。

中華民國元年(1912 年),撤銷建寧、延平、邵武 3 府,設北路道,道所駐南平,轄南平、建安、甌寧、邵武、建陽、崇安、浦城、松溪、政和、順昌、光澤、沙縣、將樂、永安、泰甯、建寧、尤溪等 17 縣。

1949年9月10日，福建省人民政府發佈關於行政區域劃分的通令，境内設2個行政督察專員公署(以下簡稱專署)，第一專署駐建甌，轄建陽、建甌、浦城、崇安、光澤、松溪、水吉、邵武、政和9縣；第二專署駐南平，轄南平、順昌、尤溪、沙縣、將樂、泰寧、建寧、古田、屏南9縣。1992年10月20日，國務院批准撤銷建甌縣，設立建甌市，1994年3月4日，國務院批准撤銷建陽縣，設立建陽市。至是年底，南平地區轄南平、邵武、武夷山、建甌、建陽5市和順昌、浦城、光澤、松溪、政和5縣，共127個鄉(鎮)10個街道辦事處。(参考《南平地區志》，方志出版社，2004年)

第二節　福建閩北地區的地理概況

南平地區地勢起伏明顯，其特點是西北、東北高，而南、東南低，自西北、東北向南、東南傾斜。中山集中分佈於西北、東北和西南部，中部和南部以低山丘陵盆地爲主。土地總面積26301平方公里，折合3945.15萬畝。其中海拔1000米以上的土地占總面積12.09%，海拔500—1000米的占44.03%，海拔300—500米的占21.38%，海拔300米以下的占22.5%。境内有武夷山、杉嶺、仙霞嶺、鷲峰山4大山脈。武夷山位於西北部，呈北北東—南南西走向，北接仙霞嶺，向西南延伸，爲閩贛邊境。杉嶺系武夷山脈支脈，從北部桐木關向西南展布，至背崗、諸母崗向南延伸至南平。武夷山和杉嶺組成區内第一大山帶。仙霞嶺位於西北部，呈南北走向，沿閩、浙邊界延伸。鷲峰山處於東南部，山脈呈北北走向，沿政和、建甌與閩東交界處展布。河流有“一江八溪”，除閩江外，還有建溪、富屯溪兩大河流。建溪流域遍及區内7縣(市)，流向與地質結構線近似平行。富屯溪自光澤流經邵武、順昌、南平，沿地質構造破碎帶向東南流與沙溪匯合。兩大河流在南平匯合注入閩江。

南平地區地貌是在燕山、喜山及新構造運動的基礎上，經風化、流水等外力綜合因素作用，逐步發育成南平地區構造侵蝕中山、低山、丘陵和河谷盆地以及堆積地貌。構造地貌相當明顯，山脈多呈北北東走向。低山丘陵分佈廣，河谷地形呈峽谷或“V”、“U”狀嵌鑲南平地區各地，山間盆谷地沿河交替分佈，山地切割强烈，高差懸殊，以斷裂爲主的斷塊山、山峰陡峭，斷層崖、斷裂谷等斷層地貌分佈廣。

第三節　福建閩北地區的方言概況

南平地區的方言十分豐富複雜。其方言現狀有其獨特的歷史淵源。該地區是福建通往浙、贛的主要陸路通道。漢末三國時期,從陸路移入福建的漢人,一部分越過仙霞嶺,經今浦城和武夷山兩縣(市),進入建溪流域,移植到建陽、建甌、南平等處,隨後又散佈到整個建溪流域,形成閩北方言片。另一部分由江西地區移民經臨川越武夷山而入,然後散佈到整個富屯溪和金溪流域,使這一帶方言如邵武、光澤等地形成兼有閩方言和客贛方言的特點。順昌原屬南劍州,受近鄰閩北與客贛方言的影響,形成閩方言與客贛方言的過渡地帶。浦城方言屬吴方言範疇。浦城正當浙閩交通的要衝,早期由陸路入閩的漢人即是東漢末從會稽過浙南經浦城到達閩北的。永嘉喪亂、中唐、唐末五代以及兩宋之際的北來移民,依然沿着此路入閩。浦城從東漢末年以來就有吴語居民定居,他們跟吴語本土一直保持聯繫,比較今天的浦城話和浙江吴語的異同,可以發現它不僅與毗鄰的浙西南接近,並且兼有浙北的特點。南平市區的北方方言,則由於明正統年間(1436—1449年),沙縣鄧茂七大規模農民起義,明王朝先後調來鎮壓起義的5萬多京營士卒留下屯墾,這些人"多系山東、河南及北直隸衛所赴京輪操之數",因而在南平市區形成北方方言島。此外,由於近現代本省範圍内的移民活動,形成一些較小的方言島,主要是客家方言島(如建陽黄坑鄉北部)與閩南方言島(如建陽麻沙鎮竹排、金台等自然村)。

因此,南平地區内有4種主要方言:一是閩北方言,大體可以分爲東、西兩大片:建甌(以建甌話爲閩北方言的代表)、政和、松溪屬東片;建陽、武夷山屬西片。二是閩北客贛方言,主要分佈在邵武(以邵武話爲閩北客贛方言的代表)、光澤兩縣(市)。順昌話受領近方言的影響,兼有閩、客、贛方言的特點,主要通行於順昌縣西南部的雙溪、水南、浦上、大幹、元坑、鄭坊等6個鄉(鎮)。此外的仁壽、洋墩、嵐下、高陽、大曆、際會、洋口、建西8鄉鎮通行閩北方言。三是閩北地區的吴方言,以浦城南浦話爲代表,分佈于浦城縣中、北部11個鄉鎮,基本上可與浙江西南各縣吴方言通話。同時,受閩北方言影響,又有閩北方言的一些特點。四是閩北北方方言,主要分佈於南平市區和南平西南部的西芹鎮,是典型的北方話方言島,使用人口約2萬人。

在本節裏，我們着重介紹閩北方言的聲韻調系統。通行於建甌、松溪、政和、建陽、武夷山等縣（市）以及南平、浦城（石陂）、順昌的部分鄉鎮，使用人口約 200 萬人。

一、閩北方言聲母系統的比較

黃典誠主編的《福建省志·方言志》"閩北方言"記載：建甌 15 個聲母，松溪 15 個聲母，政和 15 個聲母，蒲城石陂 21 個聲母，建陽 18 個聲母，崇安 18 個聲母。現將它們的聲母系統比較如下：

<table>
<tr><th>例字</th><th>建甌</th><th>松溪</th><th>政和</th><th>石陂</th><th>建陽</th><th>崇安</th></tr>
<tr><td>邊筆</td><td rowspan="2">p</td><td rowspan="2">p</td><td rowspan="2">p</td><td>p</td><td>p</td><td>p</td></tr>
<tr><td>貧步</td><td>b</td><td>β</td><td>β</td></tr>
<tr><td>破/飄</td><td>p‘</td><td>p‘</td><td>p‘</td><td>p‘</td><td>p‘/h</td><td>h/p‘</td></tr>
<tr><td>妹麻</td><td>m</td><td>m</td><td>m</td><td rowspan="2">m</td><td>m</td><td>m</td></tr>
<tr><td>望未</td><td rowspan="2">ø</td><td rowspan="2">ø</td><td rowspan="2">ø</td><td rowspan="2">β</td><td>β</td></tr>
<tr><td>符</td><td rowspan="2">x</td><td rowspan="2">x</td></tr>
<tr><td>肺</td><td>x</td><td>x</td><td>x</td><td>p</td></tr>
<tr><td>東塚</td><td rowspan="2">t</td><td rowspan="2">t</td><td rowspan="2">t</td><td>t</td><td>t</td><td>t</td></tr>
<tr><td>達池</td><td>d</td><td rowspan="2">l</td><td rowspan="2">l</td></tr>
<tr><td>零辣</td><td>l</td><td>l</td><td></td><td>l</td></tr>
<tr><td>南人</td><td>n</td><td>n</td><td>n</td><td>n</td><td>n</td><td>n</td></tr>
<tr><td>頭柱</td><td rowspan="2">t‘</td><td rowspan="2">t‘</td><td rowspan="2">t‘</td><td rowspan="2">t‘</td><td rowspan="2">h</td><td rowspan="2">h</td></tr>
<tr><td>拖超</td></tr>
<tr><td>嬉好</td><td rowspan="2">x</td><td rowspan="3">x</td><td rowspan="3">x</td><td rowspan="2">x</td><td rowspan="2">x</td><td rowspan="2">x</td></tr>
<tr><td>肝雨</td></tr>
<tr><td>鞋/喉</td><td rowspan="2">ø</td><td>h</td><td>h/ ø</td><td>x/ø</td></tr>
<tr><td>愛有</td><td>ø</td><td>ø</td><td>ø</td><td>ø</td><td>ø</td></tr>
<tr><td>籃線</td><td rowspan="2">s</td><td rowspan="2">s</td><td rowspan="2">s</td><td rowspan="2">s</td><td rowspan="2">s</td><td rowspan="2">s</td></tr>
<tr><td>時山</td></tr>
<tr><td>爭精</td><td rowspan="2">ts</td><td rowspan="2">ts</td><td rowspan="2">ts</td><td>ts</td><td>ts</td><td>ts</td></tr>
<tr><td>齊謝</td><td>dz</td><td>l</td><td>l</td></tr>
<tr><td>船/舌</td><td>ø</td><td>ø/l</td><td>ø/l</td><td>ɦ/l</td><td>ɦ /l</td><td>j/ø</td></tr>
<tr><td>床碎</td><td rowspan="3">ts‘</td><td rowspan="3">ts‘</td><td rowspan="3">ts‘</td><td rowspan="3">ts‘</td><td>t‘</td><td>t‘</td></tr>
<tr><td>燒賊</td><td>ts‘/t‘</td><td rowspan="2">ts‘</td></tr>
<tr><td>清插</td><td>t‘</td></tr>
<tr><td>雞軍</td><td rowspan="2">k</td><td rowspan="2">k</td><td rowspan="2">k</td><td>k</td><td rowspan="2">k</td><td>k</td></tr>
<tr><td>徛咸</td><td>g</td><td>j</td></tr>
</table>

續表

溪虎	k‘	k‘	k‘	k‘	k‘	k‘
鵝月	ŋ	ŋ	ŋ	ŋ	ŋ	ŋ
聲母總數	15	15	15	21	18	18

以上比較可見，建甌、松溪、政和三個方言點均 15 個聲母，即[p]、[p‘]、[m]、[t]、[t‘]、[n]、[l]、[k]、[k‘]、[ŋ]、[x]、[ts]、[ts‘]、[s]、[ø]，雖然有些字的聲母歸類不一，但基本上一致。蒲城石陂的聲母是 21 個，比建甌、松溪、政和多了 6 個聲母，即[b]、[d]、[h]、[dz]、[ɦ]、[g]。建陽 18 個聲母，比建甌、松溪、政和多了[β]、[h]、[ɦ]3 個聲母。崇安 18 個聲母，比建甌、松溪、政和多了[β]、[h]、[j]3 個聲母。

二、閩北方言韻母系統的比較

黄典誠主編的《福建省志·方言志》“閩北方言”記載：建甌 34 個韻母，松溪 28 個韻母，政和 33 個韻母，石陂 30 個韻母，建陽 34 個韻母，崇安 32 個韻母。現將它們的韻母系統比較如下：

例字	建甌	松溪	政和	石陂	建陽	崇安
家麥	a	ɒ	a	a	a	a
學/貼		ɒ /a	a/ai	ɔ/ai		a/i
社只	ia	ia	ia	ia	ia	ia
話/過	ua	ua/o	ua/o	ua/uai	ua/uo	ua/o
河索	ɔ	o	o	o	ɔ	o
螺灰	o	uei	uɛ		ui	ui
燒/箬	iau/iɔ	yo	io	iau/yo	iɔ	iu/yo
遼/秋	iau/iu	yo/iu	iau/iu	iau/iu	iɔ/iu	iu
刀炒	au	ɒu	au	au	au	au
臍/妹	ɛ	iei/uei	ɛ /uɛ	e/o	e/ui	ie/i
爺濕	iɛ	iei	iɛ	ie	ie	i
我/辣	uɛ	ua	uɛ/a	uai	ue	uai/ua
蛇/舌	yɛ	yœ	yɛ	ye	ye	yai
老頭	e	a	ɛ	əu	əu	iəu
兒/時	œ/i	i	œ/i	i	i	i
鼻/桔	i	ei/i	i	i	ɔi/i	ei/i
未/逼		uei/ei	yi/i		ɔi	uɛ/ei
肥/魚	y	y	ui/y	y	y	əu/y

續表

六/虎	y/u	œy/u	u	y/u	o	əu/u
雞/埃	ai	a/ai	ai	ai	ai	ai
歪快	uai	ua	uɛ	uai	ye	yai
籃/燈	aŋ/aiŋ	aŋ	aŋ/aiŋ	aŋ/aiŋ	aŋ/aiŋ	aŋ/aiŋ
城/正	iaŋ	iaŋ	iaŋ	iaŋ	iaŋ	iaŋ
横/廠	uaŋ/ɔŋ	uaŋ/aŋ	uauŋ/auŋ	uaŋ/yoŋ	uaŋ/ɔŋ	ɔŋ
床/遵	ɔŋ	aŋ/ueiŋ	auŋ	ɔŋ /ueiŋ	ɔŋ/uŋ	ɔŋ/yiŋ
卵/寒	ɔŋ/uiŋ	ueiŋ	auŋ/uɛiŋ	ueiŋ/uaiŋ	uŋ/ueiŋ	uiŋ/uaiŋ
上/望	iɔŋ/uɔŋ	ioŋ/uaŋ	iɔŋ /uauŋ	yoŋ/ɔŋ	iɔŋ/ɔŋ	yoŋ/ɔŋ
黄/聾	uɔŋ/ɔŋ	uaŋ/aŋ	uauŋ/ɔŋ	əŋ	uɔŋ/oŋ	ɔŋ/əŋ
年/延	iŋ/ieiŋ	iŋ/ieiŋ	iŋ	iŋ	ieiŋ	iŋ
团/獻	yiŋ	yŋ	yiŋ	yŋ	yeiŋ	yaiŋ/yiŋ
心/親	eiŋ	eiŋ	eiŋ	eiŋ	ɔiŋ	eiŋ
明/深					ɔiŋ/iŋ	ei/iŋ
番/汗	uaiŋ/uiŋ	uaŋ/ueiŋ	uaiŋ/uɛiŋ	uaiŋ	ueiŋ	uaiŋ
中/窗	œyŋ	œyŋ /aŋ	œyŋ	ueiŋ/ɔŋ	eiŋ	əŋ/ɔŋ
韻母總數	34	28	33	30	34	32

上表可见，建甌 34 個韻母，松溪 28 個韻母，政和 33 個韻母，石陂 30 個韻母，建陽 34 個韻母，崇安 32 個韻母。

單韻母比较表

韻母	建甌	松溪	政和	石陂	建陽	崇安
a	+	+	+	+	+	+
ɒ	—	+	—	—	—	—
ɔ	+	—	—	+	+	—
i	+	+	+	+	+	+
o	+	+	+	+	+	+
ɛ	+	—	+	—	—	—
e	+	—	—	+	+	—
œ	+	—	+	—	—	—
y	+	+	+	+	+	+
u	+	+	+	+	—	+
10	9	6	7	7	6	5

上表可見，[a]、[i]、[o]、[y]四個單韻母是閩北六個方言點共有的，差異之處有：(1)只有松溪方言有[ɒ]韻母，其餘方言點均無；(2)建甌、石陂、建陽有

[ɔ]韻母，其餘方言點均無；(3)只有建甌、政和有[ɛ]、[œ]韻母，其餘方言點均無；(4)只有建甌、石陂、建陽有[e]韻母，其餘方言點均無；(5)只有建陽無[u]韻母，其餘方言點均有此韻母。

複韻母比較表

例字	建甌	松溪	政和	石陂	建陽	崇安
ai	+	+	+	+	+	+
au	+	−	+	+	+	+
ɒu	−	+	−	−	−	−
əu	−	−	−	+	+	+
ei	−	+	−	−	−	+
ɔi	−	−	−	−	+	−
œy	−	+	−	−	−	−
ia	+	+	+	+	+	+
iɔ	+	−	−	−	+	−
io	−	−	+	−	−	−
iu	+	+	+	+	+	+
ie	−	−	−	+	+	+
iɛ	+	−	+	−	−	−
ua	+	+	+	+	+	+
uo	−	−	−	−	+	−
uɛ	+	−	+	−	−	+
ui	−	−	+	−	+	+
ue	−	−	−	−	+	−
yo	−	+	−	+	−	+
yɛ	+	−	+	−	−	−
yœ	−	+	−	−	−	−
ye	−	−	−	+	+	−
yi	−	−	+	−	−	−
iau	+	−	+	+	−	−
iəu	−	−	−	−	−	+
iei	−	+	−	−	−	−
uei	−	+	−	−	−	−
uai	+	−	−	+	−	+
yai	−	−	−	−	−	+
29	11	11	12	11	13	14

上表可見，[ai]、[ia]、[iu]、[ua]四個復韻母是閩北六個方言點共有的，差異之處有：(1)只有松溪方言有[ɒu]韻母，其餘方言點均無[ɒu]韻母而有[au]

韻母；(2)石陂、建陽、崇安有[əu]韻母，其餘方言點均無；(3)只有松溪和崇安有[ei]韻母，其餘方言點均無；(4)只有建陽有[ɔi]、[uo]韻母，其餘方言點均無；(5)只有松溪有[œy]、[uei]韻母，其餘方言點均無此二韻母；(6)建甌、建陽有[iɔ]韻母，政和有[io]韻母，松溪、石陂、崇安則有[yo]；(7)石陂、建陽、崇安有[ie]韻母，建甌和政和則有[iɛ]，而松溪則有[iei]；(8)建甌、政和、崇安有[uɛ]韻母，建陽則有[ue]韻母，松溪和石陂則無此二韻母；(9)政和、建陽、崇安有[ui]，其餘方言點均有此韻母；(10)建甌和政和有[yɛ]韻母，松溪則有[yœ]，石陂、建陽則有[ye]，惟獨崇安讀作[yai]；(11)惟獨政和有[yi]韻母，其餘方言點均有此韻母；(12)建甌、政和、石陂有[iau]韻母，其餘方言點均無此韻母；(13)惟獨崇安有[iəu]，其餘方言點均無此韻母；(14)建甌、石陂、崇安有[uai]，其餘方言點均無此韻母。

鼻韻母比較表

例字	建甌	松溪	政和	石陂	建陽	崇安
aŋ	+	+	+	+	+	+
ɔŋ	+	−	+	+	+	+
uŋ	−	−	−	−	+	−
əŋ	−	−	−	+	−	+
oŋ	−	+	−	−	+	−
iŋ	+	+	+	+	+	+
yŋ	−	+	−	+	−	−
aiŋ	+	−	+	+	+	+
auŋ	−	−	+	−	−	−
eiŋ	+	+	+	+	+	+
ɛiŋ	−	−	+	−	−	−
ɔiŋ	−	−	−	−	+	−
œyŋ	+	+	+	−	−	−
iaŋ	+	+	+	+	+	+
iɔŋ	+	−	+	−	+	−
ioŋ	−	+	−	−	−	−
ieiŋ	+	+	−	−	+	−
uaŋ	+	+	−	+	+	−
uauŋ	−	−	+	−	−	−
ueiŋ	−	+	−	+	+	−
uiŋ	+	−	−	−	−	+

續表

uɛiŋ	−	−	+	−	−	−
uaiŋ	+	−	+	+	−	+
uɔŋ	+	−	−	−	+	−
yoŋ	−	−	−	+	−	+
yiŋ	+	−	+	−	−	+
yeiŋ	−	−	−	−	+	−
yaiŋ	−	−	−	−	−	+
28	14	11	14	12	15	13

由上表可見，[aŋ]、[iŋ]、[eiŋ]、[iaŋ]四個復韻母是閩北六個方言點共有的，差異之處有：(1)建甌、政和、石陂、建陽、崇安有[ɔŋ]韻母，松溪和建陽則有[oŋ]，惟獨建陽有[uŋ]，石陂和崇安有[əŋ]；(2)松溪、石陂有[yŋ]韻母，建甌、政和、崇安則有[yiŋ]，而建陽則有[yeiŋ]，惟獨崇安有[yaiŋ]；(3)惟獨松溪無[aiŋ]，其餘方言點均有此韻母；(4)惟獨政和有[auŋ]、[ɛiŋ]，其餘方言點均無此二韻母；(5)惟獨建陽有[ɔiŋ]韻母，其餘方言點均無此韻母；(6)建甌、松溪、政和有[œyŋ]韻母，其餘方言點均無此韻母；(7)建甌、政和、建陽有[iɔŋ]韻母，石陂、崇安則有[yoŋ]，松溪有[ioŋ]；(8)建甌、松溪、建陽有[ieiŋ]，其餘方言點均無此韻母；(9)建甌、松溪、石陂、建陽有[uaŋ]，其餘方言點均無此韻母；(10)惟獨政和方言有[uauŋ]韻母，其餘方言點均無此韻母；(11)松溪、石陂、建陽有[ueiŋ]，其餘方言點均無此韻母；(12)建甌、崇安有[uiŋ]韻母，其餘方言點均無此韻母；(13)惟獨政和有[uɛiŋ]韻母，其餘方言點均無此韻母；(14)建甌、政和、石陂、崇安有[uaiŋ]韻母，其餘方言點均無此韻母；(15)建甌、建陽有[uɔŋ]韻母，其餘方言點均無此韻母。

三、閩北方言聲調系統的比較

黄典誠主編的《福建省志・方言志》“閩北方言”記載：建甌 6 調，松溪 8 調，政和 7 調，石陂 7 調，建陽 8 調，崇安 7 調。現將它們的声调系統比較如下：

例字	建甌	松溪	政和	石陂	建陽	崇安
沙三	平聲 54	陰平 51	陰平 51	陰平 51	陰平 53	陰平 51
人床	陰去 33	陽平$_{甲}$ 44	陽平$_{甲}$ 33	陰去 33	陽平$_{甲}$ 334	陽平 33
薯/窮	上聲 21	陽平$_{甲}$/陽平$_{乙}$ 21	陽平$_{甲}$/陽平$_{乙}$ 353	陰去/陽平 31	陽平$_{甲}$/陽平$_{乙}$ 41	陽平/陰去
火冷		上聲 213	上聲 212	上聲 21	上聲 21	上聲 21

續表

<table>
<tr><td>重/社</td><td>陽去/陽入</td><td>陽去 45</td><td>陽去 55</td><td>陰平/陰去</td><td rowspan="2">陰去 332</td><td rowspan="2">陰去 22</td></tr>
<tr><td>上/試</td><td>陽入/陰去</td><td>陽入/
陰去 332</td><td>陰去 42</td><td>陽去/陰去</td></tr>
<tr><td>射/外</td><td>陽入/
陽去 44</td><td>陽去 45</td><td>陰去/陽去</td><td>陽入/
陽去 45</td><td>陽去 43</td><td>陽去 55</td></tr>
<tr><td>七/熟</td><td>陰入 24/
陽去</td><td>陰入 24/
陽去</td><td>入聲 24</td><td>陰入 213</td><td>陰入 214</td><td>陰入 35/陽入</td></tr>
<tr><td>貼/讀</td><td>陰入/陽入</td><td>陰入</td><td>入聲</td><td>陰入/陽入</td><td>陰入/陽入</td><td>陰入/陽入</td></tr>
<tr><td>辣舌</td><td>陽入 42</td><td>陽入 42</td><td>入聲/陽去</td><td>陽入 32</td><td>陽入 4</td><td>陽入 5</td></tr>
<tr><td>聲調總數</td><td>6</td><td>8</td><td>7</td><td>7</td><td>8</td><td>7</td></tr>
</table>

可見，建甌 6 調，即平聲、上聲、陰去、陽去、陰入、陽入；松溪 8 調，即陰平、陽平$_{甲}$、陽平$_{乙}$、上聲、陰去、陽去、陰入、陽入；政和 7 調，即陰平、陽平$_{甲}$、陽平$_{乙}$、上聲、陰去、陽去、入聲；石陂 7 調，即陰平、陽平、上聲、陰去、陽去、陰入、陽入；建陽 8 調，即陰平、陽平$_{甲}$、陽平$_{乙}$、上聲、陰去、陽去、陰入、陽入；崇安 7 調，陰平、陽平、上聲、陰去、陽去、陰入、陽入。它們相同點有：(1)上聲不分陰陽；(2)去聲分陰陽。不同點有：(1)只有建甌平聲只有一類，松溪、政和和建陽平聲分三類，即陰平、陽平$_{甲}$、陽平$_{乙}$；崇安平聲分陰陽兩類；(2)建甌、松溪、建陽和崇安入聲分陰陽兩類，只有政和僅有入聲一類。

上　编

明本《六音字典》研究

第　一　章

明本《六音字典》作者、成書時間及其音系性質

第一節　明本《六音字典》作者及其成書時間

新近發現的閩北方言韻書手抄本《六音字典》，是由福建省政和縣楊源鄉阪頭村蘇坑人陳文義老先生珍藏的。據陳氏説，此書是其同宗族人明朝正德年間陳桓之兄陳相所撰。陳桓乃明正德六年(1511)進士及第，後官至户部尚書。其兄陳相文化水準頗高，只因照顧父母，不能外出發展，閒暇之時，爲了教會本地人讀書識字，編撰了《六音字典》。此書在1949年以前好長一段時間已經不見了，是陳老先生偶然在其父母床底下翻找出來的，村裏人也只有他會使用此部字典。據陳老先生所提供《六音字典》手抄本最後一頁記載："乙亥年正月二日沙福地，共一百一十三扁皮在外"。筆者考證，明朝有5位皇帝經歷過"乙亥年"：明洪武廿八年，明景泰六年，明正德十年，明萬曆三年，明崇禎八年。其中"明正德十年"正好是陳桓明正德六年(1511)進士及第之後。因此，筆者推論，《六音字典》成書時間應是1515年，著者乃陳桓之兄陳相。

爲了深入探討《六音字典》的音系性質，有必要把該字典音系與現代閩北六個方言點音系(建甌、松溪、政和、蒲城石陂、建陽和崇安)進行歷史的比較。

第二節　明本《六音字典》聲母系統及其擬音

《六音字典》是筆者迄今爲止發現福建最早的方言韻書。其成書時間比明朝末年戚繼光所編撰的福州方言韻書《戚參軍八音字義便覽》(1563—1568?)

要早 50 年。《六音字典》是反映閩北方言的韻書，而《戚參軍八音字義便覽》則是反映閩東福州方言的韻書。

明本《六音字典》“十五音”（15 個代表字，即立比求氣中片土全人生又名言出向）與《戚參軍八音字義便覽》“十五音”（即柳邊求氣低波他曾日時鶯蒙語出喜）用字截然不同。

《六音字典》“十五音”：立 比 求 氣 中 片 土 全 人 生 又 名 言 出 向
《戚參軍八音字義便覽》“十五音”：柳 邊 求 氣 低 波 他 曾 日 時 鶯 蒙 語 出 喜

經比較，兩部方言韻書“十五音”字面相同的只有“求”、“氣”、“出”3 個字母，其餘 12 個字母則不同：“立/柳”、“比/邊”、“中/低”、“片/波”、“土/他”、“全/曾”、“人/日”、“生/時”、“又/鶯”、“名/蒙”、“言/語”、“向/喜”。

現將《六音字典》“十五音”與六個閩北方言點聲母系統比較如下：

字典	立	比	求	氣	中	片	土	全	人	生	又	名	言	出	向
例字	零	邊貧	雞咸	溪	東池	破瓢	頭拖	爭齊	南人	籃時	望符愛船	妹	鵝	碎燒賊	嬉鞋喉
建甌 15	l	p	k	k‘	t	p‘	t‘	ts	n	s	ø	m	ŋ	ts‘	x/ ø
松溪 15	l	p	k	k‘	t	p‘	t‘	ts	n	s	ø	m	ŋ	ts‘	x
政和 15	l	p	k	k‘	t	p‘	t‘	ts	n	s	ø	m	ŋ	ts‘	x
石陂 21	l	p/b	k/g	k‘	t‘/d	p‘	t‘	ts/dz	n	s	m/x/ø/ɦ	m	ŋ	ts‘	x/h
建陽 18	l	p/β	k	k‘	t/l	p‘/h	h	ts/l	n	s	β/ø/ɦ	m	ŋ	t‘/ts‘/t‘	x/ɦ/ø
崇安 18	l	p/β	k/j	k‘	t/l	h/p	h	ts/l	n	s	β/x/ø/j	m	ŋ	t‘/ts‘	x/ ø

從上表比較可見，建甌、松溪、政和 3 個方言點均 15 個聲母，即[p]、[p‘]、[m]、[t]、[t‘]、[n]、[l]、[k]、[k‘]、[ŋ]、[x]、[ts]、[ts‘]、[s]、[ø]，雖然有些字的聲母歸類不一，但基本上是一致的。蒲城石陂的聲母是 21 個，比建甌、松溪、政和多了 6 個聲母，即聲母[b]、[d]、[h]、[dz]、[ɦ]、[g]。建陽 18 個聲母，比建甌、松溪、政和多了[β]、[h]、[ɦ]3 個聲母。崇安 18 個聲母，比建甌、松溪、政和多了[β]、[h]、[j]3 個聲母。多出來的聲母大多是濁音聲母，説明受到吴語方言的影響。經比較，《六音字典》“十五音”所反映的不可能是蒲城石陂、建陽和崇安方言音系，而可能是建甌、松溪、政和 3 個方言中的一種。現將“十五音”擬測如下：

立[l] 比[p] 求[k] 氣[k‘] 中[t] 片[p‘] 土[t‘] 全[ts]
人[n] 生[s] 又[ø] 名[m] 言[ŋ] 出[ts‘] 向[x]

第三節　明本《六音字典》韻母系統及其擬音

明本《六音字典》"三十四字母"，即穿本風通順朗唱聲音坦横班先備結射舌有條嘹交合克百化果直出推闊乃後述古。據黄典誠主編的《福建省志・方言志》"第四章閩北方言"記載，建甌 34 個韻母，松溪 28 個韻母，政和 33 個韻母，石陂 30 個韻母，建陽 34 個韻母，崇安 32 個韻母。據上文考證，就聲母數而言，《六音字典》不可能反映蒲城石陂、建陽和崇安 3 個方言音系；就韻母數而言，我們可以排除松溪方言，因其韻母只有 28 個。因此，本字典所反映的音系就有可能是政和話和建甌話中的一種。要探討這個問題，我們很有必要把現代政和 33 個韻母和建甌 34 個韻母作一番的比較。根據《政和縣志・方言卷》和《建甌縣志・方言卷》記載，現將它們的韻母系統列表比較如下：

方言	開口呼	齊齒呼	合口呼	撮口呼	開口呼	齊齒呼	合口呼	撮口呼
政和	——	i 衣米	u 烏五	y 如芋		iu 油綢	ui 委肥	
建甌	e 歐茅	i 衣時	u 烏吴	y 威魚		iu 優油	——	
政和	a 鴉媽	ia 野車	ua 蛙瓜		aŋ 俺邦	iaŋ 營坪	uaŋ 横犯	
建甌	a 鴉茶	ia 野舍	ua 窩過		aŋ 含南	iaŋ 營正	uaŋ 汪黄	
政和	ɔ 荷波	iɔ 搖苗			aiŋ 恩朋		uaiŋ 番販	
建甌	ɔ 荷峨	iɔ 約茄			aiŋ 恩田		uaiŋ 販凡	
政和	ɛ 扼格	iɛ 頁別	uɛ 禾愛	yɛ 蛇獺	eiŋ 英評	ieiŋ 延仁	ueiŋ 恒盤	
建甌	ɛ 壓臍	iɛ 熱	uɛ 哀麻	yɛ 鋭蛇	eiŋ 音人	ieiŋ 延	——	
政和	——				auŋ 魂範		uauŋ 望文	
建甌	œ 而兒				——		——	
政和	——				ɔŋ 王蜂	iɔŋ 洋張	——	
建甌	o 禾梅				ɔŋ 温桐	iɔŋ 央陽	uɔŋ 文放	
政和	ai 挨牌		uai 乖發		œyŋ 雍仲	iŋ 鹽變	——	yiŋ 圈磚
建甌	ai 矮犁		uai 歪發		œyŋ 雲種	iŋ 煙年	uiŋ 安蟠	yiŋ 彎園
政和	au 奧包	iau 遼蹺						
建甌	au 襖柴	iau 腰橋						

由上可見，政和與建甌相同的方言韻母有 29 個，即 [i]、[u]、[y]、[a]、[ia]、[ua]、[ɔ]、[iɔ]、[ɛ]、[iɛ]、[uɛ]、[yɛ]、[ai]、[uai]、[au]、[iau]、[iu]、[aŋ]、[iaŋ]、[uaŋ]、[aiŋ]、[uaiŋ]、[eiŋ]、[ieiŋ]、[ɔŋ]、[iɔŋ]、[œyŋ]、[iŋ]、[yiŋ]。政和方言有[ui]、[ueiŋ]、[auŋ]、[uauŋ]等 4 個韻母是建甌方言所没有的，建甌方言

也有[e]、[o]、[œ]、[uɔŋ]、[uiŋ]等 5 個韻母是政和方言所没有的。據考證,由於二種方言音系性質不同,29 個相同的韻母各自所歸屬的韻字也不盡相同。

其次,我們把《六音字典》手抄本"三十四字母 "與現代政和方言、建甌方言細細比較,可以窺探它們之間的親疏關係。

1. 穿字母 《六音字典》手抄本"三十四字母"就缺"穿字母"字,政和話讀作[yiŋ],建甌話讀作[uiŋ]。這裏暫不討論。

2. 本字母 該字母韻字在現代政和方言中多數讀作[ueiŋ],少數讀作[uaiŋ];而在建甌方言中則多數讀作[uiŋ],少數讀作[uaiŋ]、[ɔŋ]。

政和 [ueiŋ]瀾亂爛搬般盤半貫竿干鰥冠管困捆款端丹旦單壇檀單彈斷蟠判泮伴畔歎攤炭暖難算散山産傘案按彎灣安鞍穩宛碗瞞滿玩喘鏇燦纂斛歡漢肝翰喚患 [uaiŋ]番翻反返飯

建甌 [uiŋ]瀾亂爛搬般盤半貫竿幹鰥冠管款端丹旦單壇檀單彈蟠判泮伴畔歎攤炭難散山産傘案按彎灣安鞍宛碗瞞滿玩喘鏇燦纂斛歡漢肝翰喚患 [uaiŋ]番翻反返飯 [ɔŋ]困捆斷暖算穩

3. 風字母 該字母韻字在現代政和方言中只有一讀[ɔŋ];而建甌方言則有三讀,部分讀作[ɔŋ],部分讀作[uaŋ],少數讀作[iɔŋ]。

政和 [ɔŋ]狂況黄王往旺影楻豐風慌鋒峯封奉鳳

建甌 [ɔŋ]豐風鋒峯封奉鳳 [uaŋ]狂況黄王往旺楻慌 [iɔŋ]影

4. 通字母 該字母韻字在現代政和和建甌方言中均讀作[ɔŋ]。

政和 [ɔŋ]籠壟弄放房枋馮貢公工功攻共空東冬筒動棟同銅洞凍董懂重帆蓬蜂縫蟲桐通桶痛叢宗蹤粽崇棕總儂農松聾宋送聳雍甕網蒙懵蚊夢囱匆蔥聰烘紅鴻

建甌 [ɔŋ]籠壟弄放房馮貢公工功攻共空東冬筒動同銅洞凍董懂重帆蓬蜂縫蟲桐通桶痛叢宗蹤粽崇棕總農松聾宋送網蒙夢囱匆蔥聰烘紅鴻枋棟雍甕懵蚊

5. 順字母 該字母韻字在現代政和方言中只有一讀[œyŋ];而在建甌方言則有二讀,多數讀作[œyŋ],少數讀作[ɔŋ]。

政和 [œyŋ]龍輪侖倫隆裙郡供君群軍皸均巾弓躬窮菌恐中忠重仲塚鍾終眾峻俊種縱從松腫准濃膿潤舜春旬純筍順頌誦翁永尹允擁隱勇用銀春椿充沖銃蠢兄凶胸勳訓虹熊雲芸容營榮雄

建甌　[œyŋ]龍輪倫侖隆裙郡供群軍均巾弓躬窮菌恐中忠重仲塚鍾終眾峻俊種縱從松腫准濃潤舜春旬純筍順頌永擁勇用銀舂椿充沖銃蠢兄凶胸動訓熊雲芸容營榮雄　[ɔŋ]膿翁隱虹

6. **朗字母**　該字母韻字在現代政和方言中多數讀作[auŋ]，少數讀作[uauŋ]；而在建甌方言中則多數讀作[ɔŋ]，少數讀作[uɔŋ]、[iɔŋ]、[uaŋ]、[aŋ]。

政和　[auŋ]廊郎狼浪範幫掷旁傍塝防榜綁蚌梆鋼缸杠江豇疳講敢康囥礲糠腸屯當蕩盾堂長唐塘冇糖燙湯尊遵妝裝醃葬存狀髒藏臧瓤霜喪桑磉爽暗庵秧網忙莽床闖倉蒼瘡創痕行項混　[uauŋ]方芳望忘亡妄

建甌　[ɔŋ]廊郎狼浪幫掷旁傍塝防榜綁蚌梆冇鋼缸杠江豇疳講敢康糠屯當蕩盾堂長唐塘糖燙湯尊遵妝裝葬存囥行狀髒藏醃臧霜喪桑磉爽暗庵秧網忙莽床闖倉蒼瘡創痕項混方芳　[uɔŋ]望忘亡妄　[uaŋ]忘亡　[iɔŋ]腸瓤　[aŋ]礲

7. **唱字母**　該字母韻字在現代政和和建甌方言中均讀作[iɔŋ]。

政和　[iɔŋ]梁粱量糧涼輛兩良亮諒薑羌强強腔張賬帳脹仗場長丈牆將章將醬癢瘴障漿翔祥庠掌獎上娘讓相箱廂湘鑲商傷上相償嘗賞想上象像尚陽楊洋羊佯央殃鴦揚養樣倡唱昌槍搶向餉香鄉饗響享

建甌　[iɔŋ]梁粱諒量糧涼輛兩良亮薑羌强強腔張賬帳脹仗場長丈杖牆將章将醬癢瘴障漿翔祥掌獎上娘讓相箱廂湘商傷相償賞想像象尚陽楊洋羊央殃鴦揚養樣倡唱昌槍搶向餉香鄉響享饗

8. **聲字母**　該字母韻字在現代政和和建甌方言中均讀作[iaŋ]。

政和　[iaŋ]靈領嶺嚨坪平並餅鏡驚行輕擲呈程鉼鄭定栟程定正鼈姓性聲贏營映名命請

建甌　[iaŋ]靈領嶺嚨坪平並餅鏡驚行輕擲呈程鄭定栟程定鉼正鼈姓性聲贏營映名命請

9. **音字母**　該字母韻字在現代政和方言中只有一讀[eiŋ]；而在建甌方言中則有四讀，多數讀作[eiŋ]，少數讀作[aiŋ]、[iaŋ]、[iŋ]。

政和　[eiŋ]林淋霖憐齡琳臨靈淩陵鱗麟鄰廩令另彬兵賓檳濱屏平評萍貧憑屏秉炳丙稟荊京經金今敬禁襟禽琴瓊咸景警錦緊竟境競徑頸欽卿慶磬頃傾陳貞禎澄珍丁叮錠鎮定停砧塵沉廷庭鼎頂陣陳診品賺聽逞艇精蒸晶真斟津箴針旌征侵浸政症證進晉尋蟳情秦振震展整枕淨盡人壬耳寧忍認申呻伸辛心身升新薪城信神審嬸沈聖勝剩甚慎腎盛迅英瑛因姻嬰櫻鷹陰應蔭印眠明民銘

敏冥命迎清深琛稱親秤稱清臣承誠成寢靖眩興馨盈寅形刑型瀛欣

建甌 [eiŋ]林淋霖齡琳臨靈淩陵鱗麟鄰憐廩令另彬兵賓檳濱屏平評萍貧憑屏秉炳丙稟荊京經金今敬禁襟禽琴瓊咸景警錦緊競竟境徑頸欽卿慶頃傾陳貞禎珍叮鎮停砧塵沉廷庭頂陣陳診品賺聽逞艇精蒸晶真斟津箴針旌浸征政症證進尋情秦振震展整枕淨盡人耳寧忍認申呻伸辛心身升新薪城信神審嬸沈聖勝剩甚慎腎盛迅英瑛因姻櫻陰應蔭印眠明民銘敏冥命迎清深琛稱親秤稱清臣承誠成蟳侵寢靖眩興馨寅形刑型欣 [aiŋ]丁澄嬰鷹 [iaŋ]定錠鼎瀛 [iŋ]盈壬

10. **坦字母** 該字母韻字在現代政和和建甌方言中均讀作[aŋ]。

政和 [aŋ]藍襤覽攬欖濫邦柄棚病羹尷更監鑒降哽減感埂橄嵌堪坑勘坎砍刊抗伉耽擔擔但談淡膽彭鬇貪攤坦晴站靜井斬南喃男籃衫杉生三甥省俺岩青參醒憨咸含函喊緘陷

建甌 [aŋ]藍襤覽攬欖濫邦柄棚病羹尷更監鑒降哽減感埂橄嵌堪坑勘坎砍刊抗伉耽擔擔但談淡膽彭鬇貪攤坦晴站靜井斬南喃男籃衫杉生三甥省俺岩青參醒憨咸含函喊緘陷

11. **横字母** 該字母韻字在現代政和和建甌方言中均讀作[uaŋ]。

政和 [uaŋ]横犯範

建甌 [uaŋ]横犯

12. **班字母** 該字母韻字在現代政和和建甌方言中均讀作[aiŋ]。

政和 [aiŋ]零蓮冷班斑冰頒瓶板版辦跟艱肩庚奸耕間更炯繭柬簡牽看填店亭釘甜等戥墊殿鄧攀探汀蟶爭榛臻簪盞剪掙乳槮滲先生星牲猩森參省恩蠻猛孟慢顏岸硬田千亨閑很狠幸杏莧恨限

建甌 [aiŋ]零蓮冷班斑冰頒瓶板版辦跟艱肩庚奸耕間更炯繭柬簡牽看填店亭釘甜等戥墊殿鄧攀探汀蟶爭榛臻簪盞剪掙乳槮滲先生星牲猩森參省恩蠻猛孟慢顏岸硬田千亨閑很狠幸杏莧恨限

13. **先字母** 該字母韻字在現代政和和建甌方言中多數讀作[iŋ]，少數讀作[ieiŋ]。

政和 [iŋ]連聯臁鐮簾憐廉璉斂殮煉練邊便變辨辯辮卞汴鞭扁蝙匾貶兼堅鏗劍儉見檢件鉗箝謙欠遣譴纏奠癲鈿典電偏騙片遍天添筅錢氈占尖箭戰詹潛煎賤年撚染念扇煽先仙膻鮮善羨繕膳擅厭胭炎鹽煙燕宴厭禪然仁賢延掩任

妊醃艷綿棉面嚴儼驗前遷箋簽殲淺還顯險現　[ieiŋ]仁然延燃

建甌　[iŋ]連聯臁鐮簾憐廉璉斂殮煉練邊便變辨辯辮卞汴鞭扁蝙匾貶兼堅鏗劍儉見檢件鉗箝謙欠遣譴纏奠癲鈿典電偏騙片遍天添筅錢氈占尖箭戰詹潛煎賤年撚染念扇煽先仙膻鮮善羨繕膳擅厭胭炎鹽煙燕宴厭禪然仁賢延掩任妊醃艷綿棉面嚴儼驗前遷箋簽殲淺還顯險現　[ieiŋ]仁然延燃

14. 備字母　該字母韻字在現代政和和建甌方言中均讀作[i]。

政和　[i]梨力璃蠣厘狸裏理鯉李禮歷笠粒蒞履麗隸吏利痢俐備閉碑脾枇琵比庇妣匕必碧璧逼筆婢脾裨畢篦幣弊旗幾機譏饑璣磯姬基箕記紀繼既奇騎棋麒期岐祈祇芪已屺麂吉頡杞給極急及級笈棘擊伎忌稽器氣棄欺欷起豈啟乞訖迄知治帝智悌第值置遲堤弛侄砥抵邸低裏的狄翟荻笛滌嫡滴敵適披疲譬辟霹僻疋匹辟鼻體剔惕涕糍濟至志痣疾集齊字止趾址旨指脂積績職隲只執汁質十稚日尼你匿溺二貳膩時四肆試拭弑侍恃詩絲司犀屎死誓氏始示習昔惜逝析失矢悉室釋蝕飾食是席夕衣依伊醫意薏易翼異夷胰姨遺貽懿怡移頤以矣一壹乙益縊邑挹逸液繹驛奕佚億憶倚米迷彌覓蜜密秘擬疑宜儀蟻義誼毅藝癡淒妻屍侈恥齒七柒市犧奚嬉禧熹希稀熙兮戲喜桔系

建甌　[i]梨力璃蠣厘狸裏理鯉李禮歷笠粒蒞履麗隸吏利痢俐備閉碑脾枇琵比庇妣匕必碧璧逼筆婢脾裨畢篦幣弊旗幾機譏饑璣磯姬基箕記紀繼既奇騎棋麒期岐祈祇芪已屺麂吉頡杞給極急及級笈棘擊伎忌稽器氣棄欺欷起豈啟乞訖迄知治帝智悌第值置遲堤弛侄砥抵邸低裏的狄翟荻笛滌嫡滴敵適披疲譬辟霹僻疋匹辟鼻體剔惕涕糍濟至志痣疾集齊字止趾址旨指脂積績職隲只執汁質十稚日尼你匿溺二貳膩時四肆試拭弑侍恃詩絲司犀屎死誓氏始示習昔惜逝析失矢悉室釋蝕飾食是席夕衣依伊醫意薏易翼異夷胰姨遺貽懿怡移頤以矣一壹乙益縊邑挹逸液繹驛奕佚億憶倚米迷彌覓蜜密秘擬疑宜儀蟻義誼毅藝癡淒妻屍侈恥齒七柒市犧奚嬉禧熹希稀熙兮戲喜桔系

15. 結字母　該字母韻字在現代政和方言中只有一讀[iɛ]；而在建甌方言中則有三讀，多數讀作[iɛ]，少數讀作[i]、[uai]。

政和　[iɛ]裂列烈例別計傑揭竭潔結劫缺爹牒蝶池迭跌秩弟批撇啼剃鐵匙捷支枝芝這接折浙節折聶攝鑷揑些世褻燮泄設涉爺易篾滅業孽扯切徹澈濕妾脅協血穴

建甌　[iɛ]裂列烈例別計傑揭竭潔結劫缺爹牒蝶池迭跌秩弟批撇啼剃鐵

捷這接折浙節折聶攝鑷揑些襲燮泄設涉箎滅業孽爺切徹澈濕妾血脅協穴[i]匙支枝芝世易扯　[uai]血

16.射字母　該字母韻字在現代政和方言中只有一讀[ia]；而在建甌方言中則有三讀，多數讀作[ia]，少數讀作[ε]、[i]。

政和　[ia]簾曆壁屐迦摘糴拆宅遮嗟蔗籍邪跡只葉囁鑷瀉舍赦寫舍謝社役耶亦餘野賒奢車赤嚇哧

建甌　[ia]簾壁屐迦摘糴拆遮蔗籍邪跡只葉囁鑷瀉舍赦寫舍謝社役耶亦餘野賒奢車赤嚇　[ε]宅　[i]曆

17.舌字母　該字母韻字在現代政和和建甌方言中均讀作[yε]。

政和　[yε]寄饑獗決訣曁獺紙絕税髓雪説蛇悦曰鵝月外魏艾吹啜歲歇

建甌　[yε]寄饑獗決訣曁獺紙絕税髓雪説蛇悦曰鵝月外魏艾吹啜歲歇

18.有字母　該字母韻字在現代政和和建甌方言中均讀作[iu]。

政和　[iu]榴流硫琉留劉柳鰡溜鳩究救灸求裘球虯九玖久舊舅邱丘臼綢晝宙紂疇丟籌抽醜柱周舟州洲咒酒就鷲牛紐扭羞秀莠繡狩獸修收首手守受授袖壽油憂優幽攸悠又酉幼由遊友郵有侑宥右佑釉柚誘秋鰍榠樹休韭朽

建甌　[iu]榴流硫琉留劉柳鰡溜鳩究救灸求裘球虯九玖久舊舅邱丘臼綢晝宙紂疇丟籌抽醜柱周舟州洲咒酒就鷲牛紐扭秀莠繡狩獸修收首手守受授袖壽油憂優幽攸悠又酉幼由遊友郵有侑宥右佑釉柚誘秋鰍樹休韭朽

19.條字母　該字母韻字在現代政和方言中只有一讀[iɔ]；而在建甌方言中則有二讀，多數讀作[iau]，少數讀作[iɔ]。

政和　[iɔ]了掠畧廖料俵標彪表婊橋茄僑驕嬌喬翹矯繳屩叫蕎蕌轎竅卻朝嘲調雕條刁吊肇兆藨瓢漂飄嫖票超挑糶跳昭招蕉照醮嚼焦樵釗椒借酌勺石堯鳥繞尿簫宵霄消少笑肖鞘削硝小拾席姚搖邵紹要夭要腰妖邀若約耀躍苗描淼渺杪杳藐廟妙虐瘧厝燒尺灼妁雀鵲囂曉

建甌　[iau]了畧廖料俵標彪表婊橋僑驕嬌喬翹矯繳屩叫蕎蕌轎竅朝嘲調雕條刁吊肇兆藨瓢漂飄嫖票超挑糶跳昭招蕉照醮焦樵釗椒堯鳥繞尿簫宵霄消少笑肖鞘削硝小姚搖邵紹要夭要腰妖邀耀躍苗描淼渺杪杳藐廟妙燒囂曉[iɔ]掠畧茄卻朝嚼借酌勺石削拾席若約躍厝尺灼妁雀鵲

20.嘹字母　該字母韻字在現代政和和建甌方言中均讀作[iau]。

政和　[iau]遼嘹

建甌　[iau]遼嘹

21.交字母　該字母韻字在現代政和方言中只有一讀[au];而在建甌方言中則有二讀,多數讀作[au],少數讀作[e]。

政和　[au]了勞豹暴包胞袍飽交校蛟郊臯膠咬較攪稿絞狡骹考巧道盜逃淘濤炮跑拋抱泡滔找爪笊罩惱腦鬧哨筲艄掃奥拗卯昂茅矛蝨貌冒耄肴淆鼇遨傲柴操躁抄炒孝哮毫效校浩皓

建甌　[au]了勞豹暴包胞袍飽交校蛟郊臯膠咬較攪稿絞狡骹考道盜逃淘濤炮跑拋抱泡滔找爪笊罩惱腦鬧哨筲艄掃奥拗卯昂貌冒耄肴淆鼇遨傲柴操躁抄炒孝哮毫效校浩皓　[e]茅矛

22.合字母　該字母韻字在現代政和方言中只有一讀[ɔ];而在建甌方言中則有二讀,多數讀作[ɔ],少數讀作[au]。

政和　[ɔ]羅蘿鑼牢落洛駱賂啰老樂栳婆坡菠玻報薄保葆寶博剥駁播泊告誥膏歌哥高膏篙羔糕閣各個柯軻苛去可確多刀到駝陀萄馱倒島朵躲桌棹鐸惰奪啄破僕樸璞粕拍頗桃妥套討托槽佐坐座曹早棗左作濁挪梭鎖鎖嫂嗍索縮鐲荷毛魔磨摩莫膜寞帽熬娥俄蛾峨我蕚噩餓臥搓錯臊草銼戳河何好合賀號霍鶴

建甌　[ɔ]羅蘿鑼落洛駱賂啰老樂栳婆坡菠玻薄博剥駁播泊歌哥閣各個柯軻苛去可確多駝陀馱島朵躲桌棹鐸惰奪啄破僕樸璞粕拍頗妥托佐坐座左作濁挪梭鎖鎖嗍索縮鐲荷魔磨摩莫膜寞娥俄蛾峨我蕚噩餓臥搓錯銼河何合賀霍鶴　[au]報保葆寶告誥膏高膏篙羔糕刀到萄倒桃套討槽曹早棗嫂毛帽熬臊草好號

23.克字母　該字母韻字在現代政和方言中只有一讀[ɛ];而在建甌方言中則有二讀,多數讀作[ɛ],少數讀作[a]。

政和　[ɛ]栗白伯格革鬲刻咳克克殀特踢擇澤責仄則節臍虱錫李扼咩密逆漆側測拆策

建甌　[ɛ]栗白格革刻咳克踢擇澤責仄則節虱錫李扼密逆漆側測拆策[a]伯

24.百字母　該字母韻字在現代政和方言中只有一讀[a];而在建甌方言中則有五讀,多數讀作[a],少數讀作[ɛ]、[uɛ]、[ia]、[ɔ]。

政和　[a]獵臘拉辣巴芭疤笆爬朳霸拔琶把靶百柏叭白耙賈嫁稼駕枷家

佳嘉加枷袈假峽甲隔夾覺客喀茶打答妲怕帕拍他榻塔遝詐榨昨作閘查拿那吶沙裟痧薩撒雺鴉阿啞亞壓押麥打蟆嬷馬媽碼牙芽衙樂嶽雅樂砑迓差叉冊插蝦霞遐下夏廈學

建甌 [a]獵臘拉巴芭疤笆爬杋霸拔琶把靶百柏叭耙賈嫁稼駕枷家佳嘉加枷袈假峽甲隔夾覺客喀茶打答妲怕帕拍他榻塔遝詐榨閘查拿那吶沙裟痧薩雺鴉阿啞亞壓押麥打蟆嬷馬媽碼牙芽衙樂嶽雅樂砑迓差叉冊插蝦霞遐下夏廈學 [ɛ]白喀 [uɛ]辣撒 [ia]昨 [ɔ]作

25. **化字母** 該字母韻字在現代政和和建甌方言中均讀作[ua]。

政和 [ua]瓜卦掛褂刮寡誇跨蛙哇挖華話化畫花法

建甌 [ua]瓜卦掛褂刮寡誇跨蛙哇挖華話化畫花法

26. **果字母** 該字母韻字在現代政和和建甌方言中均讀作[ɔ]。

政和 [ɔ]布補剥縛過果郭課科窠和摸貨靴

建甌 [ɔ]布補剥縛過果郭課科窠和摸貨靴

27. **直字母** 該字母韻字在現代政和方言中只有一讀[ɛ];而在建甌方言中則有二讀,多數讀作[ɛ],少數讀作[uɛ]。

政和 [ɛ]來勒肋北戴德得直迫珀魄栽使色瑟嗇塞澀墨默菜賊黑赫核

建甌 [ɛ]來勒北德得直迫珀魄栽使色瑟嗇塞澀墨默菜賊黑赫核 [uɛ]戴

28. **出字母** 該字母韻字在現代政和方言中只有一讀[ui];而在建甌方言中則有四讀,多數讀作[y],少數讀作[uɛ]、[i]、[o]。

政和 [ui]屢類淚累肥痱吠規龜圭歸逵貴季桂葵跪鬼詭櫃掘虧豬屁槌錘最隨醉嘴雖歲誰水瑞睡圍帷畏威偉委蔚尉熨慰喂位衛胃渭爲美翠出輝揮毀惠彗

建甌 [y]屢類淚累肥痱吠規龜圭歸逵貴季桂葵跪鬼詭櫃掘虧豬屁槌錘隨醉嘴雖歲誰水睡圍帷畏威偉委蔚尉熨慰喂位衛胃渭翠出輝揮惠彗瑞 [uɛ]最爲 [i]美 [o]毀

29. **推字母** 該字母韻字在現代政和方言中只有一讀[uɛ];而在建甌方言中則有三讀,多數讀作[o],少數讀作[yɛ]、[i],與政和方言[uɛ]韻迥別。

政和 [uɛ]滑粿國骨傀魁奎盔膾塊窟對碓兑堆短袋皮配佩坯被退梯腿脱褪罪裁卒内螺率帥衰瘦刷禾欲碎摧催崔灰恢詼硘回悔晦火忽或佛會核

建甌 [o]滑粿國骨魁奎盔窟對碓兑短堆袋配佩坯退腿脱褪罪裁卒内螺衰

率帥瘦刷禾欲碎摧催崔灰恢詼硘回悔晦火忽或佛會核塊　[yɛ]皮被　[i]梯

30. **闊字母**　該字母韻字在現代政和方言中多數讀作[uɛ]，少數讀作[uai]；而在建甌方言中則多數讀作[uɛ]，少數讀作[uai]、[o]。

政和　[uɛ]簸撥不缽怪葛渴闊快帶戴達大破潑泰太拖災哉再纔才財材宰載坐鯊沙殺煞撒物麻末没襪抹吾察海害壞亥　[uai]拐乖蒯發血罰

建甌　[uɛ]簸撥缽怪葛渴闊快帶戴達大破潑泰太拖災哉再宰載鯊沙殺煞撒麻麻末襪抹察海害壞亥拐乖發　[uai]發血罰　[o]才財材坐物没

31. **乃字母**　該字母韻字在現代政和方言中只有一讀[ai]；而在建甌方言中則有四讀，多數讀作[ai]，少數讀作[o]、[a]、[ɛ]。

政和　[ai]來賴棑牌拜敗八捌罷皆階該街雞介芥界尬疥解戒誡蓋棋解屆槩溪愷楷揩慨概蹄代貸臺抬臺歹底怠殆逮派擺稗替胎苔貼齋債雜寨節截泥納衲乃凹鼐耐奈西篩洗灑曬唉挨矮隘埋霾買賣倪呆捱礙艾纔猜差諧孩骸鞋瞎蟹懈

建甌　[ai]來賴棑牌拜敗八捌罷皆階該街雞介芥界尬疥解戒誡蓋解屆槩溪愷楷揩慨概蹄抬歹底派擺稗替胎苔齋債寨節截泥乃鼐耐奈西篩洗曬唉挨矮隘埋霾買賣倪呆捱礙艾纔猜差諧孩骸鞋瞎蟹懈怠殆逮　[o]代貸臺　[a]納衲貼雜　[ɛ]凹

32. **後字母**　該字母韻字在現代政和方言中只有一讀[ɛ]；而在建甌方言中則有二讀，多數讀作[e]，少數讀作[uai]，與政和方言[ɛ]迥別。

政和　[ɛ]樓簍漏刨溝勾鉤厚猴狗垢購扣頭透偷毒鯫糟走瘦掃毆甌吼貓謀某茂歪臭巢後后候厚

建甌　[e]樓簍漏溝勾鉤厚猴狗垢購扣頭透偷毒糟走瘦掃毆甌吼貓謀某茂臭巢後後候厚　[uai]歪

33. **述字母**　該字母韻字在現代政和方言中只有一讀[y]；而在建甌方言中則有三讀，多數讀作[y]，少數讀作[ɔ]、[œ]。

政和　[y]閭驢陸聿律呂侶旅褸縷居車俱懼句炬鋸舉矩距掬菊巨拒渠踞局據懅區嶇樞驅軀去麯曲屈櫥廚術竹竺築箸朒肉女捔朱珠蛛薯注蛀鑄徐儲煮主粥足熟需暑署庶恕書舒須叔淑菽粟宿俗述術續緒敘序熟豎墅樹於于芋浴宇餘渝儒兒臾予餘羽與嶼與欲譽預豫喻諭愉逾魚漁隅玉鈺獄虞語禦遇寓趨處鼠取聚趣虛謔煦許育蓄旭雨

建甌　[y]誾驢陸律吕侣旅褸縷居車俱懼句炬鋸舉矩距搊菊巨拒渠踞局據慘區嶇樞驅軀曲屈櫥廚術竹竺築箸朒肉女抐朱珠蛛薯注蛀鑄徐儲煮主粥足熟需暑署庶恕書舒須叔淑菽粟宿俗述術續緒敘序熟豎墅樹於芋浴宇餘渝儒聿臾予餘羽與嶼與欲譽預豫喻諭愉逾魚漁隅玉鈺獄虞語禦遇寓趨處鼠取聚趣虛謔煦許育蓄旭雨　[ɔ]去　[œ]兒

34. 古字母　該字母韻字在現代政和和建甌方言中均讀作[u]。

政和　[u]盧蘆瀘鸕鹿禄魯擼擄簋鹵路露簿葡部布怖菩補腹孤姑沽辜鴣故固顧雇牯糊有古估詁鼓股蠱賈穀角轂鵠牯庫褲苦哭琥殼都覩苧妒毒蠹塗徒屠賭貯篤督讀犢獨肚杜度鍍渡浦鋪甫哺捕斧譜普吐兔土凸秃突茲孳滋孜咨資姿自租助詞祠慈辭奴駑弩怒努師獅疏梳廝蘇酥私嗽賜塑素嗉訴數使所束速巳祀俟伺思士仕事惡汙爲武鵡撫塢屋握沃摹目木仵模謨模母姆睦牧穆沐戊暮慕募吴蜈娛五伍午悟晤初次醋粗楚礎楚捉促刺覷夫扶膚呼敷俘副付駙賦孚夫府俯傅福幅伏復覆負

建甌　[u]盧蘆瀘鸕鹿禄魯擼擄簋鹵路露簿葡部布怖菩補腹孤姑沽辜鴣故固顧雇牯糊有古估詁鼓股蠱賈穀角轂牯庫褲苦哭琥殼都覩苧妒毒蠹塗徒屠賭貯篤督讀犢獨肚杜度鍍渡浦鋪甫哺捕斧譜普吐兔土凸秃突茲孳滋孜咨資姿自租助詞祠慈辭奴駑弩怒努師獅疏梳廝蘇酥私嗽賜塑素嗉訴數使所束速巳祀俟伺思士仕事惡汙烏武鵡撫塢屋握沃摹目木仵模謨模母姆睦牧穆沐戊暮慕募吴蜈娛五伍午悟晤初次醋粗楚礎捉促刺夫扶膚呼敷俘副付駙賦孚夫府俯傅福幅伏復覆負

由上可見，《六音字典》34 個字母字分别在現代政和方言和建甌方言中的讀音不盡相同。歸納起來，大致有以下三個方面：

一、《六音字典》有 13 個字母（即通[ɔŋ]、唱[iɔŋ]、聲[iaŋ]、坦[aŋ]、横[uaŋ]、班[aiŋ]、備[i]、舌[yɛ]、有[iu]、嘹[iau]、化[ua]、果[ɔ]、古[u]）在現代政和方言和建甌方言中的讀音是一致的。

二、《六音字典》有 16 個字母（風、順、音、結、射、條、交、合、克、百、直、出、推、乃、後、述）在現代政和方言只有一種讀音，而在建甌方言中則有兩讀、三讀、四讀或五讀。例如：

現代政和方言只有一種讀音，而在建甌方言中則有兩讀：順：政和[œyŋ]/建甌[œyŋ]、[ɔŋ]；條：政和[iɔ]/建甌[iau]、[iɔ]；交：政和[au]/建甌[au]、[e]；

合：政和[ɔ]/建甌[ɔ]、[au]；克：政和[ɛ]/建甌[ɛ]、[a]；直：政和[ɛ]/建甌[ɛ]、[uɛ]；後：政和[ɛ]/建甌[e]、[uai]。

現代政和方言只有一種讀音，而在建甌方言中則有三讀：風：政和[ɔŋ]/建甌[ɔŋ]、[uaŋ]、[iɔŋ]；結：政和[iɛ]/建甌[iɛ]、[i]、[uai]；射：政和[ia]/建甌[ia]、[ɛ]、[i]；推：政和[uɛ]/建甌[o]、[yɛ]、[i]；述：政和[y]/建甌[y]、[ɔ]、[œ]。

現代政和方言只有一種讀音，而在建甌方言中則有四讀：音：政和[eiŋ]/建甌[eiŋ]、[aiŋ]、[iaŋ]、[iŋ]；出：政和[ui]/建甌[y]、[uɛ]、[i]、[o]；乃：政和[ai]/建甌[ai]、[o]、[a]、[ɛ]。

現代政和方言只有一種讀音，而在建甌方言中則有五讀：百：政和[a]/建甌[a]、[ɛ]、[uɛ]、[ia]、[ɔ]。

三、《六音字典》有 4 個字母（本、朗、先、闊）在現代政和方言有兩種讀音，而在建甌方言中則有兩讀、三讀、五讀。例如：本：政和[ueiŋ]、[uaiŋ]/建甌[uiŋ]、[uaiŋ]、[ɔŋ]；朗：政和[auŋ]、[uauŋ]/建甌[ɔŋ]、[uɔŋ]、[uaŋ]、[iɔŋ]、[aŋ]；先：政和[iŋ]、[ieiŋ]/建甌[iŋ]、[ieiŋ]；闊：政和[uɛ]、[uai]/建甌[uɛ]、[uai]、[o]。

《六音字典》手抄本"三十四字母"就缺"穿字母"字，政和話讀作[yiŋ]，建甌話讀作[uiŋ]。後文將專門討論。

由上可見，《六音字典》33 個字母中的韻字在現代政和方言中讀音完全相同的有 29 個，占總數的 87.88%；不完全相同的只有 4 個，占總數的 12.12%。《六音字典》33 個字母中的韻字在現代建甌方言中讀音完全相同的有 13 個，占總數的 39.39%；不完全相同的有 20 個，占總數的 60.61%。鑒於此，我們認爲《六音字典》基本上反映了政和方言音系，雖然尚有 12.12%不完全相同，但是其中多數韻字的讀音還是與現代政和方音相同的。據統計，先字母字有 111 個韻字讀作[iŋ]，占總數 96.52%；只有 4 個韻字讀作[ieiŋ]，占總數 3.48%，而這 4 個韻字"仁然延燃"中的前 3 個韻字又出現在[iŋ]韻母裏。可見，先字母也可以説只有[iŋ]一讀。本字母字有 63 個韻字讀作[ueiŋ]，占總數 91.30%；只有 6 個韻字讀作[uaiŋ]，占總數 8.70%。朗字母字有 73 個韻字讀作[auŋ]，占總數 92.41%；只有 6 個韻字讀作[uauŋ]，占總數 7.59%。闊字母字有 45 個韻字讀作[uɛ]，占總數 88.24%；只有 6 個韻字讀作[uai]，占總數 11.76％。

爲了方便起見，筆者設置了以下表格，就可以清楚考察《六音字典》韻母系統的讀音：

字母	例字	政和	建甌	字母	例字	政和	建甌
1.穿	穿	yiŋ	uiŋ	18.有	溜鳩	iu	iu
2.本	爛/捆‖翻	ueiŋ/uaiŋ	uiŋ/ɔŋ/uaiŋ	19.條	料俵/卻朝	iɔ	iau/iɔ
3.風	豐/況/影	ɔŋ	ɔŋ/uaŋ/iɔŋ	20.嘹	遼嘹	iau	iau
4.通	弄放	ɔŋ	ɔŋ	21.交	勞豹/茅矛	au	au/e
5.順	隆/翁	œyŋ	œyŋ/ɔŋ	22.合	羅婆/寶告	ɔ	ɔ/au
6.朗	敢/腸/磡‖望/忘	auŋ/uauŋ	ɔŋ/iɔŋ/aŋ/uɔŋ/uaŋ	23.克	栗白/伯	ɛ	ɛ/a
7.唱	腔張	iɔŋ	iɔŋ	24.百	廈/白/辣/昨/作	a	a/ɛ/uɛ/ia/ɔ
8.聲	餅鏡	iaŋ	iaŋ	25.化	瓜卦	ua	ua
9.音	另/丁/鼎/盈/	eiŋ	eiŋ/aiŋ/iaŋ/iŋ	26.果	縛過	ɔ	ɔ
10.坦	濫邦	aŋ	aŋ	27.直	來北/戴	ɛ	ɛ /uɛ
11.横	横犯	uaŋ	uaŋ	28.出	累/最/美/毀	ui	y/uɛ/i/o
12.班	硬田	aiŋ	aiŋ	29.推	滑/皮/梯	uɛ	o/yɛ/i
13.先	練/仁	iŋ/ieiŋ	iŋ/ieiŋ	30.闊	怪/坐‖罰	uɛ/uai	uɛ/o‖uai
14.備	俐備	i	i	31.乃	來/代/貼/凹	ai	ai/o/a/ɛ
15.結	例/芝/血	iɛ	iɛ/i/uai	32.後	樓刨/歪	ɛ	e/uai
16.射	只/宅/曆	ia	ia/ɛ/i	33.述	縷/去/兒	y	y/ɔ/ œ
17.舌	紙絕	yɛ	y ɛ	34.古	露簿	u	u

根據現代政和方言韻系，《六音字典》"三十四字母"擬測有如下四種情況：

(1)手抄本"穿字母"只存韻目，而無韻字，我們根據政和方言把該字母擬音爲[yiŋ]。

(2)有 4 個字母字在現代政和方言可擬爲兩個韻母，我們暫且把它們均擬爲兩個韻母：如"本字母"多數韻字擬音爲[ueiŋ]，少數擬音爲[uaiŋ]；"朗字母"多數韻字擬音爲[auŋ]，少數擬音爲[uauŋ]；"先字母"多數韻字擬音爲[iŋ]，少數擬音爲[ieiŋ]；"闊字母"多數韻字擬音爲[uɛ]，少數擬音爲[uai]。

(3)有 2 個或 2 個以上字母字在現代政和方言讀音是相同的，爲了區別數百年前這些字母讀音上的差異，我們在擬音上亦有細微的差異。如"風字母"和"通字母"字，今政和話均讀爲[ɔŋ]，我們將"風字母"擬音爲[uŋ]，將

"通字母"擬音爲[ɔŋ]。它們的演化方式爲:"uŋ→ɔŋ"。"合字母"和"果字母"字,今均讀爲[ɔ],爲了區别這兩個字母讀音上的差異,我們將"合字母"擬音爲[ɔ],將"果字母"擬音爲[o]。它們的演化方式爲:"o→ɔ"。"克字母"、"直字母"和"後字母"字,今均讀作[ɛ],爲了區别三個韻部的差别,我們把"克字母"擬音爲[ɛ],"直字母"擬音爲[E],"後字母"擬音爲[e]。它們的演化方式爲:"E→ɛ""e→ɛ"。

(4)"推字母"字在現代政和方言讀作[uɛ];"闊字母"多數韻字在現代政和方言擬音爲[uɛ],少數韻字擬音爲[uai]。爲了區别兩個韻部的差别,我們把"推字母"擬音爲[uɛ];"闊字母"多數韻字擬音爲[ue],少數韻字擬音爲[uai]。它們的演化方式爲:"ue→uɛ"。

現將《六音字典》"三十四字母"擬測如下:

1. 穿字母[yiŋ]	2. 本字母[ueiŋ/uaiŋ]	3. 風字母[uŋ]	4. 通字母[ɔŋ]	5. 順字母[œyŋ]
6. 朗字母[auŋ/uauŋ]	7. 唱字母[iɔŋ]	8. 聲字母[iaŋ]	9. 音字母[eiŋ]	10. 坦字母[aŋ]
11. 橫字母[uaŋ]	12. 班字母[aiŋ]	13. 先字母[iŋ/ieiŋ]	14. 備字母[i]	15. 結字母[iɛ]
16. 射字母[ia]	17. 舌字母[yɛ]	18. 有字母[iu]	19. 條字母[iɔ]	20. 嘹字母[iau]
21. 交字母[au]	22. 合字母[ɔ]	23. 克字母[ɛ]	24. 百字母[a]	25. 化字母[ua]
26. 果字母[o]	27. 直字母[E]	28. 出字母[ui]	29. 推字母[uɛ]	30. 闊字母[ue/uai]
31. 乃字母[ai]	32. 後字母[e]	33. 述字母[y]	34. 古字母[u]	

第四節　明本《六音字典》聲調系統及其討論

據黄典誠主編的《福建省志・方言志》記載,建甌 6 調,即平聲、上聲、陰去、陽去、陰入、陽入;松溪 8 調,即陰平、陽平$_{甲}$、陽平$_{乙}$、上聲、陰去、陽去、陰入、陽入;政和 7 調,即陰平、陽平$_{甲}$、陽平$_{乙}$、上聲、陰去、陽去、入聲;石陂 7 調,即陰平、陽平、上聲、陰去、陽去、陰入、陽入;建陽 8 調,即陰平、陽平$_{甲}$、陽平$_{乙}$、上聲、陰去、陽去、陰入、陽入;崇安 7 調,陰平、陽平、上聲、陰去、陽去、陰入、陽入。它們相同點有:(1)上聲不分陰陽;(2)去聲分陰陽。不同點有:(1)建甌平聲只有一類,松溪、政和和建陽平聲分三類,即陰平、陽平$_{甲}$、陽平$_{乙}$;崇安平聲分陰陽兩類；(2)建甌、松溪、建陽和崇安入聲分陰陽，只有政和僅有入聲一類。具体情況如下表：

例字	建甌	松溪	政和	石陂	建陽	崇安
沙三	平聲 54	陰平 51	陰平 51	陰平 51	陰平 53	陰平 51
人床	陰去 33	陽平$_{\text{甲}}$44	陽平$_{\text{甲}}$33	陰去 33	陽平$_{\text{甲}}$334	陽平 33
薯/窮	上聲 21	陽平$_{\text{甲}}$/陽平$_{\text{乙}}$21	陽平$_{\text{甲}}$/陽平$_{\text{乙}}$353	陰去/陽平 31	陽平$_{\text{甲}}$/陽平$_{\text{乙}}$41	陽平/陰去
火冷		上聲 213	上聲 212	上聲 21	上聲 21	上聲 21
重/社	陽去/陽入	陽去 45	陽去 55	陰平/陰去	陰去 332	陰去 22
上/試	陽入/陰去	陽入/陰去 332	陰去 42	陽去/陰去		
射/外	陽入/陽去 44	陽去 45	陰去/陽去	陽入/陽去 45	陽去 43	陽去 55
七/熟	陰入 24/陽去	陰入 24/陽去	入聲 24	陰入 213	陰入 214	陰入 35/陽入
貼/讀	陰入/陽入	陰入	入聲	陰入/陽入	陰入/陽入	陰入/陽入
辣舌	陽入 42	陽入 42	入聲/陽去	陽入 32	陽入 4	陽入 5
聲調總數	6	8	7	7	8	7

《六音字典》“六音”(即①平聲、②去聲、③平聲、④上聲、⑤入聲、⑥去聲)，與建甌 6 調數目相同，而比现代政和方言則少 1 調，但我們還是認爲該韻書“六音”還是與政和方言更加接近。理由是：(1)《六音字典》平聲有兩類，現代政和話則有陰平、陽平$_{\text{甲}}$、陽平$_{\text{乙}}$三類，而建甌話則只有平聲一類。韻書與政和話之間的參差在於平聲兩類與三類之差。這種差别的原因可以這樣推測：一是政和方言聲調過了數百年的演化，平聲調由兩類變成三類；二是《六音字典》成書年代，政和方言平聲可能就是三類，只是作者審音水準問題，没有把陽平調細分爲陽平$_{\text{甲}}$和陽平$_{\text{乙}}$罷了。(2)《六音字典》入聲只有一類，現代政和話亦只有一類，而建甌話入聲則有陰入、陽入兩類。因此，我們認爲《六音字典》“六音”所反映的應該是明代閩北政和話的聲調。

第五節　結論

通過《六音字典》音系與福建閩北建甌、松溪、政和、石陂、建陽、崇安等 6 個方言音系的歷史比較，我們認爲，《六音字典》“十五音”所反映的是與政和、建甌、松溪 3 個方言點的聲母系統基本相同；其“三十四字母”與政和、建甌韻母系統相比較，所反映的韻系與政和韻系更爲接近，而與建甌韻系差别較大。至於聲調系統，《六音字典》"六音"與現代政和方言7調，只是平聲兩類與三類之差，這是數百年來平聲演化的結果。

因此，我們認爲，《六音字典》所反映的音系應該是明代福建政和方言音系。通過研究，我們也可以窺視福建閩北政和方言韻母系統和聲調系統數百年的演變軌跡。

第 二 章

明本《六音字典》"十五音"來源考

明蘭茂撰《韻略易通》,書成於明英宗正統七年(1442)。該書反映的是明朝云南一帶的實際語音,所以此書對研究云南方音演變的歷史有很大價值。在聲類方面,《韻略易通》明確地劃分爲二十類,並用一首《早梅詩》來概括:東風破早梅,向暖一枝開;冰雪無人見,春從天上來。它橫列《早梅詩》以代表各個聲母,下分平、上、去、入四聲之字,不注反切或直音。平聲雖無標明陰陽,但以○號隔開陰、陽平的字。它這種排列法,開創後世"十五音"之類通俗韻書的體例。

閩方言韻書以"十五音"來編撰方言韻書最多。如閩北方言韻書有:明政和陳相《六音字典》(1515)、清政和陳家箎《六音字典》(1894)、清建甌林端材的《建州八音字義便覽》(1795)、W. C. white 編《建寧方言詞典》(1901)。閩東方言韻書有:明末福州戚繼光編的《戚參軍八音便覽》(明末音)、福州林碧山的《珠玉同聲》(清初)、晉安彙集的《戚林八音》(1749)、古田鐘德明的《加訂美全八音》(1906),福安無名氏的《安腔八音》(清末)、鄭宜光的《簡易識字七音字彙》(清末)。閩南方言韻書有:泉州黄謙的《匯音妙悟》(1800)、建陽廖綸璣的《拍掌知音》(不詳)、葉開恩的《八音定訣》(1894)、漳州謝秀嵐的《彙集雅俗通十五音》(1818)、無名氏的《增補匯音》(1820)、長泰無名氏的《渡江書十五音》(不詳)、無名氏的《擊掌知音》(不詳)、張世珍的《潮聲十五音》(1913)、崇川馬梓丞改編的《擊木知音》(全名《彙集雅俗十五音全本》,1915)、蔣儒林的《潮語十五音》(1921)、潮安蕭云屏編的《潮語十五音》(1923)、潘載和的《潮汕檢音字表》(1933)、澄海姚弗如改編的《潮聲十七音》(1934)、劉繹如改編的《潮聲十八音》(1936)、鳴平編著肅穆改編《潮汕十五音》(1938)、李新魁的《新編潮汕方言十八音》(1975)等。

明政和陳相《六音字典》"十五音",即立比求氣中片土全人生又名言出向。根據第一章"第二節《六音字典》聲母系統及其擬音"研究結果,其擬音值如下:立[l]、比[p]、求[k]、氣[k']、中[t]、片[p']、土[t']、全[ts]、人[n]、生[s]、又[ø]、名[m]、言[ŋ]、出[ts']、向[x]。《廣韻》有35個聲母,根據王力的擬音爲:幫(非)[p]、滂(敷)[p']、並(奉)[b]、明(微)[m],端[t]、透[t']、定[d]、泥(娘)[n],知[ȶ]、徹[ȶ']、澄[ȡ],精[ts]、清[ts']、從[dz]、心[s]、邪[z],莊[tʃ]、初[tʃ']、崇[ʤ]、生[ʃ],章[tɕ]、昌[tɕ']、船[dʑ]、書[ɕ]、禪[ʑ],見[k]、溪[k']、群[g]、疑[ŋ],影[ʔ]、曉[x]、匣(云)[ɣ]、喻[j],來[l]、日[ɽ]。現將《六音字典》"十五音"與中古聲母系統進行比較,以考證其歷史來源(【某字母】指《六音字典》韵母;①②③④⑤⑥分别指其聲调平、去、平、上、入、去;下文所录韵字包括正字、俗字、异体字)。

第一節　"立"母考

《六音字典》立母,現代政和方言讀作[l]。它主要來源於中古半舌音,少數來源於半齒音、喉音、舌音、牙音、齒音、唇音等聲母。

1.《六音字典》中古來紐字讀作立母有427字:【本字母】①襴圝,③瀾,⑥論亂乱爛;【通字母】①礱籠壟壟垅,②寵櫟,③朧嚨,④籠,⑥弄;【順字母】①龍竜輪,②崙侖,③倫隆;【朗字母】①廊郎,③狼,④朗,⑥浪;【唱字母】①梁粱量粮糧涼輛两,②両刄,③良,④兩两両,⑥量亮喨諒;【聲字母】①靈,②領嶺衿,③嚨;【音字母】①林淋霖苓囹翎鴒綾,③憐齡琳臨靈靈霛灵夌淩陵鱗粦麟鄰,④稟廩懍蛉,⑥令令另吝;【坦字母】①藍嵐,③襤,④覽覧攬擥欖,⑥艦濫纜纜;【班字母】①鈴聆伶零零零蔆菱棱蓮,④冷冷;【先字母】①連嗹慩聯臁鐮簾,③匲奩籢憐廉濂,④璉輦歛斂,⑥殮煉練;【備字母】①梨棃,②力立,③離离漓璃璨黎藜蠡蠣蜊蒺蒺罹厘狸鸝,④里理鯉娌李醴禮礼,⑤歷歴歴靂笠粒菈履,⑥莀麗麗隸詈吏利浰蒞俐荔厲勵蜊;【結字母】①篱籬離,②裂朠,⑤列烈,⑥例劙剺離;【射字母】②厝,⑤皾轣鶂;【舌字母】⑤劣捋;【有字母】①榴流,③硇硫瑠琉留懰劉刘,④柳桺鰡蚓,⑥溜雷;【條字母】④了掠憭瞭,⑤畧,⑥鐐橑繚燎橑廖料;【嘹字母】③鷯獠僚遼寮嘹燎嘞膠廖寥聊,④了;【交字母】①瞭,②嫪了,③

勞憥，④筡栳，⑥橯蟧；【合字母】①囉蘿鑼欏潦灑癆癆㸚牢涝簩，②落酪洛駱賂，③囉，④老，⑤樂落，⑥栳；【克字母】②栗慄礫躒鱳；【百字母】②獵爉臘粒，⑤拉摺辣粹捋鬣毼鼠獠；【出字母】③侶，④藟壘縲屢屡，⑥類酹淚泪累耒；【直字母】①來，⑤勒肋泐；【闊字母】②羸；【乃字母】①犁犂，③來耒逨萊，⑥賴頼赖癩筙；【後字母】①樓樓楼螻，③鏤婁嘍摟髏，④簍瓿，⑥陋漏鎘瘺；【述字母】①閭驢驴，②綠绿錄騄菉淥六陸坴，④律嵂吕呂侶筥莒旅膂膂褸縷，⑥膚鑢慮濾癒慮；【古字母】①盧蘆爐炉鑪廬壚瀘鸕顱轤艫獹鱸殦壚臚瘟戱嚧黸，②鹿漉熝麓摝摝録榖禄禄，④麓魯擼艪艣澛滷擄懪惱虜擄僇，⑤簏簏盝碌尗娽簶趗鵱螺漉蓼戮僇，⑥鹵謟嘮喙嚕路露露輅鷺潞。

2.《六音字典》中古半齒音日紐字讀作立母有 8 字：【交字母】④冗宂；【出字母】④蘂蕊橤蘂甤蕤。

3.《六音字典》中古舌音聲母字讀作立母有 6 字：(1)中古定紐讀作立母有 1 字：【通字母】⑥衕。(2)中古泥紐讀作立母有 2 字：【出字母】④餧餧。(3)中古徹紐讀作立母有 3 字：【百字母】①詫；【乃字母】⑥蠆；【述字母】⑥攄。

4.《六音字典》中古喉音聲母字讀作立母有 16 字：(1)中古以紐讀作立母有 8 字：【備字母】⑥肄；【舌字母】⑤閱；【出字母】⑥睿叡；【述字母】④聿遹鷸欥。(2)中古云紐讀作立母有 4 字：【舌字母】⑤越粵鉞；【出字母】⑥彙。(3)中古影紐讀作立母有 2 字：【條字母】⑥窈；【嘹字母】⑥窈。(4)中古匣紐讀作立母有 1 字：【合字母】②貉。(5)中古曉紐讀作立母有 1 字：【乃字母】⑤咶。

5.《六音字典》中古唇音聲母字讀作立母有 2 字：(1)中古明紐讀作立母有 1 字：【順字母】①尨。(2)中古奉紐讀作立母有 1 字：【唱字母】①粁。

6.《六音字典》中古牙音聲母字讀立母有 4 字：(1)中古溪紐讀作立母有 2 字：【備字母】⑤泣；【後字母】③𠚤。(2)中古群紐讀作立母有 1 字：【出字母】④窶。(3)中古疑紐讀作立母有 1 字：【舌字母】⑤軏。

7.《六音字典》中古齒音聲母字讀立母有 3 字：(1)中古船紐讀作立母有 2 字：【乃字母】⑤舐舓。(2)中古精紐讀作立母有 1 字：【出字母】⑥惢。

據統計，《廣韻》有 466 字讀作《六音字典》的立母字。它們來源於中古半舌音、半齒音、喉音、舌音、牙音、齒音和唇音聲母字。請看下表：

《六音字典》立母																	
中古聲母	半舌音	半齒音	舌音			喉音					唇音		牙音			齒音	
	來紐	日紐	定紐	泥紐	徹紐	以紐	云紐	影紐	匣紐	曉紐	明紐	奉紐	溪紐	群紐	疑紐	船紐	精紐
總數	427	8	1	2	3	8	4	2	1	1	1	1	2	1	1	2	1
466	427	8	6			16					2		4			3	

由上表可見,《六音字典》466 個立母字來自中古 7 個異源層次:其一,來自半舌音 427 字,占總數 91.63%;來紐字在《六音字典》裏讀作立母最多,應來自上古音層次。其二,來自半齒音 8 字,占總數 1.72%;因最早等韻圖《韻鏡》把日紐和來紐放在一起稱"舌音齒",説明讀音相近,屬明代福建閩北政和方音的演變層次。其三,來自喉音 16 字,占總數 3.43%。其四,來自舌音 6 字,占總數 1.29%。其五,來自牙音 4 字,占總數 0.86%。其六,来自齒音 3 字,占總數 0.64%。其七,來自唇音 2 字,占總數 0.43%。來紐和日紐字在《六音字典》裏讀作立母,是與語言結構格局的調整相一致的變異;舌音、喉音、唇音、牙音、齒音少數韻字在《六音字典》裏讀作立母,則屬明朝政和方音的變異層次。

第二節　"比"母考

《六音字典》比母,現代政和方言讀作[p]。它主要來源於中古重唇音,少數來源于輕唇音、喉音、牙音、齒音等聲母。

1.《六音字典》中古重唇音声母读作比母有 268 字:(1)中古帮紐讀作比母有 143 字:【本字母】②半畚,③搬,④跰本;【順字母】①奔犇;【順字母】②崩;【朗字母】③帮挷;【朗字母】④榜牓綁;【朗字母】⑥梆;【聲字母】④餅;【音字母】①彬斌豳邠兵賓賔檳濱,②屏迸併殯,④秉炳丙擯稟箳匾;【坦字母】①邦;②柄;【班字母】①班斑冰氷頒,④板版;【先字母】①邊籩,②變,③鞭扁萹蝙,④匾貶;【備字母】①跛,②閉痹箄,③碑,④比庇妣匕彼,⑤必碧璧逼偪筆笔滗,⑥俾畢賁蔽;【結字母】⑥辟别;【射字母】②摒,⑤壁鏎;【有字母】③彪驫飍;【條字母】②俵,③標彪驫猋杓;【條字母】④表婊裱;【交字母】②豹趵,③包胞,④飽;【合字母】①菠皤褒,②報报,③保葆,④寶宝;⑤溥博敗剥駁,⑥搏播;【克字母】

⑤伯；【百字母】①巴芭疤笆朳，②霸，④把靶，⑤百柏；⑤捌；【果字母】②布，③補，⑤剥；【直字母】⑤北；【闊字母】②簸，⑤撥扒癶缽茇；【乃字母】②拜敗，⑤八捌；【古字母】②鈽布，④補，⑤卜。(2)中古並纽平声读作比母有54字：【本字母】①般盤槃磐鎜，③盆；【通字母】③房；【順字母】②鵬；【朗字母】③旁傍；【聲字母】①坪平；【音字母】③平評萍枰蘋苹頻顰貧憑凴凴苹屏；【坦字母】③棚；【班字母】③瓶缾；【先字母】①便；【備字母】③脾枇琵，⑥脾貔；【射字母】②軿；【有字母】③滮滮；【條字母】③瀌；【交字母】③褒袍；【合字母】①婆鄱，③袍；【百字母】①爬，③琶杷；【乃字母】①徘牌；【後字母】①裒，⑥鮑刨；【古字母】②葡，③菩。(3)中古浊声母並纽仄声读作比母有60字：【本字母】⑥秚；【朗字母】③塝；【朗字母】⑥蚌；【聲字母】①並；【音字母】②並竝并，④牝；【坦字母】⑥病；【班字母】⑥辦办；【先字母】②辨辯瓣卞汴，⑥便；【備字母】②備偹詖，⑥被婢陛敝幣弊煏；【結字母】⑥避；【條字母】④殍莩；【交字母】②暴虣；【合字母】②薄箔鉑，⑥泊亳；【克字母】②帛白；【百字母】①鮊，③犮拔跋，④杷，⑥白耙；【果字母】⑥縛；【直字母】⑤匐，⑥蔔苩；【闊字母】②鈸；【乃字母】①棑，⑥罷；【後字母】⑥鉋；【古字母】②簿部僕旆，③步郲，⑥埠。(4)中古滂紐讀作比母有10字：【順字母】②硼；【朗字母】④髈；【班字母】③眅；【備字母】媲；【合字母】①坡玻鱝；【百字母】⑤叭；【闊字母】⑤蹳癹；【古字母】②怖。(5)中古明母读作比母有1字：【乃字母】⑥邁。

2.《六音字典》中古輕唇音聲母讀作比母19字：(1)中古非紐讀作比母有8字：【本字母】②糞，④阪；【通字母】②放，③枋；【闊字母】⑤髮；【乃字母】②誹；【古字母】④脯，⑤腹。(2)中古奉紐讀作比母有10字：【本字母】⑥飯；【通字母】③馮；【朗字母】②範；【朗字母】③防；【合字母】⑤賻；【出字母】①肥痱，③吠；【古字母】④輔，⑥媍。(3)中古敷紐讀作比母有1字：【班字母】③反。

3.《六音字典》中古喉音聲母讀作比母6字：(1)中古影紐讀作比母有2字：【音字母】①贇；【克字母】②抑。(2)中古曉紐讀作比母有1字：【備字母】③鼰。(3)中古以紐讀作比母有1字：【備字母】⑤葷。(4)中古匣紐讀作比母有2字：【古字母】③瓠葫。

4.《六音字典》中古牙音聲母讀作比母3字：(1)中古見紐讀作比母有1字：【乃字母】①筓。(2)中古疑紐讀作比母有2字：【百字母】⑤蘗；【闊字母】⑤砵。

5.《六音字典》中古齒音聲母讀作比母 1 字：中古莊紐 1 字：【百字母】③窄。

據統計，《廣韻》有 297 字讀作《六音字典》的比母字。它們來源於中古重唇音、輕唇音、喉音、牙音、齒音等聲母字。請看下表：

《六音字典》比母															
中古聲母	重唇音					輕唇音			喉音				牙音		齒音
	幫紐	並紐平	並紐仄	滂紐	明紐	非紐	奉紐	敷紐	影紐	曉紐	以紐	匣紐	見紐	疑紐	莊紐
總數	143	54	60	10	1	8	10	1	2	1	1	2	1	2	1
297	268					19			6				3		1

由上表可見，《六音字典》297 個比母字來自中古 5 個異源層次：其一，來自重唇音 268 字，占總數 90.24%；幫紐字在《六音字典》裏讀作比母最多，應屬上古音層次；並紐字不分平仄可讀作比母，邵榮芬(1995)考證宋代閩北"重唇並母也有失去濁音的例子"，元代中原語音已濁音清化，應屬宋元語音變異層次；滂紐、明紐也可讀作比母，明代福建閩北政和方音的演變層次。其二，來自輕唇音 19 字，占總數 6.40%；輕唇音非紐、敷紐和奉紐也可讀作比母，邵榮芬(1995)考證宋代閩北"幫並非奉"讀作[p]，屬宋代閩北方音層次；其三，來自喉音 6 字，占總數 2.02%；其四，來自牙音 3 字，占總數 1.01%；其五，來自齒音 1 字，占總數 0.34%。喉音、牙音、齒音聲母字在明本《六音字典》讀作比母，應屬明代政和方音的變異層次。

第三節　"求"母考

《六音字典》求母，現代政和方言讀作[k]。它主要來源於中古牙音，少数來源于喉音、舌音、半舌、半齒音、唇音等聲母。

1.《六音字典》中古牙音聲母讀作求母有 635 字：(1)中古見紐讀作求母有 500 字：【本字母】②棍貫灌，③竿乾幹干鰥冠，④管，⑥幹慣觀；【風字母】①光，④廣鑛；【通字母】②貢肛，③公蚣工功攻，⑥猶；【順字母】①君，②供，③君宮軍皸焜均鈞恭巾弓躬，④拱拳；【朗字母】①岡崗鋼，②鋼缸艮槓贛，③江矼杠搁豇綱剛泔疳罡，④講肱敢；【唱字母】①姜薑；【聲字母】②鏡，③驚；【音字母】①荊京巠經金今，②敬禁勬，③襟，④景警儆錦槿謹，【音字母】④緊，⑥竟境兢逕徑頸；【坦字母】①甘苷賡羹尷更，②監鑑降，③哽，④減感埂敢，⑥絳橄；【横字母】④梗杆簳笴；【班字母】①跟艱肩庚姦奸趕耕畊間，②更諫，④耿炯烱繭狷亙柬揀簡梗，⑥間澗；【先字母】①兼堅，②劍劒見，③乾，④檢；【備字母】①几机幾機譏饑磯璣姬肌基箕雞鸡，②記紀繼继既既，③踦乩，④几麂，⑤吉頡桔給亟極急級戟棘激，⑥擊刮稽冀异；【結字母】②計，⑤孑揭揭刦刧絜潔結袺訐，⑥椅；【射字母】③迦，⑤孓；【舌字母】②寄饑飢，⑤夬獗決訣抉赽刔劂撅譎暨，⑥敧；【有字母】①鳩丩朻樛，②究赳救灸，④九玖久夂；【條字母】①茄，③驕嬌憍撟喬，④矯繳曒皦皎晈，⑤屩，⑥叫嘂蕎簥較；【交字母】①交校蛟鮫挍郊皐膠，②較酵教，④攪姣佼杲稿槀槁縞翯絞狡；【合字母】②告誥膏餇，③歌哥高膏篙笴羔糕餻，⑤閣各桷箇個个；【克字母】⑤格革虢鬲，⑥嗝嘓；【百字母】①跏，②賈價嫁稼唊椵駕枷斝斚，③家佳嘉加枷笳袈假檟，⑤甲鉀韐袷裌膈隔槅郟夾蛤玨捔傕覺；【化字母】①瓜柧瓠，②卦掛褂罣，④骨刮寡；【果字母】①過，②過过，④果菓，⑤郭槨椁鞹；【直字母】⑥馘聝嘓；【出字母】①規龜亀龟圭閨邽珪歸归皈，②癸貴季桂，③桂葵，④鬼宄晷詭；【推字母】②滑髻，④粿，⑤國国骨，⑥傀；【闊字母】②怪恠，④拐枴柺乖，⑤葛割适；【乃字母】①皆階該荄陔街雞鶏，②介芥界隔尬楞疥廨解鮮戒誡蓋葢盖，③鮭頬，④解鮮屆杚槩改，⑤荚；①溝勾鉤鈎，②夠，④苟狗笱耇垢坸姤，⑥冓搆構覯遘購煹媾彀斠；【述字母】①居倨裾車，②俱句瞿鋸，④舉擧杵柜矩，⑤匊掬鵴鞠諊鞫菊葦權，⑥踞拘據醵屨窶；【古字母】①孤呱觚罟菰姑酤沽辜鴣，②故固顧顾喻嗆，③牯，④古估罟詁嘏鈷鼓皷瞽股蠱賈，⑤穀玨谷告鵠殺牯轂角轂鷇。(2)中古群纽平声读作求母有59字:【本字母】①裙；【風字母】③狂誑；【順字母】①裙，③羣群窮勤懃；【唱字母】③强彊；【音字母】①勍，③禽檎琴芩蔓瓊琼芹；【備字母】①旗旂畿綦，③奇錡騎琦棋碁麒期岐祈祁衹芪耆；【有字母】③求裘毬俅虯虬；【條字母】①橋，②嶠渠伊，③僑翹；【出字母】①馗逵；【乃字母】③鯕；【述字母】③衢氍，⑥渠蕖蘧懅。(3)中古群纽仄声读作求母有42字:【通字母】⑥共；【順字母】④共，⑥共；【音字母】③唫，④覲，⑥競滛妗；【坦字母】③箝；【先字母】②儉，⑥件；【備字母】⑤及笈，⑥技忌；【結字母】③傑杰，⑤竭偈；【射字母】②屐，③伽；【有字母】⑥舊旧舅；【條字母】⑥轎；【出字母】⑥匱櫃掘；【述字母】②具懼惧炬钜，④苣距，⑤虡，⑥巨钜拒詎局遽。(4)中古溪紐讀作求母有 27 字:【順字母】①芎;【唱字母】①羗羌;【音字母】③衾;【先字母】①鏗慳;【備字母】④屺,⑤杞,⑥跂企;【結字母】⑤挈詰;【舌字母】③簭;【條字母】⑤轎;【交字母】④栲犒;【合字母】②礐酷蚵;⑤醘;【百字母】①豈;【出字母】③跪,④傀;【後字母】⑥詬;【述字母】⑤髷;【古字母】①骷枯。(5)中古疑紐讀作求母有 6 字:【音字母】③吟;【交字母】②咬嚙齩;【推字母】②頟;【乃字母】④言。

2.《六音字典》中古喉音聲母讀作求母有 35 字:(1)中古曉紐讀作求母有 5 字:【順字母】①褌;【結字母】⑤擷;【射字母】②擷;【百字母】②呷;【後字母】⑥詾。(2)中古匣紐讀作求母有 26 字:【順字母】⑥烘;【聲字母】③行;【音字母】③咸醎;【音字母】⑥脛踁;【坦字母】①酣;【班字母】①橺,④迥;【先字母】③癇;【備字母】⑥嵇;【結字母】⑤纈襭;【條字母】④檄,⑥藠;【合字母】②硞;【百字母】③峽;【闊字母】④踝;【後字母】②厚,③猴;【古字母】①弧怙,②啪,③黏糊,④岵。(3)中古影紐讀作求母有 2 字:【化字母】④摦;【推字母】②薈。(4)中古以紐讀作求母有 1 字:【順字母】③勻。(5)中古云紐讀作求母有 1 字:【順字母】③筠。

3.《六音字典》中古齒音聲母讀作求母有 12 字:(1)中古章紐讀作求母有 4 字:【唱字母】③麞獐;【備字母】⑥忮伎。(2)中古莊紐讀作求母有 1 字:【百字母】⑥蚱。(3)中古初紐讀作求母有 4 字:【射字母】②杈艾;【百字母】③岔;【古字母】⑤擉。(4)中古生紐讀作求母有 1 字:【橫字母】②閂。(5)中古精紐讀作求母有 1 字:【後字母】②足。(6)中古心紐讀作求母有 1 字:【後字母】④鈒;

4.《六音字典》中古舌音聲母讀作求母有 7 字:(1)中古端紐讀作求母有 1 字:【出字母】⑥甗。(2)中古透紐讀作求母有 1 字:【推字母】②汑。(3)中古定紐讀作求母有 1 字:【條字母】③苕。(4)中古泥紐讀作求母有 2 字:【結字母】⑥籋鑷。(5)中古知紐讀作求母有 1 字:【交字母】②耵。(6)中古娘紐讀作求母有 1 字:【結字母】⑥鑷。

5.《六音字典》中古半舌半齒聲母讀作求母有 4 字:(1)中古來紐讀作求母有 3 字:【本字母】⑥裸;【射字母】②了;【交字母】①醪。(2)中古日紐讀作求母有 1 字:【通字母】⑥如。

6.《六音字典》中古唇音聲母讀作求母有 4 字:(1)中古並紐讀作求母有 1 字:【乃字母】④爿。(2)中古敷紐讀作求母有 1 字:【備字母】①妃。(3)中古奉紐讀作求母有 1 字:【百字母】③峪。(4)中古微紐讀作求母有 1 字:【備字母】①未。

據統計,《廣韻》有 696 字讀作《六音字典》的求母字。它們來源於中古牙音、喉音、齒音、舌音、舌半齒音、脣音等聲母字。請看下表:

《六音字典》求母(一)

中古聲母	牙音					喉音					齒音					
	見紐	群紐平	群紐仄	溪紐	疑紐	曉紐	匣紐	影紐	以紐	云紐	章紐	莊紐	初紐	生紐	精紐	心紐
總數	500	59	42	27	6	5	26	2	1	1	4	1	4	1	1	1
696	634					35					12					

《六音字典》求母(二)

舌音						舌半齒		脣音			
端紐	透紐	定紐	泥紐	知紐	娘紐	來紐	日紐	並紐	敷紐	奉紐	微紐
1	1	1	2	1	1	3	1	1	1	1	1
7						4		4			

由上表可見,《六音字典》696 個求母字來自中古 6 個異源層次:其一,來自牙音 634 字,占總數 91.09%;牙音中見母字在《六音字典》裏讀作求母最多,屬上古音層次;邵榮芬(1995)考證宋代閩北"見群"讀作[k],屬宋代閩北語音層次;溪母、疑紐字也可讀作求母字,應是明代政和方音的演變層次。其二,來自喉音 35 字,占總數 5.03%;其三,來自齒音 12 字,占總數 1.72%;其四,來自舌音 7 字,占總數 1.01%;其五,來自半舌半齒音 4 字,占總數 0.57%;其六,來自脣音 4 字,占總數 0.57%。喉音、齒音、舌音、半舌音、半齒音、脣音聲母字在明本《六音字典》讀作求母,亦屬明代政和方音的變異層次。

第四節 "氣"母考

《六音字典》氣母,現代政和方言讀作[k‘]。它主要來源於中古牙音、喉音、齒音、半舌音、脣音、舌音等聲母。

1.《六音字典》中古牙音聲母讀作氣母有 250 字:(1)中古溪紐讀作氣母有 187 字:【本字母】②困,③坤,④悃墾匹緄稇款;【風字母】③筐匡,⑥曠壙;【通字母】①空,③控,④孔,⑥壙;【順字母】①穹,③困埪鋆,④恐肯肎;【朗字母】①

康，②囥磡，③糠穅，④匟；【唱字母】⑥控；【聲字母】①輕；【音字母】①欽卿，②慶磬，④頃傾；【坦字母】①嵌堪龕坑，②勘，④坎砍刊慷，⑥抗伉亢；【班字母】①牽，④犬，⑥看；【先字母】①謙愆𠎝騫，②欠，④遣譴；【備字母】②器噐氣炁炁棄弃，③欺欹攲崎，④起豈啟，⑤乞喫；【結字母】②契，⑤缺，⑥隙怯慊謙歉；【舌字母】①快，③開，⑤闕瀱缺；【有字母】①邱坵丘北蚯；【條字母】②竅，⑤却卻郄，⑥觥；【交字母】②靠，③跤骹尻，④考巧丂；【合字母】①軻咼炣，②去，③呿，④可，⑤確；【克字母】③喀，⑤刻咳克尅剋；【百字母】①搭，⑤客，⑥喀；【化字母】①誇夸姱跨胯；【果字母】②課顆，③科窠軀；【出字母】①闚窺，③虧，⑥簣；【推字母】①魁奎盔悝，②塊，⑤窟；【闊字母】⑤渴闊，⑥快蒯；【乃字母】②棄，③溪谿磎開，④愷豈塏鎧楷揩，⑥慨愾；【後字母】②叩扣寇釦簆；【述字母】①區嶇摳驅軀，②去呿，④起，⑤曲麯麴囷屈；【古字母】②庫褲袴絝挎刳，④苦筈哭，⑤殼慤。(2)中古群紐平聲讀作氣母有11字：【唱字母】①彊腔羫；【音字母】③擒捦；【先字母】①鉗箝，④虔；【備字母】①蜞，③其；【述字母】①劬。(3)中古群紐仄聲讀作氣母有13字：【順字母】②窘，③菌，⑥桕；【唱字母】④强，⑥彊；【有字母】⑥咎臼柩；【出字母】②揆，⑤倔，⑥鐀；【推字母】②饋；【述字母】⑤掘。(4)中古見紐讀作氣母有35字：【本字母】③昆崑鶤，④舘館；【唱字母】①畺；【音字母】①矜；【先字母】④謇蹇；【備字母】⑤戛訖吃；【結字母】⑤鈌疾；【舌字母】⑤厥蕨；【條字母】⑤脚，⑥蹻；【合字母】①柯，④哿，⑥搉；【果字母】③戈堝；【出字母】⑤屈，⑥憒；【推字母】②膾愧媿；【闊字母】⑤澗；【乃字母】④剴丐，⑥概槩；【述字母】①駒敂。(5)中古疑紐讀作氣母有4字：【條字母】⑥鼽；【推字母】②隗；【乃字母】③獃，④罊。

2.《六音字典》中古喉音聲母讀作氣母有21字：(1)中古曉紐讀作氣母有12字：【風字母】⑥況貺；【順字母】②燻；【備字母】⑤迄；【百字母】①咳；【推字母】⑤壑；【後字母】②蔻；【古字母】④滸琥虍鄜虩。(2)中古匣紐讀作氣母有7字：【本字母】③焜；【交字母】④覈；【合字母】①苛，④涸，⑥盍；【推字母】②繪殨。(3)中古影紐讀作氣母有2字：【合字母】⑥搕；【述字母】①傴。

3.《六音字典》中古齒音聲母讀作氣母有11字：(1)中古章紐讀作氣母有2字：【班字母】①掌；【射字母】③枝。(2)中古昌紐讀作氣母有2字：【推字母】⑤郝；【述字母】①樞。(3)中古莊紐讀作氣母有1字：【射字母】⑥皺。(4)中古精紐讀作氣母有2字：【舌字母】①早蚤。(5)中古清紐讀作氣母有3字：【音字母】③取;【備字母】⑥楝;【出字母】⑥清。(6)中古心紐讀作氣母有 1 字:【直字母】①慫。

4.《六音字典》中古舌音聲母讀作氣母有 2 字:(1)《六音字典》中古知紐讀作氣母有 1 字:【出字母】④豬。(2)《六音字典》中古徹紐讀作氣母有 1 字:【述字母】①樗。

5.《六音字典》中古半舌音聲母讀作氣母有 1 字:中古來紐讀作氣母有 1 字:【果字母】②裸。

6.《六音字典》中古唇音聲母讀作氣母有 1 字:中古滂紐讀作氣母有 1 字:【後字母】②皰。

據統計,《廣韻》有 286 字讀作《六音字典》的氣母字。它們來源於中古牙音、喉音、齒音、半舌音、唇音、舌音等聲母字。請看下表:

《六音字典》氣母																		
中古聲母	牙音					喉音			齒音						半舌音	唇音	舌音	
	溪紐	群紐平	群紐仄	見紐	疑紐	曉紐	匣紐	影紐	章紐	昌紐	莊紐	精紐	清紐	心紐	來紐	滂紐	知紐	徹紐
總數	187	11	13	35	4	12	7	2	2	2	1	2	3	1	1	1	1	1
286	250					21			11						1	1	2	

上表可見,《六音字典》286 個氣母字來自中古 6 個異源層次:其一,來自牙音 250 字,占總數 87.41%;牙音中溪母字在《六音字典》裏讀作氣母最多,屬上古音層次;群母字不分平仄可讀作氣母字,説明濁音清化,屬元代語音層次;見母、疑紐字也可讀作氣母字,屬明代政和方音的演變層次;其二,來自喉音 21 字,占總數 7.34%;其三,來自齒音 11 字,占總數 3.85%;其四、其五,來自半舌音、唇音各 1 字,各占總數 0.35%;其六,來自舌音 2 字,占總數 0.70%。喉音、齒音、舌音、半舌音、唇音少數聲母字在明本《六音字典》讀作氣母,應屬明代政和方音的變異層次。

第五節 "中"母考

《六音字典》中母,現代政和方言讀作[t]。它主要來源於中古舌頭音、舌上音，少數來源於齒音、牙音、喉音、半舌音、唇音。

1.《六音字典》中古舌頭音聲母讀作中母有331字：(1)中古端紐讀作中母有134字：【本字母】①端丹，②旦單，③單，④頓詛墩鐜，⑥斷断煅；【通字母】①東冬笗苳，②棟，④凍董懂；【順字母】①登燈灯，②橙凳；【朗字母】①當，②當，④黨党；【聲字母】⑥埞定；【音字母】①丁叮，④鼎頂嵿；【坦字母】②耽擔担亶，③擔担，④膽胆；【班字母】②店訂，③釘，④等點点戥典，⑥墊殿；【先字母】①顛巔，②奠，③癲，④典，⑥玷坫；【備字母】②帝蒂蝃蝃，③隄，④氐底抵邸低，⑤的啇嫡滴適，⑥地；【有字母】③丟；【條字母】①凋雕刁刐刟，②弔吊釣瘹的；【合字母】①多刀，②到，④倒島，⑤朶朵躲，⑥剁啄噣擣擣；【百字母】④打，⑤答荅褡妲，⑥跢；【直字母】③戴，⑤德徳得；【出字母】③搥，⑥磓；【推字母】②對对碓，③堆磓，④短，⑤裰掇；【闊字母】②帶戴；【乃字母】④底；【古字母】①都闍覩，②妬妒蠹，③賭堵，⑤篤督。(2)中古定紐平聲讀作中母有84字：【本字母】③壇檀彈團；【通字母】①疼桐筩筒独烔，③同仝銅彤童瞳；【順字母】①藤，③豚騰謄滕騰，④待；【朗字母】①屯搪，②沌鈍遁盾，③堂螳棠唐塘溏；【音字母】①殄，③停廷庭霆；【班字母】①填，③亭甜覃；【先字母】①恬，③田；【備字母】③緹題；【交字母】③鼗逃跳淘陶濤；【條字母】①調銅條迢；【合字母】③駝沱跎跎陀萄馱；【乃字母】①蹄蹏，③駘跆台抬擡臺薹；【古字母】①途圖啚，③塗途荼酴徒瘏屠。(3)中古定紐仄聲讀作中母有96字：【本字母】②誕，④邊，⑥段緞；【通字母】②動，③洞；【音字母】②錠定，③第，⑥陣陈診；【坦字母】②但談淡，⑥簟憚誕軑甸佃鄧；【先字母】③鈿，⑥電；【備字母】②締弟悌弟第，⑤狄翟荻笛滌棣敵；【結字母】②牒，⑤揲叠疊迭跌瓞軼耋耋恎，⑥弟；【射字母】⑥糴；【交字母】②導道盗，⑥稻；【合字母】③度惰墮，⑤掉鐸惰奪；【克字母】③特；【百字母】①嚞，⑥蹈；【推字母】②兑，⑥兑袋岱；【闊字母】②舵柂蓬，⑥大；【乃字母】②代岱黛玳待，⑥怠殆逮迨；【古字母】②毒，⑤讀牘瀆櫝黷瀆犢獨独跌，⑥肚杜度鍍渡。(4)中古透紐讀作中母有14字：【本字母】⑥彖；【朗字母】②蕩；【備字母】⑤逖；【結字母】②蝶；【合字母】③佗它，⑤橐；【闊字母】③達；【乃字母】②貸，⑥逹逹；【古字母】①悇，③啥荼。(5)中古泥紐讀作中母有3字：【本字母】②暖煖；【述字母】③蟹。

2.《六音字典》中古舌上音聲母讀作中母有129字：(1)中古知紐讀作中母有53字：【順字母】①衷中忠；【順字母】②中，④塚塜冢；【朗字母】①迚，④漲漲;【唱字母】①張,②賬帳瘬脹,④長;【音字母】①貞禎徵珍,②鎮,③砧埕;【備字母】①知,②智知置置致;【結字母】①爹,⑤哲喆;【射字母】⑤摘謫,⑥犺;【舌字母】⑤輒;【有字母】②晝;【條字母】①朝嘲,②中;【合字母】⑤桌琢;【百字母】④追,⑤剳;【出字母】③追;【述字母】①猪豬,⑤竹竺築;【古字母】③貯貯,⑤箸。(2)中古澄紐平聲讀作中母有33字:【順字母】③重;【朗字母】①腸撞,③長;【音字母】①陳蔯懲愻瀓澄,③塵沉;【先字母】①纏,③纏;【備字母】③遲踟持;【結字母】③池篪箎;【有字母】①綢紬裯,③儔疇躊;【百字母】①茶;【述字母】①櫥廚,③躕躇除篨。(3)中古澄紐仄聲讀作中母有42字:【通字母】⑥重;【唱字母】②仗,③場,⑥丈杖;【聲字母】②擲,③呈程,⑥鄭;【射字母】⑥宅;【合字母】⑤棹;【直字母】⑥直直;【出字母】⑥硾磓碓腿縋;【述字母】⑥箸筯軸;【古字母】②苧紵,③佇竚,⑥羜;【備字母】②治治值植,③痔姪侄;【結字母】②帙,⑤秩;【有字母】②伷胄宙紂籀;【條字母】②肇兆。(4)中古徹紐讀作中母有1字:【備字母】③笞。

3.《六音字典》中古齒音聲母讀作中母有17字:(1)中古章紐讀作中母有2字:【備字母】④砥;【古字母】②柘。(2)中古昌紐讀作中母有1字:【古字母】⑤觸。(3)中古船紐讀作中母有3字:【備字母】④舓舐;【述字母】②術。(4)中古書紐讀作中母有2字:【唱字母】③瘍;【備字母】③弛。(5)中古禪紐讀作中母有1字:【備字母】②殖。(6)中古莊紐讀作中母有1字:【百字母】⑤痄。(7)中古崇紐讀作中母有3字:【述字母】③鋤耡耝。(8)中古生紐讀作中母有1字:【述字母】③縮。(9)中古清紐讀作中母有1字:【古字母】①清。(10)中古心紐讀作中母有2字:【結字母】②韘;【百字母】⑤鎝。

4.《六音字典》中古牙音聲母讀作中母有7字:(1)中古見紐讀作中母有5字:【坦字母】②躭;【條字母】②幹干;【百字母】⑤寄;【推字母】⑥及。(2)中古群紐仄聲讀作中母有1字:【古字母】⑤匱。(3)中古疑紐讀作中母有1字:【乃字母】③歹。

5.《六音字典》中古喉音聲母讀作中母有6字:(1)中古以紐讀作中母有3字:【備字母】③夵;【百字母】③爺;【結字母】①爺。(2)中古匣紐讀作中母有1字:【古字母】①睍。(3)中古影紐讀作中母有2字:【聲字母】③莖;【坦字母】③映。

6.《六音字典》中古半舌音聲母讀作中母有3字:中古來紐讀作中母有3字:【備字母】④裏裡;【述字母】①櫚。

7.《六音字典》中古唇音聲母讀作中母有1字：中古滂紐讀作中母有1字：【百字母】⑤皛。

據統計，《廣韻》有494字讀作《六音字典》的中母字。它們來源於中古舌頭音、舌上音、齒音、牙音、喉音、半舌音、唇音等聲母字。請看下表：

《六音字典》中母(一)												
中古聲母	舌頭音					舌上音				牙音		
	端組	定組平	定組仄	透組	泥組	知組	澄組平	澄組仄	徹組	見組	群組仄	疑組
總數	134	84	96	14	3	53	33	42	1	5	1	1
494	331					129				7		

《六音字典》中母(二)														
齒音										喉音			半舌音	唇音
章組	昌組	船組	書組	禪組	莊組	崇組	生組	清組	心組	以組	匣組	影組	來組	滂組
2	1	3	2	1	1	3	1	1	2	3	1	2	3	1
17										6			3	1

由上表可見，《六音字典》494個中母字來自中古7個異源層次：其一，來自舌頭音331字，占總數67.00%；端組、知組在《六音字典》裏讀作中母，屬上古音層次；定組平仄韻字均可讀作中母，説明濁音清化，邵榮芬(1995)考證宋代閩北"端定"讀作[t]，屬宋代閩北語音層次；透組、泥組亦可讀作中母，屬明代政和方音的演變層次；其二，來自舌上音129，占總數26.11%；知組在《六音字典》裏讀作中母，屬上古音層次；澄組平仄韻字也可讀作中母，既保留"古無舌上音"的痕跡，亦濁音清化，屬元代語音層次；透組、泥組、徹組亦可讀作中母，屬明代政和方音的演變層次；其三，來自齒音17字，占總數3.44%；其四，來自牙音7字，占總數1.42%；其五，來自喉音6字，占總數1.21%；其六，來自半舌音3字，占總數0.67%；其七，來自唇音1字，占總數0.20%。齒音、牙音、喉音、半舌音、唇音少數韻字在《六音字典》裏讀作中母字，則是明代政和語音的變異層次。

第六節　"片"母考

《六音字典》片母，現代政和方言讀作[p‘]。它主要來源於中古重唇音，少數來源於輕唇音、舌音、牙音、齒音、喉音等聲母字。

1.《六音字典》中古重唇音聲母讀作片母有165字:(1)中古滂紐讀作片母有81字:【本字母】②噴判,⑥泮;【通字母】②噴;【順字母】②噴;【音字母】①娉,④品;【坦字母】④怦;【班字母】①烹攀,⑥盼;【先字母】①偏,②騙片;【備字母】①披囷砒,④譬,⑤霹僻癖匹;【結字母】①篇批鈚撇擎,④瞥瞥;【射字母】③泒;【條字母】①漂飄膔;【交字母】②炮砲礮,⑥皰泡;【合字母】②破炏攈,③吥,⑤朴撲扑攴璞粕拍頗叵;【克字母】②胎;【百字母】②怕帕杷,③奁,④拍;【直字母】⑤珀魄;【出字母】②屁,⑥塥圤,;【推字母】②配,③坯;【闊字母】①剖破,⑤潑鏺劉;【乃字母】②派;【古字母】③浦溥,④浦誧舖瞨醭,⑤普潽朴。(2)中古並紐平聲讀作片母有19字:【本字母】①蟠磻;【通字母】①蓬;【音字母】①嬪,⑥屏;【坦字母】①彭髳蟚;【結字母】①枇;【條字母】①瓢漂,④嫖;【交字母】②炰,③庖跑匏爮;【備字母】①疲;【推字母】①皮。(3)中古並紐仄聲讀作片母有28字:【本字母】①跰,⑥伴畔;【先字母】②諞;【備字母】①被毗,⑤闢,⑥鼻;【交字母】②瀑,⑥抱雹;【推字母】②佩珮,⑥被。【條字母】④票;【合字母】⑤僕;【果字母】⑥曝暴;【乃字母】⑥稗憊;【古字母】③菢,④餔哺匍捕,⑤菢,⑥雹抱。(4)中古幫紐讀作片母有37字:【朗字母】④謗;【聲字母】③栟;【音字母】⑥儐鬢鬂髩;【先字母】⑥徧遍;【備字母】④辟,⑤襞臂辟鄙,⑥轡;【結字母】①編錍,⑤別鼈鱉;【交字母】②爆臕,③苞抛,⑥枹;【合字母】①波,⑤樸蹼;【百字母】③吧;【直字母】⑤迫;【闊字母】①掊;【乃字母】④擺,⑥秕;【古字母】④圃晡逋庯譜。

2.《六音字典》中古輕唇音聲母讀作片母有28字:(1)中古非紐讀作片母有11字:【備字母】④痱;【古字母】③搏,④甫黼豧郙脯盙簠斧父。(2)中古奉紐讀作片母有6字:【通字母】①帆,⑥縫;【古字母】④鬴釜,⑥袱祔。(3)中古敷紐讀作片母有11字:【通字母】③蜂蠭,④紡;【古字母】③麩麱麬麷鋪痡,⑤訃赴。

3.《六音字典》中古舌音聲母讀作片母有2字:(1)中古透紐讀作片母有1字:【備字母】⑥洟。(2)中古徹紐讀作片母有1字:【音字母】②騁。

4.《六音字典》中古牙音聲母讀作片母有1字:中古見紐讀作片母有1字:【推字母】③壞。

5.《六音字典》中古齒音聲母作片母有4字:(1)中古生紐讀作片母有2

字:【備字母】⑤疋;【射字母】④閂。(2)中古章紐讀作片母有1字:【班字母】⑥瓻。(3)中古清紐讀作片母有1字:【備字母】④皵。

6.《六音字典》中古喉音聲母讀作片母有1字:中古云紐讀作片母有1字:【備字母】④梀。

據統計,《廣韻》有201字讀作《六音字典》的片母字。它們來源於中古重唇音、輕唇音、舌音、牙音、齒音、喉音等聲母字。請看下表:

《六音字典》片母													
中古聲母	重唇音				輕唇音			舌音		牙音	齒音			喉音
	滂紐	並紐平	並紐仄	幫紐	非紐	奉紐	敷紐	透紐	徹紐	見紐	生紐	章紐	清紐	云紐
總數	81	18	29	37	11	6	11	1	1	1	2	1	1	1
201	165				28			2		1	4			1

由上表可見,《六音字典》201個片母字來自中古6個異源層次:其一,來自重唇音165字,占總數82.09%;滂母字在《六音字典》裏讀作片母,屬上古音層次;並紐平仄可讀作片母,説明濁音清化,屬元代語音層次;幫母亦可讀作片母,是明代政和方音的演變層次。其二,來自輕唇音28字,占總數13.93%;輕唇音非敷奉三母亦可讀作片母字,説明保留"古無輕唇音"的痕跡,屬上古、中古音層次。其三,來自舌音2字,占總數1.00%。其四,來自牙音1字,占總數0.50%。其五,來自齒音4字,占總數1.99%。其六,來自喉音1字,占總數0.50%。舌音、牙音、齒音、喉音少數聲母字在《六音字典》裏亦讀作片母,屬明代政和語音的變異層次。

第七節　"土"母考

《六音字典》土母,現代政和方言讀作[tʻ]。它多數來源於中古舌頭音、舌上音,少數來源於齒音、唇音、半舌音、喉音等聲母字。

1.《六音字典》中古舌頭音聲母讀作土母有137字:(1)中古透紐讀作土母有107字:【本字母】②歎攤炭,③呑;【通字母】③通熥,④桶統,⑥痛;【朗字母】②燙錫,③湯,④倘;【聲字母】③廳聽听;【音字母】②聽聽听;【坦字母】①貪攤,④坦;【班字母】①探撢汀,③攤;【先字母】①天添,④忝忝;【備字母】④體体醍,

⑤剔惕踼，⑥涕；【條字母】①挑，②糶，③祧恌，⑥眺趒跳；【結字母】②剃，⑤鐵銕鉄；【舌字母】①獺；【交字母】①滔韜慆叨；【合字母】①妥，②套，③汒幍，④討，⑤託托拓籜唾涶；【克字母】⑤忒忑慝踢；【百字母】①他，⑤撻躂榻塔，⑥踏；【推字母】①煺，②退蜕，③梯，④腿，⑤脱褪；【闊字母】②泰太，③拕拖，④癱；【乃字母】②替，③胎抬，⑤貼帖怗呫，⑥態；【後字母】②透，③偷媮；【古字母】②吐兔菟，④土，⑤秃瘯突怢朏忑。(2)中古定紐平聲讀作土母有11字:【通字母】①桐；【順字母】①潭；【朗字母】①糖；【結字母】①啼；【合字母】①桃；【出字母】③頽頹；【推字母】①炲；【乃字母】③苔駘；【後字母】①頭。(3)中古定紐仄聲讀作土母有12字:【朗字母】④蕩；【音字母】④艇；【備字母】⑥遞迪；【條字母】⑥窕佻銚；【嘹字母】⑥窕；【百字母】⑥蹋；【後字母】⑥毒；【古字母】④凸，⑤禱。(4)中古端紐讀作土母有7字:【本字母】③檔；【班字母】①虹；【備字母】⑥疐；【交字母】①禱；【出字母】①槌鎚；【聲字母】⑥定。

2.《六音字典》中古舌上音聲母讀作土母有25字:(1)中古徹紐讀作土母有11字:【順字母】④寵；【唱字母】②暢鬯；【音字母】④逞；【班字母】①蟶；【備字母】①黐，⑤勅飭；【有字母】①抽，③丑；【條字母】①超。(2)中古澄紐平聲讀作土母有7字:【通字母】①蟲虫；【聲字母】①程；【有字母】①籌，⑥柱；【出字母】①錘，⑥膇。(3)中古澄紐仄聲讀作土母有4字:【唱字母】⑥杖；【音字母】②賺；【射字母】⑥宅；【條字母】⑥兆。(4)中古知紐讀作土母有2字:【順字母】④冢；【備字母】⑥懥。(5)中古娘紐讀作土母有1字:【述字母】⑤朒。

3.《六音字典》中古齒音聲母讀作土母有12字:(1)中古章紐讀作土母有1字:【射字母】⑤折。(2)中古昌紐讀作土母有1字:【順字母】④喠。(3)中古書紐讀作土母有1字:【備字母】⑥啻。(4)中古初紐讀作土母有2字:【備字母】⑤敕；【有字母】③篘。(5)中古精紐讀作土母有2字:【乃字母】⑤穧；【述字母】①宰。(6)中古清紐讀作土母有1字:【朗字母】④氽。(7)中古心紐讀作土母有4字:【先字母】④筅；【備字母】①緆，⑤裼；【出字母】⑤塞。

4.《六音字典》中古唇音聲母讀作土母有2字:中古幫紐讀作土母有2字:【結字母】⑥繃；【乃字母】⑤劑。

5.《六音字典》中古半舌音聲母讀作土母有2字:中古來紐讀作土母有2字:【出字母】⑥累；【推字母】⑥楞。

6.《六音字典》中古喉音聲母讀作土母有1字:中古以紐讀作土母有1字:

【音字母】④郢。

據統計,《廣韻》有 179 字讀作《六音字典》的土母字。它們來源於舌頭音、舌上音、齒音、唇音、半舌音、喉音等聲母字。請看下表:

《六音字典》土母																			
中古聲母	舌頭音				舌上音					齒音							脣音	半舌音	喉音
	透紐	定紐平	定紐仄	端紐	徹紐	澄紐平	澄紐仄	知紐	娘紐	章紐	昌紐	書紐	初紐	精紐	清紐	心紐	幫紐	來紐	以紐
總數	107	11	12	7	11	7	4	2	1	1	1	1	2	2	1	4	2	2	1
179	137				25					12							2	2	1

由上表可見,《六音字典》179 個土母字來自中古 6 個異源層次:其一,來自舌頭音 137 字,占總數 76.54%,其中透紐居多;舌頭音透紐字在《六音字典》裏讀作土母,屬上古音層次;定紐平仄不分可讀作土母,説明濁音清化,屬元代語音層次;端紐字讀作土母,屬明代政和方音的演變層次。其二,來自舌上音 25 字,占總數 13.97%;舌上音徹紐字讀作土母,屬上古音層次;澄紐平仄不分亦讀作土母,説明濁音清化,屬元代音層次;知紐字讀作土母,屬明代政和方音的演變層次。其三,來自齒音 12 字,占總數 6.70%;其四,來自唇音 2 字,占總數 1.12%;其五,來自半舌音 2 字,占總數 1.12%;其六,來自喉音 1 字,占總數 0.56%。齒音、唇音、半舌音、喉音少數韻字在《六音字典》裏讀作土母字,屬明代政和語音的變異層次。

第八節　"全"母考

《六音字典》全母,現代政和方言讀作[ts]。它多數來源於中古齒頭音、正齒音二等、正齒音三等、舌上音等聲母字,少數來源於舌頭音、牙音、喉音、唇音、半舌音等聲母字。

1.《六音字典》中古齒頭音聲母讀作全母有 209 字:(1)中古精紐讀作全母有 119 字:【本字母】②躦;【通字母】①宗踪蹤,②糉粽,③棕椶,④總揔;【順字母】①曾,②駿俊憎縱,③餕,⑥增;【朗字母】①尊遵樽罇,②墪,③臧贓;【唱字母】①將，②將醬，③漿，④槳獎；【音字母】①精晶津旌，②浸進晉晋縉甑；【坦字母】④井上；【班字母】②糣，④翦剪；【射字母】①罝嗟嗟，④姐，⑤跡迹蹟脊；【舌字母】②漈蘁；【有字母】④酒；【條字母】①蕉鷦，②醮，③焦噍燋爝椒，⑤借；【交字母】①遭，⑥竈灶；【合字母】①槽，②佐竈灶，③早蚤，④棗枣左，⑤作做倅咎；【克字母】②箭，④仔，⑤則節；【百字母】②作，⑤匝；【直字母】②載，③栽，④子；【述字母】⑤足；【古字母】①玆孳滋嗞鼒孜且苴沮諮咨粢資姿恣菑貲呰髭，②祖，③租，④子組紫梓，⑤足哫，⑥吁呰。(2)中古從紐平聲讀作全母有 29 字：【通字母】①叢；【順字母】③從从曾層；【朗字母】③存臟藏；【唱字母】①牆墙；【音字母】③情秦蓁；【坦字母】①晴；【班字母】③蠶蚕殘；【射字母】①嵯；【條字母】①憔顦，③樵；【合字母】①鏪，③曹；【克字母】①臍；【古字母】①磁齊茨疵，③慈。(3)中古從紐仄聲讀作全母有 26 字：【順字母】②雋從，⑥贈；【音字母】⑥淨盡尽；【百字母】②胙阼昨怎卡，⑤雥；【坦字母】②靜；【射字母】②籍；【舌字母】②薺，⑥絕；【有字母】⑥就鷲；【條字母】②嚼；【合字母】②坐座矬；【述字母】②堅聚；【古字母】②自族。(4)中古清紐讀作全母有 15 字：【音字母】①侵；【射字母】①蹉，⑤磧；【合字母】③慅；【百字母】⑤綪；【化字母】③取；【古字母】①雎撮疽趄趦雌訿呰，②蔟。(5)中古心紐讀作全母有 6 字：【順字母】②峻浚濬；【條字母】①魈；【交字母】④搔；【直字母】④簺。(6)中古邪紐讀作全母有 13 字：【順字母】③松；【唱字母】③翔祥庠；【音字母】③尋蟳；【射字母】③邪；【述字母】③徐俆；【古字母】③詞祠辭辞。

2.《六音字典》中古正齒音二等聲母字讀作全母有 53 字：(1)中古莊紐讀作全母有 37 字：【朗字母】①粧妝莊裝，②壯，③庄；【坦字母】④斬；【班字母】①爭榛臻，②諍，④盞盏琖，⑥掙；【條字母】④蘸；【交字母】④找爪笊；【克字母】⑤責仄昃。【百字母】②詐榨醡，③蚱，⑤札；【古字母】①葴菹詛淄緇輜錙，②爼，③阻，④滓。(2)中古崇紐平聲讀作全母有 8 字：【通字母】③崇；【交字母】③巢；【百字母】③查；【古字母】①雛嫋齟咀，③鉏。(3)中古崇紐仄聲讀作全母有 6 字：【朗字母】③狀；【班字母】⑥棧；【百字母】②閘牐，③乍；【古字母】③助。(4)中古初紐平聲讀作全母有 2 字：【古字母】①芻，③閦。

3.《六音字典》中古正齒音三等聲母字讀作全母有 106 字：(1)中古章紐讀作全母有 89 字：【本字母】②圳；【順字母】①鍾鐘諄終，②眾種，④腫踵種煄准準；【唱字母】①章，②瘴障，④掌；【聲字母】①正，②正；【音字母】①蒸烝真眞斟旃箴針征,②政症証證,④振賑震烒整枕畛軫;【射字母】①遮,②樜蔗柘,⑤者赭隻,⑥蹠跖鷓;【舌字母】④紙舐,⑤拙;【有字母】①周賙舟州洲,②咒呪;【條字母】①昭招,②照炤,③釗,⑤酌勺;【化字母】③指;【述字母】①朱硃珠侏諸,②渚翥注註炷霔蛀麈鑄,④煮主,⑤燭烛祝粥;【古字母】⑥朔。(2)中古船紐平聲讀作全母有1字:【音字母】③繩。(3)中古昌紐讀作全母有3字:【音字母】①嗔;【述字母】①姝,②處。(4)中古禪紐讀作全母有13字:【唱字母】⑥上;【音字母】①諶忱;【條字母】⑥石鼫;【百字母】②什;【述字母】①銖茱洙薯,②曙,⑤蜀,⑥熟。

4.《六音字典》中古舌上音聲母讀作全母有37字:(1)中古知紐讀作全母有24字:【音字母】④展;【坦字母】②站;【舌字母】⑤餟輟綴;【有字母】③啁;【條字母】⑤芍著着;【交字母】⑥罩;【克字母】⑤謫;【述字母】①株蛛殊咮邾誅,②著潴住駐壴;【古字母】②钃斸。(2)中古澄紐平聲讀作全母有2字:【班字母】②澂;【述字母】③儲。(3)中古澄紐仄聲讀作全母有5字:【合字母】⑤濁濯擢;【克字母】③擇,⑤澤。(4)中古徹紐讀作全母有4字:【有字母】①惆;【述字母】②怵楮,④褚。(5)中古娘紐讀作全母有2字:【音字母】④碾;【化字母】③攄。

5.《六音字典》中古舌頭音聲母讀作全母有6字:(1)中古定紐平聲讀作全母有2字:【順字母】④橦;【班字母】②澄。(2)中古定紐仄聲讀作全母有2字:【聲字母】③淡;【交字母】④悼。(3)中古透紐讀作全母有1字:【述字母】②黈。(4)中古泥紐讀作全母有1字:【述字母】②裹。

6.《六音字典》中古牙音聲母讀作全母有6字:(1)中古見紐讀作全母有2字:【音字母】③巹;【述字母】②舉。(2)中古溪紐讀作全母有3字:【百字母】⑤恰悏愜。(3)中古疑紐讀作全母有1字:【化字母】③五。

7.《六音字典》中古喉音聲母讀作全母有6字:(1)中古匣紐讀作全母有1字:【百字母】⑤洽。(2)中古以紐讀作全母有5字:【唱字母】②癢痒;【音字母】③蠅;【射字母】⑥葉;【述字母】⑤鬻。

8.《六音字典》中古唇音聲母讀作全母有3字:(1)中古幫紐讀作全母有1字:【交字母】⑥皀。(2)中古明紐讀作全母有1字:【述字母】⑤馬。(3)中古微紐讀作全母有1字:【化字母】③物。

9.《六音字典》中古半舌來紐讀作全母有2字:【百字母】⑤藞;【直字母】

④粒。

據統計,《廣韻》有 428 字讀作《六音字典》的全母字。它們來源於齒頭音、正齒音二等、正齒音三等、舌上音、舌頭音、牙音、喉音、脣音、半舌音等聲母字。請看下表:

《六音字典》全母(一)																		
中古聲母	齒頭音						正齒音二等				正齒音三等				舌上音			
	精紐	從紐平	從紐仄	清紐	心紐	邪紐	莊紐	崇紐平	崇紐仄	初紐	章紐	船紐平	昌紐	禪紐	知紐	澄紐平	澄紐仄	徹紐	娘紐
總數	119	29	27	15	6	13	37	8	6	2	89	1	3	13	24	2	5	4	2
428	209						53				106				37				

《六音字典》全母(二)												
舌頭音				牙音			喉音		脣音			半舌音
定紐平	定紐仄	透紐	泥紐	見紐	溪紐	疑紐	匣紐	以紐	幫紐	明紐	微紐	來紐
2	2	1	1	2	3	1	1	5	1	1	1	2
6				6			6		3			2

由上表可見,《六音字典》428 個全母字來自中古 9 個異源層次:其一,來自齒頭音 209 字,占總數 48.83%,其中精紐字居多,從紐次之;其二,來自正齒音二等 53 字,占總數 12.38%,其中莊紐字居多,崇紐次之;其三,來自正齒音三等 106 字,占總數 24.77%,其中章紐字居多;其四,來自舌上音 37 字,占總數 8.64%,其中知紐字居多;其五,來自舌頭音 6 字,占總數 1.40%;其六,來自牙音 6 字,占總數 1.40%;其七,來自喉音 6 字,占總數 1.40%;其八,來自脣音 3 字,占總數 0.70%;其九,來自半舌音 2 字,占總數 0.47%。精紐在《六音字典》裹讀作全母字,反映上古音層次;莊紐、章紐、知紐在《六音字典》裹合流讀作全母,邵榮芬(1995)考證,宋代閩北方言"精知莊章從澄崇邪"讀作[ts],屬宋代音在閩北政和方音的演變層次;船紐、禪紐濁音清化讀作全母,亦屬明代閩北政和方音的演變層次;清紐、初紐、昌紐、徹紐部分韻字亦可讀作全母,亦屬明代政和方音演變層次。舌頭音、牙音、喉音、脣音、半舌音少數聲母字在《六音字典》裹讀作全母字,屬明代政和方音的變異層次。

第九節　"人"母考

《六音字典》人母，現代政和方言讀作[n]。它多數來源於中古舌頭音泥紐、舌上音娘紐、半齒音日紐字，小部分來源於喉音影紐、牙音疑紐字，少數來源於其他聲紐字。

1.《六音字典》中古半齒音聲母讀作人母有34字：中古日紐讀作人母有34字：【順字母】⑥閏潤；【朗字母】①瓤；【唱字母】⑥讓穰；【聲字母】④惹；【音字母】①人壬，②耳，④忍，⑥認；【班字母】②乳；【先字母】④染；【備字母】②日入，⑤惹，⑥二弍貳廿；【射字母】⑤譊囁；【舌字母】①撊；【條字母】③蕘，④繞遶；【合字母】⑥耎；【克字母】①如若；【百字母】⑤蚋蜹；【乃字母】①鈉；【述字母】②肉，⑤衄。

2.《六音字典》中古舌頭音聲母讀作人母有82字：(1)中古泥紐讀作人母有79字：【本字母】④暖煖，⑥嫩難；【通字母】①儂，③農；【順字母】③能，⑥膿；【朗字母】③囊，④曩；【音字母】③甯寍，⑥佞；【坦字母】①南，楠男，⑥腩；【先字母】①年，②捻拈，⑥念；【備字母】⑤溺炏；【結字母】⑤攝捏；【射字母】⑤喏；【條字母】①嬈，④嫋，⑥尿；【交字母】④碯惱腦；【合字母】①挼捼，③那挪儺娜曩，④腦惱瑙碯，⑤諾，⑥糯稬偄；【克字母】⑥濘能；【百字母】②筃，④那，⑤訥；【出字母】④餒，⑤娞；【推字母】⑥内；【乃字母】①坭泥埿，③納内衲，④乃迺孎，⑥鼐耐奈柰；【後字母】⑥耨；【古字母】①奴孥伮駑砮笯弩，⑥怒努帑。(2)中古端紐讀作人母有3字：【結字母】⑤揖；【條字母】④鳥蔦。

3.《六音字典》中古舌上音聲母讀作人母有36字：(1)中古娘紐讀作人母有34字：【順字母】①濃，⑥釀；【唱字母】①娘；【坦字母】①喃；【班字母】②赧；【先字母】①黏；【備字母】③尼妮，④你，⑤匿，⑥膩；【結字母】⑤聶躡鑷；【射字母】⑤鑷；【有字母】④鈕紐杻扭；【條字母】①鐃，②你；【交字母】③鐃，④硇，⑥鬧；【合字母】⑤搙搦；【百字母】②拏拿，⑤吶；【乃字母】④妳；【後字母】①挠；【述字母】①恧，④女，⑤恧。(2)中古知紐讀作人母有1字：【結字母】⑤輒。(3)中古澄紐仄聲讀作人母有1字：【克字母】⑥滯。

4.《六音字典》中古牙音聲母讀作人母有10字：(1)中古疑紐讀作人母有5字：【音字母】③凝；【有字母】①牛；【條字母】①澆，③堯；【述字母】②月。(2)

中古見紐讀作人母有 2 字:【射字母】⑤甲;【百字母】⑤冏。(3)中古溪紐讀作人母有 3 字:【射字母】⑤峇;【條字母】①墝磽。

5.《六音字典》中古喉音聲母讀作人母有 11 字:(1)中古影紐讀作人母有 8 字:【唱字母】⑥要;【交字母】④懊;【合字母】④懊腴;【克字母】⑤凹;【乃字母】⑤凹坳;【後字母】③柪。(2)中古曉紐讀作人母有 1 字:【通字母】②戇。(3)中古匣紐讀作人母有 1 字:【克字母】①或。(4)中古以紐讀作人母有 1 字:【條字母】②葉。

6.《六音字典》中古半舌音聲母讀作人母有 2 字:中古來紐讀作人母有 2 字:【有字母】①瘤膪。

7.《六音字典》中古脣音聲母讀作人母有 1 字:中古滂紐讀作人母有 1 字:【百字母】②叭。

據統計,《廣韻》有 176 字讀作《六音字典》的人母字。它們多數來源於舌頭音泥紐、舌上音娘紐、半齒音日紐字,小部分來源於喉音影紐、牙音疑紐字,少數來源於其他聲紐字。請看下表:

<table>
<tr><td colspan="16">《六音字典》人母</td></tr>
<tr><td rowspan="2">中古聲母</td><td colspan="2">舌頭音</td><td colspan="3">舌上音</td><td>半齒音</td><td colspan="4">喉音</td><td colspan="3">牙音</td><td>半舌音</td><td>脣音</td></tr>
<tr><td>泥紐</td><td>端紐</td><td>娘紐</td><td>知紐</td><td>澄紐</td><td>日紐</td><td>影紐</td><td>曉紐</td><td>匣紐</td><td>以紐</td><td>疑紐</td><td>見紐</td><td>溪紐</td><td>來紐</td><td>滂紐</td></tr>
<tr><td>總數</td><td>79</td><td>3</td><td>34</td><td>1</td><td>1</td><td>34</td><td>8</td><td>1</td><td>1</td><td>1</td><td>5</td><td>2</td><td>3</td><td>2</td><td>1</td></tr>
<tr><td>176</td><td colspan="2">82</td><td colspan="3">36</td><td>34</td><td colspan="4">11</td><td colspan="3">10</td><td>2</td><td>1</td></tr>
</table>

由上表可見,《六音字典》176 個人母字來自中古 7 個異源層次:其一,來自舌頭音 82 字,占總數 46.59%;其二,來自舌上音 36 字,占總數 20.45%;其三,來自半齒音 34 字,占總數 19.32%;其四,來自喉音 11 字,占總數 6.25%;其五,來自牙音 10 字,占總數 5.68%;其六,來自半舌音 2 字,占總數 1.14%;其七,來自脣音 1 字,占總數 0.57%。《六音字典》人母大部分來源於中古泥紐、娘紐和日紐,根據章炳麟"古音娘日二紐歸泥説",應屬上古音層次,邵榮芬(1995)考證,宋代閩北方言"泥娘日"讀作[n];端紐、知紐、澄紐讀作人母字,屬明代政和方音的演變層次。喉音、牙音、半舌音、齒音、脣音等少數韻字在《六音字典》讀作人母,屬明代政和方音的變異層次。

第十節　"生"母考

《六音字典》生母，現代政和方言讀作[s]。它們多數來源於齒頭音心、邪二紐，正齒三等書、禪二紐，正齒二等生紐，來、日二紐，少數來源於唇、舌、齒牙、喉其他聲紐字。

1.《六音字典》中古齒頭音聲母讀作生母有 259 字：(1)中古心紐讀作生母有 214 字：【本字母】②巽算筭散，③孫酸，④傘損；【通字母】①鬆，②宋送，④聳，⑥倯；【順字母】③僧，④筍筍；【朗字母】①喪桑，②喪，④磉顙；【唱字母】①相箱廂湘襄鑲，②相，④想鯗；【聲字母】②姓性；【音字母】①辛心新薪，②性信，④訊，⑥迅；【坦字母】③三叁，④省，⑥三；【班字母】①槮珊，②信，③先星猩，④省；【先字母】③先仙僊莶，④鮮暹，⑥先；【備字母】②四肆，③絲鷥菸司犀樨，④死，⑤析臬息熄昔惜悉蟋，⑥膝婿；【結字母】①些，⑤褻爕薛屑絏泄；【射字母】②卸瀉，④寫，⑤毢；【舌字母】④膸髓徙，⑤雪；【有字母】①羞，②秀綉繡，③修；【條字母】①蕭瀟簫宵霄焇消逍，②笑咲肖鞘削，③硝齺，④小；【交字母】③艘，④掃埽嘯少；【合字母】①唆，②燥噪譟梟，③梭鮻艘，④鎖鏁鎻嫂，⑤索；【克字母】⑤錫；【百字母】①蟋，③娑，⑤薩撒；【直字母】⑤塞；【出字母】①雖，②歲崴𡷫；【推字母】②賽，③蓑，【闊字母】①魦，⑤撒；【乃字母】①西粞樨，②恓細，③䰄，④洗葸；【後字母】②嗽漱掃埽，③擻，④叟瞍，⑥叟；【述字母】①荽綏需，②祟，③須鬚傦諝糈醑湑，⑤粟宿蓿夙恤卹驌鉥；【古字母】①嘶廝澌偲緦岁蘇蘓酥穌甦蘓私司，②泗駟嗽賜錫趚肆愬塑素嗉愫诉，⑤肅鷫速餗觫，⑥伺思。(2)中古邪紐讀作生母有 36 字：【順字母】③旬巡循，⑥頌誦；【唱字母】⑥象像；【先字母】⑥羨；【備字母】⑤習，⑥食席夕汐；【結字母】⑤襲；【射字母】⑥謝澍榭；【有字母】⑥岫袖；【條字母】⑥蓆；【乃字母】①篲；【述字母】⑤俗，⑥續緒叙敘序鱮嶼飼嗣；【古字母】⑥耜姒巳祀食。(3)中古清紐讀作生母有 6 字：【備字母】⑤舄；【百字母】②涑刺；【出字母】⑥帨；【推字母】③縗；【古字母】⑤束。(4)中古從紐平聲讀作生母有 3 字：【唱字母】⑥匠；【音字母】⑥穽阱。

2.《六音字典》中古正齒三等聲母讀作生母有 172 字：(1)中古書紐讀作生母有 81 字：【本字母】⑥瞬；【順字母】②舜，③春搘；【聲字母】③聲声；【音字母】①申呻伸紳身升陞昇，④審嬸沈陝，⑥聖圣勝；【班字母】③晒；【先字母】②扇煽，④陝；【備字母】①哂，②式試拭弑，③詩，④屎，⑤豕始失矢室釋螫晹飾；【結字母】②世呑勢，③施，⑤設；【射字母】②舍赦，④舍捨；【舌字母】②稅，⑤說；【有字母】②狩獸，③收収，④首手守；【條字母】②少，④少，⑥趙；【百字母】⑤倐；【出字母】④水，⑤戍；【述字母】②暑庶庻恕，③書书舒紓鄃，⑤叔菽；【古字母】⑤束；【唱字母】①商觴傷，④賞。(2)中古禪紐讀作生母有61字：【順字母】③純；【唱字母】②上，③常嫦裳償嘗，⑥上尚；【聲字母】③成；【音字母】②成城，③辰宸，⑥甚慎腎盛；【先字母】⑥善善繕膳饍擅；【備字母】①時塒，②侍恃寔，⑤誓氏逝筮，⑥是拾十；【結字母】⑥涉；【射字母】⑥社；【有字母】⑥受授綬壽壽夀寿；【條字母】⑤拾；【出字母】③誰，⑥瑞睡；【述字母】①殳，②署，⑤淑孰熟塾竪竪豎墅樹澍。(3)中古船紐仄聲讀作生母有15字：【順字母】⑥順；【音字母】②乘，⑥剩；【備字母】②實，⑤視示蝕；【結字母】②貰；【射字母】②射，⑥麝；【舌字母】②舌；【述字母】②杼贖，⑤述術。(4)中古船紐平聲讀作生母有7字：【順字母】③脣唇；【音字母】③晨神；【射字母】③蛇；【音字母】⑥堘塍。(5)中古章紐讀作生母有6字：【備字母】⑤識織；【有字母】④箒帚；【條字母】③斫；【述字母】②謶。(6)中古昌紐讀作生母有2字：【備字母】⑤熾；【述字母】⑤俶。

3.《六音字典》中古正齒二等聲母讀作生母有113字：(1)中古生紐讀作生母有102字：【本字母】③山，④産；【通字母】①雙双；【朗字母】①霜孀，④爽；【音字母】①甡；【坦字母】①衫杉生，③甥；【班字母】①滲潸，③生笙牲森参参；【結字母】⑤簁；【有字母】③蒐；【交字母】③筲艄莦捎，④稍；【合字母】⑤朔嗍縮數槊稍；【克字母】⑤蝨虱；【百字母】③紗杪砂沙鈔裟，⑤霎耍嗄灑洒；【直字母】④使，⑤色瑟嗇穡澀澁蹬謖；【推字母】②率帥，③衰瘦，⑤蟀刷唰涮；【闊字母】①鯊，③沙砂，⑤殺煞；【乃字母】①獅篩，⑥洒灑晒曬；【後字母】②瘦瞍潄，③搜廋瘦溲蒐；【述字母】③疋毹毹；【古字母】①師獅螄疏疎蔬梳，②數数踈，④史使所，⑤謖，⑥使。(2)中古崇紐平聲讀作生母有3字：【乃字母】③犲豺；【後字母】③愁。(3)中古崇紐仄聲讀作生母有6字：【備字母】⑥祀；【古字母】⑥俟竢士仕事。(4)中古初紐讀作生母有2字：【班字母】②柵；【百字母】⑤刹。

4.《六音字典》中古半舌音聲母讀作生母有10字：中古來紐讀作生母有10字：【通字母】①聾；【聲字母】①轔；【坦字母】①籃；【交字母】①邏；【克字母】⑥笠李；【推字母】①螺雷；【闊字母】①籮；【述字母】①蔞。

5.《六音字典》中古半齒音聲母讀作生母有 10 字：中古日紐讀作生母有 10 字：【順字母】③絨戎閏茸；【音字母】④稔；【結字母】③熱；【述字母】①濡嚅，②褥縟。

6.《六音字典》中古喉音聲母讀作生母有 8 字：(1)中古以紐讀作生母有 5 字：【結字母】⑤拽洩；【有字母】②莠；【條字母】⑥羨；【述字母】②妤。(2)中古影紐讀作生母有 1 字：【古字母】①薉。(3)中古曉紐讀作生母有 2 字：【先字母】③仚彝。

7.《六音字典》中古牙音聲母讀作生母有 6 字：(1)中古見紐讀作生母有 2 字：【條字母】⑤穀谷。(2)中古群紐平聲讀作生母有 1 字：【直字母】⑥勤。(3)中古溪紐讀作生母有 1 字：【百字母】②掐。(4)中古疑紐讀作生母有 2 字：【舌字母】⑥抈；【合字母】⑤哈。

8.《六音字典》中古舌頭音聲母讀作生母有 4 字：(1)中古端紐讀作生母有 1 字：【推字母】⑥棟。(2)中古定紐平聲讀作生母有 1 字：【先字母】③膻。(3)中古定紐仄聲讀作生母有 2 字：【本字母】⑥蛋；【出字母】⑥銳。

9.《六音字典》中古舌上音聲母讀作生母有 5 字：(1)中古知紐讀作生母有 1 字：【結字母】⑥陟。(2)中古澄紐仄聲讀作生母有 3 字：【有字母】⑥胄；【合字母】⑥鐲；【闊字母】⑥豸。(3)中古徹紐讀作生母有 1 字：【有字母】⑥妯。

10.《六音字典》中古脣音聲母讀作生母有 1 字：中古明紐讀作生母有 1 字：【有字母】⑥袂。

據統計，《廣韻》有 588 字讀作《六音字典》的生母字。它們多數來源於齒頭音心、邪二紐，正齒三等書、禪二紐，正齒二等生紐，來、日二紐，少數來源於脣、舌、齒牙、喉其他聲紐字。請看下表：

《六音字典》生母(一)

中古聲母	齒頭音				正齒音三等						正齒音二等				半舌音	半齒音
	心紐	邪紐	清紐	從紐	書紐	禪紐	船紐平	船紐仄	章紐	昌紐	生紐	崇紐平	崇紐仄	初紐	來紐	日紐
總數	214	36	6	3	81	61	7	15	6	2	102	3	6	2	10	10
588	259				172						113				10	10

《六音字典》生母(二)													
喉音			牙音				舌頭音			舌上音			唇音
以紐	影紐	曉紐	見紐	群紐平	溪紐	疑紐	端紐	定紐平	定紐仄	知紐	澄紐仄	徹紐	明紐
5	1	2	2	1	1	2	1	1	2	1	3	1	1
8			6				4			5			1

由上表可見,《六音字典》588 個生母字來自中古 9 個異源層次:其一,來自齒頭音 259 字,占總數 44.05%,其中心、邪二紐居多;其二,來自正齒音三等 172 字,占總數 29.25%,其中書、禪二紐居多;其三,來自正齒音二等 113 字,占總數 19.22%,其中生紐居多;其四,來自半舌齒 20 字,占總數 3.40%,説明部分來紐韻字讀作[-s];其五,來自喉音 8 字,占總數 1.36%;其六,來自牙音 6 字,占總數 1.02%;其七,來自舌頭音 4 字,占總數 0.68%;其八,來自舌上音 5 字,占總數 0.85%;其九,來自唇音 1 字,占總數 0.17%。心紐在《六音字典》裏讀作生母字最多,反映上古音層次;邵榮芬(1995)考證,宋代閩北方言"心邪生書常船崇"讀作[s],反映宋代閩北語音層次;來紐、日紐讀作[s],屬明代閩北政和方音的變異層次。喉音、牙音、舌音、唇音少數韻字在《六音字典》裏讀作生母,屬閩北語音的變異層次。

第十一節 "又"母考

《六音字典》又母,現代政和方言讀作[ø]。它們主要來源於喉音,少數來源於輕唇音、半齒音、齒音、牙音、齒頭音、舌音、重唇音、半舌音等聲紐字。

1.《六音字典》中古喉音聲母讀作又母有 494 字:(1)中古影紐讀作又母有 237 字:【本字母】①瘟氳温,②案按彎灣,③安鞍,④穩宛婉碗椀盌,⑥煴苑斡;【風字母】④枉影,⑥汪;【通字母】②雍邕饔癰蕹蓊;【順字母】①殷慇,③翁,④壅擁隱;【朗字母】②暗,③庵菴秧,④影;【唱字母】①央殃,③鴦;【聲字母】⑥映;【音字母】①英瑛因曰咽姻絪煙烟罌嬰纓櫻鸚鷹陰陰音,②應应蔭𪆟印,④影飲;【坦字母】②俺,④晻唵;【班字母】①恩鶯鸎;【先字母】①焉厭胭湮堙煙烟,②醼讌燕晏宴燕鷰餍厭,③焉,④偃淹奄掩揜,⑥醃;【備字母】①衣依伊噫醫,②意薏瞖翳懿,③漪,⑤一壹乙益縊邑鳦挹揖,⑥億憶倚衣;【結字母】④椅;

【有字母】①憂優呦幽麀，②幼；【條字母】②要，③夭要腰喓妖殀邀，⑤約，⑥要；【交字母】②奧；【合字母】①猗漪阿婀，④褸，⑤惡恶；【克字母】⑤抑厄阸搤扼摩；【百字母】①鴉挜阿，④啞瘂婭亞，⑤壓筴押鴨；【化字母】①蛙哇挖，③摦；【果字母】①窩渦堝唩，③踒；【直字母】③膉；【出字母】②畏，③威，⑤鬱欝委蔚尉熨慰煨揋懊郁；【推字母】③燠，⑥碨渨隈隩澳；【乃字母】①唉，②愛爱，③哀挨埃，④矮躷，⑤欸靄藹餲遏隘閼；【後字母】①毆謳甌漚嘔鷗，②抝謝；【述字母】①於唹，②淤；【古字母】①惡窨杇，②污汙惡瘀，③烏，④塢，⑤屋齷握幄喔偓剭渥沃噁諳。(2)中古以紐讀作又母有163字：【順字母】④尹允踴勇，⑥用；【唱字母】①陽昜暘楊洋羊佯，③揚，④養攁，⑥樣様恙；【聲字母】①贏營；【音字母】④引蚓，⑥胤；【先字母】①閻鹽塩盐，③延筵，④衍琰演，⑥孕艷豔爓焰啖焱；【備字母】②翌易翼翊異，③夷胰姨遺貽詒怡移匜迤頤，④以苡苢已，⑤溢逸弋曳拽掖液洩繹驛懌奕弈佚；【結字母】③爺爷，⑥易；【射字母】①役耶鄦鎁，③亦余，④野；【舌字母】①蛇，⑤悅説；【有字母】①油攸悠，②酉，③由繇猶猷卣蝣蝤遊迂游，⑥釉柚誘蜏牖；【條字母】①洮姚搖颻嗂窑遥謠瑤，⑤龠，⑥耀燿曜矅躍；【合字母】③唯；【出字母】⑥窳遺；【推字母】②欲；【述字母】②浴，③餘俞榆瑜璵覦渝窬臾腴萸庾諛予余歟與旟輿，④與予，⑤慾欲，⑥欲鴒與譽裕裕蕷預豫喻諭愉愈逾踰。(3)中古云紐讀作又母有46字：【本字母】④爰；【風字母】①王，②王，④往，⑥旺；【順字母】④永；【先字母】①炎；【備字母】④矣；【舌字母】⑤曰；【有字母】②又，③尤友郵，④有，⑥侑宥囿右祐佑；【直字母】⑤喐；【出字母】①韋暐幃圍闈帷，③煒違偉湋，⑥位衛衞胃渭謂爲；【述字母】①于盂芋，③羽，②宇，⑤雨，⑥煜芋。(4)中古匣紐讀作又母有31字：【本字母】③紈，④緩，⑥宦換；【風字母】①黄鰉鱑惶，③簧磺煌凰皇；【先字母】③賢贒絃弦；【備字母】①兮；【射字母】①椵；【合字母】①荷；【百字母】⑤挾俠狹匣；【化字母】③嘩驊，⑥話嚓，【果字母】③和，⑥和；【推字母】①禾。(5)中古曉紐讀作又母有17字：【本字母】⑥奐奂煥；【合字母】⑥荷；【化字母】③譁華蕐；【果字母】④伙夥；【出字母】②諱；【後字母】④吼吽；【述字母】①吁盱雩，②訏，④嘘。

2.《六音字典》中古輕唇音聲母讀作又母有46字：(1)中古非紐讀作又母有7字：【朗字母】②放；【闊字母】⑤弗沸芴紱黻；【古字母】④扶。(2)中古敷紐讀作又母有3字：【闊字母】⑤艴拂；【古字母】④撫。(3)中古奉紐讀作又母有10字：【本字母】③煩墳坟樊礬焚；【風字母】③逢；【朗字母】③凡九；【古字母】

⑤負。(4)中古微紐讀作又母有 26 字:【本字母】③聞文紋雯萬万,④刎挽晚,⑥聞;【朗字母】②望,③忘亡亾,⑥妄;【闊字母】④物,⑤勿;【古字母】②侮,③武鵡,④蕪舞儛廡憮,⑤婺。

3.《六音字典》中古半齒音聲母讀作又母有 41 字:中古日紐讀作又母有 41 字:【先字母】③然燃仁,④冉苒髯,⑥任荏姙妊双刃仞訒;【備字母】⑤馹;【有字母】③柔平;【條字母】④擾,⑤若箬弱;【百字母】①啹;【述字母】③如茹而唒輀儒薷兒唲,④爾汝邇耳駬,⑤辱嗕溽,⑥耳孺。

4.《六音字典》中古齒音聲母讀作又母有 25 字:(1)中古章紐讀作又母有 8 字:【先字母】①甄,⑥娠;【備字母】③梔;【條字母】②沼詔;【述字母】②屬属囑。(2)中古船紐平聲讀作又母有 2 字:【先字母】③神晨。(3)中古書紐讀作又母有 5 字:【聲字母】①守;【先字母】④閃;【備字母】⑤施;【化字母】③葉;【述字母】③黍。(4)中古禪紐讀作又母有 10 字:【先字母】③蟬禪嬋辰宸;【條字母】①韶劭,②邵紹;【交字母】④折。

5.《六音字典》中古牙音聲母讀作又母有 19 字:(1)中古見紐讀作又母有 8 字:【本字母】⑥簳幹;【唱字母】④養;【先字母】①鹽;【備字母】⑥驥;【化字母】①呱;【果字母】①鍋蝸。(2)中古溪紐讀作又母有 4 字:【備字母】②綺;【化字母】①咼;【後字母】①摳;【古字母】②鄡。(3)中古群紐仄聲讀作又母有 1 字:【果字母】①窶。(4)中古疑紐讀作又母有 6 字:【本字母】④阮;【備字母】④顗;【舌字母】⑤刖;【百字母】⑥娩;【乃字母】④娾;【述字母】⑥禦。

6.《六音字典》中古齒頭音聲母讀作又母有 10 字:(1)中古從紐平聲讀作又母有 1 字:【有字母】③酋。(2)中古從紐仄聲讀作又母有 1 字:【乃字母】⑥啐。(3)中古心紐讀作又母有 3 字:【備字母】⑤泄;【出字母】⑤荽;【述字母】⑥絮。(4)中古邪紐讀作又母有 5 字:【唱字母】⑥橡;【先字母】③涎;【有字母】③泅汓;【述字母】③嶼。

7.《六音字典》中古舌音聲母讀作又母有 6 字:(1)中古泥紐讀作又母有 3 字:【合字母】⑤能;【出字母】⑤喂;【乃字母】④婑。(2)中古徹紐讀作又母有 1 字:【述字母】①樗。(3)中古娘紐讀作又母有 2 字:【百字母】⑤柅;【述字母】④女。

8.《六音字典》中古重唇音聲母讀作又母有 5 字:(1)中古幫紐讀作又母有 1 字:【結字母】⑤擘。(2)中古滂紐讀作又母有 1 字:【條字母】⑥飄。(3)中古並組平聲讀作又母有 1 字:【風字母】③蓬。(4)中古並組仄聲讀作又母有 1 字:【有字母】②葩。(5)中古明組讀作又母有 1 字:【聲字母】①牧。

9.《六音字典》中古半舌音聲母讀作又母有 3 字:中古來組讀作又母有 3 字:【備字母】④呂;【條字母】⑥睔;【百字母】①了。

據統計,《廣韻》有 649 字讀作《六音字典》的又母字。它們來源於喉音、輕唇音、半齒音、齒音、牙音、齒頭音、舌音、重唇音、半舌音等聲紐字。請看下表:

《六音字典》又母(一)														
中古聲母	喉音					輕唇音				半齒音	齒音			
	影組	以組	云組	匣組	曉組	非組	敷組	奉組	微組	日組	章組	船組	書組	禪組
總數	237	163	46	31	17	7	3	10	26	41	8	2	5	10
649	494					46				41	25			

《六音字典》又母(二)																
牙音				齒頭音				舌音			重唇音					半舌音
見組	溪組	群組	疑組	從組平	從組仄	心組	邪組	泥組	徹組	娘組	幫組	滂組	並組平	並組仄	明組	來組
8	4	1	6	1	1	3	5	3	1	2	1	1	1	1	1	3
19				10				6			5					3

由上表可見,《六音字典》649 個又母字來自中古 9 個異源層次:其一,來自喉音 494 字,占總數 76.12%,其中影、以二組居多;其二,來自輕唇音 46 字,占總數 7.09%;其三,來自半齒音 41 字,占總數 6.32%;其四,來自齒音 25 字,占總數 3.85%;其五,來自牙音 19 字,占總數 2.93%;其六,來自齒頭音 10 字,占總數 1.54%;其七,來自舌音 6 字,占總數 0.92%;其八,來自重唇音 5 字,占總數 0.77%;其九,來自半舌音 3 字,占總數0.46%。影組字在《六音字典》裏讀作又母字最多,反映上古音層次;邵榮芬(1995)考證,宋代閩北方言“疑影雲以組”字讀作[ø],應屬宋代閩北音層次;微組、曉組、日組分化爲又母字,應屬明代政和方言的演變層次;輕唇音、齒音、牙音、舌音、重唇音、半舌音少數韻字在《六音字典》裏讀作又母字,應屬明代政和方言變異層次。

第十二節　“名”母考

《六音字典》名母，現代政和方言讀作[m]。它們主要來源於中古重唇音字，少数来源于輕唇音、齒音、舌頭音、喉音、牙音等聲母字。

1.《六音字典》中古重唇音聲母讀作名母有 234 字：(1)中古名紐讀作名母有 224 字：【本字母】③瞞，④滿；【通字母】③蒙，④懞懵，⑥傍夢夢梦瞢；【順字母】⑥捫悶懣；【朗字母】③茫忙芒，④莽；【聲字母】①名，⑥命；【音字母】①眠喕，③名民鳴，④銘茗澠黽皿盟閩憫旻閔敏冥瞑螟，⑥命；【坦字母】①盲卬，②萌；【班字母】①蠻蛮饅，④猛，⑥孟慢謾；【先字母】①綿棉緜緡，⑥麵麪面；【備字母】②米，③迷醾糜麋彌弭，④美媄，⑤覓覔蜜密䈼宓，⑥夊湄媚；【結字母】②篾滅；【有字母】①繆，⑥謬；【條字母】①苗描，②淼渺緲眇杪杳藐邈，⑥廟庙妙；【交字母】②卯夘昴，③茅茆矛蝨旄眊，⑥貌冒耄；【合字母】①毛霉，③魔磨摩，④妐，⑤莫膜嗼漠鏌寞幕麽么，⑥磨帽；【克字母】①嘪咩眉嵋乜，②宻密，④髦，⑤驀，⑥湎；【果字母】②捫摸摹，⑥墓；【直字母】②墨，⑤默陌貊貉；【出字母】④美媄渼；【推字母】①梅坆霉黴莓苺媒煤溸枚縻，④每，⑥昧寐妹魅髟；【闊字母】①麻蔴，②末没歿靺，⑤抹；【乃字母】③埋霾，④買，⑥賣勱；【後字母】①貓猫，③謀侔眸牟鍪蝨，④牡畝晦某，⑥茂懋貿；【古字母】①摹，②目苜木，③模謨嫫，④母姆，⑤睦牧穆沐霂，⑥霧瞀嘆慔戊暮幕慕募；【百字母】①牳拇姆，②脉脈麥，③蟇螟嬷，④馬媽瑪碼鰢，⑥罵。(2)中古幫紐讀作名母有 4 字：【備字母】③羆，⑤祕秘泌。(3)中古滂紐讀作名母有 2 字：【備字母】①伾丕。(4)中古並纽平声读作名母有 3 字：【通字母】①蓬；【坦字母】②麗；【古字母】①蒲。(5)中古並紐仄聲讀作名母有 1 字：【備字母】⑤苾。

2.《六音字典》中古輕唇音聲母讀作名母有 16 字：(1)中古微紐讀作名母有 14 字：【本字母】⑥問；【通字母】②網，④蚊；【朗字母】②網，④罔惘；【坦字母】①鋩；【備字母】⑥味；【合字母】①無；【推字母】④尾亹；【闊字母】②襪韈；【古字母】⑥務。(2)中古非紐讀作名母有 1 字：【乃字母】②不。(3)中古奉紐讀作名母有 1 字：【後字母】⑥阜。

3.《六音字典》中古齒音聲母讀作名母有 6 字：(1)中古生紐讀作名母有 1 字：【先字母】④色。(2)中古書紐讀作名母有 2 字：【備字母】③褷奭。(3)中古心紐讀作名母有 2 字:【合字母】⑤訹;【後字母】④ㄙ。(4)中古邪紐讀作名母有 1 字:【乃字母】②蕒。

4.《六音字典》中古舌頭音聲母讀作名母有 2 字:(1)中古端紐讀作名母有 1 字:【百字母】②打。(2)中古泥紐讀作名母有 1 字:【坦字母】①喃。

5.《六音字典》中古喉音聲母讀作名母有 2 字:(1)中古影紐讀作名母有 1 字:【克字母】④魘。(2)中古云紐讀作名母有 1 字:【克字母】①帷。

6.《六音字典》中古牙音聲母讀作名母有 1 字:中古疑紐讀作名母有 1 字:【古字母】②仵。

據統計,《六音字典》名母字共有 261 字來源於中古重唇音、輕唇音、齒音、舌頭音、喉音、牙音等聲母字。請看下表:

《六音字典》名母																	
中古聲母	重唇音					輕唇音			齒音				舌頭音		喉音		牙音
	明紐	幫紐	滂紐	並紐平	並紐仄	微紐	非紐	奉紐	生紐	書紐	心紐	邪紐	端紐	泥紐	影紐	云紐	疑紐
總數	224	4	2	3	1	14	1	1	1	2	2	1	1	1	1	1	1
261	234					16			6				2		2		1

由上表可見,《六音字典》261 個名母字來自中古 6 個異源層次:其一,來自重唇音 234 字,占總數 89.66%,其中明紐字居多;其二,來自輕唇音 16 字,占總數 6.13%,其中微紐字居多;其三,來自齒音 6 字,占總數 2.30%;其四,來自舌頭音 2 字,占總數 0.77%;其五,來自喉音 2 字,占總數 0.77%;其六,來自牙音 1 字,占總數 0.38%。就聲母而言,明紐在《六音字典》裏讀作名母最多,屬上古音層次;微紐讀作名母字,保留了"古無輕唇音"的痕跡,亦屬上古音層次;唇音幫紐、滂紐、並紐、非紐、奉紐亦可讀作名母,屬明代政和方音的演變層次;齒音、舌頭音、喉音、牙音少數聲母字在《六音字典》裏讀作名母,屬於明代政和方音的變異層次。

第十三節　"言"母考

《六音字典》言母,現代政和方言讀作[ŋ]。它們來源於中古牙音疑紐字,少數來源於喉音、齒頭音、重唇音、半舌音、半齒音等聲母字。

1.《六音字典》中古牙音聲母讀作言母有 189 字:(1)中古疑紐讀作言母有 180 字:【本字母】⑥玩翫;【順字母 】①銀,③嚚誾顒;【唱字母】④仰;【聲字母】⑥硯;【音字母】③迎;【坦字母】①巖岩,③笻昂妍研厓涯崖;【班字母】③顏顔,④眼研,⑥雁鴈岸硬;【先字母】③嚴迎,④儼,⑥硯唁彥喭諺驗;【備字母】①擬,③嶷疑宜儀蟻霓麑倪輗,⑥議義睨鯢誼毅詣藝蓺埶;【結字母】②業孽蠥臬;【射字母】①額;【舌字母】①鵝,②月,⑥外魏艾;【條字母】⑤虐瘧;【交字母】③敖鰲鼇遨翺,⑥傲慠樂;【合字母】①熬厫,③娥哦誐俄蛾峨莪鵝吪譌訛譌囮,④我,⑤萼蕚咢愕噩,⑥餓臥鼇;【克字母】②逆鷊;【百字母】①牙芽砑衙,②樂岳嶽,③蕥,④雅樂,⑥砑訝迓禦;【出字母】③危桅巍嵬,⑥偽;【推字母】①兀杌;【闊字母】②吾;【乃字母】①倪呆,③呆捱,⑥碍礙艾乂刈訝;【後字母】①齵髃腢偶耦藕;【述字母】①魚漁隅喁嵎,②玉鈺瑀獄,③虞愚鄅,④語齬圄圉,⑥禦馭禺遇寓;【古字母】①吳蜈珸梧麌鼯娛娪敔,②五伍牾午仵忤迕,⑥寤悟晤悞。(2)中古見紐讀作言母有 3 字:【聲字母】②摧;【交字母】①虠;【百字母】②尷。(3)中古群紐讀作言母有 4 字:【聲字母】①擎;【坦字母】③卬;【結字母】②碣,⑤桀。(4)中古溪紐讀作言母有 2 字:【唱字母】④圹;【射字母】⑤骼。

2.《六音字典》中古喉音聲母讀作言母有 13 字:(1)中古曉紐讀作言母有 5 字:【先字母】④玁;【條字母】⑤謔;【交字母】③嗷嚻;【後字母】①歪。(2)中古匣紐讀作言母有 5 字:【交字母】①爻,③肴餚殽淆。(3)中古影紐讀作言母有 1 字:【合字母】⑥厄。(4)中古云紐讀作言母有 1 字:【述字母】⑥禹。(5)中古以紐讀作言母有 1 字:【結字母】②頁。

3.《六音字典》中古齒頭音聲母讀作言母有 2 字:中古精紐讀作言母有 2 字:【備字母】⑥卩;【百字母】⑥嵯。

4.《六音字典》中古重唇音聲母讀作言母有 1 字:中古並紐讀作言母有 1 字:【交字母】①咆。

5.《六音字典》中古半舌音聲母讀作言母有 1 字:中古來紐讀作言母有 1 字:【交字母】⑥咾。

6.《六音字典》中古半齒音聲母讀作言母有 1 字:中古日紐讀作言母有 1 字:【述字母】⑥餌。

據統計,《六音字典》言母字共有 207 字來源於中古牙音、喉音、齒頭音、重唇音、半舌音、半齒音等聲母字。請看下表：

《六音字典》言母													
中古聲母	牙音				喉音					齒頭音	重唇音	半舌音	半齒音
	疑紐	見紐	群紐	溪紐	曉紐	匣紐	影紐	云紐	以紐	精紐	並紐	來紐	日紐
總數	180	3	4	2	5	5	1	1	1	2	1	1	1
207	189				13					2	1	1	1

由上表可見,《六音字典》207 個言母字來自中古 5 個異源層次:其一,來自牙音 189 字,占總數 91.30%,其中疑紐居多;其二,來自喉音 13 字,占總數 6.28%;其三,來自齒頭音 2 字,占總數 0.97%;其四,來自重唇音 1 字,占總數 0.48%;其五,來自半舌齒音 2 字,占總數 0.97%。就聲母而言,疑紐在《六音字典》裏讀作言母最多,屬上古音層次;牙音見紐、溪紐、群紐亦讀作言母,應屬明代政和方言的演變層次;喉音、齒頭音、重唇音、半舌音、半齒音等少數聲母字在《六音字典》裏讀作言母字,屬明代政和方音的變異層次。

第十四節　"出"母考

《六音字典》出母,現代政和方言讀作[ts‘]。它們主要來源於中古齒頭音、正齒三等、正齒二等,少数来源于舌上音、牙音、喉音、舌頭音等聲母字。

1.《六音字典》中古齒頭音聲母讀作出母有 154 字:(1)中古清紐讀作出母有 110 字:【本字母】②寸,③村,④忖,⑥粲燦,⑥竄爨;【通字母】①囪悤匆葱聰聦,③熜;【朗字母】③倉蒼滄;【唱字母】③槍;【聲字母】④請;【音字母】①清夋親,②沁清,⑥寢倩;【坦字母】①青参;【班字母】③千;【先字母】③遷迁扦韆籖簽芊僉,④淺;【備字母】①悽淒,②焠淬啛,③妻,⑤七桼戚慼,⑥妻;【結字母】⑤切竊窃妾唼;【射字母】④且;【舌字母】②胞脆,⑤毳;【有字母】①秋烁湫鶖秌鰍螯;【條字母】②厝,④悄,⑤鵲,⑥峭;【交字母】②操懆慥造;【出字母】②翠;【推字母】③催崔漼;【闊字母】⑤詧擦;【乃字母】②蔡跴砌墄,③猜,④采埰採綵彩;【後字母】②凑;【述字母】①趨趋,④取,②啑,⑥趣;【古字母】②次佽醋錯措,③粗怚,⑤促趗躅蹵蹴剌,⑥覷覻。(2)中古精紐讀作出母有 21 字:【本字母】⑥纂;【先字母】①媊,③牋箋殲;【備字母】⑤緘咠葺;【結字母】④担;【射字母】④扭;【有字母】①啾;【條字母】⑤爵雀;【交字母】②躁藻;【述字母】④諏;【古字母】④紫呲,⑤蹙踧噈。(3)中古從紐平聲讀作出母有5字:【先字母】①前;【有字母】①鰌;【推字母】③摧;【乃字母】③纔纔。(4)中古從紐仄聲讀作出母有8字:【音字母】⑥滯靖;【備字母】⑤輯;【結字母】⑥蠘;【條字母】⑤嚼,⑥誚;【述字母】④聚;【古字母】⑤諔。(5)中古心紐讀作出母有8字:【坦字母】④醒;【先字母】③鮮鱻;【備字母】①棲栖;【交字母】②噪;【推字母】②碎;【乃字母】②粞。(6)中古邪紐讀作出母有2字:【結字母】⑤隰;【有字母】③囚。

2.《六音字典》中古正齒三等聲母讀作出母有78字:(1)中古昌紐讀作出母有43字:【本字母】④喘揣舛;【順字母】①春衝充,②銃,④蠢;【唱字母】①倡,②唱,③昌菖鯧閶,④廠敞;【音字母】①爯稱,②秤稱;【備字母】①蚩,④斥侈齒;【結字母】④扯;【射字母】①撦車,②跅,④扯,⑤赤;【舌字母】①炊吹,⑤歠啜;【有字母】④醜魗;【條字母】⑤尺綽;【出字母】⑤出;【後字母】②臭;【述字母】②處処,④處。(2)中古章紐讀作出母有7字:【本字母】④惴;【通字母】螽;【備字母】⑤咫;【條字母】⑤灼焯妁;【古字母】⑥矚。(3)中古船紐仄聲讀作出母有2字:【有字母】④贖;【出字母】⑥秫。(4)中古書紐讀作出母有10字:【音字母】①深;【備字母】③屍尸;【結字母】⑤溼;【射字母】①賒奢;【條字母】③燒,⑤鑠爍;【述字母】④鼠。(5)中古禪紐讀作出母有16字:【音字母】③臣丞承誠成盛;【備字母】⑥市豉;【有字母】③讐售酬酧醻,⑥樹;【條字母】⑤碩;【述字母】⑥蒔。

3.《六音字典》中古正齒二等聲母讀作出母有40字:(1)中古初紐讀作出母有28字:【本字母】④剷鏟,⑥篡;【朗字母】①窗窓窻,③瘡,④創;【唱字母】④搶;【聲字母】④鏟;【坦字母】①參,②讖儭錚;【交字母】②耖,③抄鈔勦,④炒煼謅;【闊字母】⑤察;【乃字母】③差;【古字母】①初,④楚礎憷,⑥齪。(2)中古莊紐讀作出母有3字:【備字母】⑤戢;【後字母】②搊;【古字母】⑤捉。(3)中古崇紐平聲讀作出母有4字:【朗字母】①床牀;【交字母】①柴砦。(4)中古崇紐仄聲讀作出母有2字:【本字母】⑥撰;【後字母】④巢。(5)中古生紐讀作出母有3字:【坦字母】①眚;【結字母】⑤霎;【推字母】⑤數。

4.《六音字典》中古舌上音聲母讀作出母有21字:(1)中古徹紐讀作出母有12字:【順字母】①椿;【朗字母】②闖;【音字母】①琛;【先字母】④諂;【備字母】①癡痴,④恥耻;【結字母】⑤徹;【條字母】⑤逴;【述字母】⑤傗;【古字母】⑤黜。(2)中古澄紐平聲讀作出母有1字:【順字母】①沖。(3)中古澄紐仄聲讀作出母有 6 字:【音字母】⑥朕眣;【結字母】⑤轍澈;【古字母】⑤逐躪。(4)中古知組讀作出母有 2 字:【有字母】④肘;【古字母】⑤涿。

5.《六音字典》中古牙音聲母讀作出母有 8 字:(1)中古見組讀作出母有 2 字:【結字母】②棘;【射字母】⑤伋。(2)中古群組平聲讀作出母有 1 字:【有字母】③仇。(3)中古溪組讀作出母有 5 字:【出字母】①口;【推字母】⑤刲塊;【乃字母】②磡;【後字母】②摳。

6.《六音字典》中古喉音聲母讀作出母有 4 字:(1)中古曉組讀作出母有 1 字:【後字母】②嗅。(2)中古影組讀作出母有 2 字:【備字母】③鱉;【條字母】⑤約。(3)中古以組讀作出母有 1 字:【有字母】⑥誘。

7.《六音字典》中古舌頭音聲母讀作出母有 3 字:(1)中古端組讀作出母有 1 字:【推字母】⑤剟。(2)中古定組平聲讀作出母有 1 字:【班字母】①田。(3)中古透組讀作出母有 1 字:【結字母】⑤濕。

據統計,《六音字典》出母字共有 308 字來源於中古齒頭音、正齒三等、正齒二等、舌上音、牙音、喉音、舌頭音等聲母字。請看下表:

《六音字典》出母(一)																
中古聲母	齒頭音						正齒三等					正齒二等				
	清組	精組	從組平	從組仄	心組	邪組	昌組	章組	船組仄	書組	禪組	初組	莊組	祟組平	祟組仄	生組
總數	110	21	5	8	8	2	43	7	2	10	16	28	3	4	2	3
308	154						78					40				

《六音字典》出母(二)												
舌上音				牙音			喉音			舌頭音		
徹組	澄組平	澄組仄	知組	見組	群組平	溪組	曉組	影組	以組	端組	定組平	透組
12	1	6	2	2	1	5	1	2	1	1	1	1
21				8			4			3		

由上表可見,《六音字典》308 個出母字來自中古 7 個異源層次:其一,來自齒頭音 154 字,占總數 50.00%,其中清組字居多;其二,來自正齒三等 78 字,占總數 25.32%,其中昌組字居多;其三,來自正齒二等 40 字,占總數12.99%,其中初組字居多;其四,來自舌上音 21 字,占總數 6.82%,其中徹組字居多;其

五,來自牙音 8 字,占總數 2.60%;其六,來自喉音 4 字,占總數 1.30%;其七,來自舌頭音 3 字,占總數 0.97%。就聲母而言,清紐在《六音字典》裏讀作出母字最多,屬上古音層次;昌紐、初紐、徹紐分化合流讀作出母字,邵榮芬(1995)考證,“清徹初昌”讀作[ts‘],屬宋代閩北方音的演變層次;精紐、章紐、莊紐、心紐、書紐、生紐分化合流讀作出母字,屬元代音在政和方音的演變層次;從紐、船紐、崇紐、邪紐、禪紐分化合流讀作出母字,屬元代音在政和方音的演變層次;牙音、喉音、舌頭音少數聲母字在《六音字典》裏讀作出母字,則屬明代政和方音的變異層次。

第十五節 “向”母考

《六音字典》向母,現代政和方言讀作[x]。它們來源於中古喉音、輕唇音、牙音、正齒音、齒頭音、舌音、重唇音等聲母字。

1.《六音字典》中古喉音聲母讀作向母有 428 字:(1)中古曉紐讀作向母有 174 字:【本字母】①鼾葷昏惛婚歡懽,②漢譽,⑥唤喚;【風字母】③慌荒,④謊恍慌;【通字母】①轟,③烘;【順字母】①兄凶兇胸噈勛,②訓;【唱字母】②向,③香薌鄉,④饗响享亯,⑥鄉向;【聲字母】①鄉;【音字母】①興馨,⑥欣忻;【坦字母】①蚶,③憨�,④喊;【先字母】④顯顕險;【備字母】①羲犧嬉禧熹熺僖俙希稀欷晞睎鱚熙,②戲戯,④喜憙囍嬉嬉;【備字母】⑥翕歙鑴屓;【結字母】⑤脅脇愶血蠍蠍;【射字母】③墟,⑤嚇哧謔唬;【舌字母】⑤歇;【有字母】①休烋庥貅猻,④朽;【條字母】①灱灲囂烋,④曉;【交字母】②孝哮好;【合字母】①呵訶呵,②歔盒耗秏,④好,⑥霍;【百字母】①蝦虾颬,⑥呷呀;【化字母】②化,③花華苍,⑤豁;【果字母】②貨,③靴;【直字母】⑤黑赫哧,⑥呷;【出字母】①輝暉翬皸煇揮麾撝虺,④毀譭朽;【推字母】①灰徽虺,②誨悔晦賄,④火,⑤忽惚欻;【闊字母】③劃,④海,⑤喝血;【乃字母】⑤瞎,⑥嚆;【述字母】①虚虗謔歔,②呴煦,④許滸詡,⑤畜蓄鄐閾昫呴旭;【古字母】①唬呼,②嘑竂呼。(2)中古匣紐讀作向母有 188 字:【本字母】①魂,②旱悍,③淮恒渾環還韓販,⑥翰宦患;【風字母】①楻,⑥巷;【通字母】②䜇,③紅鴻弘宏;【順字母】②虹;【音字母】①眩,③形刑型;【坦字母】③降鵬咸珩桁銜銜衡含啣函,⑥陷;【横字母】①横衡;【班字母】③行嫌嫺嫻閑閒,④悍罕罕很,⑥行幸倖杏荇蘅莧恨限;【先字母】①還,⑥

現見;【備字母】①奚傒攜携畦兮,⑤覡,⑥系;【結字母】⑤恊协叶,⑥穴;【交字母】①昊界,③毫豪,⑥效校浩晧皓鎬効;【合字母】①啊,③河何,⑤合闔盍熆曷獲,⑥賀號号鶴灝咟;【克字母】②齕;【百字母】①霞瑕遐遖,②下芐,③夏,⑤學斈,⑥下暇學;【化字母】②畫画,⑤活,⑥畵;【果字母】③和,⑥禍祸;【直字母】⑤覈核駭劾,⑥嗐;【出字母】⑥惠蕙憓;【闊字母】③懷懐槐,⑥害亥;【推字母】③回囘囬迴徊佪逥茴洄,⑤或惑,⑥會会核劾;【乃字母】①諧孩骸鞋鞵,⑥獬蠏蟹蝌邂嗐薤;【後字母】③喉侯餱鍭,⑥后逅垕後候厚;【述字母】⑤咰;【古字母】②乎,③嘲瑚楜湖鶘葫糊蝴壺瓳鹽荷狐,⑤護,⑥互冱扈。(3)中古影紐讀作向母有10字:【合字母】④啊,⑤擭;【百字母】⑤鶯壆;【備字母】⑥謑;【舌字母】②薈;【果字母】③踒;【推字母】⑥伒;【闊字母】③剜;【述字母】⑤彧。(4)中古云紐讀作向母有23字:【本字母】③垣;【順字母】②熊,③雲云紜芸耘榮荣雄,⑥運詠咏韻;【合字母】⑤饁;【出字母】③爲为;【述字母】⑤棫域緎罭魊,⑥雨。(5)中古以紐讀作向母有33字:【順字母】③庸傭容蓉營融;【音字母】③盈楹寅夤因淫婬嬴瀛籯;【先字母】④穎;【備字母】①頤,⑥裔;【條字母】②藥药;【果字母】②籥;【出字母】①唯,③惟維;【述字母】⑤育毓焴喅唷侑昱疫。

2.《六音字典》中古輕唇音聲母讀作向母有116字:(1)中古非紐讀作向母有46字:【本字母】①販分吩,④反返粉;【風字母】③風瘋封,④諷;【朗字母】①方坊,③蚄,⑥奮憤;【備字母】①非扉飛,②廢匪,④篚斐;【化字母】⑤法髮;【出字母】③沸;【闊字母】⑤發𤼵;【推字母】⑤髴;【古字母】①夫玞砆鈇膚肤,②付賦,③夫,④府俯傅,⑤福福蝠楅幅輻。(2)中古敷紐讀作向母有31字:【本字母】①芬,③番翻,④紛,⑥忿;【風字母】①豐丰,③鋒峯,④捧;【朗字母】①芳妨,④髣訪仿,⑥忿;【横字母】⑥汎;【備字母】①霏菲悱妃,②費肺;【化字母】⑥泛;【古字母】①敷莩俘郛,②副,③孚,⑤覆。(3)中古奉紐讀作向母有33字:【本字母】③繁焚,⑥份分飯;【風字母】⑥奉俸鳳鳯;【横字母】⑥範犯帆;【備字母】④翡;【化字母】⑥乏;【推字母】⑤佛,⑥佛咈;【闊字母】⑥伐閥罰;【古字母】①扶鳧,②駙茯,⑤富服伏復復輹馥,⑥婦負。(4)中古微紐讀作向母有6字:【備字母】②未,⑥未;【古字母】③巫亡無毋。

3.《六音字典》中古牙音聲母讀作向母有37字:(1)中古見紐讀作向母有27字:【本字母】①玕,③肝;【坦字母】③緘筧;【備字母】⑤橘桔,⑥係繫;【舌字母】②鱖,③蕨;【有字母】④韮韭;【條字母】①梟儌,②救;【百字母】①猳瘕葭;

【化字母】⑤括;【闊字母】⑥壞;【乃字母】①偕,⑥懈;【後字母】①緱;【古字母】②菰;【合字母】⑤閤矍嗑。(2)中古溪紐讀作向母有6字:【通字母】④誆;【備字母】⑥綌;【推字母】①恢詼;【述字母】①嘘,②呿。(3)中古群紐平声讀作向母有1字:【備字母】⑥耆。(4)中古疑紐讀作向母有3字:【班字母】④狠;【化字母】②瓦;【推字母】①硋。

4.《六音字典》中古正齒音聲母讀作向母有9字:(1)中古初紐讀作向母有1字:【述字母】⑤矗。(2)中古生紐讀作向母有1字:【百字母】③廈。(3)中古昌紐讀作向母有2字:【百字母】⑥叱;【推字母】②喙。(4)中古書紐讀作向母有4字:【唱字母】②餉饟;【舌字母】②翅;【直字母】⑥歙。(5)中古禪紐讀作向母有1字:【備字母】⑥嗜。

5.《六音字典》中古齒頭音聲母讀作向母有7字:(1)中古精紐讀作向母有2字:【推字母】③揔;【述字母】⑤最。(2)中古心紐讀作向母有2字:【舌字母】①岁歲。(3)中古邪紐讀作向母有3字:【出字母】⑥穗彗篲。

6.《六音字典》中古舌音聲母讀作向母有7字:(1)中古定紐讀作向母有2字:【出字母】⑤堉;【坦字母】④噉。(2)中古泥紐讀作向母有2字:【直字母】②諾;【後字母】①吼。(3)中古知紐讀作向母有1字:【果字母】②撾。(4)中古徹紐讀作向母有2字:【備字母】①絺;【述字母】⑤滀。

7.《六音字典》中古重唇音聲母讀作向母有4字:(1)中古滂紐讀作向母有1字:【班字母】①亨。(2)中古並紐仄聲讀作向母有1字:【風字母】④棒。(3)中古明紐讀作向母有2字:【本字母】①恨;【備字母】④靡。

8.《六音字典》中古半舌音聲母讀作向母有3字:中古半舌音來紐讀作向母有3字:【風字母】①豊;【音字母】②脍;【推字母】④裹。

據統計,《六音字典》出母字共有611字來源於中古喉音、輕唇音、牙音、正齒音、齒頭音、舌音、重唇音等聲母字。請看下表:

《六音字典》向母(一)													
中古	喉音					輕唇音				牙音			
聲母	曉紐	匣紐	影紐	云紐	以紐	非紐	敷紐	奉紐	微紐	見紐	溪紐	群紐平	疑紐
總數	174	188	10	23	33	46	31	33	6	27	6	1	3
611	428					116				37			

《六音字典》向母(二)

正齒音					齒頭音			舌音				重唇音			半舌音
初紐	生紐	昌紐	書紐	禪紐	精紐	心紐	邪紐	定紐	泥紐	知紐	徹紐	滂紐	並紐	明紐	來紐
1	1	2	4	1	2	2	3	2	2	1	2	1	1	2	3
9					7			7				4			3

由上表可見,《六音字典》611 個向母字來自中古 8 個異源層次:其一,來自喉音 428 字,占總數 70.05%,其中曉、匣二紐居多;其二,來自輕脣音 116 字,占總數 18.99%,其中非、敷、奉三纽居多;其三,來自牙音 37 字,占總數 6.06%;其四,來自正齒音 9 字,占總數 1.47%;其五,來自齒頭音 7 字,占總數 1.15%;其六,來自舌音 7 字,占總數 1.15%;其七,來自重唇音 4 字,占總數 0.65%;其八,來自半舌音 3 字,占總數 0.49%。曉紐在《六音字典》裹讀作向母字,屬上古音層次;匣紐濁音清化讀作向母字,邵榮芬(1995)考證,宋代閩北方言"曉匣"讀作[x];輕唇音字母讀作向母字,是明代政和音的文讀層次;雲紐、以紐、微紐、見紐、疑紐分化讀作向母字,是元代音的演變層次;齒音、舌音、重唇音、半舌音少數聲母字在《六音字典》裹讀作向母字,亦屬明代政和方音的變異層次。

第十六節　結論

上文把明本《六音字典》"十五音"與《廣韻》"七音"進行對應比較研究,我們可以清楚看到,明本《六音字典》聲母系統基本上繼承了中古的聲母系統,但由於福建閩北的地理環境和周邊複雜的語言環境,也產生了一些變異。

首先,明本《六音字典》"十五音"與《廣韻》"七音"基本上是對應的。如《六音字典》比母、片母、名母基本上與中古重唇音字相對應;《六音字典》中母、土母基本上與中古舌頭音字和舌上音相對應;《六音字典》求母、氣母、言母基本上與中古牙音字相對應;《六音字典》全母、出母、生母基本上與中古齒頭音、正齒音二等、正齒音三等字相對應;《六音字典》又母、向母基本上與中古喉音字相對應,輕唇音非、奉、敷三紐亦可變異讀作向母;《六音字典》立母、人母基本上與中古半舌音、半齒音以及泥母字相對應。當然,也有部分韻字與不同發音部位的其他聲母字對應。

其次，《六音字典》"十五音"與《廣韻》"七音"的歷史語音層次是複雜的。大致有以下情況：

一是來自於上古音層次的，如：立母來源於來紐[l]，比母來源於幫紐[p]，求母來源於見紐[k]，氣母來源於溪紐[k‘]，中母來源於端（知）紐[t]，片母來源於滂紐[p‘]，土母來源於透（徹）紐[t‘]，全母來源於精紐[ts]，人母來源於泥（娘、日）紐[n]，生母來源於心紐[s]，又母來源於影紐[ø]，名母來源於明（微）紐[m]，言母來源於疑紐[ŋ]，出母來源於清紐[ts‘]，向母來源於曉紐[x]。這一一對應的韻字占多數，是該字母字的主要來源。

二是來自於上古、中古音層次的，如：輕唇音非紐、敷紐和奉紐也可讀作比母[p]，亦可讀作片母[p‘]，説明保留"古無輕唇音"的痕跡；屬上古、中古音層次。

三是宋代閩北方音層次的，邵榮芬（1995）考證：p 幫並非奉；p‘滂敷；m 明微；f 非敷奉；v 微；t 端定知；t‘透徹；n 泥娘日；l 來；ts 精知莊章從澄崇邪；ts‘清徹初昌；s 心邪生書常船崇；k 見群；k‘溪；ŋ 疑；x 曉匣；ø 疑影雲以。

四是來自於元代音層次的，濁音清化這一音變現象到《中原音韻》已全部完成，明本《六音字典》亦體現這一情況。如：比母[p]或片母[p‘]部分字來源於並紐；比母[p]或片母[p‘]部分字來源於奉紐；中母[t]、土母[t‘]部分字來源於定紐與澄紐；求母[k]、氣母[k‘]部分字來源於群紐；全母[ts]部分字來源於從紐、崇紐、船紐、禪紐、澄紐；生母[s]部分字來源於禪紐、邪紐、船紐、崇紐、從紐；向母[x]部分字來源於匣紐與奉紐。中古以紐、云紐、匣紐、微紐、疑紐韻字發展到元代逐漸合流演變成零聲母，它們在明本《六音字典》讀作又母字[ø]，應屬元代音的演變層次。

五是來自於元明音變異層次的，中古時期的知、莊、章三組到元明時代逐漸合流爲捲舌音，而明本《六音字典》無捲舌音而只有舌尖前音。如：全母[ts]部分字來源於知紐、章紐、莊紐；出母[ts‘]部分字來源於徹紐、昌紐、初紐；生母[s]部分字來源於生紐、書紐。

六是來自於明代福建閩北政和方音的演變層次，屬同一發音部位而不同於發音方法的聲紐的演變。如：立母[l]部分字來源於日紐；比母[p]部分字來源於滂紐、明紐、敷紐；求母[k]部分字來源於溪紐、疑紐；氣母[k‘]部分字來源於見紐、疑紐；中母[t]部分字來源於透紐、泥紐、徹紐；片母[p‘]部分字來源於幫紐；土母[t‘]部分字來源於端紐、知紐；全母[ts]部分字來源於清紐；出母

[ts‘]部分字來源於精紐、章紐、莊紐、心紐、書紐、生紐。名母[m]部分字來源於脣音幫紐、滂紐、並紐、非紐、奉紐。言母[ŋ]部分字來源於見紐、溪紐、群紐。

七是來自於明代福建閩北政和方音的變異層次，屬不同發音部位或不同發音方法聲紐的變異。如：舌音、喉音、脣音、牙音、齒音少數聲母字在明本《六音字典》讀作立母[l]；脣音明紐、喉音、牙音、齒音少數聲母字在明本《六音字典》讀作比母[p]；牙音疑紐、喉音、齒音、舌音、半舌音、半齒音、脣音少數聲母字在明本《六音字典》讀作求母[k]；牙音疑紐、喉音、齒音、舌音、半舌音、脣音少數聲母字在明本《六音字典》讀作氣母[k‘]；齒音、牙音、喉音、半舌音、脣音少數聲母字在《六音字典》裏讀作中母字[t]；舌音、牙音、齒音、喉音少數聲母字在《六音字典》裏讀作片母字[p‘]；舌頭音、牙音、喉音、脣音、半舌音少數聲母字在《六音字典》裏讀作全母字[ts]；舌音、喉音、牙音、半舌音、齒音、脣音等少數聲母字在《六音字典》讀作人母[n]；喉音、牙音、舌音、脣音少數聲母字在《六音字典》裏讀作生母[s]；輕脣音、齒音、牙音、舌音、重脣音、半舌音少數聲母字在《六音字典》裏讀作又母字[ø]；脣音、齒音、舌頭音、喉音、牙音少數聲母字在《六音字典》裏讀作名母[m]；牙音、喉音、齒頭音、重脣音、半舌音、半齒音等少數聲母字在《六音字典》裏讀作言母字[ŋ]；牙音、喉音、舌頭音少數聲母字在《六音字典》裏讀作出母字[ts‘]；齒音、舌音、重脣音、半舌音少數聲母字在《六音字典》裏讀作向母字[x]；等等，均屬明代政和方音的變異層次。

總之，"十五音"與《廣韻》"七音"對應並不是整齊劃一的，因爲"十五音"各自有着中古若干個異源層次。在每個字母的異源層次中，均有一個對應韻字較多的古聲母，屬最早的語音層次；與之同發音部位的若干聲母，屬第二語音層次；它們處在聲母系統同一結構格局中，其變異屬於同一結構格局調整的變異；至於該字母仍有少數不同發音部位的聲母字，屬與結構格局的調整無關的變異。就如徐通鏘在《歷史語言學》中所指出的："語言中的各層變異是促使語音系統的結構發生局部調整的機制和途徑。各種變異雖然各有自己的特點，但都服從於結構格局的調整，因而互相之間存在着或明或暗的聯繫。與結構格局的調整無關的變異在少數人的語言中也可能會産生並在狹窄的範圍内流行，但由於它與語言演變的趨向不合符節，因而隨着時間的推移或社會條件的變化也就消聲匿跡。"《廣韻》"七音"與《六音字典》"十五音"相比較而言，後者隨着時間的推移産生了各層變異，但"十五音"各自變異均有自己的特點，其變異基本上在同一發音部位上發生的,“都服從於結構格局的調整”,如比母、片母、名母基本上與中古重唇音字相對應,中母、土母基本上與中古舌頭音字和舌上音相對應,等等。然而,“十五音”各自也均有少數韻字與其他發音部位聲母字對應,這些也許就是屬“與結構格局的調整無關的變異”吧。

第 三 章

《廣韻》聲母與明本《六音字典》“十五音”對應的歷史層次

《廣韻》有 35 個聲母：幫(非)[p]、滂(敷)[p‘]、並(奉)[b]、明(微)[m]，端[t]、透[t‘]、定[d]、泥(娘)[n]，知[ȶ]、徹[ȶ‘]、澄[ȡ]，精[ts]、清[ts‘]、從[dz]、心[s]、邪[z]，莊[tʃ]、初[tʃ‘]、崇[ʤ]、生[ʃ]，章[tɕ]、昌[tɕ‘]、船[dʑ]、書[ɕ]、禪[ʑ]，見[k]、溪[k‘]、群[g]、疑[ŋ]，影[ʔ]、曉[x]、匣(云)[ɣ]、喻[j]，來[l]、日[ɽ]。

明本《六音字典》“十五音”，15 個代表字，即立比求氣中片土全人生又名言出向。據上文考證，其擬音如下：立[l]、比[p]、求[k]、氣[k‘]、中[t]、片[p‘]、土[t‘]、全[ts]、人[n]、生[s]、又[ø]、名[m]、言[ŋ]、出[ts‘]、向[x]。

現將《廣韻》聲母系統與明本《六音字典》“十五音”比較如下([某字母]指《六音字典》韻母；①②③④⑤⑥分別指其聲調平、去、平、上、入、去)：

第一節 中古唇音與明本《六音字典》“十五音”對應研究

一、重唇音(即幫紐、滂紐、並紐、明紐)

1. **幫紐**：《廣韻》幫紐可擬音爲雙唇不送氣清塞音[p]。它與明本《六音字典》“十五音”中的比母、片母、名母、土母、全母、又母有對應關係。具體情況如下：

(1)中古幫母讀作比母有 143 字：【本字母】②半畚，③搬，④跰本；【順字母】①奔犇，②崩；【朗字母】③幫挷，④榜牓綁，⑥梆；【聲字母】④餅；【音字母】

①彬斌豳邠兵賓賔檳濱，②屏迸併殯，④秉炳丙擯稟箳匾；【坦字母】①邦，②柄；【班字母】①班斑冰氷頒，④板版；【先字母】①邊籩，②變，③鞭扁萹蝙，④匾貶；【備字母】①跛，②閉痹箄，③碑，④比庇妣匕彼，⑤必碧璧逼偪筆笔滭，⑥俾畢賁蔽；【結字母】⑥辟別；【射字母】②摒，⑤壁鐴；【有字母】③彪驫飍；【條字母】②俵，③標彪驫猋杓，④表婊裱；【交字母】②豹趵，③包胞，④飽；【合字母】①菠皤褒，②報报，③保葆，④寶宝，⑤溥博敗剥駁，⑥搏播；【克字母】⑤伯；【百字母】①巴芭疤笆朳，②霸，④把靶，⑤百柏捌；【果字母】②布，③補，⑤剥；【直字母】⑤北；【闊字母】②簸，⑤撥扒癶缽芨；【乃字母】②拜敗，⑤八捌；【古字母】②鈽布，④補，⑤葡。

(2)中古幫紐讀作片母有 37 字：【朗字母】④謗；【聲字母】③栟；【音字母】⑥儐鬢鬓髩；【先字母】⑥徧遍；【備字母】④辟，⑤璧臂辟鄙，⑥轡；【結字母】①編錍，⑤别鼈鱉；【交字母】②爆瀑，③苞拋，⑥枹；【合字母】①波，⑤樸蹼；【百字母】③吧；【直字母】⑤迫；【闊字母】①掊；【乃字母】④擺，⑥秕；【古字母】④圃晡逋痡譜。

(3)中古幫紐讀作名母有 4 字：【備字母】③羆，⑤祕秘泌。

(4)中古幫紐讀作土母有 1 字：【結字母】⑥繃。

(5)中古幫紐讀作全母有 1 字：【交字母】⑥皀。

(6)中古幫紐讀作又母有 1 字：【結字母】⑤擘。

具體情況請看下表：

《廣韻》幫紐							
《六音字典》	比母	片母	名母	土母	全母	又母	合計
總數	143	37	4	1	1	1	187
比例(%)	76.47	19.78	2.14	0.53	0.53	0.53	100

上表可見，《廣韻》187 個幫紐字在《六音字典》字母裏有 6 個對應層次：其一，比母 143 字，占總數 76.47%；其二，片母 37 字，占總數 19.78%；其三，名母 4 字，占總數 2.14%；其四，土母、全母、又母各 1 字，各占總數 0.53%。

顯然，比母與幫紐對應最多，可擬音爲雙唇不送氣清塞音[p]；片母與幫紐關係密切，説明部分韻字在《六音字典》裏演變爲雙唇送氣清塞音[p‘]；幫紐有 4 字演變爲名母，説明部分演變爲雙唇濁鼻音[m]；極少數幫紐字演變爲土母、全母、又母，只能視爲例外現象。

2. **滂紐**：《廣韻》滂紐可擬音爲雙唇送氣清塞音[p‘]。它與明本《六音字典》"十五音"中的片母、比母、名母、氣母、中母、人母、又母、向母等聲母字對應。具體情況如下：

(1)**中古滂紐讀作片母有** 82 字：【本字母】②噴判，⑥泮；【通字母】②噴；【順字母】②噴；【音字母】①娉，④品；【坦字母】④怦；【班字母】①烹攀，⑥盼；【先字母】①偏，②騙片；【備字母】①披困砒，④譬，⑤霹僻癖匹；【結字母】①篇批鈚撇擎，④瞥瞥；【射字母】③姸；【條字母】①漂飄膔；【交字母】②炮砲礮，⑥皰泡；【合字母】②破烞攇，③吥，⑤樸撲扑攴璞粕拍頗叵；【克字母】②胉；【百字母】②怕帕杷，③奤，④拍；【直字母】⑤珀魄入；【出字母】②屁，⑥堛圤；【推字母】②配，③坯；【闊字母】①剖破，⑤潑鏺鏺；【乃字母】②派；【古字母】③浦溥，④浦誧舖瞨醭，⑤普潽檏。

(2)**中古滂紐讀作比母有** 10 字：【順字母】②硼；【朗字母】④膊；【班字母】③眅；【備字母】媲；【合字母】①坡玻鱇；【百字母】⑤叭；【闊字母】⑤癹；【古字母】②怖。

(3)**中古滂紐讀作名母有** 2 字：【備字母】①伾丕。

(4)**中古滂紐讀作氣母有** 1 字：【後字母】②皰。

(5)**中古滂紐讀作中母有** 1 字：【百字母】⑤皛。

(6)**中古滂紐讀作人母有** 1 字：【百字母】②叭。

(7)**中古滂紐讀作又母有** 1 字：【條字母】⑥鷅。

(8)**中古滂紐讀作向母有** 1 字：【班字母】①亨。

具體情況請看下表：

《廣韻》滂紐									
《六音字典》	片母	比母	名母	氣母	中母	人母	又母	向母	合計
總數	82	10	2	1	1	1	1	1	99
比例(%)	82.83	10.10	2.02	1.01	1.01	1.01	1.01	1.01	100

上表可見，《廣韻》99 個滂紐字在《六音字典》字母裏有 8 個對應層次：其一，片母 82 字，占總數 82.83%；其二，比母 10 字，占總數 10.10%；其三，名母 2 字，占總數 2.02%；其四至其八，氣母、中母、人母、又母、向母各 1 字，各占總

數 1.01%。

顯然，片母與滂紐對應最多，可擬音爲雙唇送氣清塞音[pʰ]；比母、名母與幫紐有一定關係，説明部分韻字在《六音字典》裏演變爲雙唇不送氣清塞音[p]和雙唇濁鼻音[m]；極少數滂紐字演變爲氣母、中母、人母、又母、向母，只能視爲例外現象。

3. 並紐平聲：《廣韻》並紐可擬音爲雙唇不送氣濁塞音[b]。它與明本《六音字典》"十五音"中的比母、片母、名母、求母、又母、言母等聲母字對應。具體情況如下：

(1)中古濁聲母並紐平聲讀作比母有 54 字：【本字母】①般盤槃磐鎜，③盆；【通字母】③房；【順字母】②鵬；【朗字母】③旁傍；【聲字母】①坪平；【音字母】③平評苹枰蘋蘋頻顰貧憑凴憑荓屏；【坦字母】③棚；【班字母】③瓶缾；【先字母】①便；【備字母】③脾枇琵，⑥脾貔；【射字母】②軿；【有字母】③瀌滮；【條字母】③麃；【交字母】③裒袍；【合字母】①婆鄱，③袍；【百字母】①爬，③琶杷；【乃字母】①徘牌；【後字母】①裒，⑥鮑刨；【古字母】②葡，③菩。

(2)中古並紐平聲讀作片母有 19 字：【本字母】①蟠磻；【通字母】①蓬；【音字母】①嬪，⑥僲；【坦字母】①彭髶蟛；【結字母】①枇；【條字母】①瓢藨，④嫖；【交字母】②炰，③庖跑匏颮；【推字母】①皮；【備字母】①疲。

(3)中古並紐平聲讀作名母有 3 字：【通字母】①蓬；【坦字母】②龎；【古字母】①蒲。

(4)中古並紐平聲讀作求母有 1 字：【乃字母】④爿。

(5)中古並紐平聲讀作又母有 1 字：【風字母】③蓬。

(6)中古並紐平聲讀作言母有 1 字：【交字母】①咆。

具體情況請看下表：

《廣韻》並紐平聲							
《六音字典》	比母	片母	名母	求母	又母	言母	合計
總數	54	19	3	1	1	1	79
比例(%)	68.35	24.05	3.80	1.27	1.27	1.27	100

上表可見，《廣韻》79 個並紐平聲字在《六音字典》字母裏有 6 個對應層次：其一，比母 54 字，占總數 68.35 %；其二，片母 19 字，占總數 24.05%；其

三，名母 3 字，占總數 3.80%；其四至其六，求母、又母、言母各 1 字，各占總數 1.23%。

顯然，比母與並紐平聲對應最多，説明多數韻字在《六音字典》裏由雙唇不送氣濁塞音[b]演變爲雙唇不送氣清塞音[p]；片母、名母與並紐關係較爲密切，説明部分韻字在《六音字典》裏由雙唇不送氣濁塞音[b]演變爲雙唇送氣清塞音[p']和雙唇濁鼻音[m]；極少數並紐平聲字演變爲求母、又母、言母，只能視爲例外現象。

4. **並紐仄聲**：《廣韻》並紐可擬音爲雙唇不送氣濁塞音[b]。它與明本《六音字典》"十五音"中的比母、片母、又母、名母、向母等聲母字對應。具體情況如下：

（1）**中古濁聲母並紐仄聲讀作比母有 70 字**：【本字母】①跰，⑥秚伴畔；【朗字母】③埲，⑥蚌；【聲字母】①並；【音字母】②並竝幷，④牝；【坦字母】⑥病；【班字母】⑥辦办；【先字母】②辨辯辮卞汴，⑥便；【備字母】②備偹詖，⑥被婢陛敝幣弊煏；【結字母】⑥避；【條字母】④票殍莩；【交字母】②暴虣瀑，⑥抱雹；【推字母】②佩珮，⑥被；【合字母】②薄萡鉑，⑥泊亳；【克字母】②帛白；【百字母】①鮊，③犮拔跋，④杷，⑥白耙；【果字母】⑥縛；【直字母】⑤匐，⑥葡苩；【闊字母】②鈸；【乃字母】①棑，⑥罷；【後字母】⑥鉋；【古字母】②簿部僕旆，③步郝，⑥埠。

（2）**中古並紐仄聲讀作片母有 18 字**：【先字母】②諞；【備字母】①被毗，⑤闢，⑥鼻；【合字母】⑤僕；【果字母】⑥曝暴；【乃字母】⑥稗憊；【古字母】③菢，④餔哺匍捕，⑤菢，⑥雹抱。

（3）**中古並紐仄聲讀作又母有 1 字**：【有字母】②菢。

（4）**中古並紐仄聲讀作名母有 1 字**：【備字母】⑤苾。

（5）**中古並紐仄聲讀作向母有 1 字**：【風字母】④棒。

具體情況請看下表：

《廣韻》並紐仄聲						
《六音字典》	比母	片母	又母	名母	向母	合計
總數	70	18	1	1	1	91
比例(%)	76.92	19.78	1.10	1.10	1.10	100

上表可見,《廣韻》91 個並紐仄聲字在《六音字典》字母裏有 5 個對應層次:其一,比母 70 字,占總數 76.92 %;其二,片母 18 字,占總數 19.78%;其三至其五,又母、名母、向母各 1 字,各占總數 1.10%。

顯然,比母與並紐仄聲對應最多,説明多數韻字在《六音字典》裏由雙唇不送氣濁塞音[b]演變爲雙唇不送氣清塞音[p];片母與並紐關係較爲密切,説明部分韻字在《六音字典》裏由雙唇不送氣濁塞音[b]演變爲雙唇送氣清塞音[p‘];極少數並紐仄聲字演變爲求母、又母、言母,只能視爲例外現象。

5. 明紐:《廣韻》明紐可擬音爲雙唇濁鼻音[m]。它與明本《六音字典》"十五音"中的名母、向母、立母、比母、生母、又母等聲母字對應。具體情況如下:

(1)中古明紐讀作名母有 224 字:【本字母】③瞞,④滿;【通字母】③蒙,④懞懵,⑥儚夢夣梦瞢;【順字母 】⑥捫悶懣;【朗字母】③茫忙芒,④莽;【聲字母】①名,⑥命;【音字母】①眠哂,③明民鳴,④銘茗澠黽皿盟閩憫旻閔敏冥瞑螟,⑥命;【坦字母】①盲邙,②萌;【班字母】①蠻蛮饅,④猛,⑥孟慢謾;【先字母】①綿棉緜緡,⑥麵麪面;【備字母】②米,③迷醾糜麋彌弭,④美媄,⑤覓覔蜜密峉宓,⑥糸湄媚;【結字母】②篾滅;【有字母】①繆,⑥謬;【條字母】①苗描,②淼渺緲眇杪杳藐邈,⑥廟庙妙;【交字母】②卯夘昂,③茅茆矛蟊旄旄,⑥貌冒耄;【合字母】①毛黴,③魔磨摩,④妐,⑤莫膜嗼漠鏌寞幕麼麽,⑥磨帽;【克字母】①嘪咩眉嵋乜,②峦密,④髟,⑤蘼,⑥湎;【果字母】②捫摸摹,⑥墓;【直字母】②墨,⑤默陌貊貉;【出字母】④美媄渼;【推字母】①梅坆黴霉莓苺媒煤湈枚糜,④每,⑥昧寐妹魅髟;【闊字母】①麻蔴,②末没歿靺,⑤抹;【乃字母】③埋霾,④買,⑥賣勱;【後字母】①貓猫,③謀侔眸牟鍪蟊,④牡畝晦某,⑥茂懋貿;【古字母】①摹,②目苜木,③模謨嫫,④母姆,⑤睦牧穆沐霂,⑥霧晵嗼慔戊暮幕慕募;【百字母】①牳拇姆,②脈脉麥,③蟇蟆嬤,④馬媽瑪碼鰢,⑥罵。

(2)中古明紐讀作向母有 2 字:【本字母】①悵;【備字母】④靡。

(3)中古明紐讀作立母有 1 字:【順字母】①尨。

(4)中古明母讀作比母有 1 字:【乃字母】⑥邁。

(5)中古明紐讀作生母有 1 字:【有字母】⑥袂。

(6)中古明紐讀作又母有 1 字:【聲字母】①牧。

具體情况請看下表:

《廣韻》明紐							
《六音字典》	名母	向母	立母	比母	生母	又母	合計
總數	224	2	1	1	1	1	230
比例(%)	97.39	0.87	0.43	0.43	0.43	0.43	100

上表可見,《廣韻》230 個明紐字在《六音字典》字母裏有 6 個對應層次:其一,名母 224 字,占總數 97.39 %;其二,向母 2 字,占總數 0.87%;其三至其六,立母、比母、生母、又母各 1 字,各占總數 0.43%。顯然,名母與明紐對應最多,所擬音值均爲[m];極少數明紐字演變爲向母、立母、比母、生母、又母,只能視爲例外現象。

二、輕唇音(即非紐、敷紐、奉紐、微紐)

中古時期,輕唇音非、敷、奉、微尚未從重唇音幫、滂、並、明分化出來,但考慮其與閩方言對應的特殊性,因此,另外在此進行討論。

1. 非紐:非紐可擬音爲唇齒清擦音[f]。它與明本《六音字典》"十五音"中的向母、片母、比母、又母、名母等聲母字對應。具體情況如下:

(1)中古非紐讀作向母有 46 字:【本字母】①販分吩,④反返粉;【風字母】③風瘋封,④諷;【朗字母】①方坊,③蚄,⑥奮憤;【備字母】①非扉飛,②廢匪,④篚斐;【化字母】⑤法髮;【出字母】③沸;【闊字母】⑤發韍;【推字母】⑤髴;【古字母】①夫玞砆鈇膚肤,②付賦,③夫,④府俯傅,⑤福褔蝠楅幅輻。

(2)中古非紐讀作片母有 11 字:【備字母】④痱;【古字母】③搏,④甫黼豧鄜脯簠簋斧父。

(3)中古非母讀作比母有 8 字:【本字母】②糞,④阪;【通字母】②放,③枋;【闊字母】⑤髪;【乃字母】②誹;【古字母】④脯,⑤腹。

(4)中古非紐讀作又母有 7 字:【朗字母】②放;【闊字母】⑤弗沸芴紱黻;【古字母】④扶。

(5)中古非紐讀作名母有 1 字:【乃字母】②不。

具體情況請看下表:

《廣韻》非紐						
《六音字典》	向母	片母	比母	又母	名母	合計
總數	46	11	8	7	1	73
比例(%)	63.01	15.07	10.96	9.59	1.37	100

上表可見，《廣韻》73 個非紐字在《六音字典》字母裏有 5 個對應層次：其一，向母 46 字，占總數 63.01％；其二，片母 11 字，占總數 15.07％；其三，比母 8 字，占總數 10.96％；其四，又母 7 字，占總數 9.59％；其五，名母 1 字，占總數 1.37％。

顯然，向母與非紐對應最多，説明多數韻字在《六音字典》裏由脣齒不送氣清擦音[f]演變爲喉音清擦音[x]；片母、比母與非紐關係較爲密切，説明非紐部分韻字在《六音字典》裏讀作雙脣送氣清塞音[p']和雙脣不送氣清塞音[p]，保留"古無輕脣音"的痕跡；又母與非紐有一定關係，説明部分韻字在《六音字典》裏由脣齒清擦音[f]演變爲零聲母[ø]；極少數非紐字演變爲名母，只能視爲例外現象。

2.**敷紐**：敷紐可擬音爲脣齒清擦音[f']。它與明本《六音字典》"十五音"中的向母、片母、比母、求母等聲母字對應。具體情況如下：

(1)**中古敷紐讀作向母有 31 字**：【本字母】①芬，③番翻，④紛，⑥忿；【風字母】①豐丰，③鋒峯，④捧；【朗字母】①芳妨，④髣訪仿，⑥忿；【横字母】⑥汎；【備字母】①霏菲悱妃，②費肺；【化字母】⑥泛；【古字母】①敷莩俘郛，②副，③孚，⑤覆。

(2)**中古敷紐讀作片母有 11 字**：【通字母】③蜂蠭，④紡；【古字母】③麩麵麬孵鋪痡，⑤訃赴。

(3)**中古敷紐讀作又母有 3 字**：【闊字母】⑤颰拂；【古字母】④撫。

(4)**中古敷紐讀作比母有 1 字**：【班字母】③反。

(5)**中古敷紐讀作求母有 1 字**：【備字母】①妃。

具體情況請看下表：

《廣韻》敷紐						
《六音字典》	向母	片母	又母	比母	求母	合計
總數	31	11	3	1	1	47
比例(％)	65.96	23.40	6.38	2.13	2.13	100

上表可見，《廣韻》47 個敷紐字在《六音字典》字母裏有 5 個對應層次：其一，向母 31 字，占總數 65.96％；其二，片母 11 字，占總數 23.40％；其三，又母 3 字，占總數 6.38％；其四其五，比母、求母各 1 字，各占總數 2.13％。

顯然，向母與敷紐對應最多，説明多數韻字在《六音字典》裏由唇齒送氣清擦音[f]演變爲喉音清擦音[x]；片母與敷紐關係較爲密切，説明敷紐部分韻字在《六音字典》裏讀作雙唇送氣清塞音[p']，保留"古無輕唇音"的痕跡；極少數敷紐字演變爲比母、求母，只能視爲例外現象。

3. 奉紐：奉紐可擬音爲唇齒濁擦音[v]。它與明本《六音字典》"十五音"中的向母、比母、又母、片母、立母、求母、名母等聲母字對應。具體情況如下：

(1)中古奉紐讀作向母有 33 字：【本字母】③繁焚，⑥份分飯；【風字母】⑥奉俸鳳鳳；【横字母】⑥範犯帆；【備字母】④翡；【化字母】⑥乏；【推字母】⑤佛，⑥佛咈；【闊字母】⑥伐閥罰；【古字母】①扶鳧，②駙茯，⑤富服伏復復輹馥，⑥婦負。

(2)中古奉紐讀作比母有 10 字：【本字母】⑥飯；【通字母】③馮；【朗字母】②範；【朗字母】③防；【合字母】⑤賻；【出字母】①肥痱，③吠；【古字母】④輔，⑥媍。

(3)中古奉紐讀作又母有 10 字：【本字母】③煩墳坟樊礬焚；【風字母】③逢；【朗字母】③凡九；【古字母】⑤負。

(4)中古奉紐讀作片母有 6 字：【通字母】①帆，⑥縫；【古字母】④蜅釜，⑥袱袝。

(5)中古奉紐讀作立母有 1 字：【唱字母】①杵。

(6)中古奉紐讀作求母有 1 字：【百字母】③岎。

(7)中古奉紐讀作名母有 1 字：【後字母】⑥阜。

具體情況請看下表：

《廣韻》奉紐								
《六音字典》	向母	比母	又母	片母	立母	求母	名母	合計
總數	33	10	10	6	1	1	1	62
比例(%)	53.23	16.13	16.13	9.68	1.61	1.61	1.61	100

上表可見，《廣韻》62 個奉紐字在《六音字典》字母裏有 7 個對應層次：其一，向母 33 字，占總數 53.23%；其二，比母 10 字，占總數 16.13%；其三，又母 10 字，占總數 16.13%；其四，片母 6 字，占總數 9.68%；其五至其七，立母、求母、名母各 1 字，各占總數 1.61%。

顯然，向母與奉紐對應最多，説明多數韻字在《六音字典》裏由唇齒濁擦音

[v]演變爲喉音清擦音[x]；比母、片母與奉母關係較爲密切，説明奉組部分韻字在《六音字典》裏讀作雙唇不送氣清塞音[p]和雙唇送氣清塞音[pʻ]，保留"古無輕脣音"的痕跡；又母與奉組關係較爲密切，説明部分韻字在《六音字典》裏由脣齒濁擦音[v]演變爲零聲母[ø]；極少數奉組字演變爲立母、求母、名母，只能視爲例外現象。

4. 微組：微組可擬音爲脣齒濁鼻音[ɱ]。它與明本《六音字典》"十五音"中的又母、名母、向母、求母、全母等聲母字對應。具體情況如下：

(1)中古微組讀作又母有 26 字：【本字母】③聞文紋雯萬万，④刎挽晚，⑥聞；【朗字母】②望，③忘亡亾，⑥妄；【闊字母】④物，⑤勿；【古字母】②侮，③武鵡，④蕪舞儛廡憮，⑤婺。

(2)中古微組讀作名母有 14 字：【本字母】⑥問；【通字母】②網，④蚊；【朗字母】②網，④罔惘；【坦字母】①鋔；【備字母】⑥味；【合字母】①無；【推字母】④尾亹；【闊字母】②韈韤；【古字母】⑥務。

(3)中古微組讀作向母有 6 字：【備字母】②未，⑥未；【古字母】③巫亡無毋。

(4)中古微組讀作求母有 1 字：【備字母】①未。

(5)中古微組讀作全母有 1 字：【化字母】③物。

具體情況請看下表：

《廣韻》微組						
《六音字典》	又母	名母	向母	求母	全母	合計
總數	26	14	6	1	1	48
比例(%)	54.17	29.17	12.50	2.08	2.08	100

上表可見，《廣韻》48 個微組字在《六音字典》字母裏有 5 個對應層次：其一，又母 26 字，占總數 54.17%；其二，名母 14 字，占總數 29.17%；其三，向母 6 字，占總數 12.50%；其四其五，求母、全母各 1 字，各占總數 2.08%。

顯然，又母與微組對應最多，説明多數韻字在《六音字典》裏由脣齒濁鼻音[ɱ]演變爲零聲母[ø]；名母與微組關係較爲密切，説明部分韻字在《六音字典》裏讀作雙唇鼻音[m]，保留"古無輕脣音"的痕跡；向母與微組有一定關係，説明部分韻字在《六音字典》裏由脣齒濁鼻音[ɱ]演變爲喉音清擦音[x]；極少數微組字演變爲求母、全母，只能視爲例外現象。

第二節　中古舌音與明本《六音字典》"十五音"對應研究

一、舌頭音(即端紐、透紐、定紐、泥紐)

1. **端紐**:《廣韻》端紐可擬音爲舌尖中不送氣清塞音[t]。它與明本《六音字典》"十五音"中的中母、土母、人母、求母、生母、名母、出母有對應關係。具體情況如下:

(1)中古端紐讀作中母有134字:【本字母】①端丹,②旦單,③單,④頓詛墩整,⑥斷断煅;【通字母】①東冬笭苳,②棟,④凍董懂;【順字母】①登燈灯,②橙凳;【朗字母】①當,②當,④黨党;【聲字母】⑥埞定;【音字母】①丁叮,④鼎頂賞;【坦字母】②耽擔担亶,③擔担,④膽胆;【班字母】②店訂,③釘,④等點点戥典,⑥墊殿;【先字母】①顛巔,②奠,③癲,④典,⑥玷坫;【備字母】②帝蒂蝃蝃,③隄,④氐底抵邸低,⑤的商嫡滴適,⑥地;【有字母】③丢;【條字母】①凋雕刁刐刟,②弔吊釣瘹的;【合字母】①多刀,②到,④倒島,⑤朶朵躲,⑥剁啄噣擣擣;【百字母】④打,⑤答荅褡妲,⑥跢;【直字母】③戴,⑤德徳得;【出字母】③搥,⑥碓;【推字母】②對对碓,③堆磓,④短,⑤裰掇;【闊字母】②帶戴;【乃字母】④底;【古字母】①都闍覩,②妬妒蠹,③睹堵,⑤篤督。

(2)中古端紐讀作土母有7字:【本字母】③檔;【班字母】①虰;【備字母】⑥疐;【交字母】①檮;【出字母】①槌鎚;【聲字母】⑥定。

(3)中古端紐讀作人母有3字:【結字母】⑤抐;【條字母】④鳥蔦。

(4)中古端紐讀作求母有1字:【出字母】⑥甋。

(5)中古端紐讀作生母有1字:【推字母】⑥棟。

(6)中古端紐讀作名母有1字:【百字母】②打。

(7)中古端紐讀作出母有1字:【推字母】⑤剟。

具體情況請看下表:

《廣韻》端紐								
《六音字典》	中母	土母	人母	求母	生母	名母	出母	合計
總數	134	7	3	1	1	1	1	148
比例(%)	90.54	4.73	2.03	0.68	0.68	0.68	0.68	100

上表可見,《廣韻》148 個端紐字在《六音字典》字母裏有 7 個對應層次:其一,中母 134 字,占總數 90.54%;其二,土母 7 字,占總數 4.73%;其三,人母 3 字,占總數 2.03%;其四至其七,求母、生母、名母、出母各 1 字,各占總數 0.68%。

顯然,中母與端紐對應最多,可擬音爲舌尖中不送氣清塞音[t];土母與端紐關係密切,説明部分韻字在《六音字典》裏演變爲舌尖中送氣清塞音[t‘];端紐有 3 字演變爲人母,説明部分韻字演變爲舌尖中濁鼻音[n];極少數端紐字演變爲求母、生母、名母、出母,只能視爲例外現象。

2. **透紐**:《廣韻》透紐可擬音爲舌尖中送氣清塞音[t‘]。它與明本《六音字典》"十五音"中的土母、中母、求母、片母、全母、出母有對應關係。具體情況如下:

(1)**中古透紐讀作土母有 107 字**:【本字母】②歎攤炭,③吞;【通字母】③通熥,④桶統,⑥痛;【朗字母】②燙鍚,③湯,④倘;【聲字母】③廳聽听;【音字母】②聽聽听;【坦字母】①貪攤,④坦;【班字母】①探撢汀,③攤;【先字母】①天添,④忝忝;【備字母】④體体醍,⑤剔惕踢,⑥涕;【條字母】①挑,②糶,③祧恌,⑥眺趒跳;【結字母】②剃,⑤鐵銕铁;【舌字母】①獺;【交字母】①滔韜慆叨;【合字母】①妥,②套,③汑韬,④討,⑤託托拓籜唾涶;【克字母】⑤忒忑慝踢;【百字母】①他,⑤撻蹚榻塔,⑥踏;【推字母】①退,②退蜕,③梯,④腿,⑤脱褪;【闊字母】②泰太,③拕拖,④癱;【乃字母】②替,③胎抬,⑤貼帖怗呫,⑥態;【後字母】②透,③偷婾;【古字母】②吐兔菟,④土,⑤禿瘯突怢朏忑。

(2)**中古透紐讀作中母有 14 字**:【本字母】⑥彖;【朗字母】②蕩;【備字母】⑤逖;【結字母】②蝶;【合字母】③佗它,⑤橐;【闊字母】③達;【乃字母】②貸,⑥達達;【古字母】①悇,③唋荼。

(3)**中古透紐讀作求母有 1 字**:【推字母】②汑。

(4)**中古透紐讀作片母有 1 字**:【備字母】⑥洟。

(5)**中古透紐讀作全母有 1 字**:【述字母】②黈。

(6)**中古透紐讀作出母有 1 字**:【結字母】⑤濕。

具體情況請看下表:

《廣韻》透紐							
《六音字典》	土母	中母	求母	片母	全母	出母	合計
總數	107	14	1	1	1	1	125
比例(%)	85.60	11.20	0.80	0.80	0.80	0.80	100

上表可見,《廣韻》125個透紐字在《六音字典》字母裏有6個對應層次:其一,土母107字,占總數85.60%;其二,中母14字,占總數11.20%;其三至其六,求母、片母、全母、出母各1字,各占總數0.80%。

顯然,土母與透紐對應最多,可擬音爲舌尖中送氣清塞音[t']:中母與透紐關係密切,説明部分韻字在《六音字典》裏演變爲舌尖中不送氣清塞音[t];極少數透紐字演變爲求母、片母、全母、出母,只能視爲例外現象。

3.**定紐平聲**:《廣韻》定紐可擬音爲舌尖中不送氣濁塞音[d]。它與明本《六音字典》"十五音"中的中母、土母、全母、向母、求母、生母、出母等聲母字對應。具體情況如下:

(1)**中古定紐平聲讀作中母有80字**:【本字母】③壇檀彈團;【通字母】①疼桐筩筒豿烔,③同仝銅彤童瞳;【順字母】①藤,③豚臟謄滕騰;【朗字母】①屯搪,②沌,③堂螳棠唐塘溏;【音字母】③停廷庭霆;【班字母】①填,③亭甜覃;【先字母】①恬,③田;【備字母】③緹題;【交字母】③鞀逃跳淘陶濤;【條字母】①調錭條迢;【合字母】③駝沱跎跎陀萄馱;【乃字母】①蹄蹏,③駘跆台抬擡臺薹;【古字母】①途圖啚,③塗途荼酴徒瘏屠;【坦字母】②談。

(2)**中古定紐平聲讀作土母有11字**:【通字母】①桐;【順字母】①潭;【朗字母】①糖;【結字母】①啼;【合字母】①桃;【出字母】③頹頽;【推字母】①坮;【乃字母】③苔駘;【後字母】①頭。

(3)**中古定紐平聲讀作全母有2字**:【順字母】④橦;【班字母】②澄。

(4)**中古定紐平聲讀作向母有2字**:【出字母】⑤墮隋。

(5)**中古定紐平聲讀作求母有1字**:【條字母】③苕。

(6)**中古定紐平聲讀作生母有1字**:【先字母】③膻。

(7)**中古定紐平聲讀作出母有1字**:【班字母】①田。

具體情況請看下表:

《廣韻》定紐平聲								
《六音字典》	中母	土母	全母	向母	求母	生母	出母	合計
總數	80	11	2	2	1	1	1	98
比例(%)	81.63	11.22	2.04	2.04	1.02	1.02	1.02	100

上表可見,《廣韻》98個定紐平聲字在《六音字典》字母裏有7個對應層次:其一,中母80字,占總數81.63%;其二,土母11字,占總數11.22%;其

三，全母 2 字，占總數 2.04%；其四，向母 2 字，占總數 2.04%；其五至其七，求母、生母、出母各 1 字，各占總數 1.02%。

顯然，中母與定紐平聲對應最多，説明多數韻字在《六音字典》裏由舌尖中不送氣濁塞音[d]演變爲舌尖中不送氣清塞音[t]；土母與定紐關係較爲密切，説明部分韻字在《六音字典》裏由舌尖中不送氣濁塞音[d]演變爲舌尖中送氣濁塞音[t‘]；少數定紐平聲字演變爲全母、向母、求母、生母、出母，只能視爲例外現象。

4. **定紐仄聲**：《廣韻》定紐可擬音爲舌尖中不送氣濁塞音[d]。它與明本《六音字典》“十五音”中的中母、土母、全母、生母、向母、立母等聲母字對應。具體情況如下：

(1)**中古定紐仄聲讀作中母有 97 字**：【本字母】②誕，④逿，⑥段緞；【通字母】②動，③洞；【順字母】④待；【朗字母】②鈍遁盾；【音字母】①殄，②錠定，③第，⑥陣陳診；【坦字母】②但淡，⑥簟憚誕軑甸佃鄧；【先字母】③鈿，⑥電；【備字母】②締弟悌弟第，⑤狄翟荻笛滌棣敵；【結字母】②牒，⑤揲疊叠迭跌瓞軼耋耋恎，⑥弟；【射字母】⑥糴；【交字母】②導道盜，⑥稻；【合字母】③度惰墮，⑤掉鐸惰奪；【克字母】③特；【百字母】①嚞，⑥蹈；【推字母】②兑，⑥兑袋佾；【闊字母】②舵柂蓬，⑥大；【乃字母】②代岱黛玳待，⑥怠殆逮迨；【古字母】②毒，⑤讀牘瀆櫝黷瀆犢獨独跌，⑥肚杜度鍍渡。

(2)**中古定紐仄聲讀作土母有 12 字**：【朗字母】④蘯；【音字母】④艇；【備字母】⑥遞迪；【條字母】⑥窕佻銚；【嘹字母】⑥窕；【百字母】⑥蹋；【後字母】⑥毒；【古字母】④凸，⑤碡。

(3)**中古定紐仄聲讀作全母有 2 字**：【聲字母】③淡；【交字母】④悼。

(4)**中古定紐仄聲讀作生母有 2 字**：【本字母】⑥蛋；【出字母】⑥鋭。

(5)**中古定紐仄聲讀作向母有 2 字**：【坦字母】④噉闞。

(6)**中古定紐仄聲讀作立母有 1 字**：【通字母】⑥衕。

具體情況請看下表：

《廣韻》定紐仄聲							
《六音字典》	中母	土母	全母	生母	向母	立母	合計
總數	97	12	2	2	2	1	116
比例(%)	83.62	10.34	1.72	1.72	1.72	0.86	100

上表可見，《廣韻》116 個定紐仄聲字在《六音字典》字母裏有 6 個對應層次：其一，中母 97 字，占總數 83.62%；其二，土母 12 字，占總數 10.34%；其三至其五，全母、生母、向母各 2 字，各占總數 1.72%；其六，立母 1 字，占總數 0.86%。

顯然，中母與定紐仄聲對應最多，説明多數韻字在《六音字典》裏由舌尖中不送氣濁塞音[d]演變爲舌尖中不送氣清塞音[t]；土母與定紐關係較爲密切，説明部分韻字在《六音字典》裏由舌尖中不送氣濁塞音[d]演變爲舌尖中送氣濁塞音[t‘]；極少數定紐仄聲字演變爲全母、生母、向母、立母，只能視爲例外現象。

5. 泥紐(微紐)：《廣韻》泥紐可擬音爲舌尖中濁鼻音[n]。它與明本《六音字典》“十五音”中的人母、中母、又母、立母、求母、向母、全母、名母等聲母字對應。具體情況如下：

(1)中古泥紐讀作人母有 79 字：【本字母】④暖煖，⑥嫩難；【通字母】①儂，③農；【順字母】③能，⑥膿；【朗字母】③囊，④曩；【音字母】③甯寧，⑥侫；【坦字母】①南楠男，⑥腩；【先字母】①年，②撚拈，⑥念；【備字母】⑤溺夾；【結字母】⑤攝揑；【射字母】⑤喏；【條字母】①嬈，④嫋，⑥尿；【交字母】④碯惱腦；【合字母】①捼挼，③那挪儺娜曩，④腦惱瑙碯，⑤諾，⑥糯稬偄；【克字母】⑥濘能；【百字母】②笝，④那，⑤訥；【出字母】④餒，⑤媛；【推字母】⑥内；【乃字母】①坭泥涅，③納内衲，④乃迺嬭，⑥鼐耐奈柰；【後字母】⑥耨；【古字母】①奴拏伮駑砮笯弩，⑥怒努帑。

(2)中古泥紐讀作中母有 3 字：【本字母】②暖煖；【述字母】③蜰。

(3)中古泥紐讀作又母有 3 字：【合字母】⑤能；【出字母】⑤喂；【乃字母】④婑。

(4)中古泥紐讀作立母有 2 字：【出字母】④餒餧。

(5)中古泥紐讀作求母有 2 字：【結字母】⑥籋鑷。

(6)中古泥紐讀作向母有 2 字：【直字母】②諾；【後字母】①吼。

(7)中古泥紐讀作全母有 1 字：【述字母】②褭。

(8)中古泥紐讀作名母有 1 字：【坦字母】①喃。

具體情況請看下表：

《廣韻》泥紐									
《六音字典》	人母	中母	又母	立母	求母	向母	全母	名母	合計
總數	79	3	3	2	2	2	1	1	93
比例(%)	84.95	3.23	3.23	2.15	2.15	2.15	1.08	1.08	100

上表可見,《廣韻》93 個泥紐字在《六音字典》字母裏有 8 個對應層次:其一,人母 79 字,占總數 84.95%;其二其三,中母、又母各 3 字,各占總數 3.23%;其四至其六,立母、求母、向母各 2 字,各占總數 2.15%;其七其八,全母、名母各 1 字,各占總數 1.08%。

顯然,人母與泥紐對應最多,可擬音爲舌尖中濁鼻音[n];少數泥紐字演變爲中母、又母、立母、求母、向母、全母、名母,只能視爲例外現象。

中古時期娘紐尚未從泥紐演變出來,這些韻字也拿出來討論。具體情況如下:

(1)中古娘紐讀作人母有 34 字:【順字母】①濃,⑥醲;【唱字母】①娘;【坦字母】①喃;【班字母】②赧;【先字母】①黏;【備字母】③尼妮,④你,⑤匿,⑥膩;【結字母】⑤聶躡鑷;【射字母】⑤鑷;【有字母】④鈕紐杻扭;【條字母】①鐃,②你;【交字母】③鐃,④硇,⑥鬧;【合字母】⑤搙搦;【百字母】②拏拿,⑤吶;【乃字母】④妳;【後字母】①撓;【述字母】①恧,④女,⑤恧。

(2)中古娘紐讀作全母有 2 字:【音字母】④碾;【化字母】③搌。

(3)中古娘紐讀作又母有 2 字:【百字母】⑤柅;【述字母】④女。

(4)中古娘紐讀作求母有 1 字:【結字母】⑥鑷。

(5)中古娘紐讀作土母有 1 字:【述字母】⑤朒。

具體情況請看下表:

《廣韻》娘紐						
《六音字典》	人母	全母	又母	求母	土母	合計
總數	34	2	2	1	1	40
比例(%)	85.00	5.00	5.00	2.50	2.50	100

上表可見,《廣韻》40 個娘紐字在《六音字典》字母裏有 5 個對應層次:其一,人母 34 字,占總數 85.00%;其二其三,全母、又母各 2 字,占總數 5.00%;其四其五,求母、土母各 1 字,各占總數 2.50%。顯然,人母與娘紐對應最多,

可擬音爲舌尖中濁鼻音[n];極少數娘紐字演變爲全母、又母、求母、土母,只能視爲例外現象。

二、舌上音(即知紐、徹紐、澄紐)

1. **知紐**:《廣韻》知紐可擬音爲舌面前不送氣清塞音[ȶ]。它與明本《六音字典》"十五音"中的中母、全母、土母、出母、求母、氣母、人母、生母、向母有對應關係。具體情況如下:

(1)**中古知紐讀作中母有 53 字**:【順字母】①衷中忠;【順字母】②中,④塚塜冢;【朗字母】①迚,④漲涱;【唱字母】①張,②脹帳瘬脹,④長;【音字母】①貞禎徵珍,②鎮,③砧埕;【備字母】①知,②智知置置致;【結字母】①爹,⑤哲喆;【射字母】⑤摘謫,⑥犽;【舌字母】⑤輒;【有字母】②晝;【條字母】①朝嘲,②中;【合字母】⑤桌琢;【百字母】④追,⑤剳;【出字母】③追;【述字母】①豬猪,⑤竹竺築;【古字母】③貯貯,⑤箠。

(2)**中古知紐讀作全母有 24 字**:【音字母】④展;【坦字母】②站;【舌字母】⑤餟輟綴;【有字母】③啁;【條字母】⑤芍著着;【交字母】⑥罩;【克字母】⑤謫;【述字母】①株蛛殊咮邾誅,②著瀦住駐壴;【古字母】②钃斸。

(3)**中古知紐讀作土母有 2 字**:【順字母】④塜;【備字母】⑥懥。

(4)**中古知紐讀作出母有 2 字**:【有字母】④肘;【古字母】⑤涿。

(5)**中古知紐讀作求母有 1 字**:【交字母】②耴。

(6)**中古知紐讀作氣母有 1 字**:【出字母】④豬。

(7)**中古知紐讀作人母有 1 字**:【結字母】⑤輙。

(8)**中古知紐讀作生母有 1 字**:【結字母】⑥陟。

(9)**中古知紐讀作向母有 1 字**:【果字母】②撾。

具體情況請看下表:

《廣韻》知紐										
《六音字典》	中母	全母	土母	出母	求母	氣母	人母	生母	向母	合計
總數	53	24	2	2	1	1	1	1	1	86
比例(%)	61.63	27.91	2.33	2.33	1.16	1.16	1.16	1.16	1.16	100

上表可見,《廣韻》86 個知紐字在《六音字典》字母裏有 9 個對應層次:其一,中母 53 字,占總數 61.63%;其二,全母 24 字,占總數 27.91%;其三其四,

土母、出母各 2 字，各占總數 2.33％；其五至其九，求母、氣母、人母、生母、向母各 1 字，各占總數 1.16％。

顯然，中母與知紐對應最多，説明在《六音字典》裹知紐多數韻字並不讀作舌面前不送氣清塞音[ȶ]，而是讀作舌尖中不送氣清塞音[t]，保留"古無舌上音"的痕跡；全母與知紐關係較爲密切，説明在《六音字典》裹知紐部分韻字演變爲舌尖前不送氣清塞擦音[ts]，這是受到近代官話音知、莊、章三組合一的影響；極少數端紐字演變爲土母、出母、求母、氣母、人母、生母、向母，只能視爲例外現象。

2. **徹紐**：《廣韻》徹紐可擬音爲舌面前送氣清塞音[ȶʻ]。它與明本《六音字典》"十五音"中的 出母、土母、全母、立母、向母、氣母、中母、片母、生母、又母有對應關係。具體情況如下：

(1)**中古徹紐讀作出母有 12 字**：【順字母】①椿；【朗字母】②闖；【音字母】①琛；【先字母】④諂；【備字母】①癡痴，④恥耻；【結字母】⑤徹；【條字母】⑤逴；【述字母】⑤僑；【古字母】⑤黜。

(2)**中古徹紐讀作土母有 11 字**：【順字母】④寵；【唱字母】②暢鬯；【音字母】④逞；【班字母】①蟶；【備字母】①黐，⑤勅飭；【有字母】①抽，③醜；【條字母】①超。

(3)**中古徹紐讀作全母有 4 字**：【有字母】①惆；【述字母】②怵楮，④褚。

(4)**中古徹紐讀作立母有 3 字**：【百字母】①詫；【乃字母】⑥蠆；【述字母】⑥攄。

(5)**中古徹紐讀作向母有 2 字**：【備字母】①絺；【述字母】⑤滀。

(6)**中古徹紐讀作氣母有 1 字**：【述字母】①樗。

(7)**中古徹紐讀作中母有 1 字**：【備字母】③笞。

(8)**中古徹紐讀作片母有 1 字**：【音字母】②騁。

(9)**中古徹紐讀作生母有 1 字**：【有字母】⑥妯。

(10)**中古徹紐讀作又母有 1 字**：【述字母】①樗。

具體情況請看下表：

《廣韻》徹紐										
《六音字典》	出母	土母	全母	立母	向母	氣母	中母	片母	生母	又母	合計
總數	12	11	4	3	2	1	1	1	1	1	37
比例(%)	32.43	29.73	10.81	8.11	5.41	2.70	2.70	2.70	2.70	2.70	100

上表可見,《廣韻》37個徹紐字在《六音字典》字母裏有10個對應層次:其一,出母12字,占總數32.43%;其二,土母11字,占總數29.73%;其三,全母4字,占總數10.81%;其四,立母3字,占總數8.11%;其五,向母2字,占總數5.41%;其六至其十,氣母、中母、片母、生母、又母各1字,各占總數2.70%。

顯然,出母與徹紐關係密切,説明在《六音字典》裏徹紐部分韻字演變爲舌尖前送氣清塞擦音[ts‘];全母與徹紐關係密切,説明在《六音字典》裏徹紐部分韻字演變爲舌尖前不送氣清塞擦音[ts],這是受到近代官話音知、莊、章三組合一的影響。土母與徹紐關係較爲密切,説明在《六音字典》裏徹紐部分韻字並不讀作舌面前送氣清塞音[ȶ‘],而是讀作舌尖中送氣清塞音[t‘],保留"古無舌上音"的痕跡;極少數徹紐字演變爲立母、向母、氣母、中母、片母、生母、又母,只能視爲例外現象。

3. **澄紐平聲**:《廣韻》澄紐可擬音爲舌面前濁塞音[ȡ]。它與明本《六音字典》"十五音"中的中母、土母、全母、出母有對應關係。具體情況如下:

(1)**中古澄紐平聲讀作中母有34字**:【順字母】③重;【朗字母】①腸撞,③長;【音字母】①陳蔯懲瀓澄,③塵沉;【先字母】①纏,③纏;【備字母】③遲踟持;【結字母】③池篪;【有字母】①綢紬裯,③儔疇躊;【百字母】①茶;【述字母】①櫥廚,③躕躇除篨;【唱字母】③場;【聲字母】③呈程。

(2)**中古澄紐平聲讀作土母有6字**:【通字母】①蟲虫;【聲字母】①程;【有字母】①籌;【出字母】①錘,⑥槌。

(3)**中古澄紐平聲讀作全母有2字**:【班字母】②瀓;【述字母】③儲。

(4)**中古澄紐平聲讀作出母有1字**:【順字母】①沖。

具體情況請看下表:

《廣韻》澄紐平聲					
《六音字典》	中母	土母	全母	出母	合計
總數	34	6	2	1	43
比例(%)	79.07	13.95	4.65	2.33	100

上表可見,《廣韻》43個澄紐平聲字在《六音字典》字母裏有4個對應層次:其一,中母34字,占總數79.07%;其二,土母6字,占總數13.95%;其三,全母2字,占總數4.65%;其四,出母1字,占總數2.33%。

顯然，中母、土母與澄紐平聲關係密切，説明在《六音字典》裏澄紐平聲部分韻字並不讀作舌面前濁塞音[ȡ]，而是讀作舌尖中不送氣清塞音[t]和送氣清塞音[t‘]，保留“古無舌上音”的痕跡；全母、出母與澄紐有一定關係，説明在《六音字典》裏澄紐平聲部分韻字演變爲舌尖前不送氣清塞擦音[ts]和舌尖前送氣清塞擦音[ts‘]，這是受到近代官話音知、莊、章三組合一的影響。

4. **澄紐仄聲**：《廣韻》澄紐可擬音爲舌面前濁塞音[ȡ]。它與明本《六音字典》“十五音”中的中母、出母、土母、全母、生母、人母有對應關係。具體情況如下：

(1) **中古澄紐仄聲讀作中母有** 39 字：【通字母】⑥重；【唱字母】②仗，⑥丈杖；【聲字母】②擲，⑥鄭；【射字母】⑥宅；【合字母】⑤棹；【直字母】⑥直直；【出字母】⑥硾磓磓膇縋；【述字母】⑥箸筯軸；【古字母】②苧紵，③佇竚，⑥羜；【備字母】②治治值植，③痔姪侄；【結字母】②帙，⑤秩；【有字母】②伷胄宙紂籀；【條字母】②肈兆。

(2) **中古澄紐仄聲讀作出母有** 6 字：【音字母】⑥朕眹；【結字母】⑤轍澈；【古字母】⑤逐蹢。

(3) **中古澄紐仄聲讀作土母有** 5 字：【唱字母】⑥杖；【音字母】②賺；【射字母】⑥宅；【條字母】⑥兆；【有字母】⑥柱。

(4) **中古澄紐仄聲讀作全母有** 5 字：【合字母】⑤濁濯擢；【克字母】③擇，⑤澤。

(5) **中古澄紐仄聲讀作生母有** 3 字：【有字母】⑥胄；【合字母】⑥鐲；【闊字母】⑥豸。

(6) **中古澄紐仄聲讀作人母有** 1 字：【克字母】⑥滯。

具體情況請看下表：

《廣韻》澄紐仄聲							
《六音字典》	中母	出母	土母	全母	生母	人母	合計
總數	39	6	5	5	3	1	59
比例(%)	66.10	10.17	8.47	8.47	5.08	1.69	100

上表可見，《廣韻》59 個澄紐仄聲字在《六音字典》字母裏有 6 個對應層次：其一，中母 39 字，占總數 66.10%；其二，出母 6 字，占總數 10.17%；其三

其四，土母、全母各 5 字，各占總數 8.47%；其五，生母 3 字，占總數 5.08%；其六，人母 1 字，占總數 1.69%。

顯然，中母、土母與澄紐仄聲關係密切，説明在《六音字典》裏澄紐平聲部分韻字並不讀作舌面前濁塞音[ȡ]，而是讀作舌尖中不送氣清塞音[t]和送氣清塞音[t']，保留"古無舌上音"的痕跡；出母、全母與澄紐仄聲有一定關係，説明在《六音字典》裏澄紐平聲部分韻字演變爲舌尖前不送氣清塞擦音[ts]和舌尖前送氣清塞擦音[ts']，這是受到近代官話音知、莊、章三組合一的影響。少數澄紐仄聲字演變爲生母、人母，只能視爲例外現象。

第三節 中古牙音與明本《六音字典》"十五音"對應研究

中古牙音包括見紐、溪紐、群紐、疑紐。現與《六音字典》"十五音"比較如下：

1. **見紐**：《廣韻》見紐可擬音爲舌面後（舌根音）不送氣清塞音[k]。它與明本《六音字典》"十五音"中的求母、氣母、向母、又母、中母、言母、全母、人母、生母、出母、比母、片母有對應關係。具體情況如下：

(1)**中古見紐讀作求母有 501 字**：【本字母】②棍貫灌，③竿幹幹幹鰥冠，④管，⑥幹慣觀；【風字母】①光，④廣鑛；【通字母】②貢肛，③公蚣工功攻，⑥猶；【順字母】①砮，②供，③君宮軍皸焐均鈞恭巾弓躬，④拱拳；【朗字母】①岡崗鋼，②鋼缸艮杠贛，③江矼杠摑豇綱剛泔痟罡，④講肱敢；【唱字母】①薑姜；【聲字母】②鏡，③驚；【音字母】①荊京坙經金今，②敬禁勬，③襟，④景警儆錦槿謹；【音字母】④緊，⑥竟境兢逕徑頸；【坦字母】①甘苷賡羹尷更，②監鑒降，③哽，④減感埂敢，⑥綘橄；【横字母】④梗杆簳笴；【班字母】①跟艱肩庚奸姦趕耕畊間，②更諫，④耿烱炯繭狷亙柬揀簡梗，⑥間澗；【先字母】①兼堅，②劍劒見，③幹，④檢；【備字母】①幾機几機譏饑幾璣姬肌基箕雞鷄，②記紀繼继既既，③踦乩，④幾麂，⑤吉頡桔給亟極急級戟棘激，⑥擊刮稽冀奠；【結字母】②計，⑤孑揭揭刦刧絜潔結袺訐，⑥椅；【射字母】③迦，⑤孓；【舌字母】②寄饑飢，⑤夬獗決訣抉趏刔劂撅譎暨，⑥敧；【有字母】①鳩丩糾樛，②究赳救灸，④九玖久乆；【條字母】①茄，③驕嬌憍撟喬，④矯皦曒皦皎晈，⑤屩，⑥叫嘂蕎簥較；【交字母】①交校蛟鮫挍郊皐膠，②較酵教，④攪姣佼杲稿稾槁縞髙絞狡；【合字母】

②告誥膏鮰，③歌哥高膏篙篙羔糕餻，⑤閣各桷箇個个；【克字母】⑤格革虢鬲，⑥嗝嘓；【百字母】①跏，②賈價嫁稼唊瑕駕枷斝斚，③家佳嘉加枷笳袈假檟，⑤甲鉀韐袷裌膈隔槅郟夾蛤玨捔傕覺；【化字母】①瓜柧觚，②卦掛褂罣，④骨刮寡；【果字母】①過，②過过，④果菓，⑤郭槨墎鞹；【直字母】⑥馘聝嗝；【出字母】①規龜亀龟圭閨邽珪歸归皈，②癸貴季桂，③桂葵，④鬼宄晷詭；【推字母】②滑髻，④粿，⑤國国骨，⑥傀；【闊字母】②怪恠，④拐枴樃乖，⑤葛割適；【乃字母】①皆階該荄陔街雞鸡，②介芥界隔尬楔疥廨解觧戒誡蓋盇葢，③鮭頰，④解觧屆杚槩改，⑤荚；【後字母】①溝勾鉤钩，②夠，④苟狗笱耈垢坸姤，⑥冓搆構覯遘購煹媾彀斠；【述字母】①居倨裾車，②俱句瞿鋸，④舉擧杵櫃矩，⑤匊掬躹鞠諊鞫菊葦權，⑥踞拘據醵屨窶；【古字母】①孤呱觚罟菰姑酤沽辜鴣，②故固顧頋喁嗗，③牯，④古估罟詁蝦鈷鼓皷瞽股蠱賈，⑤穀玨穀告鵠羖牿轂角轂轂。

(2)中古見紐讀作氣母有 35 字：【本字母】③昆崑鶤，④舘館；【唱字母】①畺；【音字母】①矜；【先字母】④謇蹇；【備字母】⑤戞訖吃；【結字母】⑤鈌疦；【舌字母】⑤厥蕨；【條字母】⑤腳，⑥蹻；【合字母】①柯，④哿，⑥搉；【果字母】③戈堝；【出字母】⑤屈，⑥憒；【推字母】②膾愧媿；【闊字母】⑤潤；【乃字母】④覬丐，⑥概槩；【述字母】①駒敏。

(3)中古見紐讀作向母有 27 字：【本字母】①玕，③肝；【坦字母】③緘覔；【備字母】⑤橘桔，⑥系繫；【舌字母】②鱖，③蕨；【有字母】④韭韭；【條字母】①梟傚，②救；【百字母】①猳瘕葭；【化字母】⑤括；【闊字母】⑥壞；【乃字母】①偕，⑥懈；【後字母】①緱；【古字母】②菰；【合字母】⑤閤矍嗑。

(4)中古見紐讀作又母有 8 字：【本字母】⑥榦幹；【唱字母】④養；【先字母】①鹽；【備字母】⑥驥；【化字母】①呱；【果字母】①鍋蝸。

(5)中古見紐讀作中母有 5 字：【坦字母】②躭；【條字母】②幹干；【百字母】⑤寄；【推字母】⑥及。

(6)中古見紐讀作言母有 3 字：【聲字母】②搉；【交字母】①猇；【百字母】②尲。

(7)中古見紐讀作全母有 2 字：【音字母】③晉；【述字母】②舉。

(8)中古見紐讀作人母有 2 字：【射字母】⑤甲；【百字母】⑤冏。

(9)中古見紐讀作生母有 2 字：【條字母】⑤穀轂。

(10)中古見紐讀作出母有 2 字：【結字母】②棘；【射字母】⑤伋。

(11)中古見紐讀作比母有 1 字:【乃字母】①笄。

(12)中古見紐讀作片母有 1 字:【推字母】③壞。

具體情況請看下表:

《廣韻》見紐													
《六音字典》	求母	氣母	向母	又母	中母	言母	全母	人母	生母	出母	比母	片母	合計
總數	501	35	27	8	5	3	2	2	2	2	1	1	589
比例(%)	85.06	5.94	4.58	1.36	0.85	0.51	0.34	0.34	0.34	0.34	0.17	0.17	100

上表可見,《廣韻》589 個見紐字在《六音字典》字母裏有 12 個對應層次:其一,求母 501 字,占總數 85.06%;其二,氣母 35 字,占總數 5.94%;其三,向母 27 字,占總數 4.58 %;其四,又母 8 字,占總數 1.36%;其五,中母 5 字,占總數 0.85 %;其六,言母 3 字,占總數 0.51 %;其七至其十,全母、人母、生母、出母各 2 字,各占總數 0.34 %;其十一其十二,比母、片母各 1 字,各占總數 0.17%。

顯然,求母與見紐對應最多,可擬音爲舌面後(舌根音)不送氣清塞音[k];氣母、向母與見紐關係密切,説明在《六音字典》裏部分韻字演變爲舌面後(舌根音)送氣清塞音[k‘],部分韻字演變爲喉音清擦音[h];極少數見紐字演變爲又母、中母、言母、全母、人母、生母、出母、比母、片母,只能視爲例外現象。

2. 溪紐:《廣韻》溪紐可擬音爲舌面後(舌根音)送氣清塞音[k‘]。它與明本《六音字典》"十五音"中的氣母、求母、向母、出母、又母、全母、人母、立母、言母、生母有對應關係。具體情況如下:

(1)中古溪紐讀作氣母有 187 字:【本字母】②困,③坤,④懇墾匠綑稇款;【風字母】③筐匡,⑥曠壙;【通字母】①空,③埪,④孔,⑥壙;【順字母】①穹,③囷埪銎,④恐肯肎;【朗字母】①康,②囥磡,③糠穅,④匠;【唱字母】⑥控;【聲字母】①輕;【音字母】①欽卿,②慶磬,④頃傾;【坦字母】①嵌堪龕坑,②勘,④坎砍刊慷,⑥抗伉亢;【班字母】①牽,④犬,⑥看;【先字母】①謙愆諐騫,②欠,④遣譴;【備字母】②器噐氣气炁棄弃,③欺欹攲崎,④起豈啟,⑤乞喫;【結字母】②契,⑤缺,⑥隙怯慊謙歉;【舌字母】①快,③開,⑤闕瀱缺;【有字母】①邱坵丘北蚯;【條字母】②竅,⑤卻却郤,⑥舡;【交字母】②靠,③跤骹尻,④考巧丂;【合字母】①軻咼炣,②去,③呿,④可,⑤確;【克字母】③喀,⑤刻咳克尅剋;【百字母】①揢，⑤客，⑥喀；【化字母】①誇誇姱跨胯；【果字母】②課顆，③科窠驅；【出字母】①闚窺，③虧，⑥簣；【推字母】①魁奎盔悝，②塊，⑤窟；【闊字母】⑤渴闊，⑥快蒯；【乃字母】②棄，③溪豁磎開，④愷豈塏鎧楷揩，⑥慨愾；【後字母】②叩扣宼釦篾；【述字母】①區嶇摳驅軀，②去呿，④起，⑤曲麯麴囷屈；【古字母】②庫褲袴絝挎刳，④苦筈哭，⑤殼愨。

(2)中古溪紐讀作求母有 27 字：【順字母】①芎；【唱字母】①羌羌；【音字母】③衾；【先字母】①鏗慳；【備字母】④屺，⑤杞，⑥跂企；【結字母】⑤挈詰；【舌字母】③箞；【條字母】⑤蹻；【交字母】④栲犒；【合字母】②礐酷蚵，⑤醢；【百字母】①豈；【出字母】③跪，④傀；【後字母】⑥詬；【述字母】⑤髷；【古字母】①骷枯。

(3)中古溪紐讀作向母有 6 字：【通字母】④誆；【備字母】⑥綌；【推字母】①恢詼；【述字母】①墟，②呿。

(4)中古溪紐讀作出母有 5 字：【出字母】①口；【推字母】⑤刲塊；【乃字母】②磡；【後字母】②摳。

(5)中古溪紐讀作又母有 4 字：【備字母】②綺；【化字母】①咼；【後字母】①摳；【古字母】②鄔。

(6)中古溪紐讀作全母有 3 字：【百字母】⑤恰㥦愜。

(7)中古溪紐讀作人母有 3 字：【射字母】⑤砦；【條字母】①墝磽。

(8)中古溪紐讀作立母有 2 字：【備字母】⑤泣；【後字母】③劻。

(9)中古溪紐讀作言母有 2 字：【唱字母】④壙；【射字母】⑤髂。

(10)中古溪紐讀作生母有 1 字：【百字母】②掐。

具體情況請看下表：

《廣韻》溪紐											
《六音字典》	氣母	求母	向母	出母	又母	全母	人母	立母	言母	生母	合計
總數	187	27	6	5	4	3	3	2	2	1	240
比例(%)	77.92	11.25	2.50	2.08	1.67	1.25	1.25	0.83	0.83	0.42	100

上表可見，《廣韻》240 個溪紐字在《六音字典》字母裏有 10 個對應層次：其一，氣母 187 字，占總數 77.92%；其二，求母 27 字，占總數 11.25%；其三，向母 6 字，占總數 2.50%；其四，出母 5 字，占總數 2.08%；其五，又母 4 字，占

總數 1.67%;其六其七,全母、人母各 3 字,各占總數 1.25%;其八其九,立母、言母各 2 字,占總數 0.83%;其十,生母 1 字,占總數 0.42%。

顯然,氣母與溪紐對應最多,説明它們絕大多數韻字均可擬音爲舌面後(舌根音)送氣清塞音[k‘];求母與溪紐關係密切,説明在《六音字典》裏部分韻字演變爲舌面後(舌根音)不送氣清塞音[k];其餘少數溪紐字演變爲出母、又母、全母、人母、立母、言母、生母,只能視爲例外現象。

3. **群紐平聲**:《廣韻》群紐可擬音爲舌面後(舌根音)濁塞音[g]。它與明本《六音字典》"十五音"中的求母、氣母、言母、生母、出母、向母有對應關係。具體情況如下:

(1)**中古群紐平聲讀作求母有 59 字**:【本字母】①裙;【風字母】③狂誑;【順字母】①裙,③羣群窮勤懃;【唱字母】③强彊;【音字母】①勍,③禽檎琴芩蕁瓊瓊芹;【備字母】①旗旂畿綦,③奇錡騎琦棋碁麒期岐祈祁祇芪耆;【有字母】③求裘毬怢虯虬;【條字母】①橋,②嶠渠伊,③僑翹;【出字母】①馗逵;【乃字母】③鯕;【述字母】③衢瞿,⑥渠蕖蘧懅。

(2)**中古群紐平聲讀作氣母有 11 字**:【唱字母】①彊腔羫;【音字母】③擒捦;【先字母】①鉗箝,④虔;【備字母】①蜞,③其;【述字母】①劬。

(3)**中古群紐平聲讀作言母有 2 字**:【聲字母】①擎;【坦字母】③卬。

(4)**中古群紐平聲讀作生母有 1 字**:【直字母】⑥勤。

(5)**中古群紐平聲讀作出母有 1 字**:【有字母】③仇。

(6)**中古群紐平聲讀作向母有 1 字**:【備字母】⑥耆。

具體情況請看下表:

《廣韻》群紐平聲							
《六音字典》	求母	氣母	言母	生母	出母	向母	合計
總數	59	11	2	1	1	1	75
比例(%)	78.67	14.67	2.67	1.33	1.33	1.33	100

上表可見,《廣韻》75 個群紐平聲字在《六音字典》字母裏有 6 個對應層次:其一,求母 59 字,占總數 78.67%;其二,氣母 11 字,占總數 14.67%;其三,言母 2 字,占總數 2.67%;其四至其六,生母、出母、向母各 1 字,各占總數 1.33%。

顯然，求母與群紐平聲對應最多，説明在《六音字典》裏絕大多數韻字由舌面後（舌根音）濁塞音[g]演變爲舌面後（舌根音）不送氣清塞音[k]；氣母、言母與群紐平聲有關係，説明在《六音字典》裏部分韻字演變爲舌面後（舌根音）送氣清塞音[k‘]，部分韻字演變爲舌面後（舌根音）濁鼻音[ŋ]；少數群紐平聲字演變爲生母、出母、向母，只能視爲例外現象。

4. 群紐仄聲：《廣韻》群紐可擬音爲舌面後（舌根音）濁塞音[g]。它與明本《六音字典》"十五音"中的求母、氣母、言母、立母、中母、又母有對應關係。具體情況如下：

(1)中古群紐仄聲讀作求母有 42 字：【通字母】⑥共；【順字母】④共，⑥共；【音字母】③唫，④覲，⑥競滛妗；【坦字母】③箝；【先字母】②儉，⑥件；【備字母】⑤及笈，⑥技忌；【結字母】③傑杰，⑤竭偈；【射字母】②屐，③伽；【有字母】⑥舊旧舅；【條字母】⑥轎；【出字母】⑥匱櫃掘；【述字母】②具懼惧炬鉅，④苣距，⑤虡，⑥巨钜拒詎局遽。

(2)中古群紐仄聲讀作氣母有 13 字：【順字母】②窘，③菌，⑥柏；【唱字母】④强，⑥彊；【有字母】⑥咎臼柩；【出字母】②揆，⑤倔，⑥鐀；【推字母】②饋；【述字母】⑤掘。

(3)中古群紐仄聲讀作言母有 2 字：【結字母】②碣，⑤桀。

(4)中古群紐仄聲讀作立母有 1 字：【出字母】④窶。

(5)中古群紐仄聲讀作中母有 1 字：【古字母】⑤匱。

(6)中古群紐仄聲讀作又母有 1 字：【果字母】①窶。

具體情況請看下表：

《廣韻》群紐仄聲							
《六音字典》	求母	氣母	言母	立母	中母	又母	合計
總數	42	13	2	1	1	1	60
比例(%)	70.00	21.67	3.33	1.67	1.67	1.67	100

上表可見，《廣韻》60 個群紐仄聲字在《六音字典》字母裏有 6 個對應層次：其一，求母 42 字，占總數 70.00%；其二，氣母 13 字，占總數 21.67%；其三，言母 2 字，占總數 3.33%；其四至其六，立母、中母、又母各 1 字，各占總數 1.67%。

顯然，求母與群紐仄聲對應最多，説明在《六音字典》裏絕大多數韻字由舌面後（舌根音）濁塞音[g]演變爲舌面後（舌根音）不送氣清塞音[k]；氣母、言母與群紐仄聲有關係，説明在《六音字典》裏部分韻字演變爲舌面後（舌根音）送氣清塞音[k‘]，部分韻字演變爲舌面後（舌根音）濁鼻音[ŋ]；少數群紐仄聲字演變爲立母、中母、又母，只能視爲例外現象。

5. **疑紐**：《廣韻》疑紐可擬音爲舌面後（舌根音）濁鼻音[ŋ]。它與明本《六音字典》"十五音"中的言母、求母、又母、人母、氣母、向母、比母、生母、立母、中母、全母、名母有對應關係。具體情況如下：

(1)**中古疑紐讀作言母有 180 字**：【本字母】⑥玩翫；【順字母】①銀，③嚚誾顒；【唱字母】④仰；【聲字母】⑥硯；【音字母】③迎；【坦字母】①巖岩，③笻昂妍研厓涯崖；【班字母】③顔顏，④眼研，⑥雁鴈岸硬；【先字母】③嚴迎，④儼，⑥硯唁彥喭諺驗；【備字母】①擬，③嶷疑宜儀蟻霓麑倪輗，⑥議義睨鯢誼毅詣藝蓺埶；【結字母】②業孽蠥臬；【射字母】①額；【舌字母】①鵝，②月，⑥外魏艾；【條字母】⑤虐瘧；【交字母】③敖鼇鼇遨翱，⑥傲慠樂；【合字母】①熬厫，③娥哦誐俄蛾峨莪鵝吪訛訛譌囮，④我，⑤萼蕚咢愕噩，⑥餓臥鏊；【克字母】②逆鷁；【百字母】①牙芽砑衙，②樂嶽岳，③蕐，④雅樂，⑥砑訝迓禦；【出字母】③危桅巍嵬，⑥偽；【推字母】①兀杌；【闊字母】②吾；【乃字母】①倪呆，③呆捱，⑥礙碍艾乂刈訝；【後字母】①齵髃腢偶耦藕；【述字母】①魚漁隅喁嵎，②玉鈺瑀獄，③虞愚鄅，④語齬圄圉，⑥禦馭禺遇寓；【古字母】①吳蜈珸梧麌鼯娛娪敔，②五伍牾午仵忤迕，⑥寤悟晤悞。

(2)**中古疑紐讀作求母有 6 字**：【音字母】③吟；【交字母】②咬嚙齩；【推字母】②頟；【乃字母】④言。

(3)**中古疑紐讀作又母有 6 字**：【本字母】④阮；【備字母】④顗；【舌字母】⑤刖；【百字母】⑥婗；【乃字母】④娾；【述字母】⑥禦。

(4)**中古疑紐讀作人母有 5 字**：【音字母】③凝；【有字母】①牛；【條字母】①澆，③堯；【述字母】②月。

(5)**中古疑紐讀作氣母有 4 字**：【條字母】⑥鼿；【推字母】②隗；【乃字母】③獃，④醫。

(6)**中古疑紐讀作向母有 3 字**：【班字母】④狠；【化字母】②瓦；【推字母】①硋。

(7)中古疑紐讀作比母有 2 字:【百字母】⑤蘖;【闊字母】⑤砵。

(8)中古疑紐讀作生母有 2 字:【舌字母】⑥拐;【合字母】⑤哈。

(9)中古疑紐讀作立母有 1 字:【舌字母】⑤軏。

(10)中古疑紐讀作中母有 1 字:【乃字母】③歹。

(11)中古疑紐讀作全母有 1 字:【化字母】③五。

(12)中古疑紐讀作名母有 1 字:【古字母】②件。

具體情況請看下表:

《廣韻》疑紐												
《六音字典》	言母	求母	又母	人母	氣母	向母	比母	生母	立母	中母	全母	名母	合計
總數	180	6	6	5	4	3	2	2	1	1	1	1	212
比例(%)	84.91	2.83	2.83	2.36	1.89	1.42	0.94	0.94	0.47	0.47	0.47	0.47	100

上表可見,《廣韻》212 個疑紐字在《六音字典》字母裹有 12 個對應層次:其一,言母 180 字,占總數 84.91%;其二其三,求母、又母各 6 字,各占總數 2.83%;其四,人母 5 字,占總數 2.36%;其五,氣母 4 字,占總數 1.89%;其六,向母 3 字,占總數 1.42%;其七其八,比母、生母各 2 字,各占總數 0.94%;其九至其十二,立母、中母、全母、名母各 1 字,各占總數 0.47%。

顯然,言母與疑紐對應最多,它們均可擬音爲舌面後(舌根音)濁鼻音[ŋ];疑紐與求母、氣母關係極爲密切,説明在《六音字典》裹部分韻字演變爲舌面後(舌根音)不送氣清塞音[k]和送氣清塞音[k‘];少數疑紐字演變爲又母、人母、向母、比母、生母、立母、中母、全母、名母,只能視爲例外現象。

第四節　中古齒音與明本《六音字典》“十五音”對應研究

一、齒頭音(即精紐、清紐、從紐、心紐、邪紐)

1. 精紐:《廣韻》精紐可擬音爲舌尖前不送氣清塞擦音[ts]。它與明本《六音字典》“十五音”中的全母、出母、氣母、土母、言母、向母、求母有對應關係。具體情況如下:

(1)中古精紐讀作全母有 120 字:【本字母】②趲;【通字母】①宗蹤踪,②稯粽,③棕椶,④總揔;【順字母】①曾,②駿俊憎縱,③餕,⑥增;【朗字母】①尊遵樽罇,②葅,③臧臓;【唱字母】①將,②將醬,③漿,④槳獎;【音字母】①精晶津旌,②浸進晉晋縉甑;【坦字母】④井上;【班字母】②簪,④翦剪;【射字母】①罝嗟嗟,④姐,⑤跡迹蹟脊;【舌字母】②漈虀;【有字母】④酒;【條字母】①蕉鷦,②醮,③焦噍燋熁椒,⑤借;【交字母】①遭,⑥竈灶;【合字母】①槽,②佐竈灶,③早蚤,④棗枣左,⑤作做倅咎;【克字母】②箭,④仔,⑤則節;【百字母】②作,⑤匝;【直字母】②載,③栽,④子;【述字母】⑤足;【古字母】①茲孳滋嗞鼒孜且苴沮諮咨粢資姿恣菑貲訾髭,②祖,③租,④子組紫梓,⑤足呢,⑥吁呰。

(2)中古精組讀作出母有 21 字:【本字母】⑥纂;【先字母】①媊,③牋箋殲;【備字母】⑤緘咠葺;【結字母】④扭;【射字母】④扭;【有字母】①啾;【條字母】⑤爵雀;【交字母】②躁藻;【述字母】④諏;【古字母】④紫仳,⑤蹙踧噈。

(3)中古精組讀作氣母有 2 字:【舌字母】①早蚤。

(4)中古精組讀作土母有 2 字:【乃字母】⑤穧;【述字母】①宰。

(5)中古精組讀作言母有 2 字:【備字母】⑥卩;【百字母】⑥嗟。

(6)中古精組讀作向母有 2 字:【推字母】③摠;【述字母】⑤最。

(7)中古精組讀作求母有 1 字:【後字母】②足。

具體情況請看下表:

《廣韻》精組								
《六音字典》	全母	出母	氣母	土母	言母	向母	求母	合計
總數	120	21	2	2	2	2	1	150
比例(%)	80.00	14.00	1.33	1.33	1.33	1.33	0.67	100

上表可見,《廣韻》150 個精組字在《六音字典》字母裏有 7 個對應層次:其一,全母 120 字,占總數 80.00%;其二,出母 21 字,占總數 14.00%;其三至其六,氣母、土母、言母、向母各 2 字,各占總數 1.33%;其七,求母 1 字,占總數 0.67%。

顯然,全母與精組對應最多,它們的音值是一致的,均可擬音爲舌尖前不送氣清塞擦音[ts];出母與精組關係較爲密切,説明到《六音字典》時期已部分演變爲舌尖前送氣清塞擦音[ts‘];少數精組字演變爲氣母、土母、言母、向母、求母,只能視爲例外現象。

2. 清紐：《廣韻》清紐可擬音爲舌尖前送氣清塞擦音[ts‘]。它與明本《六音字典》“十五音”中的出母、全母、生母、氣母、中母、片母、土母有對應關係。具體情況如下：

(1)中古清紐讀作出母有 110 字：【本字母】②寸，③村，④忖，⑥粲燦，⑥竄爨；【通字母】①囱悤匆蔥聰璁，③熜；【朗字母】③倉蒼滄；【唱字母】③槍；【聲字母】④請；【音字母】①清夋親，②沁清，⑥寢倩；【坦字母】①青參；【班字母】③千；【先字母】③遷迁扡韆籤簽芊僉，④淺；【備字母】①悽淒，②焠淬唓，③妻，⑤七桼戚慼，⑥妻；【結字母】⑤切竊窃妾唼；【射字母】④且；【舌字母】②脃脆，⑤毳；【有字母】①秋烁湫鶖秌鰍蝵；【條字母】②厝，④悄，⑤鵲，⑥峭；【交字母】②操懆慥造；【出字母】②翠；【推字母】③催崔漼；【闊字母】⑤督擦；【乃字母】②蔡踩砌墄，③猜，④采埰採綵彩；【後字母】②湊；【述字母】①趨趋，④取，②唓，⑥趣；【古字母】②次佽醋錯措，③粗怚，⑤促趗躅蹵蹴刺，⑥覰覷。

(2)中古清紐讀作全母有 15 字：【音字母】①侵；【射字母】①蹉，⑤磧；【合字母】③慅；【百字母】⑤綪；【化字母】③取；【古字母】①雎撮疽趄趦雌訿呰，②蔟。

(3)中古清紐讀作生母有 6 字：【備字母】⑤舄；【百字母】②浾刺；【出字母】⑥帨；【推字母】③縗；【古字母】⑤朿。

(4)中古清紐讀作氣母有 3 字：【音字母】③取；【備字母】⑥梀；【出字母】⑥清。

(5)中古清紐讀作中母有 1 字：【古字母】①清。

(6)中古清紐讀作片母有 1 字：【備字母】④散。

(7)中古清紐讀作土母有 1 字：【朗字母】④佘。

具體情況請看下表：

《廣韻》清紐								
《六音字典》	出母	全母	生母	氣母	中母	片母	土母	合計
總數	110	15	6	3	1	1	1	137
比例(%)	80.29	10.95	4.38	2.19	0.73	0.73	0.73	100

上表可見，《廣韻》137 個清紐字在《六音字典》字母裏有 7 個對應層次：其一，出母 110 字，占總數 80.29%；其二，全母 15 字，占總數 10.95%；其三，生

母 6 字,占總數 4.38%;其四,氣母 3 字,占總數 2.19%;其五至其七,中母、片母、土母各 1 字,各占總數 0.73%。

顯然,出母與清紐對應最多,可擬音爲舌尖前送氣清塞擦音[ts‘];全母與清紐關係較爲密切,説明到《六音字典》時期已部分演變爲舌尖前不送氣清塞擦音[ts];少數精紐字演變爲生母、氣母、中母、片母、土母,只能視爲例外現象。

3. **從紐平聲**:《廣韻》從紐可擬音爲舌尖前濁塞擦音[dz]。它與明本《六音字典》“十五音”中的全母、出母、又母有對應關係。具體情況如下:

(1)中古從紐平聲讀作全母有 29 字:【通字母】①叢;【順字母】③從从曾層;【朗字母】③存髒藏;【唱字母】①牆墻;【音字母】③情秦螓;【坦字母】①晴;【班字母】③蠶蚕殘;【射字母】①嵯;【條字母】①憔顦,③樵;【合字母】①鏪,③曹;【克字母】①臍;【古字母】①磁齊茨疵,③慈。

(2)中古從紐平聲讀作出母有 5 字:【先字母】①前;【有字母】①鰌;【推字母】③摧;【乃字母】③纔緣。

(3)中古從紐平聲讀作又母有 1 字:【有字母】③酋。

具體情況請看下表:

《廣韻》從紐平聲				
《六音字典》	全母	出母	又母	合計
總數	29	5	1	35
比例(%)	82.86	14.29	2.86	100

上表可見,《廣韻》35 個從紐平聲字在《六音字典》字母裏有 3 個對應層次:其一,全母 29 字,占總數 82.86%;其二,出母 5 字,占總數 14.29%;其三,又母 1 字,占總數 2.86%。

顯然,全母與從紐平聲對應最多,説明到《六音字典》時期多數韻字已演變爲舌尖前不送氣清塞擦音[ts];出母與從紐平聲有關係,説明到《六音字典》時期部分韻字已演變爲舌尖前送氣清塞擦音[ts‘];極少數從紐平聲字演變爲又母,只能視爲例外現象。

4. **從紐仄聲**:《廣韻》從紐可擬音爲舌尖前濁塞擦音[dz]。它與明本《六音字典》“十五音”中的全母、出母、生母、又母有對應關係。具體情況如下:

(1)中古從紐仄聲讀作全母有 26 字:【順字母】②雋從,⑥贈,【音字母】⑥淨盡尽;【百字母】②胙阼昨怎卡,⑤雧;【坦字母】②靜;【射字母】②籍;【舌字母】②薺,⑥絕;【有字母】⑥就鷲;【條字母】②嚼;【合字母】②坐座矬;【述字母】②堅聚;【古字母】②自族。

(2)中古從紐仄聲讀作出母有 8 字:【音字母】⑥瀞靖;【備字母】⑤輯;【結字母】⑥蠘;【條字母】⑤嚼,⑥誚;【述字母】④聚;【古字母】⑤諔。

(3)中古從紐仄聲讀作生母有 3 字:【唱字母】⑥匠;【音字母】⑥穽阱。

(4)中古從紐仄聲讀作又母有 1 字:【乃字母】⑥啐。

具體情況請看下表:

《廣韻》從紐仄聲					
《六音字典》	全母	出母	生母	又母	合計
總數	26	8	3	1	38
比例(%)	68.42	21.05	7.89	2.63	100

上表可見,《廣韻》38 個從紐仄聲字在《六音字典》字母裏有 4 個對應層次:其一,全母 26 字,占總數 68.42%;其二,出母 8 字,占總數 21.05%;其三,生母 3 字,占總數 7.89%;其四,又母 1 字,占總數 2.63%。

顯然,全母與從紐仄聲對應最多,説明到《六音字典》時期多數韻字已演變爲舌尖前不送氣清塞擦音[ts];出母與從紐仄聲有關係,説明到《六音字典》時期部分韻字已演變爲舌尖前送氣清塞擦音[ts‘];少數從紐仄聲字演變爲生母、又母,只能視爲例外現象。

5. 心紐:《廣韻》心紐可擬音爲舌尖前清擦音[s]。它與明本《六音字典》"十五音"中的生母、出母、全母、土母、又母、中母、名母、向母、求母、氣母有對應關係。

(1)中古心紐讀作生母有 214 字:【本字母】②巽算筭散,③孫酸,④傘損;【通字母】①鬆,②宋送,④聳,⑥倯;【順字母】③僧,④筍笋;【朗字母】①喪桑,②喪,④磉顙;【唱字母】①相箱廂湘襄鑲,②相,④想鯗;【聲字母】②姓性;【音字母】①辛心新薪,②性信,④訊,⑥迅;【坦字母】③三叁,④省,⑥三;【班字母】①槮珊,②信,③先星猩,④省;【先字母】③先仙僊莶,④鮮暹,⑥先;【備字母】②四肆,③絲鷥蕬司犀樨,④死,⑤析臬息熄昔惜悉蟋,⑥膝婿;【結字母】①些,

⑤褻燮薛屑絏泄;【射字母】②卸瀉,④寫,⑤秜;【舌字母】④膸髓徙,⑤雪;【有字母】①羞,②秀繡绣,③修;【條字母】①蕭瀟簫宵霄焇消逍,②笑咲肖鞘削,③硝蛸,④小;【交字母】③艘,④掃埽嘯少;【合字母】①唆,②燥噪譟喿,③梭鮻艘,④鎖鏁鎻嫂,⑤索;【克字母】⑤錫;【百字母】①蟋,③娑,⑤薩撒;【直字母】⑤塞;【出字母】①雖,②歲嵗岁;【推字母】②賽,③蓑;【闊字母】①魦,⑤撒;【乃字母】①西栖棲,②恓細,③毸,④洗葸;【後字母】②嗽漱掃埽,③擻,④叟瞍,⑥叟;【述字母】①荾綏需,②祟,③須鬚偦諝糈醑湑,⑤粟宿蓿夙恤卹衂鉥;【古字母】①嘶廝澌偲緦葳蘇蘓酥穌甦蕬私司,②泗駟嗽賜錫赹肆愬塑素嗉愫訴,⑤肅鷫速餗觫,⑥伺思。

(2)中古心紐讀作出母有8字:【坦字母】④醒;【先字母】③鮮鱻;【備字母】①棲栖;【交字母】②噪;【推字母】②碎;【乃字母】②粞。

(3)中古心紐讀作全母有6字:【順字母】②峻浚濬;【條字母】①魈;【交字母】④搔;【直字母】④簺。

(4)中古心紐讀作土母有4字:【先字母】④筅;【備字母】①緆,⑤裼;【出字母】⑤塞。

(5)中古心紐讀作又母有3字:【備字母】⑤泄;【出字母】⑤荾;【述字母】⑥絮。

(6)中古心紐讀作中母有2字:【結字母】②韘;【百字母】⑤鎝。

(7)中古心紐讀作名母有2字:【合字母】⑤誎;【後字母】④厶。

(8)中古心紐讀作向母有2字:【舌字母】①葳嵗。

(9)中古心紐讀作求母有1字:【後字母】④鈒。

(10)中古心紐讀作氣母有1字:【直字母】①慫。

具體情況請看下表:

《廣韻》心紐											
《六音字典》	生母	出母	全母	土母	又母	中母	名母	向母	求母	氣母	合計
總數	214	8	6	4	3	2	2	2	1	1	243
比例(%)	88.07	3.29	2.47	1.65	1.23	0.82	0.82	0.82	0.41	0.41	100

上表可見,《廣韻》243個心紐字在《六音字典》字母裏有10個對應層次:其一,生母214字,占總數88.07%;其二,出母8字,占總數3.29%;其三,全母6字,占總數2.47%;其四,土母4字,占總數1.65%;其五,又母3字,占總

數 1.23%；其六至其八，中母、名母、向母各 2 字，各占總數 0.82%；其九其十，求母、氣母各 1 字，各占總數 0.41%。

顯然，生母與心紐對應最多，均讀作舌尖前清擦音[s]；少數心紐字演變爲出母、全母、土母、又母、中母、名母、向母、求母、氣母，只能視爲例外現象。

6. 邪紐：《廣韻》邪紐可擬音爲舌尖前濁擦音[z]。它與明本《六音字典》"十五音"中的生母、全母、又母、向母、出母、名母有對應關係。

(1)中古邪紐讀作生母有 36 字：【順字母】③旬巡循，⑥頌誦；【唱字母】⑥象像；【先字母】⑥羨；【備字母】⑤習，⑥食席夕汐；【結字母】⑤襲；【射字母】⑥謝溯榭；【有字母】⑥岫袖；【條字母】⑥蓆；【乃字母】①篲；【述字母】⑤俗，⑥續緒敘叙序鱮嶼飼嗣；【古字母】⑥耜姒巳祀食。

(2)中古邪紐讀作全母有 13 字：【順字母】③松；【唱字母】③翔祥庠；【音字母】③尋蟳；【射字母】③邪；【述字母】③徐俆；【古字母】③詞祠辭辞。

(3)中古邪紐讀作又母有 5 字：【唱字母】⑥橡；【先字母】③涎；【有字母】③泅汓；【述字母】③嶼。

(4)中古邪紐讀作向母有 3 字：【出字母】⑥穗彗篲。

(5)中古邪紐讀作出母有 2 字：【結字母】⑤隰；【有字母】③囚。

(6)中古邪紐讀作名母有 1 字：【乃字母】②蕒。

具體情況請看下表：

《廣韻》邪紐							
《六音字典》	生母	全母	又母	向母	出母	名母	合計
總數	36	13	5	3	2	1	60
比例(%)	60.00	21.67	8.33	5.00	3.33	1.67	100

上表可見，《廣韻》60 個邪紐字在《六音字典》字母裏有 6 個對應層次：其一，生母有 36 字，占總數 60.00%；其二，全母有 13 字，占總數 21.67%；其三，又母有 5 字，占總數 8.33%；其四，向母有 3 字，占總數 5.00%；其五，出母有 2 字，占總數 3.33%；其六，名母有 1 字，占總數 1.67%。

顯然，生母與邪紐對應最多，説明邪紐濁音清化由舌尖前濁擦音[z]演變爲舌尖前清擦音[s]；全母與邪紐關係較爲密切，説明到《六音字典》時期已部分演變爲舌尖前不送氣清塞擦音[ts]；少數邪紐字演變爲又母、向母、出母、名母，只能視爲例外現象。

二、正齒音二等（即莊紐、初紐、崇紐、生紐）

1. **莊紐**：《廣韻》莊紐可擬音爲舌葉音不送氣清塞擦音[tʃ]。它與明本《六音字典》"十五音"中的全母、出母、比母、求母、氣母、中母有對應關係。

(1)**中古莊紐讀作全母有 37 字**：【朗字母】①妝妆莊裝，②壯，③莊；【坦字母】④斬；【班字母】①爭榛臻，②諍，④醆盞琖，⑥掙；【條字母】④蘸；【交字母】④找爪笊；【克字母】⑤責仄昃；【百字母】②詐榨醡，③蚱，⑤劄；【古字母】①菑葅詛淄緇輜錙，②爼，③阻，④滓。

(2)**中古莊紐讀作出母有 3 字**：【備字母】⑤戢；【後字母】②搊；【古字母】⑤捉。

(3)**中古莊紐讀作比母 1 字**：【百字母】③窄。

(4)**中古莊紐讀作求母有 1 字**：【百字母】⑥蚱。

(5)**中古莊紐讀作氣母有 1 字**：【射字母】⑥皺。

(6)**中古莊紐讀作中母有 1 字**：【百字母】⑤痄。

具體情況請看下表：

《廣韻》莊紐							
《六音字典》	全母	出母	比母	求母	氣母	中母	合計
總數	37	3	1	1	1	1	44
比例(%)	84.09	6.82	2.27	2.27	2.27	2.27	100

上表可見，《廣韻》44 個莊紐字在《六音字典》字母裏有 6 個對應層次：其一，全母 37 字，占總數 84.09%；其二，出母 3 字，占總數 6.82%；其三至其六，比母、求母、氣母、中母各 1 字，各占總數 2.27%。

顯然，全母與莊紐對應最多，説明莊紐由舌葉音不送氣清塞擦音[tʃ]演變爲舌尖前不送氣清塞擦音[ts]；出母與莊紐有一定關係，説明到《六音字典》時期已部分演變爲舌尖前送氣清塞擦音[ts']；少數莊紐字演變爲比母、求母、氣母、中母，只能視爲例外現象。

2. **初紐**：《廣韻》初紐可擬音爲舌葉音送氣清塞擦音[tʃ']。它與明本《六音字典》"十五音"中的出母、求母、土母、全母、生母、向母有對應關係。

(1)**中古初紐讀作出母有 28 字**：【本字母】④鏟铲，⑥篡；【朗字母】①窗窓窻,③瘡,④創;【唱字母】④搶;【聲字母】④鏟;【坦字母】①參,②讖懺錚;【交字母】②耖,③抄鈔勦,④炒煼謅;【闊字母】⑤察;【乃字母】③差;【古字母】①初,④楚礎怵,⑥齪。

(2)中古初紐讀作求母有4字:【射字母】②杈芰;【百字母】③岔;【古字母】⑤擉。

(3)中古初紐讀作土母有2字:【備字母】⑤敕;【有字母】③簉。

(4)中古初紐讀作全母有2字:【古字母】①蒭芻,③閦。

(5)中古初紐讀作生母有2字:【班字母】②栅;【百字母】⑤刹。

(6)中古初紐讀作向母有1字:【述字母】⑤矗。

具體情况請看下表:

《廣韻》初紐							
《六音字典》	出母	求母	土母	全母	生母	向母	合計
總數	28	4	2	2	2	1	39
比例(%)	71.79	10.26	5.13	5.13	5.13	2.56	100

上表可見,《廣韻》39個初紐字在《六音字典》字母裏有6個對應層次:其一,出母28字,占總數71.79%;其二,求母4字,占總數10.26%;其三至其五,土母、全母、生母各2字,各占總數5.13%;其六,向母1字,占總數2.56%。

顯然,出母與初紐對應最多,説明初紐由舌葉音送氣清塞擦音[tʃʻ]演變爲舌尖前清塞擦音[tsʻ];其他少數初紐字演變爲求母、土母、全母、生母、向母,只能視爲例外現象。

3.崇紐平聲:《廣韻》崇紐可擬音爲舌葉音不送氣濁塞擦音[ʤ]。它與明本《六音字典》"十五音"中的全母、出母、中母、生母有對應關係。具體情况如下:

(1)中古崇紐平聲讀作全母有8字:【通字母】③崇;【交字母】③巢;【百字母】③查;【古字母】①雛媰齟咀,③鉏。

(2)中古崇紐平聲讀作出母有4字:【朗字母】①床牀;【交字母】①柴砦。

(3)中古崇紐平聲讀作中母有3字:【述字母】③鋤耡粗。

(4)中古崇紐平聲讀作生母有3字:【乃字母】③犲豺;【後字母】③愁。

具體情况請看下表:

《廣韻》崇紐平聲					
《六音字典》	全母	出母	中母	生母	合計
總數	8	4	3	3	18
比例(%)	44.44	22.22	16.67	16.67	100

上表可見,《廣韻》18 個崇紐平聲字在《六音字典》字母裏有 4 個對應層次:其一,全母 8 字,占總數 44.44%;其二,出母 4 字,占總數 22.22%;其三其四,中母、生母各 3 字,各占總數 16.67%。

顯然,全母與崇紐對應最多,説明崇紐由舌葉音不送氣濁塞擦音[ʤ]演變爲舌尖前不送氣清塞擦音[ts];出母與崇紐對應次之,説明崇紐由舌葉音不送氣濁塞擦音[ʤ]演變爲舌尖前氣清塞擦音[ts‘];崇紐字演變爲中母、生母,可視爲例外。

4. **崇紐仄聲**:《廣韻》崇紐可擬音爲舌葉音不送氣濁塞擦音[ʤ]。它與明本《六音字典》"十五音"中的全母、生母、出母有對應關係。具體情況如下:

(1)**中古崇紐仄聲讀作全母有 6 字**:【朗字母】③狀;【班字母】⑥棧;【百字母】②鬧牐,③乍;【古字母】③助。

(2)**中古崇紐仄聲讀作生母有 6 字**:【備字母】⑥祀;【古字母】⑥俟竢士仕事。

(3)**中古崇紐仄聲讀作出母有 2 字**:【本字母】⑥撰;【後字母】④巢。

具體情況請看下表:

《廣韻》崇紐仄聲				
《六音字典》	全母	出母	生母	合計
總數	6	2	6	14
比例(%)	42.86	14.29	42.86	100

上表可見,《廣韻》14 個崇紐仄聲字在《六音字典》字母裏有 3 個對應層次:其一,全母 6 字,占總數 42.86%;其二,出母 2 字,占總數 14.29%;其三,生母 6 字,占總數 42.86%。

顯然,崇紐與全母、出母關係較爲密切,説明崇紐由舌葉音不送氣濁塞擦音[ʤ]演變爲舌尖前不送氣清塞擦音[ts]和送氣清塞擦音[ts‘];崇紐字演變爲生母,説明在《六音字典》裏部分演變爲舌尖前清擦音[s]。

5. **生紐**:《廣韻》生紐可擬音爲舌葉音清擦音[ʃ]。它與明本《六音字典》

“十五音”中的生母、出母、片母、求母、中母、名母、向母有對應關係。

(1)中古生紐讀作生母有102字:【本字母】③山,④産;【通字母】①雙双;【朗字母】①霜孀,④爽;【音字母】①甡;【坦字母】①衫杉生,③甥;【班字母】①滲潸,③生笙牲森參叅;【結字母】⑤簁;【有字母】③蒐;【交字母】③筲艄莦捎,④稍;【合字母】⑤朔嗍縮數槊矟;【克字母】⑤蝨虱;【百字母】③紗杪砂沙鈔裟,⑤霎要嗄灑洒;【直字母】④使,⑤色瑟嗇穡澀澁蹓謖;【推字母】②率帥,③衰瘦,⑤蟀刷唰涮;【闊字母】①鯊,③沙砂,⑤殺煞;【乃字母】①獅篩,⑥灑洒晒曬;【後字母】②瘦膄潄,③搜廋廋溲蒐;【述字母】③疋毹毹;【古字母】①師獅螄疏疎蔬梳,②數数疎,④史使所,⑤謖,⑥使。

(2)中古生紐讀作出母有3字:【坦字母】①眚;【結字母】⑤霎;【推字母】⑤數。

(3)中古生紐讀作片母有2字:【備字母】⑤疋;【射字母】④閂。

(4)中古生紐讀作求母有1字:【横字母】②閂。

(5)中古生紐讀作中母有1字:【述字母】③縮。

(6)中古生紐讀作名母有1字:【先字母】④色。

(7)中古生紐讀作向母有1字:【百字母】③廈。

具體情况請看下表:

《廣韻》生紐								
《六音字典》	生母	出母	片母	求母	中母	名母	向母	合計
總數	102	3	2	1	1	1	1	111
比例(%)	91.89	2.70	1.80	0.90	0.90	0.90	0.90	100

上表可見,《廣韻》111個生紐字在《六音字典》字母裏有7個對應層次:其一,生母102字,占總數91.89%;其二,出母3字,占總數2.70%;其三,片母2字,占總數1.80%;其四至其七,求母、中母、名母、向母各1字,各占總數0.90%。

顯然,生母與生紐對應最多,説明生紐由舌葉音清擦音[ʃ]演變爲舌尖前清擦音[s];少數書紐字演變爲出母、片母、求母、中母、名母、向母,只能視爲例外現象。

三、正齒音三等(即章紐、昌紐、船紐、書紐、禪紐)

1.章紐:《廣韻》章紐可擬音爲舌面前不送氣清塞擦音[tɕ]。它與明本《六音字典》"十五音"中的全母、又母、出母、生母、求母、氣母、中母、片母、土母有對應關係。

(1)中古章組讀作全母有 89 字:【本字母】②圳;【順字母】①鍾鐘諄終,②眾種,④腫踵種煄准準;【唱字母】①章,②瘴障,④掌;【聲字母】①正,②正;【音字母】①蒸烝真眞斟旃箴針征,②政症証證,④振賑震炡整枕畛軫;【射字母】①遮,②樜蔗柘,⑤者赭隻,⑥蹠跖鷓;【舌字母】④紙帋,⑤拙;【有字母】①周賙舟州洲,②咒呪;【條字母】①昭招,②照炤,③釗,⑤酌勺;【化字母】③指;【述字母】①朱硃珠侏諸,②渚翥注註炷霔蛀麈鑄,④煮主,⑤燭燭祝粥;【古字母】⑥㗊。

(2)中古章組讀作又母有 8 字:【先字母】①甄,⑥娠;【備字母】③梔;【條字母】②沼詔;【述字母】②屬属囑。

(3)中古章組讀作出母有 7 字:【本字母】④惴;【通字母】螽;【備字母】⑤咫;【條字母】⑤灼焯妁;【古字母】⑥矚。

(4)中古章組讀作生母有 6 字:【備字母】⑤識織;【有字母】④箒帚;【條字母】③斫;【述字母】②譳。

(5)中古章組讀作求母有 4 字:【唱字母】③麞獐;【備字母】⑥忮伎。

(6)中古章組讀作氣母有 2 字:【班字母】①掌;【射字母】③枝。

(7)中古章組讀作中母有 2 字:【備字母】④砥;【古字母】②柘。

(8)中古章組讀作片母有 1 字:【班字母】⑥瓠。

(9)中古章組讀作土母有 1 字:【射字母】⑤折。

具體情況請看下表:

《廣韻》章組										
《六音字典》	全母	又母	出母	生母	求母	氣母	中母	片母	土母	合計
總數	89	8	7	6	4	2	2	1	1	120
比例(%)	74.17	6.67	5.83	5.00	3.33	1.67	1.67	0.83	0.83	100

上表可見,《廣韻》120 個章組字在《六音字典》字母裏有 9 個對應層次:其一,全母 89 字,占總數 74.17%;其二,又母 8 字,占總數 6.67%;其三,出母 7 字,占總數 5.83%;其四,生母 6 字,占總數 5.00%;其五,求母 4 字,占總數 3.33%;其六其七,氣母、中母各 2 字,各占總數 1.67%;其八其九,片母、土母各 1 字,

各占總數0.83%。

可見，全母與章紐對應最多，説明章紐由舌面前不送氣清塞擦音[tɕ]演變爲舌尖前不送氣清塞擦音[ts]；其他少數章紐字演變爲又母、出母、生母、求母、氣母、中母、片母、土母，只能視爲例外現象。

2. 昌紐：《廣韻》昌紐可擬音爲舌面前送氣清塞擦音[tɕʻ]。它與明本《六音字典》"十五音"中的出母、全母、氣母、生母、向母、中母、土母有對應關係。

(1)中古昌紐讀作出母有43字：【本字母】④喘揣舛；【順字母】①春衝充，②銃，④蠢；【唱字母】①倡，②唱，③昌菖鯧閶，④廠敞；【音字母】①爯稱，②秤稱；【備字母】①蚩，④斥侈齒；【結字母】④扯；【射字母】①撦車，②跅，④扯，⑤赤；【舌字母】①炊吹，⑤歠啜；【有字母】④醜魗；【條字母】⑤尺綽；【出字母】⑤出；【後字母】②臭；【述字母】②處处，④處。

(2)中古昌紐讀作全母有3字：【音字母】①嗔；【述字母】①姝，②處。

(3)中古昌紐讀作氣母有2字：【推字母】⑤郝；【述字母】①樞。

(4)中古昌紐讀作生母有2字：【備字母】⑤熾；【述字母】⑤俶。

(5)中古昌紐讀作向母有2字：【百字母】⑥叱；【推字母】②喙。

(6)中古昌紐讀作中母有1字：【古字母】⑤觸。

(7)中古昌紐讀作土母有1字：【順字母】④嗤。

具體情況請看下表：

《廣韻》昌紐								
《六音字典》	出母	全母	氣母	生母	向母	中母	土母	合計
總數	43	3	2	2	2	1	1	54
比例(%)	79.63	5.56	3.70	3.70	3.70	1.85	1.85	100

上表可見，《廣韻》54個昌紐字在《六音字典》字母裏有7個對應層次：其一，出母43字，占總數79.63%；其二，全母3字，占總數5.56%；其三至其五，氣母、生母、向母各2字，各占總數3.70%；其六其七，中母、土母各1字，各占總數1.85%。

顯然，出母與昌紐對應最多，説明昌紐由舌面前送氣清塞擦音[tɕʻ]演變爲舌尖前清塞擦音[tsʻ]；其他少數昌紐字演變爲全母、氣母、生母、向母、中母、土母，只能視爲例外現象。

3. **船紐平聲**:《廣韻》船紐可擬音爲舌面前不送氣濁塞擦音[dʑ]。它與明本《六音字典》"十五音"中的生母、又母、全母有對應關係。

(1)**中古船紐平聲讀作生母有7字**:【順字母】③脣唇;【音字母】③晨神;【射字母】③蛇;【音字母】⑥塖塍。

(2)**中古船紐平聲讀作又母有2字**:【先字母】③神晨。

(3)**中古船紐平聲讀作全母有1字**:【音字母】③繩。

具體情況請看下表:

《廣韻》船紐平聲				
《六音字典》	生母	又母	全母	合計
總數	7	2	1	10
比例(%)	70.00	20.00	10.00	100

上表可見,《廣韻》10個船紐平聲字在《六音字典》字母裏有3個對應層次:其一,生母7字,占總數70.00%;其二,又母2字,占總數20.00%;其三,全母1字,占總數10.00%。

顯然,生母與船紐平聲對應最多,説明船紐平聲由舌面前不送氣濁塞擦音[dʑ]演變爲舌尖前清擦音[s];其他少數船紐平聲字演變爲又母、全母,只能視爲例外現象。

4. **船紐仄聲**:《廣韻》船紐可擬音爲舌面前不送氣濁塞擦音[dʑ]。它與明本《六音字典》"十五音"中的生母、中母、立母、出母有對應關係。具體情況如下:

(1)**中古船紐仄聲讀作生母有15字**:【順字母】⑥順;【音字母】②乘,⑥剩;【備字母】②實,⑤視示蝕;【結字母】②貰;【射字母】②射,⑥麝;【舌字母】②舌;【述字母】②杼贖,⑤述術。

(2)**中古船紐仄聲讀作中母有3字**:【備字母】④舓舐;【述字母】②術。

(3)**中古船紐仄聲讀作立母有2字**:【乃字母】⑤舐舓。

(4)**中古船紐仄聲讀作出母有2字**:【有字母】④贖;【出字母】⑥秫。

具體情況請看下表:

《廣韻》船紐仄聲					
《六音字典》	生母	中母	立母	出母	合計
總數	15	3	2	2	22
比例(%)	68.18	13.64	9.09	9.09	100

上表可見,《廣韻》22 個船紐仄聲字在《六音字典》字母裏有 4 個對應層次:其一,生母 15 字,占總數 68.18%;其二,中母 3 字,占總數 13.64%;其三其四,立母、出母各 2 字,各占總數 9.09%。

顯然,生母與船紐仄聲對應最多,説明船紐仄聲由舌面前不送氣濁塞擦音[dʑ]演變爲舌尖前清擦音[s];其他少數船紐仄聲字演變爲中母、立母、出母,只能視爲例外現象。

5. **書紐**:《廣韻》書紐可擬音爲舌面前清擦音[ɕ]。它與明本《六音字典》"十五音"中的生母、出母、又母、向母、中母、人母、名母、土母有對應關係。具體情況如下:

(1)**中古書紐讀作生母有 81 字**:【本字母】⑥瞬;【順字母】②舜,③春揁;【聲字母】③聲声;【音字母】①申呻伸紳身升陞昇,④審嬸沈陜,⑥聖圣勝;【班字母】③哂;【先字母】②扇煽,④陜;【備字母】①哂,②式試拭弑,③詩,④屎,⑤豕始失矢室釋螫暘飾;【結字母】②世吿勢,③施,⑤設;【射字母】②舍赦,④舍捨;【舌字母】②税,⑤説;【有字母】②狩獸,③收収,④首手守;【條字母】②少,④少,⑥趐;【百字母】⑤倏;【出字母】④水,⑤戍;【述字母】②暑庶庻恕,③書书舒紓鄃,⑤叔菽;【古字母】⑤束;【唱字母】①商觴傷,④賞。

(2)**中古書紐讀作出母有 10 字**:【音字母】①深;【備字母】③屍尸;【結字母】⑤溼;【射字母】①賒奢;【條字母】③燒,⑤鑠爍;【述字母】④鼠。

(3)**中古書紐讀作又母有 5 字**:【聲字母】①守;【先字母】④閃;【備字母】⑤施;【化字母】③葉;【述字母】③黍。

(4)**中古書紐讀作向母有 4 字**:【唱字母】②餉饟;【舌字母】②趐;【直字母】⑥歙。

(5)**中古書紐讀作中母有 2 字**:【唱字母】③塲;【備字母】③弛。

(6)**中古書紐讀作人母有 2 字**:【射字母】⑤曯;【條字母】⑥屎。

(7)**中古書紐讀作名母有 2 字**:【備字母】③禖奭。

(8)**中古書紐讀作土母有 1 字**:【備字母】⑥啻。

具體情況請看下表:

《廣韻》書紐									
《六音字典》	生母	出母	又母	向母	中母	人母	名母	土母	合計
總數	81	10	5	4	2	2	2	1	107
比例(%)	75.70	9.35	4.67	3.74	1.87	1.87	1.87	0.93	100

上表可見,《廣韻》107 個書紐字在《六音字典》字母裹有 8 個對應層次:其一,生母 81 字,占總數 75.70%;其二,出母 10 字,占總數 9.35%;其三,又母 5 字,占總數 4.67%;其四,向母 4 字,占總數 3.74%;其五至其七,中母、人母、名母各 2 字,各占總數 1.87%;其八,土母 1 字,占總數 0.93%。

显然,生母與書紐對應最多,説明書紐由舌面前清擦音[ɕ]演變爲舌尖前清擦音[s];出母與書紐關係較爲密切,説明到《六音字典》時期已部分演變爲舌尖前清送氣音[ts']；少數書紐字演變爲又母、向母、中母、人母、名母、土母,只能視爲例外現象。

6. **禪紐**:《廣韻》禪紐可擬音爲舌面前濁擦音[ʑ]。它與明本《六音字典》"十五音"中的生母、出母、全母、又母、中母、向母有對應關係。具體情況如下:

(1)**中古禪紐讀作生母有** 61 字:【順字母】③純;【唱字母】②上,③常嫦裳償嘗,⑥上尚;【聲字母】③成;【音字母】②成城,③辰宸,⑥甚慎腎盛;【先字母】⑥善善繕膳饍擅;【備字母】①時塒,②侍恃寔,⑤誓氏逝筮,⑥是拾十;【結字母】⑥涉;【射字母】⑥社;【有字母】⑥受授綬壽壽壽蜀;【條字母】⑤拾;【出字母】③誰,⑥瑞睡;【述字母】①殳,②署,⑤淑孰熟塾豎竪豎墅樹澍。

(2)**中古禪紐讀作出母有** 16 字:【音字母】③臣丞承誠成盛;【備字母】⑥市豉;【有字母】③讐售酬酧醻,⑥樹;【條字母】⑤碩;【述字母】⑥蒔。

(3)**中古禪紐讀作全母有** 13 字:【唱字母】⑥上;【音字母】①諶忱;【條字母】⑥石鼫;【百字母】②什;【述字母】①銖茱洙薯,②曙,⑤蜀,⑥熟。

(4)**中古禪紐讀作又母有** 10 字:【先字母】③蟬禪嬋辰宸;【條字母】①韶劭,②邵紹;【交字母】④折。

(5)**中古禪紐讀作中母有** 1 字:【備字母】②殖。

(6)**中古禪紐讀作向母有** 1 字:【備字母】⑥嗜。

具體情況請看下表:

《廣韻》禪紐							
《六音字典》	生母	出母	全母	又母	中母	向母	合計
總數	61	16	13	10	1	1	102
比例(%)	59.80	15.69	12.75	9.80	0.98	0.98	100

上表可見,《廣韻》102 個禪紐字在《六音字典》字母裹有 6 個對應層次:其

一，生母 61 字，占總數 59.80%；其二，出母 16 字，占總數 15.69%；其三，全母 13 字，占總數 12.75%；其四，又母 10 字，占總數 9.80%；其五其六，中母、向母各 1 字，各占總數 0.98%。

顯然，生母與禪紐對應最多，説明禪紐濁音清化由舌面前濁擦音[ʑ]演變爲舌尖前清擦音[s]；出母、全母與禪紐關係密切，説明到《六音字典》時期已部分演變爲舌尖前清送氣音[ts‘]和清不送氣音[ts]；少數禪紐字演變爲又母、中母、向母，只能視爲例外現象。

第五節 中古喉音與明本《六音字典》“十五音”對應研究

中古喉音包括曉紐、匣紐、影紐、以紐、云紐，現與《六音字典》“十五音”比較如下：

1. **曉紐**：《廣韻》曉紐可擬音爲舌面後（舌根音）清擦音[x]。它與明本《六音字典》“十五音”中的向母、又母、氣母、求母、言母、生母、立母、比母、人母、出母有對應關係。具體情況如下：

（1）**中古曉紐讀作向母有 174 字**：【本字母】①鼾葷昏惛婚歡懽，②漢礐，⑥喚唤；【風字母】③慌荒，④謊恍慌；【通字母】①轟，③烘；【順字母】①兄凶兇胸曛勛，②訓；【唱字母】②向，③香萫鄉，④饗響享亯，⑥鄉向；【聲字母】①鄉；【音字母】①興馨，⑥欣忻；【坦字母】①蚶，③憨僁，④喊；【先字母】④顯顕險；【備字母】①羲犧嬉禧熹熺僖俙希稀欷晞睎觿熙，②戲戱，④喜憙囍螭嬉；【備字母】⑥翕皦鑴屓；【結字母】⑤脅脇憯血蠍蝎；【射字母】③墟，⑤嚇哧謔唬；【舌字母】⑤歇；【有字母】①休烋庥貅猇，④朽；【條字母】①炈炏囂烋，④曉；【交字母】②孝哮好；【合字母】①呵訶呵，②皾盇耗秏，④好，⑥霍；【百字母】①蝦虾颬，⑥呷呀；【化字母】②化，③花華苍，⑤豁；【果字母】②貨，③靴；【直字母】⑤黑赫哧，⑥呷；【出字母】①輝暉翬皸煇揮麾撝虺，④毀譭朽；【推字母】①灰徽虺，②誨悔晦賄，④火，⑤忽惚欻；【闊字母】③劃，④海，⑤喝血；【乃字母】⑤瞎，⑥噶；【述字母】①虚虗謔歔，②响煦，④許滸詡，⑤畜蓄鄐閾昫咰旭；【古字母】①唬呼，②嘑謼呼。

（2）**中古曉紐讀作又母有 17 字**：【本字母】⑥奐奂煥；【合字母】⑥荷；【化字

母】③譁華蕐;【果字母】④夥伙;【出字母】②諱;【後字母】④吼吽;【述字母】①籲盱雩,②訏,④嘘。

(3)中古曉紐讀作氣母有 12 字:【風字母】⑥況貺;【順字母】②燻;【備字母】⑤迄;【百字母】①咳;【推字母】⑤壑;【後字母】②蔻;【古字母】④滸琥蔰鄜虖。

(4)中古曉紐讀作求母有 5 字:【順字母】①褌;【結字母】⑤擷;【射字母】②擷;【百字母】②呷;【後字母】⑥訽。

(5)中古曉紐讀作言母有 5 字:【先字母】④玁;【條字母】⑤謔;【交字母】③嗷嚻;【後字母】①歪。

(6)中古曉紐讀作生母有 2 字:【先字母】③佡彝。

(7)中古曉紐讀作立母有 1 字:【乃字母】⑤咶。

(8)中古曉紐讀作比母有 1 字:【備字母】③鵖。

(9)中古曉紐讀作人母有 1 字:【通字母】②戆。

(10)中古曉紐讀作出母有 1 字:【後字母】②嗅。

具體情況請看下表:

《廣韻》曉紐											
《六音字典》	向母	又母	氣母	求母	言母	生母	立母	比母	人母	出母	合計
總數	174	17	12	5	5	2	1	1	1	1	219
比例(%)	79.45	7.76	5.48	2.28	2.28	0.91	0.46	0.46	0.46	0.46	100

上表可見,《廣韻》219 個曉紐字在《六音字典》字母裏有 10 個對應層次:其一,向母 174 字,占總數 79.45%;其二,又母 17 字,占總數 7.76%;其三,氣母 12 字,占總數 5.48%;其四其五,求母、言母各 5 字,各占總數 2.28%;其六,生母 2 字,占總數 0.91%;其七至其十,立母、比母、人母、出母各 1 字,各占總數 0.46%。

顯然,向母與曉紐對應最多,説明到《六音字典》時期曉紐已部分從舌面後(舌根音)清擦音[x]演變爲喉音清擦音[h];又母與曉紐關係密切,説明到《六音字典》時期已部分演變爲零聲母[ø];少數曉紐字演變爲氣母、求母、言母、生母、立母、比母、人母、出母,只能視爲例外現象。

2. 匣紐:《廣韻》匣紐可擬音爲舌面後(舌根音)濁擦音[ɣ]。它與明本《六音字典》"十五音"中的向母、又母、求母、氣母、言母、比母、立母、中母、全母、人母有對應關係。具體情況如下：

(1)中古匣紐讀作向母有188字:【本字母】①魂,②旱哻,③淮恒渾環還韓畈,⑥翰宦患;【風字母】①楻,⑥巷;【通字母】②䃔,③紅鴻弘宏;【順字母】②虹;【音字母】①眩,③形刑型;【坦字母】③降鵰咸珩桁衔銜衡含啣函,⑥陷;【橫字母】①横衡;【班字母】③行嫌嫺嫺閑閒,④悍罕罕很,⑥行幸倖杏荇蘅莧恨限;【先字母】①還,⑥現見;【備字母】①奚傒攜携畦兮,⑤覡,⑥系;【結字母】⑤恊协葉,⑥穴;【交字母】①昊昦,③毫豪,⑥效校浩晧皓鎬効;【合字母】①啊,③河何,⑤合闔盍熆曷獲,⑥賀號号鶴灝啫;【克字母】②齕;【百字母】①霞瑕遐蕸,②下苄,③夏,⑤學斈,⑥下暇學;【化字母】②畫画,⑤活,⑥畵;【果字母】③和,⑥禍祸;【直字母】⑤覈核駭劾,⑥嗐;【出字母】⑥惠蕙憓;【闊字母】③懷懐槐,⑥害亥;【推字母】③回囘囬迴徊佪廻茴洄,⑤或惑,⑥會会核劾;【乃字母】①諧孩骸鞋鞵,⑥獬蟹蟹蠏邂嗐薤;【後字母】③喉侯矦餱,⑥後逅垕后候厚;【述字母】⑤哻;【古字母】②乎,③啩瑚楜湖餬葫糊蝴壺瓳鹽荷狐,⑤護,⑥互沍扈。

(2)中古匣紐讀作又母有31字:【本字母】③紈,④緩,⑥宦換;【風字母】①黄鰉鱑惶,③簧磺煌凰皇;【先字母】③賢贒絃弦;【備字母】①兮;【射字母】①椵;【合字母】①荷;【百字母】⑤挾俠狹匣;【化字母】③嘩驊,⑥話嘛;【果字母】③和,⑥和;【推字母】①禾。

(3)中古匣紐讀作求母有26字:【順字母】⑥娂;【聲字母】③行;【音字母】③咸鹹;【音字母】⑥脛踁;【坦字母】①酣;【班字母】①橺,④迴;【先字母】③癇;【備字母】⑥嵇;【結字母】⑤纈襭;【條字母】④檄,⑥藒;【合字母】②磆;【百字母】③峽;【闊字母】④踝;【後字母】②厚,③猴;【古字母】①弧怙,②啩,③黏糊,④岵。

(4)中古匣紐讀作氣母有7字:【本字母】③焜;【交字母】④覈;【合字母】①苛,④涸,⑥盍;【推字母】②繪殨。

(5)中古匣紐讀作言母有5字:【交字母】①爻,③肴餚殽淆。

(6)中古匣紐讀作比母有2字:【古字母】③瓠葫。

(7)中古匣紐讀作立母有1字:【合字母】②貉。

(8)中古匣紐讀作中母有1字:【古字母】①睍。

(9)中古匣紐讀作全母有1字:【百字母】⑤洽。

(10)中古匣紐讀作人母有1字:【克字母】①或。

具體情況請看下表:

《廣韻》匣紐											
《六音字典》	向母	又母	求母	氣母	言母	比母	立母	中母	全母	人母	合計
總數	188	31	26	7	5	2	1	1	1	1	263
比例(%)	71.48	11.79	9.89	2.66	1.90	0.76	0.38	0.38	0.38	0.38	100

上表可見,《廣韻》263個匣紐字在《六音字典》字母裏有10個對應層次:其一,向母188字,占總數71.48%;其二,又母31字,占總數11.79%;其三,求母26字,占總數9.89%;其四,氣母7字,占總數2.66%;其五,言母5字,占總數1.90%;其六,比母2字,占總數0.76%;其七至其十,立母、中母、全母、人母各1字,各占總數0.38%。

顯然,向母與匣紐對應最多,説明中古匣紐到《六音字典》時期已濁音清化演變爲喉音清擦音[h];匣紐與又母關係密切,説明到《六音字典》時期已部分演變爲零聲母[ø];少數匣紐字演變爲求母、氣母、言母、比母、立母、中母、全母、人母,只能視爲例外現象。

3. 影紐:《廣韻》影紐是個零聲母[ø]。它與明本《六音字典》"十五音"中的又母、向母、立母、全母、生母、中母、比母、求母、土母、人母、言母、出母有對應關係。具體情況如下:

(1)中古影紐讀作又母有237字:【本字母】①瘟氳溫,②案按彎灣,③安鞍,④穩宛婉碗椀盌,⑥熅苑斡;【風字母】④枉影,⑥汪;【通字母】②雍邕甕壅蓊翁;【順字母】①殷慇,③翁,④壅擁隱;【朗字母】②暗,③菴庵秧,④影;【唱字母】①央殃,③鴦;【聲字母】⑥映;【音字母】①英瑛因囙咽姻絪煙烟罌嬰纓櫻鸚鷹陰隂音,②應应蔭癊印,④影飲;【坦字母】②俺,④晻唵;【班字母】①恩鶯鸎;【先字母】①焉厭胭湮堙煙烟,②醼讌燕晏宴燕鷰饜厭,③焉,④偃淹奄掩揜,⑥醃;【備字母】①衣依伊噫醫,②意薏瞖翳懿,③漪,⑤一壹乙益縊邑鳦挹揖,⑥億憶倚衣;【結字母】④椅;【有字母】①憂優呦幽麀,②幼;【條字母】②要,③夭要腰喓妖殀邀,⑤約,⑥要;【交字母】②奥;【合字母】①猗漪阿婀,④襖,⑤惡恶;【克字母】⑤抑厄阨搤扼摩;【百字母】①鵶掗阿,④啞瘂婭亞,⑤壓筴押鴨;

【化字母】①蛙哇挖，③摦；【果字母】①窩渦媧喔，③踒；【直字母】③膉；【出字母】②畏，③威，⑤鬱欝委蔚尉熨慰煨揋懊鬱；【推字母】③燠，⑥碨渨隈隩澳；【乃字母】①唉，②愛爰，③哀挨埃，④矮躷，⑤欸靄藹餲遏隘閼；【後字母】①毆謳甌漚嘔鷗，②抝詏；【述字母】①於唹，②淤；【古字母】①惡肎杇，②汙汚惡瘀，③烏，④塢，⑤屋齷握幄喔偓剭渥沃噁誵。

(2)中古影紐讀作向母有10字：【合字母】④啊，⑤擭；【百字母】⑤鸞壂；【備字母】⑥謁；【舌字母】②薈；【果字母】③踒；【推字母】⑥仸；【闊字母】③剜；【述字母】⑤彧。

(3)中古影紐讀作人母有8字：【唱字母】⑥要；【交字母】④懊；【合字母】④懊腴；【克字母】⑤凹；【乃字母】⑤凹坳；【後字母】③㘭。

(4)中古影紐讀作立母有2字：【條字母】⑥窈；【嘹字母】⑥窈。

(5)中古影紐讀作比母有2字：【音字母】①鬢；【克字母】②抑。

(6)中古影紐讀作求母有2字：【化字母】④摦；【推字母】②薈。

(7)中古影紐讀作氣母有2字：【合字母】⑥搕；【述字母】①傴。

(8)中古影紐讀作中母有2字：【聲字母】③莖；【坦字母】③映。

(9)中古影紐讀作出母有2字：【備字母】③黳；【條字母】⑤約。

(10)中古影紐讀作生母有1字：【古字母】①蕆。

(11)中古影紐讀作明母有1字：【克字母】④魘。

(12)中古影紐讀作言母有1字：【合字母】⑥厄。

具體情況請看下表：

	《廣韻》影紐											
《六音字典》	又母	向母	人母	立母	比母	求母	氣母	中母	出母	生母	名母	言母	合計
總數	237	10	8	2	2	2	2	2	2	1	1	1	270
比例(%)	87.78	3.70	2.96	0.74	0.74	0.74	0.74	0.74	0.74	0.37	0.37	0.37	100

上表可見，《廣韻》270個影紐字在《六音字典》字母裏有12個對應層次：其一，又母237字，占總數87.78%；其二，向母10字，占總數3.70%；其三，人母8字，占總數2.96%；其四至其九，立母、比母、求母、氣母、中母、出母各2字，各占總數0.74%；其十至其十二，生母、名母、言母各1字，各占總數0.37%。

顯然，又母與影紐對應最多，說明中古影紐到《六音字典》時期均爲零聲母

[ø];向母與影紐關係較爲密切,説明到《六音字典》時期已部分演變爲喉音清擦音[h];極少數影紐字讀作人母、立母、比母、求母、氣母、中母、出母、生母、名母、言母,只能視爲例外現象。

4. 以紐:《廣韻》以紐可擬音爲舌面中濁擦音[j]。它與明本《六音字典》"十五音"中的又母、向母、立母、全母、生母、中母、比母、求母、土母、人母、言母、出母有對應關係。具體情況如下:

(1)中古以紐讀作又母有 163 字:【順字母】④尹允踴勇,⑥用;【唱字母】①陽易暘楊洋羊佯,③揚,④養攁,⑥様様恙;【聲字母】①嬴營;【音字母】④引蚓,⑥胤;【先字母】①閻鹽塩盐,③延筵,④衍琰演,⑥孕艷豔爓焰燄焱;【備字母】②翌易翼翊異,③夷胰姨遺貽詒怡移匜迤頤,④以苡苢已,⑤溢逸弋曳拽掖液洩繹驛懌奕弈佚;【結字母】③爺爷,⑥易;【射字母】①役耶鄆鎁,③亦餘,④野;【舌字母】①蛇,⑤悦説;【有字母】①油攸悠,②酉,③由繇猶猷卣蝣蝤遊迂遊,⑥釉柚誘蜏牖;【條字母】①洮姚搖飄嗂窯遙謠瑤,⑤龠,⑥耀燿曜矅躍;【合字母】③唯;【出字母】⑥窳遺;【推字母】②欲;【述字母】②浴,③餘俞楡瑜璵覦渝窬臾腴萸庾諛予餘歟與旟輿,④與予,⑤慾欲,⑥欲鵒與譽裕裕蕷預豫喻諭愉愈逾踰。

(2)中古以紐讀作向母有 33 字:【順字母】③庸傭容蓉營融;【音字母】③盈楹寅夤因淫婬嬴瀛籯;【先字母】④穎;【備字母】①頤,⑥裔;【條字母】②藥药;【果字母】②籥;【出字母】①唯,③惟維;【述字母】⑤育毓焴喅唷儥昱疫。

(3)中古以紐讀作立母有 8 字:【備字母】⑥肄;【舌字母】⑤閲;【出字母】⑥睿叡;【述字母】④聿遹鷸歍。

(4)中古以紐讀作全母有 5 字:【唱字母】②癢痒;【音字母】③蠅;【射字母】⑥葉;【述字母】⑤鬻。

(5)中古以紐讀作生母有 5 字:【結字母】⑤拽洩;【有字母】②莠;【條字母】⑥羨;【述字母】②妤。

(6)中古以紐讀作中母有 3 字:【備字母】③杘;【百字母】③爺;【結字母】①爺。

(7)中古以紐讀作比母有 1 字:【備字母】⑤筆。

(8)中古以紐讀作求母有 1 字:【順字母】③匀。

(9)中古以紐讀作土母有 1 字:【音字母】④郢。

(10)中古以紐讀作人母有1字:【條字母】②葉。

(11)中古以紐讀作言母有1字:【結字母】②頁。

(12)中古以紐讀作出母有1字:【有字母】⑥誘。

具體情況請看下表:

《廣韻》以紐													
《六音字典》	又母	向母	立母	全母	生母	中母	比母	求母	土母	人母	言母	出母	合計
總數	163	33	8	5	5	3	1	1	1	1	1	1	223
比例(%)	73.09	14.8	3.59	2.24	2.24	1.35	0.45	0.45	0.45	0.45	0.45	0.45	100

上表可見,《廣韻》223個以紐字在《六音字典》字母裏有12個對應層次:其一,又母163字,占總數73.09%;其二,向母33字,占總數14.80%;其三,立母8字,占總數3.59%;其四其五,全母、生母各5字,各占總數2.24%;其六,中母3字,占總數1.35%;其七至其十二,比母、求母、土母、人母、言母、出母各1字,各占總數0.45%。

顯然,又母與以紐對應最多,説明中古以紐到《六音字典》時期已從[j]演變爲零聲母[ø];向母與以紐關係較爲密切,説明到《六音字典》時期已部分演變爲喉音清擦音[h];少數以紐字讀作立母、全母、生母、中母、比母、求母、土母、人母、言母、出母,只能視爲例外現象。

5.云紐:《廣韻》云紐可擬音爲舌面後(舌根音)濁擦音[ɣ]。它與明本《六音字典》"十五音"中的又母、向母、求母、片母、名母、言母有對應關係。具體情況如下:

(1)中古云紐讀作又母有46字:【本字母】④爰;【風字母】①王,②王,④往,⑥旺;【順字母】④永;【先字母】①炎;【備字母】④矣;【舌字母】⑤曰;【有字母】②又,③尤友郵,④有,⑥侑宥囿右祐佑;【直字母】⑤㖞;【出字母】①韋暐幃圍闈帷,③煒違偉湋,⑥位衛衞胃渭謂爲;【述字母】①於盂芋,③羽,②宇,⑤雨,⑥煜芋。(1)中古云紐讀作立母有4字:【舌字母】⑤越粤鉞;【出字母】⑥彙。

(2)中古云紐讀作向母有23字:【本字母】③垣;【順字母】②熊,③云雲紜芸耘榮荣雄,⑥運詠咏韻;【合字母】⑤饁;【出字母】③爲為;【述字母】⑤棫域蜮罭魊,⑥雨。

(3)中古云紐讀作求母有1字:【順字母】③�。

(4)中古云紐讀作片母有1字:【備字母】④袜。

(5)中古云紐讀作名母有1字:【克字母】①帷。

(6)中古云紐讀作言母有1字:【述字母】⑥禹。

具體情況請看下表:

《廣韻》云紐							
《六音字典》	又母	向母	求母	片母	名母	言母	合計
總數	46	23	1	1	1	1	73
比例(%)	63.01	31.51	1.37	1.37	1.37	1.37	100

上表可見,《廣韻》73個云紐字在《六音字典》字母裏有6個對應層次:其一,又母46字,占總數63.01%;其二,向母23字,占總數31.51%;其三至其六,求母、片母、名母、言母各1字,各占總數1.37%。

顯然,又母與云紐對應最多,説明中古云紐到《六音字典》時期已部分從[ɣ]演變爲零聲母[ø];向母與云紐關係較爲密切,説明到《六音字典》時期已部分演變爲喉音清擦音[h];少數云紐讀作求母、片母、名母、言母,只能視爲例外現象。

第六節　中古半舌半齒音與明本《六音字典》"十五音"對應研究

一、半舌音

來紐:《廣韻》來紐可擬音爲舌尖中濁邊音[l]。它與明本《六音字典》"十五音"中的立母、生母、求母、中母、又母、向母、土母、全母、人母、氣母、言母有對應關係。具體情況如下:

(1)中古來紐字讀作立母有427字:【本字母】①襴圇,③瀾,⑥論亂乱爛;【通字母】①礱籠壠壟垅,②寵櫟,③朧嚨,④籠,⑥弄;【順字母】①龍竜輪,②崙侖,③倫隆;【朗字母】①廊郎,③狼,④朗,⑥浪;【唱字母】①梁粱量糧粮涼輛兩,②両刄,③良,④兩两両,⑥量亮喨諒;【聲字母】①靈,②領嶺衿,③嚨;【音字母】①林淋霖苓囹翎鴒綾,③憐齡琳臨靈霧靈夌淩陵鱗粦麟鄰,④稟廩懍蛉,⑥令令另吝;【坦字母】①藍嵐,③襤,④覽覧攬擥欖,⑥爁濫纜纜;【班字母】①

鈴聆伶零零要蔆菱棱蓮，④冷冷；【先字母】①連嗹慩聯臁鐮簾，③匳奩歛憐廉濂，④璉輦斂斂，⑥殮煉練；【備字母】①梨棃，②力立，③離离漓璃璨黎藜蠡蠣蜊蔾蔾罹厘狸鸝，④裏理鯉娌李醴禮礼，⑤歷歷厯靂笠粒莅履，⑥莀麗蘢隸詈吏利浰廁俐荔厲勵蜊；【結字母】①籬篱離，②裂挒，⑤列烈，⑥例劙剓離；【射字母】②磿，⑤靫轣鶇；【舌字母】⑤劣捋；【有字母】①榴流，③磂硫瑠琉留慉劉刘，④柳栁鰡蚟，⑥溜霤；【條字母】④了掠憭瞭，⑤畧，⑥鐐橑繚燎橑廖料；【嘹字母】③鷯獠僚遼寮嘹燎嘲膠廖寥聊，④了；【交字母】①瞭，②嫪了，③勞憥，④笔栳，⑥橯醪；【合字母】①囉蘿鑼欏潦灑癆癃勬牢浶簝，②落酪洛駱賂，③囉，④老，⑤樂落，⑥栳；【克字母】②栗慄礫躒鱺；【百字母】②獵爉臘粒，⑤拉摺辣粹捋鬣氀鬣燎；【出字母】③侶，④藟壘縲屢屡，⑥類酹淚泪累耒；【直字母】①來，⑤勒肋泐；【闊字母】②羸；【乃字母】①犁犂，③來耒逨萊，⑥賴頼赖癩籟；【後字母】①樓樓楼螻，③鏤婁嘍摟髏，④簍瓻，⑥陋漏鎘瘺；【述字母】①閭驢驴，②綠绿録騄菉淥六陸坴，④律嵂呂吕侶筥莒旅膂膂褸縷，⑥慮鑢慮濾癮勴；【古字母】①盧蘆爐炉鑪廬艫瀘鸕顱轤艫獹鱸壚壚臚瀘鱸嚧黸，②鹿漉熝麓摝摝録彔禄禄，④麓魯擼艪艣滷滷擄憁樐虜擄僇，⑤簏篦盝碌逯娽籙逯軆黸漉蓼戮僇，⑥鹵謧嘯嚕嚕路露露輅鷺潞。

(2)中古來紐讀作生母有 10 字：【通字母】①聾；【聲字母】①鱗；【坦字母】①籃；【交字母】①邐；【克字母】⑥笠李；【推字母】①螺雷；【闊字母】①籮；【述字母】①蔞。

(3)中古來紐讀作求母有 3 字：【本字母】⑥裸；【射字母】②了；【交字母】①醪。

(4)中古來紐讀作中母有 3 字：【備字母】④裹裡；【述字母】①櫚。

(5)中古來紐讀作又母有 3 字：【備字母】④呂；【條字母】⑥睔；【百字母】①了。

(6)中古來紐讀作向母有 3 字：【風字母】①豊；【音字母】②肣；【推字母】④裹。

(7)中古來紐讀作土母有 2 字：【出字母】⑥累；【推字母】⑥楞。

(8)中古來紐讀作全母有 2 字：【百字母】⑤藞；【直字母】④粒。

(9)中古來紐讀作人母有 2 字：【有字母】①瘤膪。

(10)中古來紐讀作氣母有 1 字：【果字母】②裸。

(11)中古來紐讀作言母有1字:【交字母】⑥咾。

具體情況請看下表:

《廣韻》來紐											
《六音字典》	立母	生母	求母	中母	又母	向母	土母	全母	人母	氣母	言母	合計
總數	427	10	3	3	3	3	2	2	2	1	1	457
比例(%)	93.44	2.19	0.66	0.66	0.66	0.66	0.44	0.44	0.44	0.22	0.22	100

上表可見,《廣韻》457個來紐字在《六音字典》字母裏有11個對應層次:其一,立母427字,占總數93.44%;其二,生母10字,占總數2.19%;其三至其六,求母、中母、又母、向母各3字,各占總數0.66%;其七至其九,土母、全母、人母各2字,各占總數0.44%;其十其十一,氣母、言母各1字,各占總數0.22%。

顯然,立母與來紐對應最多,説明中古來紐到《六音字典》立母一樣爲舌尖中濁邊音[l];生母與來紐關係較爲密切,説明到《六音字典》時期已部分演變爲舌尖前清擦音[s];少數來紐字讀作求母、中母、又母、向母、土母、全母、人母、氣母、言母,只能視爲例外現象。

二、半齒音

日紐:《廣韻》日紐可擬音爲舌尖後濁閃音[ɽ]。它與明本《六音字典》"十五音"中的又母、人母、生母、立母、求母、言母有對應關係。具體情況如下:

(1)中古日紐讀作又母有41字:【先字母】③然燃仁,④冉苒髯,⑥任荏姙妊刄刃仞訒;【備字母】⑤馹;【有字母】③柔平;【條字母】④擾,⑤若箬弱;【百字母】①呢;【述字母】③如茹而咘輀儒需兒呪,④爾汝邇耳駬,⑤辱嗕溽,⑥耳孺。

(2)中古日紐讀作人母有34字:【順字母】⑥閏潤;【朗字母】①瓤;【唱字母】⑥讓禳;【聲字母】④惹;【音字母】①人壬,②耳,④忍,⑥認;【班字母】②乳;【先字母】④染;【備字母】②日入,⑤惹,⑥二弍貳廿;【射字母】⑤讘囁;【舌字母】①撋;【條字母】③蕘,④繞遶;【合字母】⑥耎;【克字母】①如若;【百字母】⑤蚋蜹;【乃字母】①鈉;【述字母】②肉,⑤衄。

(3)中古日紐讀作生母有10字:【順字母】③絨戎閏茸;【音字母】④稔;【結字母】③熱;【述字母】①濡嚅,②褥縟。

(4)中古日紐讀作立母有8字:【交字母】④冗宂;【出字母】④蘂蕊橤蕋甤蕤。

(5)中古日紐讀作求母有1字:【通字母】⑥如。

(6)中古日紐讀作言母有1字:【述字母】⑥餌。

具體情況請看下表:

《廣韻》日紐							
《六音字典》	又母	人母	生母	立母	求母	言母	合計
總數	41	34	10	8	1	1	95
比例(%)	43.16	35.79	10.53	8.42	1.05	1.05	100

上表可見,《廣韻》95個日紐字在《六音字典》字母裏有6個對應層次:其一,又母41字,占總數43.16%;其二,人母34字,占總數35.79%;其三,生母10字,占總數10.53%;其四,立母8字,占總數8.42%;其五其六,求母、言母各1字,各占總數1.05%。

可見,又母與日紐最多,説明中古日紐到《六音字典》時期部分字從舌尖後濁閃音[ɽ]演變爲零聲母[ø];人母與日紐對應次之,説明中古日紐到《六音字典》時期部分字從舌尖後濁閃音[ɽ]演變爲舌尖中濁鼻音[n];少數日紐字讀作生母、立母、求母、言母,只能視爲例外現象。

第七節 結論

通過《廣韻》聲母系統與明本《六音字典》"十五音"的對應研究,我們可以清楚看到,二者基本上是可以對應的。但是,由於時間推移,地理環境複雜和周邊方言的接觸,導致二者存在一些差異。具體情況小結如下:

1.《廣韻》幫紐字在《六音字典》字母裏對應的第一層次是比母[p],符合古音的主要層次;第二層次是片母[p‘],發音部位同而发音方法不同。滂紐字在《六音字典》字母裏對應的第一層次是片母[p‘],符合古音的主要層次;第二層次是比母[p],發音部位同而发音方法不同。並紐不論平仄,對應的主要層次是比母[p],濁音清化而不送氣;第二層次是片母[p‘]。明紐字在《六音字典》字母裏對應主要層次是名母[m]。

2.《廣韻》非、敷、奉三紐在《六音字典》字母裏對應的主要層次是向母[x];非紐字第二層次是片母[p‘],敷紐字第二層次是片母[p‘],奉紐字第二層次是比母[p]。微紐字在《六音字典》字母裏對應的主要層次是又母[ø],說明已讀作零聲母;第二層次才是名母[m],保留古音。

3.《廣韻》端紐字在《六音字典》字母裏對應的第一層次是中母[t],符合古音的主要層次;第二層次是土母[t‘],發音部位同而发音方法不同。透紐字在《六音字典》字母裏對應的第一層次是土母[t‘],符合古音的主要層次;第二層次是中母[t],發音部位同而发音方法不同。定紐不論平仄,對應的主要層次是中母[t],濁音清化而不送氣;第二層次土母[t‘]。泥紐(娘紐)字在《六音字典》字母裏對應主要層次是人母[n]。

4.《廣韻》知紐字在《六音字典》字母裏對應的第一層次是中母[t],符合古音的主要層次;第二層次全母[ts],發音部位不同而发音方法同。徹紐字在《六音字典》字母裏對應的第一層次是土母[t‘],符合古音的主要層次;第二層次出母[ts‘],發音部位不同而发音方法同。澄紐不論平仄,對應的主要層次是中母[t],濁音清化而不送氣;第二層次是土母[t‘],第三層次是出母[ts‘],第四層次是全母[ts]。

5.《廣韻》見紐字在《六音字典》字母裏對應的第一層次是求母[k],符合古音的主要層次;第二層次是氣母[k‘],第三層次是向母[x]。溪紐字在《六音字典》字母裏對應的第一層次是氣母[k‘],符合古音的主要層次;第二層次是求母[k]。群紐不論平仄,對應的主要層次是求母[k],濁音清化而不送氣;第二層次是氣母[k‘]。疑紐字在《六音字典》字母裏對應主要層次是言母[ŋ]。

6.《廣韻》精紐字在《六音字典》字母裏對應的第一層次是全母[ts],符合古音的主要層次;第二層次是出母[ts‘];清紐字在《六音字典》字母裏對應的第一層次是出母[ts‘],符合古音的主要層次;第二層次是全母[ts]。從紐不論平仄,對應的主要層次是全母[ts],符合古音的主要層次,濁音清化而不送氣;第二層次是出母[ts‘]。心紐字在《六音字典》字母裏對應主要層次是生母[s];邪紐字在《六音字典》字母裏對應的第一層次是生母[s],第二層次是全母[ts]。

7.《廣韻》莊紐字在《六音字典》字母裏對應主要層次是全母[ts];初紐字在《六音字典》字母裏對應主要層次是出母[ts‘]。崇紐不論平仄,對應的主要層次是全母[ts],濁音清化而不送氣;第二層次是出母[ts‘]。生紐字在《六音字典》字母裏對應主要層次是生母[s]。

8.《廣韻》章紐字在《六音字典》字母裏對應主要層次是全母[ts]。昌紐字在《六音字典》字母裏對應主要層次是出母[ts‘]。船紐不論平仄，對應的主要層次是生母[s]，濁音清化而不送氣。書紐字在《六音字典》字母裏對應主要層次是生母[s]；禪紐字在《六音字典》字母裏對應的第一層次是生母[s]，第二層次是出母[ts‘]，第三層次是全母[ts]。

9.《廣韻》曉紐字在《六音字典》字母裏對應的第一層次是向母[x]，第二層次是又母[ø]；匣紐字在《六音字典》字母裏對應的第一層次是向母[x]，第二層次是又母[ø]，第三層次是求母[k]。影紐字在《六音字典》字母裏對應的第一層次是又母[ø]，第二層次是向母[x]；以紐字在《六音字典》字母裏對應的第一層次是又母[ø]，第二層次是向母[x]；云紐字在《六音字典》字母裏對應的第一層次是又母[ø]，第二層次是向母[x]。

10.《廣韻》來紐字在《六音字典》字母裏對應的第一層次是立母[l]，第二層次是生母[s]。

11.《廣韻》日紐字在《六音字典》字母裏對應的第一層次是又母[ø]，第二層次是人母[n]，第三層次是生母[s]，第四層次是立母[l]。

上文排比了中古聲母與《六音字典》"十五音"的對應情況。古聲母在長期的歷史演變過程中，到《六音字典》時期，發展是不平衡的。中古每個聲母可以和《六音字典》若干個聲母對應，少者 3—4 個層次，多者 11—12 個層次。不管如何，在相對應的層次當中，總有主要層次和第二、三層次。凡是在統一發音部位的"七音"裏産生的變異，屬服從於結構格局的調整；凡跨越"七音"産生的變異，屬與結構格局的調整無關的變異。就如徐通鏘在《歷史語言學》中所指出的："語言中的各層變異是促使語音系統的結構發生局部調整的機制和途徑。各種變異雖然各有自己的特點，但都服從於結構格局的調整，因而互相之間存在着或明或暗的聯繫。與結構格局的調整無關的變異在少數人的語言中也可能會産生並在狹窄的範圍内流行，但由於它與語言演變的趨向不合符節，因而隨着時間的推移或社會條件的變化也就消聲匿跡。"

第　四　章

明本《六音字典》陽聲韻的歷史層次研究

明本《六音字典》"三十四字母"，即穿本風通順朗唱聲音坦橫班先備結射舌有條嘹交合克百化果直出推闊乃後述古。前 13 個字母"穿本風通順朗唱聲音坦橫班先"爲陽聲韻，後 21 個字母中除了"有嘹交"3 個字母不配入聲韻外，其餘"備結射舌條合克百化果直出推闊乃後述古"等 18 個字母均爲陰聲韻兼配入聲韻。還有值得一提的"穿字母"缺韻字，其餘 33 個字母均有韻字。《廣韻》206 韻，共分 16 攝，陽聲韻兼配入聲韻，陰聲韻獨立。本章着重分析研究明本《六音字典》13 個陽聲韻字母。考證時，先列某字母，次分析其中古不同來源，後舉例(聲母以[]示之；聲調以①平聲，②去聲，③平聲，④上聲，⑤入聲，⑥去聲示之；列例字)，現分别考證如下。

第一節　《六音字典》陽聲韻字與《廣韻》陽聲韻字對應比較研究

《廣韻》有 9 個陽聲韻攝，即通、江、臻、山、宕、梗、曾、深、咸諸攝。明本《六音字典》前 13 個字母"穿本風通順朗唱聲音坦橫班先"爲陽聲韻。現將二者比較如下：

一、穿字母[yiŋ]

明本《六音字典》缺頁的字母就是"穿字母"，只存目而無韻字。爲了考證該字母的音值，我們將明本《六音字典》與清本《六音字典》進行對讀研究，發現清本《六音字典》"攣字母"中"出"聲母、平聲五下發現"川穿"二字。據筆者《新發現明朝閩北方言韻書〈六音字典〉音系研究》(馬重奇，2010)考證，明本《六音字典》所反映的則是明正德年間福建省閩北政和方言音系；據《明正德本〈六音字典〉與清光緒本〈六音字典〉比較研究》一文中考證，清本《六音字典》音系所反映的是清朝末年福建省閩北政和方言音系，與前者相差近四百年。經考證，清本《六音字典》"孿字母"可擬音爲[yiŋ]，那麽與之相對應的明本《六音字典》"穿字母"亦可據此擬音爲[yiŋ]。

二、本字母[ueiŋ /uaiŋ]

《六音字典》本字母多數來源於《廣韻》山攝韻字，其中以桓韻、寒韻、元韻居多；臻攝韻字次之，其中魂韻、文韻居多；其餘韻字偏少。

1.《六音字典》本字母字來源於中古山攝韻 143 字。其中：(1)寒韻 42 字：[立]①襴；③瀾；⑥爛；[求]③竿乾幹干；⑥幹；[土]②歎攤炭；[全]②趱；[人]⑥難；[生]②散；④傘；⑥蛋；[中]①端丹；②旦單誕；③壇檀單彈；[又]②案按；③安鞍；⑥榦幹；[出]⑥粲燦；[向]①鼾玕；②漢旱哻；③肝韓皈；④翰。(2)桓韻 60 字：[立]⑥亂乱；[比]①般盤槃磐鎜；②半；③搬；④踫；⑥秚；[求]②貫灌；③冠；③觀；④管；[氣]④錧館款；[中]②暖煖；③團；⑥斷断彖段緞煆；[片]①踫蟠磻；②判；⑥泮伴畔；[人]④暖煖；[生]②算筭；③酸；[又]③紈；④碗椀盌；④緩；⑥換奐奂煥；[名]③瞞；④滿；[言]⑥玩翫；[出]⑥篡竄爨；[向]①歡懽；④喚唤。(3)山韻 5 字：[求]③鰥；[生]③山；④産；[出]④剷鏟。(4)删韻 10 字：[求]③慣；[又]②彎灣；⑥宦；[出]⑥篡撰；[向]③環還；④宦患。(5)元韻 22 字：[比]④阪；⑥飯；[又]③煩；③萬万樊礬；④宛婉阮；④挽晚爰；⑥苑；[向]①販；③番翻垣；③繁；④反返飯。(6)仙韻 4 字：[中]④剸；[出]④喘揣舛。

2.《六音字典》本字母字來源於中古臻攝韻 63 字。其中：(1)魂韻 33 字：[立]⑥論；[比]②畚；③盆；④本；[求]②棍；[氣]②困；③昆崑焜鵾坤；④綑稛；[中]④頓墩墪；[片]②噴；[人]⑥嫩；[生]②巽；③孫；④損；[又]①瘟温；④穩；[出]②寸；③村；④忖；[向]①魂昏惛婚惛；③渾。(2)痕韻 3 字：[氣]④懇墾；[土]③吞。(3)文韻 24 字：[比]②糞；[求]①裙；[又]①氳；③聞文紋雯墳坟焚；④刎；⑥煴聞；[名]⑥問；[向]①葷分吩芬；③焚；④粉紛；⑥忿份分。(4)諄韻 3 字：[立]①圇；[全]②圳；[生]⑥瞬。

3.《六音字典》本字母字來源於中古宕攝韻 3 字。唐韻 3 字：[氣]④匠；[中]④逿；[土]③檔。

4.《六音字典》本字母字來源於中古曾攝韻 2 字。其中:(1)蒸韻 1 字:[向]②嚳。(2)登韻 1 字:[向]③恒。

具體情況請看下表:

《六音字典》本字母													
中古韻母	山攝						臻攝				宕攝	曾攝	
	寒韻	桓韻	山韻	删韻	元韻	仙韻	魂韻	痕韻	文韻	諄韻	唐韻	蒸韻	登韻
總數	42	60	5	10	22	4	33	3	24	3	3	1	1
合計 211	143						63				3	2	

上表可見,《六音字典》211 個本字母來自中古 4 個異源層次:其一,來自山攝韻 143 字,占總數 67.77%;該層次還分爲 6 個小層次:桓韻、寒韻、元韻、删韻、山韻和仙韻,桓韻又是其主要層次。其二,來自臻攝韻 63 字,占總數 29.86%;該層次還分爲 6 個小層次:魂韻、文韻、痕韻和諄韻,魂韻又是其主要層次。劉曉南(1999)考證,《廣韻》山攝 7 韻系,官韻規定寒桓、删山、先仙、元(魂痕)4 種組合,可歸爲"寒先部";臻攝 7 韻系,官韻規定真諄臻、文欣、魂痕(元)三種同用,可歸併爲"真文部",所反映的是宋代福建文士詩歌的用韻情況。山攝和臻攝經過分化與合流,在《六音字典》裏讀作本字母,正是反映宋代閩音的變異層次。其三,來自宕攝韻 3 字,占總數 1.42%;其四,來自曾攝韻 2 字,占總數 0.95%。宕攝、曾攝少數韻字讀作本字母,是與語言結構格局的調整無關的變異,所反映應是明代政和方音的變異層次。

三、風字母[uŋ]

《六音字典》風字母多數來源於《廣韻》宕攝唐韻、陽韻,通攝鍾韻、東韻,其餘韻字和江攝、梗攝韻字偏少。

1.《六音字典》風字母字來源於中古宕攝韻 31 字。其中:(1)陽韻 11 字:[求]③狂誑;[氣]③筐匡,⑥況貺;[又]①王,②王,④枉往,⑥旺。(2)唐韻 20 字:[求]①光,④廣;[氣]⑥曠壙;[又]①黄鰉鱑惶,③簧磺煌凰皇,⑥汪;[向]①楻,③慌荒,④謊恍慌。

2.《六音字典》風字母字來源於中古通攝韻 15 字。其中;(1)東韻 7 字:[又]③蓬;[向]①豐,③風瘋,④諷,⑥鳳鳳。(2)鍾韻 8 字:[又]③逢;[向]①豐,③鋒峯封,④捧,⑥奉俸。

3.《六音字典》風字母字來源於中古江攝韻 2 字。江韻 2 字:[向]④棒,

⑥巷。

4.《六音字典》風字母字來源於中古梗攝韻 2 字。庚韻 2 字:[求]④鑛;[又]④影。

具體情況請看下表:

《六音字典》風字母						
中古韻母	宕攝		通攝		江攝	梗攝
	陽韻	唐韻	東韻	鍾韻	江韻	庚韻
總數	11	20	7	8	2	2
合計 50	31		15		2	2

上表可見,《六音字典》50 個風字母來自中古 4 個異源層次:其一,來自宕攝韻 31 字,占總數 62.00%;該層次還分爲兩個層次:唐韻和陽韻,而唐韻又是其主要層次。《廣韻》宕攝 2 韻系,官韻規定陽唐同用,可見該層次所反映的應該是中古音。其二,來自通攝韻 15 字,占總數 30.00%;該層次也分爲兩個層次:鍾韻和東韻。據劉曉南(1999)考證,《廣韻》通攝應當合爲一部,稱之爲東鍾部,可見該層次所反映的應是宋代福建文人用韻語音。宕攝和通攝是《六音字典》風字母的主要來源,其分化與合流,是宋代閩音的變異層次。其三,來自江攝韻 2 字,占總數 4.00%;其四,來自梗攝韻 2 字,占總數 4.00%。江攝、梗攝少數韻字讀作風字母,是與結構格局的調整無關的變異,是明代政和方音的變異層次。

四、通字母[ɔŋ]

《六音字典》通字母多數來源於《廣韻》通攝東韻,冬韻、鍾韻次之,至於宕攝、臻攝、江攝、梗攝、曾攝、咸攝韻字偏少。

1.《六音字典》通字母字來源於中古通攝韻 100 字。其中:(1)東韻 76 字:[立]①礱籠,②寵,③朧嚨,④籠,⑥衕弄。[比]③馮。[求]②貢,③公蚣工功攻。[氣]①空,③埪,④孔。[中]①東桐筩筒烔,②動棟,③同仝銅洞童瞳,④凍董懂。[片]①蓬。[土]①蟲虫桐,③通熥,④桶,⑥痛。[全]①叢,②糭粽,③崇棕椶,④總摠。[人]②戇。[生]①聾。[又]②甕罋蓊。[名]①蓬,③蒙,④懞懵,⑥儚夢夢梦瞢。[出]①囪悤匆蔥聰聡螽,③熜。[向]②烘,③烘紅鴻。(2)冬韻 12 字:[中]①冬笗苳疼,③彤。[土]④統。[全]①宗。[人]①儂,③農。[生]①鬆,②宋送。(3)鐘韻 12 字:[立]①壠壟。[求]⑥共。[中]⑥重。

[片]③蜂蠭,⑥縫。[全]①蹤踪。[生]④聳。[又]②雍邕。

2.《六音字典》通字母字來源於中古宕攝韻 7 字。其中:(1)陽韻 5 字:[比]②放,③枋。[片]④紡。[名]②網。[向]④誆。(2)唐韻 2 字:[比]③房。[氣]⑥壙。

3.《六音字典》通字母字來源於中古臻攝韻 4 字。其中:(1)魂韻 2 字:[中]①豘。[片]②噴。(2)文韻 1 字:[名]④蚊。(3)欣韻 1 字:[又]②蘵。

4.《六音字典》通字母字來源於中古江攝韻 3 字。江韻 3 字:[求]②肛。[生]①雙双。

5.《六音字典》通字母字來源於中古梗攝韻 2 字。耕韻 2 字:[向]①轟。[向]③宏。

6.《六音字典》通字母字來源於中古曾攝韻 1 字。登韻 1 字:[向]③弘。

7.《六音字典》通字母字來源於中古咸攝韻 2 字。其中:(1)覃韻 1 字:[生]⑥倸。(2)凡韻 1 字:[片]①帆。

具體情況請看下表:

《六音字典》通字母													
中古韻母	通攝			宕攝		臻攝			江攝	梗攝	曾攝	咸攝	
	東韻	冬韻	鐘韻	陽韻	唐韻	魂韻	文韻	欣韻	江韻	耕韻	登韻	覃韻	凡韻
總數	76	12	12	5	2	2	1	1	3	2	1	1	1
合計 119	100			7		4			3	2	1	2	

上表可見,《六音字典》119 個通字母來自中古 7 個異源層次:其一,來自通攝韻 100 字,占總數 84.03%;該層次還分爲 3 個小層次:東韻、冬韻和鐘韻,而東韻又是其主要層次。據劉曉南(1999)考證,《廣韻》通攝應當合爲一部,稱之爲東鐘部,可見該層次所反映的應是宋代福建文人用韻語音。通攝韻字在《六音字典》裏讀作通字母,反映了宋代閩音的變異層次。其二,來自宕攝韻 7 字,占總數 5.88%;其三,來自臻攝韻 4 字,占總數 3.36%;其四,來自江攝韻 3 字,占總數 2.52%;其五,來自梗攝韻 2 字,占總數 1.68%;其六,來自咸攝韻 2 字,占總數 1.68%;其七,來自曾摄韻 1 字,占總數 0.84%。宕攝、臻攝、江攝、梗攝、曾攝、咸攝少數韻字讀作通字母,則是與結構格局的調整無關的變異,是明代政和方音的變異層次。

五、順字母[œyŋ]

《六音字典》順字母多數來源於《廣韻》通攝鍾韻、東韻，臻攝諄韻、文韻、魂韻，曾攝登韻，其餘韻字和梗、江、宕、咸、山諸攝韻字偏少。

1.《六音字典》順字母字來源於中古通攝韻78字。其中：(1)東韻27字：[立]③隆。[求]③宮焪弓芎躬窮，⑥烘。[氣]①穹，③埪。[中]①衷中忠，②中。[全]①終，②眾，④憧。[生]③絨戎。[又]③翁。[向]②虹熊，③融雄。[出]①充沖，②銃。(2)冬韻1字：[人]⑥膿。(3)鐘韻50字：[立]①龍竜。[求]②供共，③恭，④拱拳共，⑥共。[氣]③銎，④恐。[中]③重，④塚塚冢。[土]④塚寵啌。[全]①鍾鐘，②種縱從，③從从松，④腫踵種煄。[人]①濃。[生]③舂揗茸，⑥頌誦。[又]④壅擁踴勇，⑥用。[言]③顒。[出]①衝。[向]①凶兇胸，③庸傭容蓉。

2.《六音字典》順字母字來源於中古臻攝韻72字。其中：(1)魂韻12字：[立]②崙。[比]①奔犇。[中]③豚。[又]④尹允。[出]①春椿，④蠢。[名]⑥捫悶懣。(2)文韻18字：[求]①裙，②郡，③君羣群軍皸。[氣]②熏。[向]①曛勛，③雲云紜芸耘，②訓，⑥運韻。(3)欣韻5字：[求]③勤懃。[又]①殷慇，④隱。(4)諄韻33字：[立]①輪，②侖，③倫。[求]①莙，③勻均鈞筠。[氣]②窘，③囷菌。[全]①諄，②駿峻浚濬俊，③餕，④准準。[人]⑥閏潤。[生]②舜，③旬純巡，③脣唇閏循，④筍笋，⑥順。(5)真韻4字：[求]③巾。[言]①銀，③嚚誾。

3.《六音字典》順字母字來源於中古曾攝韻22字。登韻22字：[比]②崩鵬。[氣]④肯肎。[中]①登燈灯藤，②橙凳，③滕謄滕騰。[全]①曾，②憎，③曾層，⑥贈增。[人]③能。[生]③僧。

4.《六音字典》順字母字來源於中古梗攝韻8字。其中：(1)庚韻6字：[又]④永。[向]①兄，③榮榮，⑥詠詠。(2)耕韻1字：[比]②硼。(3)清韻1字：[向]③營。

5.《六音字典》順字母字來源於中古江攝江韻1字：[立]①尨。

6.《六音字典》順字母字來源於中古宕攝陽韻1字：[人]⑥釀。

7.《六音字典》順字母字來源於中古咸攝覃韻1字：[土]①潭。

8.《六音字典》順字母字來源於中古山攝仙韻1字：[全]②雋。

具體情況請看下表：

《六音字典》順字母																
中古	通攝			臻攝					曾攝	梗攝			江攝	宕攝	咸攝	山攝
韻母	東韻	冬韻	鍾韻	魂韻	文韻	欣韻	諄韻	真韻	登韻	庚韻	耕韻	清韻	江韻	陽韻	覃韻	仙韻
總數	27	1	50	12	18	5	33	4	22	6	1	1	1	1	1	1
合計 184	78			72					22	8			1	1	1	1

上表可見,《六音字典》184 個順字母來自中古 8 個異源層次:其一,來自通攝韻 78 字,占總數 42.39%;該層次還可分爲 3 個小層次:鍾韻、東韻和冬韻,而鍾韻又是其主要層次。其二,來自臻攝韻 72 字,占總數 39.13%;該層次還可分爲 5 個小層次:諄韻、文韻、魂韻、欣韻和真韻。其三,來自曾攝登韻 22 字,占總數 11.96%,例字也不少。據劉曉南(1999)考證,《廣韻》通攝應當合爲一部,稱之爲東鍾部,臻攝 7 韻系,官韻規定真諄臻、文欣、魂痕(元)三種同用,應當併爲"真文部",所反映的是宋代福建文士用韻情況。通攝、臻攝和曾攝通過分化與合流,在《六音字典》裏讀作順字母,是宋代閩音的變異層次。其四,來自梗攝韻 8 字,占總數 4.35%;其五,來自江攝韻 1 字,占總數0.54%;其六,來自宕攝韻 1 字,占總數0.54%;其七,來自咸攝韻 1 字,占總數 0.54%;其八,來自山攝韻 1 字,占總數 0.54%。梗、江、宕、咸、山諸攝少數韻字讀作順字母,則是明代閩北政和方音的變異層次。

六、朗字母[auŋ/uauŋ]

《六音字典》朗字母多數來源於《廣韻》宕攝唐韻、陽韻,臻攝魂韻,江攝江韻,其餘韻字和咸、梗、深、攝、曾諸攝韻字偏少。

1.《六音字典》朗字母字來源於中古宕攝韻 105 字。其中:(1)陽韻 37 字:[比]③防;[中]①腸,③長,④漲涱;[全]①粧妝莊裝,②壯,③狀;[人]①瓤;[生]①霜孀,④爽;[又]③秧;[名]②網,④罔惘;[出]①床牀,③瘡,④創;[又]②望放,③忘亡亾,⑥妄;[向]①方芳坊妨,③蚄,④髣訪仿。(2)唐韻 68 字:[立]①廊郎,③狼,④朗,⑥浪;[比]③幫挷旁傍塝,④榜膀;[求]①岡崗鋼,②鋼缸,③掆綱剛疳罡;[氣]①康,②囥,③糠穅,④匠;[中]①搪當,②蕩當,③堂螳棠唐塘溏,④黨党;[片]④謗;[土]①糖,②燙鍚,③湯,④蘯倘;[全]②葬,③臟藏臧贓;[人]③囊,④曩;[生]①喪桑,②喪,④磉顙;[名]③茫忙芒,④莽;[出]③倉蒼滄;[向]①杭,③杭行。

2.《六音字典》朗字母字來源於中古臻攝韻 21 字。其中:(1)魂韻 12 字:[中]①屯,②沌鈍遁盾;[全]①尊樽罇,③存;[向]⑥混溷慁。(2)痕韻 2 字:[求]②艮;[向]①痕。(3)文韻 4 字:[向]⑥紊;[向]⑥忿奮憤。(4)欣韻 1 字:[向]①齦。(5)諄韻 2 字:[中]①迍;[全]①遵。

3.《六音字典》朗字母字來源於中古江攝韻 14 字。江韻 14 字:[比]④綁,⑥蚌梆;[求]②槓,③江矼杠豇,④講;[中]①撞;[出]①窗窓窻;[向]⑥項。

4.《六音字典》朗字母字來源於中古咸攝韻 9 字。其中:(1)談韻 2 字:[求]③泔,④敢。(2)覃韻 4 字:[氣]②磡;[又]②暗,③菴庵。(3)凡韻 3 字:[比]②範;[又]③凡凢。

5.《六音字典》朗字母字來源於中古梗攝韻 2 字。其中:(1)庚韻 1 字:[又]④影。(2)耕韻 1 字:[全]③莊。

6.《六音字典》朗字母字來源於中古深攝侵韻 1 字:[出]②闖。

7.《六音字典》朗字母字來源於中古通攝東韻 1 字:[求]②贛。

8.《六音字典》朗字母字來源於中古曾攝登韻 1 字:[求]④肱。

9.《六音字典》朗字母字來源於中古山攝桓韻 1 字:[土]④汆。

具體情況請看下表:

《六音字典》朗字母																	
中古	宕攝		臻攝					江攝	咸攝			梗攝		深攝	通攝	曾攝	山攝
韻母	陽韻	唐韻	魂韻	痕韻	文韻	欣韻	諄韻	江韻	談韻	覃韻	凡韻	庚韻	耕韻	侵韻	東韻	登韻	桓韻
總數	37	68	12	2	4	1	2	14	2	4	3	1	1	1	1	1	1
合計 155	105		21					14	9			2		1	1	1	1

上表可見,《六音字典》155 個朗字母來自中古 9 個異源層次:其一,來自宕攝韻 105 字,占總數 67.74%;該層次還可分爲兩個小層次:唐韻和陽韻,而唐韻又是主要層次。其二,來自江攝江韻 14 字,占總數 9.03%。劉曉南(1999)把宕攝和江攝合併爲“江陽部”,反映宋代福建文士用韻情况。宕攝和江攝經過分化與合流在《六音字典》裏讀作朗字母,是宋代閩音的變異層次。其三,來自臻攝韻 21 字,占總數 13.55%;其四,來自咸攝韻 9 字,占總數 5.81%;其五,來自梗攝韻 2 字,占總數 1.29%;其六,來自深攝韻 1 字,占總數 0.65%;其七,來自通攝韻 1 字,占總數 0.65%;其八,來自曾攝韻 1 字,占總數

0.65%;其九,來自山攝韻1字,占總數0.65%。而臻、咸、梗、深、通、曾和山諸攝少數韻字讀作朗字母,則是明代閩北政和方音的變異層次。

七、唱字母[iɔŋ]

《六音字典》唱字母多數來源於《廣韻》宕攝陽韻,其餘韻字和江、山、通、曾諸攝韻字偏少。

1.《六音字典》唱字母字來源於中古宕攝韻129字。其中:(1)陽韻128字:[立]①梁粱量糧糧涼輛兩,②両,③良,④兩两両,⑥量亮喨諒。[求]①薑羌羌姜,③强彊麠獐。[氣]①彊畺,⑥謽,④强。[中]①張,②賬帳痮脹仗,③塲場,④長,⑥丈杖。[土]②暢鬯,⑥杖。[全]①牆墻將章,②將醬癢痒瘴障,③漿翔祥庠,④掌槳獎,⑥上。[人]①娘,⑥讓穰。[生]①相箱廂湘襄鑲商觴傷,②上相,③常嫦裳償嘗,④賞想鯗,⑥上象像尚匠。[又]①陽昜暘楊洋羊佯央殃,③鴦揚,④養攁,⑥様樣橡恙。[言]④仰。[出]①倡,②唱,③昌菖鯧閶槍,④搶廠敞。[向]②向餉饟,③香薌鄉,④饗響享亯,⑥鄉向。(2)唐韻1字:[言]④壙。

2.《六音字典》唱字母字來源於中古江攝江韻2字:[氣]①腔羫。

3.《六音字典》唱字母字來源於中古山攝韻2字。其中:(1)元韻1字:[立]①粁。(2)仙韻1字:[又]④鮝。

4.《六音字典》唱字母字來源於中古通攝東韻1字:[氣]⑥控。

5.《六音字典》唱字母字來源於中古曾攝登韻1字:[生]③姮。

具體情況請看下表:

《六音字典》唱字母							
中古韻母	宕攝		江攝	山攝		通攝	曾攝
	陽韻	唐韻	江韻	元韻	仙韻	東韻	登韻
總數	128	1	2	1	1	1	1
合計135	129		2	2		1	1

上表可見,《六音字典》135個唱字母來自中古5個異源層次:其一,來自宕攝韻129字,占總數95.56%,陽韻字是占絕大多數的主要層次,所反映六朝時期的語音層次。其二,來自江攝韻2字,占總數1.48%;其三,來自山攝韻2字,占總數1.48%;其四,來自通攝韻1字,占總數0.74%;其五,來自曾攝韻1字,占總數0.74%。江、山、通和曾諸攝少數韻字讀作唱字母,是明代閩北政和方音的變異層次。

八、聲字母[iaŋ]

《六音字典》聲字母多數來源於《廣韻》梗攝清韻，庚、青二韻次之，其餘韻字和山、宕、通、臻、咸諸攝韻字偏少。

1.《六音字典》聲字母字來源於中古梗攝韻35字。其中：(1)庚韻6字：[比]①坪；[求]②鏡，③驚行；[名]⑥命；[言]①擎。(2)耕韻1字：[中]③莖。(3)清韻24字：[立]②領嶺衿；[比]④餅；[氣]①輕；[中]③呈程，⑥鄭；[片]③栟；[土]①程，③廳聽听；[全]①正，②正；[生]②姓性，③聲声成；[又]①贏營；[名]①名；[出]④請。(4)青韻4字：[立]①靈；[比]①並；[中]⑥定；[土]⑥定。

2.《六音字典》聲字母字來源於中古山攝韻3字。其中：(1)山韻1字：[出]④鏟。(2)仙韻1字：[比]①平。(3)先韻1字：[言]⑥硯。

3.《六音字典》聲字母字來源於中古宕攝韻2字。其中：(1)陽韻1字：[向]①鄉。(2)唐韻1字：[又]⑥映。

4.《六音字典》聲字母字來源於中古通攝東韻1字：[立]③嚨。

5.《六音字典》聲字母字來源於中古臻攝真韻1字：[生]①鱗。

6.《六音字典》聲字母字來源於中古咸攝談韻1字：[全]③淡。

具體情況請看下表：

《六音字典》聲字母												
中古韻母	梗攝				山攝			宕攝		通攝	臻攝	咸攝
	庚韻	耕韻	清韻	青韻	山韻	仙韻	先韻	陽韻	唐韻	東韻	真韻	談韻
總數	6	1	24	4	1	1	1	1	1	1	1	1
合計43	35				3			2		1	1	1

上表可見，《六音字典》43個聲字母來自中古6個異源層次：其一，來自梗攝韻35字，占總數81.40%；該層次還含有4個小層次：清韻、庚韻、青韻和耕韻，而清韻又是其主要層次。劉曉南(1999)考證，《廣韻》梗攝庚耕清青可通押，反映的是宋代福建文士用韻的語音層次。其二，來自山攝韻3字，占總數6.98%；其三，來自宕攝韻2字，占總數4.65%；其四，來自通攝韻1字，占總數2.33%；其五，來自臻攝韻1字，占總數2.33%；其六，來自咸攝韻1字，占總數2.33%。山、宕、通、臻和咸諸攝少數韻字讀作聲母字，則是明代閩北政和方音的變異層次。

九、音字母[eiŋ]

《六音字典》音字母字主要來源於中古《廣韻》真韻、侵韻、青韻、清韻、蒸韻、庚韻諸韻，其餘韻攝字偏少。

1.《六音字典》音字母字來源於中古梗攝韻 139 字。其中：(1)庚韻 29 字：[比]①兵，③平評枰蘋，④秉炳丙；[求]①荊京勍，②敬，④景警儆，⑥竟境競；[氣]①卿，②慶；[又]①英瑛，④影；[名]③明鳴，④皿盟，⑥命；[言]③迎。(2)耕韻 5 字：[比]②迸；[又]①罌櫻鸚；[名]④黽。(3)清韻 49 字：[比]②屏併，④箳；[求]③蔓瓊琼，⑥涇頸；[中]①貞禎；[片]①娉，⑥俜，②騁；[土]④郢逞；[全]①精晶旌征，②政証，③蟳情，④炡整，⑥淨；[生]②成城性，⑥聖圣穽阱盛；[又]①嬰纓；[出]①清，②清，③誠成盛，⑥滯靖倩；[向]③盈楹，③嬴瀛籯。(4)青韻 56 字：[立]①苓囹翎鴒，③憐齡靈霛灵蛉，⑥令令另；[比]②並竝併，③萍荓屏；[求]①巠經，④覲緊，⑥逕徑脛踁；[氣]②磬；[中]①丁叮，②錠定，③停廷庭霆，④鼎頂嵿；[土]②聽聴听，④艇；[人]③甯寧，⑥佞；[名]④銘茗冥瞑螟；[向]①馨，②肣，③形刑型。

2.《六音字典》音字母字來源於中古臻攝韻 98 字。其中：(1)真韻 90 字：[立]③鱗粦麟鄰，⑥吝；[比]①彬斌豳邠賓賔檳濱，②殯，③蘋頻顰貧，④擯；[中]①陳蔯珍，②鎮，③塵，⑥陣陳診；[片]①嬪，⑥儐鬢鬓髩；[全]①真眞嗔津，②進晉晋縉，③秦蓁，④振賑震畛軫，⑥盡尽；[人]①人，④忍；[生]①申呻伸紳辛甡身新薪，②信，③辰晨神宸，④訊，⑥慎腎迅；[又]①因曰姻絪煙，②印，④引蚓，⑥胤；[名]③民，④澠閩憫旻閔敏；[出]①親，③臣，⑥眹；[向]③𥻘。(2)諄韻 2 字：[比]①贇；[出]①夋。(3)欣韻 6 字：[求]③芹，④槿謹；[全]③巹；[向]⑥欣忻。

3.《六音字典》音字母字來源於中古深攝韻 59 字。侵韻 59 字：[立]①林淋霖，③琳臨，④稟廩懍；[比]④稟；[求]①金今，②禁勬，③襟禽檎琴衾芩吟唫，④錦，⑥妗；[氣]①欽，③擒捡；[中]③砧埕沉；[片]④品；[全]①斟諶忱箴針侵，②浸，③尋，④枕；[人]①壬；[生]①心，④審嬸稔沈，⑥甚；[又]①陰陰音，④飲，②蔭癊；[出]①深琛，②沁，⑥朕寢；[向]③淫婬。

4.《六音字典》音字母字來源於中古曾攝韻 41 字。(1)蒸韻 41 字：[立]①綾，③夌淩陵；[比]③憑凴凭；[求]⑥兢；[氣]①矜；[中]①徵懲懲瀓澄；[全]①蒸烝，②症證甑，③蠅繩；[人]③凝，⑥認；[生]①升陞昇，②乘，⑥勝剩塖塍；

［又］①鷹，②應应；［出］①爯稱，②秤稱，③丞承；［向］①興。

5.《六音字典》音字母字來源於中古山攝韻 9 字。其中：(1)先韻 5 字：［比］④匾；［中］①殄；［又］①煙；［名］①眠；［向］①眩。(2)仙韻 4 字：［全］①旃，④碾展；［名］①喕。

6.《六音字典》音字母字來源於中古咸攝韻 4 字。其中：(1)咸韻 3 字：［求］③咸醎；［土］②賺。(2)銜韻 1 字：［生］④陜。

具體情況請看下表：

中古韻母	《六音字典》音字母												
	梗攝				臻攝			深攝	曾攝	山攝		咸攝	
	庚韻	耕韻	清韻	青韻	真韻	諄韻	欣韻	侵韻	蒸韻	先韻	仙韻	咸韻	銜韻
總數	29	5	49	56	90	2	6	59	41	5	4	3	1
合計 350	139				98			59	41	9		4	

上表可見，《六音字典》350 個音字母來自中古 6 個異源層次：其一，來自梗攝韻 139 字，占總數 39.71%；該層次還包含 4 個小層次：青韻、清韻、庚韻和耕韻，而青韻又是其主要層次。其二，來自臻攝韻 98 字，占總數 28.00%；該層次還包含 3 個小層次：真韻、欣韻和諄韻，而真韻又是其主要層次。其三，來自深攝侵韻 59 字，占總數 16.86%。其四，來自曾攝蒸韻 41 字，占總數 11.71%。劉曉南(1999)考證，梗攝和曾攝舒聲可歸併爲"庚青部"，臻攝歸併爲"真文部"，臻攝與梗攝之間有較多混押，可見梗攝、曾攝、臻攝和深攝韻字經過分化與合流，在《六音字典》讀作音字母，所反映的是宋代閩音的變異層次。其五，來自山攝韻 9 字，占總數 2.57%；其六，來自咸攝韻 4 字，占總數 1.14%。山、咸諸攝少數韻字讀作音字母，則是明代閩北政和方音的變異層次。

十、坦字母[aŋ]

《六音字典》坦字母多數來源於《廣韻》談韻、庚韻、覃韻、銜韻、咸韻諸韻，其餘韻字和山、宕、江、深、曾、通諸攝韻字偏少。

1.《六音字典》坦字母字來源於中古咸攝韻 73 字。其中：(1)談韻 30 字：［立］①藍，④覽覧攬擥欖，⑥濫纜；［求］①甘苷酣，④敢，⑥橄；［中］②擔担談淡，③擔担，④膽胆；［生］①籃，③三叁，⑥三；［向］①蚶，③憨僋，④喊噉。(2)覃韻 17 字：［立］①嵐，③襤；［求］④感；［氣］①堪龕，②勘，④坎砍；［中］②耽；［土］①貪；［人］①南楠男，⑥腩；［名］①喃；［出］①參；［向］③含。(3)咸韻 10

字：[求]①尴，④減；[全]②站，④斬；[人]①喃；[生]①杉；[向]③緘咸函，⑥陷。(4)銜韻 15 字：[求]②監鑑，③箝；[氣]①嵌；[中]②躭；[生]①衫；[又]④晻唵；[言]①巖岩，③笻；[出]②懺；[向]③銜衔啣。(5)嚴韻 1 字：[又]②俺。

2.《六音字典》坦字母字來源於中古梗攝韻 28 字。其中：(1)庚韻 19 字：[比]②柄，⑥病；[求]①賡羹更，③哽，④埂；[氣]①坑；[中]③映；[片]①彭髼蟛；[生]①生，③甥；[名]①盲；[出]①售；[向]③珩桁衡。(2)耕韻 3 字：[片]④怦；[名]②萌；[出]②錚。(3)清韻 4 字：[全]①晴，②靜，④井；[生]④省。(4)青韻 2 字：[出]①青，④醒。

3.《六音字典》坦字母字來源於中古山攝韻 9 字。其中：(1)寒韻 5 字：[氣]④刊；[中]②但亶；[土]①攤，④坦；(2)山韻 1 字：[向]③鵬。(3)先韻 3 字：[言]③妍研；[向]③筧。

4.《六音字典》坦字母字來源於中古宕攝韻 7 字。其中：(1)陽韻 1 字：[名]①鋩；(2)唐韻 6 字：[氣]④慷，⑥抗伉亢；[名]①邙；[言]③昂。

5.《六音字典》坦字母字來源於中古江攝韻 5 字。江韻 5 字：[比]①邦；[求]②降，⑥絳；[名]②龎；[向]③降。

6.《六音字典》坦字母字來源於中古深攝侵韻 2 字：[出]①參，②讖。

7.《六音字典》坦字母字來源於中古曾攝登韻 1 字：[比]③棚。

8.《六音字典》坦字母字來源於中古通攝鐘韻 1 字：[言]③卭。

具體情況請看下表：

《六音字典》坦字母																		
中古韻母	咸攝					梗攝				山攝			宕攝		江攝	深攝	曾攝	通攝
	談韻	覃韻	咸韻	銜韻	嚴韻	庚韻	耕韻	清韻	青韻	寒韻	山韻	先韻	陽韻	唐韻	江韻	侵韻	登韻	鐘韻
總數	30	17	10	15	1	19	3	4	2	5	1	3	1	6	5	2	1	1
合計 126	73					28				9			7		5	2	1	1

上表可見，《六音字典》126 個坦字母來自中古 8 個異源層次：其一，來自咸攝韻 73 字，占總數 57.94%；該層次還包含 5 個小層次：談韻、覃韻、銜韻、咸韻和嚴韻，而談韻又是其主要層次。其二，來自梗攝韻 28 字，占總數 22.22%；該層次還包含 4 個小層次：庚韻、清韻、耕韻和青韻，而庚韻又是其主要層次。劉

曉南(1999)考證,《廣韻》咸攝諸韻系可歸併爲“監廉部”,梗攝諸韻系可歸併爲“庚青部”,所反映了宋代福建文士用韻情況。咸攝和梗攝經過分化與合流,在《六音字典》裏讀作坦字母,是宋代閩音的變異層次。其三,來自山攝韻 9 字,占總數 7.14%;其四,來自宕攝韻 7 字,占總數 5.56%;其五,來自江攝韻 5 字,占總數 3.97%;其六,來自深攝韻 2 字,占總數 1.59%;其七,來自曾攝韻 1 字,占總數 0.79%;其八,來自通攝韻 1 字,占總數 0.79%。山、宕、江、深、曾、通諸攝的少數韻字讀作坦字母,則是反映明代政和方音的變異層次。

十一、橫字母[uaŋ]

《六音字典》橫字母字主要來源於中古陽聲韻字,如山攝、梗攝、咸攝的部分陽聲韻字。

1.《六音字典》橫字母字來源於中古山攝韻 4 字。其中:(1)寒韻 3 字:[求]④杆簳笴。(2)删韻 1 字:[求]②閂。

2.《六音字典》橫字母字來源於中古梗攝庚韻 3 字:[求]④梗;[向]①橫衡。

3.《六音字典》橫字母字來源於中古咸攝凡韻 4 字:[向]⑥汎範犯帆。

《六音字典》11 個橫字母來自中古 3 個異源層次:其一,來自中古山攝韻 4 字;其二,來自中古梗攝韻 3 字;其三,來自中古咸攝韻 4 字。該字母字太少,據劉曉南(1999)考證,應反映宋代福建閩北文士用韻情況。山攝、梗攝和咸攝經過分化與合流,在《六音字典》裏讀作橫字母,是宋代閩音的變異層次。

十二、班字母[aiŋ]

《六音字典》班字母多數來源於《廣韻》删韻、山韻、青韻、先韻、寒韻、庚韻、耕韻諸韻,其餘韻字和咸、曾、臻、深、宕諸攝韻字偏少。

1.《六音字典》班字母字來源於中古山攝韻 73 字。其中:(1)先韻 13 字:[求]①肩,④繭;[氣]①牽,④犬;[中]①填,④典,⑥殿甸佃;[生]③先;[言]④研;[出]①田,③千。(2)仙韻 4 字:[立]①蓮;[求]④狷;[全]④翦剪。(3)元韻 1 字:[比]③反。(4)山韻 20 字:[比]⑥辦办;[求]①艱間,④柬揀簡,⑥間;[片]⑥盼;[全]④盞盏琖;[言]④眼;[向]③嫺嫻閑閒,④狠,⑥莧限。(5)删韻 22 字:[比]①班斑頒,③販,④板版;[求]①姦奸橌,②諫,⑥澗;[片]①攀;[全]⑥棧;[人]②赧;[生]①潸;[名]①蠻蛮,⑥慢;[言]③顔顏,⑥雁鴈。(6)寒韻 13 字:[求]①趕;[氣]⑥看;[中]⑥憚誕;[土]③攤;[全]③殘;[生]①珊;[言]⑥岸;[名]①饅,⑥謾;[向]④悍罕罕。

2.《六音字典》班字母字來源於中古梗攝韻45字。其中:(1)庚韻13字:[求]①庚,②更,④梗;[片]①烹;[生]③生笙牲;[名]④猛,⑥孟;[向]①亨,③行,⑥行杏。(2)耕韻13字:[求]①耕畊,④耿;[全]①爭,②諍,⑥掙;[又]①鶯鸚;[言]⑥硬;[向]⑥幸倖莕蘅。(3)清韻2字:[土]①蟶;[生]④省。(4)青韻17字:[立]①鈴聆伶零,④冷;[比]③瓶鉼;[求]④炯烱迥;[中]②訂,③亭釘;[土]①汀虰;[生]③星猩。

3.《六音字典》班字母字來源於中古咸攝韻14字。其中:(1)添韻7字:[中]②店,③甜,④點点,⑥簟墊;[向]③嫌。(2)覃韻7字:[中]③覃;[土]①探撢;[全]②簪,③蠶蚕;[生]①槮。

4.《六音字典》班字母字來源於中古曾攝韻9字。其中:(1)蒸韻4字:[立]①菱;[比]①冰氷;[全]②澂。(2)登韻5字:[立]①棱;[全]②澄;[求]④亙;[中]④戥,⑥鄧。

5.《六音字典》班字母字來源於中古臻攝韻8字。其中:(1)痕韻4字:[求]①跟;[又]①恩;[向]④很,⑥恨。(2)真韻3字:[全]①榛;[生]②信,③哂。(3)臻韻1字:[全]①臻。

6.《六音字典》班字母字來源於中古深攝侵韻4字:[生]①滲,③森参參。

7.《六音字典》班字母字來源於中古宕攝陽韻1字:[氣]①掌。

具體情況請看下表:

《六音字典》班字母																			
中古韻母	山攝						梗攝				咸攝		曾攝		臻攝			深攝	宕攝
	先韻	仙韻	元韻	山韻	刪韻	寒韻	庚韻	耕韻	清韻	青韻	添韻	覃韻	蒸韻	登韻	痕韻	真韻	臻韻	侵韻	陽韻
總數	13	4	1	20	22	13	13	13	2	17	7	7	4	5	4	3	1	4	1
合計154	73						45				14		9		8			4	1

上表可見,《六音字典》154個班字母來自中古7個異源層次:其一,來自山攝韻73字,占總數47.40%;該層次還包含6個小層次:刪韻、山韻、先韻、寒韻、仙韻和元韻,而刪韻、山韻又是其主要層次。其二,來自梗攝韻45字,占總數29.22%;該層次還包含4個小層次:青韻、庚韻、耕韻和清韻,而青韻又是其主要層次。據劉曉南(1999)考證,《廣韻》山攝諸韻系可歸併爲"寒先部",梗

攝諸韻系可歸併爲"庚青部",反映宋代閩北方音文士用韻情況。山攝和梗攝經過分化與合流在《六音字典》裏讀作班字母,反映了宋代閩音的變異層次。其三,來自咸攝韻14字,占總數9.09%;其四,來自曾攝韻9字,占總數5.84%;其五,來自臻攝韻8字,占總數5.19%;其六,來自深攝韻4字,占總數2.60%;其七,來自宕攝韻1字,占總數0.65%。咸攝、曾攝、臻攝、深攝、宕攝的少數韻字讀作班字母,則是反映明代閩北政和方音的變異層次。

十三、先字母[iŋ/ieiŋ]

《六音字典》先字母多數來源於《廣韻》仙韻、先韻、鹽韻、真韻、添韻諸韻,其餘韻字和臻、梗、深、曾諸攝韻字偏少。

1.《六音字典》先字母字來源於中古山攝韻146字。其中:(1)先韻55字:[立]③憐,⑥煉練。[比]①邊籩,②辮,③扁藊蝙,④匾。[求]①堅,②見。[中]①顛巔,③癲田鈿,④典,⑥電。[片]②片,⑥偏遍。[土]①天,④筅。[全]②筅,③先。[人]①年。[生]③先,⑥先。[又]①胭煙,②醼讌燕宴燕鷰,③賢贒絃弦。[名]⑥麵麪。[言]⑥硯。[出]①前媥,③遷扡牋箋芊。[向]④顯顕,⑥現見。(2)仙韻78字:[立]①連慩聯,④璉輦。[比]①便,②變辯卞汴,③鞭,⑥便。[求]⑥件。[氣]①愆諐騫,④搴遣譴虔。[中]①纆,③廛纏。[片]①偏,②騙諞。[全]①錢銭氈氊氈,②箭戰,③仙仚僊秈䍐膻,⑥賤。[生]②扇煽,③仙仚僊秈,④鮮,⑥善羨善繕膳饍擅。[又]①焉,③蟬禪嬋然燃延筵涎,④衍演。[名]①綿棉緜,⑥面。[言]⑥唁彥喭諺。[出]③遷韆鮮鱻,④淺。(3)元韻3字:[氣]④蹇。[又]③焉,④偃。(4)山韻6字:[比]②辨。[求]①慳,③癎。[全]③羴,④戔。[生]③羴。(5)刪韻1字:[向]①還。(6)寒韻3字:[求]③乾。[生]③膻。[又]②晏。

2.《六音字典》先字母字來源於中古咸攝韻77字。其中:(1)添韻12字:[立]③濂。[求]①兼。[氣]①謙。[中]①恬,⑥玷坫。[土]①添,④忝忝。[全]①沾。[人]②拈,⑥念。(2)鹽韻57字:[立]①臁鐮簾,③匳奩籢廉,④斂歛,⑥殮。[比]④貶。[求]②儉,④檢。[氣]①鉗箝。[全]①霑簷檐蟾,②占佔尖,③漸。[人]①黏,④染。[生]④暹陝。[又]①厭炎閻鹽塩盐,②饜厭,④冉苒髯,④琰淹奄掩閃,⑥艷豔爓焰錟焱。[言]④獵,⑥驗。[出]③籤簽僉殲,④諂。[向]④險。(3)嚴韻6字:[求]②劍劎。[氣]②欠。[又]⑥醃。[言]③嚴,④儼。(4)談韻2字:[全]①膽。[又]④揜。

3.《六音字典》先字母字來源於中古臻攝韻 15 字。真韻 15 字:[又]①湮堙甄煙,③仁神辰晨宸,⑥娠刄刃仞訒;[名]①緡。

4.《六音字典》先字母字來源於中古梗攝韻 4 字。其中:(1)庚韻 1 字:[言]③迎。(2)耕韻 1 字:[求]①鏗。(3)清韻 1 字:[向]④穎。(4)青韻 1 字:[中]②奠。

5.《六音字典》先字母字來源於中古深攝侵韻 4 字:[又]⑥任荏姙妊。

6.《六音字典》先字母字來源於中古曾攝蒸韻 1 字:[又]⑥孕。

具體情況請看下表:

《六音字典》先字母																
中古	山攝						咸攝				臻攝	梗攝				深攝	曾攝
韻母	先韻	仙韻	元韻	山韻	刪韻	寒韻	添韻	鹽韻	嚴韻	談韻	真韻	庚韻	耕韻	清韻	青韻	侵韻	蒸韻
總數	55	78	3	6	1	3	12	57	6	2	15	1	1	1	1	4	1
合計 247	146						77				15	4				4	1

上表可見,《六音字典》247 個先字母來自中古 6 個異源層次:其一,來自山攝韻 146 字,占總數 59.11%;該層次還包含 6 個小層次:仙韻、先韻、山韻、元韻、刪韻和寒韻,而刪仙韻、先韻又是其主要層次。其二,來自咸攝韻 77 字,占總數 31.17%;該層次還包含 4 個小層次:鹽韻、添韻、嚴韻和談韻,而鹽韻又是其主要層次。劉曉南(1999)考證,山攝諸韻系歸併爲"寒先部",咸攝諸韻系歸併爲"監廉部",反映宋代閩北方音文士用韻情況。山攝和咸攝經過分化與合流在《六音字典》裏讀作先字母,反映了宋代閩音的變異層次。其三,來自臻攝韻 15 字,占總數 6.07%;其四,來自梗攝韻 4 字,占總數 1.62%;其五,來自深攝韻 4 字,占總數 1.62%;其六,來自曾攝韻 1 字,占總數 0.40%。臻、梗、深、曾諸攝的少數韻字讀作先字母,則是反映明代閩北政和方音的變異層次。

第二節　《廣韻》陰聲韻字在《六音字典》裏讀作陽聲韻字

在《六音字典》中,有一種特殊的音變現象,即《廣韻》陰聲韻字在《六音字典》裏讀作陽聲韻。具體例子如下：

《六音字典》本字母字有 3 個來源於中古陰聲韻字。戈韻 1 字：[求]③裸。按：《廣韻》郎果切，來紐戈韻上聲；《六音字典》擬音爲[kueiŋ]。支韻 1 字：[出]④惴。按：《廣韻》之睡切，章紐支韻去聲；《六音字典》擬音爲[tsʻueiŋ]。皆韻 1 字：[向]③淮。按：《廣韻》户乖切，匣紐皆韻平聲；《六音字典》擬音爲[xueiŋ]。

《六音字典》風字母字有 1 個來源於中古陰聲韻字。齊韻 1 字：[向]①豊。按：《廣韻》盧啓切，來紐齊韻上聲；《六音字典》擬音爲[xuŋ]。

《六音字典》通字母字有 2 個來源於中古陰聲韻字。魚韻 1 字：[求]⑥如。按：《廣韻》人諸切，日紐魚韻平聲；《六音字典》擬音爲[kɔŋ]。尤韻 1 字：[求]⑥猶。按：《廣韻》居祐切，見紐尤韻去聲；《六音字典》擬音爲[kɔŋ]。

《六音字典》順字母字有 2 個來源於中古陰聲韻字。尤韻 1 字：[氣]⑥柏。按：《廣韻》巨九切，群紐尤韻上聲；《六音字典》擬音爲[kʻœyŋ]。咍韻 1 字：[中]④待。按：《廣韻》徒亥切，定紐咍韻上聲；《六音字典》擬音爲[tœyŋ]。

《六音字典》唱字母字有 1 個來源於中古陰聲韻字。宵韻字：[人]⑥要。按：《廣韻》於笑切，影紐宵韻去聲；《六音字典》擬音爲[niɔŋ]。

《六音字典》聲字母字有 3 個來源於中古陰聲韻字。齊韻 1 字：[中]⑥埞。按：《廣韻》都奚切，端紐齊韻平聲；《六音字典》擬音爲[tiaŋ]。尤韻 2 字：[又]①守。《廣韻》書九切，書紐尤韻上聲；《六音字典》擬音爲[iaŋ]。[出]⑥誘。按：《廣韻》與久切，以紐尤韻上聲；《六音字典》擬音爲[tsʻiaŋ]。

《六音字典》音字母字有 4 個來源於中古陰聲韻字。脂韻 1 字：[比]④牝。按：《廣韻》扶履切，並紐脂韻上聲；《六音字典》擬音爲[peiŋ]。之韻 1 字：[人]②耳。按：《廣韻》而止切，日紐之韻上聲；《六音字典》擬音爲[neiŋ]。齊韻 1 字：[中]③第。按：《廣韻》特計切，定紐齊韻去聲；《六音字典》擬音爲[teiŋ]。侯韻 1 字：[氣]③取。按：《廣韻》倉苟切，清紐侯韻上聲；《六音字典》擬音爲[kʻeiŋ]。

《六音字典》坦字母字有 3 個來源於中古陰聲韻。佳韻 3 字：[言]③厓涯崖。按：《廣韻》五佳切，疑紐侯佳韻平聲；《六音字典》擬音爲[ŋaŋ]。

《六音字典》班字母字有 2 個來源於中古陰聲韻。齊韻 1 字：[中]⑥軚；按：《廣韻》徒蓋切，定紐泰韻去聲；《六音字典》擬音爲[taiŋ]。虞韻 1 字：[人]②乳。按：《廣韻》而主切，日紐虞韻上聲；《六音字典》擬音爲[naiŋ]。

以上 21 例，説明中古某些陰聲韻字，發展到《六音字典》時期産生了變異，變成了陽聲韻。

第三節　《廣韻》入聲韻字在《六音字典》裏讀作陽聲韻字

在《六音字典》中，還有一種特殊的音變現象，即《廣韻》入聲韻字在《六音字典》裏讀作陽聲韻。具體例子如下：

《六音字典》本字母字有 2 個來源於中古入聲韻字。如黠韻 1 字：[中]④詛。按：《廣韻》當八切，端紐黠韻入聲；《六音字典》擬音爲[tueiŋ]。末韻 1 字：[又]⑥斡。按：《廣韻》烏括切，影紐末韻入聲；《六音字典》擬音爲[ueiŋ]。

《六音字典》朗字母有 1 個來源於中古入聲韻字。如鐸韻字：[比]④膊。按：《廣韻》匹各切，滂紐鐸韻入聲；《六音字典》擬音爲[pauŋ]。

《六音字典》聲字母字有 4 個來源於中古入聲韻字。如昔韻 1 字：[中]②擲。按：《廣韻》直炙切，澄紐昔韻入聲；《六音字典》擬音爲[t͡iaŋ]。藥韻 1 字：[人]④惹。按：《廣韻》而灼切，日紐藥韻入聲；《六音字典》擬音爲[niaŋ]。屋韻 1 字：[又]①牧。按：《廣韻》莫六切，明紐屋韻入聲；《六音字典》擬音爲[miaŋ]。覺韻 1 字：[言]②搉。按：《廣韻》古嶽切，見紐覺韻入聲；《六音字典》擬音爲[kiaŋ]。

《六音字典》音字母字有 1 個來源於中古入聲韻字。如屑韻 1 字：[又]①咽。按：《廣韻》烏結切，影紐屑韻入聲；《六音字典》擬音爲[eiŋ]。

《六音字典》班字母字有 2 個來源於中古入聲韻字。如陌韻 1 字：[生]②柵。按：《廣韻》測戟切，初紐陌韻入聲；《六音字典》擬音爲[saiŋ]。緝韻 1 字：[片]⑥瓡。按：《廣韻》之入切，章紐緝韻入聲；《六音字典》擬音爲[p‘aiŋ]。

以上 10 例，説明中古某些入聲韻字，發展到《六音字典》時期産生了變異，變成了陽聲韻。

第四節　結論

通過上文的比較研究，可以進一步瞭解明本《六音字典》13 個陽聲韻字母與《廣韻》9 個陽聲韻攝的對應關係。明本《六音字典》陽聲韻基本上來源於中古陽聲韻，但少數來源於陰聲韻和入聲韻。

第一，明本《六音字典》有 1785 个陽聲韻字來源於中古陽聲韻，情況如下表：

	通攝	江攝	臻攝	山攝	宕攝	梗攝	曾攝	深攝	咸攝	總數
本字母	0	0	63	143	3	0	2	0	0	211
風字母	15	2	0	0	31	2	0	0	0	50
通字母	100	3	4	0	7	2	1	0	2	119
順字母	78	1	72	1	1	8	22	0	1	184
朗字母	1	14	21	1	105	2	1	1	9	155
唱字母	1	2	0	2	129	0	1	0	0	135
聲字母	1	0	1	3	2	35	0	0	1	43
音字母	0	0	98	9	0	139	41	59	4	350
坦字母	1	5	0	9	7	28	1	2	73	126
橫字母	0	0	0	4	0	3	0	0	4	11
班字母	0	0	8	73	1	45	9	4	14	154
先字母	0	0	15	146	0	4	1	4	77	247
總數	197	27	282	391	286	268	79	70	185	1785

由上表可見，《六音字典》每一字母陽聲韻字來自中古異源層次，其中有若干層次是主要來源。本字母主要異源層次是山、臻 2 攝，其中桓韻、寒韻、元韻和魂韻韻字居多；風字母主要異源層次是宕、通 2 攝，其中唐韻、陽韻、鐘韻、東韻韻字居多；通字母主要異源層次是通攝，其中東韻韻字居多；順字母主要異源層次是通、臻 2 攝，其中鐘韻、東韻、諄韻、文韻、魂韻、登韻韻字居多；朗字母主要異源層次是宕攝，其中唐韻、陽韻、江韻韻字居多；唱字母主要異源層次是宕攝，其中陽韻韻字居多；聲字母主要異源層次是梗攝，其中清韻韻字居多；音字母主要異源層次是梗、臻、深、曾 4 攝，其中青韻、清韻、庚韻、真韻、侵韻、蒸韻韻字居多；坦字母主要異源層次是咸、梗 2 攝，其中談韻、覃韻、銜韻、咸韻、庚韻居多；橫字母主要異源層次是山、梗、咸 3 攝，其中寒韻、庚韻、凡韻居多；班字母主要異源層次是山、梗 2 攝，其中删韻、山韻、青韻韻字居多；先字母主要異源層次是山、咸 2 攝，其中仙韻、先韻、鹽韻、真韻韻字居多。這些均與語言結構格局的調整一致的變異，反映宋代閩音的變異層次。

而《六音字典》裏尚有少數韻字與語音系統的結構格局的調整無關的變異。如：宕攝、曾攝少數韻字讀作本字母；江攝、梗攝少數韻字讀作風字母；宕攝、臻攝、江攝、梗攝、曾攝、咸攝少數韻字讀作通字母；梗、江、宕、咸、山諸攝少數韻字讀作順字母;臻、咸、梗、深、通、曾和山諸攝少數韻字讀作朗字母;江、山、通和曾諸攝少數韻字讀作唱字母;山、宕、通、臻和咸諸攝少數韻字讀作聲母字;山、咸諸攝少數韻字讀作音字母;山、宕、江、深、曾、通諸攝的少數韻字讀作坦字母;咸攝、曾攝、臻攝、深攝、宕攝的少數韻字讀作班字母;臻、梗、深、曾諸攝的少數韻字讀作先字母。這些變異均來自於明代政和方音層次。

第二,明本《六音字典》小部分陽聲韻來源於中古陰聲韻。據考證,中古有21個陰聲韻字,發展到《六音字典》時期產生了變異,變成了陽聲韻。這些例字,《六音字典》大多注明"土音",應屬於閩北方言"底層"的異源層次。

第三,明本《六音字典》少數陽聲韻來源於中古入聲韻。據考證,中古有10個入聲韻字,發展到《六音字典》時期產生了變異,變成了陽聲韻。這些例字,《六音字典》大多注明"土音",應屬於閩北方言"底層"的異源層次。

徐通鏘在《歷史語言學》中指出:"語言中的各層變異是促使語音系統的結構發生局部調整的機制和途徑。各種變異雖然各有自己的特點,但都服從於結構格局的調整,因而互相之間存在着或明或暗的聯繫。與結構格局的調整無關的變異在少數人的語言中也可能會產生並在狹窄的範圍内流行,但由於它與語言演變的趨向不合符節,因而隨着時間的推移或社會條件的變化也就消聲匿跡。"明本《六音字典》陽聲韻基本上來源於《廣韻》陽聲韻,但少數來源於陰聲韻和入聲韻。然而,即使來源於《廣韻》較多的陽聲韻,但也是有主次之分,屬服從語言系統的結構格局來調整的變異和與結構格局的調整無關的變異。至於那些古陰聲韻字演變成陰聲韻,還是古入聲韻字演變成陰聲韻,應屬於閩北方言"底層"的異源層次。

第五章

明本《六音字典》入聲韻的歷史層次研究

明本《六音字典》後21個非陽聲韻字母“備結射舌有條嘹交合克百化果直出推闊乃後述古”，其中有4個字母（“有嘹交後”）不配入聲韻外，有17個配有入聲韻。本章着重分析研究明本《六音字典》17個入聲韻字母。考證時，先列某字母，次分析其中古不同來源，後舉例（聲母以[]示之；聲調以①平聲，②去聲，③平聲，④上聲，⑤入聲，⑥去聲示之；列例字），現分別考證如下。

第一節 《六音字典》入聲韻字與《廣韻》入聲韻字對應比較研究

一、備字母 [i]

《六音字典》備字母入聲韻字來源於中古梗攝錫韻、昔韻，臻攝質韻，曾攝職韻，深攝緝韻字，其餘韻字偏少。這些韻字基本上爲三、四等韻字。

1.《六音字典》備字母字來源於中古梗攝入聲韻57字。其中：(1)錫韻34字：[立]⑤歷歷愿靂；[求]⑤激；[氣]⑤喫；[中]⑤的狄逖翟荻笛滌啇嫡滴敵適；[片]⑤霹僻；[土]⑤剔裼惕踢；[全]⑤積績寂；[人]⑤溺炏；[生]⑤析；[名]⑤覓覔；[出]⑤戚；[向]⑤覤；(2)昔韻21字：[比]⑤碧璧；[片]⑤闢癖辟；[全]⑤積隻踖；[生]⑤昔惜釋螫暘；[又]⑤益掖液繹驛懌奕弈；(3)麥韻1字：[土]⑤敇；(4)陌韻1字：[求]⑤戟。

2.《六音字典》備字母字來源於中古臻攝入聲韻31字。其中：(1)質韻26字：[比]⑤必筆篳滭；[求]⑤吉；[全]⑤質唧；[人]②日；[生]⑤失悉蟋室；[又]⑤一壹乙溢逸馹佚；[名]⑤蜜密簭宓泌；[出]⑤七桼。(2)術韻2字：[比]⑤

筆;[向]⑤橘。(3)迄韻3字:[氣]⑤訖迄吃。

3.《六音字典》備字母字來源於中古曾攝入聲韻職韻17字:[比]⑤逼偪;[求]⑤亟極棘;[土]⑤勅飭;[全]⑤職稷即戠;[人]⑤匿;[生]⑤息熄蝕飾;[又]⑤弋。

4.《六音字典》備字母字來源於中古深攝入聲韻緝韻19字:[立]⑤笠粒泣;[求]⑤給急及級笈;[全]⑤執汁蟄;[生]⑤習;[又]⑤邑挹揖;[出]⑤輯戢咠葺。

5.《六音字典》備字母字來源於中古山攝入聲韻9字。其中:(1)屑韻3字:[求]⑤桔;[名]⑤苾;[向]⑤桔;(2)薛韻3字:[又]⑤曳拽泄;(3)黠韻3字:[求]⑤頡;[氣]⑤戛;[又]⑤鳦。

6.《六音字典》備字母字來源於中古宕攝入聲韻藥韻2字:[生]⑤舄;[人]⑤惹。

7.《六音字典》備字母字來源於中古通攝入聲韻屋韻1字:[出]⑤繊。

具體情況請看下表:

《六音字典》備字母入聲韻														
中古韻母	梗攝				臻攝			曾攝	深攝	山攝			宕攝	通攝
	錫韻	昔韻	麥韻	陌韻	質韻	術韻	迄韻	職韻	緝韻	屑韻	薛韻	黠韻	藥韻	屋韻
總數	34	21	1	1	26	2	3	17	19	3	3	3	2	1
合計136	57				31			17	19	9			2	1

上表可見,《六音字典》136個備字母入聲韻字來自中古7個異源層次:其一,來自梗攝入聲韻57字,占總數41.91%;其中四等韻錫韻、三等韻昔韻韻字居多。其二,來自臻攝入聲韻31字,占總數22.79%;其中三等韻質韻字居多。其三,來自曾攝入聲韻三等韻職韻17字,占總數12.50%;其四,來自深攝入聲韻三等韻緝韻19字,占總數13.97%。劉曉南(1999)考證,據宋代福建文士用韻情況,將《廣韻》臻深梗曾4攝入聲歸併爲"質緝部";備字母入聲韻字主要來源於中古音梗攝錫韻、昔韻,臻攝質韻,曾攝職韻,深攝緝韻字,應是宋代閩音的變異。其五,來自山攝入聲韻9字,占總數6.62%;其六,來自宕攝入聲韻2字,占總數1.47%;其七,來自通攝入聲韻1字,占總數0.74%。山、宕、通諸攝少数韻字读作備字母入聲韻,則是明代閩北政和方音的變異。

二、結字母[iɛ]

《六音字典》結字母多數來源於《廣韻》山攝屑韻、薛韻，咸攝帖韻、葉韻諸韻，其餘臻、梗、深、曾諸攝韻字偏少。

1.《六音字典》結字母字來源於中古山攝入聲韻 48 字。其中：(1)屑韻 26 字：[求]⑤絜潔挈結擷纈襭；[氣]⑤鈌疾；[中]⑤迭跌瓞軼耋耋姪；[土]⑤鐵銕鐡；[全]⑤節癤；[人]⑤捏；[出]⑤切竊竊；[向]⑤血。(2)薛韻 18 字：[立]⑤列烈；[求]⑤孑揭竭偈訐；[氣]⑤缺；[中]⑤哲喆；[片]⑤別鼈鱉；[全]⑤浙；[言]⑤桀；[出]⑤徹轍澈。(3)月韻 3 字：[求]⑤揭；[向]⑤蠍蠍。(4)黠韻 1 字：[求]⑤袺。

2.《六音字典》結字母字來源於中古咸攝入聲韻 27 字。其中：(1)帖韻 9 字：[中]⑤牒疊疉；[人]⑤攝拝；[生]⑤燮；[向]⑤恊協葉。(2)業韻 5 字：[求]⑤刦刼；[向]⑤脅脇；[向]⑤愶。(3)葉韻 10 字：[全]⑤接褶；[人]⑤聶躡鑷輒；[生]⑤箑；[出]⑤妾唼霎。(4)合韻 3 字：[全]⑤摺浹；[出]⑤濕。

3.《六音字典》結字母字來源於中古臻攝入聲韻 3 字。其中：(1)質韻 2 字：[求]⑤詰；[中]⑤秩。(2)没韻 1 字：[生]⑤屑。

4.《六音字典》結字母字來源於中古梗攝入聲韻麥韻 1 字：[又]⑤擘。

5.《六音字典》結字母字來源於中古深攝入聲韻緝韻 3 字：[生]⑤襲；[出]⑤溼隰。

6.《六音字典》結字母字來源於中古曾攝入聲韻職韻 1 字：[生]⑤陟。

具體情況請看下表：

《六音字典》結字母入声韵													
中古韻母	山攝				咸攝				臻攝		梗攝	深攝	曾攝
	屑韻	薛韻	月韻	黠韻	帖韻	業韻	葉韻	合韻	質韻	没韻	麥韻	緝韻	職韻
總數	26	18	3	1	9	5	10	3	2	1	1	3	1
合計 83	48				27				3		1	3	1

上表可見，《六音字典》83 個結字母入聲韻字來自中古 6 個異源層次：其一，來自山攝入聲韻 48 字，占總數 57.83%；其中四等屑韻、三等薛韻韻字居多。其二，來自咸攝入聲韻 27 字，占總數 32.53%；其中三等葉韻、四等帖韻韻字居多。劉曉南(1999)考證，據宋代福建文士用韻情況，將《廣韻》山咸 2 攝入聲歸併爲“月帖部”；山攝、咸攝入聲韻字經過分化與合流，在《六音字

典》裏讀作結字母入聲韻，這是宋代閩音的變異。其三，來自臻攝入聲韻 3 字，占總數 3.61%；其四，來自梗攝入聲韻 1 字，占總數 1.20%；其五，來自深攝入聲韻 3 字，占總數 3.61%；其六，來自曾攝入聲韻 1 字，占總數 1.20%。臻、梗、深、曾諸攝少數入聲韻字讀作結字母入聲韻，則是明代閩北政和方音的變異。

三、射字母[ia]

《六音字典》射字母入聲多數來源於中古梗攝昔韻、陌韻，咸攝葉韻，其餘山、深、宕諸攝韻字偏少。

1.《六音字典》射字母字來源於中古梗攝入聲韻 14 字。其中：(1)陌韻 3 字：[向]⑤嚇哧謊。(2)麥韻 2 字：[中]⑤摘謫。(3)昔韻 8 字：[比]⑤鏘；[全]⑤跡跡蹟隻磧脊；[出]⑤赤。(4)錫韻 1 字：[比]⑤壁。

2.《六音字典》射字母字來源於中古咸攝入聲韻 8 字。其中：(1)葉韻 5 字：[立]⑤鬣；[人]⑤讘囁矏鑷；(2)狎韻 1 字：[人]⑤甲；(3)合韻 2 字：[人]⑤沓；[生]⑤毤。

3.《六音字典》射字母字來源於中古山攝入聲韻 2 字。其中：(1)薛韻 1 字：[土]⑤折。(2)月韻 1 字：[求]⑤孓。

4.《六音字典》射字母字來源於中古深攝入聲韻 2 字。緝韻 2 字：[立]⑤靸；[出]⑤偛。

5.《六音字典》射字母字來源於中古宕攝入聲韻 1 字。鐸韻 1 字：[人]⑤喏。

具體情況請看下表：

《六音字典》射字母入聲韻											
中古韻母	梗攝				咸攝			山攝		深攝	宕攝
	陌韻	麥韻	昔韻	錫韻	葉韻	狎韻	合韻	薛韻	月韻	緝韻	鐸韻
總數	3	2	8	1	5	1	2	1	1	2	1
合計 27	14				8			2		2	1

上表可見，《六音字典》27 個射字母入聲韻字來自中古 5 個異源層次：其一，來自梗攝入聲韻 14 字，占總數 51.85%；其中三等昔韻字居多。其二，來自咸攝入聲韻 8 字，占總數 29.63%；其中三等葉韻字居多。其三，來自山攝入聲韻 2 字，占總數 7.41%；其四，來自深攝入聲韻 2 字，占總數 7.41%；其五，來自宕攝入聲韻 1 字，占總數 3.70%。射字母入聲字不多，按劉曉南

(1999)考證的"質緝部"有 16 字,"月帖部"有 11 字,"藥鐸部"1 字,前二者相差不多,不宜當作宋代閩音層次,而應是明代閩北政和方音的變異。

四、舌字母[yɛ]

《六音字典》舌字母字來源於中古山攝入聲月韻、薛韻、屑韻字,其餘韻字和臻、咸諸攝韻字偏少。

1.《六音字典》舌字母字來源於中古山攝入聲韻 34 字。其中:(1)屑韻 7 字:[求]⑤決訣抉赽刔譎;[氣]⑤缺。(2)薛韻 12 字:[立]⑤閱劣;[全]⑤拙餟輟綴;[生]⑤雪説;[又]⑤悦説;[出]⑤歠啜。(3)月韻 13 字:[立]⑤越粵軏鉞;[求]⑤獗厥撅;[氣]⑤厥闕瘚蕨;[又]⑤曰;[向]⑤歇。(4)鎋韻 1 字:[又]⑤刖。(5)末韻 1 字:[立]⑤捋。

2.《六音字典》舌字母字來源於中古臻攝入聲韻迄韻 1 字:[求]⑤曁。

3.《六音字典》舌字母字來源於中古咸攝入聲韻葉韻 1 字:[中]⑤輒。

具體情況請看下表:

《六音字典》舌字母入聲韻							
中古韻母	山攝					咸攝	臻攝
	屑韻	薛韻	月韻	鎋韻	末韻	葉韻	迄韻
總數	7	12	13	1	1	1	1
合計 36	34					1	1

上表可見,《六音字典》36 個舌字母入聲韻字來自中古 3 個異源層次:其一,來自山攝入聲韻 34 字,占總數 94.44%;其中月韻、薛韻字居多。其二,來自咸攝入聲韻 1 字,占總數 2.78%;其三,來自臻攝入聲韻 1 字,占總數 2.78%。劉曉南(1999)考證,據宋代福建文士用韻情況,將《廣韻》山咸 2 攝入聲歸併爲"月帖部"。山攝和咸攝入聲字在《六音字典》裹讀作舌字母入聲韻,應是宋代閩音的變異層次。臻攝少數韻字讀作舌字母入聲韻,則是明代閩北政和方音的變異。

五、條字母[iɔ]

《六音字典》條字母入聲韻字來源於中古宕攝藥韻,梗、通、深諸攝入聲韻字偏少。

1.《六音字典》條字母字來源於中古宕攝入聲韻 31 字。藥韻 31 字:[立]⑤略;[求]⑤屩;[氣]⑤卻卻腳;[全]⑤酌勺芍著著;[又]⑤若箬約弱龠,⑤躍;

[言]⑤虐瘧謔；[出]⑤鑠爍灼焯妁約綽逴爵嚼雀鵲。

2.《六音字典》條字母字來源於中古梗攝入聲韻 4 字。其中：(1)昔韻 3 字：[全]⑤借；[出]⑤尺，⑤碩。(2)陌韻 1 字：[氣]⑤郤。

3.《六音字典》條字母字來源於中古通攝入聲韻屋韻 2 字：[生]⑤縠轂。

4.《六音字典》條字母字來源於中古深攝入聲韻緝韻 1 字：[生]⑤拾。

具體情况請看下表：

《六音字典》條字母入聲韻					
中古韻母	宕攝	梗攝		通攝	深攝
	藥韻	昔韻	陌韻	屋韻	緝韻
總數	31	3	1	2	1
合計 38	31	4		2	1

上表可見，《六音字典》38 個條字母入聲韻字來自中古 4 個異源層次：其一，來自宕攝入聲韻 31 字，占總數 81.58%；三等藥韻字居多。劉曉南(1999)考證，據宋代福建文士用韻情況，將《廣韻》宕江 2 攝入聲歸併爲"藥鐸部"。宕攝藥韻字在《六音字典》裏讀作條字母入聲韻，反映的應是宋代閩音的變異層次。其二，來自梗攝入聲韻 4 字，占總數 10.53%；其三，來自通攝入聲韻 2 字，占總數 5.26%；其四，來自深攝入聲韻 1 字，占總數 2.63%。梗、通、深諸攝少數韻字讀作條字母入聲韻，則是明代閩北政和方音的變異。

六、合字母[ɔ]

《六音字典》合字母入聲韻字來源於中古宕攝鐸韻，江攝覺韻，咸、通、梗、山、臻諸攝韻字偏少。

1.《六音字典》合字母字來源於中古宕攝入聲韻 32 字。其中：(1)鐸韻 30 字：[立]⑤樂落；[比]⑤溥博；[求]⑤閣各；[中]⑤鐸橐；[片]⑤粕；[土]⑤託托拓籜；[又]⑤惡惡；[名]⑤莫膜漠鏌寞幕；[人]⑤諾；[生]⑤索；[言]⑤咢萼咢愕噩；[出]⑤錯；[全]⑤作。(2)藥韻 2 字：[出]⑤斮；[向]⑤矍。

2.《六音字典》合字母字來源於中古江攝入聲韻覺韻 18 字：[比]⑤剝駁；[求]⑤桷；[氣]⑤確；[中]⑤桌琢；[片]⑤樸支璞；[全]⑤濁濯擢；[人]⑤搦；[生]⑤朔嗍數槊矟。

3.《六音字典》合字母字來源於中古咸攝入聲韻 9 字。其中：(1)盍韻 5 字：[求]⑤醘；[向]⑤闔盍熆嗑。(2)合韻 3 字：[生]⑤哈；[向]⑤合閤。(3)葉韻1字:[向]⑤饁。

4.《六音字典》合字母字來源於中古通攝入聲韻屋韻6字:[片]⑤僕樸蹼撲撲;[生]⑤縮。

5.《六音字典》合字母字來源於中古梗攝入聲韻5字。其中:(1)陌韻4字:[片]⑤拍;[人]⑤搦;[名]⑤嗼;[向]⑤擭。(2)麥韻1字:[向]⑤獲。

6.《六音字典》合字母字來源於中古山攝入聲韻3字。其中:(1)曷韻2字:[全]⑤呇,[向]⑤曷。(2)末韻1字:[中]⑤奪。

7.《六音字典》合字母字來源於中古臻攝入聲韻2字。其中:(1)没韻1字:[全]⑤倅。(2)術韻1字:[名]⑤訹。

具體情況請看下表:

《六音字典》合字母入聲韻													
中古韻母	宕攝		江攝	咸攝			通攝	梗攝		山攝		臻攝	
	鐸韻	藥韻	覺韻	盍韻	合韻	葉韻	屋韻	陌韻	麥韻	曷韻	末韻	没韻	術韻
總數	30	2	18	5	3	1	6	4	1	2	1	1	1
合計75	32		18	9			6	5		3		2	

上表可見,《六音字典》75個合字母入聲韻字來自中古7個異源層次:其一,來自宕攝入聲韻32字,占總數42.67%;一等鐸韻字居多。其二,來自江攝入聲韻18字,占總數24.00%;二等覺韻字居多。劉曉南(1999)考證,據宋代福建文士用韻情況,將《廣韻》宕江2攝入聲歸併爲"藥鐸部"。宕攝和江攝入聲韻經過分化與合流,在《六音字典》裏讀作合字母入聲韻,反映的應是宋代閩音的變異層次。其三,來自咸攝入聲韻9字,占總數12.00%;其四,來自通攝入聲韻6字,占總數8.00%;其五,來自梗攝入聲韻5字,占總數6.67%;其六,來自山攝入聲韻3字,占總數4.00%;其七,來自臻攝入聲韻2字,占總數2.67%。咸、通、梗、山、臻諸攝少數韻字讀作合字母入聲韻,則是明代閩北政和方音的變異。

七、克字母[ε]

《六音字典》克字母字來源於中古梗攝麥韻、陌韻,曾攝德韻、職韻,至於臻、宕、咸、山諸攝韻字只占少數。

1.《六音字典》克字母字來源於中古梗攝入聲韻15字。其中:(1)陌韻5字:[比]⑤伯;[求]⑤虢;[全]⑤澤;[名]⑤驀;[出]⑤拆。(2)麥韻9字:[求]

⑤革鬲；[全]⑤謫責；[又]⑤厄阨搤扼；[出]⑤策。(3)錫韻1字：[生]⑤錫。

2.《六音字典》克字母字來源於中古曾攝入聲韻15字。其中：(1)職韻6字：[全]⑤仄昃；[又]⑤抑；[出]⑤側測惻。(2)德韻9字：[氣]⑤刻克尅剋；[土]⑤忒忑慝踢；[全]⑤則。

3.《六音字典》克字母字來源於中古臻攝入聲韻3字。其中：(1)質韻1字：[出]⑤漆。(2)櫛韻2字：[生]⑤蝨虱。

4.《六音字典》克字母字來源於中古宕攝入聲韻鐸韻1字：[求]⑤格。

5.《六音字典》克字母字來源於中古咸攝入聲韻2字。其中：(1)洽韻1字：[人]⑤凹。(2)葉韻1字：[又]⑤靨。

6.《六音字典》克字母字來源於中古山攝入聲韻屑韻1字：[全]⑤節。

具體情況請看下表：

《六音字典》克字母入聲韻											
中古韻母	梗攝			曾攝		臻攝		宕攝	咸攝		山攝
	陌韻	麥韻	錫韻	職韻	德韻	質韻	櫛韻	鐸韻	洽韻	葉韻	屑韻
總數	5	9	1	6	9	1	2	1	1	1	1
合計37	15			15		3		1	2		1

上表可見，《六音字典》37個克字母入聲韻字來自中古6個異源層次：其一，來自梗攝入聲韻15字，占總數40.54%；其二，來自曾攝入聲韻15字，占總數40.54%；其三，來自臻攝入聲韻3字，占總數8.11%。劉曉南(1999)考證，據宋代福建文士用韻情況，將《廣韻》臻深梗曾4攝入聲歸併爲"質緝部"。臻、深、梗、曾諸攝入聲韻字經過分化與合流，在《六音字典》讀作克字母入聲韻，反映的應是宋代閩音的變異層次。其四，來自宕攝入聲韻1字，占總數2.70%；其五，來自咸攝入聲韻2字，占總數5.41%；其六，來自山攝入聲韻1字，占總數2.70%。宕、咸、山諸攝少數韻字讀作克字母入聲韻，則是明代閩北政和方音的變異。

八、百字母[a]

《六音字典》百字母入聲韻字來源於中古咸攝、山攝、梗攝、江攝，其餘韻字只占少數。

1.《六音字典》百字母字來源於中古咸攝入聲韻39字。其中：(1)合韻11字：[立]⑤拉摺；[求]⑤蛤；[中]⑤答荅鎝；[土]⑤遝；[全]⑤雥匝；[又]⑤挾；

[出]⑤欱。(2)盍韻3字:[中]⑤褡;[土]⑤榻塔。(3)洽韻11字:[求]⑤韐袷郟夾;[中]⑤劄;[全]⑤恰洽;[又]⑤狹;[出]⑤扱臿插。(4)狎韻6字:[求]⑤甲鉀;[又]⑤壓押鴨匣。(5)葉韻5字:[立]⑤鬣巤;[求]⑤袷;[生]⑤霎;[出]⑤歃。(6)帖韻3字:[全]⑤恢愜;[又]⑤俠。

2.《六音字典》百字母字來源於中古梗攝入聲韻10字。其中:(1)陌韻4字:[比]⑤百柏;[氣]⑤客;[中]⑤畠。(2)麥韻6字:[求]⑤膈隔槅;[又]⑤筴;[出]⑤册冊。

3.《六音字典》百字母字來源於中古山攝入聲韻16字。其中:(1)曷韻7字:[立]⑤辣粹;[中]⑤妲;[土]⑤撻躂;[生]⑤薩撒;(2)末韻1字:[立]⑤捋。(3)黠韻2字:[比]⑤叭;[全]⑤劄。(4)鎋韻2字:[比]⑤捌;[生]⑤刹。(5)薛韻4字:[比]⑤蘗;[人]⑤吶蚋蜹。

4.《六音字典》百字母字來源於中古江攝入聲韻覺韻8字:[向]⑤學斈鷽壆;[求]⑤玨捔傕覺。

5.《六音字典》百字母字來源於中古臻攝入聲韻没韻1字:[人]⑤訥。

6.《六音字典》百字母字來源於中古通攝入聲韻屋韻1字:[生]⑤倏。

具體情況請看下表:

《六音字典》百字母入聲韻																
中古韻母	咸攝						梗攝		山攝					江攝	臻攝	通攝
	合韻	盍韻	洽韻	狎韻	葉韻	帖韻	陌韻	麥韻	曷韻	末韻	黠韻	鎋韻	薛韻	覺韻	没韻	屋韻
總數	11	3	11	6	5	3	4	6	7	1	2	2	4	8	1	1
合計75	39						10		16					8	1	1

上表可見,《六音字典》75個百字母入聲韻字來自中古6個異源層次:其一,來自咸攝入聲韻39字,占總數52.00%;其中一等合韻、二等洽韻居多。其二,來自山攝入聲韻16字,占總數21.33%;其中一等曷韻字居多。劉曉南(1999)考證,據宋代福建文士用韻情況,將《廣韻》山咸2攝入聲歸併爲"月帖部"。咸攝、山攝入聲韻字經過分化與合流,在《六音字典》裏讀作百字母入聲韻,所反映的應是宋代閩音的變異層次。其三,來自梗攝入聲韻10字,占總數13.33%;其四,來自江攝入聲韻8字,占總數10.67%;其五,來自臻攝入聲韻1字,占總數1.33%;其六,來自通攝入聲韻1字,占總數1.33%。梗、江、臻、通諸攝少數韻字讀作百字母入聲韻,則是明代閩北政和方音的變異。

九、化字母[ua]

《六音字典》化字母入聲韻字來源於中古山攝入聲韻，咸攝次之。

1.《六音字典》化字母字來源於中古山攝入聲韻 4 字。其中：(1)末韻 3 字：[向]⑤活括豁。(2)月韻 1 字：[向]⑤髪。

2.《六音字典》化字母字來源於中古咸攝入聲韻乏韻 1 字：[向]⑤法。

《六音字典》只有 5 個化字母入聲韻字，來自中古 2 個異源層次：其一，來自山攝入聲韻 4 字；其二，來自咸攝入聲韻 1 字。山攝入聲韻字居多，咸攝次之。劉曉南(1999)考證，“月帖部”所反映的應是宋代閩音的變異層次。

十、果字母[o]

《六音字典》果字母入聲韻字來源於中古宕攝入聲韻和江攝入聲韻字。

1.《六音字典》果字母入聲韻字來源於中古宕攝鐸韻 4 字：[求]⑤郭槨槨鞹。

2.《六音字典》果字母入聲韻字來源於中古江攝入聲韻覺韻 1 字：[比]⑤剥。

《六音字典》只有 5 個果字母入聲韻字來自中古 2 個異源層次：其一，來自宕攝入聲韻 4 字；其二，來自江攝入聲韻 1 字。劉曉南(1999)考證，“藥鐸部”所反映的應是宋代閩音的變異層次。

十一、直字母[ᴇ]

《六音字典》直字母入聲字來源於中古曾攝、梗攝、深攝入聲韻字，其餘韻字只占少數。

1.《六音字典》直字母字來源於中古曾攝入聲韻 16 字。其中：(1)職韻 5 字：[立]⑤泐；[生]⑤色嗇簫穡。(2)德韻 11 字：[立]⑤勒肋；[比]⑤北匐；[中]⑤德徳得；[生]⑤塞；[名]⑤默；[向]⑤黑劾。

2.《六音字典》直字母字來源於中古梗攝入聲韻 9 字。其中：(1)陌韻 8 字：[片]⑤迫珀魄；[名]⑤陌貊貉；[向]⑤赫哧。(2)麥韻 1 字：[向]⑤核。

3.《六音字典》直字母字來源於中古深攝入聲韻緝韻 4 字：[生]⑤澀澁澀譅。

4.《六音字典》直字母字來源於中古臻攝入聲韻櫛韻 1 字：[生]⑤瑟。

5.《六音字典》直字母字來源於中古通攝入聲韻屋韻 1 字：[又]⑤㖃。

6.《六音字典》直字母字來源於中古山攝入聲韻屑韻 1 字：[向]⑤覈。

具體情況請看下表：

《六音字典》直字母入聲韻								
中古韻母	曾攝		梗攝		深攝	臻攝	通攝	山攝
	職韻	德韻	陌韻	麥韻	緝韻	櫛韻	屋韻	屑韻
總數	5	11	8	1	4	1	1	1
合計 32	16		9		4	1	1	1

上表可見,《六音字典》32 個直字母入聲韻字來自中古 6 個異源層次：其一,來自曾攝入聲韻 16 字,占總數 50.00%；其二,來自梗攝入聲韻 9 字,占總數 28.13%；其三,來自深攝入聲韻 4 字,占總數 12.50%；其四,來自臻攝入聲韻 1 字,占總數 3.13%。劉曉南(1999)考證,據宋代福建文士用韻情況,將《廣韻》臻深梗曾 4 攝入聲歸併爲"質緝部"。臻、深、梗、曾諸攝入聲韻字在《六音字典》裏讀作直字母入聲韻,反映宋代閩音的變異層次。其五,來自通攝入聲韻 1 字,占總數 3.13%；其六,來自山攝入聲韻 1 字,占總數 3.13%。通、山諸攝少數韻字讀作直字母入聲韻,則是明代閩北政和方音的變異。

十二、出字母[ui]

《六音字典》出字母入聲韻字來源於中古臻攝入聲韻,其餘韻字只占少數。

1.《六音字典》出字母字來源於中古臻攝入聲韻物韻 7 字：[氣]⑤倔屈；[又]⑤鬱欝蔚尉熨。

2.《六音字典》出字母字來源於中古曾攝入聲韻德韻 1 字：[土]⑤塞。

3.《六音字典》出字母字來源於中古通攝入聲韻屋韻 2 字：[又]⑤懊鬱。

可見,《六音字典》10 個結字母字來自中古 3 個異源層次：其一,來自臻攝入聲韻 7 字；其二,來自曾攝入聲韻 1 字；其三,來自通攝入聲韻 2 字。臻攝入聲韻字居多,其餘韻字只占少數。據考,臻攝、曾攝和通攝入聲韻讀作出字母,應是明代閩北政和方音的變異層次。

十三、推字母[uɛ]

《六音字典》推字母入聲韻字來源於中古臻攝、山攝、曾攝入聲韻字,其餘韻字只占少數。少數來源於中古其他陽聲韻。

1.《六音字典》推字母字來源於中古臻攝入聲韻 10 字。其中：(1)没韻 4 字：[求]⑤骨；[氣]⑤窟；[向]⑤忽惚。(2)術韻 3 字：[全]⑤卒孪；[生]⑤蟀。(4)物韻 3 字：[向]⑤佛髴欻。

2.《六音字典》推字母字來源於中古山攝入聲韻 6 字。其中：(1)末韻 4 字：[中]⑤裰掇；[土]⑤脱；[出]⑤剟。(2)薛韻 2 字：[生]⑤刷唰。

3.《六音字典》推字母字來源於中古曾攝入聲韻德韻 4 字：[求]⑤國國；[向]⑤或惑。

4.《六音字典》推字母字來源於中古梗攝入聲韻昔韻 1 字：[氣]⑤郝。

5.《六音字典》推字母字來源於中古宕攝入聲韻鐸韻 1 字：[氣]⑤壑。

6.《六音字典》推字母字來源於中古江攝入聲韻覺韻 1 字：[出]⑤數。

具體情況請看下表：

《六音字典》推字母入聲韻									
中古韻母	臻攝			山攝		曾攝	梗攝	宕攝	江攝
	没韻	術韻	物韻	末韻	薛韻	德韻	昔韻	鐸韻	覺韻
總數	4	3	3	4	2	4	1	1	1
合計 23	10			6		4	1	1	1

上表可見，《六音字典》23 個推字母入聲韻字來自中古 6 個異源層次：其一，來自臻攝入聲韻 10 字，占總數 43.48%；其二，來自曾攝入聲韻 4 字，占總數 17.39%；其三，來自梗攝入聲韻 1 字，占總數 4.35%。劉曉南(1999)考證，據宋代福建文士用韻情況，將《廣韻》臻深梗曾 4 攝入聲歸併爲“質緝部”。臻、曾、梗諸攝入聲字在《六音字典》裏讀作推字母入聲韻，反映了宋代閩音的變異層次。其四，來自山攝入聲韻 6 字，占總數 26.09%；其五，來自宕攝入聲韻 1 字，占總數 4.35%；其六，來自江攝入聲韻 1 字，占總數 4.35%。山攝、宕、江諸攝少數韻字讀作推字母入聲韻，則是明代閩北政和方音的變異。

十四、闊字母[ue/uai]

《六音字典》闊字母入聲韻字來源於中古山攝、臻攝入聲韻，其餘韻字只占少數。

1.《六音字典》闊字母字來源於中古山攝入聲韻 25 字。其中：(1)曷韻 6 字：[求]⑤葛割；[氣]⑤渴；[生]⑤撒；[出]⑤擦；[向]⑤喝。(2)末韻 11 字：[比]⑤撥癶𣁋缽茇；[求]⑤適；[氣]⑤闊；[片]⑤潑鏺𠝏；[名]⑤抹。(3)黠韻 3 字：[生]⑤殺煞；[出]⑤察。(4)月韻 3 字：[比]⑤髮；[向]⑤發䟦。(5)屑韻 2 字：[出]⑤啓；[向]⑤血。

2.《六音字典》闊字母字來源於中古臻攝入聲韻 7 字。其中：(1)物韻 6

字:[又]⑤勿弗拂芴紱黻。(2)没韻1字:[又]⑤艴。

3.《六音字典》闊字母字來源於中古通攝入聲韻燭韻2字:[比]⑤扒蹳。

4.《六音字典》闊字母字來源於中古咸攝入聲韻合韻1字:[比]⑤砵。

具體情況請看下表:

《六音字典》闊字母入聲韻									
中古韻母	山攝					臻攝		通攝	咸攝
	曷韻	末韻	黠韻	月韻	屑韻	物韻	没韻	燭韻	合韻
總數	6	11	3	3	2	6	1	2	1
合計35	25					7		2	1

上表可見,《六音字典》35個闊字母入聲韻字來自中古4個異源層次:其一,來自山攝入聲韻25字,占總數71.43%;其二,來自咸攝入聲韻1字,占總數2.86%。劉曉南(1999)考證,據宋代福建文士用韻情況,將《廣韻》山咸2攝入聲歸併爲“月帖部”。山攝和咸攝入聲韻經過分化合流,在《六音字典》裏讀作闊字母入聲韻,所反映的應是宋代閩音的變異層次。其三,來自臻攝入聲韻7字,占總數,20.00%;其四,來自通攝入聲韻2字,占總數5.71%。臻攝及通攝少數韻字讀作闊字母入聲韻,則是明代閩北政和方音的變異。

十五、乃字母[ai]

《六音字典》乃字母入聲韻字來源於中古山攝入聲韻和咸攝入聲韻字。

1.《六音字典》乃字母字來源於中古山攝入聲韻9字。其中:(1)屑韻1字:[全]⑤節。(2)月韻1字:[又]⑤閼。(3)鎋韻2字:[立]⑤咶;[向]⑤瞎。(4)黠韻2字:[比]⑤八捌。(5)曷韻3字:[又]⑤靄餲遏。

2.《六音字典》乃字母字來源於中古咸攝入聲韻6字。其中:(1)帖韻5字:[求]⑤莢;[土]⑤貼帖怗呫。(2)洽韻1字:[人]⑤凹。

上表可見,《六音字典》15個乃字母入聲韻字來自中古2個異源層次:其一,來自山攝入聲韻9字;其二,來自咸攝入聲韻6字。山攝入聲韻居多,咸攝入聲韻次之。劉曉南(1999)考證,據宋代福建文士用韻情況,將《廣韻》山咸2攝入聲歸併爲“月帖部”。山攝和咸攝入聲韻讀作乃字母入聲韻應是宋代閩音的變異。

十六、述字母[y]

《六音字典》述字母入聲韻字來源於中古通攝屋韻、燭韻,臻攝術韻,曾攝職韻，其餘韻字只占少數。

1.《六音字典》述字母字來源於中古通攝入聲韻 56 字。其中：(1)屋韻 40 字：[求]⑤匊掬躹鞠諊鞫菊；[氣]⑤麯麴；[中]⑤竹竺築；[土]⑤朒；[全]⑤祝粥鬻；[人]⑤衄恧；[生]⑤叔淑菽俶宿蓿夙孰；[出]⑤俶；[向]⑤育毓焴喅唷倚畜蓄滀鄐昱彧矗。(2)燭韻 16 字：[求]⑤髷葷檋；[氣]⑤曲；[全]⑤蜀燭燭足；[生]⑤粟俗；[又]⑤慾欲辱嗕溽；[向]⑤旭。

2.《六音字典》述字母字來源於中古臻攝入聲韻 8 字。其中：(1)術韻 6 字：[生]⑤恤卹賉述術鉥。(2)物韻 2 字：[氣]⑤屈掘。

3.《六音字典》述字母字來源於中古梗攝入聲韻職韻 6 字：[向]⑤棫域蜮閾罭魊。

4.《六音字典》述字母字來源於中古曾攝入聲韻昔韻 1 字：[向]⑤疫。

具體情況請看下表：

《六音字典》述字母入聲韻						
中古韻母	通攝		臻攝		曾攝	梗攝
	屋韻	燭韻	術韻	物韻	職韻	昔韻
總數	40	16	6	2	6	1
合計 71	56		8		6	1

上表可見，《六音字典》71 個述字母入聲韻字來自中古 4 個異源層次：其一，來自通攝 56 字，占總數 78.87%；劉曉南(1999)考證，據宋代福建文士用韻情況，將《廣韻》通攝入聲歸併爲“屋燭部”；可見，該層次所反映的應是宋代閩音的變異層次。其二，來自臻攝 8 字，占總數 11.27%；其三，來自曾攝入聲韻 6 字，占總數 8.45%；其四，來自梗攝只有 1 個入聲韻字，占總數 1.41%。臻、梗、曾諸攝少數韻字讀作述字母入聲韻，則是明代閩北政和方音的變異。

十七、古字母[u]

《六音字典》古字母入聲韻字來源於中古通攝屋韻、燭韻、沃韻，江攝覺韻，其餘入聲韻字只占少數。

1.《六音字典》古字母字來源於中古通攝入聲韻 73 字。其中：(1)屋韻 61 字：[立]⑤簏盝碌娽趚漉蔘戮僇；[比]⑤萄腹；[求]⑤縠縠穀轂；[中]⑤箻讀牘瀆櫝黷瀆犢獨獨；[土]⑤禿瘯碡；[生]⑤肅鷫速餗觫謖；[又]⑤屋剭；[名]⑤睦牧穆沐霂；[出]⑤逐蹵蹴蹙踧噈；[向]⑤福富福蝠楅幅輻服伏復復輹覆馥。

(2)沃韻 4 字:[求]⑤鵠;[中]⑤篤督;[又]⑤沃。(3)燭韻 8 字:[立]⑤籙;[中]⑤觸;[全]⑤足哫;[生]⑤束;[出]⑤促趗躅。

2.《六音字典》古字母字來源於中古江攝入聲韻覺韻 15 字:[求]⑤玨角觳擉;[氣]⑤殼慤;[片]⑤樸;[又]⑤齷握幄喔偓渥;[出]⑤涿捉。

3.《六音字典》古字母字來源於中古臻攝入聲韻 3 字。其中:(1)没韻 2 字:[土]⑤突朏。(2)術韻 1 字:[出]⑤黜。

4.《六音字典》古字母字來源於中古山攝入聲韻屑韻 2 字:[中]⑤跌;[土]⑤怢。

5.《六音字典》古字母字來源於中古曾攝入聲韻德韻 1 字:[土]⑤忑。

6.《六音字典》古字母字來源於中古梗攝入聲韻 3 字。其中:(1)錫韻 1 字:[出]⑤諔。(2)昔韻 2 字:[出]⑤躤刺。

具體情況請看下表:

《六音字典》古字母入聲韻										
中古韻母	通攝			江攝	臻攝		梗攝		山攝	曾攝
	屋韻	沃韻	燭韻	覺韻	没韻	術韻	錫韻	昔韻	屑韻	德韻
總數	61	4	8	15	2	1	1	2	2	1
合計 97	73			15	3		3		2	1

上表可見,《六音字典》97 個古字母入聲韻字來自中古 6 個異源層次:其一,通攝 73 字,占總數 75.26%;其中屋韻字居多。劉曉南(1999)考證,據宋代福建文士用韻情況,將《廣韻》通攝入聲歸併爲“屋燭部”。可見該層次讀作古字母入聲韻,所反映的應是宋代閩音的變異層次。其二,來自江攝 15 字,占總數 15.46%。其三,來自臻攝 3 字,占總數 3.09%;其四,來自梗攝 3 字,占總數 3.09%;其五,來自山攝 2 字,占總數 2.06%;其六,來自曾攝 1 字,占總數 1.03%。江、臻、山、曾、梗諸攝少數韻字讀作古字母入聲韻,則是明代閩北政和方音的變異。

第二節　《廣韻》陰聲韻字在《六音字典》裏讀作入聲韻字

隨着時間的推移,閩北地理環境的差異,周邊方言的接觸,導致部分《廣韻》陰聲韻發展到明本《六音字典》演變爲入聲韻。經考察,《六音字典》21個陰聲韻字母除了"有、嘹、交、化、果、後"等6個字母入聲韻字無來源於中古陰聲韻字以外,其餘15個字母均出現中古陰聲韻字讀作入聲韻的情況,這是一種特殊的語音變異。例如:

1.《六音字典》"備字母"入聲韻字來源於中古陰聲韻29字。支韻7字:[全]⑤枳,[片]⑤臂,[生]⑤豕氏,[又]⑤縊施,[出]⑤卮。脂韻8字:[立]⑤蒞履,[片]⑤鄙,[生]⑤視示矢,[名]⑤祕秘。之韻7字:[求]⑤杞;[全]⑤幟;[生]⑤始枲識熾織。微韻1字:[氣]⑤乞。齊韻2字:[中]⑤棣,[片]⑤嬖。祭韻4字:[又]⑤洩,[生]⑤誓逝筮。

2.《六音字典》"結字母"入聲韻字來源於中古祭韻1字:[生]⑤洩。

3.《六音字典》"射字母"入聲韻字來源於中古麻韻4字:[全]⑤者赭,[言]⑤髂;[向]⑤唬。

4.《六音字典》"舌字母"入聲韻字來源於中古陰聲韻有2字。祭韻1字:[生]⑤毳。夬韻1字:[求]⑤夬。

5.《六音字典》"條字母"入聲韻字來源於中古宵韻1字:[求]⑤轎。

6.《六音字典》"合字母"入聲韻字來源於中古陰聲韻有19字。歌韻3字:[求]⑤箇個個。戈韻10字:[中]⑤朶朵躲惰,[片]⑤頗叵,[土]⑤唾涶,[名]⑤麼麽。肴韻1字:[中]⑤棹。蕭韻1字:[中]⑤掉。虞韻1字:[比]⑤賻。模韻1字:[全]⑤做。支韻1字:[比]⑤陂。咍韻1字:[又]⑤能。

7.《六音字典》"克字母"入聲韻字來源於中古陰聲韻有2字。咍韻1字:[氣]⑤咳。麻韻1字:[出]⑤也。

8.《六音字典》"百字母"入聲韻字來源於中古陰聲韻有9字。麻韻4字:[中]⑤痄,[全]⑤蒩,[生]⑤耍嗄。支韻3字:[中]⑤寄,[生]⑤灑灑。脂韻1字:[又]⑤梶。宵韻1字:[立]⑤燎。

9.《六音字典》"直字母"入聲韻字來源於中古皆韻1字:[向]⑤駭。

10.《六音字典》"出字母"入聲韻字來源於中古陰聲韻有9字。支韻1字:[又]⑤委。脂韻1字:[又]⑤荽。微韻1字:[又]⑤慰。灰韻4字:[人]⑤媛,[又]⑤喂煨猥。虞韻1字:[生]⑤戍。戈韻1字:[向]⑤堉。

11.《六音字典》"推字母"入聲韻字來源於中古陰聲韻有2字。皆韻1字:[出]⑤塊。齊韻1字:[出]⑤刲。

12.《六音字典》"闊字母"入聲韻字來源於中古陰聲韻有 2 字。戈韻 1 字：[氣]⑤濶。微韻 1 字：[又]⑤沸。

13.《六音字典》"乃字母"入聲韻字來源於中古陰聲韻有 8 字。蟹攝咍韻 1 字：[又]⑤欸。泰韻 1 字：[又]⑤藹。佳韻 1 字：[又]⑤隘。齊韻 2 字：[土]⑤劑穧。支韻 2 字：[立]⑤舐舓。肴韻 1 字：[人]⑤坳。

14.《六音字典》"述字母"入聲韻字來源於中古陰聲韻有 7 字。魚韻 1 字：⑤虗。虞韻 4 字：⑤傴，⑤雨，⑤呴呴。泰韻 1 字：⑤最。麻韻 1 字：⑤馬。

15.《六音字典》"古字母"入聲韻字來源於中古陰聲韻有 15 字。虞韻 3 字：⑤訃赴，⑤婺。模韻 6 字：⑤殺牯，⑤普潽，⑤噁，⑤護。支韻 1 字：⑤朿。脂韻 1 字：⑤匱。灰韻 1 字：⑤誧。豪韻 2 字：⑤告，⑤蓩。尤韻 1 字：⑤負。

據統計，《廣韻》陰聲韻有 111 個字在《六音字典》裏讀作入聲韻。

第三節 《廣韻》陽聲韻字在《六音字典》裏讀作入聲韻字

《廣韻》有 6 个陽聲韻字在《六音字典》裏讀作入聲韻。結字母入声韻有 1 字來自中古陽聲韻，如覃韻 1 字：[全]⑤壇。百字母入声韻有 3 字來自中古陽聲韻，如庚韻字：[人]⑤冏；陽韻字：[土]⑤唱；先韻字：[全]⑤績。述字母入声韻有 2 字來自中古陽聲韻。如諄韻 1 字：[氣]⑤困；寒韻 1 字：[向]⑤晘。

第四節 結論

通過上文的比較研究，可以讓大家進一步瞭解明本《六音字典》三十四字母與《廣韻》十六攝的對應關係。明本入聲韻基本上來源於中古入聲韻，但少數來源於中古陰聲韻和陽聲韻。這是語言接觸産生的語音變異。具體小結如下：

第一，明本《六音字典》入聲韻基本上來源於《廣韻》入聲韻。上文考證，《六音字典》21 個非陽聲韻的字母中，有 4 個字母（有字母、嘹字母、交字母、後字母）没有配入聲韻，其餘 17 個字母均配有入聲韻。現將《六音字典》入聲韻字與《廣韻》入聲韻對應情況列表如下：

韻攝	備字母	結字母	射字母	舌字母	條字母	合字母	克字母	百字母	化字母	果字母	直字母	出字母	推字母	闊字母	乃字母	述字母	古字母	總數
通	1	0	0	0	2	6	0	1	0	0	1	2	0	2	0	56	73	144
江	0	0	0	0	0	18	0	8	0	1	0	0	1	0	0	0	15	43
臻	31	3	0	1	0	2	3	1	0	0	1	7	10	7	0	8	3	77
山	9	48	2	34	0	3	1	16	4	0	1	0	6	25	9	0	2	160
宕	2	0	1	0	31	32	1	0	0	4	0	0	1	0	0	0	0	72
梗	57	1	14	0	4	5	15	10	0	0	9	0	1	0	0	1	3	120
曾	17	1	0	0	0	0	15	0	0	0	16	1	4	0	0	6	1	61
深	19	3	2	0	1	0	0	0	0	0	4	0	0	0	0	0	0	29
咸	0	27	9	1	0	9	2	39	1	0	0	0	0	1	6	0	0	95
總數	136	83	28	36	38	75	37	75	5	5	32	10	23	35	15	71	97	801

由上表可見,《六音字典》每个字母入聲韻字來自中古異源層次,其中有若干層次是主要來源。備字母主要異源層次是梗、臻、深、曾 4 攝;結字母主要異源層次是山、咸 2 攝;舌字母主要異源層次是山攝;條字母主要異源層次是宕攝;合字母主要異源層次是宕、江 2 攝;克字母主要異源層次是梗、曾、臻 3 攝;百字母主要異源層次是咸、山 2 攝;化字母主要異源層次是山、咸 2 攝;果字母主要異源層次是宕、江 2 攝;直字母主要異源層次是臻、深、梗、曾 4 攝;出字母主要異源層次是臻、曾 2 攝;推字母主要異源層次是臻、曾、梗 3 攝;闊字母主要異源層次是山攝;乃字母主要異源層次是山、咸 2 攝;述字母主要異源層次是通攝;古字母主要異源層次是通攝。這些層次均反映宋代閩音的變異層次。

山、宕、通諸攝少數韻字讀作備字母入聲韻;臻、梗、深、曾諸攝少數入聲韻字讀作結字母入聲韻;臻攝少數韻字讀作舌字母入聲韻;梗、通、深諸攝少數韻字讀作條字母入聲韻;咸、通、梗、山、臻諸攝少數韻字讀作合字母入聲韻;宕、咸、山諸攝少數韻字讀作克字母入聲韻;梗、江、臻、通諸攝少數韻字讀作百字母入聲韻;通、山諸攝少數韻字讀作直字母入聲韻;臻攝、曾攝和通攝入聲韻讀作出字母;山攝、宕、江諸攝少數韻字讀作推字母入聲韻;臻攝及通攝少數韻字讀作闊字母入聲韻;臻、梗、曾諸攝少數韻字讀作述字母入聲韻;江、臻、山、曾、梗諸攝少數韻字讀作古字母入聲韻。這些均反映明代閩北政和方音的變異層次。

第二，明本《六音字典》入聲韻字少數來源於《廣韻》陰聲韻。經考察，《六音字典》21 個非陽聲韻字母除了“有、嘹、交、化、果、後”等 6 個字母入聲韻字無來源於中古陰聲韻字以外，其餘 15 個字母均出現中古陰聲韻字讀作入聲韻的情況。請看下表：

韻攝	備字母	結字母	射字母	舌字母	條字母	合字母	克字母	百字母	直字母	出字母	推字母	闊字母	乃字母	述字母	古字母	總數
止	23	0	0	0	0	1	0	4	0	3	0	1	2	0	2	36
遇	0	0	0	0	0	2	0	0	0	1	0	0	0	1	9	13
蟹	6	1	0	2	0	1	1	0	1	4	2	0	5	5	1	29
效	0	0	0	0	1	2	0	1	0	0	0	0	1	0	2	7
果	0	0	0	0	0	13	0	0	0	1	0	1	0	0	0	15
假	0	0	4	0	0	0	1	4	0	0	0	0	0	1	0	10
流	0	0	0	0	0	0	0	0	0	0	0	0	0	0	1	1
總數	29	1	4	2	1	19	2	9	1	9	2	2	8	7	15	111

由上表可見，有 111 個中古陰聲韻字在《六音字典》中讀作入聲韻。按漢語語音發展的一般規律，中古陰聲韻字發展到現代仍然是陰聲韻，但是《六音字典》則離奇地讀作入聲韻。這是超越於語音系統結構格局範圍的語音變異。追究其原因，筆者認爲很大可能性是浙江南部吴語的影響。因爲福建閩北地區所處的地理環境，與周邊接壤的則是吴方言和客贛方言。根據曹志耘《南部吴語語音研究》（商務印書館 2002）第三章“第八節 陰聲韻促化”就記載南部吴語 11 個代表點方言陰聲韻演變爲入聲韻的現象。可見，古陰聲韻字在《六音字典》裏讀作入聲韻显然是受吴语的影响，屬異方言借入的音類。

第三，明本《六音字典》有 6 個入聲韻字來自《廣韻》陽聲韻字。这似乎是超越於語音系統結構格局範圍之外的語音變異。

徐通鏘在《歷史語言學》中指出：“語言中的各層變異是促使語音系統的結構發生局部調整的機制和途徑。各種變異雖然各有自己的特點，但都服從於結構格局的調整，因而互相之間存在着或明或暗的聯繫。與結構格局的調整無關的變異在少數人的語言中也可能會産生並在狹窄的範圍内流行，但由於它與語言演變的趨向不合符節，因而隨着時間的推移或社會條件的變化也就消聲匿跡。”明本《六音字典》入聲韻基本上來源於《廣韻》入聲韻，但少數來源於陰聲韻和陽聲韻。然而，即使來源於《廣韻》入聲韻，每個字母的異源層次也是有主有次的，其區別在於屬服從語言結構格局調整的變異和與結構格局的調整無關的變異。古陰聲韻演變爲入聲韻，似乎受浙江南部吴語影響，屬異方言借入的音類。古陽聲韻演變爲入聲韻屬特殊的例外演變。

第　六　章

明本《六音字典》陰聲韻的歷史層次研究

明本《六音字典》"三十四字母"的後21個非陽聲韻字母"備結射舌有條嘹交合克百化果直出推闊乃後述古",陰聲韻配入聲韻。本章着重分析研究明本《六音字典》21個陰聲韻字母。考證時,先列某字母,次分析其中古不同來源,後舉例(聲母以[]示之;聲調以①平聲,②去聲,③平聲,④上聲,⑤入聲,⑥去聲示之;列例字),現分別考證如下。

第一節　《六音字典》陰聲韻字與《廣韻》陰聲韻字對應比較研究

《廣韻》有7個陰聲韻攝,即止攝、遇攝、蟹攝、效攝、果攝、假攝和流攝。本部分着重把《六音字典》21個陰聲韻字母與《廣韻》7個陰聲韻攝進行對應比較研究,從中窺探其歷史演變層次。

一、備字母[i]

《六音字典》備字母多數來源於《廣韻》止攝之韻、脂韻、支韻、微韻,蟹攝齊韻、祭韻諸韻,遇、假、流諸攝韻字偏少。

1.《六音字典》備字母字來源於中古止攝韻305字。其中:(1)支韻80字:[立]③離籬漓璃蠡罹鸝,⑥詈;[比]①詖,②詖箄,③碑脾,④彼,⑥被婢脾俾賁;[求]③奇踦錡騎琦岐祇芪,⑥忮伎技跂企;[氣]③攲攲崎,⑥棟;[土]①黐,⑥啻;[中]①知,②智知,③弛踟,④踶舐;[片]①被披疲,④譬;[生]⑥是;[又]②綺易,③移匜迤漪栀,⑥倚;[名]③醾縻彌弭羆,④美媄;[言]③宜儀蟻,⑥議義誼;[出]④侈,⑥豉;[向]①羲犧觿,②戲戱,⑥鑴;[向]④靡。(2)脂韻82

字：[立]①梨棃，③蜊，⑥肄利浰俐蜊；[比]②備偹痹，③枇琵，④比庇妣匕，⑥貔；[求]①幾肌，③祁耆，④幾麂，⑥冀異；[氣]②器噐棄棄；[土]⑥憹；[全]①糍，②齎至嫉，④旨指脂嵩姊，⑥軽雉摯稚；[人]③尼妮，⑥二弍貳膩；[中]②治致，③遲，④砥，⑥地；[片]①毗，⑥鼻譬；[生]②四肆，④屎死；[又]①伊，②懿，③夷姨遺，⑥驥；[名]①伓丕，③麋，⑥氼湄媚；[出]③屍屍；[向]①絺，⑥嗜耆屓；[又]③薇。(3)之韻 96 字：[立]③厘狸，④裏理鯉娌李，⑥吏；[求]①旗姬基綦箕，②記紀，③棋碁麒期，④屺，⑥忌；[氣]①蜞，③其欺，④起；[全]①鶿，②之志痣誌，③字寺，④止芷趾址；[人]④你；[生]①時塒，②試弑侍恃，③詩絲鷥蒸司，⑥食祀；[中]②值置置植，③持痔笞，④裏裡；[又]①噫醫，②意異，③胰貽詒怡頤，④以苡苢已矣；[言]①擬，③嶷疑；[出]①癡癡蚩，④恥耻齒，⑥市；[言]⑥毅；[向]①嬉禧熹熺僖熙頤，④喜憙囍嬉嬉。(4)微韻 47 字：[求]①旂機幾機譏饑磯璣鐖妃未，②既既，③祈；[氣]②氣氣炁，④豈；[片]④痱；[又]①衣依，④顗，⑥衣；[名]⑥味；[向]①俙希稀欷晞睎妃，⑥餼；[又]③微，⑥未；[向]①非霏扉菲悱飛，②未匪費，④篚斐翡，⑥未。

2.《六音字典》備字母字來源於中古蟹攝韻 98 字。其中：(1)齊韻 81 字：[立]③瓈黎藜蒢蒅，④醴禮禮，⑥麗隸荔；[比]②閉，⑥媲陛；[求]①雞鷄，②繼繼，③乩，⑥稽嵇；[氣]④啟；[中]②帝蒂締弟悌弟第蝃蝃，③緹隄題，④氐底抵邸低；[片]①砒，⑥洟；[土]④體體醍，⑥涕遞啻；[全]②齎霽濟，③齊；[生]③犀樨，⑥婿；[又]①兮，②瞖翳；[名]②米，③迷；[言]③霓麑倪輗，⑥睨詣；[出]①棲棲悽淒，③妻鸒，⑥妻；[向]①奚傒攜攜畦兮，⑥係系繫。(2)祭韻 12 字：[立]③蠣，⑥厲勵；[比]⑥敝蔽幣弊；[全]⑥毳；[言]⑥藝蓺埶；[向]⑥裔。(3)廢韻 2 字：[向]②廢肺。(4)灰韻 3 字：[出]②焠淬啛。

3.《六音字典》備字母字來源於中古遇攝魚韻。1 字：[又]④呂。

4.《六音字典》備字母字來源於中古假攝麻韻 1 字：[出]④斥。

5.《六音字典》備字母字來源於中古流攝尤韻 1 字：[比]③鰾。

具體情況請看下表：

《六音字典》備字母陰聲韻											
中古韻母	止攝				蟹攝				遇攝	假攝	流攝
	支韻	脂韻	之韻	微韻	齊韻	祭韻	廢韻	灰韻	魚韻	麻韻	尤韻
總數	80	82	96	47	81	12	2	3	1	1	1
合計 406	305				98				1	1	1

上表可見,《六音字典》406個備字母陰聲韻字來自中古5個異源層次:其一,來自止攝韻305字,占總數75.12%;該層次還包含4個小層次:之韻、脂韻、支韻、微韻,而之韻、脂韻、支韻又爲其主要層次。其二,來自蟹攝韻98字,占總數24.14%;該層次還包含4個小層次:齊韻、祭韻、灰韻、廢韻,而齊韻又爲其主要層次。劉曉南(1999)考證,故止攝支脂之微與蟹攝齊韻系以及祭廢2韻併爲一部,稱爲"支微部",反映宋代福建文士用韻情況;止攝和蟹攝在《六音字典》裏讀作備字母,這反映了宋代閩音的變異層次。其三,來自遇攝韻1字,占總數0.25%;其四,來自假攝韻1字,占總數0.25%;其五,來自流攝韻1字,占總數0.25%。遇、假、流諸攝少數韻字讀作備字母,則是與結構格局的調整無關的變異。

二、結字母[iɛ]

《六音字典》結字母多數來源於《廣韻》止攝支韻、假攝麻韻、蟹攝祭韻、齊韻諸韻,其餘韻字偏少。

1.《六音字典》結字母字來源於中古止攝韻21字。其中:(1)支韻19字:[立]①籬籬離;[比]⑥避;[求]⑥椅;[中]③池篪箎;[片]①鵧;[全]①匙,③支吱枝卮梔;[生]③施施;[又]④椅,⑥易。(2)脂韻1字:[片]①枇。(3)之韻1字:[全]③芝。

2.《六音字典》結字母字來源於中古蟹攝韻18字。其中:(1)齊韻9字:[立]⑥劙離;[求]②計;[氣]②契;[中]⑥弟;[片]①批鈚;[土]①啼,②剃。(2)祭韻9字:[立]⑥例;[全]②祭際制製掣;[生]②世吿勢。

3.《六音字典》結字母字來源於中古假攝麻韻9字:[中]①爺爹;[全]②炙;[生]①些,②貰;[又]③爺爺;[出]④扭扯。

具體情況請看下表:

《六音字典》結字母陰聲韻						
中古韻母	止攝			蟹攝		假攝
	支韻	脂韻	之韻	齊韻	祭韻	麻韻
總數	19	1	1	9	9	9
合計48	21			18		9

上表可見,《六音字典》48個結字母陰聲韻字來自中古3個異源層次:其一,來自止攝韻21字,占總數43.75%;該層次還包含3個小層次:支韻、脂韻、

之韻,而支韻又爲其主要層次。其二,來自蟹攝韻 18 字,占總數 37.50%;該層次還包含 2 個小層次:齊韻和祭韻。其三,來自假攝韻 9 字,占總數 18.75%。劉曉南(1999)考證,故止攝支脂之微與蟹攝齊韻系以及祭廢 2 韻併爲一部,稱爲"支微部",反映宋代福建文士用韻情況;止攝和假攝韻字在《六音字典》裏讀作結字母,反映了宋代閩音的變異層次。蟹攝麻韻三等字也讀作結字母,這是明代閩北政和方音的變異。

三、射字母[ia]

《六音字典》射字母多數來源於《廣韻》假攝麻韻,果、止、蟹、遇、流、效諸攝韻字偏少。

1.《六音字典》射字母字來源於中古假攝麻韻 37 字:[求]②杈;[全]①遮罝嗟嗟,②樜蔗柘,③邪,④姐,⑥鷓;[生]②射卸瀉舍赦,③蛇,④寫舍捨,⑥謝澍榭社麝;[又]①耶鎁鋣,④野;[出]①賒奢撦車,④扯扭且;[向]③埠。

2.《六音字典》射字母字來源於中古果攝韻 4 字。其中:(1)歌韻 2 字:[全]①蹉嵯。(2)戈韻 2 字:[求]③迦伽。

3.《六音字典》射字母字來源於中古止攝支韻 1 字:[氣]③枝。

4.《六音字典》射字母字來源於中古蟹攝佳韻 1 字:[求]②芰。

5.《六音字典》射字母字來源於中古遇攝魚韻 1 字:[又]③餘。

6.《六音字典》射字母字來源於中古流攝尤韻 1 字:[氣]⑥皺。

7.《六音字典》射字母字來源於中古效攝蕭韻 1 字:[求]②了。

具體情況請看下表:

《六音字典》射字母陰聲韻								
中古韻母	假攝	果攝		止攝	蟹攝	遇攝	流攝	效攝
	麻韻	歌韻	戈韻	支韻	佳韻	魚韻	尤韻	蕭韻
總數	37	2	2	1	1	1	1	1
合計 46	37	4		1	1	1	1	1

上表可見,《六音字典》46 個射字母陰聲韻字來自中古 7 個異源層次:其一,來自假攝麻韻 37 字,占總數 80.43%,爲主要層次。劉曉南(1999)考證,故假攝麻韻獨立基本成立,稱之爲"麻車部",反映宋代福建文士用韻情況;假攝字在《六音字典》裏讀作射字母,反映宋代閩音的變異層次。其二,來自果攝韻 4 字,占總數 8.70%;其三,來自止攝韻 1 字,占總數 2.17%;其四,來自蟹

攝韻 1 字，占總數 2.17%；其五，來自遇攝韻 1 字，占總數 2.17%；其六，來自流攝韻 1 字，占總數 2.17%；其七，來自效攝韻 1 字，占總數 2.17%。果、止、蟹、遇、流、效諸攝少數韻字讀作射字母，則是反映明代閩北政和方音的變異。

四、舌字母[yɛ]

《六音字典》舌字母多數來源於《廣韻》蟹攝祭韻和止攝支韻，效、果諸攝韻字偏少。

1.《六音字典》舌字母字來源於中古蟹攝韻 14 字。其中：(1)齊韻 2 字：[全]②虀薺。(2)祭韻 7 字：[全]②漈；[生]②稅；[出]②脃脆；[向]①歲嵗，②鱖。(3)廢韻 1 字：[言]⑥艾。(4)夬韻 1 字：[氣]①快。(5)哈韻 1 字：[氣]③開。(6)泰韻 2 字：[言]⑥外；[向]②薈。

2.《六音字典》舌字母字來源於中古止攝韻 12 字。其中：(1)支韻 9 字：[求]②寄；[全]④紙帋；[生]④膸髓徙；[出]①炊吹；[向]②趐。(2)脂韻 1 字：[求]②飢。(3)微韻 2 字：[求]②饑；[言]⑥魏。

3.《六音字典》舌字母字來源於中古效攝韻 3 字。其中：(1)宵韻 1 字：[求]⑥敲；(2)豪韻 2 字：[氣]①早蚤。

4.《六音字典》舌字母字來源於中古果攝韻 2 字。歌韻 2 字：[又]①蛇；[言]①鵝。

具體情況請看下表：

《六音字典》舌字母陰聲韻												
中古韻母	蟹攝						止攝			效攝		果攝
	齊韻	祭韻	廢韻	夬韻	哈韻	泰韻	支韻	脂韻	微韻	宵韻	豪韻	歌韻
總數	2	7	1	1	1	2	9	1	2	1	2	2
合計 31	14						12			3		2

上表可見，《六音字典》31 個舌字母陰聲韻字來自中古 4 個異源層次：其一，來自蟹攝韻 14 字，占總數 45.16%；該層次還包含 6 個小層次：祭韻、齊韻、泰韻、廢韻、夬韻、哈韻，而祭韻又爲其主要層次。其二，來自止攝韻 12 字，占總數 38.71%；該層次還包含 3 個小層次：支韻、脂韻、微韻，而支韻又爲其主要層次。劉曉南(1999)考證，故止攝支脂之微與蟹攝齊韻系以及祭廢 2 韻併爲一部，稱爲“支微部”，反映宋代福建文士用韻情況；蟹攝(除夬、哈、泰 4 個韻字外)和止攝在《六音字典》裏讀作舌字母，反映宋代閩音的變異層次。其三，

來自效攝韻 3 字，占總數 9.68%；其四，來自果攝韻 2 字，占總數 6.45%。蟹攝夬、咍、泰 4 個韻字及效、果諸攝少數韻字，則是反映明代閩北政和方音的變異。

五、有字母[iu]

《六音字典》有字母多數來源於《廣韻》流攝尤韻、幽韻，遇、效、蟹諸攝韻字偏少。

1.《六音字典》有字母字來源於中古流攝韻 182 字：(1)尤韻 165 字：[立]①榴流，③磂硫瑠琉留慴劉劉，④柳柳鰡，⑥溜霤；[求]①鳩，②究救灸，③求裘毬怺，④九玖久乆，⑥舊舊舅；[氣]①邱坵丘北蚯，⑥咎臼柩；[中]①綢紬裯，②晝伷胄宙紂籀，③儔疇躊；[土]①籌抽，③篘醜；[全]①周週賙惆舟州洲，②咒呪，③啁，④酒，⑥就鷲；[人]①牛瘤膪，④鈕紐杻扭；[生]①羞，②秀莠繡繡狩獸，③修收収蒐，④首手守箒帚，⑥受授綬妯岫袖冑壽壽哥壽；[又]①油憂優攸悠麀，②又酉，③由繇猶酋猷泅卣蝣蝤遊迂遊尤汙友郵柔，④有，⑥侑宥囿右祐佑釉柚誘螃牖；[出]①秋烋湫啾鶖秋鰍蝵鰌，③囚讐仇售酬酧疇，④肘醜魗；[向]①休烋庥貅猍，④韮韭朽。(2)幽韻 17 字：[比]③彪滮淲驫驫；[求]①丩杉樛，②赳，③虯虬；[中]③丟；[又]①呦幽，②幼；[名]①繆，⑥謬。

2.《六音字典》有字母字來源於中古遇攝虞韻 2 字：[土]⑥柱；[出]⑥樹。

3.《六音字典》有字母字來源於中古效攝豪韻 1 字：[又]②蒞。

4.《六音字典》有字母字來源於中古蟹攝祭韻 1 字：[生]⑥袂。

具體情況請看下表：

《六音字典》有字母陰聲韻					
中古韻母	流攝		遇攝	效攝	蟹攝
	尤韻	幽韻	虞韻	豪韻	祭韻
總數	165	17	2	1	1
合計 186	182		2	1	1

上表可見，《六音字典》186 個有字母陰聲韻字來自中古 4 個異源層次：其一，來自流攝韻 182 字，97.85%；該層次還包含 2 個小層次：尤韻、幽韻，而尤韻又爲其主要層次。《廣韻》流攝尤侯幽 3 音系是同用的，反映了中古音的層次。其二，來自遇攝韻 2 字，1.08%；其三，來自效攝韻 1 字，0.54%；其四，來自蟹攝韻 1 字，0.54%。遇、效、蟹諸攝少數韻字，則是反映明代閩北政和方音的變異。

六、條字母[iɔ]

《六音字典》條字母多數來源於《廣韻》效攝宵韻、蕭韻，止、流、遇、假諸攝韻字偏少。

1.《六音字典》條字母字來源於中古效攝韻 182 字。其中：(1)蕭韻 53 字：[立]④了憭瞭，⑥鐐料窈；[求]③苕，④繳曒皦皎皎，⑥叫噭藠；[氣]②竅，⑥鼽；[中]①調凋雕條刁刐刟迢，②弔吊釣瘹；[土]②糶，③祧恌，⑥窕佻銚眺趒跳；[人]①澆磽嬈，③堯，④鳥蔦嫋，⑥尿；[生]①蕭瀟簫；[名]②杳；[向]①梟儌，④曉。(2)宵韻 118 字：[立]⑥繚燎；[比]②俵，③標驫猋杓，④表婊裱殍莩；[求]①橋，②嶠；[求]③僑驕嬌憍撟喬翹，④矯，⑥蕎簥轎；[氣]⑥蹻鷮；[中]①朝，②肇兆；[片]①藻瓢漂飄旚，④嫖票；[土]①超，⑥兆；[全]①昭招憔顦蕉鷦魋，②照炤醮，③焦噍燋樵釗椒；[人]③蕘，④繞遶；[生]①宵霄焇消逍，②少笑咲肖鞘，③硝蛸，④小少；[又]①韶劭洮姚搖飖喓窯遙謠瑤，②沼邵紹詔要，③夭要腰喓妖殀邀，④擾，⑥耀燿曜矅鷂要；[名]①苗描，②淼渺緲眇杪藐，⑥廟廟妙；[出]③燒，④悄，⑥峭誚；[向]①囂。(3)肴韻 7 字：[比]③麃；[求]⑥較；[中]①嘲；[人]①墝鐃；[向]①灱烋。(4)豪韻 4 字：[立]⑥橑橑；[中]①錭；[土]①挑。

2.《六音字典》條字母字來源於中古止攝韻 5 字。其中：(1)支韻 1 字：[生]⑥翅。(2)脂韻 3 字：[求]②伊；[人]⑥屎；[生]⑥羨。(3)之韻 1 字：[人]②你。

3.《六音字典》條字母字來源於中古流攝韻 4 字。其中：(1)尤韻 2 字：[立]⑥廖；[向]②救。(2)幽韻 2 字：[比]③彪；[向]①烋。

4.《六音字典》條字母字來源於中古遇攝韻 2 字。其中：(1)魚韻 1 字：[求]②渠。(2)模韻 1 字：[出]②厝。

5.《六音字典》條字母字來源於中古假攝麻韻 1 字：[求]①茄。

具體情況請看下表：

《六音字典》條字母陰聲韻												
中古韻母	效攝				止攝			流攝		遇攝		假攝
	蕭韻	宵韻	肴韻	豪韻	支韻	脂韻	之韻	尤韻	幽韻	魚韻	模韻	麻韻
總數	53	118	7	4	1	3	1	2	2	1	1	1
合計 194	182				5			4		2		1

上表可見,《六音字典》194 個條字母陰聲韻字來自中古 5 個異源層次:其一,來自效攝韻 182 字,占總數 93.81%;該層次還包含 4 個小層次:宵韻、蕭韻、肴韻和豪韻,而宵韻、蕭韻又爲其主要層次。《廣韻》蕭宵同用,肴獨用,豪獨用;劉曉南(1999)考證,效攝 4 韻系應當合爲"蕭豪部",反映宋代福建文士用韻情況;效攝韻字在《六音字典》裏讀作條字母,反映了宋代閩音的變異層次。其二,來自止攝韻 5 字,占總數 2.58%;其三,來自流攝韻 4 字,占總數 2.06%;其四,來自遇攝韻 2 字,占總數 1.03%;其五,假攝韻 1 字,占總數 0.52%。止、流、遇、假諸攝少數韻字讀作條字母,則是反映明代政和方音的變異。

七、嘹字母[iau]

《六音字典》嘹字母字來源於中古效攝韻 15 字:(1)蕭韻 12 字:[立]③鷯獠僚遼寮嘹廖寥聊,④了,(六)窈。[土]⑥窕。(2)宵韻 2 字:[立]③燎膠。(3)豪韻 1 字:[立]③嘞。

由上可見,《六音字典》嘹字母字太少,只有 15 字,並且都集中在效攝裏,四等蕭韻 12 字,占總數 80%;三等韻宵韻 2 字,占總數 13.33%;一等韻豪韻 1 字,只占總數 6.67%。據劉曉南(1999)考證,效攝 4 韻系歸併爲"蕭豪部",反映了宋代閩音的變異。

八、交字母[au]

《六音字典》交字母多數來源於《廣韻》效攝豪韻、肴韻,蟹、流、果諸攝韻字偏少。

1.《六音字典》交字母字來源於中古效攝韻 168 字。其中:(1)蕭韻 4 字:[立]①瞭,②了;[中]③跳;[生]④嘯。(2)宵韻 2 字:[生]④少;[言]③嚻。(3)肴韻 80 字:[比]②豹趵,③包胞,④飽;[求]①交校蛟鮫挍郊膠,②咬較嗃敿酵教,④攪姣佼絞狡;[氣]③跤骹,④巧;[片]②炮礮爆炰,③庖跑匏爮苞拋,⑥枹颮泡;[全]③巢,④找爪笊,⑥罩;[人]③鐃,④硇,⑥鬧;[生]②哨,③筲艄莦捎,④稍;[名]②卯夘昴,③茅茆,⑥貌;[言]①爻咆虓,③肴餚殽淆嗷,⑥樂;[出]②耖,③抄鈔勦,④炒爒謅;[向]②孝哮,⑥效校効。(4)豪韻 82 字:[立]②嫪,③勞憥,④栳,⑥橯髝;[比]②暴虣,③褒袍。[求]①皋醪,④栲杲稿槀槁縞犒鎬;[氣]②靠,③尻,④考丂;[中]②道導盜,③韜逃淘陶濤,⑥稻;[片]②砲瀑,⑥抱;[土]①滔韜慆叨禱;[全]①遭,④搔悼,⑥竈灶;[人]④懊碯惱腦;[生]③艘,④掃埽;[又]②奥;[名]③旄毦,⑥冒耄;[言]③敖鰲鼇遨翱,⑥傲慠咾;[出]②操躁懆藻慥造噪;[向]①昊昦,②好,③豪毫,⑥浩晧皓鎬。

2.《六音字典》交字母字來源於中古蟹攝佳韻2字:[出]①柴砦。

3.《六音字典》交字母字來源於中古流攝尤韻2字:[名]③矛蝥。

4.《六音字典》交字母字來源於中古果攝歌韻1字:[生]②邏。

具體情況請看下表:

《六音字典》交字母陰聲韻							
中古韻母	效攝				蟹攝	流攝	果攝
	蕭韻	宵韻	肴韻	豪韻	佳韻	尤韻	歌韻
總數	4	2	80	82	2	2	1
合計173	168				2	2	1

上表可見,《六音字典》173個交字母陰聲韻字來自中古4個異源層次:其一,來自效攝韻168字,占總數97.11%;該層次還包含4個小層次:豪韻、肴韻、蕭韻和宵韻,而一等韻豪韻、二等韻肴韻又爲其主要層次。其二,來自蟹攝韻2字,占總數1.16%;其三,來自流攝韻2字,占總數1.16%;其四,來自果攝韻1字,占總數0.58%。據劉曉南(1999)考證,效攝4韻系歸併爲"蕭豪部",反映了宋代福建文士用韻情況;效攝韻字在《六音字典》裏讀作交字母,反映宋代閩音的變異層次。蟹、流、果諸攝少數韻字讀作交字母,則是明代閩北政和方音的變異。

九、合字母[ɔ]

《六音字典》合字母多數來源於《廣韻》果攝歌韻、戈韻,效攝豪韻,遇、止、蟹、流、假諸攝韻字偏少。

1.《六音字典》合字母字來源於中古果攝韻97字。其中:(1)歌韻58字:[立]①囉蘿鑼欏,③囉;[求]②蚵魺;[求]③歌哥箇;[氣]①柯軻苛炣,④可哿;[中]①多,③駝佗它跎陀馱;[全]②佐,④左;[人]③那挪儺;[又]①荷阿娿,⑥荷;[言]③娥哦誐俄蛾峨莪鵝譌,④我,⑥餓;[出]①瑳磋搓;[向]①呵訶呵啊,②歞盒秏秏,③河何,④啊,⑥賀。(2)戈韻39字:[立]①邏;[比]①婆坡菠玻鄱皤,⑥播;[中]③沱跎墮,⑥剁;[片]①波,②破;[土]①妥;[全]②坐座矬;[人]①挼,③娜,⑥糯;[生]①唆,③梭鮻,④鎖鏁鎻;[名]③魔磨摩,④妐,⑥磨;[言]③吪訛譌囮,⑥臥;[出]⑥剉銼。

2.《六音字典》合字母字來源於中古效攝韻75字。其中:(1)豪韻75字:

[立]①潦痨嘮牢浶,④老,⑥栳;[比]①褒,②報報,③保葆袍,④賨寶;[求]②告誥膏,③高膏篙羔糕餻;[中]①刀,②到,③萄,④倒,⑥搗擣;[土]①桃,②套,③幍,④討;[全]①槽鏪,②竈灶,③曹早蚤慅,④棗棗;[人]④懊腝腦惱瑙碯;[生]②燥噪譟喿,③艘,④嫂;[又]④襖;[名]①毛,⑥帽;[言]①熬厫,⑥鏊;[出]②繰繅澡糙,③臊鱢,④草艸;[向]④好,⑥號號灝晧。

3.《六音字典》合字母字來源於中古遇攝韻 7 字。其中:(1)虞韻 1 字:[名]①無。(2)模韻 4 字:[出]②錯;[立]②酪賂;[比]①餺。(3)魚韻 2 字:[氣]②去,③呿。

4.《六音字典》合字母字來源於中古止攝韻 4 字。其中:(1)支韻 2 字:[又]①猗漪。(2)脂韻 2 字:[名]①黴;[又]③唯。

5.《六音字典》合字母字來源於中古蟹攝韻 2 字。其中:(1)灰韻 1 字:[人]①挼。(2)佳韻 1 字:[氣]①咼。

6.《六音字典》合字母字來源於中古流攝侯韻 2 字:[中]⑥噣;[片]③吥。

7.《六音字典》合字母字來源於中古假攝麻韻 1 字:[出]②鎈。

具體情況請看下表:

《六音字典》合字母陰聲韻												
中古韻母	果攝		效攝	遇攝			止攝		蟹攝		流攝	假攝
	歌韻	戈韻	豪韻	虞韻	模韻	魚韻	支韻	脂韻	灰韻	佳韻	侯韻	麻韻
總數	58	39	75	1	4	2	2	2	1	1	2	1
合計 188	97		75	7			4		2		2	1

上表可見,《六音字典》188 個合字母陰聲韻字來自中古 7 個異源層次:其一,來自果攝韻 97 字,占總數 51.60%;該層次還包含 2 個小層次:歌韻和戈韻,均爲其主要層次。其二,來自效攝豪韻 75 字,占總數 39.89%;亦爲其主要層次。《廣韻》果攝歌戈同用,效攝豪韻獨用。以上兩個層次均爲中古音,然而據劉曉南(1999)考證,宋代福建文士用韻特點之一是"歌豪通押",因此果攝和豪韻在《六音字典》裏均讀作合字母,應是反映宋代閩音的變異層次。其三,來自遇攝韻 7 字,占總數 3.72%;其四,來自止攝韻 4 字,占總數 2.13%;其五,來自蟹攝韻 2 字,占總數 1.06%;其六,來自流攝韻 2 字,占總數 1.06%;其七,來自假攝韻 1 字,占總數 0.53%。遇、止、蟹、流、假諸攝少數韻字讀作合字母,則是明代閩北政和方音的變異。

十、克字母[ɛ]

《六音字典》克字母字來源於中古止攝、蟹攝韻字居多，假攝、遇攝韻字較少。

1.《六音字典》克字母字來源於中古止攝韻7字。其中：(1)支韻1字：[名]①咩。(2)脂韻4字：[名]①眉嵋帷，④彪。(3)之韻2字：[全]④仔；[生]⑥李。

2.《六音字典》克字母字來源於中古蟹攝韻5字。其中：(1)齊韻2字：[全]①臍；[人]⑥濘。(2)祭韻1字：[人]⑥滯。(3)咍韻1字：[人]⑥能。(4)佳韻1字：[名]①嚜。

3.《六音字典》克字母字來源於中古假攝韻2字。(1)麻韻2字：[人]①若；[名]①乜。

4.《六音字典》克字母字來源於中古遇攝韻1字。(1)魚韻1字：[人]①如。

具體情況請看下表：

《六音字典》克字母陰聲韻									
中古韻母	止攝			蟹攝				假攝	遇攝
	支韻	脂韻	之韻	齊韻	祭韻	咍韻	佳韻	麻韻	魚韻
總數	1	4	2	2	1	1	1	2	1
合計15	7			5				2	1

上表可見，《六音字典》15個克字母陰聲韻字來自中古4個異源層次：其一，來自止攝韻7字，占總數46.67％；其二，來自蟹攝韻5字，占總數33.33％；其三，來自假攝韻2字，占總數13.33％；其四，來自遇攝韻1字，占總數6.67％。克字母主要來源於中古音止攝、蟹攝三、四等韻字，這反映了宋代閩音的變異層次。假攝、遇攝少數韻字讀作克字母，則是與結構格局的調整無關的變異。

十一、百字母[a]

《六音字典》百字母字來源於中古假攝麻韻字，其餘果、蟹、止、效、遇、流諸攝韻字較少。

1.《六音字典》百字母字來源於中古假攝麻韻96字：[立]①詫；[比]①巴芭疤笆爬，②霸炬，③琶杷，④把靶杷，⑥耙；[中]①茶，③爺；[求]①跏，②賈價嫁稼椵駕枷斝斚,③家嘉加枷笳袈假檟岔;[片]②怕帕杷,③吧奅;[全]②詐榨醡,③查乍;[人]②拏拿;[生]③紗杪砂沙鈔裟;[又]①鵶掗,④啞瘂婭亞;[名]③蟇蟆,④馬瑪碼鰢,⑥罵;[言]①牙芽砑,④雅,⑥砑訝嗟迓;[出]①差吒,②鮓;[向]①蝦蝦霞瑕騢瘕遐颬葭蕸,②下苄,③夏廈,⑥下暇呀。

2.《六音字典》百字母字來源於中古果攝韻 8 字。其中:(1)歌韻 7 字:[土]①他;[全]②作;[人]④那;[生]③娑;[又]①阿;[出]①嵯,②蛇。(2)戈韻 1 字:[名]③嬤。

3.《六音字典》百字母字來源於中古蟹攝韻 8 字。其中:(1)齊韻 1 字:[又]⑥娩。(2)佳韻 4 字:[求]③佳;[言]③蕥;[出]①扠叉。(3)咍韻 2 字:[氣]①咳,⑥喀。(4)泰韻 1 字:[中]⑥跢。

4.《六音字典》百字母字來源於中古止攝韻 3 字。其中:(1)支韻 1 字:[又]①哫。(2)脂韻 1 字:[中]④追。(3)微韻 1 字:[求]①豈。

5.《六音字典》百字母字來源於中古效攝韻 4 字。其中:(1)蕭韻 1 字:[又]①了。(2)肴韻 2 字:[言]②樂,④樂。(3)豪韻 1 字:[中]⑥蹈。

6.《六音字典》百字母字來源於中古遇攝韻 5 字。其中:(1)模韻 3 字:[全]②胙阼;[名]④媽。(2)魚韻 2 字:[言]①衙,⑥禦。

7.《六音字典》百字母字來源於中古流攝侯韻 3 字:[名]①牳拇姆。

具體情況請看下表:

《六音字典》百字母陰聲韻															
中古韻母	假攝	果攝		蟹攝				止攝			效攝			遇攝		流攝
	麻韻	歌韻	戈韻	齊韻	佳韻	咍韻	泰韻	支韻	脂韻	微韻	蕭韻	肴韻	豪韻	模韻	魚韻	侯韻
總數	96	7	1	1	4	2	1	1	1	1	1	2	1	3	2	3
合計 127	96	8		8				3			4			5		3

上表可見,《六音字典》127 個百字母陰聲韻字來自中古 7 個異源層次:其一,來自假攝韻 96 字,占總數 75.59%,大多爲麻韻三等字,爲主要層次,反映中古音層次。其二,來自果攝韻 8 字,占總數 6.30%;其三,來自蟹攝韻 8 字,占總數 6.30%;其四,來自止攝韻 3 字,占總數 2.36%;其五,來自效攝韻 4 字,占總數 3.15%;其六,來自遇攝韻 5 字,占總數 3.94%;其七,來自流攝韻 3 字,占總數 2.36%。果、蟹、止、效、遇、流諸攝少數韻字,則是反映明代閩北政和方音的變異層次。

十二、化字母[ua]

《六音字典》化字母主要來源於中古假攝麻韻字、蟹攝佳韻字，遇、止、流諸攝韻字偏少。

1.《六音字典》化字母字來源於中古假攝麻韻 20 字：[求]①瓜，④撾寡；[氣]①誇誇姱跨胯；[全]③摣；[又]③撾嘩譁華蕐驊；[向]②瓦化，③花華苍。

2.《六音字典》化字母字來源於中古蟹攝韻 11 字。其中：(1)齊韻 1 字：[求]②罫。(2)佳韻 8 字：[求]②卦掛袿；[又]①蛙哇咼；[向]②畫畵。(3)夬韻 2 字：[又]⑥話嚓。

3.《六音字典》化字母字來源於中古遇攝韻 4 字。模韻 4 字：[求]①柧觚；[全]③五；[又]①呱。

4.《六音字典》化字母字來源於中古止攝韻 1 字。脂韻 1 字：[全]③指。

5.《六音字典》化字母字來源於中古流攝韻 1 字。侯韻 1 字：[全]③取。

具體情況請看下表：

《六音字典》化字母陰聲韻							
中古韻母	假攝	蟹攝			遇攝	止攝	流攝
	麻韻	齊韻	佳韻	夬韻	模韻	脂韻	侯韻
總數	20	1	8	2	4	1	1
合計 37	20	11			4	1	1

上表可見，《六音字典》37 個化字母陰聲韻字來自中古 5 個異源層次：其一，來自假攝韻 20 字，占總數 54.05％；大多爲麻韻二等字，反映了中古音。其二，來自蟹攝韻 11 字，占總數 29.73％；該層次還包含 3 個小層次：佳韻、夬韻和齊韻，多數爲二等韻字。劉曉南(1999)考證，宋代福建文士麻車部與蟹攝佳卦夬三韻 5 字押入達 117 個韻段，説明佳卦夬韻在分化，若干字正在轉入麻韻。因此蟹攝韻字在《六音字典》裏讀作化字母，反映了宋代閩音的變異。其三，來自遇攝韻 4 字，占總數 10.81％；其四，來自止攝韻 1 字，占總數 2.70％；其五，來自流攝韻 1 字，占總數 2.70％。遇、止、流諸攝少數韻字，則是反映了明代閩北政和方音的變異。

十三、果字母[o]

《六音字典》果字母主要來源於中古果攝戈韻字，其他遇、止、蟹、效、假諸攝韻字偏少。

1.《六音字典》果字母字來源於中古果攝韻 28 字。戈韻 28 字：[比]⑥縛；[求]①過，②過过，④果菓；[氣]②課裸顆，③科戈窠堝；[又]①窩渦鍋蝸，③和踒，④夥伙，⑥和；[向]②貨，③靴和踒，⑥禍祸。

2.《六音字典》果字母字來源於中古遇攝韻 6 字。其中：(1)虞韻 2 字：[氣]③驅；[又]①窶。(2)模韻 4 字：[比]②布，③補；[名]②摹，⑥墓。

3.《六音字典》果字母字來源於中古止攝支韻 1 字：[又]①唼。

4.《六音字典》果字母字來源於中古蟹攝佳韻 1 字：[又]①媧。

5.《六音字典》果字母字來源於中古效攝豪韻 1 字：[片]⑥曝。

6.《六音字典》果字母字來源於中古假攝麻韻 1 字：[向]②撾。

具體情況請看下表：

《六音字典》果字母陰聲韻							
中古韻母	果攝	遇攝		止攝	蟹攝	效攝	假攝
	戈韻	虞韻	模韻	支韻	佳韻	豪韻	麻韻
總數	28	2	4	1	1	1	1
合計 38	28	6		1	1	1	1

上表可見，《六音字典》38 個果字母陰聲韻字來自中古 6 個異源層次：其一，來自果攝戈韻 28 字，占總數 73.68％；戈韻系從陸法言《切韻》歌韻韻系分化出來是孫愐《唐韻》天寶本，該層次所反映的應是唐天寶以後的語音。其二，來自遇攝韻 6 字，占總數 15.79％；其三，來自止攝韻 1 字，占總數 2.63％；其四，來自蟹攝韻 1 字，占總數 2.63％；其五，來自效攝韻 1 字，占總數 2.63％；其六，來自假攝韻 1 字，占總數 2.63％。遇、止、蟹、效、假諸攝少數韻字讀作果字母，則是明代政和方音的變異。

十四、直字母[E]

《六音字典》直字母字來源於中古蟹攝咍韻，效攝、止攝、果攝次之。

1.《六音字典》直字母字來源於中古蟹攝韻 7 字。其中：(1)咍韻 6 字：[立]①來；[中]③戴；[全]②載，③栽，④簭；[出]②菜。(2)泰韻 1 字：[向]⑥嗐。

2.《六音字典》直字母字來源於中古效攝豪韻 3 字：[出]③繰繅澡。

3.《六音字典》直字母字來源於中古止攝之韻 2 字：[全]④子；[生]④使。

4.《六音字典》直字母字來源於中古果攝歌韻 2 字：[出]③磋搓。

具體情況請看下表：

《六音字典》直字母陰聲韻					
中古韻母	蟹攝		效攝	止攝	果攝
	咍韻	泰韻	豪韻	之韻	歌韻
總數	6	1	3	2	2
合計 14	7		3	2	2

上表可見,《六音字典》14 個直字母陰聲韻字來自中古 4 個異源層次:其一,來自蟹攝韻 7 字,占總數 50.00%;該層次還包含 2 個小層次:咍韻和泰韻,而咍韻又爲其主要層次。其二,來自效攝韻 3 字,占總數 21.43%;其三,來自止攝韻 2 字,占總數 14.29%;其四,來自果攝韻 2 字,占總數 14.29%。直字母韻字少,除了之韻外均爲一等韻字,所反映的應是明代閩北政和方音的變異。

十五、出字母[ui]

《六音字典》出字母源於中古止攝韻字最多,蟹攝韻字次之,其他遇、流、果諸攝韻字只占少數。

1.《六音字典》出字母字來源於中古止攝韻 115 字。其中:(1)支韻 32 字:[立]④蘂,⑥累;[求]①規,③跪,④詭;[氣]①闚窺,③虧;[中]⑥硾磓膇縋;[土]①錘,⑥膇累;[全]③垂埀隨隋,④嘴觜;[生]⑥瑞睡;[又]⑥爲;[言]③危,⑥僞;[向]①麾撝,③爲爲,④毀譭。(2)脂韻 52 字:[立]④蕊橤蕋甤蕤藟壘縲,⑥類涙淚;[求]①逵,②癸季,③葵,④宄晷,⑥匱櫃;[氣]②揆,⑥鐀;[中]③追,⑥磓;[片]②屁;[全]③錐椎隹醉,⑥遂墜檖璲悴瘁粹萃燧邃;[生]①雖,③誰,④水;[又]①帷,⑥位遺;[名]④美媄渼;[出]②翠;[向]①唯,③惟維,⑥穗。(3)微韻 31 字:[立]⑥彙;[比]①肥痱;[求]①歸歸皈,②貴季,④鬼;[又]①韋暐幃圍闈,②諱畏,③威煒違偉湋,⑥胃渭謂;[言]③巍;[向]①輝暉翬煇揮,③沸。

2.《六音字典》出字母字來源於中古蟹攝韻 42 字。其中:(1)齊韻 9 字:[求]①圭閨邽珪,②桂,③桂;[向]⑥惠蕙憓。(2)祭韻 11 字:[立]⑥睿叡;[全]⑥贅;[生]②歳嵗㞙,⑥帨;[又]⑥衛衞;[向]⑥彗篲。(3)廢韻 1 字:[比]③吠。(4)皆韻 1 字:[氣]⑥簣。(5)灰韻 17 字:[立]④餧餒,⑥耒;[求]④傀;[氣]⑥憒;[中]③搥,⑥硾;[土]①槌鎚,③頽頹;[全]③嶉,⑥隊;[人]④餒;

[言]③桅嵬;[向]①虺。(6)泰韻 3 字:[立]⑥酹;[全]②最;[生]⑥銳。

3.《六音字典》出字母字來源於中古遇攝韻 6 字。其中:(1)魚韻 2 字:[立]③侶;[氣]④豬。(2)虞韻 4 字:[立]④屢屢寠;[又]⑥窳。

4.《六音字典》出字母字來源於中古流攝韻 6 字。其中:(1)尤韻 5 字:[求]①龜亀龜馗;[向]④朽。(2)侯韻 1 字:[出]①口。

5.《六音字典》出字母字來源於中古果攝韻 1 字。戈韻 1 字:[立]⑥惢。

具體情況請看下表:

《六音字典》出字母陰聲韻														
中古韻母	止攝			蟹攝							遇攝		流攝		果攝
	支韻	脂韻	微韻	齊韻	祭韻	廢韻	皆韻	灰韻	泰韻	魚韻	虞韻	尤韻	侯韻	戈韻
總數	32	52	31	9	11	1	1	17	3	2	4	5	1	1
合計 170	115			42						6		6		1

上表可見,《六音字典》170 個出字母陰聲韻字來自中古 5 個異源層次:其一,來自止攝韻 115 字,占總數 67.65%;該層次還包含 3 個小層次:脂韻、支韻、微韻,而脂韻、支韻、微韻爲其主要層次。其二,來自蟹攝韻 42 字,占總數 24.71%;該層次還包含 6 個小層次:灰韻、祭韻、齊韻、泰韻、廢韻、皆韻,而灰韻又爲其主要層次。劉曉南(1999)考證,止攝支脂之微與蟹攝齊韻系以及祭廢 2 韻併爲一部,稱爲"支微部",反映宋代福建文士用韻情況;止攝和蟹攝(除皆灰泰外)在《六音字典》裏讀作備字母,這反映了宋代閩音的變異層次。其三,來自遇攝韻 6 字,占總數 3.53%;其四,來自流攝韻 6 字,占總數 3.53%;其五,來自果攝韻 1 字,占總數 0.59%。蟹攝皆灰泰三韻和遇、流、果諸攝少數韻字讀作出字母,則是反映明代閩北政和方音的變異。

十六、推字母[uɛ]

《六音字典》推字母字來源於中古蟹攝灰韻,止攝字次之,其他果、流、效諸攝韻字只占少數。

1.《六音字典》推字母字來源於中古蟹攝韻 80 字。其中:(1)灰韻 60 字:[求]⑥傀;[氣]①魁盔悝,②隗殨;[中]②對對碓,③堆磓;[片]②配佩珮,③坯;[土]①退,②退,④腿;[全]②罪辠晬;[人]⑥內;[生]①雷,③蓑縗;[又]⑥磈猥隈;[名]①梅坆莓媒煤湈枚,④每,⑥昧妹;[出]②碎,③摧催崔漼;[向]①灰恢詼虺,②誨悔晦賄,③回囘囬迴徊佪週茴洄。(2)咍韻 7 字:[中]⑥袋岱;

[土]①炲;[全]③裁;[生]②賽;[向]①硋;[向]⑥劾。(3)泰韻 7 字:[求]②薈;[氣]②膾繪;[中]②兑,⑥兑;[向]⑥會会。(4)皆韻 2 字:[氣]②塊;[片]③壞。(5)祭韻 2 字:[生]②帥;[向]②喙。(6)齊韻 2 字:[氣]①奎;[土]③梯。

2.《六音字典》推字母字來源於中古止攝韻 17 字。其中:(1)支韻 3 字:[片]①皮,⑥被;[名]①糜。(2)脂韻 10 字:[氣]②愧媿饋;[生]②率,③衰;[名]①黴莓,⑥寐魅彪。(3)之韻 1 字:[向]④裹。(4)微韻 3 字:[名]④尾亹;[向]①徽。

3.《六音字典》推字母字來源於中古果攝戈韻 5 字:[求]④粿;[土]②蜕;[生]①螺;[又]①禾;[向]④火。

4.《六音字典》推字母字來源於中古流攝韻 2 字。其中:(1)尤韻 1 字:[生]③瘦。(2)侯韻 1 字:[名]①苺。

5.《六音字典》推字母字來源於中古效攝韻 2 字。其中:(1)宵韻 1 字:[向]⑥仸。(2)豪韻 1 字:[又]③燠。

具體情況請看下表:

《六音字典》推字母陰聲韻															
中古韻母	蟹攝						止攝				果攝	流攝		效攝	
	灰韻	咍韻	泰韻	皆韻	祭韻	齊韻	支韻	脂韻	之韻	微韻	戈韻	尤韻	侯韻	宵韻	豪韻
總數	60	7	7	2	2	2	3	10	1	3	5	1	1	1	1
合計 106	80						17				5	2		2	

上表可見,《六音字典》106 個推字母陰聲韻字來自中古 5 個異源層次:其一,來自蟹攝韻 80 字,占總數 75.47%;該層次還包含 6 個小層次:灰韻、咍韻、泰韻、皆韻、祭韻、齊韻,基本上以合口韻韻字爲主。其二,來自止攝韻 17 字,占總數 16.04%;該層次還包含 4 個小層次:脂韻、支韻、微韻、之韻,也基本上以合口韻爲主。劉曉南(1999)考證,根據宋代福建文士用韻情況,蟹攝一、二等韻歸併爲"皆來部",止攝 4 韻系和蟹攝三、四等韻歸併爲"支微部",因此前二層次應是反映宋代閩音的變異層次。其三,來自果攝韻 5 字,占總數 4.72%;其四,來自流攝韻 2 字,占總數 1.89%;其五,來自效攝 2 字,占總數 1.89%。果、流、效諸攝少數韻字,則是反映明代閩北政和方音的變異。

十七、闊字母[ue/uai]

《六音字典》闊字母字來源於中古蟹攝咍韻，果攝韻字次之，假攝韻再次之，其他止、流、效攝韻字只占少數。

1.《六音字典》闊字母字來源於中古蟹攝韻 31 字。其中：(1)皆韻 7 字：[求]②怪恠，④乖；[氣]⑥蒯；[向]③懷懐，⑥壞。(2)佳韻 3 字：[求]④拐枴；[生]⑥豸。(3)夬韻 1 字：[氣]⑥快。(4)泰韻 5 字：[中]②帶，⑥大；[土]②泰太；[向]⑥害。(5)咍韻 14 字：[向]④海，⑥亥；[全]①災烖栽哉，②再在，③才財材，④宰載；[中]②戴。(6)灰韻 1 字：[向]③槐。

2.《六音字典》闊字母字來源於中古果攝韻 10 字。其中：(1)歌韻 5 字：[中]②舵柂；[土]③拕拖；[生]①籮。(2)戈韻 5 字：[比]②簸；[求]④檛；[片]①破；[全]⑥坐；[生]①魦。

3.《六音字典》闊字母字來源於中古假攝韻 7 字。麻韻 7 字：[求]④踝；[生]①鯊，③沙砂；[名]①麻蔴；[言]②吾。

4.《六音字典》闊字母字來源於中古止攝支韻 1 字：[立]②羸。

5.《六音字典》闊字母字來源於中古流攝侯韻 2 字：[片]①剖掊。

6.《六音字典》闊字母字來源於中古效攝宵韻 1 字：[全]①苗。

具體情況請看下表：

《六音字典》闊字母陰聲韻												
中古韻母	蟹攝						果攝		假攝	止攝	流攝	效攝
	皆韻	佳韻	夬韻	泰韻	咍韻	灰韻	歌韻	戈韻	麻韻	支韻	侯韻	宵韻
總數	7	3	1	5	14	1	5	5	7	1	2	1
合計 52	31						10		7	1	2	1

上表可見，《六音字典》52 個闊字母陰聲韻字來自中古 6 個異源層次：其一，來自蟹攝韻 31 字，占總數，59.62%；該層次還包含 6 個小層次：咍韻、皆韻、泰韻、佳韻、夬韻、灰韻，而咍韻又爲其主要層次。劉曉南(1999)考證，根據宋代福建文士用韻情況，蟹攝一、二等韻歸併爲“皆來部”，蟹攝韻字在《六音字典》裏讀作闊字母，所反映的應是宋代閩音的變異層次。其二，來自果攝韻 10 字，占總數 19.23%；該層次還包含 2 個小層次：歌韻、戈韻。《廣韻》歌戈同用，該層次所反映應是唐宋代時期的語音。其三，來自假攝麻韻 7 字，占總數 13.46%。其四，來自流攝 2 字，占總數 3.85%；其五，來自止攝韻 1 字，占總數

1.92%；其六，來自效攝韻1字，占總數1.92%。止、流、效諸攝少數韻字，則是反映明代閩北政和方音的變異。

十八、乃字母[ai]

《六音字典》乃字母字來源於中古蟹攝咍韻、皆韻、齊韻、佳韻，假、效、流諸攝只有極少數韻字。

1.《六音字典》乃字母字來源於中古蟹攝韻174字。其中：(1)咍韻66字：[立]③來逨萊，⑥箂；[求]①該陔，④杚槩改；[氣]③開獃，④愷塏鎧，⑥慨愾概槩；[中]②代岱貸黛玳待，③駘跆臺抬擡臺薹，⑥怠殆迨；[土]③胎抬苔駘，⑥態；[全]④載；[人]④乃迺，⑥鼐耐；[生]①粞；[又]①唉，②愛愛，③哀挨埃；[言]①呆，③呆，⑥礙礙；[出]②栖踩，③纔纔猜，④采埰採綵彩；[向]①孩。(2)灰韻4字：[比]①徘；[人]③内；[生]③毸；[又]④娞。(3)泰韻12字：[立]⑥賴頼賴癩；[求]②蓋葢蓋；[氣]④丐；[人]⑥奈柰；[出]②蔡；[向]⑥嗐。(4)佳韻23字：[求]②廨解觧，④解觧；[片]②派，④擺，⑥粺；[全]②債；[人]④妳；[生]⑥灑；[又]④矮躷；[名]④買，⑥賣；[言]③捱；[向]①鞵，⑥獬蠏蟹蠏懈邂。(5)皆韻34字：[比]①棑牌，②拜；[求]①皆階荄街，②介芥界尬楖疥戒誡，④屆；[氣]④楷揩；[片]⑥憊；[全]①儕齋齋；[生]③犲豺；[又]④娾；[名]③埋霾；[出]③差；[向]①偕諧骸鞋，⑥噧薤。(6)夬韻5字：[立]⑥蠆；[比]②敗，⑥邁；[全]③寨；[名]⑥勱。(7)廢韻3字：[言]⑥艾乂刈。(8)祭韻2字：[人]①鈉；[生]①簭。(9)齊韻25字：[立]①犂；[比]①笄；[求]①雞鷄，③鮭；[氣]③溪豁磎；[中]①蹄蹏，④底，⑥逮；[土]②替；[全]①齊；[人]①坭泥埿，④嬭；[生]①西棲，②恓細，④洗；[言]①倪；[出]②砌。

2.《六音字典》乃字母字來源於中古止攝韻14字。其中：(1)支韻3字：[生]⑥灑曬曬。(2)脂韻7字：[立]①犂，③耒；[氣]②棄，④覬；[片]⑥秕；[生]①獅篩。(3)之韻2字：[求]③鯕；[生]④葸。(4)微韻2字：[比]②誹；[氣]④豈。

3.《六音字典》乃字母字來源於中古假攝麻韻2字：[比]⑥罷；[言]⑥訝。

4.《六音字典》乃字母字來源於中古流攝尤韻1字：[名]②不。

具體情況請看下表：

《六音字典》乃字母陰聲韻															
中古韻母	蟹攝									止攝				假攝	流攝
	咍韻	灰韻	泰韻	佳韻	皆韻	夬韻	廢韻	祭韻	齊韻	支韻	脂韻	之韻	微韻	麻韻	尤韻
總數	66	4	12	23	34	5	3	2	25	3	7	2	2	2	1
合計 191	174									14				2	1

上表可見,《六音字典》191 個乃字母陰聲韻字來自中古 4 個異源層次:其一,來自蟹攝韻 174 字,占總數 91.10%;該層次還包含 9 個小層次:咍韻、皆韻、齊韻、佳韻、泰韻、夬韻、灰韻、廢韻、祭韻,而基本上以開口韻爲主。其二,來自止攝韻 14 字,占總數 7.33%,也基本上爲開口韻字;劉曉南(1999)考證,根據宋代福建文士用韻情況,蟹攝一、二等韻歸併爲"皆來部",止攝 4 韻系和蟹攝三、四等韻歸併爲"支微部",因此前二層次應是反映宋代閩音的變異層次。其三,來自假攝韻 2 字,占總數 1.05%;其四,來自流攝 1 字,占總數 0.52%。假、流諸少數攝字讀作乃字母,是明代閩北政和方音的變異。

十九、後字母[e]

《六音字典》後字母字來源於中古流攝侯韻、尤韻,效、遇、止、蟹諸攝韻字偏少。

1.《六音字典》後字母字來源於中古流攝韻 114 字。其中:(1)尤韻 28 字:[全]①鄒騶,②縐皺,⑥驟;[名]③謀侔眸牟鍪蝨,⑥阜;[生]②瘦膄漱,③搜廋廋溲愁蒐;[出]②臭嗅搊;[又]③浮蜉烰覆。(2)侯韻 86 字:[立]①樓樓螻,③嘍髏剅,⑥陋漏瘺;[求]①溝勾鉤鈎,②夠厚,③猴,④苟狗笱耇垢坸姤,⑥篝搆構覯遘購煹媾詬詢彀;[氣]②叩扣寇釦蔻簆;[土]①頭,②透,③偷媮;[全]①陬,②奏,④走;[生]②嗽漱,③擻,④叟瞍,⑥叟;[又]①毆謳甌漚嘔鷗,④吼吽;[名]④牡畝晦某,⑥茂懋貿;[言]①髃腢偶耦藕;[出]②湊;[向]①緱吼,③喉侯篌餱,⑥後逅垕後候厚。

2.《六音字典》後字母字來源於中古效攝韻 18 字:(1)豪韻 6 字:[比]①裒;[全]③醩糟,④蚤;[生]②掃埽。(2)肴韻 11 字:[比]⑥鉋齙刨;[氣]②皰;[人]①撓,③栁;[又]②抝詏;[名]①貓貓;[出]④巢。(3)宵韻 1 字:[又]③湉。

3.《六音字典》後字母字來源於中古遇攝虞韻 12 字:[立]③鏤婁摟,④簍;[求]②足;[全]①鄹緅鯫諏;[又]①摳;[言]①齵;[出]②摳。

4.《六音字典》後字母字來源於中古止攝脂韻4字：[名]④厶；[又]③痞嚭嚭。

5.《六音字典》後字母字來源於中古蟹攝佳韻1字：[言]①歪。

具體情況請看下表：

《六音字典》後字母陰聲韻								
中古韻母	流攝		效攝			遇攝	止攝	蟹攝
	尤韻	侯韻	豪韻	肴韻	宵韻	虞韻	脂韻	佳韻
總數	28	86	6	11	1	12	4	1
合計149	114		18			12	4	1

上表可見，《六音字典》149個後字母陰聲韻字來自中古5個異源層次：其一，來自流攝韻114字，占總數76.51%；該層次還包含2個小層次：侯韻和尤韻，而侯韻又爲其主要層次。《廣韻》尤侯幽同用，該層次反映了唐宋時期的語音。其二，來自效攝18字，占總數12.08%；該層次還包含3個小層次：肴韻、豪韻和宵韻，而肴韻又爲其主要層次。其三，來自遇攝虞韻12字，占總數8.05%。劉曉南(1999)考證，宋代福建文士用韻可以"蕭尤通押"(即蕭豪部和尤侯部通押)、"魚尤通押"(即魚模部和尤侯部通押)，流攝、效攝和遇攝韻字經過分化與合流在《六音字典》裏讀作後字母，反映了宋代閩音的變異。其四，來自止攝4字，占總數2.68%；其五，來自蟹攝1字，占總數0.67%。止、蟹諸攝少數韻字讀作後字母，則是反映明代閩北方音的變異。

二十、述字母[y]

《六音字典》述字母字來源於中古遇攝魚韻和虞韻韻字，止、蟹、流、效、假諸攝韻字偏少。

1.《六音字典》述字母字來源於中古遇攝韻共259字。其中：(1)魚韻136字：[立]①閭驢驢，④呂吕侶筥莒旅膂，⑥鑢慮濾攄；[求]①居倨裾車，②炬鉅鋸，④舉擧杵櫃距，⑥巨鉅拒詎渠蕖踞遽據懅醵；[氣]①樗，②去呿；[中]①豬豬櫥，③鋤耡粗，⑥筯；[全]①諸薯，②渚著翥舉曙處楮鑄，③徐俆儲，④煮褚；[人]④女；[生]②暑署庶庶杼好恕，③書書舒紓疋胥諝糈醑湑鄃，⑥緒敘敍序鱮嶼墅；[又]①於唹樗，②淤，③餘璵如茹予餘黍歟與嶼旟輿，④與予汝女嘘，⑥與譽絮禦蕷預豫喻諭；[言]①魚漁，④語齬圄圉，⑥禦馭；[出]②處處，④鼠處；[向]①虛虗慵歔，②呿，④許。(2)虞韻122字：[立]④褸縷；[求]②具俱懼懼瞿，③衢氍，④矩苣，⑥拘蘧屨窶；[氣]①區嶇傴樞驅軀駒劬；[中]①櫥廚，③躕躇除篨，⑥箸；[全]①朱硃珠株蛛銖殊茱侏咮姝邾洙誅，②潴住注註炷霔蛀駐麈竪聚亖，④主；[生]①需濡殳嚅，③須鬚毹毹，⑥續豎竪豎樹澍；[又]①於籲盂盱芋雩，②宇訏，③俞榆瑜覦渝窬儒需臾腴萸庾諛羽，⑥裕裕孺芋愉愈逾踰；[言]①隅嵎，③虞愚鄅，⑥禹禺遇寓平；[出]①趨趨，④取聚諏，⑥趣；[向]①謔，②呴煦，④詡，⑥雨。(3)模韻1字：[向]④滸。

2.《六音字典》述字母字來源於中古止攝韻18字。其中：(1)支韻4字：[又]③兒呪，④爾邇。(2)脂韻3字：[生]①蕤綏，②祟。(3)之韻11字：[氣]④起；[生]⑥飼嗣；[又]③而哂輀，④耳駬，⑥耳；[言]⑥餌；[出]⑥蒔。

3.《六音字典》述字母字來源於中古蟹攝韻3字。其中：(1)咍韻2字：[中]③釐；[土]①宰。(2)灰韻1字：[出]②啛。

4.《六音字典》述字母字來源於中古流攝侯韻4字：[求]②句；[氣]①摳敂；[全]②黈。

5.《六音字典》述字母字來源於中古效攝韻2字。其中：(1)蕭韻1字：[全]②裹。(2)肴韻1字：[人]①怓。

6.《六音字典》述字母字來源於中古假攝麻韻1字：[氣]④架。

具體情況請看下表：

《六音字典》述字母陰聲韻												
中古韻母	遇攝			止攝			蟹攝		流攝	效攝		假攝
	魚韻	虞韻	模韻	支韻	脂韻	之韻	咍韻	灰韻	侯韻	蕭韻	肴韻	麻韻
總數	136	122	1	4	3	11	2	1	4	1	1	1
合計287	259			18			3		4	2		1

上表可見，《六音字典》287個述字母陰聲韻字來自中古6個異源層次：其一，來自遇攝259字，占總數90.24%；該層次還包含3個小層次：魚韻、虞韻和模韻，而魚韻、虞韻又爲其主要層次。《廣韻》魚獨用，虞模同用。劉曉南(1999)考證，據宋代福建文士用韻將遇攝3韻系歸併爲"魚模部"；遇攝韻字在《六音字典》裏讀作述字母，是宋代閩音的變異。其二，來自止攝18字，占總數6.27%；其三，來自蟹攝3字，占總數1.05%；其四，來自流攝4字，占總數1.39%；其五，來自效攝2字，占總數0.70%；其六，來自假攝1字，占總數0.35%。止、蟹、流、效、假諸攝少數韻字，則是明代閩北政和方音的變異。

二十一、古字母[u]

《六音字典》古字母字來源於中古遇攝模韻、虞韻、魚韻，止攝之韻，其他流、蟹、效、假、果諸攝韻字偏少。

1.《六音字典》古字母字來源於中古遇攝韻共 321 字。其中：(1)魚韻 39 字：[立]①廬臚罏；[中]②苧紵，③貯貯佇竚，⑥羜；[全]①雎且菹苴沮疽趄齟詛咀，②狙，③阻鉏助，④沮；[生]①疏疎蔬梳，②疎，④所；[又]②瘀；[言]①敔；[出]①初，④楚礎怵，⑥覻覰。(2)虞韻 63 字：[比]④輔脯；[片]③麩麸敷孵鋪搏痡，④甫黼豧郙脯崀簠豧釜斧父，⑥袝；[全]①蒭雛芻媰；[生]②數數；[又]②侮，③武鵡，④蕪撫舞儛膴憮扶；[名]⑥務；[言]①麌娛；[向]①夫扶玞砆鈇膚膚敷皃莩俘郛，②付駙賦，③孚夫巫無毋，④府俯傅。(3)模韻 219 字：[立]①盧蘆爐爐鑪瀘鸕顱轤艫獹鱸壚黸，④魯擼艪艣澛滷擄憒橹虜擄，⑥鹵嚕路露輅鷺潞；[比]②葡部布怖，③步郝瓠葫菩，④補，⑥埠；[求]①孤呱弧觚罟菰骷姑酤沽枯辜鴣怙，②故固啩顧顧，③牯黏糊，④古估罟岵詁鈷鼓皷瞽股蠱賈；[氣]②庫褲袴絝挎刳，④苦笘滸琥虎鄗虓；[中]①都闍覩途悇圖啚，②妬妒蠧，③塗途哣荼嗏醿徒瘏屠賭堵，⑥肚杜度鍍渡；[片]③浦溥，④浦圃餔晡誧哺逋庯匍捕舖譜；[土]②吐兔菟，④土；[人]①奴孥伮駑砮笯弩，⑥怒努帑；[全]②祖，③租，④組；[生]①蘇蘓酥穌甦蘓，②愬塑素嗉愫訴；[又]①惡杇，②汙汙惡，③烏，④塢；[名]①蒲摹，②仵，⑥模暮慕募；[名]③模謨嫫；[言]①吳蜈珸梧鼯娪，②五伍牾午仵忤迕，⑥寤悟晤悞；[出]②醋錯措，③粗怚；[向]①呼，②嘑菰乎呼，③啣瑚楜湖餬葫糊蝴壺瓳鹽狐，⑥互冱扈。

2.《六音字典》古字母字來源於中古止攝韻 71 字。其中：(1)支韻 14 字：[全]①貲雌疵訿訾呰髭，④紫，⑥呰；[生]①廝澌，②賜；[出]④紫仳。(2)脂韻 18 字：[全]①諮咨茨粢資姿趦恣，②自；[生]①師獅螄私，②泗駟肆；[出]②次佽。(3)之韻 39 字：[全]①茲孳滋磁嗞鶿孜蔵淄緇輜錙，③詞祠慈辭辭，④子滓梓，⑥吁；[生]①偲緦司，④史使，⑥耜姒使巳祀俟竢伺思士仕事食。

3.《六音字典》古字母字來源於中古流攝韻 13 字。其中：(1)尤韻 6 字：[立]④僇；[比]⑥媍；[全]⑥翢；[向]②副，⑥婦負。(2)侯韻 7 字：[全]②蔟；[生]②嗽；[名]④母姆，⑥霧瞀戊。

4.《六音字典》古字母字來源於中古蟹攝韻 7 字。其中：(1)齊韻 2 字：[全]①齊；[生]①嘶。(2)祭韻 1 字：[生]①歲。(3)廢韻 1 字：[生]①薉。(4)

咍韻 1 字：[全]①菑。(5)泰韻 2 字：[比]②鋇旆。

5.《六音字典》古字母字來源於中古效攝韻 5 字。其中：(1)豪韻 2 字：[片]③萢；[片]⑥抱。(2)肴韻 2 字：[又]①窅；[向]①虓。(3)蕭韻 1 字：[又]②鄡。

6.《六音字典》古字母字來源於中古假攝麻韻 2 字：[求]④椵；[中]②柘。

7.《六音字典》古字母字來源於中古果攝歌韻 1 字：[向]③荷。

具體情況請看下表：

《六音字典》古字母陰聲韻																			
中古韻母	遇攝			止攝			流攝		蟹攝					效攝			假攝	果攝
	魚韻	虞韻	模韻	支韻	脂韻	之韻	尤韻	侯韻	齊韻	祭韻	廢韻	咍韻	泰韻	豪韻	肴韻	蕭韻	麻韻	歌韻
總數	39	63	219	14	18	39	6	7	2	1	1	1	2	2	2	1	2	1
合計 420	321			71			13		7					5			2	1

上表可見，《六音字典》420 個古字母陰聲韻字來自中古 7 個異源層次：其一，來自遇攝 321 字，占總數 76.43％；該層次還包含 3 個小層次：模韻、虞韻和魚韻，而模韻又爲其主要層次。劉曉南(1999)考證，據宋代福建文士用韻將遇攝 3 韻系歸併爲“魚模部”；遇攝韻字在《六音字典》裏讀作古字母，是宋代閩音的變異。其二，來自止攝 71 字，占總數 16.90％；該層次還包含 3 個小層次：之韻、脂韻和支韻，且均爲齒音字。劉曉南(1999)考證，宋代福建文士用韻可以“支魚通押”(即支脂之微韻和魚虞模韻通押)，遇攝和止攝韻字經過分化與合流在《六音字典》裏讀作古字母，是宋代閩音的變異。其三，來自流攝 13 字，占總數 3.10％；其四，來自蟹攝 7 字，占總數 1.67％；其五，來自效攝 5 字，占總數 1.19％；其六，來自假攝 2 字，占總數 0.48％；其七，來自果攝 1 字，占總數0.24％。流、蟹、效、假、果諸攝少數韻字讀作古字母，則是明代閩北方音的變異。

從《六音字典》21 個字母陰聲韻字與《廣韻》7 個陰聲韻攝的對應情況，我們可以看到，每個字母陰聲韻字，基本上來源於兩個語音變異層次：一是宋代閩音的變異層次；二是明代閩北政和方音的變異層次。由於每個字母異源層次不一，導致其音值構擬的差異。

第二節 《廣韻》入聲韻字在《六音字典》裏讀作陰聲韻字

《六音字典》裏還有一種特殊的變異現象，就是《廣韻》入聲韻字在《六音字典》部分讀作陰聲韻，也就是説，入聲韻演變爲陰聲韻，讀作①平聲、②去聲、③平聲、④上聲、⑥去聲。

一、備字母[i]

《六音字典》備字母陰聲韻字來源於以下若干中古入聲韻攝：(1)《六音字典》備字母字來源於中古梗攝入聲韻 15 字。其中錫韻 4 字：[求]⑥擊；[土]①緆，⑥迪；[言]⑥鶃。昔韻 10 字：[片]④辟皵；[全]⑥脊瘠鶺；[生]⑥席夕汐；[名]③褯奭。陌韻 1 字：[向]⑥綌。(2)《六音字典》備字母字來源於中古曾攝入聲韻職韻 12 字：[立]②力；[比]⑥煏；[中]②殖；[生]②式拭寔；[又]②薏翌翼翊，⑥億憶。(3)《六音字典》備字母字來源於中古臻攝入聲韻質韻 9 字：[比]⑥畢；[中]③姪侄；[全]②蒺疾，⑥桎；[人]②日；[生]②實，⑥膝。(4)《六音字典》備字母字來源於中古深攝入聲韻緝韻 8 字：[立]②立；[全]②集，⑥十；[人]②入，⑥廿；[生]⑥拾十；[向]⑥翕。(5)《六音字典》備字母字來源於中古山攝入聲韻 4 字。其中屑韻 2 字：[全]⑥蠽；[言]⑥卪。月韻 1 字：[向]⑥謁。鎋韻 1 字：[求]⑥刮。請看下表：

《六音字典》備字母陰聲韻									
中古韻母	梗攝			曾攝	臻攝	深攝	山攝		
	錫韻	昔韻	陌韻	職韻	質韻	緝韻	屑韻	月韻	鎋韻
總數	4	10	1	12	9	8	2	1	1
合計 48	15			12	9	8	4		

上表可見，《六音字典》48 個備字母陰聲韻字來自中古入聲韻 5 個異源層次：其一，來自梗攝入聲韻 15 字，占總數 31.25%；其二，來自曾攝入聲韻 12 字，占總數 25.00%；其三，來自臻攝入聲韻 9 字，占總數 18.75%；其四，來自深攝入聲韻 8 字，占總數 16.67%；其五，來自山攝入聲韻 4 字，占總數 8.33%。在這 48 個中古入聲韻字中，有 25 個入聲韻字在《六音字典》備字母中則讀作⑥去聲調；有 16 個入聲韻字在《六音字典》備字母中讀作②去聲調；

有 4 個入聲韻字在《六音字典》備字母中讀作③平聲調；有 2 個入聲韻字在《六音字典》備字母中讀作④上聲調；有 1 個入聲韻字在《六音字典》備字母中讀作①平聲調。可見，中古入聲韻字在《六音字典》備字母讀作⑥去聲和②去聲調居多數，其餘聲調較少。

二、結字母[iɛ]

《六音字典》結字母陰聲韻字來源於以下若干中古入聲韻攝：(1)《六音字典》結字母字來源於中古山攝入聲韻 18 字。屑韻 7 字：[片]①撇擎，④瞥；[名]②篾；[言]②臬；[出]⑥蠘；[向]⑥穴。薛韻 11 字：[立]②裂；[比]⑥別；[求]③傑傑；[片]④瞥；[全]⑥折；[生]③熱；[名]②滅；[言]②孽蠥碣。(2)《六音字典》結字母字來源於中古咸攝入聲韻 12 字。其中：(1)帖韻 6 字：[求]⑥籋鑷；[氣]⑥慊；[中]②牒蝶韘。業韻 2 字：[氣]⑥怯；[言]②業。葉韻 4 字：[求]⑥鑷；[全]②捷；[生]⑥涉；[言]②頁。(3)《六音字典》結字母字來源於中古臻攝入聲韻質韻 1 字：[中]②帙。(4)《六音字典》結字母字來源於中古梗攝入聲韻 2 字。其中昔韻 1 字：[比]⑥辟。陌韻 1 字：[氣]⑥隙。(5)《六音字典》結字母字來源於中古曾攝入聲韻職韻 1 字：[出]②棘。請看下表：

《六音字典》結字母陰聲韻									
中古韻母	山攝		咸攝			臻攝	梗攝		曾攝
	屑韻	薛韻	帖韻	業韻	葉韻	質韻	昔韻	陌韻	職韻
總數	7	11	6	2	4	1	1	1	1
合計 34	18		12			1	2		1

上表可見，《六音字典》34 個備字母陰聲韻字來自中古入聲韻 5 個異源層次：其一，來自山攝入聲韻 18 字，占總數 52.94%；其二，來自咸攝入聲韻 12 字，占總數 35.29%；其三，來自臻攝入聲韻 1 字，占總數 2.94%；其四，來自梗攝入聲韻 2 字，占總數 5.88%；其五，來自曾攝入聲韻 1 字，占總數 2.94%。在 34 個中古入聲韻字中，有 15 個入聲韻字在《六音字典》結字母中讀作②去聲調；有 12 個入聲韻字在《六音字典》結字母中則讀作⑥去聲調；有 3 個入聲韻字在《六音字典》結字母中讀作③平聲調；有 2 個入聲韻字在《六音字典》結字母中讀作④上聲調；有 2 個入聲韻字在《六音字典》結字母中讀作①平聲調。可見，這些入聲韻字在《六音字典》結字母讀作②去聲和⑥去聲調居多數，其餘聲調較少。

三、射字母[ia]

《六音字典》射字母陰聲韻字來源於以下若干中古入聲韻攝:(1)《六音字典》射字母字來源於中古梗攝入聲韻14字。其中陌韻5字:[求]②屐;[中]⑥宅犯;[土]⑥宅;[言]①額。麥韻1字:[又]①椴。昔韻6字:[全]②籍,⑥蹠蹠;[又]①役,③亦;[出]②跅。錫韻2字:[立]②曆;[中]⑥糴。(2)《六音字典》射字母字來源於中古咸攝入聲韻葉韻1字:[全]⑥葉;(3)《六音字典》射字母字來源於中古山攝入聲韻屑韻1字:[求]②擷。請看下表:

《六音字典》射字母陰聲韻						
中古韻母	梗攝				咸攝	山攝
	陌韻	麥韻	昔韻	錫韻	葉韻	屑韻
總數	5	1	6	2	1	1
合計16	14				1	1

上表可見,《六音字典》16個射字母陰聲韻字來自中古入聲韻3個異源層次:其一,來自梗攝入聲韻14字,占總數87.50%;其二,來自咸攝入聲韻1字,占總數6.25%;其三,來自山攝入聲韻1字,占總數6.25%。在16個中古入聲韻字中,有7個入聲韻字在《六音字典》射字母中則讀作⑥去聲調;有5個入聲韻字在《六音字典》射字母中讀作②去聲調;有3個入聲韻字在《六音字典》射字母中讀作①平聲調;有1個入聲韻字在《六音字典》射字母中讀作③平聲調。可見,中古入聲韻字在《六音字典》射字母讀作⑥去聲和②去聲調居多數,其餘聲調較少。

四、舌字母[yɛ]

《六音字典》舌字母字來源於中古山攝入聲韻6字。其中薛韻2字:[全]⑥絕;[生]②舌。月韻3字:[生]⑥抈;[言]②月;[向]③蕨。曷韻1字:[土]①獺。據統計,在6個入聲韻中,有主要讀作②去聲調和⑥去聲調,其餘聲調較少。

五、有字母[iu]

《六音字典》有字母陰聲韻字只有1個字來源於中古通攝入聲韻燭韻:[出]④贖。

六、條字母[iɔ]

《六音字典》條字母陰聲韻字來源於以下若干中古入聲韻攝:(1)《六音字

典》條字母字來源於中古宕攝入聲韻藥韻 8 字：[立]④掠；[全]②嚼，③爝；[人]②葉；[生]②削，③斫；[向]②藥藥。(2)《六音字典》條字母字來源於中古梗攝入聲韻 5 字。其中錫韻 2 字：[求]④檄；[中]②的。昔韻 3 字：[全]⑥石䂖；[生]⑥蓆。(3)《六音字典》條字母字來源於中古江攝入聲韻覺韻 1 字：[名]②邈。

以上可見，《六音字典》14 個條字母陰聲韻字來自中古入聲韻 3 個異源層次：其一，來自宕攝藥韻 8 字，占總數 57.14%；其二，來自梗攝入聲韻 5 字，占總數 35.71%；其三，來自江攝入聲韻 1 字，占總數 7.14%。在 14 個入聲韻中，有 7 個入聲韻字在《六音字典》條字母中則讀作②去聲調；有 3 個入聲韻字在《六音字典》條字母中讀作⑥去聲調；有 2 個入聲韻字在《六音字典》條字母中讀作③平聲調；有 2 個入聲韻字在《六音字典》條字母中讀作④上聲調。可見，中古入聲韻字在《六音字典》條字母讀作②去聲居多，讀作⑥去聲次之，其餘聲調較少。

七、交字母[au]

《六音字典》交字母陰聲韻字來源於以下若干中古入聲韻攝：(1)《六音字典》交字母陰聲韻字來源於中古山攝入聲韻 2 字。屑韻 1 字：[氣]④覈。薛韻 1 字：[又]④折。(2)《六音字典》交字母字來源於中古江攝入聲韻覺韻 1 字：[片]②瀑。(3)《六音字典》交字母字來源於中古宕攝入聲韻藥韻 1 字：[求]②耴。(4)《六音字典》交字母字來源於中古深攝入聲韻緝韻 1 字：[全]⑥皀。

以上可見，《六音字典》5 個交字母陰聲韻字來自中古入聲韻 4 個異源層次：其一，来自中古山攝入聲韻字；其二，来自中古江攝入聲韻字；其三，来自中古宕攝入聲韻字；其四，来自中古深攝入聲韻字。这 5 個韻字，在《六音字典》分别讀作②去聲、⑥去聲調和④上聲。

八、合字母[ɔ]

《六音字典》合字母陰聲韻字來源於以下若干中古入聲韻攝：《六音字典》字母陰聲韻字來源於中古宕攝鐸韻，江攝覺韻，咸、通、梗、山諸攝韻字較少。這些入聲韻字在《六音字典》合字母讀作⑥去聲和②去聲居多，其餘聲調較少。(1)《六音字典》合字母字來源於中古宕攝入聲韻鐸韻 18 字：[立]①箬，②落洛駱貉；[比]②薄莦鉑，⑥搏泊亳；[氣]④涸；[中]③度愎，[土]③汑；[出]⑥鑿；[向]⑥霍鶴。(2)《六音字典》合字母字來源於中古江攝入聲韻覺韻 6 字：[氣]

⑥摧；[片]②炏；[生]⑥鐲；[出]⑥戳斲斵。(3)《六音字典》合字母字來源於中古咸攝入聲韻2字。其中盍韻1字：[氣]⑥盍。合韻1字：[氣]⑥搕。(4)《六音字典》合字母字來源於中古通攝入聲韻3字。其中屋韻1字：[中]⑥啄。沃韻2字：[求]②嚳酷。(5)《六音字典》合字母字來源於中古梗攝入聲韻麥韻2字：[片]②擭；[言]⑥厄。(6)《六音字典》合字母字來源於中古山攝入聲韻黠韻1字：[求]②磆。請看下表：

《六音字典》合字母陰聲韻								
中古韻母	宕攝	江攝	咸攝		通攝		梗攝	山攝
	鐸韻	覺韻	盍韻	合韻	屋韻	沃韻	麥韻	黠韻
總數	18	6	1	1	1	2	2	1
合計32	18	6	2		3		2	1

上表可見,《六音字典》32個合字母陰聲韻字來自中古入聲韻6個異源層次：其一,宕攝入聲韻18字,占總數56.25％；其二,來自江攝入聲韻6字,占總數18.75％；其三,來自通攝入聲韻3字,占總數9.38％；其四,來自咸攝入聲韻2字,占總數6.25％；其五,來自梗攝入聲韻2字,占總數6.25％；其六,來自山攝入聲韻1字,占總數3.13％。在32個入聲韻中,有15個入聲韻字在《六音字典》合字母中則讀作⑥去聲調；有12個入聲韻字在《六音字典》合字母中讀作②去聲調；有3個入聲韻字在《六音字典》合字母中讀作③平聲調；有1個入聲韻字在《六音字典》合字母中讀作①平聲調；有1個入聲韻字在《六音字典》合字母中讀作④上聲調。可見,中古入聲韻字在《六音字典》合字母讀作⑥去聲和②去聲居多,其餘聲調較少。

九、克字母[ɛ]

《六音字典》克字母陰聲韻字來源於以下若干中古入聲韻攝：(1)《六音字典》克字母字來源於中古梗攝入聲韻10字。其中陌韻6字：[比]②帛白；[氣]③喀；[全]③擇；[言]②逆；[出]②嘖。麥韻2字：[求]⑥嗝嘓。錫韻2字：[立]②礫；[言]②鷊。(2)《六音字典》克字母字來源於中古曾攝入聲韻3字。其中職韻1字：[比]②抑。德韻2字：[中]③特；[人]①或。(3)《六音字典》克字母字來源於中古臻攝入聲韻質韻5字：[立]②栗慄；[名]②密密；[出]②叱。(4)《六音字典》克字母字來源於中古宕攝入聲韻鐸韻2字：[立]②蹀；[片]②胉。(5)《六音字典》克字母字來源於中古咸攝入聲韻葉韻1字：[名]④魘。

(6)《六音字典》克字母字來源於中古山攝入聲韻屑韻 1 字:[向]②齕。(7)《六音字典》克字母字來源於中古深攝入聲韻緝韻 1 字:[生]⑥笠。請看下表:

《六音字典》克字母陰聲韻										
中古韻母	梗攝			曾攝		臻攝	宕攝	咸攝	山攝	深攝
	陌韻	麥韻	錫韻	職韻	德韻	質韻	鐸韻	葉韻	屑韻	緝韻
總數	6	2	2	1	2	5	2	1	1	1
合計 23	10			3		5	2	1	1	1

上表可見,《六音字典》23 個克字母陰聲韻字來自中古入聲韻 7 個異源層次:其一,來自梗攝入聲韻 10 字,占總數 43.48%;其二,來自臻攝入聲韻 5 字,占總數 21.74%;其三,來自曾攝入聲韻 3 字,占總數 13.04%;其四,來自宕攝入聲韻 2 字,占總數 8.70%;其五,來自咸攝入聲韻 1 字,占總數 4.35%;其六,來自山攝入聲韻 1 字,占總數 4.35%;其七,來自深攝入聲韻 1 字,占總數 4.35%。在 23 個入聲韻中,有 15 個入聲韻字在《六音字典》克字母中則讀作②去聲調;有 3 個入聲韻字在《六音字典》克字母中讀作⑥去聲調;有 3 個入聲韻字在《六音字典》克字母中讀作③平聲調;有 1 個入聲韻字在《六音字典》克字母中讀作①平聲調;有 1 個入聲韻字在《六音字典》克字母中讀作④上聲調。可見,中古入聲韻字在《六音字典》克字母讀作②去聲居多,其餘聲調偏少。

十、百字母[a]

《六音字典》百字母陰聲韻字來源於以下若干中古入聲韻攝:(1)《六音字典》百字母字來源於中古咸攝入聲韻 15 字。其中合韻 3 字:[中]①蠚;[土]⑥踏;[全]②卡。盍韻 3 字:[立]②臘;[土]⑥蹋;[人]②箚。洽韻 4 字:[求]③峽;[全]②閘牐;[生]②掐。狎韻 2 字:[求]②呷;[向]⑥呷。葉韻 2 字:[立]②獵爉。帖韻 1 字:[求]②唊。(2)《六音字典》百字母字來源於中古梗攝入聲韻 13 字。其中陌韻 7 字:[比]①鮊,③窄,⑥白;[求]⑥蚱;[氣]①挌;[片]④拍;[全]③蚱。麥韻 3 字:[名]②脈脈麥。昔韻 3 字:[立]②臘;[生]②涑剌。(3)《六音字典》百字母字來源於中古山攝入聲韻 5 字。末韻 3 字:[比]③犮拔跋。黠韻 2 字:[比]①朳;[人]②叭。(4)《六音字典》百字母字來源於中古江攝入聲韻覺韻 4 字:[言]②嶽嶽;[向]⑥學;[向]⑥叱。(5)《六音字典》百字母字來源於中古臻攝入聲韻 2 字。其中没韻 1 字:[言]②攨。質韻 1 字:[生]①蟋。(6)《六音字典》百字母字來源於中古宕攝入聲韻鐸韻 1 字:[全]②昨。

(7)《六音字典》百字母字來源於中古深攝入聲韻緝韻 2 字:[立]②粒;[全]②什。請看下表:

《六音字典》百字母陰聲韻																
中古韻母	咸攝						梗攝			山攝		江攝	臻攝		深攝	宕攝
	合韻	盍韻	洽韻	狎韻	葉韻	帖韻	鐸韻	麥韻	昔韻	末韻	黠韻	覺韻	没韻	質韻	緝韻	鐸韻
總數	3	3	4	2	2	1	1	3	3	3	2	4	1	1	2	1
合計 42	15						13			5		4	2		2	1

上表可見,《六音字典》42 個百字母陰聲韻字來自中古入聲韻 7 個異源層次:其一,來自咸攝入聲韻 15 字,占總數 35.71%;其二,來自梗攝入聲韻 13 字,占總數 30.95%;其三,來自山攝入聲韻 5 字,占總數 11.90%;其四,來自江攝入聲韻 4 字,占總數 9.52%;其五,來自臻攝入聲韻 2 字,占總數 4.76%;其六,來自深攝入聲韻 2 字,占總數 4.76%;其七,來自宕攝入聲韻 1 字,占總數 2.38%。在 42 個入聲韻中,有 23 個入聲韻字在《六音字典》百字母中讀作②去聲調;有 7 個入聲韻字在《六音字典》百字母中讀作⑥去聲調;有 6 個入聲韻字在《六音字典》百字母中讀作③平聲調;有 5 個入聲韻字在《六音字典》百字母中讀作①平聲調;有 1 個入聲韻字在《六音字典》百字母中讀作④上聲調。可見,中古入聲韻字在《六音字典》百字母中讀作②去聲居多,讀作⑥去聲次之,其餘聲調偏少。

十一、化字母[ua]

《六音字典》化字母陰聲韻字來源於以下若干中古入聲韻攝:(1)《六音字典》化字母字來源於中古山攝入聲韻 2 字。鎋韻 1 字:[求]④刮。黠韻 1 字:[又]①挖。(2)《六音字典》化字母字來源於中古咸攝入聲韻 2 字。其中乏韻 1 字:[向]⑥乏。葉韻 1 字:[又]③葉。(3)《六音字典》化字母字來源於中古臻攝入聲韻 2 字。其中物韻 1 字:[全]③物。没韻 1 字:[求]④骨。(4)《六音字典》化字母字來源於中古梗攝入聲韻麥韻 1 字:[向]⑥畫。

以上可見,《六音字典》7 個化字母陰聲韻字來自中古入聲韻 4 個異源層次:其一,来自中古山攝入聲韻字;其二,来自中古咸攝入聲韻字;其三,来自中古臻攝入聲韻字;其四,来自中古梗攝入聲韻字。這些韻字,分佈在《六音字典》⑥去聲、④上聲、③平聲、①平聲。

十二、果字母[o]

《六音字典》果字母陰聲韻字來源於以下若干中古入聲韻攝：(1)《六音字典》果字母字來源於中古宕攝入聲韻 2 字。其中藥韻 1 字：[向]②籥。鐸韻 1 字：[名]②摸。(2)《六音字典》果字母字來源於中古通攝入聲韻屋韻 1 字：[片]⑥暴。

以上可見，《六音字典》3 個果字母陰聲韻字來自中古入聲韻 2 個異源層次：其一，来自中古宕攝入聲韻字；其二，来自中古通攝入聲韻字。此 3 字，分別屬②去聲調和⑥去聲調。

十三、直字母[E]

《六音字典》直字母陰聲韻字來源於以下若干中古入聲韻攝：(1)《六音字典》直字母字來源於中古曾攝入聲韻 5 字。其中職韻 2 字：[中]⑥直直。德韻 3 字：[比]⑥蔔；[名]②墨；[出]⑥賊。(2)《六音字典》直字母字來源於中古梗攝入聲韻 5 字。其中陌韻 1 字：[比]⑥苩。麥韻 3 字：[求]⑥馘聝嗝。昔韻 1 字：[又]③膉。(3)《六音字典》直字母字來源於中古深攝入聲韻緝韻 1 字：[全]④粒。(4)《六音字典》直字母字來源於中古臻攝入聲韻質韻 1 字：[出]⑥叱。(5)《六音字典》直字母字來源於中古咸攝入聲韻 2 字。其中葉韻 1 字：[向]⑥歙。狎韻 1 字：[向]⑥呷。(6)《六音字典》直字母字來源於中古通攝入聲韻屋韻 1 字：[出]②摵。(7)《六音字典》直字母字來源於中古宕攝入聲韻鐸韻 1 字：[向]②諾。請看下表：

《六音字典》直字母陰聲韻											
中古韻母	曾攝		梗攝			深攝	臻攝	咸攝		通攝	宕攝
	職韻	德韻	陌韻	麥韻	昔韻	緝韻	質韻	葉韻	狎韻	屋韻	鐸韻
總數	2	3	1	3	1	1	1	1	1	1	1
合計 16	5		5			1	1	2		1	1

上表可見，《六音字典》16 個直字母陰聲韻字來自中古入聲韻 7 個異源層次：其一，来自曾攝入聲韻 5 字，占總數 31.25％；其二，来自梗攝入聲韻 5 字，占總數 31.25％；其三，来自咸攝入聲韻 2 字，占總數 12.50％；其四至其七，来自深攝、臻攝、通攝、宕攝入聲韻各 1 字，各占總數 6.25％。在 16 個入聲韻字中，有 11 個入聲韻字在《六音字典》直字母中則讀作⑥去聲調；有 3 個入聲韻字在《六音字典》直字母中讀作②去聲調；有 1 個入聲韻字在《六音字典》直字

母中各讀作③平聲調和④上聲調。可見,中古入聲韻字在《六音字典》出字母讀作⑥去聲居多,讀作②去聲次之,其餘聲調極少。

十四、出字母[ui]

《六音字典》出字母陰聲韻字來源於以下若干中古入聲韻攝:(1)《六音字典》出字母字來源於中古臻攝入聲韻 3 字。其中物韻 1 字:[求]⑥掘。術韻 2 字:[全]④啐;[出]⑥秫。(2)《六音字典》出字母字來源於中古曾攝入聲韻職韻 1 字:[片]⑥堛。(3)《六音字典》出字母字來源於中古梗攝入聲韻錫韻 1 字:[求]⑥甋。(4)《六音字典》出字母字來源於中古江攝入聲韻覺韻 1 字:[片]⑥圤。

以上可見,《六音字典》6 個出字母陰聲韻字來自中古入聲韻 4 個異源層次:其一,來自臻攝入聲韻 3 字,占總數 50.00%;其二,來自曾攝入聲韻 1 字,占總數 16.67%;其三,来自梗攝入聲韻 1 字,占總數 16.67%;其四,来自江攝入聲韻 1 字,占總數 16.67%。在 6 個入聲韻中,有 5 個入聲韻字在《六音字典》推字母中則讀作⑥去聲調;有 1 個入聲韻字在《六音字典》推字母中則讀作④上聲調。可見,這些入聲韻字在《六音字典》出字母讀作⑥去聲居多,其餘聲調極少。

十五、推字母[uɛ]

《六音字典》推字母陰聲韻字來源於以下若干中古入聲韻攝:(1)《六音字典》推字母字來源於中古臻攝入聲韻 6 字。其中没韻 3 字:[求]②滑;[言]①兀杌。迄韻 1 字:[中]⑥及。物韻 2 字:[向]⑥佛咈。(2)《六音字典》推字母字來源於中古山攝入聲韻末韻 1 字:[求]②髻。(3)《六音字典》推字母字來源於中古曾攝入聲韻職韻 1 字:[全]⑥拭。(4)《六音字典》推字母字來源於中古通攝入聲韻 3 字。其中屋韻 2 字:[又]⑥隩澳。燭韻 1 字:[又]②欲。(5)《六音字典》推字母字來源於中古梗攝入聲韻 2 字。其中陌韻 1 字:[求]②額。麥韻 1 字:[向]⑥核。(6)《六音字典》推字母字來源於中古宕攝入聲韻鐸韻 1 字:[求]②汑。請看下表:

《六音字典》推字母陰聲韻										
中古韻母	臻攝			山攝	曾攝	通攝		梗攝		宕攝
	没韻	迄韻	物韻	末韻	職韻	屋韻	燭韻	陌韻	麥韻	鐸韻
總數	3	1	2	1	1	2	1	1	1	1
合計 14	6			1	1	3		2		1

上表可見,《六音字典》14 個推字母陰聲韻字來自中古入聲韻 6 個異源層次:其一,來自臻攝入聲韻 6 字,占總數 42.86%;其二,來自通攝入聲韻 3 字,占總數 21.43%;其三,來自梗攝入聲韻 2 字,占總數 14.29%;其四,來自山攝入聲韻 1 字,占總數 7.14%;其五,來自曾攝入聲韻 1 字,占總數 7.14%;其六,來自宕攝入聲韻 1 字,占總數 7.14%。在 14 個入聲韻中,有 7 個入聲韻字在《六音字典》推字母中則讀作⑥去聲調;有 4 個入聲韻字在《六音字典》推字母中則讀作②去聲調;只有 1 個入聲韻字在《六音字典》推字母中則讀作①平聲調。可見,中古入聲韻字在《六音字典》推字母讀作⑥去聲居多,讀作②去聲次之,其餘聲調偏少。

十六、闊字母[ue/uai]

《六音字典》闊字母陰聲韻字來源於以下若干中古入聲韻攝:(1)《六音字典》闊字母字來源於中古山攝入聲韻 10 字。其中曷韻 2 字:[中]②薘,③達。末韻 3 字:[比]②鈸;[名]②末靺。月韻 5 字:[名]②韈韤;[向]⑥伐閥罰。(2)《六音字典》闊字母字來源於中古臻攝入聲韻 3 字。物韻 1 字:[又]④物。没韻 2 字:[名]②没歿。(3)《六音字典》闊字母字來源於中古梗攝入聲韻麥韻 1 字:[向]③劃。請看下表:

《六音字典》闊字母陰聲韻						
中古韻母	山攝			臻攝		梗攝
	曷韻	末韻	月韻	物韻	没韻	麥韻
總數	2	3	5	1	2	1
合計 14	10			3		1

上表可見,《六音字典》14 個闊字母陰聲韻字來自中古入聲韻 3 個異源層次:其一,來自山攝入聲韻 10 字,占總數 71.43%;其二,來自臻攝入聲韻 3 字,占總數 21.43%;其三,來自梗攝入聲韻 1 字,占總數 7.14%。在 14 個入聲韻中,有 8 個入聲韻字在《六音字典》闊字母中則讀作②去聲調;有 3 個入聲韻字在《六音字典》中則讀作⑥去聲調;有 2 個入聲韻字在《六音字典》中則讀作③平聲調;只有 1 個入聲韻字在《六音字典》中則讀作④上聲調。可見,中古入聲韻字在《六音字典》中讀作②去聲居多,讀作⑥去聲次之,其餘聲調偏少。

十七、乃字母[ai]

《六音字典》乃字母陰聲韻字來源於以下若干中古入聲韻攝:(1)《六音字

典》乃字母字來源於中古山攝入聲韻 6 字。其中屑韻 2 字：[氣]④齧；[全]⑥截。曷韻 4 字：[中]③歹，⑥達達；[又]⑥哰。(2)《六音字典》乃字母字來源於中古咸攝入聲韻 5 字。其中帖韻 1 字：[求]③頰。合韻 4 字：[全]②褋雜；[人]③納衲。(3)《六音字典》乃字母字來源於中古梗攝入聲韻麥韻 1 字：[求]②隔。(4)《六音字典》乃字母字來源於中古通攝入聲韻燭韻 1 字：[名]②蕒。(5)《六音字典》乃字母字來源於中古曾攝入聲韻德韻 1 字：[出]②娍。請看下表：

《六音字典》乃字母陰聲韻							
中古韻母	山攝		咸攝		梗攝	通攝	曾攝
	屑韻	曷韻	帖韻	合韻	麥韻	燭韻	德韻
總數	2	4	1	4	1	1	1
合計 14	6		5		1	1	1

上表可見，《六音字典》14 個乃字母陰聲韻字來自中古入聲韻 5 個異源層次：其一，來自山攝入聲韻 6 字，占總數 42.86％；其二，來自咸攝入聲韻 5 字，占總數 35.71％；其三，來自梗攝 1 個字，占總數 7.14％；其四，來自通攝 1 字，占總數 7.14％；其五，來自曾攝 1 個字，占總數 7.14％。在 14 個入聲韻字中，有 5 個入聲韻字在《六音字典》中則讀作②去聲調；有 4 個入聲韻字在《六音字典》中則讀作③平聲調和⑥去聲調；只有 1 個入聲韻字在《六音字典》中讀作④上聲調。可見，這些入聲韻字在《六音字典》中讀作②去聲居多，③平聲調和⑥去聲調再次之，④上聲調最少。

十八、後字母[e]

《六音字典》後字母陰聲韻字來源於以下若干中古入聲韻攝：(1)《六音字典》後字母字來源於中古通攝入聲韻沃韻 2 字：[土]⑥毒；[人]⑥耨。(2)《六音字典》後字母字來源於中古江攝入聲韻覺韻 1 字：[求]④斠。(3)《六音字典》後字母字來源於中古咸攝入聲韻合韻 1 字：[求]④鈒。

由上可見，《六音字典》後字母陰聲韻字來源於中古入聲韻字共 4 字。這些字均不讀作入聲調，而是有 2 個字讀作⑥去聲調，2 個字讀作④上聲調。

十九、述字母[y]

《六音字典》述字母陰聲韻字來源於以下若干中古入聲韻攝：(1)《六音字典》述字母陰聲韻字來源於中古通攝入聲韻 29 字。其中屋韻 8 字：[立]②陸垄；[中]③縮，⑥軸；[全]⑥熟；[人]②肉；[生]⑥熟塾。燭韻 21 字：[立]②綠綠録騄菉淥六；[求]⑥局；[生]②褥縟贖；[又]②屬屬囑浴，⑥欲鵒；[言]②玉鈺璵獄。(2)《六音字典》述字母陰聲韻字來源於中古臻攝入聲韻術韻 7 字：[立]④聿律遹鷸歔；[中]②術；[全]②怵。(3)《六音字典》述字母陰聲韻字來源於中古山攝入聲韻月韻 1 字：[人]②月。(4)《六音字典》述字母陰聲韻字來源於中古宕攝入聲韻藥韻 1 字：[生]②謶。(5)《六音字典》述字母字陰聲韻來源於中古深攝入聲韻緝韻 1 字：[又]⑥熤。(6)《六音字典》述字母字陰聲韻來源於中古咸攝入聲韻葉韻 1 字：[立]④膐。請看下表：

《六音字典》述字母陰聲韻							
中古韻母	通攝		臻攝	山攝	宕攝	深攝	咸攝
	屋韻	燭韻	術韻	月韻	藥韻	緝韻	葉韻
總數	8	21	7	1	1	1	1
合計 40	29		7	1	1	1	1

上表可見，《六音字典》40 個述字母陰聲韻字來自中古入聲韻 6 個異源層次：其一，來自通攝 29 字，占總數 72.50％；其二，來自臻攝 7 字，占總數 17.50％；其三，來自山攝 1 字，占總數 2.50％；其四，來自宕攝 1 字，占總數 2.50％；其五，來自深攝 1 字，占總數 2.50％；其六，來自咸攝 1 字，占總數 2.50％。在 40 個入聲韻中，有 25 個入聲韻字在《六音字典》述字母中則讀作②去聲調；有 8 個入聲韻字在《六音字典》述字母中則讀作⑥去聲調；有 6 個入聲韻字在《六音字典》述字母中則讀作④上聲調；只有 1 個入聲韻字在《六音字典》述字母中讀作③平聲調。可見，中古入聲韻字在《六音字典》述字母讀作②去聲居多，讀作⑥去聲次之，其餘聲調韻字只占少數。

二十、古字母[u]

《六音字典》古字母陰聲韻字來源於以下若干中古入聲韻攝：(1)《六音字典》古字母陰聲韻字來源於中古通攝入聲韻 27 字。其中屋韻 23 字：[立]②鹿漉熝麓摝琭敎禄禄，④麓；[比]②僕；[求]②喃哈；[氣]④哭；[片]④醭，⑥袱；[全]②族，③閦；[生]②速；[名]②目苜木；[向]②茯。沃韻 1 字：[中]②毒。燭韻 3 字：[全]②鐲斸；[出]⑥矚。(2)《六音字典》古字母字來源於中古江攝入聲韻覺韻 3 字：[片]④璞，⑥雹；[出]⑥齪。(3)《六音字典》古字母字來源於中古臻攝入聲韻没韻 1 字：[土]④凸。(4)《六音字典》古字母字來源於中古山攝入聲韻末韻 1 字:[全]①撮。(5)《六音字典》古字母字來源於中古宕攝入聲韻鐸韻 3 字:[比]②簿;[名]⑥嗼幕。(6)《六音字典》古字母字來源於中古曾攝入聲韻職韻 1 字:[向]②竇。(7)《六音字典》古字母字來源於中古梗攝入聲韻錫韻 1 字:[生]②錫。請看下表:

《六音字典》古字母陰聲韻									
中古韻母	通攝			江攝	宕攝	臻攝	山攝	梗攝	曾攝
	屋韻	沃韻	燭韻	覺韻	鐸韻	没韻	末韻	錫韻	職韻
總數	23	1	3	3	3	1	1	1	1
合計 37	27			3	3	1	1	1	1

上表可見,《六音字典》37 個古字母陰聲韻字來自中古入聲韻 7 個異源層次:其一,來自通攝 27 字,占總數 72.97%;其二,來自江攝 3 字,占總數 8.11%;其三,來自宕攝 3 字,占總數 8.11%;其四,來自臻攝 1 字,占總數 2.70%;其五,來自山攝 1 字,占總數 2.70%;其六,來自梗攝 1 字,占總數 2.70%;其七,來自曾攝 1 字,占總數 2.70%。在 37 個入聲韻中,有 24 個入聲韻字在《六音字典》中則讀作②去聲調;有 6 個入聲韻字在《六音字典》中則讀作⑥去聲調;有 5 個入聲韻字在《六音字典》中則讀作④上聲調;只有 1 個入聲韻字在《六音字典》中讀作①平聲③平聲聲調。可見,中古入聲韻字在《六音字典》中讀作②去聲居多,讀作⑥去聲次之,其餘聲調韻字只占少數。

综上所述,《六音字典》有 376 個陰聲韻字來自中古入聲韻,這是符合元代"入派三聲"這一漢語語音發展規律的。此外,"入派三聲"倒是派入②去聲和⑥去声者居多。

第三節 《廣韻》陽聲韻字在《六音字典》裏讀作陰聲韻字

由於時間的推移,福建閩北政和縣的地理環境以及周邊方言的接觸,《廣韻》陽聲韻在《六音字典》中音變爲陰聲韻。據統計,《六音字典》除了"有嘹後"3 個字母以外,"備結射舌條交合克百化果直出推闊乃述古"等 18 個字母均出現中古陽聲韻字讀作陰聲韻字,共計 50 個例字。具體情況如下:(1)備字母有 5 個陰聲韻字來源於中古陽聲韻。陽韻 1 字:[中]③瘍;庚韻 1 字:[片]④栤;鹽韻 1 字:

[中]③忝;先韻 1 字:[片]①㘣;真韻 1 字:[生]①哂。(2)結字母有 5 個陰聲韻字來源於中古陽聲韻。添韻 1 字:[氣]⑥謙;咸韻 1 字:[氣]⑥歉;先韻 2 字:[片]①編篇;耕韻 1 字:[土]⑥繃。(3)射字母有 4 個陰聲韻字來源於中古陽聲韻。青韻 2 字:[比]②輧,[片]③洴;清韻 1 字:[比]②摒;删韻 1 字:[片]④閂。(4)舌字母有 2 個陰聲韻字來源於中古陽聲韻仙韻:[求]③簽;[人]①撋。(5)條字母有 5 個陰聲韻字來源於中古陽聲韻。寒韻 2 字:[中]②乾干;東韻 1 字:[中]②中;咸韻 1 字:[全]④蘸;魂韻 1 字:[又]⑥睔。(6)交字母有 2 個陰聲韻字來源於中古陽聲韻鍾韻:[立]④冗宂。(7)合字母有 3 個陰聲韻字來源於中古陽聲韻。桓韻 2 字:[人]⑥稬偄;仙韻 1 字:[人]⑥耎。(8)克字母有 3 個陰聲韻字來源於中古陽聲韻。仙韻 2 字:[全]②箭,[名]⑥湎;真韻 1 字:[中]⑥栥。(9)百字母有 2 個陰聲韻字來源於中古陽聲韻青韻 2 字[中]④打;[名]②打。(10)化字母有 1 個陰聲韻字來源於中古陽聲韻凡韻:[向]⑥泛。(11)果字母有 1 個陰聲韻字來源於中古陽聲韻魂韻:[名]②捫。(12)直字母有 2 個陰聲韻字來源於中古陽聲韻。鐘韻 1 字:[氣]①慫;欣韻 1 字:[生]⑥勤。(13)出字母有 1 個陰聲韻字來源於中古陽聲韻清韻:[氣]⑥清。(14)推字母有 4 個陰聲韻字來源於中古陽聲韻。東韻 2 字:[生]⑥棟;[向]③揔;桓韻 1 字:[中]④短;登韻 1 字:[土]⑥楞。(15)闊字母有 2 個陰聲韻字來源於中古陽聲韻。寒韻 1 字:[土]④灘;桓韻 1 字:[向]③剜。(16)乃字母有 3 個陰聲韻字來源於中古陽聲韻。覃韻 1 字:[出]②磡;删韻 1 字:[求]④爿;元韻 1 字:[求]④言。(17)述字母有 2 個陰聲韻字來源於中古陽聲韻。鍾韻 1 字:[言]①喁;蒸韻 1 字:[生]①菱。(18)古字母有 3 個陰聲韻字來源於中古陽聲韻。先韻 1 字:[中]①睍;清韻 1 字:[中]①清;陽韻 1 字:[向]③亡。

以上例證,説明中古一些陽聲韻字,發展到《六音字典》不僅鼻音韻尾脱落了,連主要母音也變了,演變成爲純粹的陰聲韻。

第四節　結論

綜上所述,筆者得出以下結論:

第一,明本《六音字典》陰聲韻基本上來源於《廣韻》陰聲韻。現將《六音字典》21 個字母陰聲韻字與《廣韻》7 個陰聲韻攝韻字的對應情況列表如下:

聲／攝	備字母	結字母	射字母	舌字母	有字母	條字母	嘹字母	交字母	合字母	克字母	百字母	化字母	果字母	直字母	出字母	推字母	闊字母	乃字母	後字母	述字母	古字母	總數
止	305	21	1	12	0	5	0	0	4	7	3	1	1	2	115	17	1	14	4	18	71	602
遇	1	0	1	0	2	2	0	0	7	1	5	4	6	0	6	0	0	0	12	259	321	627
蟹	98	18	1	14	1	0	0	2	2	5	8	11	1	7	42	80	31	174	1	3	7	506
效	0	0	1	3	1	182	15	168	75	0	4	0	1	3	0	2	1	0	18	2	5	481
果	0	0	4	2	0	0	0	1	97	0	8	0	28	2	1	5	10	0	0	0	1	159
假	1	9	37	0	0	1	0	0	1	2	96	20	1	0	0	0	7	2	0	1	2	180
流	1	0	1	0	182	4	0	2	2	0	3	1	0	0	6	2	2	1	114	4	13	338
總數	406	48	46	31	186	194	15	173	188	15	127	37	38	14	170	106	52	191	149	287	420	2893

由上表可見,《六音字典》每个字母陰聲韻字來自中古異源層次,其中有若干層次是主要來源。備字母主要異源層次是止、蟹 2 攝,其中之韻、脂韻、支韻、微韻、齊韻韻字居多;結字母主要異源層次是止、蟹 2 攝,其中支韻、齊韻、祭韻韻字居多;射字母主要異源層次是假攝,其中三等韻麻韻字居多;舌字母主要異源層次是蟹、止 2 攝,其中祭韻、支韻韻字居多;有字母主要異源層次是流攝,其中三等韻尤韻韻字居多;條字母主要異源層次是效攝,其中三等韻宵韻、四等韻蕭韻韻字居多;嘹字母主要異源層次是效攝,其中蕭韻韻字居多;交字母主要異源層次是效攝,其中一等韻豪韻、二等韻肴韻韻字居多;合字母主要異源層次是果、效 2 攝,其中一等韻豪韻、一等韻歌韻和一等韻戈韻韻字居多;克字母主要異源層次是止、蟹 2 攝,其中脂韻韻字居多;百字母主要異源層次是假攝,其中麻韻三等字韻字居多;化字母主要異源層次是假、蟹 2 攝,其中麻韻二等字韻字居多;果字母主要異源層次是果攝,其中一等韻戈韻韻字居多;直字母主要異源層次是蟹攝,其中一等韻開口咍韻韻字居多;出字母主要異源層次是止、蟹 2 攝,其中三等韻脂韻、支韻、微韻字居多;推字母主要異源層次是蟹攝,其中一等韻合口灰韻韻字居多;闊字母主要異源層次是蟹攝,其中咍韻、皆韻、麻韻字居多;乃字母主要異源層次是蟹攝,其中一等韻開口咍韻、二等韻開口皆韻韻字居多;後字母主要異源層次是流攝,其中一等韻侯韻韻字居多;述字母主要異源層次是遇攝,其中三等韻魚韻、虞韻韻字居多;古字母主要異源層次是遇、止 2 攝,其中一等韻模韻、三等韻虞韻、魚韻和之韻字居多。這些均反映宋代閩音的變異層次。

而《六音字典》裏尚有少數韻字與語音系統的結構格局的調整無關的變異。

如：遇、假、流諸攝少數韻字讀作備字母；果、止、蟹、遇、流、效諸攝少數韻字讀作射字母；效、果諸攝少數韻字，則是與結構格局的調整無關的變異；遇、效、蟹諸攝少數韻字；止、流、遇、假諸攝少數韻字讀作條字母；蟹、流、果諸攝少數韻字讀作交字母；遇、止、蟹、流、假諸攝少數韻字讀作合字母；假攝、遇攝少數韻字讀作克字母；果、蟹、止、效、遇、流諸攝少數韻字；遇、止、流諸攝少數韻字；遇、止、蟹、效、假諸攝少數韻字讀作果字母；效攝、止攝、果攝少數韻字；遇、流、果諸攝少數韻字讀作出字母；果、流、效諸攝少數韻字；止、流、效諸攝少數韻字；假、效、流諸少數攝字讀作乃字母；止、蟹諸攝少數韻字讀作後字母；止、蟹、流、效、假諸攝少數韻字；流、蟹、效、假、果諸攝少數韻字讀作古字母。這些均反映了明代閩北政和方音的變異層次。

第二，明本《六音字典》陰聲韻字部分來源於《廣韻》入聲韻。經考察，《六音字典》21 個非陽聲韻字母除了"嘹字母"陰聲韻字無來源於中古陰聲韻字以外，其餘 20 個字母均出現中古入聲韻字讀作陰聲韻的情況。請看下表：

聲 攝	備字母	結字母	射字母	舌字母	有字母	條字母	嘹字母	交字母	合字母	克字母	百字母	化字母	果字母	直字母	出字母	推字母	闊字母	乃字母	後字母	述字母	古字母	總數
通	0	0	0	0	1	0	0	0	3	0	0	0	1	1	0	3	0	1	2	29	27	68
江	0	0	0	0	0	1	0	1	6	0	4	0	0	0	1	0	0	0	1	0	3	17
臻	9	1	0	0	0	0	0	0	0	5	2	2	0	1	3	6	3	0	0	7	1	40
山	4	18	1	6	0	0	0	2	1	1	5	2	0	0	0	1	10	6	0	1	1	59
宕	0	0	0	0	0	8	0	1	18	2	1	0	2	1	0	1	0	0	0	1	3	38
梗	15	2	14	0	0	5	0	0	2	10	13	1	0	5	1	2	1	1	0	0	1	73
曾	12	1	0	0	0	0	0	0	0	3	0	0	0	5	1	1	0	1	0	0	1	25
深	8	0	0	0	0	0	0	1	0	1	2	0	0	1	0	0	0	0	0	1	0	14
咸	0	12	1	0	0	0	0	0	2	1	15	2	0	2	0	0	0	5	1	1	0	42
總數	48	34	16	6	1	14	0	5	32	23	42	7	3	16	6	14	14	14	4	40	37	376

從上表可見，《廣韻》共有 376 個入聲韻字在《六音字典》演變成陰聲韻。這可以給我們這樣的啟示：將近四百個例證，説明中古有相當一部分入聲韻字發展到《六音字典》已經演變爲純粹的陰聲韻，而這些韻字大多讀作②去聲和⑥去聲。中古入聲韻發展到元周德清《中原音韻》已經"入派三聲"了。而到明代，各地漢語方言發展不平衡，北方方言發展得快，南方方言發展比較慢。總之，中古

入聲演變爲平、上、去三聲則是語音發展的規律。而中古入聲韻發展到《六音字典》,大部分仍保持入聲韻,小部分演變爲陰聲韻,也是符合語音發展規律的。這是由於受元代中原語音的影響的緣故吧。

第三,明本《六音字典》有 50 個陰聲韻字來源於《廣韻》陽聲韻。這是一種十分特殊的音變現象。中古陽聲韻發展到元周德清《中原音韻》,仍然保持[-m,-n,-ŋ]三種鼻音韻尾。發展到現代,收[-m]尾逐漸演變爲[-n]尾了。北方方言基本上是這樣,南方方言演變緩慢,像閩方言,吴方言、粵方言等就還有[-m,-n,-ŋ]三種鼻音韻尾的存在。而中古陽聲韻發展到《六音字典》,則有 49 例演變爲陰聲韻,這種情況在閩南、閩東、莆仙等方言裏是不可能出現的。追究其原因,筆者認爲很大可能性是浙江南部吴語的影響。因爲福建閩北地區所處的地理環境,與周邊接壤的則是吴方言和客贛方言。根據曹志耘《南部吴語語音研究》(商務印書館 2002)第三章"第九節 陽聲韻尾"就記載南部吴語 11 個代表點方言古陽聲韻字的收尾情況。其中與閩北政和縣相比鄰是浙江省慶元縣,古陽聲韻深攝、通攝,該縣均讀作[-ŋ]尾韻;臻攝、曾攝、梗攝即可讀作[-ŋ]尾韻,亦可讀作鼻化韻;咸攝、山攝、宕攝、江攝則全部讀作鼻化韻,並特别指出,"慶元:鼻化韻有的人鼻化不明顯,其中[ã]組韻母有時没有鼻化,年輕人[ã]組完全没有鼻化。"《六音字典》古陽聲韻均收[-ŋ]尾韻,與慶元方言一樣。至於 49 個古陽聲韻字中,山攝 19 字,梗攝 9 字,通攝 7 字,咸攝 6 字,臻攝 4 字,宕攝 2 字,曾攝 2 字,江攝和深攝則無,它們均讀作陰聲韻,而非鼻化韻。

徐通鏘在《歷史語言學》中指出:"語言中的各層變異是促使語音系統的結構發生局部調整的機制和途徑。各種變異雖然各有自己的特點,但都服從於結構格局的調整,因而互相之間存在着或明或暗的聯繫。與結構格局的調整無關的變異在少數人的語言中也可能會産生並在狹窄的範圍内流行,但由於它與語言演變的趨向不合符節,因而隨着時間的推移或社會條件的變化也就消聲匿跡。"明本《六音字典》陰聲韻基本上來源於《廣韻》陰聲韻,但少數部分來源於入聲韻和陽聲韻。然而,即使來源於《廣韻》陰聲韻,每個字母的異源層次也是有主有次的,其區别在於屬服從語言結構格局調整的變異和與結構格局的調整無關的變異。古入聲韻演變爲陰聲韻符合語音發展規律。古陽聲韻演變爲陰聲韻似乎受浙江南部吴語影響,屬異方言借入的音類。

第七章

《廣韻》206 韻與明本《六音字典》"三十四字母"對應的歷史層次[①]

《廣韻》共 206 韻,可分爲十六攝:通攝、江攝、止攝、遇攝、蟹攝、臻攝、山攝、效攝、果攝、假攝、宕攝、梗攝、曾攝、流攝、深攝、咸攝。爲了探索中古韻母系統與明本《六音字典》"三十四字母"的繼承與變異情況,現將《廣韻》十六攝與《六音字典》"三十四"字母比較如下。

第一節 中古通、江、宕諸攝與明本《六音字典》"三十四字母"對應研究

一、通攝

《廣韻》通攝包括陽聲韻東韻、冬韻、鐘韻(以平賅上、去)和入聲韻屋韻、沃韻、燭韻。通攝陽聲韻在《六音字典》中讀如通字母、順字母、風字母、朗字母、唱字母、聲字母、坦字母等部分陽聲韻。通攝入聲韻在《六音字典》中讀如古字母、述字母、合字母、推字母、條字母、直字母、出字母、闊字母、後字母、備字母、有字母、百字母、果字母、乃字母等入聲韻和陰聲韻。

(一)《廣韻》通攝陽聲韻在《六音字典》中的讀音

1.《六音字典》通字母字來源於中古通攝韻 100 字。其中:(1)東韻 76 字:[立]①礱籠,②寵,③朧嚨,④籠,⑥衕弄。[比]③馮。[求]②貢,③公蚣工功

---

① 本章依明本《六音字典》"三十四字母"順序排列相關標題。

攻。[氣]①空,③埪,④孔。[中]①東桐箽筒烔,②動棟,③同仝銅洞童瞳,④凍董懂。[片]①蓬。[土]①蟲虫桐,③通熥,④桶,⑥痛。[全]①叢,②糉粽,③崇棕椶,④總揔。[人]②戇。[生]①聾。[又]②甕罋蓊。[名]①蓬,③蒙,④懞懵,⑥儚夢夣梦瞢。[出]①囱悤匆蔥聰聦驄,③熜。[向]②烘,③烘紅鴻。(2)冬韻 12 字:[中]①冬笭苳疼,③彤。[土]④統。[全]①宗。[人]①儂,③農。[生]①鬆,②宋送。(3)鐘韻 12 字:[立]①壠壟。[求]⑥共。[中]⑥重。[片]③蜂蠭,⑥縫。[全]①蹤踪。[生]④聳。[又]②雍邕。

2.《六音字典》順字母字來源於中古通攝韻 78 字。其中:(1)東韻 27 字:[立]③隆。[求]③宮焠弓芎躬窮,⑥娸。[氣]①穹,③埪。[中]①衷中忠,②中。[全]①終,②眾,④幢。[生]③絨戎。[又]③翁。[向]②虹熊,③融雄。[出]①充沖,②銃。(2)冬韻 1 字:[人]⑥膿。(3)鐘韻 50 字:[立]①龍竜。[求]②供共,③恭,④拱拲共,⑥共。[氣]③銎,④恐。[中]③重,④塚塜冢。[土]④塚寵喠。[全]①鍾鐘,②種縱從,③從从松,④腫踵種煄。[人]①濃。[生]③舂捲茸,⑥頌誦。[又]④壅擁踴勇,⑥用。[言]③顒。[出]①衝。[向]①凶兇胸,③庸傭容蓉。

3.《六音字典》風字母字來源於中古通攝韻 15 字。其中;(1)東韻 7 字:[又]③蓬;[向]①豐,③風瘋,④諷,⑥鳳凰。(2)鍾韻 8 字:[又]③逢;[向]①豐,③鋒峯封,④捧,⑥奉俸。

4.《六音字典》朗字母字來源於中古通攝東韻 1 字:[求]②贛。

5.《六音字典》唱字母字來源於中古通攝東韻 1 字:[氣]⑥控。

6.《六音字典》聲字母字來源於中古通攝東韻 1 字:[立]③嚨。

7.《六音字典》坦字母字來源於中古通攝鐘韻 1 字:[言]③卭。

據統計,《廣韻》通攝陽聲韻共計 197 字與《六音字典》相合。其中通字母 100 字,占總數 50.76%;順字母 78 字,占總數 39.59%;風字母 15 字,占總數 7.61%;朗字母 1 字,占總數 0.51%;唱字母 1 字,占總數 0.51%;聲字母 1 字,占總數 0.51%;坦字母 1 字,占總數 0.51%。通字母字最多,順字母次之,風字母再次之,其餘韻字偏少。就通攝内部看,東韻字最多,鍾韻次之,冬韻最少。請看下表:

《廣韻》	《六音字典》						
	通字母	順字母	風字母	朗字母	唱字母	聲字母	坦字母
東韻 113	76	27	7	1	1	1	0
冬韻 13	12	1	0	0	0	0	0
鍾韻 71	12	50	8	0	0	0	1
總數 197	100	78	15	1	1	1	1

上表可見，通攝東韻、冬韻、鐘韻與《六音字典》字母的對應情況如下：《廣韻》113 個東韻字與《六音字典》字母有 6 個對應層次：其一，通字母 76 字，占總數 67.26％；其二，順字母 27 字，占總數 23.89％；其三，風字母 7 字，占總數 6.19％；其四至其六，朗字母、唱字母、聲字母各 1 字，各占總數 0.88％。《廣韻》13 個冬韻字與《六音字典》字母有 2 個對應層次：其一，通字母 12 字，占總數 92.31％；其二，順字母 1 字，占總數 7.69％。《廣韻》71 個鐘韻字與《六音字典》字母有 4 個對應層次：其一，通字母 12 字，占總數 16.90％；其二，順字母 50 字，占總數 70.42％；其三，風字母 8 字，占總數 11.27％；其四，坦字母 1 字，占總數 1.41％。

（二）《廣韻》通攝入聲韻在《六音字典》中的讀音

1.《六音字典》古字母字來源於中古通攝入聲韻 100 字。其中：(1)屋韻 84 字：[立]②鹿漉熝麓摝摝娽逯禄禄，④麓，⑤簏盝碌娽趢漉蓼戮僇；[比]②僕，⑤蔔腹；[求]②喲啗，⑤穀瑴谷轂；[氣]④哭；[中]⑤筝讀牘瀆櫝黷瀆犢獨独；[片]④醭，⑥袯；[土]⑤秃瘯碡；[全]②族，③閦；[生]②趚，⑤肅鷫速餗觫謖；[又]⑤屋剭；[名]②目苜木，⑤睦牧穆沐霂；[出]⑤逐蹙蹴蹙踧噈；[向]②茯，⑤福畐福蝠楅幅輻服伏復復輹覆馥。(2)沃韻 5 字：[求]⑤鵠；[中]②毒，⑤篤督；[又]⑤沃。(3)燭韻 11 字：[立]⑤籙；[中]⑤觸；[全]②钃斸，⑤足哫；[生]⑤束；[出]⑤促趗躅，⑥矚。

2.《六音字典》述字母字來源於中古通攝入聲韻 85 字。其中：(1)屋韻 48 字：[立]②陸坴；[求]⑤匊掬鞠鞠諊鞫菊；[氣]⑤麯麴；[中]③縮，⑤竹竺築，⑥軸；[土]⑤朒；[全]⑤祝粥鬻，⑥熟；[人]②肉，⑤衄恧；[生]⑤叔淑菽俶宿蓿夙孰，⑥熟塾；[出]⑤傗；[向]⑤育毓焴喅唷倄畜蓄滀鄐昱彧矗。(2)燭韻 37 字：[立]②綠绿録騄菉淥六；[求]⑤鋦輂檋，⑥局；[氣]⑤曲；[全]⑤蜀燭烛足；[生]②褥縟贖，⑤粟俗；[又]②屬属囑浴，⑤慾欲辱嗕溽，⑥欲鵒；[言]②玉鈺瑪獄;[向]⑤旭。

3.《六音字典》合字母字來源於中古通攝入聲韻 9 字。其中:(1)屋韻 7 字:[中]⑥啄;[片]⑤僕樸蹼撲扑;[生]⑤縮。(2)沃韻 2 字:[求]②嚳酷。

4.《六音字典》推字母字來源於中古通攝入聲韻 3 字。其中:(1)屋韻 2 字:[又]⑥隩澳。(2)燭韻 1 字:[又]②欲。

5.《六音字典》條字母字來源於中古通攝屋韻 2 字:[生]⑤縠谷。

6.《六音字典》直字母字來源於中古通攝屋韻 2 字:[又]⑤唷;[出]②摵。

7.《六音字典》出字母字來源於中古通攝屋韻 2 字:[又]⑤懊鬱。

8.《六音字典》闊字母字來源於中古通攝燭韻 2 字:[比]⑤扒蹾。

9.《六音字典》後字母字來源於中古通攝沃韻 2 字:[土]⑥毒;[人]⑥耨。

10.《六音字典》備字母字來源於中古通攝屋韻 1 字:[出]⑤緘。

11.《六音字典》有字母字來源於中古通攝燭韻 1 字:[出]④賾。

12.《六音字典》百字母字來源於中古通攝屋韻 1 字:[生]⑤倏。

13.《六音字典》果字母字來源於中古通攝屋韻 1 字:[片]⑥暴。

14.《六音字典》乃字母字來源於中古通攝燭韻 1 字:[名]②蕢。

據統計,《廣韻》通攝入聲韻共計 212 字與《六音字典》相合。其中古字母 100 字,占總數 47.17%;述字母 85 字,占總數 40.09%;合字母 9 字,占總數 4.25%;推字母 3 字,占總數 1.42%;條字母、直字母、出字母、闊字母、後字母各 2 字,各占總數 0.94%;備字母、有字母、百字母、果字母、乃字母各 1 字,各占總數 0.47%。就通攝内部看,屋韻字 50 字最多,燭韻 53 字次之,沃韻 9 字最少。請看下表:

《廣韻》	《六音字典》													
	古字母	述字母	合字母	推字母	條字母	直字母	出字母	闊字母	後字母	備字母	有字母	百字母	果字母	乃字母
屋韻 150	84	48	7	2	2	2	2	0	0	1	0	1	1	0
沃韻 9	5	0	2	0	0	0	0	0	2	0	0	0	0	0
燭韻 53	11	37	0	1	0	0	0	2	0	0	1	0	0	1
總數 212	100	85	9	3	2	2	2	2	2	1	1	1	1	1

上表可見,通攝屋韻、沃韻、燭韻與《六音字典》字母的對應情況如下:《廣韻》150 個屋韻字與《六音字典》字母有 10 個對應層次:其一,古字母 84 字;其

二，述字母 48 字；其三，合字母 7 字；其四至其七，推字母、條字母、直字母、出字母各 2 字；其八至其十，備字母、百字母、果字母各 1 字。其中古字母和述字母是主要層次。《廣韻》9 個沃韻字與《六音字典》字母有 3 個對應層次：其一，古字母 5 字；其二其三，合字母和後字母各 2 字。《廣韻》53 個燭韻字與《六音字典》字母有 6 個對應層次：其一，述字母 37 字；其二，古字母 11 字；其三，闊字母 2 字；其四至其六，推字母、有字母、乃字母各 1 字。

據考證，《廣韻》通攝入聲韻共計 212 字與《六音字典》相合，但並不一定均讀作入聲韻字，而是部分演變爲其他陰聲韻字。請看下表：

《廣韻》	《六音字典》聲調系統					
入聲韻	①平	②去	③平	④上	⑤入	⑥去
屋韻 150	0	22	2	3	114	9
沃韻 9	0	3	0	0	4	2
燭韻 53	0	22	0	1	26	4
總數 212	0	47	2	4	144	15

由上表可見，《廣韻》212 個入聲韻字中在《六音字典》中讀作⑤入聲調有 144 字，占總數 67.92%；讀作②去聲調有 47 字，占總數 22.17%；讀作⑥去聲調有 15 字，占總數 7.08%；讀作④上聲調有 4 字，占總數 1.89%；讀作③平聲調有 2 字，占總數 0.94%。讀作⑤入聲調最多，讀作②去聲調次之，讀作⑥去聲調再次之。

二、江攝

《廣韻》江攝包括陽聲韻江韻（以平賅上、去）和入聲韻覺韻。江攝陽聲韻在《六音字典》中讀如朗字母、坦字母、通字母、風字母、唱字母、順字母等部分陽聲韻。江攝入聲韻在《六音字典》中讀如合字母、古字母、百字母、條字母、交字母、果字母、出字母、推字母、後字母等入聲韻和陰聲韻。

（一）《廣韻》江攝陽聲韻在《六音字典》中的讀音

1.《六音字典》朗字母字來源於中古江攝江韻 14 字：[比]④綁，⑥蚌梆；[求]②槓，③江矼杠豇，④講；[中]①撞；[出]①窗窓窻；[向]⑥項。

2.《六音字典》坦字母字來源於中古江攝江韻 5 字：[比]①邦；[求]②降，⑥絳；[名]②厖；[向]③降。

3.《六音字典》通字母字來源於中古江攝江韻 3 字：[求]②肛。[生]①雙双。

4.《六音字典》風字母字來源於中古江攝江韻 2 字:[向]④棒,⑥巷。

5.《六音字典》唱字母字來源於中古江攝江韻 2 字:[氣]①腔羫。

6.《六音字典》順字母字來源於中古江攝江韻 1 字:[立]①尨。

據統計,《廣韻》江攝陽聲韻共計 27 字與《六音字典》相合。其中朗字母 14 字,占總數 51.85%;坦字母 5 字,占總數 18.52%;通字母 3 字,占總數 11.11%;風字母 2 字,占總數 7.41%;唱字母 2 字,占總數 7.41%;順字母 1 字,占總數 3.70%。朗字母字居多,坦字母次之,其餘韻字偏少。請看下表:

《廣韻》	《六音字典》					
	朗字母	坦字母	通字母	風字母	唱字母	順字母
江韻 27	14	5	3	2	2	1

上表可見,江攝江韻與《六音字典》字母的對應層次如下:《廣韻》27 個江韻字與《六音字典》字母有 6 個對應層次:其一,朗字母 14 字;其二,坦字母 5 字;其三,通字母 3 字;其四其五,風字母、唱字母各 2 字;其六,順字母 1 字。

(二)《廣韻》江攝入聲韻在《六音字典》中的讀音

1.《六音字典》合字母字來源於中古江攝覺韻 24 字:[比]⑤剥駁;[求]⑤桷;[氣]⑤確,⑥推;[中]⑤桌琢;[片]②烞,⑤樸攴璞;[全]⑤濁濯擢;[人]⑤搦;[生]⑤朔嗍數槊稍,⑥鐲;[出]⑥戳斵斲。

2.《六音字典》古字母字來源於中古江攝覺韻 18 字:[求]⑤玨角瑴擉;[氣]⑤殼慤;[片]④瞨,⑤樸,⑥雹;[又]⑤齷握幄喔偓渥;[出]⑤涿捉,⑥齪。

3.《六音字典》百字母字來源於中古江攝覺韻 12 字:[言]②嶽岳;[向]⑤學孛鷽壆,⑥學;[向]⑥吪;[求]⑤玨捔傕覺。

4.《六音字典》條字母字來源於中古江攝覺韻 1 字:[名]②邈。

5.《六音字典》交字母字來源於中古江攝覺韻 1 字:[片]②髞。

6.《六音字典》果字母字來源於中古江攝覺韻 1 字:[比]⑤剥。

7.《六音字典》出字母字來源於中古江攝覺韻 1 字:[片]⑥圤。

8.《六音字典》推字母字來源於中古江攝覺韻 1 字:[出]⑤數

9.《六音字典》後字母字來源於中古江攝覺韻 1 字:[求]④斠。

據統計,《廣韻》江攝入聲韻共計 60 字與《六音字典》相合。其中合字母 24 字,占總數 40.00%;古字母 18 字,占總數 30.00%;百字母 12 字,占總數

20.00%；條字母、交字母、果字母、出字母、推字母、後字母各 1 字，各占總數 1.67%。合字母字居多，古字母次之，百字母再次之，其餘韻字偏少。請看下表：

《廣韻》	《六音字典》								
	合字母	古字母	百字母	條字母	交字母	果字母	出字母	推字母	後字母
覺韻 60	24	18	12	1	1	1	1	1	1

上表可見，江攝覺韻與《六音字典》字母的對應情況如下：《廣韻》60 個覺韻字與《六音字典》字母有 9 個對應層次：其一，合字母 24 字；其二，古字母 18 字；其三，百字母 12 字；其四至其九，條字母、交字母、果字母、出字母、推字母、後字母各 1 字。

據考證，《廣韻》通攝入聲韻共計 60 字與《六音字典》相合，但並不一定均讀作入聲調，而是部分演變爲其他聲調。請看下表：

《廣韻》	《六音字典》聲調系統					
入聲韻	①平	②去	③平	④上	⑤入	⑥去
覺韻 60	0	5	0	2	43	10

由上表可見，《廣韻》60 個入聲韻字中在《六音字典》中讀作⑤入聲調有 43 字，占總數 71.67%；讀作⑥去聲調有 10 字，占總數 16.67%；讀作②去聲調有 5 字，占總數 8.33%；讀作④上聲調有 2 字，占總數 3.33%。讀作⑤入聲調最多，讀作⑥去聲調次之，讀作②去聲調再次之。

三、宕攝

《廣韻》宕攝包括陽聲韻陽韻、唐韻（以平賅上、去）和入聲韻藥韻、鐸韻。宕攝陽聲韻在《六音字典》中讀如唱字母、朗字母、風字母、通字母、坦字母、本字母、聲字母、順字母、班字母等部分陽聲韻。宕攝入聲韻在《六音字典》中讀如合字母、條字母、果字母、克字母、古字母、備字母、百字母、推字母、射字母、交字母、直字母、述字母等入聲韻和陰聲韻。

（一）《廣韻》宕攝陽聲韻在《六音字典》中的讀音

1.《六音字典》唱字母字來源於中古宕攝韻 129 字。其中：(1)陽韻 128 字：[立]①梁粱量糧粮涼輛兩，②両，③良，④兩两両，⑥量亮喨諒。[求]①薑羌羌姜，③强彊麞獐。[氣]①疆畺，⑥謽，④强。[中]①張，②賬帳痮脹仗，③塲場，④長，⑥丈杖。[土]②暢鬯，⑥杖。[全]①牆墻將章，②將醬瘡痒瘴障，

③漿翔祥庠，④掌槳獎，⑥上。[人]①娘，⑥讓穰。[生]①相箱廂湘襄鑲商觴傷，②上相，③常嫦裳償嘗，④賞想鮝，⑥上象像尚匠。[又]①陽昜暘楊洋羊佯央殃，③鴦揚，④養攁，⑥樣様橡恙。[言]④仰。[出]①倡，②唱，③昌菖鯧閶槍，④搶廠敞。[向]②向餉饟，③香薌鄉，④饗響享亯，⑥鄉向。(2)唐韻1字：[言]④壙。

2.《六音字典》朗字母字來源於中古宕攝韻105字。其中：(1)陽韻37字：[比]③防；[中]①腸，③長，④漲涱；[全]①粧妝莊裝，②壯，③狀；[人]①瓤；[生]①霜孀，④爽；[又]③秧；[名]②網，④罔惘；[出]①床牀，③瘡，④創；[又]②望放，③忘亡亾，⑥妄；[向]①方芳坊妨，③蚄，④髣訪仿。(2)唐韻68字：[立]①廊郎，③狼，④朗，⑥浪；[比]③幫梆旁傍塝，④榜髈；[求]①岡崗鋼，②鋼缸，③搁綱剛疳罡；[氣]①康，②囥，③糠穅，④匟；[中]①搪當，②蕩當，③堂螳棠唐塘溏，④黨党；[片]④謗；[土]①糖，②燙鍚，③湯，④蘯倘；[全]②葬，③臟藏臧贓；[人]③囊，④曩；[生]①喪桑，②喪，④磉顙；[名]③茫忙芒，④莽；[出]③倉蒼滄；[向]①杭，③杭行。

3.《六音字典》風字母字來源於中古宕攝韻31字。其中：(1)陽韻11字：[求]③狂誑；[氣]③筐匡，⑥況貺；[又]①王，②王，④枉往，⑥旺。(2)唐韻20字：[求]①光，④廣；[氣]⑥曠壙；[又]①黃鰉鱑惶，③簧礦煌凰皇，⑥汪；[向]①楻，③慌荒，④謊恍慌。

4.《六音字典》通字母字來源於中古宕攝韻7字。其中：(1)陽韻5字：[比]②放，③枋。[片]④紡。[名]②網。[向]④誆。(2)唐韻2字：[比]③房。[氣]⑥壙。

5.《六音字典》坦字母字來源於中古宕攝韻7字。其中：(1)陽韻1字：[名]①鋩；(2)唐韻6字：[氣]④慷，⑥抗伉亢；[名]①邙；[言]③昂。

6.《六音字典》本字母字來源於中古宕攝唐韻3字：[氣]④匟；[中]④逿；[土]③檔。

7.《六音字典》聲字母字來源於中古宕攝韻2字。其中：(1)陽韻1字：[向]①鄉。(2)唐韻1字：[又]⑥映。

8.《六音字典》順字母字來源於中古宕攝韻1字。陽韻1字：[人]⑥釀。

9.《六音字典》班字母字來源於中古宕攝韻1字。陽韻1字：[氣]①掌。

據統計，《廣韻》宕攝共計286字與《六音字典》相合。其中唱字母129字，占總數 45.10%；朗字母 105 字，占總數 36.33%；風字母 31 字，占總數 10.84%；通字母、坦字母各 7 字，各占總數 2.45%；本字母 3 字，占總數 1.05%；聲字母 2 字，占總數 0.70%；順字母、班字母各 1 字，各占總數 0.35%。唱字母字最多，朗字母次之，風字母再次之，其餘韻字偏少。就宕攝内部看，陽韻最多，主要在《六音字典》唱字母裏；唐韻次之，主要在《六音字典》朗字母裏。請看下表：

《廣韻》	《六音字典》								
	唱字母	朗字母	風字母	通字母	坦字母	本字母	聲字母	順字母	班字母
陽韻 185	128	37	11	5	1	0	1	1	1
唐韻 101	1	68	20	2	6	3	1	0	0
總數 286	129	105	31	7	7	3	2	1	1

上表可見，宕攝陽韻、唐韻與《六音字典》字母的對應情況如下：《廣韻》185 個陽韻字與《六音字典》字母有 8 個對應層次：其一，唱字母 128 字；其二，朗字母 37 字；其三，風字母 11 字；其四，通字母 5 字；其五至其八，坦字母、聲字母、順字母、班字母各 1 字。《廣韻》101 個唐韻字與《六音字典》字母有 7 個對應層次：其一，朗字母 68 字；其二，風字母 20 字；其三，坦字母 6 字；其四，本字母 3 字；其五，通字母 2 字；其六，唱字母 1 字；其七，聲字母 1 字。

(二)《廣韻》宕攝入聲韻在《六音字典》中的讀音

1.《六音字典》合字母字來源於中古宕攝入聲韻 51 字。其中：(1)鐸韻 49 字：[立]①笿，②落洛駱貉，⑤樂落；[比]②薄萡鉑，⑤溥博，⑥搏泊亳；[求]⑤閣各；[氣]④涸；[中]③度惔，⑤鐸槖；[片]⑤粕；[土]③汑，⑤託托拓籜；[人]③曩；[又]⑤惡恶；[名]⑤莫膜漠鏌寞幕；[人]⑤諾；[生]⑤索；[言]⑤蕚蕚咢愕噩；[出]⑤錯，⑥鑿；[向]⑥霍鶴；[全]⑤作。(2)藥韻 2 字：[出]⑤斮；[向]⑤矍。

2.《六音字典》條字母字來源於中古宕攝入聲韻 39 字。藥韻 39 字：[立]④掠，⑤畧；[求]⑤屩；[氣]⑤卻却腳；[全]②嚼，③爝，⑤酌勺芍著着；[人]②葉；[生]②削，③斫；[又]⑤若箬約弱龠，⑤躍；[言]⑤虐瘧謔；[出]⑤鑠爍灼焯妁約綽逴爵皭雀鵲；[向]②藥药。

3.《六音字典》果字母字來源於中古宕攝入聲韻 6 字。其中：(1)藥韻 1 字：[向]②籥。(2)鐸韻 5 字：[求]⑤郭槨椁鞹；[名]②摸。

4.《六音字典》克字母字來源於中古宕攝鐸韻 3 字：[立]②皪；[求]⑤格；

[片]②胉。

5.《六音字典》古字母字來源於中古宕攝鐸韻 3 字:[比]②簿;[名]⑥嗼幕。

6.《六音字典》備字母字來源於中古宕攝藥韻 2 字:[生]⑤舄;[人]⑤惹。

7.《六音字典》百字母字來源於中古宕攝鐸韻 2 字:[全]②昨怎。

8.《六音字典》推字母字來源於中古宕攝入聲韻 2 字。(1)鐸韻 2 字:[求]②汘;[氣]⑤壑。

9.《六音字典》射字母字來源於中古宕攝鐸韻 1 字:[人]⑤喏。

10.《六音字典》交字母字來源於中古宕攝藥韻 1 字:[求]②耴。

11.《六音字典》直字母字來源於中古宕攝鐸韻 1 字:[向]②諾。

12.《六音字典》述字母字來源於中古宕攝藥韻 1 字:[生]②謶。

據統計,《廣韻》宕攝入聲韻共計 112 字與《六音字典》相合。其中合字母 51 字,占總數 45.54%;條字母 39 字,占總數 34.82%;果字母 6 字,占總數 5.36%;克字母、古字母各 3 字,各占總數 2.68%;備字母、百字母、推字母各 2 字,各占總數 1.79%;射字母、交字母、直字母、述字母各 1 字,各占總數 0.89%。其中合字母字最多,條字母次之,其餘韻字偏少。就宕攝内部看,鐸韻字最多,藥韻次之。請看下表:

《廣韻》	《六音字典》											
	合字母	條字母	果字母	克字母	古字母	備字母	百字母	推字母	射字母	交字母	直字母	述字母
藥韻 46	2	39	1	0	0	2	0	0	0	1	0	1
鐸韻 66	49	0	5	3	3	0	2	2	1	0	1	0
總數 112	51	39	6	3	3	2	2	2	1	1	1	1

上表可見,宕攝藥韻、鐸韻與《六音字典》字母的對應情況如下:《廣韻》46 個藥韻字與《六音字典》字母有 6 個對應層次:其一,條字母 39 字;其二其三,合字母、備字母各 2 字;其四至其六,果字母、交字母、述字母各 1 字。《廣韻》66 個鐸韻字與《六音字典》字母有 8 個對應層次:其一,合字母 49 字;其二,果字母 5 字;其三其四,克字母、古字母各 3 字;其五其六,百字母、推字母各 2 字;其七其八,射字母、直字母各 1 字。

據考證,《廣韻》宕攝入聲韻共計 112 字與《六音字典》相合,但並不一定均讀作入聲調,而是演變爲其他聲調。請看下表:

《廣韻》	《六音字典》聲調系統					
入聲韻	①平	②去	③平	④上	⑤入	⑥去
藥韻 46	0	8	2	1	35	0
鐸韻 66	1	15	4	1	37	8
總數 112	1	23	6	2	72	8

由上表可見,《廣韻》112 個入聲韻字中在《六音字典》中讀作⑤入聲調有 72 字,占總數 64.29%;讀作②去聲調有 23 字,占總數 20.54%;讀作⑥去聲調有 8 字,占總數 7.14%;讀作③平聲調有 6 字,占總數 5.36%;讀作④上聲調有 2 字,占總數 1.79%;讀作①平聲調有 1 字,占總數 0.89%。讀作⑤入聲調最多,讀作②去聲調次之,讀作⑥去聲調再次之。

第二節 中古梗、曾諸攝與明本《六音字典》"三十四字母"對應研究

四、梗攝

《廣韻》梗攝包括陽聲韻庚韻、耕韻、清韻、青韻(以平賅上、去)和入聲韻陌韻、麥韻、昔韻、錫韻。梗攝陽聲韻在《六音字典》中讀如音字母、班字母、聲字母、坦字母、順字母、先字母、通字母、横字母、風字母、朗字母等部分陽聲韻。梗攝入聲韻在《六音字典》中讀如備字母、射字母、克字母、百字母、直字母、條字母、合字母、古字母、結字母、推字母、化字母、出字母、闊字母、乃字母、述字母等入聲韻和陰聲韻。

(一)《廣韻》梗攝陽聲韻在《六音字典》中的讀音

1.《六音字典》音字母字來源於中古梗攝韻 139 字。其中:(1)庚韻 29 字:[比]①兵,③平評枰蘋,④秉炳丙;[求]①荊京勍,②敬,④景警儆,⑥竟境競;[氣]①卿,②慶;[又]①英瑛,④影;[名]③明鳴,④皿盟,⑥命;[言]③迎。(2)耕韻 5 字:[比]②迸;[又]①罌櫻鸚;[名]④黽。(3)清韻 49 字:[比]②屏併,④箳;[求]③藑瓊琼,⑥涇頸;[中]①貞禎;[片]①娉,⑥俜,②騁;[土]④郢逞;[全]①精晶旌征,②政証,③蝳情,④炡整,⑥淨;[生]②成城性,⑥聖圣穽阱盛;[又]①嬰纓;[出]①清,②清,③誠成盛,⑥瀞靖倩;[向]③盈楹,③羸瀛籯。(4)青韻 56 字:[立]①苓囹翎鴒,③憐齡靈霛灵蛉,⑥令令另;[比]②並竝併,

③泙荓屏；[求]①坙經，④覲緊，⑥逕徑脛踁；[氣]②磬；[中]①丁叮，②錠定，③停廷庭霆，④鼎頂嵿；[土]②聽聴听，④艇；[人]③甯寧，⑥佞；[名]④銘茗冥瞑螟；[向]①馨，②肸，③形刑型。

2.《六音字典》班字母字來源於中古梗攝韻 45 字。其中：(1)庚韻 13 字：[求]①庚，②更，④梗；[片]①烹；[生]③生笙牲；[名]④猛，⑥孟；[向]①亨，③行，⑥行杏。(2)耕韻 13 字：[求]①耕畊，④耿；[全]①爭，②諍，⑥掙；[又]①鶯鸚；[言]⑥硬；[向]⑥幸倖荇衡。(3)清韻 2 字：[土]①蟶；[生]④省。(4)青韻 17 字：[立]①鈴聆伶零，④冷；[比]③瓶缾；[求]④炯烱迥；[中]②訂，③亭釘；[土]①汀虰；[生]③星猩。

3.《六音字典》聲字母字來源於中古梗攝韻 35 字。其中：(1)庚韻 6 字：[比]①坪；[求]②鏡，③驚行；[名]⑥命；[言]①擎。(2)耕韻 1 字：[中]③莖。(3)清韻 24 字：[立]②領嶺衿；[比]④餅；[氣]①輕；[中]③呈程，⑥鄭；[片]③栟；[土]①程，③廳聽听；[全]①正，②正；[生]②姓性，③聲声成；[又]①贏營；[名]①名；[出]④請。(4)青韻 4 字：[立]①靈；[比]①並；[中]⑥定；[土]⑥定。

4.《六音字典》坦字母字來源於中古梗攝韻 28 字。其中：(1)庚韻 19 字：[比]②柄，⑥病；[求]①賡羹更，③哽，④埂；[氣]①坑；[中]③映；[片]①彭髶蟛；[生]①生，③甥；[名]①盲；[出]①眚；[向]③珩桁衡。(2)耕韻 3 字：[片]④怦；[名]②萠；[出]②錚。(3)清韻 4 字：[全]①晴，②靜，④井；[生]④省。(4)青韻 2 字：[出]①青，④醒。

5.《六音字典》順字母字來源於中古梗攝韻 8 字。其中：(1)庚韻 6 字：[又]④永。[向]①兄，③榮荣，⑥詠咏。(2)耕韻 1 字：[比]②硼。(3)清韻 1 字：[向]③瑩。

6.《六音字典》先字母字來源於中古梗攝韻 4 字。其中：(1)庚韻 1 字：[言]③迎。(2)耕韻 1 字：[求]①鏗。(3)清韻 1 字：[向]④穎。(4)青韻 1 字：[中]②奠。

7.《六音字典》通字母字來源於中古梗攝耕韻 2 字：[向]①轟。[向]③宏。

8.《六音字典》横字母字來源於中古梗攝庚韻 3 字：[求]④梗；[向]①横衡。

9.《六音字典》風字母字來源於中古梗攝庚韻 2 字：[求]④鑛；[又]④影。

10.《六音字典》朗字母字來源於中古梗攝韻 2 字。其中：(1)庚韻 1 字：

[又]④影。(2)耕韻 1 字:[全]③莊。

據統計,《廣韻》梗攝共計 268 字與《六音字典》相合。其中音字母字 139 字,占總數 51.87%;班字母 45 字,占總數 16.79%;聲字母 35 字,占總數 13.06%;坦字母 28 字,占總數 10.45%;順字母 8 字,占總數 2.99%;先字母 4 字,占總數 1.49%;横字母 3 字,占總數 1.19%;通字母、風字母、朗字母各 2 字,各占總數 0.75%。音字母字最多,班字母次之,聲字母再次之,其餘韻字偏少。就梗攝内部看,清韻最多,庚韻和青韻次之,耕韻最少。請看下表:

《廣韻》	《六音字典》									
	音字母	班字母	聲字母	坦字母	順字母	先字母	横字母	通字母	風字母	朗字母
庚韻 80	29	13	6	19	6	1	3	0	2	1
耕韻 27	5	13	1	3	1	1	0	2	0	1
清韻 81	49	2	24	4	1	1	0	0	0	0
青韻 80	56	17	4	2	0	1	0	0	0	0
總數 268	139	45	35	28	8	4	3	2	2	2

上表可見,梗攝庚韻、耕韻、清韻、青韻與《六音字典》字母的對應情況如下:《廣韻》80 個庚韻字與《六音字典》字母有 9 個對應層次:其一,音字母 29 字;其二,坦字母 19 字;其三,班字母 13 字;其四,聲字母 6 字;其五,順字母 6 字;其六,横字母 3 字;其七,風字母 2 字;其八,先字母 1 字;其九,朗字母 1 字。《廣韻》27 個耕韻字與《六音字典》字母有 8 個對應層次:其一,班字母 13 字;其二,音字母 5 字;其三,坦字母 3 字;其四,通字母 2 字;其五,聲字母 1 字;其六,順字母 1 字;其七,先字母 1 字;其八,朗字母 1 字。《廣韻》81 個清韻字與《六音字典》字母有 6 個對應層次:其一,音字母 49 字;其二,聲字母 24 字;其三,坦字母 4 字;其四,班字母 2 字;其五,順字母 1 字;其六,先字母 1 字。《廣韻》80 個青韻字與《六音字典》字母有 5 個對應層次:其一,音字母 56 字;其二,班字母 17 字;其三,聲字母 4 字;其四,坦字母 2 字;其五,先字母 1 字。

(二)《廣韻》梗攝入聲韻在《六音字典》中的讀音

1.《六音字典》備字母字來源於中古梗攝入聲韻 72 字。其中:(1)錫韻 38 字:[立]⑤歷歷歷靂;[求]⑤激,⑥擊;[氣]⑤喫;[中]⑤的狄逖翟荻笛滌啇嫡滴敵適;[片]⑤霹僻;[土]①緆,⑤剔裼惕踢,⑥迪;[全]⑤積績寂;[人]⑤溺尖;[生]⑤析;[名]⑤覓覔;[言]⑥鶂;[出]⑤戚;[向]⑤覡;(2)昔韻 31 字:

［比］⑤碧璧；［片］④辟散，⑤闢癖辟；［全］⑤積隻踖，⑥脊瘠鶺；［生］⑤昔惜釋螫暘，⑥席夕汐；［又］⑤益掖液繹驛懌奕弈；［名］③褬奭；(3)麥韻1字：［土］⑤敕；(4)陌韻2字：［求］⑤戟；［向］⑥綌。

2.《六音字典》射字母字來源於中古梗攝入聲韻28字。其中：(1)陌韻8字：［求］②屐；［中］⑥宅犯；［土］⑥宅；［言］①額；［向］⑤嚇哧謔。(2)麥韻3字：［中］⑤摘謫；［又］①椴。(3)昔韻14字：［比］⑤鐴；［全］②籍，⑤跡迹蹟隻磧脊，⑥蹠跖；［又］①役，③亦；［出］②跅，⑤赤。(4)錫韻3字：［立］②磿；［比］⑤壁；［中］⑥糴。

3.《六音字典》克字母字來源於中古梗攝入聲韻25字。其中：(1)陌韻11字：［比］②帛白，⑤伯；［求］⑤虢；［氣］③喀；［全］③擇，⑤澤；［名］⑤驀；［言］②逆；［出］②嘖；［出］⑤拆。(2)麥韻11字：［求］⑤革鬲，⑥嗝嘓；［全］⑤謫責；［又］⑤厄阨搤扼；［出］⑤策。(3)錫韻3字：［立］②礫；［生］⑤錫；［言］②鷊。

4.《六音字典》百字母字來源於中古梗攝入聲韻23字。其中：(1)陌韻11字：［比］①鮊，③窄，⑤百柏，⑥白；［求］⑥蚱；［氣］①挌，⑤客；［中］⑤矗；［片］④拍；［全］③蚱。(2)麥韻9字：［求］⑤膈隔槅；［又］⑤筴；［名］②脈脉麥；［出］⑤冊册。(3)昔韻3字：［立］②臘；［生］②涑刺。

5.《六音字典》直字母字來源於中古梗攝入聲韻14字。其中：(1)陌韻9字：［比］⑥苩；［片］⑤迫珀魄；［名］⑤陌貊貉；［向］⑤赫哧。(2)麥韻4字：［求］⑥馘聝嗝；［向］⑤核。(3)昔韻1字：［又］③膉。

6.《六音字典》條字母字來源於中古梗攝入聲韻9字。其中：(1)錫韻2字：［求］④檄；［中］②的。(2)昔韻6字：［全］⑤借，⑥石鼫；［生］⑥蓆；［出］⑤尺，⑤碩。(3)陌韻1字：［氣］⑤郤。

7.《六音字典》合字母字來源於中古梗攝入聲韻7字。其中：(1)陌韻4字：［片］⑤拍；［人］⑤搦；［名］⑤嘆；［向］⑤擭。(2)麥韻3字：［片］②擗；［言］⑥厄；［向］⑤獲。

8.《六音字典》古字母字來源於中古梗攝入聲韻4字。其中：(1)錫韻2字：［生］②錫；［出］⑤諔。(2)昔韻2字：［出］⑤蹢刺。

9.《六音字典》結字母字來源於中古梗攝入聲韻3字。其中：(1)昔韻1字：［比］⑥辟。(2)麥韻1字：［又］⑤擘。(3)陌韻1字：［氣］⑥隙。

10.《六音字典》推字母字來源於中古梗攝入聲韻3字。其中：(1)陌韻1

字:[求]②額。(2)麥韻 1 字:[向]⑥核。(3)昔韻 1 字:[氣]⑤郝。

11.《六音字典》化字母字來源於中古梗攝麥韻 1 字:[向]⑥畫。

12.《六音字典》出字母字來源於中古梗攝錫韻 1 字:[求]⑥甋。

13.《六音字典》闊字母字來源於中古梗攝麥韻 1 字:[向]③劃。

14.《六音字典》乃字母字來源於中古梗攝麥韻 1 字:[求]②隔。

15.《六音字典》述字母字來源於中古梗攝昔韻 1 字:[向]⑤疫。

據統計,《廣韻》梗攝入聲韻共計 193 字與《六音字典》相合。其中備字母 72 字,占總數 37.31%;射字母 28 字,占總數 14.51%;克字母 25 字,占總數 12.95%;百字母 23 字,占總數 11.92%;直字母 14 字,占總數 7.25%;條字母 9 字,占總數 4.66%;合字母 7 字,占總數 3.63%;古字母 4 字,占總數2.07%;結字母、推字母各 3 字,各占總數 1.55%;化字母、出字母、闊字母、乃字母、述字母各 1 字,各占總數 0.52%。其中備字母字最多,射字母次之,克字母和百字母再次之,其餘韻字偏少。就梗攝内部看,昔韻字最多,錫韻次之,陌、麥韻再次之。請看下表:

《廣韻》	《六音字典》														
	備字母	射字母	克字母	百字母	直字母	條字母	合字母	古字母	結字母	推字母	化字母	出字母	闊字母	乃字母	述字母
陌韻 48	2	8	11	11	9	1	4	0	1	1	0	0	0	0	0
麥韻 36	1	3	11	9	4	0	3	0	1	1	1	0	1	1	0
昔韻 60	31	14	0	3	1	6	0	2	1	1	0	0	0	0	1
錫韻 49	38	3	3	0	0	2	0	2	0	0	0	1	0	0	0
總數 193	72	28	25	23	14	9	7	4	3	3	1	1	1	1	1

上表可見,梗攝陌韻、麥韻、昔韻、錫韻與《六音字典》字母的對應情況如下:《廣韻》48 個陌韻字與《六音字典》字母有 9 個對應層次:其一其二,克字母、百字母各 11 字;其三,直字母 9 字;其四,射字母 8 字;其五,合字母 4 字;其六,備字母 2 字;其七至其九,條字母、結字母、推字母各 1 字。《廣韻》36 個麥韻字與《六音字典》字母有 11 個對應層次:其一,克字母 11 字;其二,百字母 9 字;其三,直字母 4 字;其四其五,射字母、合字母各 3 字;其六至其十一,備字母、結字母、推字母、化字母、闊字母、乃字母各 1 字。《廣韻》60 個昔韻字與《六音字典》字母有 9 個對應層次:其一,備字母 31 字;其二,射字母 14 字;其

三，條字母 6 字；其四，百字母 3 字；其五，古字母 2 字；其六至其九，直字母、結字母、推字母、述字母各 1 字。《廣韻》49 個錫韻字與《六音字典》字母有 6 個對應層次：其一，備字母 38 字；其二其三，射字母、克字母各 3 字；其四其五，條字母、古字母各 2 字；其六，出字母 1 字。

據考證，《廣韻》梗攝入聲韻共計 193 字與《六音字典》相合，但並不一定均讀作入聲調，而是演變爲其他聲調。請看下表：

《廣韻》	《六音字典》聲調系統					
入聲韻	①平	②去	③平	④上	⑤入	⑥去
陌韻 48	3	6	4	1	26	8
麥韻 36	1	5	1	0	21	8
昔韻 60	1	2	7	2	36	12
錫韻 49	1	5	0	1	37	5
總數 193	6	18	12	4	120	33

由上表可見，《廣韻》193 個入聲韻字中在《六音字典》中讀作⑤入聲調有 120 字，占總數 62.18%；讀作⑥去聲調有 33 字，占總數 17.10%；讀作②去聲調有 18 字，占總數 9.33%；讀作③平聲調有 12 字，占總數 6.22%；讀作①平聲調有 6 字，占總數 3.11%；讀作④上聲調有 4 字，占總數 2.07%。讀作⑤入聲調最多，讀作⑥去聲調次之，讀作②去聲調再次之。

五、曾攝

《廣韻》曾攝包括陽聲韻蒸韻、登韻（以平賅上、去）和入聲韻職韻、德韻。曾攝陽聲韻在《六音字典》中讀如音字母、順字母、班字母、本字母、通字母、朗字母、唱字母、坦字母、先字母等部分陽聲韻。曾攝入聲韻在《六音字典》中讀如備字母、直字母、克字母、述字母、推字母、結字母、出字母、古字母、乃字母等入聲韻和陰聲韻。

（一）《廣韻》曾攝陽聲韻在《六音字典》中的讀音

1.《六音字典》音字母字來源於中古曾攝韻 41 字。(1)蒸韻 41 字：[立]①綾，③夌淩陵；[比]③憑凴凭；[求]⑥兢；[氣]①矜；[中]①徵懲懲瀓澄；[全]①蒸烝，②症證甑，③蠅繩；[人]③凝，⑥認；[生]①升陞昇，②乘，⑥勝剩塖塍；[又]①鷹，②應应；[出]①再稱，②秤稱，③丞承；[向]①興。

2.《六音字典》順字母字來源於中古曾攝登韻 22 字：[比]②崩鵬。[氣]④

肯肎。[中]①登燈灯藤,②橙凳,③騰膯滕騰。[全]①曾,②憎,③曾層,⑥贈增。[人]③能。[生]③僧。

3.《六音字典》班字母字來源於中古曾攝韻 9 字。其中:(1)蒸韻 4 字:[立]①菱;[比]①冰氷;[全]②徵。(2)登韻 5 字:[立]①棱;[全]②澄;[求]④亙;[中]④戥,⑥鄧。

4.《六音字典》本字母字來源於中古曾攝韻 2 字。其中:(1)蒸韻 1 字:[向]②譽。(2)登韻 1 字:[向]③恒。

5.《六音字典》通字母字來源於中古曾攝登韻 1 字:[向]③弘。

6.《六音字典》朗字母字來源於中古曾攝登韻 1 字:[求]④肱。

7.《六音字典》唱字母字來源於中古曾攝登韻 1 字:[生]③媑。

8.《六音字典》坦字母字來源於中古曾攝登韻 1 字:[比]③棚。

9.《六音字典》先字母字來源於中古曾攝蒸韻 1 字:[又]⑥孕。

據統計,《廣韻》曾攝共計 79 字與《六音字典》相合。其中音字母 41 字,占總數 51.90%;順字母 22 字,占總數 27.85%;班字母 9 字,占總數 11.39%;本字母 2 字,占總數 2.53%;通字母、朗字母、唱字母、坦字母、先字母各 1 字,各占總數 1.27%。音字母字最多,順字母次之,班字母再次之,其餘韻字偏少。就曾攝内部看,蒸韻最多,登韻次之。請看下表:

《廣韻》	《六音字典》								
	音字母	順字母	班字母	本字母	通字母	朗字母	唱字母	坦字母	先字母
蒸韻 47	41	0	4	1	0	0	0	0	1
登韻 32	0	22	5	1	1	1	1	1	0
總數 79	41	22	9	2	1	1	1	1	1

上表可見,曾攝蒸韻、登韻與《六音字典》字母的對應情況如下:《廣韻》47 個蒸韻字與《六音字典》字母有 4 個對應層次:其一,音字母 41 字;其二,班字母 4 字;其三,本字母 1 字;其四,先字母 1 字。《廣韻》32 個登韻字與《六音字典》字母有 7 個對應層次:其一,順字母 22 字;其二,班字母 5 字;其三,本字母 1 字;其四,通字母 1 字;其五,朗字母 1 字;其六,唱字母 1 字;其七,坦字母 1 字。

(二)《廣韻》曾攝入聲韻在《六音字典》中的讀音

1.《六音字典》備字母字來源於中古曾攝入聲韻 29 字。職韻 29 字:[立]

②力;[比]⑤逼偪,⑥煏;[求]⑤亟極棘;[中]②殖;[土]⑤勑飭;[全]⑤職稷即戢;[人]⑤匿;[生]②式拭寔,⑤息熄蝕飾;[又]②薏翌翼翊,⑤弋,⑥億憶。

2.《六音字典》直字母字來源於中古曾攝入聲韻21字。其中:(1)職韻7字:[立]⑤泐;[中]⑥直直;[生]⑤色嗇簹穡。(2)德韻14字:[立]⑤勒肋;[比]⑤北匐,⑥蔔;[中]⑤德德得;[生]⑤塞;[名]②墨;[名]⑤默;[出]⑥賊;[向]⑤黑劾。

3.《六音字典》克字母字來源於中古曾攝入聲韻18字。其中:(1)職韻7字:[比]②抑;[全]⑤仄昃;[又]⑤抑;[出]⑤側測惻。(2)德韻11字:[氣]⑤刻克尅剋;[中]③特;[土]⑤忒忑慝踢;[全]⑤則;[人]①或。

4.《六音字典》述字母字來源於中古曾攝職韻6字:[向]⑤棫域蜮閾罭魊。

5.《六音字典》推字母字來源於中古曾攝入聲韻5字。其中:(1)職韻1字:[全]⑥拭。(2)德韻4字:[求]⑤國國;[向]⑤或惑。

6.《六音字典》結字母字來源於中古曾攝職韻2字:[生]⑤陟;[出]②棘。

7.《六音字典》出字母字來源於中古曾攝入聲韻2字。其中:(1)職韻1字:[片]⑥堛。(2)德韻1字:[土]⑤塞。

8.《六音字典》古字母字來源於中古曾攝入聲韻2字。其中:(1)德韻1字:[土]⑤忑。(2)職韻1字:[向]②窢。

9.《六音字典》乃字母字來源於中古曾攝德韻1字:[出]②城。

據統計,《廣韻》曾攝入聲韻共計86字與《六音字典》相合。其中備字母29字,占總數33.72%;直字母21字,占總數24.42%;克字母18字,占總數20.93%;述字母6字,占總數6.98%;推字母5字,占總數5.81%;結字母、出字母、古字母各2字,各占總數2.33%;乃字母1字,占總數1.16%。其中備字母字最多,直字母次之,克字母再次之,其餘韻字偏少。就曾攝内部看,韻字最多,韻次之,韻再次之,其餘韻字偏少。請看下表:

《廣韻》	《六音字典》								
	備字母	直字母	克字母	述字母	推字母	結字母	出字母	古字母	乃字母
職韻 54	29	7	7	6	1	2	1	1	0
德韻 32	0	14	11	0	4	0	1	1	1
總數 86	29	21	18	6	5	2	2	2	1

上表可見,曾攝職韻、德韻與《六音字典》字母的對應情況如下:《廣韻》54

個職韻字與《六音字典》字母有 8 個對應層次:其一,備字母 29 字;其二其三,直字母、克字母各 7 字;其四,述字母 6 字;其五,結字母 2 字;其六至其八,推字母、出字母、古字母各 1 字。《廣韻》32 個德韻字與《六音字典》字母有 6 個對應層次:其一,直字母 14 字;其二,克字母 11 字;其三,推字母 4 字;其四至其六,出字母、古字母、乃字母各 1 字。

據考證,《廣韻》曾攝入聲韻共計 86 字與《六音字典》相合,但並不一定均讀作入聲調,而是演變爲其他聲調。請看下表:

《廣韻》	《六音字典》聲調系統					
入聲韻	①平	②去	③平	④上	⑤入	⑥去
職韻 54	0	12	0	0	35	7
德韻 32	1	2	1	0	26	2
總數 86	1	14	1	0	61	9

由上表可見,《廣韻》86 個入聲韻字中在《六音字典》中讀作⑤入聲調有 61 字,占總數 70.93%;讀作②去聲調有 14 字,占總數 16.28%;讀作⑥去聲調有 9 字,占總數 10.47%;讀作①平聲調和③平聲調各有 1 字,各占總數 1.16%。讀作⑤入聲調最多,讀作②去聲調次之,讀作⑥去聲調再次之。

第三節 中古臻、山、深、咸諸攝與明本《六音字典》"三十四字母"對應研究

六、臻攝

《廣韻》臻攝包括陽聲韻真韻、諄韻、臻韻、文韻、欣韻、魂韻、痕韻(以平賅上、去)和入聲韻質韻、術韻、櫛韻、物韻、迄韻、没韻。臻攝陽聲韻在《六音字典》中讀如音字母、順字母、本字母、朗字母、先字母、班字母、通字母、聲字母等部分陽聲韻。臻攝入聲韻在《六音字典》中讀如備字母、推字母、述字母、出字母、闊字母、克字母、結字母、古字母、百字母、合字母、化字母、直字母、舌字母等入聲韻和陰聲韻。

(一)《廣韻》臻攝陽聲韻在《六音字典》中的讀音

1.《六音字典》音字母字來源於中古臻攝韻 98 字。其中:(1)真韻 90 字:[立]③鱗粦麟鄰,⑥吝;[比]①彬斌豳邠賓賔檳濱,②殯,③蘋頻顰貧,④擯;

[中]①陳蔯珍，②鎮，③塵，⑥陣陳診；[片]①嬪，⑥儐鬢鬂髩；[全]①真眞嗔津，②進晉晋縉，③秦螓，④振賑震眕軫，⑥盡尽；[人]①人，④忍；[生]①申呻伸紳辛甡身新薪，②信，③辰晨神宸，④訊，⑥慎腎迅；[又]①因曰姻絪煙，②印，④引蚓，⑥胤；[名]③民，④澠閩憫旻閔敏；[出]①親，③臣，⑥眹；[向]③夤。(2)諄韻 2 字：[比]①贇；[出]①夋。(3)欣韻 6 字：[求]③芹，④槿謹；[全]③巹；[向]⑥欣忻。

2.《六音字典》順字母字來源於中古臻攝韻 72 字。其中：(1)魂韻 12 字：[立]②崙。[比]①奔犇。[中]③豚。[又]④尹允。[出]①春椿，④蠢。[名]⑥捫悶懣。(2)文韻 18 字：[求]①裙，②郡，③君羣群軍皸。[氣]②燻。[向]①醺勛，③雲云紜芸耘，②訓，⑥運韻。(3)欣韻 5 字：[求]③勤懃。[又]①殷慇，④隱。(4)諄韻 33 字：[立]①輪，②侖，③倫。[求]①莙，③勻均鈞筠。[氣]②窘，③困菌。[全]①諄，②駿峻浚濬俊，③餕，④准準。[人]⑥閏潤。[生]②舜，③旬純巡，③脣唇閏循，④筍笋，⑥順。(5)真韻 4 字：[求]③巾。[言]①銀，③嚚誾。

3.《六音字典》本字母字來源於中古臻攝韻 63 字。其中：(1)魂韻 33 字：[立]⑥論；[比]②畚；③盆；④本；[求]②棍；[氣]②困；③昆崑焜鶤坤；④綑稇；[中]④頓墩墪；[片]②噴；[人]⑥嫩；[生]②巽；③孫；④損；[又]①瘟温；④穩；[出]②寸；③村；④忖；[向]①魂昏惛婚惛；③渾。(2)痕韻 3 字：[氣]④懇墾；[土]③吞。(3)文韻 24 字：[比]②糞；[求]①裙；[又]①氳；③聞文紋雯墳坟焚；④刎；⑥煴聞；[名]⑥問；[向]①葷分吩芬；③焚；④粉紛；⑥忿份分。(4)諄韻 3 字：[立]①圇；[全]②圳；[生]⑥瞬。

4.《六音字典》朗字母字來源於中古臻攝韻 21 字。其中：(1)魂韻 12 字：[中]①屯，②沌鈍遁盾；[全]①尊樽罇，③存；[向]⑥混溷慁。(2)痕韻 2 字：[求]②艮；[向]①痕。(3)文韻 4 字：[向]⑥紊；[向]⑥忿奮憤。(4)欣韻 1 字：[向]①齦。(5)諄韻 2 字：[中]①迍；[全]①遵。

5.《六音字典》先字母字來源於中古臻攝真韻 15 字：[又]①湮堙甄煙，③仁神辰晨宸，⑥娠刄刃仞訒；[名]①緡。

6.《六音字典》班字母字來源於中古臻攝韻 8 字。其中：(1)痕韻 4 字：[求]①跟；[又]①恩；[向]④很，⑥恨。(2)真韻 3 字：[全]①榛；[生]②信，③哂。(3)臻韻 1 字：[全]①臻。

7.《六音字典》通字母字來源於中古臻攝韻 4 字。其中:(1)魂韻 2 字:[中]①豘。[片]②噴。(2)文韻 1 字:[名]④蚊。(3)欣韻 1 字:[又]②菣。

8.《六音字典》聲字母字來源於中古臻攝真韻 1 字:[生]①鏻。

據統計,《廣韻》臻攝陽聲韻共計 282 字與《六音字典》相合。其中音字母 98 字,占總數 34.75%;順字母 72 字,占總數 25.53%;本字母 63 字,占總數 22.34%;朗字母 21 字,占總數 7.45%;先字母 15 字,占總數 5.32%;班字母 8 字,占總數 2.84%;通字母 4 字,占總數 1.42%;聲字母 1 字,占總數 0.35%。音字母字最多,順字母次之,本字母再次之,其餘韻字偏少。就通攝内部看,真韻字最多,主要在《六音字典》音字母;魂韻次之,主要在《六音字典》本字母;文韻再次之,主要在《六音字典》本字母和順字母;諄韻再次之,主要在《六音字典》順字母;其餘韻字偏少。請看下表:

《廣韻》	《六音字典》							
	音字母	順字母	本字母	朗字母	先字母	班字母	通字母	聲字母
真韻 113	90	4	0	0	15	3	0	1
諄韻 40	2	33	3	2	0	0	0	0
臻韻 1	0	0	0	0	0	1	0	0
文韻 47	0	18	24	4	0	0	1	0
欣韻 13	6	5	0	1	0	0	1	0
魂韻 59	0	12	33	12	0	0	2	0
痕韻 9	0	0	3	2	0	4	0	0
總數 282	98	72	63	21	15	8	4	1

上表可見,臻攝真韻、諄韻、臻韻、文韻、欣韻、魂韻、痕韻與《六音字典》字母的對應情況如下:《廣韻》113 個真韻字與《六音字典》字母有 5 個對應層次:其一,音字母 90 字;其二,先字母 15 字;其三,順字母 4 字;其四,班字母 3 字;其五,聲字母 1 字。《廣韻》40 個諄韻字與《六音字典》字母有 4 個對應層次:其一,順字母 33 字;其二,本字母 3 字;其三,音字母 2 字;其四,朗字母 2 字。《廣韻》1 個臻韻字與《六音字典》字母有 1 個對應層次:班字母 1 字。《廣韻》47 個文韻字與《六音字典》字母有 4 個對應層次:其一,本字母 24 字;其二,順字母 18 字;其三,朗字母 4 字;其四,通字母 1 字。《廣韻》13 個欣韻字與《六音字典》字母有 4 個對應層次:其一,音字母 6 字;其二,順字母 5 字;其三,朗字母 1 字;其四,通字母 1 字。《廣韻》59 個魂韻字與《六音字典》字母有 4 個對應

層次：其一，本字母 33 字；其二，順字母 12 字；其三，朗字母 12 字；其四，通字母 2 字。《廣韻》9 個痕韻字與《六音字典》字母有 3 個對應層次：其一，班字母 4 字；其二，本字母 3 字；其三，朗字母 2 字。

（二）《廣韻》臻攝入聲韻在《六音字典》中的讀音

1.《六音字典》備字母字來源於中古臻攝入聲韻 39 字。其中：(1)質韻 34 字：[比]⑤必筆笔滭，⑥畢；[求]⑤吉；[中]③姪侄；[全]②蒺疾，⑤質唧，⑥桎；[人]②日；[生]②實，⑤失悉蟋室，⑥膝；[又]⑤一壹乙溢逸馹佚；[名]⑤蜜密宻宓泌；[出]⑤七桼。(2)術韻 2 字：[比]⑤蓽；[向]⑤橘。(3)迄韻 3 字：[氣]⑤訖迄吃。

2.《六音字典》推字母字來源於中古臻攝入聲韻 16 字。其中：(1)没韻 7 字：[求]②滑，⑤骨；[氣]⑤窟；[言]①兀杌；[向]⑤忽惚。(2)迄韻 1 字：[中]⑥及。(3)術韻 3 字：[全]⑤卒卆；[生]⑤蟀。(4)物韻 5 字：[向]⑤佛髴欻，⑥佛咈。

3.《六音字典》述字母字來源於中古臻攝入聲韻 16 字。其中：(1)術韻 13 字：[立]④聿律遹鷸歍；[中]②術；[全]②怵；[生]⑤恤卹賉述術鉥。(2)月韻 1 字：[人]②月。(3)物韻 2 字：[氣]⑤屈掘。

4.《六音字典》出字母字來源於中古臻攝入聲韻 11 字。其中：(1)物韻 8 字：[求]⑥掘；[氣]⑤倔屈；[又]⑤鬱欝蔚尉熨。(2)術韻 3 字：[全]④啐；[出]⑤出，⑥秫。

5.《六音字典》闊字母字來源於中古臻攝入聲韻 10 字。其中：(1)物韻 7 字：[又]④物，⑤勿弗拂芴紱黻。(2)没韻 3 字：[又]⑤艴；[名]②没歿。

6.《六音字典》克字母字來源於中古臻攝入聲韻 8 字。其中：(1)質韻 6 字：[立]②栗慄；[名]②宻密；[出]②叱，⑤漆。(2)櫛韻 2 字：[生]⑤蝨虱。

7.《六音字典》結字母字來源於中古臻攝入聲韻 4 字。其中：(1)質韻 3 字：[求]⑤詰；[中]②帙，⑤秩。(2)没韻 1 字：[生]⑤屑。

8.《六音字典》古字母字來源於中古臻攝入聲韻 4 字。其中：(1)没韻 3 字：[土]④凸，⑤突朏。(2)術韻 1 字：[出]⑤黜。

9.《六音字典》百字母字來源於中古臻攝入聲韻 3 字。其中：(1)没韻 2 字：[人]⑤訥；[言]②尳。(2)質韻 1 字：[生]①蟋。

10.《六音字典》合字母字來源於中古臻攝入聲韻 2 字。其中：(1)没韻 1

字:[全]⑤倅。(2)術韻 1 字:[名]⑤訹。

11.《六音字典》化字母字來源於中古臻攝入聲韻 2 字。其中:(1)物韻 1 字:[全]③物。(2)没韻 1 字:[求]④骨。

12.《六音字典》直字母字來源於中古臻攝入聲韻 2 字。其中:(1)質韻 1 字:[出]⑥叱。(2)櫛韻 1 字:[生]⑤瑟。

13.《六音字典》舌字母字來源於中古臻攝入聲韻 1 字。迄韻 1 字:[求]⑤曁。

據統計,《廣韻》臻攝入聲韻共計 117 字與《六音字典》相合。其中備字母 39 字,占總數 33.33%;推字母、述字母各 16 字,各占總數 13.68%;述字母 15 字,占總數 12.82%;出字母 11 字,占總數 9.40%;闊字母 10 字,占總數 8.55%;克字母 8 字,占總數 6.84%;結字母、古字母各 4 字,各占總數3.42%;百字母 3 字,占總數 2.56%;合字母、化字母、直字母各 2 字,各占總數1.71%;舌字母 1 字,占總數 0.85%。備字母字最多,推字母、述字母次之,出字母再次之,其餘韻字偏少。

就臻攝内部看,質韻字居多,術韻次之,物韻再次之,其餘韻字偏少。請看下表:

《廣韻》	《六音字典》												
	備字母	推字母	述字母	出字母	闊字母	克字母	結字母	古字母	百字母	合字母	化字母	直字母	舌字母
質韻 45	34	0	0	0	0	6	3	0	1	0	0	1	0
術韻 23	2	3	13	3	0	0	0	1	0	1	0	0	0
櫛韻 3	0	0	0	0	0	2	0	0	0	0	0	1	0
物韻 23	0	5	2	8	7	0	0	0	0	0	1	0	0
迄韻 5	3	1	0	0	0	0	0	0	0	0	0	0	1
没韻 18	0	7	0	0	3	0	1	3	2	1	1	0	0
總數 117	39	16	15	11	10	8	4	4	3	2	2	2	1

上表可見,臻攝質韻、術韻、櫛韻、物韻、迄韻、没韻與《六音字典》字母的對應情況如下:《廣韻》45 個質韻字與《六音字典》字母有 5 個對應層次:其一,闊字母 34 字;其二,克字母 6 字;其三,結字母 3 字;其四其五,百字母、直字母各 1 字。《廣韻》23 個術韻字與《六音字典》字母有 6 個對應層次:其一,述字母 13 字;其二其三,推字母、出字母各 3 字;其四,備字母 2 字;其五其六,古字

母、合字母各1字。《廣韻》3個櫛韻字與《六音字典》字母有2個對應層次：其一，克字母2字；其二，直字母1字。《廣韻》23個物韻字與《六音字典》字母有5個對應層次：其一，出字母8字；其二，闊字母7字；其三，推字母5字；其四，述字母2字；其五，化字母1字。《廣韻》5個迄韻字與《六音字典》字母有3個對應層次：其一，備字母3字；其二其三，推字母、舌字母各1字。《廣韻》18個没韻字與《六音字典》字母有7個對應層次：其一，推字母7字；其二其三，闊字母、古字母各3字；其四，百字母2字；其五至其七，結字母、合字母、化字母各1字。

據考證，《廣韻》臻攝入聲韻共計117字與《六音字典》相合，但並不一定均讀作入聲調，而是演變爲其他聲調。請看下表：

《廣韻》	《六音字典》聲調系統					
入聲韻	①平	②去	③平	④上	⑤入	⑥去
質韻45	1	10	2	0	28	4
術韻23	0	2	0	6	14	1
櫛韻3	0	0	0	0	3	0
物韻23	0	0	1	1	18	3
迄韻5	0	0	0	0	4	1
没韻18	2	4	0	2	10	0
總數117	3	16	3	9	77	9

由上表可見，《廣韻》117個入聲韻字中在《六音字典》中讀作⑤入聲調有77字，占總數65.81%；讀作②去聲調有16字，占總數13.78%；讀作④上聲調和⑥去聲調各有9字，各占總數7.69%；讀作①平聲調和③平聲調各有3字，各占總數2.56%。讀作⑤入聲調最多，讀作②去聲調次之，讀作④上聲調和⑥去聲調再次之。

七、山攝

《廣韻》山攝包括陽聲韻寒韻、桓韻、山韻、删韻、元韻、仙韻、先韻(以平賅上、去)和入聲韻曷韻、末韻、黠韻、鎋韻、月韻、薛韻、屑韻。山攝陽聲韻在《六音字典》中讀如先字母、本字母、班字母、音字母、坦字母、横字母、聲字母、唱字母、順字母、朗字母等部分陽聲韻。山攝入聲韻在《六音字典》中讀如結字母、舌字母、闊字母、百字母、乃字母、備字母、推字母、化字母、合字母、射字母、古字母、交字母、克字母、直字母、述字母等入聲韻和陰聲韻。

(一)《廣韻》山攝陽聲韻在《六音字典》中的讀音

1.《六音字典》先字母字來源於中古山攝韻 146 字。其中:(1)先韻 55 字:[立]③憐,⑥煉練。[比]①邊籩,②辮,③扁藊蝙,④匾。[求]①堅,②見。[中]①顛巔,③癲田鈿,④典,⑥電。[片]②片,⑥偏遍。[土]①天,④笼。[全]②牮,③先。[人]①年。[生]③先,⑥先。[又]①胭煙,②醼讌燕宴燕鷰,③賢贒絃弦。[名]⑥麵麪。[言]⑥硯。[出]①前媥,③遷扡㦗箋芊。[向]④顯顕,⑥現見。(2)仙韻 78 字:[立]①連慩聯,④璉輦。[比]①便,②變辯卞汴,③鞭,⑥便。[求]⑥件。[氣]①愆謇騫,④謇遣譴虔。[中]①纏,③廛纏。[片]①偏,②騙諞。[全]①錢銭氈氊氈,②箭戰,③仙仚僊秈嗇膻,⑥賤。[生]②扇煽,③仙仚僊秈,④鮮,⑥善羨善繕膳饍擅。[又]①焉,③蟬禪嬋然燃延筵涎,④衍演。[名]①綿棉緜,⑥面。[言]⑥喭彥喭諺。[出]③遷韆鮮鱻,④淺。(3)元韻 3 字:[氣]④蹇。[又]③焉,④偃。(4)山韻 6 字:[比]②辨。[求]①慳,③癇。[全]③孱,④戔。[生]③孱。(5)刪韻 1 字:[向]①還。(6)寒韻 3 字:[求]③乾。[生]③膻。[又]②晏。

2.《六音字典》本字母字來源於中古山攝韻 143 字。其中:(1)寒韻 42 字:[立]①襴;③瀾;⑥爛;[求]③竿乾幹幹;⑥幹;[土]②歎攤炭;[全]②趲;[人]⑥難;[生]②散;④傘;⑥蛋;[中]①端丹;②旦單誕;③壇檀單彈;[又]②案按;③安鞍;⑥榦幹;[出]⑥粲燦;[向]①鼾玕;②漢旱哻;③肝韓皈;④翰。(2)桓韻 60 字:[立]⑥亂乱;[比]①般盤槃磐鎜;②半;③搬;④跘;⑥秚;[求]②貫灌;③冠;③觀;④管;[氣]④舘館款;[中]②暖煖;③團;⑥斷断彖段緞煅;[片]①跸蟠磻;②判;⑥泮伴畔;[人]④暖煖;[生]②算筭;③酸;[又]③紈;④碗椀盌;④緩;⑥換奐奂煥;[名]③瞞;④滿;[言]⑥玩翫;[出]⑥篡竄爨;[向]①歡懽;④喚唤。(3)山韻 5 字:[求]③鰥;[生]③山;④產;[出]④剷鏟。(4)刪韻 10 字:[求]③慣;[又]②彎灣;⑥宦;[出]⑥篡撰;[向]③環還;④宦患。(5)元韻 22 字:[比]④阪;⑥飯;[又]③煩;③萬万樊礬;④宛婉阮;④挽晚爰;⑥苑;[向]①販;③番翻垣;③繁;④反返飯。(6)仙韻 4 字:[中]④剸;[出]④喘揣舛。

3.《六音字典》班字母字來源於中古山攝韻 73 字。其中:(1)先韻 13 字:[求]①肩,④繭;[氣]①牽,④犬;[中]①填,④典,⑥殿甸佃;[生]③先;[言]④研;[出]①田,③千。(2)仙韻 4 字:[立]①蓮;[求]④狷;[全]④翦剪。(3)元韻1字:[比]③反。(4)山韻20字:[比]⑥辦办;[求]①艱間,④柬揀簡,⑥間;[片]⑥盼;[全]④盞盏琖;[言]④眼;[向]③嫺嫻閑閒,④狠,⑥莧限。(5)删韻22字:[比]①班斑頒,③眅,④板版;[求]①姦奸橺,②諫,⑥澗;[片]①攀;[全]⑥棧;[人]②赧;[生]①潸;[名]①蠻蛮,⑥慢;[言]③顔顏,⑥雁鴈。(6)寒韻13字:[求]①趕;[氣]⑥看;[中]⑥憚誕;[土]③攤;[全]③殘;[生]①珊;[言]⑥岸;[名]①饅,⑥謾;[向]④悍罕罕。

4.《六音字典》音字母字來源於中古山攝韻9字。其中:(1)先韻5字:[比]④匾;[中]①殄;[又]①煙;[名]①眠;[向]①眩。(2)仙韻4字:[全]①旃,④碾展;[名]①嗹。

5.《六音字典》坦字母字來源於中古山攝韻9字。其中:(1)寒韻5字:[氣]④刊;[中]②但亶;[土]①攤,④坦;(2)山韻1字:[向]③鷳。(3)先韻3字:[言]③妍研;[向]③筧。

6.《六音字典》横字母字來源於中古山攝韻4字。其中:(1)寒韻3字:[求]④杆簳笴。(2)删韻1字:[求]②閂。

7.《六音字典》聲字母字來源於中古山攝韻3字。其中:(1)山韻1字:[出]④鏟。(2)仙韻1字:[比]①平。(3)先韻1字:[言]⑥硯。

8.《六音字典》唱字母字來源於中古山攝韻2字。其中:(1)元韻1字:[立]①料。(2)仙韻1字:[又]④養。

9.《六音字典》順字母字來源於中古仙韻1字:[全]②雋。

10.《六音字典》朗字母字來源於中古桓韻1字:[土]④氽。

據統計,《廣韻》山攝陽聲韻共計391字與《六音字典》相合。其中先字母146字,占總數37.34%;本字母143字,占總數36.57%;班字母73字,占總數18.67%;音字母、坦字母各9字,各占總數2.30%;横字母4字,占總數1.02%;聲字母3字,占總數0.77%;唱字母2字,占總數0.51%;順字母、朗字母各1字,各占總數0.26%。先字母字最多,本字母次之,班字母再次之,其餘韻字偏少。就山攝内部看,仙韻字最多,主要在《六音字典》先字母;先韻次之,主要在《六音字典》先字母;寒韻再次之,主要在《六音字典》本字母;桓韻再次之,主要在《六音字典》本字母;其餘韻字偏少。請看下表:

《廣韻》	《六音字典》									
	先字母	本字母	班字母	音字母	坦字母	横字母	聲字母	唱字母	順字母	朗字母
先韻 77	55	0	13	5	3	0	1	0	0	0
仙韻 93	78	4	4	4	0	0	1	1	1	0
元韻 27	3	22	1	0	0	0	0	1	0	0
山韻 33	6	5	20	0	1	0	1	0	0	0
删韻 34	1	10	22	0	0	1	0	0	0	0
寒韻 66	3	42	13	0	5	3	0	0	0	0
桓韻 61	0	60	0	0	0	0	0	0	0	1
總數 391	146	143	73	9	9	4	3	2	1	1

上表可見，山攝先韻、仙韻、元韻、山韻、删韻、寒韻、桓韻與《六音字典》字母的對應情況如下：《廣韻》77 個先韻字與《六音字典》字母有 5 個對應層次：其一，先字母 55 字；其二，班字母 13 字；其三，音字母 5 字；其四，坦字母 3 字；其五，聲字母 1 字。《廣韻》93 個仙韻字與《六音字典》字母有 7 個對應層次：其一，先字母 78 字；其二，本字母 4 字；其三，班字母 4 字；其四，音字母 4 字；其五，聲字母 1 字；其六，唱字母 1 字；其七，順字母 1 字。《廣韻》27 個元韻字與《六音字典》字母有 4 個對應層次：其一，本字母 22 字；其二，先字母 3 字；其三，班字母 1 字；其四，唱字母 1 字。《廣韻》33 個山韻字與《六音字典》字母有 5 個對應層次：其一，班字母 20 字；其二，先字母 6 字；其三，本字母 5 字；其四，坦字母 1 字；其五，聲字母 1 字。《廣韻》34 個删韻字與《六音字典》字母有 4 個對應層次：其一，班字母 22 字；其二，本字母 10 字；其三，先字母 1 字；其四，横字母 1 字。《廣韻》66 個寒韻字與《六音字典》字母有 5 個對應層次：其一，本字母 42 字；其二，班字母 13 字；其三，坦字母 5 字；其四，先字母 3 字；其五，横字母 3 字。《廣韻》61 個桓韻字與《六音字典》字母有 2 個對應層次：其一，本字母 60 字；其二，朗字母 1 字。

(二)《廣韻》山攝入聲韻在《六音字典》中的讀音

1.《六音字典》結字母字來源於中古山攝入聲韻 72 字。其中：(1)屑韻 33 字：[求]⑤絜潔挈結擷纈襭；[氣]⑤鈌疾；[中]⑤迭跌瓞軼耋耊恎；[片]①撇擎，④瞥；[土]⑤鐵銕鉄；[全]⑤節癤；[人]⑤揑；[名]②篾；[言]②臬；[出]⑤切竊窃，⑥蠛；[向]⑤血，⑥穴。(2)薛韻 35 字：[立]②裂，⑤列烈；[比]⑥别；[求]③傑杰，⑤孑揭竭偈訐；[氣]⑤缺；[中]⑤哲喆；[片]④瞥，⑤别鼈鱉；[全]

⑤浙，⑥折；[生]③熱；⑤褻薛拽絏泄設；[名]②滅；[言]②孽蠥碣，⑤桀；[出]⑤徹轍澈。(3)月韻3字：[求]⑤揭；[向]⑤蠍蝎。(4)黠韻1字：[求]⑤祮。

2.《六音字典》舌字母字來源於中古山攝入聲韻40字。其中：(1)屑韻7字：[求]⑤決訣抉赽刔譎；[氣]⑤缺。(2)薛韻14字：[立]⑤閲劣；[全]⑤拙錣輟綴，⑥絕；[生]②舌，⑤雪説；[又]⑤悦説；[出]⑤歠啜。(3)月韻16字：[立]⑤越粤軏鉞；[求]⑤獗劂撅；[氣]⑤厥闕瘚蕨；[生]⑥抈；[又]⑤曰；[言]②月；[向]③蕨，⑤歇。(4)鎋韻1字：[又]⑤刖。(5)曷韻1字：[土]①獺。(6)末韻1字：[立]⑤捋。

3.《六音字典》闊字母字來源於中古山攝入聲韻35字。其中：(1)曷韻8字：[求]⑤葛割；[氣]⑤渴；[中]②蓬，③達；[生]⑤撒；[出]⑤擦；[向]⑤喝。(2)末韻14字：[比]②鈸，⑤撥癸癶鉢茇；[求]⑤適；[氣]⑤闊；[片]⑤潑鏺劚；[名]②末靺，⑤抹。(3)黠韻3字：[生]⑤殺煞；[出]⑤察。(4)月韻8字：[名]②襪韈；[比]⑤髮；[向]⑤發菝，⑥伐閥罰。(5)屑韻2字：[出]⑤䂳；[向]⑤血。

4.《六音字典》百字母字來源於中古山攝入聲韻21字。其中：(1)曷韻7字：[立]⑤辣辢；[中]⑤妲；[土]⑤撻躂；[生]⑤薩撒；(2)末韻4字：[立]⑤捋；[比]③犮拔跋。(3)黠韻4字：[比]①朳，⑤叭；[全]⑤劄；[人]②叭。(4)鎋韻2字：[比]⑤捌；[生]⑤剎。(5)薛韻4字：[比]⑤蘖；[人]⑤吶蚋蜹。

5.《六音字典》乃字母字來源於中古山攝入聲韻15字。其中：(1)屑韻3字：[氣]④齧；[全]⑤節，⑥截。(2)月韻1字：[又]⑤閼。(3)鎋韻2字：[立]⑤㖭；[向]⑤瞎。(4)黠韻2字：[比]⑤八捌。(5)曷韻7字：[中]③歹，⑥達迖；[又]⑤靄餲遏，⑥嗐。

6.《六音字典》備字母字來源於中古山攝入聲韻13字。其中：(1)屑韻5字：[求]⑤桔；[全]⑥耋；[名]⑤苾；[言]⑥卩；[向]⑤桔；(2)薛韻3字：[又]⑤曳拽泄；(3)月韻1字：[向]⑥謁；(4)黠韻3字：[求]⑤頡；[氣]⑤戞；[又]⑤軋；(5)鎋韻1字：[求]⑥刮。

7.《六音字典》推字母字來源於中古山攝入聲韻7字。其中：(1)末韻5字：[求]②髻；[中]⑤裰掇；[土]⑤脱；[出]⑤剟。(2)薛韻2字：[生]⑤刷唰。

8.《六音字典》化字母字來源於中古山攝入聲韻6字。其中：(1)末韻3字：[向]⑤活括豁。(2)鎋韻1字：[求]④刮。(3)黠韻1字：[又]①挖。(4)月韻1字：[向]⑤髮。

9.《六音字典》合字母字來源於中古山攝入聲韻 4 字。其中:(1)曷韻 2 字:[全]⑤峇,[向]⑤曷。(2)末韻 1 字:[中]⑤奪。(3)黠韻 1 字:[求]②硈。

10.《六音字典》射字母字來源於中古山攝入聲韻 3 字。其中:(1)屑韻 1 字:[求]②擷。(2)薛韻 1 字:[土]⑤折。(3)月韻 1 字:[求]⑤孓。

11.《六音字典》古字母字來源於中古山攝入聲韻 3 字。其中:(1)屑韻 2 字:[中]⑤跌;[土]⑤佚。(2)末韻 1 字:[全]①撮。

12.《六音字典》交字母字來源於中古山攝入聲韻 2 字。其中:(1)屑韻 1 字:[氣]④覈。(2)薛韻 1 字:[又]④折。

13.《六音字典》克字母字來源於中古山攝入聲韻 2 字。屑韻 2 字:[全]⑤節;[向]②齕。

14.《六音字典》直字母字來源於中古山攝入聲韻 1 字。屑韻 1 字:[向]⑤覈。

15.《六音字典》述字母字來源於中古山攝入聲韻 1 字。其中:月韻 1 字:[人]②月。

據統計,《廣韻》山攝入聲韻共計 225 字與《六音字典》相合。其中結字母 72 字,占總數 32.00%;舌字母 40 字,占總數 17.78%;闊字母 35 字,占總數 15.56%;百字母 21 字,占總數 9.33%;乃字母 15 字,占總數 6.67%;備字母 13 字,占總數 5.78%;推字母 7 字,占總數 3.11%;化字母 6 字,占總數 2.67%;合字母 4 字,占總數 1.78%;射字母、古字母各 3 字,各占總數1.33%;交字母、克字母各 2 字,各占總數 0.89%;直字母、述字母各 1 字,各占總數 0.44%。其中結字母字最多,舌字母,闊字母再次之,其餘韻字偏少。就山攝内部看,屑韻字最多,薛韻次之,月韻再次之,其餘韻字偏少。請看下表:

《廣韻》	《六音字典》														
	結字母	舌字母	闊字母	百字母	乃字母	備字母	推字母	化字母	合字母	射字母	古字母	交字母	克字母	直字母	述字母
屑韻 57	33	7	2	0	3	5	0	0	0	1	2	1	2	1	0
薛韻 60	35	14	0	4	0	3	2	0	0	1	0	1	0	0	0
月韻 32	3	16	8	0	1	1	0	1	0	1	0	0	0	0	1
黠韻 15	1	0	3	4	2	3	0	1	1	0	0	0	0	0	0
鎋韻 7	0	1	0	2	2	1	0	1	0	0	0	0	0	0	0
曷韻 25	0	1	8	7	7	0	0	0	2	0	0	0	0	0	0
末韻 29	0	1	14	4	0	0	5	3	1	0	1	0	0	0	0
總數 225	72	40	35	21	15	13	7	6	4	3	3	2	2	1	1

上表可見，山攝屑韻、薛韻、月韻、黠韻、鎋韻、曷韻、末韻與《六音字典》字母的對應情況如下：《廣韻》57個屑韻字與《六音字典》字母有10個對應層次：其一，結字母33字；其二，舌字母7字；其三，備字母5字；其四，乃字母3字；其五至其七，闊字母、古字母、克字母各2字；其八至其十，射字母、交字母、直字母各1字。《廣韻》60個薛韻字與《六音字典》字母有7個對應層次：其一，結字母35字；其二，舌字母14字；其三，百字母4字；其四，備字母3字；其五，推字母2字；其六其七，射字母、交字母各1字。《廣韻》32個月韻字與《六音字典》字母有8個對應層次：其一，舌字母16字；其二，闊字母8字；其三，結字母3字；其四至其八，乃字母、備字母、化字母、射字母、述字母各1字。《廣韻》15個黠韻字與《六音字典》字母有7個對應層次：其一，百字母4字；其二其三，闊字母、備字母各3字；其四，乃字母2字；其五至其七，結字母、化字母、合字母各1字。《廣韻》7個鎋韻字與《六音字典》字母有5個對應層次：其一其二，百字母、乃字母各2字；其三至其五，舌字母、備字母、化字母各1字。《廣韻》25個曷韻字與《六音字典》字母有5個對應層次：其一，闊字母8字；其二其三，百字母、乃字母各7字；其四，合字母2字；其五，舌字母1字。《廣韻》29個末韻字與《六音字典》字母有7個對應層次：其一，闊字母14字；其二，推字母5字；其三，百字母4字；其四，化字母3字；其五至其七，舌字母、合字母、古字母各1字。

據考證，《廣韻》山攝入聲韻共計225字與《六音字典》相合，但並不一定均讀作入聲調，而是演變爲其他聲調。請看下表：

《廣韻》	《六音字典》聲調系統					
入聲韻	①平	②去	③平	④上	⑤入	⑥去
屑韻57	2	4	0	3	43	5
薛韻60	0	6	3	2	46	3
月韻32	0	4	1	0	22	5
黠韻15	2	2	0	0	11	0
鎋韻7	0	0	0	1	5	1
曷韻25	1	1	2	0	18	3
末韻29	1	4	3	0	21	0
總數225	6	21	9	6	166	17

由上表可見，《廣韻》225個入聲韻字中在《六音字典》中讀作⑤入聲調有

166 字,占總數 73.78%;讀作②去聲調有 21 字,占總數 9.33%;讀作⑥去聲調有 17 字,占總數 7.56%;讀作③平聲調各有 9 字,占總數 4.00%;讀作①平聲調和④上聲調各有 6 字,各占總數 2.67%。讀作⑤入聲調最多,讀作②去聲調次之,讀作⑥去聲調再次之。

八、深攝

《廣韻》深攝包括陽聲韻侵韻(以平賅上、去)和入聲韻緝韻。深攝陽聲韻在《六音字典》中讀如音字母、班字母、先字母、坦字母、朗字母等部分陽聲韻。深攝入聲韻在《六音字典》中讀如備字母、直字母、結字母、射字母、百字母、條字母、交字母、克字母、述字母等入聲韻和陰聲韻。

(一)《廣韻》曾攝陽聲韻在《六音字典》中的讀音

1.《六音字典》音字母字來源於中古深攝韻 59 字。侵韻 59 字:[立]①林淋霖,③琳臨,④稟廩懍;[比]④稟;[求]①金今,②禁勬,③襟禽檎琴衾芩吟唫,④錦,⑥妗;[氣]①欽,③擒捦;[中]③砧埕沉;[片]④品;[全]①斟諶忱箴針侵,②浸,③尋,④枕;[人]①壬;[生]①心,④審嬸稔沈,⑥甚;[又]①陰喑音,④飲,②蔭廕;[出]①深琛,②沁,⑥朕寢;[向]③淫婬。

2.《六音字典》班字母字來源於中古深攝侵韻 4 字:[生]①滲,③森参參。

3.《六音字典》先字母字來源於中古深攝侵韻 4 字:[又]⑥任荏姙妊。

4.《六音字典》坦字母字來源於中古深攝侵韻 2 字:[出]①參,②讖。

5.《六音字典》朗字母字來源於中古深攝侵韻 1 字:[出]②闖。

據統計,《廣韻》深攝共計 70 字與《六音字典》相合。其中音字母 59 字,占總數 84.29%;班字母、先字母各 4 字,各占總數 5.71%;坦字母 2 字,占總數2.86%;朗字母 1 字,占總數 1.43%。音字母字最多,其餘韻字偏少。請看下表:

《廣韻》	《六音字典》				
	音字母	班字母	先字母	坦字母	朗字母
侵韻 70	59	4	4	2	1

上表可見,深攝侵韻與《六音字典》字母的對應層次如下:《廣韻》70 個侵韻字與《六音字典》字母有 5 個對應層次:其一,音字母 59 字;其二其三,班字母、先字母各 4 字;其四,坦字母 2 字;其五,朗字母 1 字。

(二)《廣韻》深攝入聲韻在《六音字典》中的讀音

1.《六音字典》備字母字來源於中古深攝緝韻 27 字:[立]②立,⑤笠粒泣;[求]⑤給急及級笈;[全]②集,⑤執汁蟄,⑥十;[人]②入,⑥廿;[生]⑤習,⑥拾十;[又]⑤邑挹揖;[出]⑤輯戢咠葺;[向]⑥翕。

2.《六音字典》直字母字來源於中古深攝緝韻 5 字:[全]④粒;[生]⑤溼澁澀䨓。

3.《六音字典》結字母字來源於中古深攝緝韻 3 字:[生]⑤襲;[出]⑤溼隰。

4.《六音字典》射字母字來源於中古深攝緝韻 2 字:[立]⑤㲺;[出]⑤伋。

5.《六音字典》百字母字來源於中古深攝緝韻 2 字:[立]②粒;[全]②什。

6.《六音字典》條字母字來源於中古深攝緝韻 1 字:[生]⑤拾。

7.《六音字典》交字母字來源於中古深攝緝韻 1 字:[全]⑥皀。

8.《六音字典》克字母字來源於中古深攝緝韻 1 字:[生]⑥笠。

9.《六音字典》述字母字來源於中古深攝緝韻 1 字:[又]⑥熤。

據統計,《廣韻》深攝入聲韻共計 43 與《六音字典》相合。其中備字母 27 字,占總數 62.79%;直字母 5 字,占總數 11.63%;結字母 3 字,占總數 6.98%;射字母、百字母各 2 字,各占總數 4.65%;條字母、交字母、克字母、述字母各 1 字,各占總數 2.33%。其中備字母字最多,其餘韻字偏少。

《廣韻》	《六音字典》								
	備字母	直字母	結字母	射字母	百字母	條字母	交字母	克字母	述字母
緝韻 43	27	5	3	2	2	1	1	1	1

上表可見,深攝緝韻與《六音字典》字母的對應情況如下:《廣韻》43 個緝韻字與《六音字典》字母有 9 個對應層次:其一,備字母 27 字;其二,直字母 5 字;其三,結字母 3 字;其四其五,射字母、百字母各 2 字;其六至其九,條字母、交字母、克字母、述字母各 1 字。

據考證,《廣韻》深攝入聲韻共計 43 字與《六音字典》相合,但並不一定均讀作入聲調,而是演變爲其他聲調。請看下表:

《廣韻》	《六音字典》聲調系統					
入聲韻	①平	②去	③平	④上	⑤入	⑥去
緝韻 43	0	5	0	1	29	8

由上表可見,《廣韻》43 個入聲韻字中在《六音字典》中讀作⑤入聲調有 29 字,占總數 67.44%;讀作⑥去聲調有 8 字,占總數 18.60%;讀作②去聲調有 5 字,占總數 11.63%;讀作④上聲調有 1 字,各占總數 2.33%。讀作⑤入聲調最多,讀作⑥去聲調次之,讀作②去聲調再次之。

九、咸攝

《廣韻》咸攝包括陽聲韻談韻、覃韻、咸韻、銜韻、鹽韻、嚴韻、凡韻、添韻(以平賅上、去)和入聲韻合韻、盍韻、洽韻、狎韻、葉韻、業韻、乏韻、怗韻。咸攝陽聲韻在《六音字典》中讀如先字母、坦字母、班字母、朗字母、音字母、横字母、通字母、順字母、聲字母等部分陽聲韻。咸攝入聲韻在《六音字典》中讀如百字母、結字母、乃字母、合字母、射字母、克字母、化字母、直字母、舌字母、闊字母、後字母、述字母等入聲韻和陰聲韻。

(一)《廣韻》咸攝陽聲韻在《六音字典》中的讀音

1.《六音字典》先字母字來源於中古咸攝韻 77 字。其中:(1)添韻 12 字:[立]③濂。[求]①兼。[氣]①謙。[中]①恬,⑥玷坫。[土]①添,④忝忝。[全]①沾。[人]②拈,⑥念。(2)鹽韻 57 字:[立]①臁鐮簾,③匳奩籢廉,④斂歛,⑥殮。[比]④貶。[求]②儉,④檢。[氣]①鉗箝。[全]①霑簷檐蟾,②占佔尖,③漸。[人]①黏,④染。[生]④暹陜。[又]①厭炎閻鹽塩鹽,②饜厭,④冉苒髯,④琰淹奄掩閃,⑥艷豔燗焰餤焱。[言]④獵,⑥驗。[出]③籤簽僉殲,④諂。[向]④險。(3)嚴韻 6 字:[求]②劍劒。[氣]②欠。[又]⑥醃。[言]③嚴,④儼。(4)談韻 2 字:[全]①膽。[又]④揜。

2.《六音字典》坦字母字來源於中古咸攝韻 73 字。其中:(1)談韻 30 字:[立]①藍,④覽覧攬擥欖,⑥濫纜;[求]①甘苷甜,④敢,⑥橄;[中]②擔担談淡,③擔担,④膽胆;[生]①籃,③三叄,⑥三;[向]①蚶,③憨憾,④喊噉。(2)覃韻 17 字:[立]①嵐,③襤;[求]④感;[氣]①堪龕,②勘,④坎砍;[中]②耽;[土]①貪;[人]①南楠男,⑥腩;[名]①喃;[出]①參;[向]③含。(3)咸韻 10 字:[求]①尷,④減;[全]②站,④斬;[人]①喃;[生]①杉;[向]③緘咸函,⑥陷。(4)銜韻 15 字:[求]②監鑑,③箝;[氣]①嵌;[中]②躭;[生]①衫;[又]④晻晻;[言]①巖岩,③笲;[出]②懺;[向]③銜衘啣。(5)嚴韻 1 字:[又]②俺。

3.《六音字典》班字母字來源於中古咸攝韻 14 字。其中:(1)添韻 7 字:[中]②店,③甜,④點点,⑥簟墊;[向]③嫌。(2)覃韻 7 字:[中]③覃;[土]①

探撢;[全]②簪,③蠶蚕;[生]①槮。

4.《六音字典》朗字母字來源於中古咸攝韻 9 字。其中:(1)談韻 2 字:[求]③泔,④敢。(2)覃韻 4 字:[氣]②礲;[又]②暗,③庵菴。(3)凡韻 3 字:[比]②範;[又]③凡凢。

5.《六音字典》音字母字來源於中古咸攝韻 4 字。其中:(1)咸韻 3 字:[求]③咸醎;[土]②賺。(2)銜韻 1 字:[生]④陝。

6.《六音字典》横字母字來源於中古咸攝凡韻 4 字:[向]⑥汎範犯帆。

7.《六音字典》通字母字來源於中古咸攝韻 2 字。其中:(1)覃韻 1 字:[生]⑥倸。(2)凡韻 1 字:[片]①帆。

8.《六音字典》順字母字來源於中古咸攝覃韻 1 字:[土]①潭。

9.《六音字典》聲字母字來源於中古咸攝談韻 1 字:[全]③淡。

據統計,《廣韻》咸攝共計 185 字與《六音字典》相合。其中先字母 77 字,占總數 41.62%;坦字母 73 字,占總數 39.46%;班字母 14 字,占總數 7.57%;朗字母 9 字,占總數 4.86%;音字母、横字母各 4 字,各占總數 2.16%;通字母 2 字,占總數 1.08%;順字母、聲字母各 1 字,各占總數 0.54%。先字母字最多,坦字母次之,其餘韻字偏少。

就咸攝内部看,鹽韻最多,談韻次之,覃韻再次之,凡韻最少。請看下表:

《廣韻》	《六音字典》								
	先字母	坦字母	班字母	朗字母	音字母	横字母	通字母	順字母	聲字母
談韻 35	2	30	0	2	0	0	0	0	1
覃韻 30	0	17	7	4	0	0	1	1	0
咸韻 13	0	10	0	0	3	0	0	0	0
銜韻 16	0	15	0	0	1	0	0	0	0
鹽韻 57	57	0	0	0	0	0	0	0	0
嚴韻 7	6	1	0	0	0	0	0	0	0
凡韻 8	0	0	0	3	0	4	1	0	0
添韻 19	12	0	7	0	0	0	0	0	0
總數 185	77	73	14	9	4	4	2	1	1

上表可見,咸攝談韻、覃韻、咸韻、銜韻、鹽韻、嚴韻、凡韻、添韻與《六音字典》字母的對應情況如下:《廣韻》35 個談韻韻字與《六音字典》字母有 4 個對應層次:其一,坦字母 30 字;其二,先字母 2 字;其三,朗字母 2 字;其四,聲字

母 1 字。《廣韻》30 個覃韻字與《六音字典》字母有 5 個對應層次：其一，坦字母 17 字；其二，班字母 7 字；其三，朗字母 4 字；其四，通字母 1 字；其五，順字母 1 字。《廣韻》13 個咸韻字與《六音字典》字母有 2 個對應層次：其一，坦字母 10 字；其二，音字母 3 字。《廣韻》16 個銜韻字與《六音字典》字母有 2 個對應層次：其一，坦字母 15 字；其二，音字母 1 字。《廣韻》57 個鹽韻字與《六音字典》字母有 1 個對應層次：先字母 57 字。《廣韻》7 個嚴韻字與《六音字典》字母有 2 個對應層次：其一，先字母 6 字；其二，坦字母 1 字。《廣韻》8 個凡韻字與《六音字典》字母有 3 個對應層次：其一，橫字母 4 字；其二，朗字母 3 字；其三，通字母 1 字。《廣韻》19 個添韻字與《六音字典》字母有 2 個對應層次：其一，先字母 12 字；其二，班字母 7 字。

（二）《廣韻》咸攝入聲韻在《六音字典》中的讀音

1.《六音字典》百字母字來源於中古咸攝入聲韻 54 字。其中：(1)合韻 14 字：[立]⑤拉摺；[求]⑤蛤；[中]①嚞，⑤答荅鎝；[土]⑤遝，⑥踏；[全]②卡，⑤龘匝；[又]⑤挾；[出]⑤欱。(2)盍韻 6 字：[立]②臘；[中]⑤褡；[土]⑤榻塔，⑥蹋；[人]②箇。(3)洽韻 15 字：[求]③峽，⑤鞈袷郟夾；[中]⑤劄；[全]②閘牐，⑤恰洽；[生]②掐；[又]⑤狹；[出]⑤扱臿插。(4)狎韻 8 字：[求]②呷，⑤甲鉀；[又]⑤壓押鴨匣；[向]⑥呷。(5)葉韻 7 字：[立]②獵爉，⑤鬣鼠；[求]⑤袷；[生]⑤霎；[出]⑤歃。(6)帖韻 4 字：[求]②唊；[全]⑤恢愜；[又]⑤俠。

2.《六音字典》結字母字來源於中古咸攝入聲韻 39 字。其中：(1)帖韻 15 字：[求]⑥籋鑷；[氣]⑥慊；[中]②牒蝶鞢，⑤揲疊叠；[人]⑤攝挕；[生]⑤燮；[向]⑤愶协葉。(2)業韻 7 字：[求]⑤刦刧；[氣]⑥怯；[言]②業；[向]⑤脅脇；[向]⑤愶。(3)葉韻 14 字：[求]⑥鑷；[全]②捷，⑤接褔；[人]⑤聶躡鑷輒；[生]⑤箑，⑥涉；[言]②頁；[出]⑤妾唼霎。(4)合韻 3 字：[全]⑤摺浹；[出]⑤溼。

3.《六音字典》乃字母字來源於中古咸攝入聲韻 11 字。其中：(1)帖韻 6 字：[求]③頰，⑤莢；[土]⑤貼帖怗呫。(2)合韻 4 字：[全]②褋雜；[人]③納衲。(3)洽韻 1 字：[人]⑤凹。

4.《六音字典》合字母字來源於中古咸攝入聲韻 11 字。其中：(1)盍韻 6 字：[求]⑤醘；[氣]⑥盍；[向]⑤闔盍熆嗑。(2)合韻 4 字：[氣]⑥搕；[生]⑤哈；[向]⑤合閤。(3)葉韻 1 字：[向]⑤饁。

5.《六音字典》射字母字來源於中古咸攝入聲韻 9 字。其中:(1)葉韻 6 字:[立]⑤轞;[全]⑥葉;[人]⑤讘囁躡鑷;(2)狎韻 1 字:[人]⑤甲;(3)合韻 2 字:[人]⑤沓;[生]⑤毾。

6.《六音字典》克字母字來源於中古咸攝入聲韻 3 字。其中:(1)洽韻 1 字:[人]⑤凹。(2)葉韻 2 字:[又]⑤厴;[名]④魘。

7.《六音字典》化字母字來源於中古咸攝入聲韻 3 字。其中:(1)乏韻 2 字:[向]⑤法,⑥乏。(2)葉韻 1 字:[又]③葉。

8.《六音字典》直字母字來源於中古咸攝入聲韻 2 字。其中:(1)葉韻 1 字:[向]⑥歙。(2)狎韻 1 字:[向]⑥呷。

9.《六音字典》舌字母字來源於中古咸攝葉韻 1 字:[中]⑤輒。

10.《六音字典》闊字母字來源於中古咸攝合韻 1 字:[比]⑤砵。

11.《六音字典》後字母字來源於中古咸攝合韻 1 字:[求]④鈒。

12.《六音字典》述字母字來源於中古咸攝葉韻 1 字:[立]④礊。

據統計,《廣韻》咸攝入聲韻共計 136 字與《六音字典》相合。其中百字母 54 字,占總數 39.71%;結字母 39 字,占總數 28.68%;乃字母、合字母各 11 字,各占總數 8.09%;射字母 9 字,占總數 6.62%;克字母、化字母各 3 字,各占總數 2.21%;直字母 2 字,占總數 1.47%;舌字母、闊字母、後字母、述字母各 1 字,各占總數 0.74%。百字母字最多,結字母次之,其餘韻字偏少。就咸攝內部來看,葉韻最多,合韻次之,怗韻再次之,其餘韻字偏少。請看下表:

《廣韻》	《六音字典》											
	百字母	結字母	乃字母	合字母	射字母	克字母	化字母	直字母	舌字母	闊字母	後字母	述字母
合韻 29	14	3	4	4	2	0	0	0	0	1	1	0
盍韻 12	6	0	0	6	0	0	0	0	0	0	0	0
洽韻 17	15	0	1	0	0	1	0	0	0	0	0	0
狎韻 10	8	0	0	0	1	0	0	1	0	0	0	0
葉韻 34	7	14	0	1	6	2	1	1	1	0	0	1
業韻 7	0	7	0	0	0	0	0	0	0	0	0	0
乏韻 2	0	0	0	0	0	0	2	0	0	0	0	0
怗韻 25	4	15	6	0	0	0	0	0	0	0	0	0
總數 136	54	39	11	11	9	3	3	2	1	1	1	1

上表可見,咸攝合韻、盍韻、洽韻、狎韻、葉韻、業韻、乏韻、怗韻與《六音字

典》字母的對應情况如下:《廣韻》29 個合韻字與《六音字典》字母有 7 個對應層次:其一,百字母 14 字;其二其三,乃字母、合字母各 4 字;其四,結字母 3 字;其五,射字母 2 字;其六其七,闊字母、後字母各 1 字。《廣韻》12 個盍韻字與《六音字典》字母只有 2 個對應層次:其一,百字母 6 字;其二,合字母 6 字。《廣韻》17 個洽韻字與《六音字典》字母有 3 個對應層次:其一,百字母 15 字;其二其三,乃字母、克字母各 1 字。《廣韻》10 個狎韻字與《六音字典》字母有 3 個對應層次:其一,百字母 8 字;其二其三,射字母、直字母各 1 字。《廣韻》34 個葉韻字與《六音字典》字母有 9 個對應層次:其一,結字母 14 字;其二,百字母 7 字;其三,射字母 6 字;其四,克字母 2 字;其五至其九,合字母、化字母、直字母、舌字母、述字母各 1 字。《廣韻》7 個業韻字與《六音字典》字母只有 1 個對應層次:結字母 7 字。《廣韻》2 個乏韻字與《六音字典》字母只有 1 個對應層次:化字母 2 字。《廣韻》25 個怗韻字與《六音字典》字母有 3 個對應層次:其一,結字母 15 字;其二,乃字母 6 字;其三,百字母 4 字。

據考證,《廣韻》咸攝入聲韻共計 136 字與《六音字典》相合,但並不一定均讀作入聲調,而是演變爲其他聲調。請看下表:

《廣韻》	《六音字典》聲調系統					
入聲韻	①平	②去	③平	④上	⑤入	⑥去
合韻 29	1	3	2	1	20	2
盍韻 12	0	2	0	0	8	2
洽韻 17	0	3	1	0	13	0
狎韻 10	0	1	0	0	7	2
葉韻 34	0	4	1	2	23	4
業韻 7	0	1	0	0	5	1
乏韻 2	0	0	0	0	1	1
怗韻 25	0	4	1	0	17	3
總數 136	1	18	5	3	94	15

由上表可見,《廣韻》136 個入聲韻字中在《六音字典》中讀作⑤入聲調有 94 字,占總數 69.12%;讀作②去聲調有 18 字,占總數 13.24%;讀作⑥去聲調有 15 字,占總數 11.03%;讀作③平聲調有 5 字,占總數 3.68%;讀作④上聲調有 3 字,占總數 2.21%。讀作⑤入聲調最多,讀作②去聲調次之,讀作⑥去聲調再次之。

第四節　中古止、遇、蟹、效諸攝與明本《六音字典》“三十四字母”對應研究

十、止攝

《廣韻》止攝包括陰聲韻支韻、脂韻、之韻(以平賅上、去)。止攝在《六音字典》中讀如備字母、出字母、古字母、結字母、述字母、推字母、乃字母、舌字母、克字母、百字母、條字母、合字母、後字母、直字母、闊字母、射字母、化字母、果字母等部分陰聲韻,其中有少數韻字讀爲入聲調字。

1.《六音字典》備字母字來源於中古止攝韻 328 字。其中:(1)支韻 87 字:[立]③離离漓璃蠡罹鸝,⑥詈;[比]①跛,②詖箄,③碑脾,④彼,⑥被婢脾俾賁;[求]③奇踦錡騎琦岐祇芪,⑥忮伎技跂企;[氣]③攲敧崎,⑥椈;[土]①黐,⑥啻;[全]⑤枳;[中]①知,②智知,③弛踟,④踶舐;[片]①被披疲,④譬,⑤臂;[生]⑤豕氏,⑥是;[又]②綺易,③移匜迤漪椸,⑤縊施,⑥倚;[名]③醾縻彌弭羆,④美媄;[言]③宜儀蟻,⑥議義誼;[出]④侈,⑤咫,⑥豉;[向]①羲犧鱚,②戲戱,⑥鑴;[向]④靡。(2)脂韻 90 字:[立]①梨棃,③蜊,⑤蒞履,⑥肆利浰俐蜊;[比]②備偹痹,③枇琵,④比庇妣匕,⑥貔;[求]①幾肌,③祁耆,④幾麂,⑥冀兾;[氣]②器噐棄弃;[土]⑥憶;[全]①糍,②齎至嫉,④旨指脂㳅姊,⑥輊雉摯稚;[人]③尼妮,⑥二弍貳膩;[中]②治致,③遲,④砥,⑥地;[片]①毗,⑤鄙,⑥鼻轡;[生]②四肆,④屎死,⑤視示矢;[又]①伊,②懿,③夷姨遺,⑥驥;[名]①伾丕,③麋,⑤祕秘,⑥夾湄媚;[出]③屍尸;[向]①絺,⑥嗜耆屓;[又]③薇。(3)之韻 103 字:[立]③厘狸,④裏理鯉娌李,⑥吏;[求]①旗姬基綦箕,②記紀,③棋碁麒期,④屺,⑥忌;[求]⑤杞;[氣]①蜞,③其欺,④起;[全]①鶿,②之志痣誌,③字寺,④止芷趾址,⑤幟;[人]④你;[生]①時塒,②試弑侍恃,③詩絲鷥蕬司,⑤始枲識熾織,⑥食杝;[中]②值置置植,③持痔笞,④裏裡;[又]①噫醫,②意異,③胰貽詒怡頤,④以苡苢已矣;[言]①擬,③嶷疑;[出]①癡痴蚩,④恥耻齒,⑥市;[言]⑥毅;[向]①嬉禧熹熺僖熙頤,④喜憙囍嘻嬉。(4)微韻 48 字:[求]①旂機幾机譏饑磯璣畿妃未,②既既,③祈;[氣]②氣气炁,④豈,⑤乞;[片]④痱;[又]①衣依,④顗,⑥衣;[名]⑥味;[向]①俙希稀欷晞睎妃,⑥餼;[又]③微,⑥未;[向]①非霏扉菲悱飛,②未匪費,④篚斐

翡,⑥未。

2.《六音字典》出字母字來源於中古止攝韻118字。其中:(1)支韻33字:[立]④蘂,⑥累;[求]①規,③跪,④詭;[氣]①闚窺,③虧;[中]⑥硾磓膇縋;[土]①錘,⑥膇累;[全]③垂埀隨隋,④嘴觜;[生]⑥瑞睡;[又]⑤委,⑥爲;[言]③危,⑥僞;[向]①麾撝,③爲為,④毀譭。(2)脂韻53字:[立]④蕊桑蕋甤蕤藟壘縲,⑥類淚泪;[求]①逵,②癸季,③葵,④宄晷,⑥匱櫃;[氣]②揆,⑥鐀;[中]③追,⑥磓;[片]②屁;[全]③錐椎隹醉,⑥遂墜檖璲悴瘁粹萃燧邃;[生]①雖,③誰,④水;[又]①帷,⑤萎,⑥位遺;[名]④美媄渼;[出]②翠;[向]①唯,③惟維,⑥穗。(3)微韻32字:[立]⑥彙;[比]①肥痱;[求]①歸归皈,②貴季,④鬼;[又]①韋暐幃圍闈,②諱畏,③威煒違偉湋,⑤慰,⑥胃渭謂;[言]③巍;[向]①輝暉翬煇揮,③沸。

3.《六音字典》古字母字來源於中古止攝韻73字。其中:(1)支韻15字:[全]①貲雌疵訛訾呰髭,④紫,⑥呰;[生]①廝澌,②賜,⑤朿;[出]④紫仳。(2)脂韻19字:[中]⑤匱;[全]①諮咨茨粢資姿趦恣,②自;[生]①師獅螄私,②泗駟肆;[出]②次佽。(3)之韻39字:[全]①茲孳滋磁嗞鼒孜葴淄緇輜錙,③詞祠慈辭辞,④子滓梓,⑥吁;[生]①偲緦司,④史使,⑥耜姒使巳祀俟竢伺思士仕事食。

4.《六音字典》結字母字來源於中古止攝韻21字。其中:(1)支韻19字:[立]①籬篱離;[比]⑥避;[求]⑥椅;[中]③池篪箎;[片]①鞞;[全]①匙,③支吱枝巵梔;[生]③施施;[又]④椅,⑥易。(2)脂韻1字:[片]①枇。(3)之韻1字:[全]③芝。

5.《六音字典》述字母字來源於中古止攝韻18字。其中:(1)支韻4字:[又]③兒唲,④爾邇。(2)脂韻3字:[生]①荽綏,②祟。(3)之韻11字:[氣]④起;[生]⑥飼嗣;[又]③而咡輀,④耳駬,⑥耳;[言]⑥餌;[出]⑥蒔。

6.《六音字典》推字母字來源於中古止攝韻17字。其中:(1)支韻3字:[片]①皮,⑥被;[名]①糜。(2)脂韻10字:[氣]②愧媿饋;[生]②率,③衰;[名]①黴霉,⑥寐魅彪。(3)之韻1字:[向]④裏。(4)微韻3字:[名]④尾亹;[向]①徽。

7.《六音字典》乃字母字來源於中古止攝韻16字。其中:(1)支韻5字:[立]⑤舐舓;[生]⑥灑曬晒。(2)脂韻7字:[立]①犂,③耒;[氣]②棄,④剴;

[片]⑥秕;[生]①獅篩。(3)之韻 2 字:[求]③錤;[生]④葸。(4)微韻 2 字:[比]②誹;[氣]④豈。

8.《六音字典》舌字母字來源於中古止攝韻 12 字。其中:(1)支韻 9 字:[求]②寄;[全]④紙帋;[生]④髓髓徙;[出]①炊吹;[向]②趐。(2)脂韻 1 字:[求]②飢。(3)微韻 2 字:[求]②饑;[言]⑥魏。

9.《六音字典》克字母字來源於中古止攝韻 7 字。其中:(1)支韻 1 字:[名]①咩。(2)脂韻 4 字:[名]①眉嵋帷,④鬽。(3)之韻 2 字:[全]④仔;[生]⑥李。

10.《六音字典》百字母字來源於中古止攝韻 7 字。其中:(1)支韻 4 字:[中]⑤寄;[生]⑤灑洒;[又]①哫。(2)脂韻 2 字:[中]④追;[又]⑤梍。(3)微韻 1 字:[求]①豈。

11.《六音字典》條字母字來源於中古止攝韻 5 字。其中:(1)支韻 1 字:[生]⑥趐。(2)脂韻 3 字:[求]②伊;[人]⑥屎;[生]⑥羨。(3)之韻 1 字:[人]②你。

12.《六音字典》合字母字來源於中古止攝韻 5 字。其中:(1)支韻 3 字:[比]⑤賍;[又]①猗漪。(2)脂韻 2 字:[名]①黴;[又]③唯。

13.《六音字典》後字母字來源於中古止攝脂韻 4 字:[名]④ㄙ;[又]③痞嚭噽。

14.《六音字典》直字母字來源於中古止攝之韻 2 字:[全]④子;[生]④使。

15.《六音字典》闊字母字來源於中古止攝韻 2 字。其中:(1)支韻 1 字:[立]②羸。(2)微韻 1 字:[又]⑤沸。

16.《六音字典》射字母字來源於中古止攝支韻 1 字:[氣]③枝。

17.《六音字典》化字母字來源於中古止攝脂韻 1 字:[全]③指。

18.《六音字典》果字母字來源於中古止攝支韻 1 字:[又]①唼。

據統計,《廣韻》止攝共計 638 字與《六音字典》相合。其中備字母 328 字,占總數 51.41%;出字母 118 字,占總數 18.50%;古字母 73 字,占總數 11.44%;結字母 21 字,占總數 3.29%;述字母 18 字,占總數 2.82%;推字母 17 字,占總數 2.66%;乃字母 16 字,占總數 2.51%;舌字母 12 字,占總數 1.88%;克字母、百字母各 7 字,各占總數 1.10%;條字母、合字母各 5 字,各占總數 0.78%;後字母 4 字,占總數 0.63%;直字母、闊字母各 2 字,各占總數 0.31%;射字母、化字母、果字母各 1 字，各占總數 0.16%。備字母字最多，出字母次之，古字母再次之，其餘韻字偏少。就止攝内部看，脂韻字最多，支韻次之，之韻再次之，微韻最少。請看下表：

《廣韻》	《六音字典》																	
	備字母	出字母	古字母	結字母	述字母	推字母	乃字母	舌字母	克字母	百字母	條字母	合字母	後字母	直字母	闊字母	射字母	化字母	果字母
支韻 187	87	33	15	19	4	3	5	9	1	4	1	3	0	0	1	1	0	1
脂韻 200	90	53	19	1	3	10	7	1	4	2	3	2	4	0	0	0	1	0
之韻 162	103	0	39	1	11	1	2	0	2	0	1	0	0	2	0	0	0	0
微韻 89	48	32	0	0	0	3	2	2	0	1	0	0	0	0	1	0	0	0
總數 638	328	118	73	21	18	17	16	12	7	7	5	5	4	2	2	1	1	1

上表可見，止攝支韻、脂韻、之韻、微韻與《六音字典》字母的對應情況如下：(1)《廣韻》187 個支韻韻字與《六音字典》字母有 15 個對應層次：其一，備字母 87 字；其二，出字母 33 字；其三，結字母 19 字；其四，古字母 15 字；其五，舌字母 9 字；其六，乃字母 5 字；其七其八，述字母、百字母各 4 字；其九其十，推字母、合字母各 3 字；其十一至其十五，克字母、條字母、闊字母、射字母、果字母各 1 字。(2)《廣韻》200 個脂韻字與《六音字典》字母有 14 個對應層次：其一，備字母 90 字；其二，出字母 53 字；其三，古字母 19 字；其四，推字母 10 字；其五，乃字母 7 字；其六其七，克字母、後字母各 4 字；其八其九，述字母、條字母各 3 字；其十其十一，百字母、合字母各 2 字；其十二至其十四，結字母、舌字母、化字母各 1 字。(3)《廣韻》162 個之韻字與《六音字典》字母有 9 個對應層次：其一，備字母 103 字；其二，古字母 39 字；其三，述字母 11 字；其四至其六，乃字母、克字母、直字母各 2 字；其七至其九，結字母、推字母、條字母各 1 字。(4)《廣韻》89 個微韻字與《六音字典》字母有 7 個對應層次：其一，備字母 48 字；其二，出字母 32 字；其三，推字母 3 字；其四其五，乃字母、舌字母各 2 字；其六其七，百字母、闊字母各 1 字。

此外，《廣韻》止攝屬陰聲韻，但在《六音字典》中則有 36 字讀作⑤入聲調：(1)支韻 16 字：備字母[全]⑤枳，⑤臂；[生]⑤豕氏；[又]⑤縊施；[言]⑤咫。出字母[又]⑤委。古字母[生]⑤朿。乃字母[立]⑤舐碿。百字母[中]⑤寄；[生]⑤灑洒；[又]⑤梶。合字母[比]⑤皷。(2)脂韻 10 字：備字母[立]⑤蒞履；[片]⑤鄙；[生]⑤視示矢；[名]，⑤祕秘。出字母[又]⑤萎。古字母[中]⑤匱。(3)之韻 7 字：備字母[求]⑤杞；[全]⑤幟；[生]⑤始枲識熾織。(4)微韻 3 字：備字母[氣]⑤乞；出字母[又]⑤慰。闊字母[又]⑤沸。

十一、遇攝

《廣韻》遇攝包括陰聲韻魚韻、虞韻、模韻(以平賅上、去)。遇攝在《六音字典》中讀如古字母、述字母、後字母、合字母、出字母、果字母、百字母、化字母、有字母、條字母、備字母、射字母、克字母等部分陰聲韻，其中有少數韻字讀爲入聲調字。

1.《六音字典》古字母字來源於中古遇攝韻共 330 字。其中：(1)魚韻 39 字：[立]①廬臚嚧；[中]②苧紵，③貯貯佇竚，⑥羜；[全]①雎且菹苴沮疽趄齟詛咀，②爼，③阻鉏助，④沮；[生]①疏疎蔬梳，②疎，④所；[又]②瘀；[言]①敔；[出]①初，④楚礎怵，⑥覷覰。(2)虞韻 66 字：[比]④輔脯；[片]③麩麸麬稃鋪搏痡，④甫黼豧郙脯崀簠黼釜斧父，⑤訃赴，⑥袝；[全]①芻雛芻媰；[生]②數数；[又]②侮，③武鵡，④蕪撫舞儛廡憮扶，⑤婺；[名]⑥務；[言]①虞娛；[向]①夫扶玞砆鈇膚肤敷梟莩俘郛，②付駙賦，③孚夫巫無毋，④府俯傅。(3)模韻 225 字：[立]①盧蘆爐炉鑪瀘鸕顱轤艫獹鱸壚黸，④魯擼艪艣滷滷擄憹惱虜擄，⑥鹵嚕路露輅鷺潞；[比]②葡部布怖，③步郱瓠葫菩，④補，⑥埠；[求]①孤呱弧觚罟菰骷姑酤沽枯辜鴣怙，②故固啩顧顧，③牯黏糊，④古估罟岵詁鈷鼓皷瞽股蠱賈，⑤羖牯；[氣]②庫褲袴絝挎刳，④苦笘滸琥虍郕蜣；[中]①都闍覩途馀圖啚，②妬妒蠹，③塗途唋荼唋酴徒瘏屠賭堵，⑥肚杜度鍍渡；[片]③浦溥，④浦圃餔晡誧哺逋庯匍捕舖譜，⑤普潽；[土]②吐兔菟，④土；[人]①奴孥伮駑砮笯弩，⑥怒努帑；[全]②祖，③租，④組；[生]①蘇蘓酥穌甦蘓，②愬塑素嗉愫訴；[又]①惡杇，②汙污惡，③烏，④塢，⑤噁；[名]①蒲摹，②仵，⑥慔暮慕募；[名]③模謨嫫；[言]①吴蜈珸梧鼯娪，②五伍牾午仵忤迕，⑥寤悟晤悞；[出]②醋錯措，③粗怚；[向]①呼，②嘑菰乎呼，③呣瑚楜湖餬葫糊蝴壺瓳盬狐，⑤護，⑥互冱扈。

2.《六音字典》述字母字來源於中古遇攝韻共 264 字。其中：(1)魚韻 137 字：[立]①閭驢驴，④吕呂侶筥莒旅膂，⑥鑢慮濾攄；[求]①居倨裾車，②炬鉅鋸，④舉擧杵櫃距，⑤虡，⑥巨钜拒詎渠蕖踞遽據懅醵；[氣]①樗，②去呿；[中]①豬猪櫥，③鋤耡粗，⑥筯；[全]①諸薯，②渚著翥舉曙處楮鑄，③徐悇儲，④煮褚;[人]④女;[生]②暑署庶庻杼妤恕,③書书舒紓疋偦諝糈醑湑鄃,⑥緒敘敍序鱮嶼墅;[又]①於唹樗,②淤,③餘璵如茹予餘黍歟與嶼旟輿,④與予汝女嘘,⑥與譽絮禦蕷預豫喻諭;[言]①魚漁,④語齬圄圉,⑥禦馭;[出]②處处,④鼠處;[向]①虛虗爐歔,②呿,④許。(2)虞韻 126 字:[立]④褸縷;[求]②具俱懼惧瞿,③衢氍,④矩苣,⑥拘蘧屨窶;[氣]①區嶇傴樞驅軀駒劬,⑤傴;[中]①櫥廚,③蹰躇除篨,⑥箸;[全]①朱硃珠株蛛銖殊茱侏咮姝邾洙誅,②澍住注註炷霔蛀駐麈堅聚壴,④主;[生]①需濡殳嚅,③須鬚毹毹,⑥續豎竪豎樹澍;[又]①於籲盂盱芋雩,②宇訏,③俞榆瑜覦渝窬儒薷臾腴萸庾諛羽,⑤雨,⑥裕裕孺芋愉愈逾踰;[言]①隅嵎,③虞愚鄅,⑥禹禺遇寓平;[出]①趨趍,④取聚諏,⑥趣;[向]①謔,②响煦,④詡,⑤眗呴,⑥雨。(3)模韻 1 字:[向]④滸。

3.《六音字典》後字母字來源於中古遇攝韻 12 字。虞韻 12 字:[立]③鏤婁摟,④簍;[求]②足;[全]①鄹緅鯫諏;[又]①摳;[言]①齵;[出]②摳。

4.《六音字典》合字母字來源於中古遇攝韻 9 字。其中:(1)虞韻 2 字:[比]⑤賻;[名]①無。(2)模韻 5 字:[全]⑤做;[出]②錯;[立]②酪賂;[比]①餔。(3)魚韻 2 字:[氣]②去,③呿。

5.《六音字典》出字母字來源於中古遇攝韻 7 字。其中:(1)魚韻 2 字:[立]③侶;[氣]④豬。(2)虞韻 5 字:[立]④屢屡窶;[生]⑤戍;[又]⑥窳。

6.《六音字典》果字母字來源於中古遇攝韻 6 字。其中:(1)虞韻 2 字:[氣]③驅;[又]①窶。(2)模韻 4 字:[比]②布,③補;[名]②摹,⑥墓。

7.《六音字典》百字母字來源於中古遇攝韻 5 字。其中:(1)模韻 3 字:[全]②胙阼;[名]④媽。(2)魚韻 2 字:[言]①衙,⑥禦。

8.《六音字典》化字母字來源於中古遇攝模韻 4 字:[求]①柧觚;[全]③五;[又]①呱。

9.《六音字典》有字母字來源於中古遇攝虞韻 2 字:[土]⑥柱;[出]⑥樹。

10.《六音字典》條字母字來源於中古遇攝韻 2 字。其中:(1)魚韻 1 字:[求]②渠。(2)模韻 1 字:[出]②厝。

11.《六音字典》備字母字來源於中古遇攝魚韻 1 字:[又]④呂。

12.《六音字典》射字母字來源於中古遇攝魚韻 1 字:[又]③餘。

13.《六音字典》克字母字來源於中古遇攝魚韻 1 字:[人]①如。

據統計,《廣韻》止攝共計 644 韻字與《六音字典》相合。其中古字母 330 字,占總數 51.24%;述字母 264 字,占總數 40.99%;後字母 12 字,占總數 1.86%;合字母 9 字,占總數 1.40%;出字母 7 字,占總數 1.09%;果字母 6 字,占總數 0.93%;百字母 5 字,占總數 0.78%;化字母 4 字,占總數 0.62%;有字母、條字母各 2 字,各占總數 0.31%;備字母、射字母、克字母各 1 字,各占總數 0.16%。古字母字最多,述字母次之,其餘韻字偏少。就止攝内部看,模韻字最多,虞韻次之,魚韻再次之。請看下表:

《廣韻》	《六音字典》												
	古字母	述字母	後字母	合字母	出字母	果字母	百字母	化字母	有字母	條字母	備字母	射字母	克字母
魚韻 186	39	137	0	2	2	0	2	0	0	1	1	1	1
虞韻 215	66	126	12	2	5	2	0	0	2	0	0	0	0
模韻 243	225	1	0	5	0	4	3	4	0	1	0	0	0
總數 644	330	264	12	9	7	6	5	4	2	2	1	1	1

上表可見,遇攝魚韻、虞韻、模韻與《六音字典》字母的對應情況如下:(1)《廣韻》186 個魚韻字與《六音字典》字母有 9 個對應層次:其一,述字母 137 字;其二,古字母 39 字;其三至其五,合字母、出字母、百字母各 2 字;其六至其九,條字母、備字母、射字母、克字母各 1 字。(2)《廣韻》215 個虞韻字與《六音字典》字母有 7 個對應層次:其一,述字母 126 字;其二,古字母 66 字;其三,後字母 12 字;其四,出字母 5 字;其五至其七,合字母、果字母、有字母各 2 字。(3)《廣韻》243 個模韻字與《六音字典》字母有 7 個對應層次:其一,古字母 225 字;其二,合字母 5 字;其三其四,果字母、化字母各 4 字;其五,百字母 3 字;其六其七,述字母、條字母各 1 字。

此外,《廣韻》遇攝屬陰聲韻,但在《六音字典》中則有 17 字讀作⑤入聲調:(1)魚韻 1 字:述字母[求]⑤虡。(2)虞韻 9 字:古字母[片]⑤訃赴,[生]⑤婺;述字母[氣]⑤傴,[又]⑤雨,[向]⑤眗呴;合字母[比]⑤賻;出字母[生]⑤戍。(3)模韻 7 字:古字母[求]⑤羖牯,[片]⑤普潽,[又]⑤噁,[向]⑤護;合字母[全]⑤做。

十二、蟹攝

《廣韻》蟹攝包括陰聲韻齊韻、皆韻、佳韻、灰韻、咍韻(以平賅上、去)和去聲韻祭韻、廢韻、夬韻、泰韻。蟹攝在《六音字典》中讀如乃字母、備字母、推字母、闊字母、結字母、舌字母、化字母、百字母、直字母、古字母、克字母、述字母、合字母、交字母、射字母、有字母、果字母、後字母等部分陰聲韻,其中有少數韻字讀爲入聲調字。

1.《六音字典》乃字母字來源於中古蟹攝韻 179 字。其中:(1)咍韻 67 字:[立]③來逨萊,⑥箂;[求]①該陔,④杚槩改;[氣]③開獃,④愷塏鎧,⑥慨愾概槩;[中]②代岱貸黛玳待,③駘跆臺抬擡臺薹,⑥怠殆迨;[土]③胎孡苔駘,⑥態;[全]④載;[人]④乃迺,⑥鼐耐;[生]①粞;[又]①唉,②愛僾,③哀挨埃,⑤欸;[言]①呆,③呆,⑥礙礙;[出]②栖跴,③纔纔猜,④采埰採綵彩;[向]①孩。(2)灰韻 4 字:[比]①徘;[人]③内;[生]③毸;[又]④娞。(3)泰韻 13 字:[立]⑥賴賴賴癩;[求]②蓋葢盖;[氣]④丐;[人]⑥奈柰;[又]⑤藹;[出]②蔡;[向]⑥嗐。(4)佳韻 24 字:[求]②廨解觧,④解觧;[片]②派,④擺,⑥稗;[全]②債;[人]④妳;[生]⑥灑;[又]④矮躷,⑤隘;[名]④買,⑥賣;[言]③捱;[向]①鞵,⑥獬蟹蠏蠏懈邂。(5)皆韻 34 字:[比]①棑牌,②拜;[求]①皆階荄街,②介芥界尬楔疥戒誡,④屆;[氣]④楷揩;[片]⑥憊;[全]①儕齋斋;[生]③犲豺;[又]④娾;[名]③埋霾;[出]③差;[向]①偕諧骸鞋,⑥噧薤。(6)夬韻 5 字:[立]⑥蠆;[比]②敗,⑥邁;[全]③寨;[名]⑥勱。(7)廢韻 3 字:[言]⑥艾乂刈。(8)祭韻 2 字:[人]①鈉;[生]①篲。(9)齊韻 27 字:[立]①犁;[比]①笄;[求]①雞鷄,③鮭;[氣]③溪谿磎;[中]①蹄蹏,④底,⑥逮;[土]②替,⑤劑穧;[全]①齊;[人]①埿泥涊,④嬭;[生]①西樨,②恓細,四)洗;[言]①倪;[出]②砌。

2.《六音字典》備字母字來源於中古蟹攝韻 104 字。其中:(1)齊韻 83 字:[立]③瓈黎藜蔾蔾,④醴禮礼,⑥麗隸荔;[比]②閉,⑥媲陛;[求]①雞鷄,②繼繼,③乩,⑥稽嵇;[氣]④啟;[中]②帝蒂締弟悌弟第螮蝃,③緹隄題,④氐底抵邸低,⑤棣;[片]①砒,⑤嬖,⑥洟;[土]④體体醍,⑥涕遞寔;[全]②齎霽濟,③齊;[生]③犀樨,⑥婿;[又]①兮,②瞖翳;[名]②米,③迷;[言]③霓麑倪輗,⑥睨詣;[出]①棲栖悽淒,③妻鸎,⑥妻;[向]①奚傒攜携畦兮,⑥係系繫。(2)祭韻 16 字:[立]③蠣,⑥厲勵;[比]⑥敝蔽幣弊;[又]⑤洩;[全]⑥毳;[生]⑤誓逝筮;[言]⑥藝蓺埶;[向]⑥裔。(3)廢韻 2 字:[向]②廢肺。(4)灰韻 3 字:[出]②焠淬啛。

3.《六音字典》推字母字來源於中古蟹攝韻 82 字。其中:(1)灰韻 60 字:[求]⑥傀;[氣]①魁盔悝,②隗殨;[中]②對對碓,③堆磓;[片]②配佩珮,③坯;[土]①退,②退,④腿;[全]②罪辠晬;[人]⑥内;[生]①雷,③蓑縗;[又]⑥碨渨隈;[名]①梅玫莓媒煤湈枚,④每,⑥昧妹;[出]②碎,③摧催崔漼;[向]①灰恢詼虺,②誨悔晦賄,③回囘囬迴徊佪廻茴洄。(2)咍韻 7 字:[中]⑥袋岱;[土]①炲;[全]③裁;[生]②賽;[向]①硋;[向]⑥劾。(3)泰韻 7 字:[求]②薈;[氣]②膾繪;[中]②兑,⑥兑;[向]⑥會会。(4)皆韻 3 字:[氣]②塊;[片]③壞;[出]⑤塊。(5)祭韻 2 字:[生]②帥;[向]②喙。(6)齊韻 3 字:[氣]①奎;[土]③梯;[出]⑤刲。

4.《六音字典》出字母字來源於中古蟹攝韻 42 字。其中:(1)齊韻 9 字:[求]①圭閨邽珪,②桂,③桂;[向]⑥惠蕙憓。(2)祭韻 11 字:[立]⑥睿叡;[全]⑥贅;[生]②歲嵗㞶,⑥帨;[又]⑥衛衞;[向]⑥彗篲。(3)廢韻 1 字:[比]③吠。(4)皆韻 1 字:[氣]⑥簣。(5)灰韻 17 字:[立]④餒餧,⑥耒;[求]④傀;[氣]⑥憒;[中]③搥,⑥磓;[土]①槌鎚,③頽頹;[全]③嗺,⑥隊;[人]④餧;[言]③桅嵬;[向]①虺。(6)泰韻 3 字:[立]⑥酹;[全]②最;[生]⑥鋭。

5.《六音字典》闊字母字來源於中古蟹攝韻 31 字。其中:(1)皆韻 7 字:[求]②怪恠,④乖;[氣]⑥蒯;[向]③懷懐,⑥壞。(2)佳韻 3 字:[求]④拐枴;[生]⑥豸。(3)夬韻 1 字:[氣]⑥快。(4)泰韻 5 字:[中]②帶,⑥大;[土]②泰太;[向]⑥害。(5)咍韻 14 字:[向]④海,⑥亥;[全]①災灾栽哉,②再在,③才財材,④宰載;[中]②戴。(6)灰韻 1 字:[向]③槐。

6.《六音字典》結字母字來源於中古蟹攝韻 19 字。其中:(1)齊韻 9 字:[立]⑥劙離;[求]②計;[氣]②契;[中]⑥弟;[片]①批鈚;[土]①啼,②剃。(2)祭韻 10 字:[立]⑥例;[全]②祭際制製掣;[生]②世沯勢,⑤洩。

7.《六音字典》舌字母字來源於中古蟹攝韻 16 字。其中:(1)齊韻 2 字:[全]②虀薺。(2)祭韻 8 字:[全]②潹;[生]②税;[出]②脃脆,⑤毳;[向]①歲嵗,②鱖。(3)廢韻 1 字:[言]⑥艾。(4)夬韻 2 字:[求]⑤夬;[氣]①快。(5)咍韻 1 字:[氣]③開。(6)泰韻 2 字:[言]⑥外;[向]②薈。

8.《六音字典》化字母字來源於中古蟹攝韻 11 字。其中:(1)齊韻 1 字:[求]②罣。(2)佳韻 8 字:[求]②卦掛褂;[又]①蛙哇咼;[向]②畫畫。(3)夬韻 2 字:[又]⑥話啝。

9.《六音字典》百字母字來源於中古蟹攝韻8字。其中:(1)齊韻1字:[又]⑥婗。(2)佳韻4字:[求]③佳;[言]③薢;[出]①扠叉。(3)咍韻2字:[氣]①咳,⑥喀。(4)泰韻1字:[中]⑥跢。

10.《六音字典》直字母字來源於中古蟹攝韻8字。其中:(1)咍韻6字:[立]①來;[中]③戴;[全]②載,③栽,④簺;[出]②菜。(2)皆韻1字:[向]⑤駭。(3)泰韻1字:[向]⑥嗐。

11.《六音字典》古字母字來源於中古蟹攝韻8字。其中:(1)齊韻2字:[全]①齊;[生]①嘶。(2)祭韻1字:[生]①歲。(3)廢韻1字:[生]①薉。(4)咍韻1字:[全]①菑。(5)灰韻1字:[又]⑤誨。(6)泰韻2字:[比]②鋇旆。

12.《六音字典》克字母字來源於中古蟹攝韻6字。其中:(1)齊韻2字:[全]①臍;[人]⑥濘。(2)祭韻1字:[人]⑥滯。(3)咍韻2字:[氣]⑤咳;[人]⑥能。(4)佳韻1字:[名]①嘪。

13.《六音字典》述字母字來源於中古蟹攝韻4字。其中:(1)咍韻2字:[中]③鮐;[土]①宰。(2)灰韻1字:[出]②哸。(3)泰韻1字:[向]⑤最。

14.《六音字典》合字母字來源於中古蟹攝韻3字。其中:(1)灰韻1字:[人]①捼。(2)咍韻1字:[又]⑤能。(3)佳韻1字:[氣]①咼。

15.《六音字典》交字母字來源於中古蟹攝佳韻2字:[出]①柴砦。

16.《六音字典》射字母字來源於中古蟹攝佳韻1字:[求]②艾。

17.《六音字典》有字母字來源於中古蟹攝祭韻1字:[生]⑥袂。

18.《六音字典》果字母字來源於中古蟹攝佳韻1字:[又]①媧。

19.《六音字典》後字母字來源於中古蟹攝佳韻1字:[言]①歪。

據統計,《廣韻》蟹攝共計527韻字與《六音字典》相合。其中乃字母179字,占總數33.97%;備字母104字,占總數19.73%;推字母82字,占總數15.56%;出字母42字,占總數7.97%;闊字母31字,占總數5.88%;結字母19字,占總數3.60%;舌字母16字,占總數3.04%;化字母11字,占總數2.09%;百字母、直字母、古字母各8字,各占總數1.52%;克字母6字,占總數1.14%;述字母4字,占總數0.76%;合字母3字,占總數0.57%;交字母2字,占總數0.38%;射字母、有字母、果字母、後字母各1字,各占總數0.19%。乃字母字最多,備字母次之,推字母再次之,出字母再次之,其餘韻字偏少。就蟹攝内部看,咍韻字最多,主要在《六音字典》的乃字母裏;齊韻次之,主要在《六音字典》

的備字母裏；灰韻再次之，主要在《六音字典》推字母裏。請看下表：

《廣韻》	《六音字典》																		
	乃字母	備字母	推字母	闊字母	出字母	結字母	舌字母	化字母	百字母	直字母	古字母	克字母	述字母	合字母	交字母	射字母	有字母	果字母	後字母
哈韻 103	67	0	7	14	0	0	1	0	2	6	1	2	2	1	0	0	0	0	0
灰韻 88	4	3	60	1	17	0	0	0	0	0	1	0	1	1	0	0	0	0	0
泰韻 35	13	0	7	5	3	0	2	0	1	1	2	0	1	0	0	0	0	0	0
佳韻 46	24	0	0	3	0	0	0	8	4	0	0	1	0	1	2	1	0	1	1
皆韻 46	34	0	3	7	1	0	0	0	0	1	0	0	0	0	0	0	0	0	0
夬韻 10	5	0	0	1	0	0	2	2	0	0	0	0	0	0	0	0	0	0	0
廢韻 8	3	2	0	0	1	0	1	0	0	0	1	0	0	0	0	0	0	0	0
祭韻 52	2	16	2	0	11	10	8	0	0	0	1	1	0	0	0	0	1	0	0
齊韻 139	27	83	3	0	9	9	2	1	1	0	2	2	0	0	0	0	0	0	0
總數 527	179	104	82	31	42	19	16	11	8	8	8	6	4	3	2	1	1	1	1

上表可見，蟹攝哈韻、灰韻、泰韻、佳韻、皆韻、夬韻、廢韻、祭韻、齊韻與《六音字典》字母的對應情況如下：(1)《廣韻》103 個哈韻字與《六音字典》字母 10 有個對應層次：其一，乃字母 67 字；其二，闊字母 14 字；其三，推字母 7 字；其四，直字母 6 字；其五至其七，百字母、克字母、述字母各 2 字；其八至其十，舌字母、古字母、合字母各 1 字。(2)《廣韻》88 個灰韻字與《六音字典》字母有 8 個對應層次：其一，推字母 60 字；其二，出字母 17 字；其三，乃字母 4 字；其四，備字母 3 字；其五至其八，闊字母、古字母、述字母、合字母各 1 字。(3)《廣韻》35 個泰韻字與《六音字典》字母有 9 個對應層次：其一，乃字母 13 字；其二，推字母 7 字；其三，闊字母 5 字；其四，出字母 3 字；其五其六，舌字母、古字母各 2 字；其七至其九，百字母、直字母、述字母各 1 字。(4)《廣韻》46 個佳韻字與《六音字典》字母有 10 個對應層次：其一，乃字母 24 字；其二，化字母 8 字；其三，百字母 4 字；其四，闊字母 3 字；其五，交字母 2 字；其六至其十，克字母、合字母、射字母、果字母、後字母各 1 字。(5)《廣韻》46 個皆韻字與《六音字典》字母有 5 個對應層次：其一，乃字母 34 字；其二，闊字母 7 字；其三，推字母 3 字；其四其五，出字母、直字母各 1 字。(6)《廣韻》10 個夬韻字與《六音字典》字母有 4 個對應層次：其一，乃字母 5 字；其二其三，舌字母、化字母各 2 字；其四，闊字母 1 字。(7)《廣韻》8 個廢韻字與《六音字典》字母有 5 個對應層次：

其一，乃字母 3 字；其二，備字母 2 字；其三至其五，出字母、舌字母、古字母各 1 字。(8)《廣韻》52 個祭韻字與《六音字典》字母有 9 個對應層次：其一，備字母 16 字；其二，出字母 11 字；其三，結字母 10 字；其四，舌字母 8 字；其五其六，乃字母、推字母各 2 字；其七至其九，古字母、克字母、有字母各 1 字。(9)《廣韻》139 個齊韻字與《六音字典》字母有 10 個對應層次：其一，備字母 83 字；其二，乃字母 27 字；其三其四，出字母、結字母各 9 字；其五，推字母 3 字；其六至其八，舌字母、古字母、克字母各 2 字；其九其十，化字母、百字母各 1 字。

此外，《廣韻》蟹攝屬陰聲韻，但在《六音字典》中則有 25 字讀作⑤入聲調：(1)齊韻 5 字：備字母[中]⑤棣，[片]⑤甓；[氣]推字母[出]⑤刲；乃字母[土]⑤劑穧。(2)祭韻 6 字：備字母[又]⑤洩，[生]⑤晢逝筮；結字母[生]⑤洩；舌字母[生]⑤毳。(3)夬韻 1 字：舌字母[求]⑤夬。(4)皆韻 2 字：直字母[向]⑤駭。推字母[出]⑤塊。(5)佳韻 1 字：乃字母[又]⑤隘。(6)泰韻 1 字：乃字母[又]⑤藹。(7)灰韻 6 字：出字母[人]⑤婑；[又]⑤喂煨猥；述字母[向]⑤最。古字母[又]⑤詴。(8)咍韻 3 字：合字母[又]⑤能；克字母[氣]⑤咳；乃字母[又]⑤欸。

十三、效攝

《廣韻》效攝包括陰聲韻蕭韻、宵韻、肴韻、豪韻(以平賅上、去)。效攝在《六音字典》中讀如條字母、交字母、合字母、後字母、嘹字母、古字母、百字母、舌字母、直字母、推字母、述字母、射字母、有字母、果字母、闊字母、乃字母等部分陰聲韻，其中有少數韻字讀爲入聲調字。

1.《六音字典》條字母字來源於中古效攝韻 183 字。其中：(1)蕭韻 53 字：[立]④了憭瞭，⑥鐐料窌；[求]③苕，④繳皦皦皎皎，⑥叫嘂藠；[氣]②竅，⑥梟；[中]①調凋雕條刁刖刮迢，②弔吊釣瘹；[土]②糶，③祧恌，⑥窕佻銚眺趒跳；[人]①澆磽嬈，③堯，④鳥蔦嫋，⑥尿；[生]①蕭瀟簫；[名]②杳；[向]①梟儌，④曉。(2)宵韻 119 字：[立]⑥繚燎；[比]②俵，③標飆猋杓，④表婊裱殍莩；[求]①橋，②嶠；[求]③僑驕嬌憍撟喬翹，④矯，⑤轎，⑥蕎簥轎；[氣]⑥蹻航；[中]①朝，②肇兆；[片]①薸瓢漂飄膔，④嫖票；[土]①超，⑥兆；[全]①昭招憔顦蕉鷦魈，②照炤醮，③焦嘸燋樵釗椒；[人]③堯，④繞遶；[生]①宵霄焇消逍，②少笑咲肖鞘，③硝𪏐，④小少；[又]①韶劭洮姚搖飆嗂窯遙謠瑤，②沼邵紹詔要，③夭要腰喓妖殀邀，④擾，⑥耀燿曜矅鷂要；[名]①苗描，②淼渺緲眇杪藐，⑥廟庙妙；[出]③燒，④悄，⑥峭誚；[向]①囂。(3)肴韻7字：[比]③麃；[求]⑥較；[中]①嘲；[人]①墝鐃；[向]①炒灱。(4)豪韻4字：[立]⑥橑橑；[中]①錭；[土]①挑。

2.《六音字典》交字母字來源於中古效攝韻168字。其中：(1)蕭韻4字：[立]①瞭，②了；[中]③跳；[生]④嘯。(2)宵韻2字：[生]④少；[言]③囂。(3)肴韻80字：[比]②豹趵，③包胞，④飽；[求]①交校蛟鮫挍郊膠，②咬較嚙齩酵教，④攪姣佼絞狡；[氣]③跤骹，④巧；[片]②炮礟爆炰，③庖跑匏爮苞拋，⑥枹皰泡；[全]③巢，④找爪笊，⑥罩；[人]③鐃，④硇，⑥鬧；[生]②哨，③筲艄蛸捎，④稍；[名]②卯夘昴，③茅茆，⑥貌；[言]①爻咆虓，③肴餚殽淆嗷，⑥樂；[出]②耖，③抄鈔勦，④炒燍謅；[向]②孝哮，⑥效校効。(4)豪韻82字：[立]②嫪，③勞憥，④栳，⑥橯醪；[比]②暴虣，③襃袍。[求]①皋醪，④栲杲槁稾槀縞犒鎬；[氣]②靠，③尻，④考丂；[中]②道導盜，③韜逃淘陶濤，⑥稻；[片]②砲瀑，⑥抱；[土]①滔韜慆叨檮；[全]①遭，④搔悼，⑥竈灶；[人]④懊碯惱腦；[生]③艘，④掃埽；[又]②奧；[名]③旄旄，⑥冒耄；[言]③敖鰲鼇遨翱，⑥傲慠咾；[出]②操躁懆藻慥造噪；[向]①昊界，②好，③豪亳，⑥浩晧皓鎬。

3.《六音字典》合字母字來源於中古效攝韻77字。其中：(1)豪韻75字：[立]①潦癆勞牢浶，④老，⑥栳；[比]①褒，②報报，③保葆袍，④寶宝；[求]②告誥膏，③高膏篙羔糕餻；[中]①刀，②到，③萄，④倒，⑥搗擣；[土]①桃，②套，③幍，④討；[全]①槽鏪，②竈灶，③曹早蚤慅，④棗枣；[人]④懊腝腦惱瑙碯；[生]②燥噪譟梟，③艘，④嫂；[又]④襖；[名]①毛，⑥帽；[言]①熬厫，⑥鏊；[出]②繰繅澡糙，③臊鱢，④草艸；[向]④好，⑥號号灝唕。(2)肴韻1字：[中]⑤棹。(3)蕭韻1字：[中]⑤掉。

4.《六音字典》後字母字來源於中古效攝韻18字：(1)豪韻6字：[比]①襃；[全]③醩糟，④蚤；[生]②掃埽。(2)肴韻11字：[比]⑥鉋鮑刨；[氣]②皰；[人]①撓，③栲；[又]②拗詏；[名]①貓貓；[出]④巢。(3)宵韻1字：[又]③㴔。

5.《六音字典》嘹字母字來源於中古效攝韻15字：(1)蕭韻12字：[立]③鷯獠僚遼寮嘹廖寥聊，④了，(六)窌。[土]⑥窕。(2)宵韻2字：[立]③燎膠。

(3)豪韻1字:[立]③嘐。

6.《六音字典》古字母字來源於中古效攝韻7字。其中:(1)豪韻4字:[求]⑤告;[片]③萢;[片]⑤萢,⑥抱。(2)肴韻2字:[又]①窅;[向]①虓。(3)蕭韻1字:[又]②鄡。

7.《六音字典》百字母字來源於中古效攝韻5字。其中:(1)蕭韻1字:[又]①了。(2)宵韻1字:[立]⑤燎。(3)肴韻2字:[言]②樂,④樂。(4)豪韻1字:[中]⑥蹈。

8.《六音字典》舌字母字來源於中古效攝韻3字。其中:(1)宵韻1字:[求]⑥敲;(2)豪韻2字:[氣]①早蚤。

9.《六音字典》直字母字來源於中古效攝豪韻3字:[出]③繰繅澡。

10.《六音字典》推字母字來源於中古效攝韻2字。其中:(1)宵韻1字:[向]⑥枖。(2)豪韻1字:[又]③燠。

11.《六音字典》述字母字來源於中古效攝韻2字。其中:1.蕭韻1字:[全]②裹。2.肴韻1字:[人]①恔。

12.《六音字典》射字母字來源於中古效攝蕭韻1字:[求]②了。

13.《六音字典》有字母字來源於中古效攝豪韻1字:[又]②萢。

14.《六音字典》果字母字來源於中古效攝豪韻1字:[片]⑥曝。

15.《六音字典》闊字母字來源於中古效攝宵韻1字:[全]①苗。

16.《六音字典》乃字母字來源於中古效攝肴韻1字:[人]⑤坳。

據統計,《廣韻》效攝共計488字與《六音字典》相合。其中條字母183字,占總數37.50%;交字母168字,占總數34.43%;合字母77字,占總數15.78%;後字母18字,占總數3.69%;喙字母15字,占總數3.07%;古字母7字,占總數1.43%;百字母5字,占總數1.02%;舌字母、直字母各3字,各占總數0.61%;推字母、述字母各2字,各占總數0.41%;射字母、有字母、果字母、闊字母、乃字母各1字,各占總數0.20%。條字母字最多,交字母次之,合字母再次之,其餘韻字偏少。就效攝内部看,豪韻字最多,主要在《六音字典》交字母和合字母裏;宵韻次之,主要在《六音字典》條字母裏;肴韻再次之,主要在《六音字典》交字母裏;蕭韻最少,主要在《六音字典》條字母裏。請看下表:

《廣韻》	《六音字典》															
	條字母	交字母	合字母	後字母	嘹字母	古字母	百字母	舌字母	直字母	推字母	述字母	射字母	有字母	果字母	闊字母	乃字母
蕭韻 74	53	4	1	0	12	1	1	0	0	0	1	1	0	0	0	0
宵韻 128	119	2	0	1	2	0	1	1	0	1	0	0	0	0	1	0
肴韻 104	7	80	1	11	0	2	2	0	0	0	0	0	0	0	0	1
豪韻 182	4	82	75	6	1	4	1	2	3	1	1	0	1	1	0	0
總數 488	183	168	77	18	15	7	5	3	3	2	2	1	1	1	1	1

上表可見，效攝蕭韻、宵韻、肴韻、豪韻與《六音字典》字母的對應情況如下：(1)《廣韻》74 個蕭韻字與《六音字典》字母有 8 個對應層次：其一，條字母 53 字；其二，嘹字母 12 字；其三，交字母 4 字；其四至其八，合字母、古字母、百字母、述字母、射字母各 1 字。(2)《廣韻》128 個宵韻字與《六音字典》字母有 8 個對應層次：其一，條字母 119 字；其二其三，交字母、嘹字母各 2 字；其四至其八，後字母、百字母、舌字母、推字母、闊字母各 1 字。(3)《廣韻》104 個肴韻字與《六音字典》字母有 7 個對應層次：其一，交字母 80 字；其二，後字母 11 字；其三，條字母 7 字；其四其五，古字母、百字母各 2 字；其六其七，合字母、乃字母各 1 字。(4)《廣韻》182 個豪韻字與《六音字典》字母有 13 個對應層次：其一，交字母 82 字；其二，合字母 75 字；其三，後字母 6 字；其四其五，條字母、古字母各 4 字；其六，直字母 3 字；其七，舌字母 2 字；其八至其十三，嘹字母、百字母、推字母、述字母、有字母、果字母各 1 字。

此外，《廣韻》效攝屬陰聲韻，但在《六音字典》中則有 7 字讀作⑤入聲調：(1)蕭韻 1 字：合字母[中]⑤掉。(2)宵韻 2 字：條字母[求]⑤簥；百字母[立]⑤燎。(3)肴韻 2 字：合字母[中]⑤棹；乃字母[人]⑤坳。(4)豪韻 2 字：古字母[求]⑤告；古字母[片]⑤蒟。

第五節　中古果、假、流諸攝與明本《六音字典》“三十四字母”對應研究

十四、果攝

《廣韻》果攝在《六音字典》中讀如合字母、果字母、闊字母、百字母、推字

母、射字母、舌字母、直字母、出字母、交字母、古字母等部分陰聲韻,其中有少數韻字讀爲入聲調字。

1.《六音字典》合字母字來源於中古果攝韻 110 字。其中:(1)歌韻 61 字:[立]①囉蘿鑼欏,③囉;[求]②蚵舸,⑤箇個个;[求]③歌哥笴;[氣]①柯軻苛炣,④可哿;[中]①多,③駝佗它跎陀馱;[全]②佐,④左;[人]③那挪儺;[又]①荷阿妸,⑥荷;[言]③娥哦誐俄蛾峨莪鵝諱,④我,⑥餓;[出]①瑳磋搓;[向]①呵訶呵啊,②歔盒秏秏,③河何,④啊,⑥賀。(2)戈韻 49 字:[立]①灑;[比]①婆坡菠玻鄱皤,⑥播;[中]③沱跎墮,⑤朶朵躲惰,⑥剁;[片]①波,②破,⑤頗叵;[土]①妥,⑤唾涶;[全]②坐座矬;[人]①挼,③娜,⑥糯;[生]①唆,③梭鮻,④鎖鏁鎖;[名]③魔磨摩,④妐,⑤麼么,⑥磨;[言]③吪訛譌囮,⑥臥;[出]⑥剉銼。

2.《六音字典》果字母字來源於中古果攝韻 28 字。戈韻 28 字:[比]⑥縛;[求]①過,②過过,④果菓;[氣]②課裸顆,③科戈窠堝;[又]①窩渦鍋蝸,③和踒,④伙夥,⑥和;[向]②貨,③靴和踒,⑥禍祸。

3.《六音字典》闊字母字來源於中古果攝韻 11 字。其中:(1)歌韻 5 字:[中]②舵柂;[土]③拕拖;[生]①籮。(2)戈韻 6 字:[比]②簸;[求]④檛;[氣]⑤濶;[片]①破;[全]⑥坐;[生]①魦。

4.《六音字典》百字母字來源於中古果攝韻 8 字。其中:(1)歌韻 7 字:[土]①他;[全]②作;[人]④那;[生]③娑;[又]①阿;[出]①嵯,②蛇。(2)戈韻 1 字:[名]③嬤。

5.《六音字典》推字母字來源於中古果攝戈韻 5 字:[求]④粿;[土]②蜕;[生]①螺;[又]①禾;[向]④火。

6.《六音字典》射字母字來源於中古果攝韻 4 字。其中:(1)歌韻 2 字:[全]①蹉嵯。(2)戈韻 2 字:[求]③迦伽。

7.《六音字典》舌字母字來源於中古果攝歌韻 2 字:[又]①蛇;[言]①鵝。

8.《六音字典》直字母字來源於中古果攝歌韻 2 字:[出]③磋搓。

9.《六音字典》出字母字來源於中古果攝戈韻 2 字:[立]⑥惢;[向]⑤堶。

10.《六音字典》交字母字來源於中古果攝歌韻 1 字:[生]②邏。

11.《六音字典》古字母字來源於中古果攝歌韻 1 字:[向]③荷。

據統計,《廣韻》果攝共計 174 字與《六音字典》相合。其中合字母 110 字,占總數63.22%;果字母28字,占總數16.09%;闊字母11字,占總數6.32%;百字母8字,占總數4.60%;推字母5字,占總數2.87%;射字母4字,占總數2.30%;舌字母、直字母、出字母各2字,各占總數1.15%;交字母、古字母各1字,各占總數0.57%。合字母字最多,果字母次之,闊字母再次之,其餘韻字偏少。就果攝内部看,戈韻字最多,主要在《六音字典》合字母和果字母裏;歌韻次之,主要在《六音字典》合字母裏。請看下表:

《廣韻》	《六音字典》										
	合字母	果字母	闊字母	百字母	推字母	射字母	舌字母	直字母	出字母	交字母	古字母
歌韻81	61	0	5	7	0	2	2	2	0	1	1
戈韻93	49	28	6	1	5	2	0	0	2	0	0
總數174	110	28	11	8	5	4	2	2	2	1	1

上表可見,果攝歌韻、戈韻與《六音字典》字母的對應情況如下:(1)《廣韻》81個歌韻字與《六音字典》字母有8個對應層次:其一,合字母61字;其二,百字母7字;其三,闊字母5字;其四至其六,射字母、舌字母、直字母各2字;其七其八,交字母、古字母各1字。(2)《廣韻》93個戈韻字與《六音字典》字母有7個對應層次:其一,合字母49字;其二,果字母28字;其三,闊字母6字;其四,推字母5字;其五其六,射字母、出字母各2字;其七,百字母1字。

此外,《廣韻》果攝屬陰聲韻,但在《六音字典》中則有15字讀作⑤入聲調:(1)歌韻3字:合字母[求]⑤箇個個;(2)戈韻12字:合字母[中]⑤朶朵躲惰,合字母[片]⑤頗叵,合字母[土]⑤唾涶,合字母[名]⑤麼麼,闊字母[氣]⑤濄,出字母[向]⑤堶。

十五、假攝

《廣韻》假攝包括陰聲韻麻韻(以平賅上、去)。假攝在《六音字典》中讀如百字母、射字母、化字母、結字母、闊字母、克字母、乃字母、述字母、古字母、備字母、條字母、合字母、果字母等部分陰聲韻,其中有少數韻字讀爲入聲調字。

1.《六音字典》百字母字來源於中古假攝麻韻99字:[立]①詫;[比]①巴芭疤笆爬,②霸炦,③琶杷,④把靶杷,⑥耙;[中]①茶,③爺,⑤痄;[求]①跏,②賈價嫁稼椵駕枷斝斚,③家嘉加枷笳袈假檟岔;[片]②怕帕杷,③吧奅;[全]②詐榨醡,③查乍,⑤蕏;[人]②拏拿;[生]③紗杪砂沙鈔裟,⑤耍嗄;[又]①鴉挜,④啞瘂婭亞;[名]③蟇蟆,④馬瑪碼鰢,⑥罵;[言]①牙芽砑,④雅,⑥砑訝嗟迓;[出]①差吒,②鮓;[向]①蝦蝦霞瑕貑瘕遐颬葭蕸,②下苄,③夏廈,⑥下暇呀。

2.《六音字典》射字母字來源於中古假攝麻韻41字:[求]②杈;[全]①遮罝嗟嗟,②樜蔗柘,③邪,④姐,⑤者赭,⑥鷓;[生]②射卸瀉舍赦,③蛇,④寫舍捨,⑥謝滮榭社麝;[又]①耶鄉鎁,④野;[言]⑤髂;[出]①賒奢撦車,④扯担且;[向]③墉,⑤唬。

3.《六音字典》化字母字來源於中古假攝麻韻20字:[求]①瓜,④摦寡;[氣]①誇誇姱跨胯;[全]③摣;[又]③摦嘩譁華蕐驊;[向]②瓦化,③花華苍。

4.《六音字典》結字母字來源於中古假攝麻韻9字:[中]①爺爹;[全]②炙;[生]①些,②貰;[又]③爺爺;[出]④担扯。

5.《六音字典》闊字母字來源於中古假攝麻韻7字:[求]④踝;[生]①鯊,③沙砂;[名]①麻蔴;[言]②吾。

6.《六音字典》克字母字來源於中古假攝麻韻3字:[人]①若;[名]①乜;[出]⑤也。

7.《六音字典》乃字母字來源於中古假攝麻韻2字:[比]⑥罷;[言]⑥訝。

8.《六音字典》述字母字來源於中古假攝麻韻2字:[氣]④架;[全]⑤馬。

9.《六音字典》古字母字來源於中古假攝麻韻2字:[求]④椵;[中]②柘。

10.《六音字典》備字母字來源於中古假攝麻韻1字:[出]④斥。

11.《六音字典》條字母字來源於中古假攝麻韻1字:[求]①茄。

12.《六音字典》合字母字來源於中古假攝麻韻1字:[出]②槎。

13.《六音字典》果字母字來源於中古假攝麻韻1字:[向]②撾。

據統計,《廣韻》假攝共計189字與《六音字典》相合。其中百字母99字,占總數52.38%;射字母41字,占總數21.69%;化字母20字,占總數10.58%;結字母9字,占總數4.76%;闊字母7字,占總數3.70%;克字母3字,占總數1.59%;乃字母、述字母、古字母各2字,各占總數1.06%;備字母、條字母、合字母、果字母各1字,各占總數0.53%。百字母字最多,射字母次之,化字母再次之,其餘韻字偏少。就假攝内部看,麻韻二等字最多,主要在《六音字典》百字母裏;麻韻三等字次之,主要在《六音字典》射字母裏。請看下表:

《廣韻》	《六音字典》												
	百字母	射字母	化字母	結字母	闊字母	克字母	乃字母	述字母	古字母	備字母	條字母	合字母	果字母
麻韻 189	99	41	20	9	7	3	2	2	2	1	1	1	1

上表可見，假攝麻韻與《六音字典》字母的對應情況如下：

《廣韻》189 個麻韻字與《六音字典》字母有 13 個對應層次：其一，百字母 99 字；其二，射字母 41 字；其三，化字母 20 字；其四，結字母 9 字；其五，闊字母 7 字；其六，克字母 3 字；其七至其九，乃字母、述字母、古字母各 2 字；其十至其十三，備字母、條字母、合字母、果字母各 1 字。

此外，《廣韻》假攝屬陰聲韻，但在《六音字典》中則有 10 字讀作⑤入聲調：百字母[中]⑤痄，百字母[全]⑤蕏，百字母[生]⑤要嗄；射字母[全]⑤者赭，射字母[言]⑤髂，射字母[向]⑤唬；克字母[出]⑤也；述字母[全]⑤馬。

十六、流攝

《廣韻》流攝包括陰聲韻尤韻、侯韻、幽韻（以平賅上、去）。流攝在《六音字典》中讀如有字母、後字母、古字母、出字母、條字母、述字母、百字母、交字母、合字母、推字母、闊字母、備字母、射字母、化字母、乃字母等部分陰聲韻，其中有少數韻字讀爲入聲調字。

1.《六音字典》有字母字來源於中古流攝韻 182 字：(1)尤韻 165 字：[立]①榴流，③磂硫瑠琉留㽞劉刘，④柳桞鰡，⑥溜霤；[求]①鳩，②究救灸，③求裘毬俅，④九玖久乆，⑥舊旧舅；[氣]①邱坵丘北蚯，⑥咎臼柩；[中]①綢紬裯，②晝伷胄宙紂籒，③儔疇躊；[土]①籌抽，③篘醜；[全]①周週賙惆舟州洲，②咒呪，③啁，④酒，⑥就鷲；[人]①牛瘤膪，④鈕紐杻扭；[生]①羞，②秀莠繡绣狩獸，③修收収蒐，④首手守箒帚，⑥受授綬妯岫袖胄壽壽夀寿；[又]①油憂優攸悠麀，②又酉，③由繇猶酋猷泅卣蝣蝤遊迂遊尤汓友郵柔，④有，⑥侑宥囿右祐佑釉柚誘螃牗；[出]①秋烌湫啾鶖秌鰍蝵鰌，③囚讐仇售酬酧醻，④肘醜𩴾；[向]①休烋庥貅猍，④韮韭朽。(2)幽韻 17 字：[比]③彪滮淲飍飍；[求]①丩朻樛，②赳，③虯虬；[中]③丟；[又]①呦幽，②幼；[名]①繆，⑥謬。

2.《六音字典》後字母字來源於中古流攝韻 114 字。其中：(1)尤韻 28 字：[全]①鄒騶，②縐皺，⑥驟；[名]③謀侔眸牟鍪蝨，⑥阜；[生]②瘦膄漱，③搜廋廋溲愁蒐；[出]②臭嗅搊；[又]③浮蜉烰覆。(2)侯韻 86 字：[立]①樓楼螻，③

嘍髏劚，⑥陋漏瘺；[求]①溝勾鉤鈎，②夠厚，③猴，④苟狗笱耇垢坸姤，⑥冓搆構覯遘購煹媾詬詾彀；[氣]②叩扣寇釦蔲簆；[土]①頭，②透，③偷媮；[全]①陬，②奏，④走；[生]②嗽潄，③擻，④叟瞍，⑥叜；[又]①毆謳甌漚嘔鷗，④吼吽；[名]④牡畝晦某，⑥茂懋貿；[言]①髃腢偶耦藕；[出]②湊；[向]①緱吼，③喉侯猴餱，⑥後逅垕後候厚。

3.《六音字典》古字母字來源於中古流攝韻 14 字。其中：(1)尤韻 7 字：[立]④僇；[比]⑥媍；[全]⑥冾；[又]⑤負；[向]②副，⑥婦負。(2)侯韻 7 字：[全]②蔟；[生]②嗽；[名]④母姆，⑥霧瞀戊。

4.《六音字典》出字母字來源於中古流攝韻 6 字。其中：(1)尤韻 5 字：[求]①龜亀龜馗；[向]④朽。(2)侯韻 1 字：[出]①口。

5.《六音字典》條字母字來源於中古流攝韻 4 字。其中：(1)尤韻 2 字：[立]⑥廖；[向]②救。(2)幽韻 2 字：[比]③彪；[向]①烋。

6.《六音字典》述字母字來源於中古流攝侯韻 4 字：[求]②句；[氣]①摳敂；[全]②鯫。

7.《六音字典》百字母字來源於中古流攝侯韻 3 字：[名]①牳拇姆。

8.《六音字典》交字母字來源於中古流攝尤韻 2 字：[名]③矛蟊。

9.《六音字典》合字母字來源於中古流攝侯韻 2 字：[中]⑥噣；[片]③吥。

10.《六音字典》推字母字來源於中古流攝韻 2 字。其中：(1)尤韻 1 字：[生]③瘦。(2)侯韻 1 字：[名]①苺。

11.《六音字典》闊字母字來源於中古流攝侯韻 2 字：[片]①剖掊。

12.《六音字典》備字母字來源於中古流攝尤韻 1 字：[比]③颵。

13.《六音字典》射字母字來源於中古流攝尤韻 1 字：[氣]⑥皺。

14.《六音字典》化字母字來源於中古流攝侯韻 1 字：[全]③取。

15.《六音字典》乃字母字來源於中古流攝尤韻 1 字：[名]②不。

據統計，《廣韻》流攝共計 339 字與《六音字典》相合。其中有字母 182 字，占總數 53.68%；後字母 114 字，占總數 33.63%；古字母 14 字，占總數 4.13%；出字母 6 字，占總數 1.77%；條字母、述字母各 4 字，各占總數1.18%；百字母 3 字，占總數 0.88%；交字母、合字母、推字母、闊字母各 2 字，各占總數 0.59%；備字母、射字母、化字母、乃字母各 1 字，各占總數 0.29%。有字母字最多，後字母次之，其餘韻字偏少。就流攝內部看，尤韻字最多，主要在《六音

字典》有字母裏;侯韻次之,主要在《六音字典》後字母裏。請看下表:

《廣韻》	《六音字典》														
	有字母	後字母	古字母	出字母	條字母	述字母	百字母	交字母	合字母	推字母	闊字母	備字母	射字母	化字母	乃字母
尤韻 213	165	28	7	5	2	0	0	2	0	1	0	1	1	0	1
侯韻 124	17	86	7	1	0	4	3	0	2	1	2	0	0	1	0
幽韻 2	0	0	0	0	2	0	0	0	0	0	0	0	0	0	0
總數 339	182	114	14	6	4	4	3	2	2	2	2	1	1	1	1

上表可見,流攝尤韻、侯韻、幽韻與《六音字典》字母的對應情況如下:(1)《廣韻》213 個尤韻字與《六音字典》字母有 10 個對應層次:其一,有字母 165 字;其二,後字母 28 字;其三,古字母 7 字;其四,出字母 5 字;其五其六,條字母、交字母各 2 字;其七至其十,推字母、備字母、射字母、乃字母各 1 字。(2)《廣韻》124 個侯韻字與《六音字典》字母有 10 個對應層次:其一,後字母 86 字;其二,有字母 17 字;其三,古字母 7 字;其四,述字母 4 字;其五,百字母 3 字;其六其七,合字母、闊字母各 2 字;其八至其十,出字母、推字母、化字母各 1 字。(3)《廣韻》2 個幽韻字與《六音字典》字母只有 1 個對應層次:條字母 2 字。

此外,《廣韻》流攝屬陰聲韻,但在《六音字典》中則有 1 字讀作⑤入聲調:尤韻 1 字:古字母[又]⑤負。

第六節　結論

通過上文的分析比較,可以讓大家進一步瞭解《廣韻》十六攝與明本《六音字典》三十四字母的對應關係:陽聲韻與陽聲韻,入聲韻與入聲韻,陰聲韻與陰聲韻,基本上是對應的。具體小結如下:

第一,古陽聲韻與《六音字典》字母對應的歷史層次

在《六音字典》中,每個陽聲韻字母的歷史來源較爲複雜,但根據《廣韻》對應韻字字數多寡,可分辨出其主要層次與次要層次。不管如何,這些來自不同韻攝的字,經過時間和空間的不同而產生異變、轉移和融合,形成新的陽聲韻韻部：

1. 本字母的歷史層次：《廣韻》桓韻 60 字、寒韻 42 字、魂韻 33 字、文韻 24 字、元韻 22 字、删韻 10 字、山韻 5 字、仙韻 4 字、唐韻 3 字、諄韻 3 字、痕韻 3 字、蒸韻 1 字、登韻 1 字發生異變、轉移而融合爲《六音字典》本字母。

2. 風字母的歷史層次：《廣韻》唐韻 20 字、陽韻 11 字、鍾韻 8 字、東韻 7 字、江韻 2 字、庚韻 2 字發生異變、轉移而融合爲《六音字典》風字母。

3. 通字母的歷史層次：《廣韻》東韻 76 字、冬韻 12 字、鍾韻 12 字、陽韻 5 字、江韻 3 字、唐韻 2 字、耕韻 2 字、魂韻 2 字、登韻 1 字、文韻 1 字、欣韻 1 字、覃韻 1 字、凡韻 1 字發生異變、轉移而融合爲《六音字典》通字母；

4. 順字母的歷史層次：《廣韻》鍾韻 50 字、諄韻 33 字、東韻 27 字、登韻 22 字、文韻 18 字、魂韻 12 字、庚韻 6 字、欣韻 5 字、真韻 4 字、冬韻 1 字、江韻 1 字、陽韻 1 字、耕韻 1 字、清韻 1 字、仙韻 1 字、覃韻 1 字發生異變、轉移而融合爲《六音字典》順字母；

5. 朗字母的歷史層次：《廣韻》唐韻 68 字、陽韻 37 字、江韻 14 字、魂韻 12 字、覃韻 4 字、文韻 4 字、凡韻 3 字、諄韻 2 字、痕韻 2 字、談韻 2 字、東韻 1 字、庚韻 1 字、耕韻 1 字、登韻 1 字、欣韻 1 字、桓韻 1 字、侵韻 1 字發生異變、轉移而融合爲《六音字典》朗字母；

6. 唱字母的歷史層次：《廣韻》陽韻 128 字、江韻 2 字、東韻、唐韻、登韻、仙韻、元韻各 1 字發生異變、轉移而融合爲《六音字典》唱字母；

7. 聲字母的歷史層次：《廣韻》清韻 24 字、庚韻 6 字、青韻 4 字、東韻 1 字、陽韻 1 字、唐韻 1 字、耕韻 1 字、真韻 1 字、先韻 1 字、仙韻 1 字、山韻 1 字、談韻 1 字發生異變、轉移而融合爲《六音字典》聲字母；

8. 音字母的歷史層次：《廣韻》真韻 90 字、侵韻 59 字、青韻 56 字、清韻 49 字、蒸韻 41 字、庚韻 29 字、欣韻 6 字、先韻 5 字、耕韻 5 字、仙韻 4 字、咸韻 3 字、諄韻 2 字、銜韻 1 字發生異變、轉移而融合爲《六音字典》音字母；

9. 坦字母的歷史層次：《廣韻》談韻 30 字、庚韻 19 字、覃韻 17 字、銜韻 15 字、咸韻 10 字、唐韻 6 字、江韻 5 字、寒韻 5 字、清韻 4 字、耕韻 3 字、先韻 3 字、青韻 2 字、侵韻 2 字、鍾韻 1 字、陽韻 1 字、登韻 1 字、山韻 1 字、嚴韻 1 字發生異變、轉移而融合爲《六音字典》坦字母；

10. 橫字母的歷史層次：《廣韻》凡韻 4 字、庚韻 3 字、寒韻 3 字、删韻 1 字發生異變、轉移而融合爲《六音字典》横字母；

11. 班字母的歷史層次：《廣韻》刪韻 22 字、山韻 20 字、青韻 17 字、庚韻 13 字、耕韻 13 字、先韻 13 字、寒韻 13 字、覃韻 7 字、添韻 7 字、登韻 5 字、蒸韻 4 字、痕韻 4 字、仙韻 4 字、侵韻 4 字、真韻 3 字、清韻 2 字、陽韻 1 字、臻韻 1 字、元韻 1 字發生異變、轉移而融合爲《六音字典》班字母；

12. 先字母的歷史層次：《廣韻》仙韻 78 字、鹽韻 57 字、先韻 55 字、真韻 15 字、添韻 12 字、山韻 6 字、嚴韻 6 字、侵韻 4 字、元韻 3 字、寒韻 3 字、談韻 2 字、庚韻 1 字、耕韻 1 字、清韻 1 字、青韻 1 字、蒸韻 1 字、刪韻 1 字發生異變、轉移而融合爲《六音字典》先字母。

《廣韻》陽聲韻與《六音字典》陽聲韻字母對應情況請看下表：

《廣韻》	《六音字典》												總數
	本字母	風字母	通字母	順字母	朗字母	唱字母	聲字母	音字母	坦字母	横字母	班字母	先字母	
東韻	0	7	76	27	1	1	1	0	0	0	0	0	113
冬韻	0	0	12	1	0	0	0	0	0	0	0	0	13
鍾韻	0	8	12	50	0	0	0	0	1	0	0	0	71
江韻	0	2	3	1	14	2	0	0	5	0	0	0	27
陽韻	0	11	5	1	37	128	1	0	1	0	1	0	185
唐韻	3	20	2	0	68	1	1	0	6	0	0	0	101
庚韻	0	2	0	6	1	0	6	29	19	3	13	1	80
耕韻	0	0	2	1	1	0	1	5	3	0	13	1	27
清韻	0	0	0	1	0	0	24	49	4	0	2	1	81
青韻	0	0	0	0	0	0	4	56	2	0	17	1	80
蒸韻	1	0	0	0	0	0	0	41	0	0	4	1	47
登韻	1	0	1	22	1	1	0	0	1	0	5	0	32
真韻	0	0	0	4	0	0	1	90	0	0	3	15	113
諄韻	3	0	0	33	2	0	0	2	0	0	0	0	40
臻韻	0	0	0	0	0	0	0	0	0	0	1	0	1
文韻	24	0	1	18	4	0	0	0	0	0	0	0	47
欣韻	0	0	1	5	1	0	0	6	0	0	0	0	13
魂韻	33	0	2	12	12	0	0	0	0	0	0	0	59
痕韻	3	0	0	0	2	0	0	0	0	0	4	0	9
先韻	0	0	0	0	0	0	1	5	3	0	13	55	77
仙韻	4	0	0	1	0	1	1	4	0	0	4	78	93

續表

元韻	22	0	0	0	0	1	0	0	0	0	1	3	27
山韻	5	0	0	0	0	0	1	0	1	0	20	6	33
删韻	10	0	0	0	0	0	0	0	0	1	22	1	34
寒韻	42	0	0	0	0	0	0	0	5	3	13	3	66
桓韻	60	0	0	0	1	0	0	0	0	0	0	0	61
侵韻	0	0	0	0	1	0	0	59	2	0	4	4	70
談韻	0	0	0	0	2	0	1	0	30	0	0	2	35
覃韻	0	0	1	1	4	0	0	0	17	0	7	0	30
咸韻	0	0	0	0	0	0	0	3	10	0	0	0	13
銜韻	0	0	0	0	0	0	0	1	15	0	0	0	16
鹽韻	0	0	0	0	0	0	0	0	0	0	0	57	57
嚴韻	0	0	0	0	0	0	0	0	1	0	0	6	7
凡韻	0	0	1	0	3	0	0	0	0	4	0	0	8
添韻	0	0	0	0	0	0	0	0	0	0	7	12	19
總數	211	50	119	184	155	135	43	350	126	11	154	247	1785

第二,古入聲韻與《六音字典》入聲韻字母對應的歷史層次

在《六音字典》中,每個入聲韻字母的歷史來源較爲複雜,但根據《廣韻》對應韻字字數多寡,可分辨出其主要層次與次要層次。不管如何,這些來自不同韻攝的字,經過時間和空間的不同而産生異變、轉移和融合,形成新的入聲韻韻部:

1. 備字母的歷史層次:《廣韻》錫 38 字、質 34 字、昔 31 字、職 29 字、緝 27 字、屑 5 字、薛 3 字、迄 3 字、黠 3 字、藥 2 字、陌 2 字、術 2 字、屋 1 字、麥 1 字、月 1 字、鎋 1 字發生異變、轉移而融合爲《六音字典》備字母。

2. 結字母的歷史層次:《廣韻》薛 35 字、屑 33 字、怗 15 字、葉 14 字、業 7 字、質 3 字、月 3 字、緝 3 字、合 3 字、職 2 字、陌 1 字、麥 1 字、昔 1 字、没 1 字、黠 1 字發生異變、轉移而融合爲《六音字典》結字母。

3. 射字母的歷史層次:《廣韻》昔 14 字、陌 8 字、葉 6 字、麥 3 字、錫 3 字、緝 2 字、合 2 字、鐸 1 字、屑 1 字、薛 1 字、月 1 字、狎 1 字發生異變、轉移而融合爲《六音字典》射字母。

4. 舌字母的歷史層次:《廣韻》月 16 字、薛 14 字、屑 7 字、迄 1 字、鎋 1 字、曷 1 字、末 1 字、葉 1 字發生異變、轉移而融合爲《六音字典》舌字母。

5. 有字母的歷史層次:《廣韻》燭韻 1 字發生異變、轉移而融合爲《六音字典》有字母。

6. 條字母的歷史層次:《廣韻》藥 39 字、昔 6 字、屋 2 字、錫 2 字、覺 1 字、陌 1 字、緝 1 字發生異變、轉移而融合爲《六音字典》條字母。

7. 交字母的歷史層次:《廣韻》覺 1 字、藥 1 字、屑 1 字、薛 1 字、緝 1 字發生異變、轉移而融合爲《六音字典》交字母。

8. 合字母的歷史層次:《廣韻》鐸 49 字、覺 24 字、屋 7 字、盍 6 字、陌 4 字、合 4 字、麥 3 字、沃 2 字、藥 2 字、曷 2 字、術 1 字、没 1 字、黠 1 字、末 1 字、葉 1 字發生異變、轉移而融合爲《六音字典》合字母。

9. 克字母的歷史層次:《廣韻》陌 11 字、麥 11 字、德 11 字、職 7 字、質 6 字、鐸 3 字、錫 3 字、櫛 2 字、屑 2 字、葉 2 字、緝 1 字、洽 1 字發生異變、轉移而融合爲《六音字典》克字母。

10. 百字母的歷史層次:《廣韻》洽 15 字、合 14 字、覺 12 字、陌 11 字、麥 9 字、狎 8 字、曷 7 字、葉 7 字、盍 6 字、薛 4 字、黠 4 字、末 4 字、怗 4 字、昔 3 字、鐸 2 字、没 2 字、鎋 2 字、緝 2 字、屋 1 字、質 1 字、物 1 字發生異變、轉移而融合爲《六音字典》百字母。

11. 化字母的歷史層次:《廣韻》末 3 字、乏 2 字、麥 1 字、没 1 字、月 1 字、黠 1 字、鎋 1 字、葉 1 字發生異變、轉移而融合爲《六音字典》化字母。

12. 果字母的歷史層次:《廣韻》鐸 5 字、屋 1 字、覺 1 字、藥 1 字發生異變、轉移而融合爲《六音字典》果字母。

13. 直字母的歷史層次:《廣韻》德 14 字、陌 9 字、職 7 字、緝 5 字、麥 4 字、屋 2 字、鐸 1 字、昔 1 字、質 1 字、櫛 1 字、屑 1 字、狎 1 字、葉 1 字發生異變、轉移而融合爲《六音字典》直字母。

14. 出字母的歷史層次:《廣韻》物 8 字、術 3 字、屋 2 字、覺 1 字、錫 1 字、職 1 字、德 1 字發生異變、轉移而融合爲《六音字典》出字母。

15. 推字母的歷史層次:《廣韻》没 7 字、物 5 字、末 5 字、德 4 字、術 3 字、屋 2 字、鐸 2 字、薛 2 字、燭 1 字、覺 1 字、陌 1 字、麥 1 字、昔 1 字、職 1 字、迄 1 字發生異變、轉移而融合爲《六音字典》推字母。

16. 闊字母的歷史層次:《廣韻》末 14 字、月 8 字、曷 8 字、物 7 字、没 3 字、黠 3 字、燭 2 字、屑 2 字、麥 1 字、合 1 字發生異變、轉移而融合爲《六音字典》闊字母。

17. 乃字母的歷史層次:《廣韻》曷 7 字、怗 6 字、合 4 字、屑 3 字、黠 2 字、鎋 2 字、燭 1 字、麥 1 字、德 1 字、月 1 字、洽 1 字發生異變、轉移而融合爲《六音字典》乃字母。

18. 後字母的歷史層次:《廣韻》沃 2 字、覺 1 字、合 1 字發生異變、轉移而融合爲《六音字典》後字母。

19. 述字母的歷史層次:《廣韻》屋 48 字、燭 37 字、術 13 字、職 6 字、物 2 字、藥 1 字、昔 1 字、月 1 字、緝 1 字、葉 1 字發生異變、轉移而融合爲《六音字典》述字母。

20. 古字母的歷史層次:《廣韻》屋 84 字、覺 18 字、燭 11 字、沃 5 字、鐸 3 字、没 3 字、昔 2 字、錫 2 字、屑 2 字、職 1 字、德 1 字、術 1 字、末 1 字發生異變、轉移而融合爲《六音字典》古字母。

《廣韻》入聲韻與《六音字典》入聲韻字母對應情況請看下表:

《廣韻》	《六音字典》																					總數
	備字母	結字母	射字母	舌字母	有字母	條字母	嘹字母	交字母	合字母	克字母	百字母	化字母	果字母	直字母	出字母	推字母	闊字母	乃字母	後字母	述字母	古字母	
屋	1	0	0	0	0	2	0	0	7	0	1	0	1	2	2	2	0	0	0	48	84	150
沃	0	0	0	0	0	0	0	0	2	0	0	0	0	0	0	0	0	0	2	0	5	9
燭	0	0	0	0	1	0	0	0	0	0	0	0	0	0	0	1	2	1	0	37	11	53
覺	0	0	0	0	0	1	0	1	24	0	12	0	1	0	1	1	0	0	1	0	18	60
藥	2	0	0	0	0	39	0	1	2	0	0	0	1	0	0	0	0	0	0	1	0	46
鐸	0	0	1	0	0	0	0	0	49	3	2	0	5	1	0	2	0	0	0	0	3	66
陌	2	1	8	0	0	1	0	0	4	11	11	0	0	9	0	1	0	0	0	0	0	48
麥	1	1	3	0	0	0	0	0	3	11	9	1	0	4	0	1	1	1	0	0	0	36
昔	31	1	14	0	0	6	0	0	0	0	3	0	0	1	0	1	0	0	0	1	2	60
錫	38	0	3	0	0	2	0	0	0	3	0	0	0	0	1	0	0	0	0	0	2	49
職	29	2	0	0	0	0	0	0	0	7	0	0	0	7	1	1	0	0	0	6	1	54
德	0	0	0	0	0	0	0	0	0	11	0	0	0	14	1	4	0	1	0	0	1	32
質	34	3	0	0	0	0	0	0	0	6	1	0	0	1	0	0	0	0	0	0	0	45
術	2	0	0	0	0	0	0	0	1	0	0	0	0	0	3	3	0	0	0	13	1	23
櫛	0	0	0	0	0	0	0	0	0	2	0	0	0	1	0	0	0	0	0	0	0	3
物	0	0	0	0	0	0	0	0	0	0	1	0	0	0	8	5	7	0	0	2	0	23
迄	3	0	0	1	0	0	0	0	0	0	0	0	0	0	0	1	0	0	0	0	0	5
没	0	1	0	0	0	0	0	0	1	0	2	1	0	0	0	7	3	0	0	0	3	18
屑	5	33	1	7	0	0	0	1	0	2	0	0	0	1	0	0	2	3	0	0	2	57
薛	3	35	1	14	0	0	0	1	0	0	4	0	0	0	0	2	0	0	0	0	0	60
月	1	3	1	16	0	0	0	0	0	0	0	1	0	0	0	0	8	1	0	1	0	32

續表

黠	3	1	0	0	0	0	0	0	1	0	4	1	0	0	0	0	3	2	0	0	0	15
鎋	1	0	0	1	0	0	0	0	0	0	2	1	0	0	0	0	0	2	0	0	0	7
曷	0	0	0	1	0	0	0	0	2	0	7	0	0	0	0	0	8	7	0	0	0	25
末	0	0	0	1	0	0	0	0	1	0	4	3	0	0	0	5	14	0	0	0	1	29
緝	27	3	2	0	0	1	0	1	0	1	2	0	0	5	0	0	0	0	0	1	0	43
合	0	3	2	0	0	0	0	0	4	0	14	0	0	0	0	0	1	4	1	0	0	29
盍	0	0	0	0	0	0	0	0	6	0	6	0	0	0	0	0	0	0	0	0	0	12
洽	0	0	0	0	0	0	0	0	0	1	15	0	0	0	0	0	0	1	0	0	0	17
狎	0	0	1	0	0	0	0	0	0	0	8	0	0	1	0	0	0	0	0	0	0	10
葉	0	14	6	1	0	0	0	0	1	2	7	1	0	1	0	0	0	0	0	1	0	34
業	0	7	0	0	0	0	0	0	0	0	0	0	0	0	0	0	0	0	0	0	0	7
乏	0	0	0	0	0	0	0	0	0	0	0	2	0	0	0	0	0	0	0	0	0	2
怗	0	15	0	0	0	0	0	0	0	0	4	0	0	0	0	0	0	6	0	0	0	25
	183	123	43	42	1	52	0	5	108	60	119	11	8	48	17	37	49	29	4	111	134	1184

第三，古陰聲韻與《六音字典》陰聲韻字母對應的歷史層次

在《六音字典》中，每個陰聲韻字母的歷史來源較爲複雜，但根據《廣韻》對應韻字字數多寡，可分辨出其主要層次與次要層次。不管如何，這些來自不同韻攝的字，經過時間和空間的不同而産生異變、轉移和融合，形成新的陰聲韻韻部：

1. 備字母的歷史層次：《廣韻》之 103 字、脂 90 字、支 87 字、齊 83 字、微 48 字、祭 16 字、灰 3 字、廢 2 字、魚 1 字、麻 1 字、尤 1 字發生異變、轉移而融合爲《六音字典》備字母。

2. 結字母的歷史層次：《廣韻》支 19 字、祭 10 字、齊 9 字、麻 9 字、脂 1 字、之 1 字發生異變、轉移而融合爲《六音字典》結字母。

3. 射字母的歷史層次：《廣韻》麻 41 字、歌 2 字、戈 2 字、支 1 字、魚 1 字、佳 1 字、蕭 1 字、尤 1 字發生異變、轉移而融合爲《六音字典》射字母。

4. 舌字母的歷史層次：《廣韻》支 9 字、祭 8 字、微 2 字、泰 2 字、夬 2 字、齊 2 字、豪 2 字、歌 2 字、脂 1 字、咍 1 字、廢 1 字、宵 1 字發生異變、轉移而融合爲《六音字典》舌字母。

5. 有字母的歷史層次：《廣韻》尤 165 字、侯 17 字、虞 2 字、祭 1 字、豪 1 字發生異變、轉移而融合爲《六音字典》有字母。

6. 條字母的歷史層次：《廣韻》宵 119 字、蕭 53 字、肴 7 字、豪 4 字、脂 3 字、尤 2 字、幽 2 字、支 1 字、之 1 字、魚 1 字、模 1 字、麻 1 字發生異變、轉移而

融合爲《六音字典》條字母。

7. 嘹字母的歷史層次:《廣韻》蕭 12 字、宵 2 字、豪 1 字發生異變、轉移而融合爲《六音字典》嘹字母。

8. 交字母的歷史層次:《廣韻》豪 82 字、肴 80 字、蕭 4 字、佳 2 字、宵 2 字、尤 2 字、歌 1 字發生異變、轉移而融合爲《六音字典》交字母。

9. 合字母的歷史層次:《廣韻》豪 75 字、歌 61 字、戈 49 字、模 5 字、支 3 字、脂 2 字、魚 2 字、虞 2 字、侯 2 字、咍 1 字、灰 1 字、佳 1 字、蕭 1 字、肴 1 字、麻 1 字發生異變、轉移而融合爲《六音字典》合字母。

10. 克字母的歷史層次:《廣韻》脂 4 字、麻 3 字、之 2 字、咍 2 字、齊 2 字、支 1 字、魚 1 字、佳 1 字、祭 1 字發生異變、轉移而融合爲《六音字典》克字母。

11. 百字母的歷史層次:《廣韻》麻 99 字、歌 7 字、支 4 字、佳 4 字、模 3 字、侯 3 字、脂 2 字、魚 2 字、咍 2 字、肴 2 字、微 1 字、泰 1 字、齊 1 字、蕭 1 字、宵 1 字、豪 1 字、戈 1 字發生異變、轉移而融合爲《六音字典》百字母。

12. 化字母的歷史層次:《廣韻》麻 20 字、佳 8 字、模 4 字、夬 2 字、脂 1 字、齊 1 字、侯 1 字發生異變、轉移而融合爲《六音字典》化字母。

13. 果字母的歷史層次:《廣韻》戈 28 字、模 4 字、虞 2 字、支 1 字、佳 1 字、豪 1 字、麻 1 字發生異變、轉移而融合爲《六音字典》果字母。

14. 直字母的歷史層次:《廣韻》咍 6 字、豪 3 字、之 2 字、歌 2 字、泰 1 字、皆 1 字發生異變、轉移而融合爲《六音字典》直字母。

15. 出字母的歷史層次:《廣韻》脂 53 字、支 33 字、微 32 字、灰 17 字、祭 11 字、齊 9 字、虞 5 字、尤 5 字、泰 3 字、魚 2 字、戈 2 字、皆 1 字、廢 1 字、侯 1 字發生異變、轉移而融合爲《六音字典》出字母。

16. 推字母的歷史層次:《廣韻》灰 60 字、脂 10 字、咍 7 字、泰 7 字、戈 5 字、支 3 字、微 3 字、皆 3 字、齊 3 字、祭 2 字、之 1 字、宵 1 字、豪 1 字、尤 1 字、侯 1 字發生異變、轉移而融合爲《六音字典》推字母。

17. 闊字母的歷史層次:《廣韻》咍 14 字、皆 7 字、麻 7 字、戈 6 字、泰 5 字、歌 5 字、佳 3 字、侯 2 字、支 1 字、微 1 字、灰 1 字、夬 1 字、宵 1 字發生異變、轉移而融合爲《六音字典》闊字母。

18. 乃字母的歷史層次:《廣韻》咍 67 字、皆 34 字、齊 27 字、佳 24 字、泰 13 字、脂 7 字、支 5 字、夬 5 字、灰 4 字、廢 3 字、之 2 字、微 2 字、祭 2 字、麻 2 字、肴 1 字、尤 1 字發生異變、轉移而融合爲《六音字典》乃字母。

19. 後字母的歷史層次:《廣韻》侯 86 字、尤 28 字、虞 12 字、肴 11 字、豪 6 字、脂 4 字、佳 1 字、宵 1 字發生異變、轉移而融合爲《六音字典》後字母。

20. 述字母的歷史層次:《廣韻》魚 137 字、虞 126 字、之 11 字、支 4 字、侯 4 字、脂 3 字、咍 2 字、麻 2 字、模 1 字、灰 1 字、泰 1 字、蕭 1 字、豪 1 字發生異變、轉移而融合爲《六音字典》述字母。

21. 古字母的歷史層次:《廣韻》模 225 字、虞 66 字、之 39 字、魚 39 字、脂 19 字、支 15 字、尤 7 字、侯 7 字、豪 4 字、泰 2 字、齊 2 字、肴 2 字、麻 2 字、咍 1 字、灰 1 字、廢 1 字、祭 1 字、蕭 1 字、歌 1 字發生異變、轉移而融合爲《六音字典》古字母。

《廣韻》陰聲韻與《六音字典》陰聲韻字母對應情況請看下表:

《廣韻》	《六音字典》																					總數
	備字母	結字母	射字母	舌字母	有字母	條字母	嘹字母	交字母	合字母	克字母	百字母	化字母	果字母	直字母	出字母	推字母	闊字母	乃字母	後字母	述字母	古字母	
支	87	19	1	9	0	1	0	0	3	1	4	0	1	0	33	3	1	5	0	4	15	187
脂	90	1	0	1	0	3	0	0	2	4	2	1	0	0	53	10	0	7	4	3	19	200
之	103	1	0	0	0	1	0	0	0	2	0	0	0	2	0	1	0	2	0	11	39	162
微	48	0	0	2	0	0	0	0	0	0	1	0	0	0	32	3	1	2	0	0	0	89
魚	1	0	1	0	0	1	0	0	2	1	2	0	0	0	2	0	0	0	0	137	39	186
虞	0	0	0	0	2	0	0	0	2	0	0	0	2	0	5	0	0	0	12	126	66	215
模	0	0	0	0	0	1	0	0	5	0	3	4	4	0	0	0	0	0	0	1	225	243
咍	0	0	0	1	0	0	0	0	1	2	2	0	0	6	0	7	14	67	0	2	1	103
灰	3	0	0	0	0	0	0	0	1	0	0	0	0	0	17	60	1	4	0	1	1	88
泰	0	0	0	2	0	0	0	0	0	0	1	0	0	1	3	7	5	13	0	1	2	35
佳	0	0	1	0	0	0	0	2	1	1	4	8	1	0	0	0	3	24	1	0	0	46
皆	0	0	0	0	0	0	0	0	0	0	0	0	0	1	1	3	7	34	0	0	0	46
夬	0	0	0	2	0	0	0	0	0	0	0	2	0	0	0	0	1	5	0	0	0	10
廢	2	0	0	1	0	0	0	0	0	0	0	0	0	0	1	0	0	3	0	0	1	8
祭	16	10	0	8	1	0	0	0	0	1	0	0	0	0	11	2	0	2	0	0	1	52
齊	83	9	0	2	0	0	0	0	0	2	1	1	0	0	9	3	0	27	0	0	2	139
蕭	0	0	1	0	0	53	12	4	1	0	1	0	0	0	0	0	0	0	0	1	1	74
宵	0	0	0	1	0	119	2	2	0	0	1	0	0	0	0	1	1	0	1	0	0	128
肴	0	0	0	0	0	7	0	80	1	0	2	0	0	0	0	0	0	1	11	0	2	104
豪	0	0	0	2	1	4	1	82	75	0	1	0	1	3	0	1	0	0	6	1	4	182
歌	0	0	2	2	0	0	0	1	61	0	7	0	0	2	0	0	5	0	0	0	1	81
戈	0	0	2	0	0	0	0	0	49	0	1	0	28	0	2	5	6	0	0	0	0	93

續表

麻	1	9	41	0	0	1	0	0	1	3	99	20	1	0	0	0	7	2	0	2	2	189
尤	1	0	1	0	165	2	0	2	0	0	0	0	0	0	5	1	0	1	28	0	7	213
侯	0	0	0	0	17	0	0	0	2	0	3	1	0	0	1	1	2	0	86	4	7	124
幽	0	0	0	0	0	2	0	0	0	0	0	0	0	0	0	0	0	0	0	0	0	2
	435	49	50	33	186	195	15	173	207	17	135	37	38	15	175	108	54	199	149	294	435	2999

第四，古入聲韻字在《六音字典》裏部分演變爲陰聲韻

但由於時代的變遷，地理環境的差異，周邊方言的交融，導致部分古入聲韻在《六音字典》裏演變爲陰聲韻。這是符合語音發展規律的一種現象。具體情況請看下表：

《廣韻》	《六音字典》聲調系統						總數
入聲韻	①平	②去	③平	④上	⑤入	⑥去	
屋韻	0	22	2	3	114	9	150
沃韻	0	3	0	0	4	2	9
燭韻	0	22	0	1	26	4	53
覺韻	0	5	0	2	43	10	60
藥韻	0	8	2	1	35	0	46
鐸韻	1	15	4	1	37	8	66
陌韻	3	6	4	1	26	8	48
麥韻	1	5	1	0	21	8	36
昔韻	1	2	7	2	36	12	60
錫韻	1	5	0	1	37	5	49
職韻	0	12	0	0	35	7	54
德韻	1	2	1	0	26	2	32
質韻	1	10	2	0	28	4	45
術韻	0	2	0	6	14	1	23
櫛韻	0	0	0	0	3	0	3
物韻	0	0	1	1	18	3	23
迄韻	0	0	0	0	4	1	5
没韻	2	4	0	2	10	0	18
屑韻	2	4	0	3	43	5	57
薛韻	0	6	3	2	46	3	60
月韻	0	4	1	0	22	5	32
黠韻	2	2	0	0	11	0	15
鎋韻	0	0	0	1	5	1	7
曷韻	1	1	2	0	18	3	25

續表

末韻	1	4	3	0	21	0	29
緝韻	0	5	0	1	29	8	43
合韻	1	3	2	1	20	2	29
盍韻	0	2	0	0	8	2	12
洽韻	0	3	1	0	13	0	17
狎韻	0	1	0	0	7	2	10
葉韻	0	4	1	2	23	4	34
業韻	0	1	0	0	5	1	7
乏韻	0	0	0	0	1	1	2
怗韻	0	4	1	0	17	3	25
總數	18	167	38	31	806	124	1184
比例	1.52%	14.10%	3.21%	2.62%	68.07%	10.47%	100%

上表可見，來自《廣韻》1184 個入聲韻字與《六音字典》21 個非陽聲韻字母相對應，有 806 個韻字與⑤入聲韻字相對應，占總數 68.07%；有 378 個韻字與陰聲韻字相對應，占總數 31.93%。這些古入聲韻字讀作陰聲韻中，去聲調字居多，②去聲字有 167 個，占總數 14.10%；⑥去聲字有 124 個，占總數 10.47%。上聲調字和平聲調字偏少。這説明古入聲韻在《六音字典》裏的演變規律是多數演變爲去聲韻，少數演變爲上聲韻和平聲韻。

第五，古陰聲韻字在《六音字典》裏部分演變爲入聲韻

但由於時代的變遷，地理環境的差異，周邊方言的交融，導致部分古陰聲韻在《六音字典》裏演變爲入聲韻。這是語音變異的一種特殊現象。具體情況請看下表：

《廣韻》	《六音字典》																					總數
	備字母	結字母	射字母	舌字母	有字母	條字母	嘹字母	交字母	合字母	克字母	百字母	化字母	果字母	直字母	出字母	推字母	闊字母	乃字母	後字母	述字母	古字母	
支	7	0	0	0	0	0	0	0	1	0	4	0	0	0	1	0	0	2	0	0	1	16
脂	8	0	0	0	0	0	0	0	0	0	0	0	0	0	1	0	0	0	0	0	1	10
之	7	0	0	0	0	0	0	0	0	0	0	0	0	0	0	0	0	0	0	0	0	7
微	1	0	0	0	0	0	0	0	0	0	0	0	0	0	1	0	1	0	0	0	0	3
魚	0	0	0	0	0	0	0	0	0	0	0	0	0	0	0	0	0	0	0	1	0	1
虞	0	0	0	0	0	0	0	0	1	0	0	0	0	0	1	0	0	0	0	4	3	9
模	0	0	0	0	0	0	0	0	1	0	0	0	0	0	0	0	0	0	0	0	6	7
齊	2	0	0	0	0	0	0	0	0	0	0	0	0	0	0	1	0	2	0	0	0	5

續表

祭	4	1	0	1	0	0	0	0	0	0	0	0	0	0	0	0	0	0	0	0	0	6
夬	0	0	0	1	0	0	0	0	0	0	0	0	0	0	0	0	0	0	0	0	0	1
皆	0	0	0	0	0	0	0	0	0	0	0	0	0	1	0	1	0	0	0	0	0	2
佳	0	0	0	0	0	0	0	0	0	0	0	0	0	0	0	0	0	1	0	0	0	1
泰	0	0	0	0	0	0	0	0	0	0	0	0	0	0	0	0	0	1	0	0	0	1
灰	0	0	0	0	0	0	0	0	0	0	0	0	0	0	4	0	0	0	0	1	1	2
咍	0	0	0	0	0	0	0	0	1	1	0	0	0	0	0	0	0	1	0	0	0	3
蕭	0	0	0	0	0	0	0	0	1	0	0	0	0	0	0	0	0	0	0	0	0	1
宵	0	0	0	0	0	1	0	0	0	0	1	0	0	0	0	0	0	0	0	0	0	2
肴	0	0	0	0	0	0	0	0	1	0	0	0	0	0	0	0	0	1	0	0	0	2
豪	0	0	0	0	0	0	0	0	0	0	0	0	0	0	0	0	0	0	0	0	2	2
歌	0	0	0	0	0	0	0	0	3	0	0	0	0	0	0	0	0	0	0	0	0	3
戈	0	0	0	0	0	0	0	0	10	0	0	0	0	0	1	0	1	0	0	0	0	12
麻	0	0	4	0	0	0	0	0	0	1	4	0	0	0	0	0	0	0	0	1	0	10
尤	0	0	0	0	0	0	0	0	0	0	0	0	0	0	0	0	0	0	0	0	1	1
總數	29	1	4	2	0	1	0	0	19	2	9	0	0	1	9	2	2	8	0	7	15	111

第六,《廣韻》有收-ŋ、-n、-m 三種鼻音韻尾的陽聲韻和收-p、-t、-k 三種清輔音韻尾的入聲韻,而《六音字典》只有收-ŋ 一種鼻音韻尾的尾陽聲韻和無輔音韻尾的入聲韻。

第 八 章

明本《六音字典》"六音"研究

《六音字典》的"六音"指 6 個聲調,即①平聲,②去聲,③平聲,④上聲,⑤入聲,⑥去聲。本章首先與《廣韻》進行歷時比較,其次與現代政和方言和閩北方言聲調進行共時比較,然後根據方言接觸理論分析其平聲調類的特殊性與差異性,從中窺探其五百年來平聲調的演變規律。

第一節 明本《六音字典》平聲調研究

本節着重研究《六音字典》兩種平聲調,即①平聲和③平聲,並與《廣韻》平聲調,現代政和方言陰平、陽平$_{甲}$、陽平$_{乙}$比較研究。

一、明本《六音字典》"①平聲"考證

(一)《六音字典》"①平聲"有中古音平聲全清、次清、全濁、次濁四種讀音:"①平聲"中含中古音平聲字 1097 字,對應《廣韻》全清 525 字、次清 166 字、全濁 173 字、次濁 233 字。古清聲母字占總數的 63.10%,濁聲母字占 36.90%。

《廣韻》的平聲全清聲母字 525 字:般端丹瘟氳温鼾玕菫昏惛婚歡懽分吩光東冬笿苳宗蹤踪雙双松螽轟奔犇砉禪登燈灯衷中忠鍾鐘曾諄終殷慇兄凶兇胸嚑勛岡崗鋼迒當尊遵樽罇粧妝莊裝霜孀米霜喪桑方坊薑姜畺張將章相箱廂湘襄鑲商觴傷央殃正鄉彬斌贇豳邠兵賓賔檳濱荊京巠經金今矜貞禎征珍丁叮精蒸烝晶真眞斟旍津箴針旌征申呻伸紳辛甡心身升陞昇新薪英瑛因囙姻絪煙烟罌嬰纓櫻鸚鷹陰隂音深興馨邦甘苷賡羹尷更衫杉生蚶横班斑冰氷頒跟艱肩庚姦奸耕畊間虹爭榛臻潸珊恩鶯鸚邊籩兼堅顛巔需氈氊氊蟾焉胭湮堙甄煙烟

婻機幾机譏饑磯璣姬肌基箕雞知鷙衣依伊醫噫棲栖羲犧嬉禧熹熺僖俙希稀絺欷晞睎䲵熙非扉飛爹編鵯些遮罝嗟賖奢鳩丩朻樛周賙舟州洲羞憂優呦幽麀啾休烋庥貅烌茄朝嘲凋雕刁刟刐昭招蕉鷦魈澆蕭瀟簫宵霄焇消逍梟灱灲嚻烋交蛟鮫挍郊臯膠遭菠皤褒柯多刀波槽唆猗漪阿婀呵訶巴芭疤笆踋咳鵶阿蝦虾豭瘕颬葭瓜柧瓠蛙哇呱過窩渦鍋媧蝸規龜亀龜圭閨邽珪歸归皈槌鎚雖輝暉翬煇揮麾撝虺徽虺災灾栽哉鯊魦笄皆階該荄陔街雞鶏齋斋西粞獅篩樨唉偕溝勾鉤鈎郰鄹騶陬諏毆謳甌漚嘔鷗歪緱居裾車駒豬猪宰朱硃珠株蛛殊侏咮邾誅諸萎綏需於于唹籲盱雩虛虗謼歔孤呱觚菰姑酤沽辜鴣都闍茲孳滋嗞鼒孜且葅苴沮諮咨粢資姿淄緇菑輜錙貲訾髭師獅螄疏疎蔬梳嘶廝澌偲緦蘇蘓酥穌甦蘓私司惡㝛杇夫玞砆鈇膚肤摢呼

《廣韻》的平聲次清聲母字 166 字：芬豐丰空匈悤匆蔥聰聦穹春椿衝充康囪窓窻芳妨羌羗腔涳輕欽卿嗔侵清琛爯稱夋親嵌堪龕坑貪攤青參叅牽烹攀探撢汀蟶亨鏗慳謙愆譽騫偏天添沾妃披困砒豨伾丕癡痴悽淒蚩妃霏菲悱篇批鈚蹉撦車炊吹邱坵丘北蚯抽惆秋烁湫鶖鰍蝵漂飄旚墝磽滔韜慆叨坡玻鏄軻咼瑳磋搓他差扠叉誇夸姱跨胯咼闚窺魁奎盔悝退恢詼鯫摳區嶇樞摳驅軀樗姝樗趨趋墟骷枯悇睢蓟芻疽趄趦雌初敷莩俘郛

《廣韻》的平聲全濁聲母字 173 字：盤槃磐鎜裙蟠磻魂黃鰉鱑惶楻疼桐箭筒豘烔帆蓬蟲虫桐叢蓬裙藤沖腸屯搪糖床牀痕杭粁彊牆墻坪平程擎勍陳蔯懲懲瀓澄嬪諶忱昡酣彭蟛晴橫衡填田便鉗箝恬纏錢銭潭前還旗旂畿綦蜞疲毗糍時塒兮奚傒攜携畦兮枇啼匙嵯蛇綢紬裯籌鰌橋調嘲鍋條迢藫瓢憔顦韶爻咆柴婆鄱苛桃鐯荷啊臍爬茶嵯霞瑕遐蘧肥痱馗逵錘皮坮禾棑徘牌蹄蹏儕齊諧孩骸鞋鞵裒頭劬櫥廚銖茱洙薯殳弧途圖啚磁齊雛嫐齟茨疵蒲扶鳧

《廣韻》的平聲次濁聲母字 233 字：欗圇悢王儂聾龍尨竜輪濃銀廊郎瓤齦梁粱量糧粮涼娘陽昜暘楊洋羊佯靈鱗贏營名林淋霖苓囹翎鴒綾人壬眠藍嵐南喃楠男籃喃盲邙鋩巖岩鈴聆伶零菱棱蓮蠻蛮饅連慩聯臁鐮簾簷帘年黏炎閻鹽盐綿棉緜緡梨棃擬頤籬篱離爺鵝榴流牛瘤腦油攸悠繆嬈鐃洮姚搖飆嗂窯遙謠瑤苗描了醪囉蘿鑼欏潦灑癆勬牢浶摟挼毛黴無熬厫如眉嵋帷哯牙芽衙來韋幃圍闈帷唯螺雷梅玫黴霉莓媒煤湈枚糜苗籮麻蔴犂犂泥涅倪呆樓楼螻撓貓猫齵髃腢閭驢驴櫚萎濡嚅芋盂魚漁隅嵎盧蘆爐炉鑪廬瀘鸕顱轤艫獹鱸壚臚嚧黸奴孥伮駑砮筎怓摹吴蜈珸梧麌鼯娱娪

(二)明本《六音字典》"①平聲"收有中古音上聲、去聲、入聲三種讀音。

《六音字典》"①平聲"中有52個字在中古音中讀作上聲。"通字母·立紐"①平聲"壠",《廣韻》:力踵切,來鍾上,不符;"通字母·立紐"①平聲"壟",《廣韻》:力踵切,來鍾上,不符。"唱字母·立紐"①平聲"兩",《廣韻》:良奬切,來陽上,不符。"聲字母·比紐"①平聲"並",《廣韻》:蒲迥切,並青上,不符。"音字母·中紐"①平聲"殄",《廣韻》:徒典切,定先上,不符。"音字母·名紐"①平聲"哂",《玉篇》:彌演切,明仙上,不符。"坦字母·出紐"①平聲"眚",《廣韻》:所景切,生庚上,不符。"班字母·求紐"①平聲"橌",《廣韻》:下赧切,匣刪上,不符;"班字母·求紐"①平聲"趕",《廣韻》:古旱切,見寒上,不符。"班字母·氣紐"①平聲"掌",《廣韻》:諸兩切,章陽上,不符。"班字母·生紐"①平聲"槮",《廣韻》:桑感切,心覃上,不符。"先字母·全紐"①平聲"膽",《廣韻》:都敢切,端談上,不符。"備字母·求紐"①平聲"幾",《廣韻》:居履切,見脂上,不符。"備字母·比紐"①平聲"跛",《廣韻》:布火切,幫戈上,不符。"條字母·向紐"①平聲"儌",《廣韻》:古了切,見蕭上,不符。"嘹字母·土紐"①平聲"禱",《廣韻》:都晧切,端豪上,不符。"嘹字母·言紐"①平聲"虠",《玉篇》:音姣,見肴上,不符。"嘹字母·向紐"①平聲"昊",《廣韻》:胡老切,匣豪上,不符。"嘹字母·向紐"①平聲"昦",《廣韻》:胡老切,匣豪上,不符。"合字母·氣紐"①平聲"炣",《玉篇》:口我切,溪歌上,不符。"合字母·土紐"①平聲"妥",《廣韻》:他果切,透戈上,不符。"克字母·人紐"①平聲"若",《廣韻》:人者切,日麻上,不符。"克字母·名紐"①平聲"嘪",《廣韻》:莫蟹切,明佳上,不符。"克字母·名紐"①平聲"乜",《廣韻》:彌也切,明麻上,不符。"克字母·名紐"①平聲"咩",《廣韻》:迷爾切,明支上,不符。"百字母·求紐"①平聲"豈",《廣韻》:袪狶切,溪微上,不符。"百字母·又紐"①平聲"掗",《集韻》:倚下切,影麻上,不符。"百字母·名紐"①平聲"牳",《集韻》:莫後切,明侯上,不符。"百字母·名紐"①平聲"拇",《廣韻》:莫厚切,明侯上,不符。"百字母·名紐"①平聲"姆",《廣韻》:莫後切,明侯上,不符。"果字母·又紐"①平聲"唼",《集韻》:鄔毀切,影支上,不符。"果字母·又紐"①平聲"寠",《廣韻》:其矩切,群虞上,不符。"出字母·又紐"①平聲"暐",《廣韻》:於鬼切,雲微上,不符。"出字母·出紐"①平聲"口",《廣韻》:苦後切,溪侯上,不符。"闊字母·片紐"①平聲"剖",《廣韻》:普後切,滂侯上,不符。"闊字母·片紐"①平聲“掊”,《廣韻》:方垢切,幫侯上,不符。“乃字母・人紐”①平聲“坭”,《廣韻》:奴禮切,泥齊上,不符。“後字母・言紐”①平聲“偶”,《廣韻》:五口切,疑侯上,不符。“後字母・言紐”①平聲“耦”,《廣韻》:五口切,疑侯上,不符。“後字母・言紐”①平聲“藕”,《廣韻》:五口切,疑侯上,不符。“後字母・向紐”①平聲“吼”,《廣韻》:乃後切,泥侯上,不符。“述字母・氣紐”①平聲“傴”,《廣韻》:於武切,影虞上,不符。“述字母・氣紐”①平聲“敂”,《廣韻》:古厚切,見侯上,不符。“古字母・求紐”①平聲“罟”,《廣韻》:公户切,見模上,不符。“古字母・求紐”①平聲“怙”,《廣韻》:侯古切,匣模上,不符。“古字母・中紐”①平聲“睍”,《廣韻》:胡典切,匣先上,不符。“古字母・中紐”①平聲“覩”,《廣韻》:當古切,端模上,不符。“古字母・全紐”①平聲“咀”,《廣韻》:子與切,崇魚上,不符。“古字母・全紐”①平聲“訿”,《廣韻》:將此切,清支上,不符。“古字母・全紐”①平聲“呰”,《廣韻》:將此切,清支上,不符。“古字母・人紐”①平聲“弩”,《廣韻》:奴古切,泥模上,不符。“古字母・言紐”①平聲“敔”,《廣韻》:魚巨切,疑魚上,不符。

《六音字典》“①平聲”中有 28 個字在中古音中讀作去聲。“本字母・向紐”①平聲“販”,《廣韻》:方願切,非元去,不符。“唱字母・立紐”①平聲“輛”,《廣韻》:力讓切,來陽去,不符。“聲字母・片紐”①平聲“娉”,《廣韻》:匹正切,滂清去,不符。“坦字母・片紐”①平聲“髿”,《廣韻》:蒲孟切,並庚去,不符。“班字母・生紐”①平聲“滲”,《廣韻》:所禁切,生侵去,不符。“先字母・又紐”①平聲“厭”,《廣韻》:於豔切,影鹽去,不符。“備字母・求紐”①平聲“未”,《廣韻》:無沸切,微微去,不符。“備字母・片紐”①平聲“被”,《廣韻》:平義切,並支去,不符。“舌字母・向紐”①平聲“嵗”,《集韻》:相鋭切,心祭去,不符。“舌字母・向紐”①平聲“歲”,《集韻》:相鋭切,心祭去,不符。“條字母・又紐”①平聲“劭”,《廣韻》:寔照切,禪宵去,不符。“嘹字母・求紐”①平聲“校”,《廣韻》:古孝切,見肴去,不符。“嘹字母・出紐”①平聲“砦”,《廣韻》:仕懈切,崇佳去,不符。“合字母・立紐”①平聲“潦”,《廣韻》:郎到切,來豪去,不符。“百字母・立紐”①平聲“詫”,《廣韻》:醜亞切,徹麻去,不符。“百字母・言紐”①平聲“砑”,《廣韻》:吾駕切,疑麻去,不符。“百字母・出紐”①平聲“吒”,《廣韻》:陟駕切,知麻去,不符。“推字母・名紐”①平聲“苺”,《廣韻》:莫候切,明侯去,不符。“推字母・向紐”①平聲“硋”,《廣韻》:五溉切,疑咍去,不符。“闊字母・片紐"①平聲"破",《廣韻》:普過切,滂戈去,不符。"乃字母・人紐"①平聲"鈉",《廣韻》:而鋭切,日祭去,不符。"乃字母・生紐"①平聲"篲",《廣韻》:祥歲切,邪祭去,不符。"後字母・全紐"①平聲"緅",《廣韻》:子句切,精虞去,不符。"述字母・求紐"①平聲"倨",《廣韻》:居禦切,見魚去,不符。"古字母・全紐"①平聲"載",《廣韻》:側吏切,莊之去,不符。"古字母・全紐"①平聲"詛",《廣韻》:莊助切,莊魚去,不符。"古字母・全紐"①平聲"恣",《廣韻》:資四切,精脂去,不符。"古字母・生紐"①平聲"薉",《廣韻》:於廢切,影廢去,不符。

《六音字典》"①平聲"中有 14 個字,在中古音中讀作入聲。"備字母・土紐"①平聲"緆",《廣韻》:先擊切,心錫入,不符。"結字母・片紐"①平聲"撇",《廣韻》:普蔑切,滂屑入,不符。"結字母・片紐"①平聲"擎",《廣韻》:普蔑切,滂屑入,不符。"合字母・立紐"①平聲"咯",《廣韻》:盧各切,來鐸入,不符。"克字母・人紐"①平聲"或",《廣韻》:胡國切,匣德入,不符。"百字母・比紐"①平聲"鮊",《廣韻》:傍陌切,並陌入,不符。"百字母・比紐"①平聲"朳",《廣韻》:博拔切,幫黠入,不符。"百字母・氣紐"①平聲"挌",《廣韻》:苦格切,溪陌入,不符。"百字母・中紐"①平聲"譶",《廣韻》:徒合切,定合入,不符。"百字母・生紐"①平聲"蟋",《廣韻》:息七切,心質入,不符。"化字母・又紐"①平聲"挖",《廣韻》:烏八切,影黠入,不符。"推字母・言紐"①平聲"兀",《廣韻》:五忽切,疑没入,不符。"推字母・言紐"①平聲"杌",《廣韻》:五忽切,疑没入,不符。"古字母・全紐"①平聲"撮",《廣韻》:子括切,精末入,不符。

(三)明本《六音字典》"①平聲"裏中古音陰聲韻、陽聲韻、入聲韻混雜。

明本《六音字典》"①平聲"中有 2 例屬陰聲韻混入陽聲韻。如"風字母"屬陽聲韻部,而在①平聲"向紐"之下有一字,《廣韻》屬陰聲韻:豊,《廣韻》:盧啟切,來齊上,不符。"聲字母"屬陽聲韻部,而在①平聲"又紐"之下有一字,《廣韻》屬陰聲韻:守,《廣韻》:書九切,書尤上,不符。按:《六音字典》"守"字下注"土音"。

明本《六音字典》"①平聲"中有 1 例屬入聲韻混入陽聲韻。如"聲字母"屬陽聲韻部,而在①平聲"又紐"之下有一字,《廣韻》屬入聲韻:牧,《廣韻》:莫六切,明屋入,不符。按:《六音字典》"牧"字下注"土音"。

明本《六音字典》"①平聲"中還有 3 例屬陰聲韻與陽聲韻混雜。如"備字母"屬陰聲韻部，而在①平聲"生紐"之下有一字，《廣韻》屬陽聲韻："哂"，《廣韻》：式忍切，書真上，不符。"述字母"屬陰聲韻部，而在①平聲"言紐"之下有一字，《廣韻》屬陽聲韻："喁"，《廣韻》：魚容切，疑鍾平，不符。"古字母"屬陰聲韻部，而在①平聲"中紐"之下有一字，《廣韻》屬陽聲韻："清"，《廣韻》：七情切，清清平，不符。

明本《六音字典》"①平聲"中還有121字《廣韻》中所無。盤鬆嘔圇訜鄷壠雽犅爔帆蓬虫幝藤衝囟殅橌醲牕縈縈闥烼具哵秖要萎蚨惐要萎蚨赦㛂畽嫌喠徳伐趑膴骪朠啝磈鬄荻嵤曦罝俥岂醧峒葶瓻瞟鯆買嚊蹧抅噅癰喎敔詗瓟帡暉旟褌㩗徽鼺硘瞉拏飿齘飆腓堦捬麩籭樓刋妫膀隔毆忏縎瘧嫭殕瘧戲殆嗥匌跾鄑蔬梳葳膴瘷蕪琭琭礿㚖評。

二、明本《六音字典》"③平聲"考證

（一）明本《六音字典》"③平聲"有中古音全清、次清、全濁、次濁四種讀音："③平聲"中含中古音平聲字1027字，對應《廣韻》全清272字、次清101字、全濁363字、次濁291字。古清聲母字占總數的36.20%，濁聲母字占63.80%。

《廣韻》的平聲全清聲母字272字：搬竿乾幹鰥冠昆崑鶤單檔山孫酸安鞍肝風瘋慌荒封枋公蚣工功攻棕椶烘君宮焐軍皸均鈞恭巾弓躬僧春搐翁幫江矼杠搁豇綱剛泔疳罡莊臧贓菴庵秧蚄麞獐場漿鴦香鄉驚莖栟聲声砧埕擔担三叁甥憨僫緘釘先生星笙牲猩森參参鞭扁蝙乾癲詹漸煎先仙佱僊菭膻彝焉戔箋殲竿鮮蠡碑乩詩絲鷥蕬司犀樨漪梔罷妻屍尸鱉支吱枝芝巵梔施迦枝彪驫蠡丟啁修收収蒐標彪驫猋杓驕嬌憍撟喬焦嶕燋椒剑硝翛夭要腰喓妖邀燒包胞苞拋筲艄艘莦捎囂葆歌哥高膏篙羔糕餻梭鮻艘臊鱢家佳嘉加枷笳袈吧紗杪砂沙鈔娑裟摅嘩華蕐花华苍戈堝踒靴踒栽搥追錐隹嗺威堆磓衰蓑沙砂鮭毸哀埃醩糟楸搜廋廋溲蒐書书舒紓須鬚疋偦諝湑鄃毹毺租烏夫

《廣韻》的平聲次清聲母字101字：坤吞村番翻筐匡鋒峯蜂蠭通熥熜芎囷埪嵾糠穅湯倉蒼瘡滄昌菖鯧閶槍廳聽听襟衾販反攤千遷迁扡韆籤簽僉欺欹攲崎溯篬開簐祧恌跤骹尻抄鈔勳呿佗它吥慆奁科窠驅磋搓虧坯梯縗拕拖溪谿磎開胎抬苔駘猜差副唋麩麸麬稃鋪痡粗怚孚

《廣韻》的平聲全濁聲母字363字：盆壇檀彈團紈煩墳坆樊礬焚恒繁渾環還韓販狂誑簧磺逢蓬煌凰皇房馮同仝銅彤童瞳崇紅鴻弘宏羣群窮勤懃重豚縢謄滕騰從从松曾層旬純巡脣唇循旁傍防堂螳棠長唐塘溏存藏杭行凡几强彊場

翔祥庠常嫦姮裳償嘗行呈程成平評萍枰蘋苹頻顰貧憑凴凭荓屏禽檎琴芩蔓瓊琼芹咸醎擒捡停塵沉廷庭霆尋蟳繩情秦蓁辰晨神宸臣丞承誠成盛形刑型棚箝卭降鵬咸珩桁銜衘衡含啣函瓶缾亭甜覃蠶蚕殘行嫌媨嫺閑閒癇廛纏田鈿潛蟬禪嬋辰宸涎神晨賢贒絃弦脾枇琵奇錡騎琦棋碁麒期岐祈祁祇芪耆其遲踟持緹題齊池篪箎伽邪蛇滮滤求裘毬怺虯虬儔疇躊酋泅汓囚讐仇酬醻麃僑翹苕樵裒袍鞀逃跳洶陶濤庖跑匏爬巢肴餚殽淆豪毫袍駝沱跎陀萄馱曹河何琶杷查嘩驊和葵頹頽誰裁回囘囬迴徊佪逥茴洄懷懐槐騏駘跆台抬擡臺薹犲豺纔猴愁喉侯矦餱浮蜉烰衢氍鋤耡粗蹰躇除篨徐俆儲瓠葫菩黏糊塗途荼酴徒瘏屠鉏詞祠慈辭辞啝瑚樹湖餬葫糊蝴壺瓳狐荷

《廣韻》的平聲次濁聲母字 291 字：瀾聞文紋雯瞞垣朧嚨農蒙倫隆勻筠能絨戎閏茸嚚閽顒雲云紜芸耘庸傭容蓉營榮荣融雄狼囊茫忙芒忘亡亾良揚嚨憐齡琳臨靈霛灵夌淩陵鱗粦麟鄰吟蠅寧凝明民鳴迎盈楹寅夤淫婬贏瀛籯襤笷昂姸研顔顏匳奩籢憐廉濂然燃仁延筵嚴迎離离漓璃瓈黎藜蠡蜊蒅罹厘狸鸝尼妮夷胰姨遺貽詒怡移匜頤迷醾縻麋彌嶷疑宜儀霓麑倪輗微薇爺爷餘磂硫瑠琉留懰劉刘由繇猶猷卣蝣蝤遊游尤友郵柔堯蕘鷯獠僚遼寮嘹燎嚩膠廖寥聊勞憥鐃茅矛蟊旄敖鰲鼇遨翱囉那挪儺娜唯魔磨摩娥哦誐俄蛾峨莪鵝吪譌訛譌囮爺蟇蟆摢椎垂埀隨隋違湋危桅巍嵬爲為惟維才財材來逨萊猌埋霾呆捱鏤婁摟髏謀侔眸牟鍪蟊餘俞榆瑜璵覦渝窬臾腴萸庾諛予餘歟與旟輿如茹而咘輀儒薷兒唲虞愚隅模謨嫫巫無毋

(二)明本《六音字典》“③平聲”收有中古音上聲、去聲、入聲三種讀音。

明本《六音字典》“③平聲”有 64 個字，在中古音中讀作上聲。“本字母・氣紐”③平聲“焜”，《廣韻》：胡本切，匣魂上，不符。“順字母・氣紐”③平聲“菌”，《廣韻》：渠殞切，群諄上，不符。“聲字母・求紐”③平聲“唫”，《廣韻》：渠飲切，群侵上，不符。“聲字母・氣紐”③平聲“取”，《廣韻》：倉苟切，清侯上，不符。“聲字母・全紐”③平聲“巹”，《廣韻》：居隱切，見欣上，不符。“坦字母・求紐”③平聲“哽”，《廣韻》：古杏切，見庚上，不符。“坦字母・向紐”③平聲“筧”，《廣韻》：古典切，見先上，不符。“班字母・生紐”③平聲“哂”，《廣韻》：式忍切，書真上，不符。“先字母・比紐”③平聲“藊”，《集韻》：方典切，幫先上，不符。“備字母・求紐”③平聲“踦”，《廣韻》：居綺切，見支上，不符。“備字母・中紐”③平聲“弛”，《廣韻》：施是切，書支上，不符。“備字母・又紐”③平聲

"迤",《廣韻》:移爾切,以支上,不符。"備字母·名紐"③平聲"弭",《廣韻》:綿婢切,明支上,不符。"備字母·言紐"③平聲"蟻",《廣韻》:魚倚切,疑支上,不符。"備字母·中紐"③平聲"痔",《廣韻》:直裏切,澄之上,不符。"有字母·土紐"③平聲"醜",《廣韻》:敕久切,徹尤上,不符。"條字母·又紐"③平聲"殀",《廣韻》:於兆切,影宵上,不符。"嘹字母·名紐"③平聲"茆",《廣韻》:莫飽切,明肴上,不符。"嘹字母·出紐"③平聲"剿",《廣韻》:子小切,精宵上,不符。"合字母·比紐"③平聲"保",《廣韻》:博抱切,幫豪上,不符。"合字母·中紐"③平聲"墮",《廣韻》:他果切,透戈上,不符。"合字母·全紐"③平聲"早",《廣韻》:子晧切,精豪上,不符。"合字母·全紐"③平聲"蚤",《廣韻》:子晧切,精豪上,不符。"嘹字母·曾紐"③平聲"慅",《廣韻》:釆老切,清豪上,不符。"百字母·求紐"③平聲"假",《廣韻》:古疋切,見麻上,不符。"百字母·求紐"③平聲"檟",《廣韻》:古疋切,見麻上,不符。"百字母·名紐"③平聲"嫪",《廣韻》:忙果切,明戈上,不符。"百字母·言紐"③平聲"蕥",《廣韻》:語買切,疑佳上,不符。"古字母·言紐"③平聲"五",《廣韻》:疑古切,疑模上,不符。"備字母·全紐"③平聲"指",《廣韻》:職雉切,章脂上,不符。"有字母·出紐"③平聲"取",《廣韻》:倉苟切,清侯上,不符。"果字母·比紐"③平聲"補",《廣韻》:博古切,幫模上,不符。"直字母·出紐"③平聲"繰",《廣韻》:子晧切,精豪上,不符。"直字母·出紐"③平聲"繅",《廣韻》:子晧切,精豪上,不符。"直字母·出紐"③平聲"澡",《廣韻》:子晧切,精豪上,不符。"出字母·立紐"③平聲"侶",《廣韻》力舉切,來魚上,不符。"出字母·求紐"③平聲"跪",《廣韻》:去委切,溪支上,不符。"出字母·又紐"③平聲"煒",《廣韻》:於鬼切,雲微上,不符。"出字母·又紐"③平聲"偉",《廣韻》:於鬼切,雲微上,不符。"推字母·向紐"③平聲"揔",《廣韻》:作孔切,精東上,不符。"乃字母·立紐"③平聲"耒",《廣韻》:力軌切,來脂上,不符。"乃字母·又紐"③平聲"挨",《廣韻》:於改切,影咍上,不符。"後字母·立紐"③平聲"嘍",《廣韻》:郎鬥切,來侯上,不符。"後字母·生紐"③平聲"擻",《廣韻》:蘇後切,心侯上,不符。"後字母·又紐"③平聲"痞",《廣韻》:方美切,幫脂上,不符。"後字母·又紐"③平聲"嚭",《廣韻》:匹鄙切,幫脂上,不符。"後字母·又紐"③平聲"噽",《廣韻》:匹鄙切,滂脂上,不符。"述字母·生紐"③平聲"稰",《廣韻》:私呂切,心魚上,不符。"述字母·生紐"③平聲"醑",《廣韻》:私呂切,心魚上,不符。"述字母·又紐"③平聲"羽",《廣韻》:王矩切,雲虞上,不符。"述字母·又紐"③平聲"黍",《廣韻》:舒吕切,書魚上,不符。"述字母·又紐"③平聲"嶼",《廣韻》:徐吕切,邪魚上,不符。"古字母·求紐"③平聲"牯",《廣韻》:公户切,見模上,不符。"古字母·中紐"③平聲"賭",《廣韻》:當古切,端模上,不符。"古字母·中紐"③平聲"堵",《廣韻》:當古切,端模上,不符。"古字母·中紐"③平聲"貯",《廣韻》:丁吕切,知魚上,不符。"古字母·中紐"③平聲"貯",《廣韻》:丁吕切,知魚上,不符。"古字母·中紐"③平聲"佇",《廣韻》:直吕切,澄魚上,不符。"古字母·中紐"③平聲"竚",《廣韻》:直吕切,澄魚上,不符。"古字母·片紐"③平聲"浦",《廣韻》:滂古切,滂模上,不符。"古字母·片紐"③平聲"溥",《廣韻》:滂古切,滂模上,不符。"古字母·全紐"③平聲"阻",《廣韻》:側吕切,莊魚上,不符。"古字母·又紐"③平聲"武",《廣韻》:文甫切,微虞上,不符。"古字母·又紐"③平聲"鵡",《廣韻》:文甫切,微虞上,不符。

明本《六音字典》"③平聲"有 45 個字,在中古音中讀作去聲。"本字母·求紐"③平聲"幹",《廣韻》:古案切,見寒去,不符。"本字母·又紐"③平聲"萬",《廣韻》:無販切,微元去,不符。"本字母·又紐"③平聲"萬",《廣韻》:無販切,微元去,不符。"通字母·中紐"③平聲"洞",《廣韻》:徒弄切,定東去,不符。"順字母·中紐"③平聲"仲",《廣韻》:直眾切,澄東去,不符。"順字母·全紐"③平聲"餕",《廣韻》:子峻切,精諄去,不符。"朗字母·比紐"③平聲"挷",《正字通》:補曠切,幫唐去,不符。"朗字母·比紐"③平聲"塝",《集韻》:蒲浪切,並唐去,不符。"朗字母·全紐"③平聲"狀",《廣韻》:鋤亮切,崇陽去,不符。"朗字母·全紐"③平聲"髒",《集韻》:才浪切,從唐去,不符。"唱字母·向紐"③平聲"蕃",《廣韻》:許亮切,曉陽去,不符。"聲字母·全紐"③平聲"淡",《廣韻》:徒濫切,定談去,不符。"聲字母·人紐"③平聲"寧",《廣韻》:乃定切,泥青去,不符。"坦字母·中紐"③平聲"映",《廣韻》:於敬切,影庚去,不符。"先字母·全紐"③平聲"洊",《廣韻》:在甸切,從先去,不符。"先字母·全紐"③平聲"暫",《廣韻》:藏濫切,從談去,不符。"備字母·立紐"③平聲"蠣",《廣韻》:力制切,來祭去,不符。"備字母·比紐"③平聲"齅",《廣韻》:許救切,曉尤去,不符。"備字母·全紐"③平聲"字",《廣韻》:疾置切,從之去,不符。"備字母·全紐"③平聲"寺",《廣韻》:祥吏切,邪之去,不符。"射字母·向紐"③平聲"墲",《廣韻》:呼訝切,曉麻去,不符。"有字母·出紐"③平聲"售",《廣韻》:承呪切,禪尤去,不符。"嘹字母·名紐"③平聲"旄",《廣韻》:莫報切,明豪去,不符。"嘹字母·言紐"③平聲"噭",《廣韻》:呼教切,曉肴去,不符。"百字母·求紐"③平聲"岔",《廣韻》:楚嫁切,初麻去,不符。"百字母·全紐"③平聲"乍",《廣韻》:鋤駕切,崇麻去,不符。"百字母·向紐"③平聲"夏",《廣韻》:胡駕切,匣麻去,不符。"百字母·向紐"③平聲"廈",《集韻》:所嫁切,生麻去,不符。"直字母·中紐"③平聲"戴",《廣韻》:都代切,端咍去,不符。"出字母·比紐"③平聲"吠",《廣韻》:符廢切,奉廢去,不符。"出字母·求紐"③平聲"桂",《廣韻》:古惠切,見齊去,不符。"出字母·全紐"③平聲"醉",《廣韻》:將遂切,精脂去,不符。"出字母·向紐"③平聲"沸",《廣韻》:方味切,非微去,不符。"推字母·片紐"③平聲"壞",《廣韻》:古壞切,見皆去,不符。"推字母·生紐"③平聲"瘦",《廣韻》:所佑切,生尤去,不符。"推字母·又紐"③平聲"燠",《廣韻》:烏到切,影豪去,不符。"乃字母·全紐"③平聲"寨",《廣韻》:犲夬切,崇夬去,不符。"乃字母·人紐"③平聲"内",《廣韻》:奴對切,泥灰去,不符。"後字母·又紐"③平聲"覆",《廣韻》:扶富切,奉尤去,不符。"述字母·中紐"③平聲"齇",《廣韻》:奴代切,泥咍去,不符。"古字母·比紐"③平聲"步",《廣韻》:薄故切,並模去,不符。"古字母·比紐"③平聲"郙",《集韻》:蒲故切,並模去,不符。"古字母·片紐"③平聲"搏",《廣韻》:方遇切,非虞去,不符。"古字母·片紐"③平聲"菢",《廣韻》:薄報切,並豪去,不符。"古字母·全紐"③平聲"助",《廣韻》:床據切,崇魚去,不符。

明本《六音字典》"③平聲"有 34 個字,在中古音中讀作入聲。"備字母·中紐"③平聲"侄",《廣韻》:直一切,澄質入,不符。"備字母·中紐"③平聲"侄",《廣韻》:直一切,澄質入,不符。"備字母·名紐"③平聲"褲",《廣韻》:施只切,書昔入,不符。"備字母·名紐"③平聲"奭",《廣韻》:施只切,書昔入,不符。"結字母·求紐"③平聲"傑",《廣韻》:渠列切,群薛入,不符。"結字母·求紐"③平聲"傑",《廣韻》:渠列切,群薛入,不符。"結字母·生紐"③平聲"熱",《廣韻》:如列切,日薛入,不符。"射字母·又紐"③平聲"亦",《廣韻》:羊益切,以昔入,不符。"舌字母·向紐"③平聲"蕨",《廣韻》:居月切,見月入,不符。"條字母·全紐"③平聲"爝",《廣韻》:即略切,精藥入,不符。"條字母·生紐"③平聲"斫",《廣韻》:之若切,章藥入,不符。"合字母·中紐"③平聲

“度”,《廣韻》:徒落切,定鐸入,不符。“合字母·中紐”③平聲“愯”,《廣韻》:達各切,定鐸入,不符。“合字母·土紐”③平聲“汑”,《集韻》:闥各切,透鐸入,不符。“克字母·氣紐”③平聲“喀”,《廣韻》:苦格切,溪陌入,不符。“克字母·中紐”③平聲“特”,《廣韻》:徒得切,定德入,不符。“克字母·全紐”③平聲“擇”,《廣韻》:場伯切,澄陌入,不符。“百字母·比紐”③平聲“犮”,《廣韻》:蒲撥切,並末入,不符。“百字母·比紐”③平聲“拔”,《廣韻》:蒲撥切,並末入,不符。“百字母·比紐”③平聲“窄”,《廣韻》:側伯切,莊陌入,不符。“百字母·比紐”③平聲“跋”,《廣韻》:蒲撥切,並末入,不符。“百字母·求紐”③平聲“峽”,《廣韻》:侯夾切,匣洽入,不符。“百字母·全紐”③平聲“蚱”,《廣韻》:側伯切,莊陌入,不符。“化字母·全紐”③平聲“物”,《廣韻》:文弗切,微物入,不符。“化字母·又紐”③平聲“葉”,《廣韻》:書涉切,書葉入,不符。“直字母·又紐”③平聲“膉”,《廣韻》:伊昔切,影昔入,不符。“闊字母·中紐”③平聲“達”,《廣韻》:他達切,透曷入,不符。“闊字母·向紐”③平聲“劃”,《廣韻》:呼麥切,曉麥入,不符。“乃字母·求紐”③平聲“頰”,《廣韻》:古協切,見帖入,不符。“乃字母·中紐”③平聲“歹”,《廣韻》:五割切,疑曷入,不符。“乃字母·人紐”③平聲“納”,《廣韻》:奴答切,泥合入,不符。“乃字母·人紐”③平聲“衲”,《廣韻》:奴答切,泥合入,不符。“述字母·中紐”③平聲“縮”,《廣韻》:所六切,生屋入,不符。“古字母·全紐”③平聲“閦”,《集韻》:初六切,初屋入,不符。

(三)明本《六音字典》“③平聲”雜入中古音陰聲韻、陽聲韻。

明本《六音字典》“③平聲”中有5例屬陰聲韻字混入陽聲韻。如:“本字母”屬陽聲韻部,而在③平聲“向紐”之下有一字,《廣韻》屬陰聲韻:淮,《廣韻》:户乖切,匣皆平,不符。“聲字母”屬陽聲韻部,而在③平聲“中紐”之下有一字,《廣韻》屬陰聲韻:第,《廣韻》:特計切,定齊去,不符。“坦字母”屬陽聲韻部,而在③平聲“言紐”之下有一字,《廣韻》屬陰聲韻:厓,《廣韻》:五佳切,疑佳平,不符。“坦字母”屬陽聲韻部,而在③平聲“言紐”之下有一字,《廣韻》屬陰聲韻:涯,《廣韻》:魚羈切,疑支平,不符。“坦字母”屬陽聲韻部,而在③平聲“言紐”之下有一字,《廣韻》屬陰聲韻:崖,《廣韻》:魚羈切,疑支平,不符。

明本《六音字典》“③平聲”中有6例屬陽聲韻混入陰聲韻。如:“備字母”屬陰聲韻部,而在③平聲“比紐”之下有一字,《廣韻》陽屬聲韻:瘍,《廣韻》:與章切，以陽平，不符。"備字母"屬陰聲韻部，而在③平聲"比紐"之下有一字，《廣韻》陽屬聲韻：汆，《廣韻》：以冉切，以鹽上，不符。"合字母"屬陰聲韻部，而在③平聲"人紐"之下有一字，《廣韻》屬陽聲韻：囊，《集韻》：奴當切，泥唐平，不符。"百字母"屬陰聲韻部，而在③平聲"求紐"之下有一字，《廣韻》屬陽聲韻：岎，《字彙》：符分切，奉文平，不符。"闊字母"屬陰聲韻部，而在③平聲"向"之下有一字，《廣韻》屬陽聲韻：剜，《廣韻》：一丸切，影桓平，不符。"古字母"屬聲韻部，而在③平聲"向紐"之下有一字，《廣韻》屬陽聲韻：亡，《廣韻》：武方切，微陽平，不符。

明本《六音字典》"③平聲"中還有80字《廣韻》中所無。刜尬遡騰熻訯隓贓礵葊杋筕欒嘖饗齡�羫臢軅㑂攑駜吚斦夸㢊粂粲醿蘗蘖弻謿㑟㣃烲裲佉戝這攱梑墟篒餕饃㖩酬訬鶓搚瞌咱毅瘀妐撸腳睽䒱殏鞯觭暌㦬鬆悢擨軿洒耔軒豬蔳有嶋模菴。

三、中古音平聲字在明本《六音字典》中的讀音

從中古聲調系統演變到現代閩方言聲調系統的一般規律是：平聲清聲母字演變爲陰平，平聲濁聲母字演變爲陽平，而《六音字典》則有相當大的差别。

（一）中古音平聲全清聲母字在明本《六音字典》中的6種讀音：

《廣韻》中有525個全清聲母字在明本《六音字典》中讀作"①平聲"：（略，請見前文）。

《廣韻》有272個平聲全清聲母字在明本《六音字典》中讀作"③平聲"：（略，請見前文）。

《廣韻》有20個平聲全清聲母字在明本《六音字典》中讀作"④上聲"。如：【本字母】中紐"墩"，《廣韻》：都昆切；中紐"墪"，《廣韻》：都昆切。【朗字母】求紐"肱"，《廣韻》：古弘切。【聲字母】比紐"箳"，《廣韻》：府盈切；全紐"炡"，《集韻》：諸盈切。【先字母】生紐"暹"，《廣韻》：息廉切。【備字母】中紐"低"，《廣韻》：都奚切；全紐"脂"，《廣韻》：旨夷切；向紐"嬉"，《廣韻》：許其切。【射字母】片紐"閂"，《廣韻》：數還切。【嘹字母】全紐"搔"，《廣韻》：蘇遭切。【百字母】中紐"追"，《廣韻》：陟隹切。【出字母】氣紐"豬"，《廣韻》：陟魚切。【闊字母】求紐"楇"，《廣韻》：古禾切；求紐"乖"，《廣韻》：古懷切。【後字母】名紐"厶"，《廣韻》：息夷切。【述字母】又紐"嘘"，《廣韻》：朽居切。【古字母】片紐"晡"，《廣韻》：博孤切；片紐"逋"，《廣韻》：博孤切；片紐"庯"，《廣韻》：博孤切。以上諸

例,《廣韻》均讀作平聲,而在明本《六音字典》則讀作上聲,不符。

《廣韻》有 31 個平聲全清聲母字在明本《六音字典》中讀作“②去聲”。如:【本字母】中紐“單”,《廣韻》:都寒切;又紐“彎灣”,《廣韻》:烏關切。【通字母】求紐“肛”,《廣韻》:古雙切;又紐“邕”,《廣韻》:於容切;又紐“蔜”,《集韻》:於斤切;又紐“蓊”,《廣韻》:烏紅切。【順字母】氣紐“熏”,《廣韻》:許雲切;全紐“憎”,《廣韻》:作縢切。【朗字母】求紐“缸”,《廣韻》:古郎切;求紐“杠”,《廣韻》:古雙切。【坦字母】中紐“耽”,《廣韻》:丁含切。【横字母】求紐“閂”,《廣韻》:數還切。【班字母】全紐“簪”,《廣韻》:作含切。【先字母】全紐“尖”,《廣韻》:子廉切。【備字母】全紐“之”,《廣韻》:止而切;全紐“齎”,《廣韻》:即夷切;全紐“齎”,《廣韻》:祖稽切。【舌字母】求紐“饑”,《廣韻》:居依切;求紐“飢”,《廣韻》:居夷切;全紐“虀”,《廣韻》:祖稽切。【百字母】求紐“枷”,《廣韻》:古牙切。【果字母】向紐“撾”,《集韻》:張瓜切。【乃字母】生紐“粞”,《廣韻》:蘇來切。【述字母】求紐“俱”,《廣韻》:舉朱切;全紐“潴”,《廣韻》:陟魚切;又紐“訏”,《廣韻》:况於切。【古字母】生紐“疎”,《廣韻》:所葅切;向紐“嘑”,《廣韻》:荒烏切;向紐“菰”,《廣韻》:古胡切;向紐“呼”,《廣韻》:荒烏切。

《廣韻》有 18 個平聲全清聲母字在明本《六音字典》中讀作“⑥去聲”。如:【朗字母】比紐“梆”,《廣韻》:博江切。【唱字母】向紐“鄉”,《廣韻》:許良切。【聲字母】求紐“兢”,《廣韻》:居陵切;向紐“欣”,《廣韻》:許斤切;向紐“忻”,《廣韻》:許斤切。【備字母】求紐“稽”,《廣韻》:古奚切;向紐“鑴”,《廣韻》:許規切。【結字母】求紐“椅”,《廣韻》:居宜切。【條字母】求紐“蕎”,《廣韻》:舉喬切;求紐“簥”,《廣韻》:舉喬切。【嘹字母】片紐“枹”,《廣韻》:布交切。【百字母】言紐“嗟”,《廣韻》:子邪切;向紐“呀”,《廣韻》:許加切。【推字母】求紐“傀”,《廣韻》:公回切;又紐“渨”,《廣韻》:烏恢切。【後字母】求紐“蕳”,《廣韻》:古侯切。【述字母】求紐“拘”,《廣韻》:舉朱切。【古字母】全紐“舟”,《廣韻》:職流切。

《廣韻》有 5 個平聲全清聲母字在明本《六音字典》中讀作“⑤入聲”。

有 5 個中古平聲全清聲母字在《六音字典》中讀“⑤入聲”。如:【條字母】又紐“麼”,《廣韻》:於堯切。【出字母】又紐“荽”,《廣韻》:息遺切;又紐“煨”,《廣韻》:烏恢切;又紐“猥”,《廣韻》:烏恢切。【古字母】又紐“誧”,《廣韻》:烏回切。

(二)中古音平聲次清聲母字在明本《六音字典》中的六種讀音:

《廣韻》有 166 個平聲次清聲母字在明本《六音字典》中讀作“①平聲”:

（略，請見前文）。

《廣韻》有 100 個平聲次清聲母字在明本《六音字典》中讀作"③平聲"：（略，請見前文）。

《廣韻》有 6 個平聲次清聲母字在明本《六音字典》中讀作"④上聲"。如：【本字母】向紐"紛"，《廣韻》：撫文切。【朗字母】土紐"汆"，《廣韻》：七丸切。【坦字母】氣紐"刊"，《廣韻》：苦寒切；片紐"怦"，《廣韻》：普耕切。【闊字母】土紐"癱"，《廣韻》：他幹切。【乃字母】氣紐"揩"，《廣韻》：口皆切。

《廣韻》有 9 個平聲次清聲母字在明本《六音字典》中讀作"②去聲"。如：【本字母】土紐"攤"，《廣韻》：他幹切。【坦字母】出紐"錚"，《廣韻》：楚耕切。【射字母】求紐"艾"，《廣韻》：楚佳切。【合字母】出紐"鎈"，《廣韻》：初牙切。【百字母】出紐"蛇"，《廣韻》：托何切。【後字母】又紐"摳"，《廣韻》：豈俱切。【古字母】氣紐"挎"，《廣韻》：苦胡切；氣紐"刳"，《廣韻》：苦胡切。又紐"鄡"，《廣韻》：苦麼切。

《廣韻》有 4 個平聲次清聲母字在明本《六音字典》中讀作"⑥去聲"。如：【結字母】氣紐"謙"，《廣韻》：苦兼切。【有字母】生紐"妯"，《廣韻》：醜鳩切。【條字母】又紐"鷂"，《廣韻》：撫招切。【述字母】立紐"攄"，《廣韻》：醜居切。

《廣韻》有 2 個平聲次清聲母字在明本《六音字典》中讀作"⑤入聲"。如：【條字母】求紐"轎"，《廣韻》：起囂切。【推字母】出紐"刲"，《廣韻》：苦圭切。

（三）中古音平聲全濁聲母字在明本《六音字典》中的六種讀音：

《廣韻》有 174 個平聲全濁聲母字在明本《六音字典》中讀作"①平聲"：（略，請見前文）。

《廣韻》有 361 個平聲全濁聲母字在明本《六音字典》中讀作"③平聲"：（略，請見前文）。

《廣韻》有 3 個平聲全濁聲母字在明本《六音字典》中讀作"④上聲"。如：【順字母】全紐"橦"，《廣韻》：徒紅切。【先字母】氣紐"虔"，《廣韻》：渠焉切。【古字母】片紐"匍"，《廣韻》：薄胡切。

《廣韻》有 15 個平聲全濁聲母字在明本《六音字典》中讀作"②去聲"。如：【通字母】向紐"衖"，《廣韻》：户公切。【順字母】向紐"虹"，《廣韻》：户公切。【聲字母】生紐"成"，《廣韻》：是征切；生紐"城"，《廣韻》：是征切。【坦字母】中紐"談"，《廣韻》：徒甘切；名紐"龐"，《廣韻》：薄江切。【班字母】全紐"澂"，《廣韻》：直陵切。【條字母】求紐"嶠"，《廣韻》：渠遙切；求紐"渠"，《廣韻》：强魚切。【嘹字母】片紐"炰"，《廣韻》：薄交切。【合字母】全紐"矬"，《廣韻》：昨禾切。【射字母】比紐"軿"，《廣韻》：薄經切。【古字母】比紐"葡"，《廣韻》：薄胡切；求紐"㗅"，《集韻》：洪孤切；向紐"乎"，《廣韻》：户吴切。

《廣韻》有13個平聲全濁聲母字在明本《六音字典》中讀作"⑥去聲"。如：【順字母】求紐"娂"，《集韻》：胡公切。【班字母】向紐"衡"，《廣韻》：户庚切。【備字母】比紐"脾"，《廣韻》：符支切；比紐"貔"，《廣韻》：房脂切；求紐"嵇"，《廣韻》：胡雞切；向紐"耆"，《廣韻》：渠脂切。【條字母】土紐"佻"，《廣韻》：徒聊切。【後字母】比紐"齙"，《集韻》：蒲交切；比紐"刨"，《集韻》：蒲交切。【述字母】求紐"渠"，《廣韻》：强魚切；求紐"蕖"，《廣韻》：强魚切；求紐"蘧"，《廣韻》：其俱切；求紐"懅"，《廣韻》：强魚切。

《廣韻》有1個平聲全濁聲母字在明本《六音字典》中讀作"⑤入聲"。如：【出字母】向紐"堶"，《廣韻》：徒和切。

（四）中古音平聲次濁聲母字在明本《六音字典》中的五種讀音：

《廣韻》有229個平聲次濁聲母字在明本《六音字典》中讀作"①平聲"：（略，請見前文）。

《廣韻》有289個平聲次濁聲母字在明本《六音字典》中讀作"③平聲"：（略，請見前文）。

《廣韻》有12個平聲次濁聲母字在明本《六音字典》中讀作"④上聲"。如：【本字母】又紐"爰"，《廣韻》：雨元切。【通字母】名紐"蚊"，《廣韻》：無分切。【聲字母】立紐"蛉"，《廣韻》：郎丁切；名紐"銘"，《廣韻》：莫經切；名紐"閩"，《廣韻》：武巾切；名紐"旻"，《廣韻》：武巾切；名紐"冥"，《廣韻》：莫經切；名紐"螟"，《廣韻》：莫經切。【有字母】立紐"鰡"，《廣韻》：力求切。【嘹字母】人紐"硇"，《集韻》：尼交切。【出字母】立紐"蕤"，《廣韻》：儒隹切；立紐"縲"，《廣韻》：倫追切。

《廣韻》有12個平聲次濁聲母字在明本《六音字典》中讀作"②去聲"。如：【順字母】立紐"侖"，《廣韻》：盧昆切；立紐"侖"，《廣韻》：力迍切；向紐"熊"，《廣韻》：羽弓切。【聲字母】向紐"聆"，《集韻》：郎丁切。【坦字母】名紐"萌"，《廣韻》：莫耕切。【先字母】人紐"拈"，《廣韻》：奴兼切。【百字母】人紐"拏"，《廣韻》：女加切；人紐"拿"，《廣韻》：女加切。【果字母】名紐"捫"，《廣韻》：莫奔切。

【闊字母】立紐"羸",《廣韻》:力爲切;言紐"吾",《廣韻》:五加切。【述字母】生紐"妤",《廣韻》:以諸切。

《廣韻》有 14 個平聲次濁聲母字在明本《六音字典》中讀作"⑥去聲"。如:【通字母】名紐"儚",《集韻》:謨中切。【順字母】人紐"膿",《廣韻》:奴冬切;名紐"捫",《廣韻》:莫奔切。【唱字母】日紐"穰",《廣韻》:汝陽切。【備字母】立紐"蜊",《廣韻》:力脂切;名紐"湄",《廣韻》:武悲切。【條字母】生紐"羡",《廣韻》:以脂切。【百字母】又紐"娩",《廣韻》:五稽切。【推字母】土紐"楞",《廣韻》:魯登切。【乃字母】立紐"箂",《集韻》:郎才切。【述字母】又紐"愉",《廣韻》:羊朱切;又紐"逾",《廣韻》:羊朱切;又紐"踰",《廣韻》:羊朱切。【古字母】人紐"帑",《廣韻》:乃都切。

（五）小結

綜上所述,我們把《廣韻》平聲字與《六音字典》"六音"對應情況列表如下:

	①平聲	③平聲	④上聲	②去聲	⑥去聲	⑤入聲	小計
全清聲母	525	272	20	31	18	5	871
次清聲母	166	101	6	9	4	2	288
全濁聲母	173	363	3	15	13	1	568
次濁聲母	233	291	12	12	14	0	562
小計	1097	1027	41	67	49	8	2289
總比例數	47.92%	44.86%	1.79%	2.93%	2.14%	0.35%	

由上表可見,《廣韻》平聲調有 2289 字與《六音字典》相對應,其中:"①平聲"1097 字,占總數 47.92%;"③平聲"1027 字,占總數 44.86%;"④上聲"41 字,占總數 1.79%;"②去聲"67 字,占總數 2.93%;"⑥去聲"49 字,占總數 2.14%;"⑤入聲"8 字,占總數 0.35%。可見,"①平聲"、"③平聲"占絕大多數,説明符合漢語語音演變的規律性;其餘聲調只占 7.21%,説明這些聲調字産生變異,或演變爲上聲,或演變爲去聲,或演變爲入聲。以下重點討論"①平聲"和"③平聲"。

《六音字典》"①平聲"有 1097 字與《廣韻》平聲字相對應。其中:有 692 字來源於《廣韻》全清聲母字和次清聲母字,占總數 63.20%;有 403 字來源於《廣韻》全濁聲母字和次濁聲母字,占總數 36.80%。

《六音字典》"③平聲"有 1027 字與《廣韻》平聲字相對應。其中:有 371 字來源於《廣韻》全清聲母字和次清聲母字，占總數 36.20％；有 654 字來源於《廣韻》全濁聲母字和次濁聲母字，占總數 63.80％。

總而言之，《六音字典》“①平聲”約有三分之二來自於中古的清聲母字；《六音字典》“③平聲”則約有三分之二來自於中古的濁聲母字。

四、明本《六音字典》平聲調與現代政和方言聲調的對應

據黄典誠主編的《福建省志・方言志》記載，現代政和方言有 7 調，即陰平、陽平$_{\text{甲}}$、陽平$_{\text{乙}}$、上聲、陰去、陽去、入聲。而明本《六音字典》則 6 個調，即①平聲、②去聲、③平聲、④上聲、⑤去聲、⑥入聲。下面取《六音字典》的兩個平聲的字與現代政和方言的三個平聲調進行對照（現代政和方言據 1994 年版《政和縣志・方言卷》。《六音字典》中的僻字暫置之）。

（一）《六音字典》①平聲調字與現代政和方言平聲調的 516 字。

1.現代政和方言讀陰平 320 字，占 62.02％：般端丹瘟温村歡昏婚豐空框宗松聰蔥匆囪中忠鐘終曾春舂沖充椿兄凶胸康當莊尊遵裝妝瓤霜桑方芳姜羌腔章將相傷廂鑲商殃央輕正鄉兵賓濱檳彬荊京經金今欽卿貞丁禎叮真針晶津蒸侵旌箴精斟征身心新升昇薪呻申伸陞辛英瑛陰因姻嬰櫻清深琛親稱興馨邦更尶羹坑貪攤衫杉生青參冰班頒斑庚耕間艱奸跟肩牽攀汀蟶爭榛臻恩亨邊兼堅鏗謙偏天添氈煙炎胭姬饑基箕機譏璣磯知披疲醫依衣淒癡奚希稀犧熙熹禧兮飛非爹批些遮嗟車賒奢吹鳩丘邱抽周州洲舟羞憂優攸悠幽秋鍬休雕刁漂飄超蕉招昭蕭消霄宵囂交郊膠臯滔坡菠玻柯苛軻多刀妥荷搓巴疤芭笆他鴉差叉瓜跨誇挖蛙歸規龜圭雖揮輝奎魁盔灰恢詼破災哉鯊鶏街皆階該齋西篩勾溝鉤甌毆居車區驅嶇軀樞朱珠蛛需虛嘘姑辜孤沽鴣都茲資滋姿咨孳孜撮梳師私疏廝斯酥蘇初夫扶敷膚呼俘

2.現代政和方言讀陽平$_{\text{甲}}$ 23 字，占 4.46％：盤儂屯鱗霖南滲耶流朝嘲調婆珪逵牌棑鞋孩骸諧弩鴑

3.現代政和方言讀陽平$_{\text{乙}}$ 173 字，占 33.53％：盤蟠鼾王黄楻壟籠筒蓬帆蟲桐叢聾龍輪裙潭濃銀廊郎腸糖囊床痕糧梁粱涼輛量牆娘羊佯楊洋陽靈坪平擎程贏營名林苓淋綾陳澄人壬眠昡藍髶膨彭晴南喃男籃岩横零蓮填槮鑾田連簾鐮臁聯鉗箝錢年鹽棉綿前還梨旗糍時伊擬爹啼匙蛇鵝榴綢籌牛油橋茄條漂薸瓢搖姚苗描柴羅鑼牢蘿桃槽毛熬咩爬扒茶阿銜牙芽霞遐蝦哇來肥錘槌圍皮螺禾梅玫媒硇麻痳犁牌蹄泥倪樓頭貓歪驢薯魚漁盧蘆鸕爐瀘奴搴吴梧蜈

(二)《六音字典》③平聲調字與現代政和方言平聲調的 484 字。

1. 現代政和方言讀陰平 178 字,占 36.78%:搬竿幹幹幹鰥冠單山孫酸安鞍肝峰風鋒封慌枋工功攻公蜂通棕君巾軍弓均皸宫躬菌僧春翁幫江杠豇疳甘糠湯瘡倉蒼獐張漿鴦昌槍香鄉驚栟襟砧擔三三甥釘生先參星牲森猩千鞭癲煎詹先仙膻簽箋遷千碑岐欺欹犀詩絲司屍妻枝支芝開彪丢收修標彪驕嬌椒樵焦釗硝腰夭妖邀燒包胞骹跑拋艄筲抄哥歌高篙膏羔糕梭臊家加枷嘉佳查沙裟痧花科窠靴栽虧威堆坯梯瘦衰崔催摧拖沙溪歹苔胎挨埃差偷糟書須舒鋪租烏粗孚

2. 現代政和方言讀陽平甲 296 字,占 61.16%:彈壇狂房馮銅同洞崇農蒙紅鴻倫隆群重仲松從曾層能純旬營雲雄芸容勻榮狼旁傍塝防長唐塘堂存藏髒庵秧忙忘亡行良强場祥翔常嫦嘗揚嚨行呈程㽝聲成憐齡琳臨靈陵淩鱗鄰麟評屏平蘋鞶貧萍憑琴咸禽瓊擒吟庭廷停沉秦情尋蟳寧神明民迎成誠承臣刑形瀛型盈寅棚哽含函咸瓶甜亭顔閑閑廉憐扁蝙鈿纏潛仁賢禪然延嚴厘狸璃琵枇脾期騎奇麒棋芪祈痔遲弛侄侄字齊尼移夷姨胰遺頤怡貽迷彌宜疑儀傑桀池爺迦邪亦餘劉硫琉留求裘虯疇友游郵由僑喬翹堯遼嘹療勞袍逃濤淘矛茅蝨眊鼇肴淆遨毫囉保葆駝陀萄馱早曹挪摩魔俄娥蛾峨何河擇拔琶假峽袈蟆夏廈華補和戴吠跪葵隋醉誰偉栽回達材才財來麒台抬寨埋霾捱呆纔猴謀侯除儲徐餘臾諛儒庾萸羽兒愚隅菩牯糊冇賭徒塗屠辭祠慈詞模謨

3. 現代政和方言讀陽平乙 10 字,占 2.07%:壇瞞窮芒强塵沉憨嚴虞

請看《六音字典》平聲調與現代政和方言平聲調的關係表

六音字典 / 政和	①平聲		③平聲		合計
	古清聲母	古濁聲母	古清聲母	古濁聲母	
陰平	320/64.26%		178/36.74%		498/100%
陽平甲		23/7.21%		296/92.79%	319/100%
陽平乙		173/94.57%		10/5.43%	183/100%

上表可見,現代政和方言陰平調字共 498 個,來源於《六音字典》中①平聲(320 字)和③平聲(178 字)的清聲母字;陽平甲調字共 319 個,來源於《六音字典》中①平聲(23 字)和③平聲(296 字)的濁聲母字;陽平乙調字共 183 個,來源於《六音字典》中①平聲(173 字)和③平聲(10 字)的濁聲母字。

但是,《六音字典》①平聲還有部分韻字經過近五百年演變,衍化爲現代政

和方言上聲、去聲或入聲韻字。現分别舉例説明如下：

1.《六音字典》①平聲衍化爲上聲例字：

例字	六音字典	中古音	政和方言	例字	六音字典	中古音	政和方言
兩	唱立	良獎	liɔŋ^{上聲}	豈	百求	祛狶	kʰi^{上聲}
趕	班求	古旱	kʰaŋ^{上聲}	掌	班全	諸兩	tsiɔŋ^{上聲}
膽	先全	都敢	taŋ^{上聲}	幾	備求	居履	ki^{上聲}
姆	百名	莫後	mu^{上聲}	拇	百名	莫厚	mu^{上聲}
咀	古全	子與	tsui^{上聲}				

2.《六音字典》①平聲衍化爲去聲例字：

例字	六音字典	中古音	政和方言	例字	六音字典	中古音	政和方言
並	聲比	蒲迥	piaŋ^{陰去}	販	本向	方願	xuaiŋ^{陰去}
厭	先又	於豔	iŋ^{陰去}	校	嘹求	古孝	kau^{陰去}
歲	舌向	相鋭	siu^{陰去}	破	闊片	普過	pʰɔ^{陰去}
鈉	乃人	而鋭	na^{陰去}	砑	百言	吾駕	a^{陽去}
被	備片	平義	pʰuɛ^{陽去}				

3.《六音字典》①平聲衍化爲入聲例字：

例字	六音字典	中古音	政和方言	例字	六音字典	中古音	政和方言
若	克人	人者	iɔ^{入聲}	或	克人	胡國	xuɛ^{入聲}
撇	結片	普蔑	pʰiɛ^{入聲}	兀	推言	五忽	ua^{入聲}

4.《六音字典》③平聲衍化爲上聲例字：

例字	六音字典	中古音	政和方言	例字	六音字典	中古音	政和方言
取	聲氣	倉苟	tsʰiu^{上聲}	補	果比	博古	pu^{上聲}
醜	有土	敕久	tʰiu^{上聲}	侶	出立	力舉	ly^{上聲}
指	備全	職雉	tsi^{上聲}	痞	後又	方美	pʰi^{上聲}
取	有出	倉苟	tsʰiu^{上聲}	物	化全	文弗	uɛ^{上聲}

5.《六音字典》③平聲衍化爲去聲例字：

例字	六音字典	中古音	政和方言	例字	六音字典	中古音	政和方言
狀	朗全	鋤亮	tsanŋ^{陰去}	五	古言	疑古	ŋu^{陰去}
映	坦中	於敬	iaŋ^{陰去}	淡	聲全	徒濫	taŋ^{陰去}

續表

桂	出求	古惠	kui^{陰去}	衲	乃人	奴答	nai^{陰去}
劃	闊向	呼麥	ua^{陰去}	納	乃人	奴答	nai^{陰去}
蟻	備言	魚倚	ŋi^{陽去}	蠣	備立	力制	li^{陽去}
售	有出	承呪	siu^{陽去}	度	合中	徒落	tu^{陽去}
壞	推片	古壞	xuɛ^{陽去}	葉	化又	書涉	tsia^{陽去}

6.《六音字典》③平聲衍化爲入聲例字：

例字	六音字典	中古音	政和方言	例字	六音字典	中古音	政和方言
特	克中	徒得	$t^hɛ^{入聲}$	縮	述中	所六	sɔ^{入聲}

總之，《六音字典》①平聲或③平聲調字，經過五百年的演變，平聲由兩調演變爲陰平、陽平$_{甲}$、陽平$_{乙}$三調，也有部分韻字演變爲上聲字、陰去調字、陽去調字和入聲調字。

第二節　明本《六音字典》上聲調研究

本節着重研究《六音字典》上聲調，並與《廣韻》上聲調，現代政和方言上声调比較研究。

一、明本《六音字典》上聲調字與中古上聲調字的對應

該部分着重考證明本《六音字典》上聲與《廣韻》上聲全清聲母字、次清聲母字、全濁聲母字和次濁聲母字的對應情況，從中窺探其演變情況。

(一)明本《六音字典》上聲調字與《廣韻》全清聲母上聲字對應計 372 字：阪跘本管舘館剬産傘損穩宛婉碗椀盌反返粉廣鑛枉影謊恍慌捧棒董懂總揔聳拱拲塚塚冢塚腫踵種煄准準筍笋壅擁隱榜牓綁講敢黨党漲張磉顙爽影長掌槳獎賞想鮝饗響享亯餅秉炳丙稟匾景警儆錦槿謹緊鼎頂嶺振賑整枕眕軫展審嬸沈陝影飲減感埂敢膽胆井斬省晻晻醒喊梗杆簳笴板版耿炯烱繭柬揀簡梗等點点戥典盞盏琖翦剪省匾貶檢謇蹇典筅戔鮮陝偃淹奄掩撿閃獮顯顕險比匕妣彼幾麂氏底抵邸砥止芷趾址旨指凿姊屎死喜憙囍嬉篚斐椅扭姐寫舍捨扭紙帋膸髓徙九玖久夂酒首手守箒帚肘韮韭朽表婊裱矯繳皦皦皎皎鳥蔦小少曉飽攪姣佼杲稿稾槁縞暠絞狡找爪笊懊掃埽少寶宝哿倒島棗枣左懊腴鎖鏁鎻嫂襖好仔

把打啞瘂寡果菓伙夥子使鬼宄晷詭嘴觜水毁譭朽粿短火拐枴宰載海解觧改底擺載洗葸矮躷苟狗笱耇垢均走蚤叟瞍吼吽筥莒舉擧櫃矩煮主鼠諏許滸詡脯補古估罟詁椵鈷鼓皷瞽股蠱賈滸琥蓰鄌虓甫豧郙脯亶篚斧父黼圃譜紫梓子組滓史使所塢扶紫仳府俯。

(二)明本《六音字典》上聲調字與《廣韻》次清聲母上聲字對應計 99 字:懇墾綑稇款喘揣舛剷鏟忖孔紡桶統誆恐肯冐蠢倘髣仿壙搶廠敞請鏟頃傾品逞坎砍慊坦犬遣譴忝忝淺諂屺起豈啟體体醍侈齒恥耻扯扯且醜魗擾悄栲犒考巧丂炒熠謅可討草艸傀腿愷豈塏鎧楷采採綵彩杵起褚取處苦筈浦誧土撫楚礎怵。

(三)明本《六音字典》上聲調字與《廣韻》全濁聲母上聲字對應計 25 字:緩蘯強牝艇噉迴悍罕罡很碭舐殍莩窶踝苣距聚輔岵鬴釜沮。

(四)明本《六音字典》上聲調字與《廣韻》次濁聲母上聲字對應計 193 字:暖煖刎挽晚阮滿往籠懞懵寵嚑永尹允踴勇朗曩罔惘莽兩两両養攁仰稟廩懍郢碾忍稔引蚓茗澠黽皿盟憫閔敏瞑覽覧攬擥欖冷泠猛眼狠璉輦斂歛漸染冉苒衍琰演儼穎裏理鯉娌李醴禮体裹裡栜你以苡苢已矣顗目美媄靡野栁柳鈕紐杻扭有了憭瞭嫋繞遶了栳碯惱腦老腦惱瑙碯嬤我那馬媽瑪碼鰢雅蘂蕊橤蕋豨藟壘餒餧鮾美媄渼每尾亹裏乃迺嬭妳媛娌買簍牡畝晦某呂吕侶旅膂褸縷女與予爾汝邇耳駬女語齬圄圉魯擼艣艪滷滷擄憒憹虜擄蕪舞儛廡憮母姆。

經統計,明本《六音字典》④上聲共有 689 字,其中收有《廣韻》全清 372 字,次清 99 字,次濁 193 字,計 664 字,占總數的 96.37%;僅收有全濁聲母字 25 字,占總數的 3.63%。根據一般的語音演變規律,中古的全清、次清和次濁的上聲聲母字,發展到現代普通話仍然是讀作上聲;中古全濁聲母字,發展到現代普通話已全部演變讀作去聲,而在閩方言裏多數讀作陽去。《廣韻》全清、次清、次濁計 664 字在明本《六音字典》的上聲字中有 96.37%讀作上聲,基本上符合這一規律。

二、明本《六音字典》④上聲在中古讀作平聲、去聲、入聲

明本《六音字典》上聲調字中尚有一部分韻字不與《廣韻》上聲調字對應,而是在《廣韻》中讀作平聲、去聲、入聲的。

(一)明本《六音字典》上聲中有 41 個字在中古音中讀作平聲。如:【本字母】中紐"墩",中紐"墪",又紐"爰",向紐"紛"。【通字母】名紐"蚊"。【順字母】全紐"橦"。【朗字母】求紐"肱",土紐"汆"。【聲字母】立紐"蛉",比紐"箳",全

紐"炡",名紐"銘",名紐"閩",名紐"旻",名紐"冥",名紐"螟"。【坦字母】氣紐"刊",片紐"怦"。【先字母】氣紐"虔",生紐"暹"。【備字母】中紐"低",全紐"脂",向紐"嬉"。【射字母】片紐"閂"。【有字母】立紐"鰡"。【嘹字母】全紐"搔",人紐"硇"。【百字母】中紐"追"。【出字母】立紐"蕤",立紐"縲",氣紐"豬"。【闊字母】求紐"檛",求紐"乖",土紐"癱"。【乃字母】氣紐"揩"。【後字母】名紐"厶"。【述字母】又紐"噓"。【古字母】片紐"晡",片紐"逋",片紐"庯",片紐"餔"。以上諸例,《廣韻》均讀作平聲,而在明本《六音字典》則讀作上聲,不符。

(二)明本《六音字典》上聲中有 56 個字在中古音中讀作去聲。【本字母】氣紐"④上聲"匠",中紐"頓",中紐"遏"。【風字母】向紐"諷"。【通字母】中紐"凍"。【順字母】求紐"共"。【朗字母】片紐"謗",出紐"創",向紐"訪"。【唱字母】又紐"養"。【聲字母】比紐"擯",求紐"覲",全紐"震",生紐"訊"。【班字母】求紐"狷",求紐"亙",言紐"研"。【先字母】又紐"鬋"。【備字母】比紐"庇",片紐"譬",片紐"痱",出紐"斥",向紐"翡"。【條字母】片紐"嫖",片紐"票",全紐"醮"。【嘹字母】全紐"悼",生紐"稍",生紐"嘯"。【合字母】向紐"啊"。【克字母】名紐"彪"。【百字母】比紐"靶",比紐"杷",又紐"婭",又紐"亞",言紐"樂"。【化字母】求紐"摦"。【直字母】全紐"簭"。【出字母】立紐"屢",立紐"屢"。【乃字母】求紐"屆",求紐"杚",求紐"槩",氣紐"覬",氣紐"丏",出紐"采"。【後字母】求紐"姤",出紐"巢"。【述字母】氣紐"架"。【古字母】立紐"僇",片紐"餔",片紐"哺",片紐"捕",片紐"鋪",向紐"傅"。以上諸例,《廣韻》均讀作去聲,而在明本《六音字典》則讀作上聲,不符。

(三)明本《六音字典》上聲中有 31 個字在中古音中讀作入聲。【本字母】中紐"詛"。【先字母】明紐"色"。【備字母】片紐"辟",片紐"散"。【結字母】片紐"瞥",片紐"瞥"。【有字母】出紐"贖"。【條字母】立紐"掠",求紐"檄"。【嘹字母】氣紐"覈",又紐"折"。【合字母】氣紐"涸"。【克字母】名紐"魘"。【百字母】片紐"拍"。【化字母】求紐"骨",求紐"刮"。【直字母】全紐"粒"。【出字母】全紐"啐"。【闊字母】又紐"物"。【乃字母】氣紐"鬶"。【後字母】求紐"𣪠"。【述字母】立紐"聿",立紐"律",立紐"遹",立紐"鷸",立紐"歈"。【古字母】立紐"麓",氣紐"哭",片紐"瞨",片紐"醭",土紐"凸"。以上諸例,《廣韻》均讀作入聲,而在明本《六音字典》則讀作上聲,不符。

(四)明本《六音字典》④上聲中還有7個字的讀音似不合。或陽聲韻中雜入陰聲韻字,如"本字母"屬陽聲韻部,而在④上聲"出紐"之下有一字,《廣韻》屬陰聲韻:惴,《廣韻》:之睡切,章支去,不符。"順字母"屬陽聲韻部,而在④上聲"中紐"之下有一字,《廣韻》屬陰聲韻:待,《廣韻》:徒亥切,定咍上,不符。或陽聲韻中雜入入聲韻字,如"朗字母"屬陽聲韻部,而在④上聲"比紐"之下有一字,《廣韻》屬入聲韻:膊,《廣韻》:匹各切,滂鐸入,不符。"聲字母"屬陽聲韻部,而在④上聲"人紐"之下有一字,《廣韻》屬入聲韻:惹,《廣韻》:而灼切,日藥入,不符。或陰聲韻中雜入陽聲韻字,如"嘹字母"屬陰聲韻部,而在④上聲"立紐"之下有一字,《廣韻》屬陽聲韻:冗,《廣韻》:而隴切,日鍾上,不符。"嘹字母"屬陰聲韻部,而在④上聲"立紐"之下有一字,《廣韻》屬陽聲韻:宂,《廣韻》:而隴切,日鍾上,不符。"乃字母"屬陰聲韻部,而在④上聲"求紐"之下有一字,《廣韻》屬陽聲韻:爿,《廣韻》:步還切,並刪平,不符。

由上可見,明本《六音字典》上聲中有41個字在中古音中讀作平聲;明本《六音字典》上聲中有56個字在中古音中讀作去聲;明本《六音字典》上聲中有31個字在中古音中讀作入聲。明本《六音字典》④上聲中還有7個字的讀音似不合,其中有2個字陽聲韻中雜入陰聲韻字;有2個字陽聲韻中雜入入聲韻字,有3個字陰聲韻中雜入陽聲韻字。這些韻字没有遵循語音演變規律,而是超越於一般語音演變規律。

此外,明本《六音字典》④上聲中還有76個偏僻土字是《廣韻》中所没有的,略。

三、中古音上聲字在明本《六音字典》聲調中的讀音

據黄典誠主編的《福建省志·方言志》"第四章　閩北方言"記載,建甌、松溪、石陂、建陽、崇安均有上聲調類。但是,由於方言的接觸,明本《六音字典》"上聲"則是極其複雜的,並不完全遵循語音演變的一般規律。中古上聲調在《六音字典》聲調中産生多元的變異。

中古音上聲字共有1106個韻字與《六音字典》"六音"相對應。現分别對照排比如下:

(一)上文可見,《廣韻》有689個字上聲調字與明本《六音字典》上聲調字相對應,其中:《廣韻》清聲母字和次濁聲母字共有664個字演變爲《六音字典》的上聲調字,占總數96.37%,《廣韻》只有25個全濁聲母上聲字與明本《六音

字典》上聲調字相對應，占總數的 3.63％；基本上符合這條演變規律。

(二)《廣韻》有 128 個上聲字與《六音字典》②去聲相對應。其中：

1.《廣韻》有 49 個全濁上聲字與《六音字典》②去聲相對應。【本字母】又紐“旱”，中紐“誕”；【通字母】中紐“動”；【順字母】中紐“待”，氣紐“窘”，全紐“雋”；【朗字母】中紐“遁”，比紐“範”，中紐“沌”，中紐“盾”；【唱字母】中紐“仗”，生紐“上”；【聲字母】比紐“並”，比紐“竝”，比紐“並”，全紐“淡”；【坦字母】中紐“但”，全紐“靜”；【先字母】比紐“辨"，比紐“辯”，比紐“辮”，求紐“儉”，片紐“諞”；【備字母】中紐“弟”；【合字母】全紐“坐”；【百字母】向紐“下”，向紐“苄”；【闊字母】全紐“在”；【後字母】求紐“厚”；【備字母】比紐“詖”，生紐“恃”；【舌字母】全紐“薺”；【有字母】中紐“紂”；【條字母】中紐“肇”，中紐“兆”，又紐“紹”；【嘹字母】中紐“道”；【出字母】氣紐“揆”；【推字母】全紐“罪”，全紐“辠”；【闊字母】中紐“舵”，中紐“柂”；【述字母】求紐“炬”，求紐“鉅”，生紐“杼”，全紐“聚”；【古字母】比紐“部”，中紐“苧”，中紐“紵”。以上諸例，《廣韻》均讀作全濁上聲字，而《六音字典》②去聲則讀作去聲。

2.《廣韻》有 79 個全清、次清和次濁上聲字與明本《六音字典》②去聲相對應。如：【本字母】比紐“畚”，中紐“暖”，中紐“煖”；【通字母】立紐“寵”，名紐“網”；【朗字母】名紐“網”；【唱字母】全紐“癢”，全紐“癢”；【聲字母】立紐“領”，立紐“嶺”，立紐“衿”，比紐“屏”，比紐“併”，片紐“騁”，人紐“耳”；【坦字母】中紐“亶”；【班字母】人紐“乳”，人紐“赧”；【備字母】比紐“箄”，求紐“紀”，又紐“綺”，名紐“米”，向紐“匪”；【射字母】求紐“了”；【有字母】求紐“赳”，生紐“莠”，又紐“酉”；【條字母】人紐“你”，又紐“沼”，名紐“淼”，名紐“渺”，名紐“緲”，名紐“眇”，名紐“杪”，名紐“杳”，名紐“藐”；【嘹字母】立紐“了”，求紐“咬”，求紐“齧”，求紐“齩”，名紐“卯”，名紐“夘”，出紐“懆”，出紐“藻”；【合字母】求紐“舸”，出紐“繰”，出紐“繅”，出紐“澡”；【百字母】求紐“嘏”，求紐“斝”，求紐“斚”，全紐“醡”，名紐“打”，出紐“鮓”；【果字母】氣紐“裸”，氣紐“顆”；【直字母】全紐“載”；【出字母】求紐“癸”；【推字母】氣紐“隗”，向紐“賄”；【乃字母】出紐“踩”；【後字母】又紐“拗”；【述字母】全紐“渚”，全紐“舉”，全紐“麈”，全紐“麈”，全紐“楮”，全紐“褁”，生紐“暑”，又紐“宇”，向紐“煦”；【古字母】全紐“祖”，全紐“狙”，又紐“侮”，名紐“仵”，言紐“五”，言紐“伍”，言紐“午”，言紐“仵”。以上諸例，《廣韻》讀作全清、次清和次濁上聲，而《六音字典》②去聲則讀作去聲。

（三）《廣韻》還有 138 個上聲韻字與《六音字典》⑥去聲相對應。其中：

1.《廣韻》全濁上聲字有 98 個字與《六音字典》⑥去聲相對應。如：【本字母】比紐“秚”；【風字母】向紐“奉”；【順字母】氣紐“桕”；【朗字母】比紐“蚌”，向紐“項”，向紐“混”；【唱字母】中紐“丈”，中紐“杖”，氣紐“曏”，中紐“杖”，生紐“象”，生紐“像”，生紐“橡”；【聲字母】求紐“涇”，全紐“盡”，全紐“盡”，全紐“盡”，生紐“腎”，出紐“朕”，出紐“眣”，出紐“靖”；【横字母】向紐“犯”，向紐“範”；【班字母】中紐“簞”，中紐“誕”，向紐“幸”，向紐“倖”，向紐“杏”，向紐“荇”，向紐“限”；【先字母】求紐“件”，生紐“善”，生紐“善”；【備字母】比紐“婢”，比紐“陛”，求紐“技”，全紐“雉”；【射字母】生紐“社”；【有字母】求紐“舅”，氣紐“咎”，氣紐“臼”，土紐“柱”，生紐“受”；【條字母】求紐“藠”，土紐“窕”，土紐“兆”；【嘹字母】土紐“窕”，中紐“稻”，片紐“抱”，向紐“浩”，向紐“晧”，向紐“皓”，向紐“鎬”；【合字母】向紐“灝”；【果字母】向紐“禍”，向紐“禍”；【闊字母】生紐“豸”，向紐“亥”；【乃字母】比紐“罷”，中紐“怠”，中紐“殆”，中紐“迨”，向紐“獬”，向紐“蠏”，向紐“蟹”，向紐“蠏”；【後字母】名紐“阜”，向紐“垕”；【述字母】求紐“巨”，求紐“鉅”，求紐“拒”，求紐“窶”，生紐“緒”，生紐“敘”，生紐“敘”，生紐“序”，生紐“鱮”，生紐“豎”，生紐“竪”，生紐“豎”，生紐“嶼”，生紐“墅”；【古字母】比紐“媍”，中紐“肚”，中紐“杜”，中紐“羜”，片紐“抱”，生紐“耜”，生紐“姒”，生紐“巳”，生紐“祀”，生紐“俟”，生紐“竢”，生紐“士”，生紐“仕”，向紐“婦”，向紐“負”，向紐“扈”。這説明以上例字均屬中古全濁上聲字，已演變爲《六音字典》中的⑥去聲調之中，符合語音演變的規律。

2.《廣韻》全清、次清和次濁上聲有 40 個字與《六音字典》⑥去聲相對應。如：【本字母】求紐“裸”，出紐“纂”；【聲字母】出紐“誘”，求紐“境”，求紐“頸”，出紐“寢”；【坦字母】求紐“橄”，人紐“腩”；【先字母】又紐“餤”，又紐“荏”；【備字母】比紐“俾”；【舌字母】求紐“敽”；【有字母】又紐“誘”，又紐“牖”；【條字母】立紐“橑”，立紐“繚”，立紐“橑”，立紐“窈”，氣紐“蹻”，人紐“尿”；【嘹字母】立紐“窈”，言紐“咾”；【合字母】立紐“栳”，中紐“搗”，中紐“擣”；【克字母】生紐“李”；【出字母】立紐“惢”，立紐“累”，又紐“瘺”；【推字母】又紐“磈”，向紐“佒”；【乃字母】片紐“秕”；【後字母】生紐“叟”；【述字母】又紐“耳”，又紐“愈”，言紐“禹”；【古字母】立紐“鹵”，立紐“嚕”，全紐“吁”，全紐“呰”，人紐“努”。以上諸例中古讀作全清、次清和次濁上聲字，而《六音字典》則讀作去聲。

(四)《廣韻》有 36 個上聲字與明本《六音字典》⑤入聲相對應。如:【備字母】立紐"履",求紐"杞",片紐"疋",片紐"鄙",全紐"枳",生紐"豕",生紐"氏",生紐"始",生紐"枲",生紐"矢",出紐"恥";【射字母】全紐"者",全紐"赭";【合字母】中紐"朶",中紐"朵",中紐"躲",片紐"叵",名紐"麼",名紐"么";【百字母】中紐"痄",生紐"耍",又紐"椖";【直字母】向紐"駭";【出字母】人紐"媛",又紐"委",又紐"喂";【乃字母】立紐"舐",立紐"碭",又紐"欸";【述字母】氣紐"傴",全紐"馬";【古字母】求紐"羖",求紐"牯",片紐"普",片紐"潽",又紐"負"。以上諸例,中古爲上聲字,在明本《六音字典》則讀作入聲字。

(五)《廣韻》有 52 個上聲字與明本《六音字典》"①平聲"相對應。【通字母】立紐"壠",立紐"壟";【唱字母】立紐"兩";【聲字母】比紐"並";【音字母】中紐"殄",名紐"哂";【坦字母】出紐"眚";【班字母】求紐"橺",求紐"趕",氣紐"掌",生紐"槮";【先字母】全紐"膽";【備字母】求紐"幾",比紐"跛";【條字母】向紐"儌";【嘹字母】土紐"禱",言紐"虓",向紐"昊",向紐"昦";【合字母】氣紐"炣",土紐"妥";【克字母】人紐"若",名紐"嚜",名紐"乜",名紐"咩";【百字母】求紐"豈",又紐"揠",名紐"牳",名紐"拇",名紐"姆";【果字母】又紐"啛",又紐"窶";【出字母】又紐"暐",出紐"口";【闊字母】片紐"剖",片紐"掊";【乃字母】人紐"坭";【後字母】言紐"偶",言紐"耦",言紐"藕",向紐"吼";【述字母】氣紐"傴",氣紐"敏";【古字母】求紐"罟",求紐"怙",中紐"睍",中紐"覥",全紐"咀",全紐"詘",全紐"呰",人紐"弩",言紐"敔"。以上諸例,中古爲上聲字,在明本《六音字典》則讀作①平聲字。

(六)《廣韻》有 63 個上聲字與明本《六音字典》"③平聲"相對應。【本字母】氣紐"焜";【順字母】氣紐"菌";【聲字母】求紐"唫",氣紐"取",全紐"沓";【坦字母】求紐"哽",向紐"筧";【班字母】生紐"哂";【先字母】比紐"藊";【備字母】求紐"踦",中紐"弛",又紐"迤",名紐"弭",言紐"蟻",中紐"痔";【有字母】土紐"醜";【條字母】又紐"殀";【嘹字母】名紐"茆",出紐"勦";【合字母】比紐"保",中紐"墮",全紐"早",全紐"蚤";【嘹字母】曾紐"慅";【百字母】求紐"假",求紐"檟",名紐"嬤",言紐"蕥";【古字母】言紐"五";【備字母】全紐"指";【有字母】出紐"取";【果字母】比紐"補";【直字母】出紐"繰",出紐"繅",出紐"澡";【出字母】立紐"侶",求紐"跪",又紐"煒",又紐"偉";【推字母】向紐"揔";【乃字母】立紐"耒",又紐"挨";【後字母】立紐"嘍",生紐"擻",又紐"痞",又紐"嚭",

又紐“趏”;【述字母】生紐“糈”,生紐“醑”,又紐“羽”,又紐“黍”,又紐“嶼”;【古字母】求紐“牯”,中紐“賭”,中紐“堵”,中紐“貯”,中紐“貯”,中紐“佇”,中紐“竚”,片紐“浦”,片紐“溥”,全紐“阻”,又紐“武”,又紐“鵡”。以上諸例,中古爲上聲字,在明本《六音字典》則讀作③平聲字。

六音字典 / 廣韻	④上聲	①平聲	③平聲	②去聲	⑥去聲	⑤入聲	小計
全清聲母	372	17	32	30	17	20	488
次清聲母	99	7	8	8	1	4	127
全濁聲母	25	10	8	50	98	5	196
次濁聲母	193	18	15	40	22	7	295
小計	689	52	63	128	138	36	1106

綜上所述,《廣韻》有 1106 個上聲韻字與《六音字典》“六音”相對應,其中與《六音字典》上聲字相對應的有 689 個,占總數 62.30%;與《六音字典》②去聲字相對應的有 128 個,占總數 11.57%;與《六音字典》⑥去聲字相對應的有 138 個,占總數 12.48%;與《六音字典》入聲字相對應的有 36 個,占總數3.25%;與《六音字典》①平聲字相對應的有 52 個,占總數 4.70%;與《六音字典》③平聲字相對應的有 63 個,占總數 5.70%。這説明《廣韻》上聲字演變到《六音字典》則是多層次的。其中,《廣韻》全濁上聲字與《六音字典》“六音”對應也是無規律可循的,《廣韻》有 25 個全濁上聲字仍與《六音字典》上聲字相對應,説明中古的全濁上聲字發展到《六音字典》並非全部“濁上變去”;有 50 個與《六音字典》②去聲字相對應,有 98 個與《六音字典》⑥去聲字相對應,説明中古的全濁上聲字發展到《六音字典》並非全部變成陽去,而是小部分變入②去聲,大部分變入⑥去聲。

四、明本《六音字典》上聲調與現代政和方言聲調

據黄典誠主編的《福建省志・方言志》記載,現代政和方言有 7 調,即陰平、陽平$_{甲}$、陽平$_{乙}$、上聲、陰去、陽去、入聲。而《六音字典》則 6 個調,即①平聲、②去聲、③平聲、④上聲、⑤去聲、⑥入聲。現將《六音字典》上聲調字與《政和方言志》聲調字進行對照研究,就可以窺探它們的演變情況及其規律。先請看《六音字典》上聲調字與現代《政和方言志》上聲調字對照:

1. 現代政和方言讀上聲 316 字,占 89.77%:本管款墩暖産傘損穩碗宛滿鏟喘影往董懂桶總蚊懵拱恐冢種腫准筍永尹勇允隱蠢榜綁講敢磉爽莽創兩强長掌獎想養仰搶響享餅鉼請廩炳秉丙稟景警緊錦傾頃鼎頂品逞艇震展枕振整忍嬸審沈銘冥敏覽攬感減埂砍刊坎膽坦井斬省醒喊冷板版簡柬揀繭炯等戥盞剪省猛眼狠很斂貶匾檢遣譴典筅染鮮暹掩免勉冕淺顯險娌禮李裏理鯉比已麂起豈啟砥低抵邸裏體旨指止趾姊脂址死屎以矣恥齒侈喜扯寫舍紙髓柳久玖九酒紐扭首手守有醜韭了表婊繳嫖繞鳥小少曉飽攪狡搞稿考巧找爪惱腦掃拗炒老寶可倒島討左棗嫂鎖我草好把靶打啞馬碼雅寡果使屢鬼詭豬嘴水美毀粿短腿每尾火宰載物海解凱楷愷揩底擺乃洗矮買簍垢狗走吼某巢旅褸呂侶律聿縷舉矩主煮女與語取鼠許鹵櫓魯擄補古賈估股鼓蠱苦哭琥捕甫譜哺浦莆土使所撫母姆楚礎府俯

2. 現代政和方言讀陰去 12 字，占 3.41％：凍匠闖你捨野鰡扭亞樂屆槩

3. 現代政和方言讀陽去 5 字，占 1.42％：訊票距凸傅

4. 現代政和方言讀陰平 4 字，占 1.14％：擁嬉矯笊

5. 現代政和方言讀陽平$_{甲}$ 6 字，占 1.70 ％：儼庇妣朽刮塢

6. 現代政和方言讀陽平$_{乙}$ 3 字，占 0.85％：籠璉媽

7. 現代政和方言讀入聲 6 字，占 1.70 ％：匕譬辟掠那詁

由上可見，《六音字典》共有 352 個上聲字與現代政和方言相對應，其中：有 316 個字與現代政和方言上聲調字相對應，占總數 89.77％；有 12 個字與現代政和方言陰去調字相對應，只占總數 3.41％；有 5 個字與現代政和方言陽去調字相對應，只占總數 1.42％；有 4 個字與現代政和方言陰平調字相對應，只占總數 1.14％；有 6 個字與現代政和方言陽平$_{甲}$調字相對應，只占總數 1.70％；有 3 個字與現代政和方言陽平$_{乙}$調字相對應，只占總數 0.85％；有 6 個字與現代政和方言入聲調字相對應，只占總數 1.70％。這説明《六音字典》絕大多數上聲調字與現代政和方言上聲調字相對應，但有部分上聲調字演變爲現代政和方言的陰去、陽去、陰平、陽平$_{甲}$、陽平$_{乙}$和入聲諸調。

总之，通過研究考證，我们可以得出以下結論：

（一）《六音字典》④上聲有 689 字，與《廣韻》全清、次清、次濁上聲聲母字相對應 664 字，占總數的 96.37％；與全濁上聲聲母字相對應 25 字，占總數的 3.63％。此外，《六音字典》上聲調字中尚有一部分韻字不與《廣韻》上聲調字對應，而是在《廣韻》中讀作平聲、去聲、入聲的。《六音字典》④上聲中還有少

數字，或陽聲韻中雜入陰聲韻字，或陽聲韻中雜入入聲韻字，或陰聲韻中雜入陽聲韻字。這些韻字没有遵循語音演變規律，而是超越於一般語音演變規律。

（二）據統計，《廣韻》有 1106 個上聲韻字與《六音字典》"六音"相對應，有 689 個、128 個、138 個分别與《六音字典》④上聲字、②去聲、⑥去聲相對應，有 36 個、52 個、63 個分别與《六音字典》⑤入聲字、①平聲、③平聲相對應。這説明《廣韻》上聲字演變到《六音字典》則是多層次的。其中，《廣韻》全濁上聲字與《六音字典》"六音"對應也是無規律可循的。

（三）《六音字典》共有 352 個上聲字與現代政和方言相對應，其中：有 316 個字與現代政和方言上聲調字相對應，占 89.77％；只有 36 個字與現代政和方言其他聲調字相對應，只占 10.23％。這説明《六音字典》大多數上聲調字與現代政和方言上聲調字相對應，只有部分上聲調字演變爲現代政和方言的其他聲調字。

第三節　明本《六音字典》去聲調研究

本節着重研究《六音字典》的两个去声调，即②去聲和⑥去聲，並與《廣韻》去聲調，現代政和方言陰去、陽去调比較研究。

一、明本《六音字典》"②去聲"考證

（一）《六音字典》"②去聲"有中古去聲全清、次清、全濁、次濁四種讀音："②去聲"中含中古音去聲 587 字，对應《廣韻》全清 379 字、次清 118 字、全濁 74 字、次濁 16 字。古清聲母字占總数的 84.67％，濁聲母字占 15.33％。

明本《六音字典》②去聲中收有《廣韻》中的全清聲母字計 379 字：半糞棍貫灌旦趲圳巽算筭散案按漢畀放貢棟糉粽戇宋送雍甕壅崩供橙凳中眾種駿俊峻浚濬縱舜訓鋼艮贛當埊壯喪暗放賬帳瘬脹將醬瘴障相向餉鑲鏡正姓性迸殯敬禁勬錠定鎮浸進晋晉縉甑政症証证性信應应蔭癊印柄監鑒降躭擔担站俺更諫店訂諍信變劍劒見奠占佔戰箭犖扇煽醼讌燕宴燕鷰晏餍厭閉痹記繼继既既帝蒂蝃蝃智知置置致霽濟至志痣誌四肆試弑意瞖翳懿戲戯費廢計祭際炙制製世古勢棘摒樜蔗柘卸瀉舍赦寄漈税薈鱖趐究救灸晝咒呪秀绣繡狩獸幼俵弔吊釣瘹照炤醮少笑咲肖鞘诏要救豹趵較酵教爆哨奥躁噪孝哮好報报告誥膏到佐竈灶燥噪譟臬獻盒耗秏箭霸炋賈價嫁稼駕詐榨作卦掛褂罣化布貨貴季季桂最

歲嵗岂諱畏薈膾愧媿對对碓晬賽率帥碎誨悔晦簸怪佐帶戴再拜敗誹介芥界尬楞疥廨解觧戒誡盖葢蓋債細愛爱不夠足奏縐皺瘦膄漱嗽漱掃埽謅嗅搊句瞿鋸着住駐壴翥注註炷霔蛀鑄庶庻恕祟淤呴鍞布故固顧顾妬妒柘蠹泗駟肆賜嗽愬塑素嗉愫訴數数污汙惡瘀付賦

明本《六音字典》②去聲中收有《廣韻》中的次清聲母字計118字：困噴判歎炭寸噴硼囥磡蕩燙鍚闖暢邑唱慶磬听聽聽秤稱沁清勘讖懺欠騙片器嚣棄弃氣气炁焠淬唼肺契剃掣杈脆脆竅糶厝靠炮砲礮操慥造耖蚵去破套糙錯怕帕杷課菜屁翠塊配退蜕喙泰太棄貸派替蔡砌叩扣寇釦蔻簆皰透臭湊去呿處處处唼呿怖庫褲袴絝吐兔菟蔟次飲醋錯措副

明本《六音字典》②去聲中收有《廣韻》中的全濁聲母字計74字：旱哻鵬郡共從銃鈍遁仗上賺乘淡澄辨卞汴備偹治治值植締弟悌弟第侍貰射伷冑宙籒萢邵暴虣導盜瀑坐座胙阼下苄畫画繪殨饋兑佩珮在代岱黛玳待厚具懼懼曙豎聚署旆自駙

明本《六音字典》②去聲中收有《廣韻》中的次濁聲母字計16字：王望両易異未又嫪邐酪路瓦摹牾忤迕

根據一般的語音演變規律，中古的全清、次清和全濁、次濁的去聲聲母字，發展到現代普通話仍然是讀作去聲。而中古的全清和次清去聲聲母字，發展到現代閩方言裏基本上讀作陰去調；中古全濁、次濁的去聲聲母字，發展到現代閩方言裏基本上讀作陽去調。明本《六音字典》②去聲中《廣韻》去聲清聲母字占總數的84.67%，占絕大多數，基本上符合這一規律。

（二）明本《六音字典》“②去聲”與《廣韻》平聲、上聲、入聲相對應

明本《六音字典》②去聲中尚有一小部分字與《廣韻》部分平聲、上聲、入聲相對應。

《六音字典》②去聲中有67個字與《廣韻》平聲字相對應。【本字母】中紐“單”，土紐“攤”，又紐“彎”，又紐“灣”。【通字母】求紐“肛”，又紐“邕”，又紐“蕵”，又紐“蓊”，向紐“烘”。【順字母】立紐“崙”，立紐“侖”，氣紐“燻”，全紐“憎”，向紐“虹”，向紐“熊”。【朗字母】求紐“缸”，求紐“杠”。【聲字母】生紐“成”，生紐“城”，向紐“聆”。【坦字母】中紐“耽”，中紐“談”，名紐“萠”，名紐“龐”，出紐“錚”。【横字母】求紐“閂”。【班字母】全紐“簪”，全紐“濳”。【先字母】全紐“尖”，人紐“拈”。【備字母】全紐“之”，全紐“齎”。【射字母】比紐“軿”，

求紐“艾”。【舌字母】求紐“饑”，求紐“飢”，全紐“虀”。【條字母】求紐“嶠”，求紐“渠”。【嘹字母】片紐“㶚”。【合字母】全紐“矬”，出紐“鎈”。【百字母】求紐“枷”，人紐“拏”，人紐“拿”，出紐“蛇”。【果字母】名紐“捫”，向紐“撾”。【闊字母】立紐“羸”，言紐“吾”。【乃字母】生紐“粞”。【後字母】又紐“摳”。【述字母】求紐“俱”，全紐“潴”，生紐“好”，又紐“訏”。【古字母】比紐“葡”，求紐“咕”，氣紐“挎”，氣紐“刳”，生紐“踈”，又紐“鄔”，向紐“嘑”，向紐“菰”，向紐“乎”，向紐“呼”。以上諸例，《廣韻》均讀作平聲，而《六音字典》②去聲則不讀作平聲，不符。

《六音字典》②去聲中有114個字與《廣韻》上聲字相對應。

有35個字與《廣韻》全濁上聲字相對應。如：【本字母】中紐“誕”。【通字母】中紐“動”。【順字母】氣紐“窘”，全紐“雋”。【朗字母】比紐“範”，中紐“沌”，中紐“盾”。【聲字母】比紐“並”，比紐“竝”，比紐“並”。【坦字母】中紐“但”，【坦字母】全紐“靜”。【先字母】比紐“辯”，比紐“辧”，求紐“儉”，片紐“諞”。【備字母】比紐“誠”，生紐“恃”。【舌字母】全紐“薺”。【有字母】中紐“紂”。【條字母】中紐“肇”，中紐“兆”，又紐“紹”。【嘹字母】中紐“道”。【出字母】氣紐“揆”。【推字母】全紐“罪”，全紐“辠”。【闊字母】中紐“舵”，中紐“柂”。【述字母】求紐“炬”，求紐“钜”，生紐“杼”。【古字母】比紐“部”，中紐“苧”，中紐“紵”。以上諸例，《廣韻》均讀作全濁上聲字，而《六音字典》②去聲則讀作去聲，不符。

有79個字與《廣韻》中全清、次清和次濁上聲字相對應。如：【本字母】比紐“畚”，中紐“暖”，中紐“煖”。【通字母】立紐“寵”，名紐“網”。【朗字母】名紐“網”。【唱字母】全紐“癢”，全紐“癢”。【聲字母】立紐“領”，立紐“嶺”，立紐“衿”，比紐“屏”，比紐“併”，片紐“騁”，人紐“耳”。【坦字母】中紐“亶”。【班字母】人紐“乳”，人紐“赧”。【備字母】比紐“箄”，求紐“紀”，又紐“綺”，名紐“米”，向紐“匪”。【射字母】求紐“了”。【有字母】求紐“赳”，生紐“莠”，又紐“酉”。【條字母】人紐“你”，又紐“沼”，名紐“淼”，名紐“渺”，名紐“緲”，名紐“眇”，名紐“杪”，名紐“杳”，名紐“藐”。【嘹字母】立紐“了”，求紐“咬”，求紐“齧”，求紐“皦”，名紐“卯”，名紐“夘”，出紐“懆”，出紐“藻”。【合字母】求紐“舸”，出紐“繰”，出紐“纅”，出紐“澡”。【百字母】求紐“嘏”，求紐“斝”，求紐“斚”，全紐“醡”，名紐“打”，出紐“鮓”。【果字母】氣紐“裸”，氣紐“顆”。【直字母】全紐“載”。【出字母】求紐“癸”。【推字母】氣紐“傀”，向紐“賄”。【乃字母】出紐

"踩"。【後字母】又紐"拗"。【述字母】全紐"渚",全紐"舉",全紐"鼪",全紐"麈",全紐"楮",全紐"褁",生紐"暑",又紐"宇",向紐"煦"。【古字母】全紐"祖",全紐"爼",又紐"侮",名紐"仵",言紐"五",言紐"伍",言紐"午",言紐"仵"。以上諸例,《廣韻》讀作全清、次清和次濁上聲,而《六音字典》②去聲則讀作去聲,不符。

《六音字典》②去聲中有175個字與《廣韻》中入聲字相對應。【聲字母】中紐"擲",言紐"摧"。【備字母】立紐"力",立紐"立",中紐"殖",全紐"蒺",全紐"疾",全紐"嫉",全紐"集",人紐"日",人紐"入",生紐"式",生紐"拭",生紐"實",生紐"寔",又紐"薏",又紐"翌",又紐"翼",又紐"翊"。【結字母】立紐"裂",中紐"牒",中紐"蝶",中紐"帙",全紐"捷",名紐"篾",名紐"滅",言紐"業",言紐"孽",言紐"蠥",言紐"臬",言紐"頁",言紐"碣"。【射字母】立紐"曆",求紐"屐",求紐"擷",全紐"籍",出紐"跅"。【舌字母】生紐"舌",言紐"月"。【條字母】中紐"的",全紐"嚼",人紐"葉",生紐"削",名紐"邈",向紐"藥",向紐"藥"。【嘹字母】求紐"玔",片紐"葙"。【合字母】立紐"落",立紐"洛",立紐"駱",立紐"貉",比紐"薄",比紐"箔",比紐"鉑",求紐"嚳",求紐"酷",求紐"硝",片紐"烞",片紐"翻"。【克字母】立紐"栗",立紐"慄",立紐"礫",立紐"躒",比紐"帛",比紐"白",比紐"抑",片紐"胉",名紐"密",名紐"密",言紐"逆",言紐"鷁",出紐"嘖",出紐"叱",向紐"齕",向紐"齕"。【百字母】立紐"獵",立紐"爉",立紐"臘",立紐"臘",立紐"粒",求紐"唊",求紐"呷",全紐"昨",全紐"怎",全紐"卡",全紐"閘",全紐"牐",全紐"什",人紐"叭",人紐"笝",生紐"掐",生紐"涑",生紐"剌",名紐"脈",名紐"脈",名紐"麥",言紐"樂",言紐"嶽",言紐"嶽",言紐"尴"。【果字母】名紐"摸",向紐"籥"。【直字母】名紐"墨",出紐"摵",向紐"諾"。【推字母】求紐"頟",求紐"滑",求紐"汑",求紐"髻",又紐"欲"。【闊字母】比紐"鈸",中紐"蓬",名紐"末",名紐"没",名紐"歿",名紐"襪",名紐"韤",名紐"靺"。【乃字母】求紐"隔",全紐"襍",全紐"雜",生紐"悀",名紐"薲",出紐"摵"。【述字母】立紐"綠",立紐"緑",立紐"録",立紐"騄",立紐"菉",立紐"渌",立紐"六",立紐"陸",立紐"坴",中紐"術",全紐"怵",人紐"肉",人紐"月",生紐"褥",生紐"縟",生紐"謖",生紐"贖",又紐"屬",又紐"屬",又紐"囑",又紐"浴",言紐"玉",言紐"鈺",言紐"瑀",言紐"獄"。【古字母】立紐"鹿",立紐"漉",立紐"熝",立紐"麓",立紐

“搋”，立紐“菉”，立紐“敹”，立紐“禄”，立紐“祿”，比紐“簙”，比紐“僕”，求紐“喲”，求紐“哈”，中紐“毒”，全紐“族”，全紐“鐲”，全紐“斸”，生紐“錫”，生紐“趚”，名紐“目”，名紐“苜”，名紐“木”，向紐“茯”，向紐“竅”。以上諸例，《廣韻》均讀作入聲字，而《六音字典》②去聲則讀作去聲，不符。

（三）《六音字典》②去聲中有7個字韻類混雜。有陽聲韻雜入入聲韻字，如：“班字母”屬陽聲韻部，而在②去聲“生紐”之下有一字，《廣韻》屬入聲韻：栅，《廣韻》：測戟切，初陌入，不符。“先字母”屬陽聲韻部，而在②去聲“人紐”之下有一字，《廣韻》屬入聲韻：撚，《廣韻》：奴協切，泥帖入，不符。有陰聲韻雜入陽聲韻字，如：“條字母”屬陰聲韻部，而在②去聲“中紐”之下有一字，《廣韻》屬陽聲韻：幹，《廣韻》：古案切，見寒去，不符。“條字母”屬陰聲韻部，而在②去聲“中紐”之下有一字，《廣韻》屬陽聲韻：幹，《集韻》：居案切，見寒去，不符。“乃字母”屬陰聲韻部，而在②去聲“出紐”之下有一字，《廣韻》屬陽聲韻：磡，《廣韻》：苦紺切，溪覃去，不符。“條字母”屬陰聲韻部，而在④上聲“中紐”之下有一字，《廣韻》屬陽聲韻：中，《廣韻》：陟仲切，知東去，不符。“交字母”屬陰聲韻部，而在④上聲“名紐”之下有一字，《廣韻》屬陽聲韻：昂，《廣韻》：五剛切，疑唐平，不符。

此外，明本《六音字典》②去聲中還有125個字《廣韻》中所無。這些字或後起字，或著者自造的方言字。

二、明本《六音字典》“⑥去聲”考證

（一）明本《六音字典》⑥去聲調字與中古去聲調字的對應

該部分着重考證明本《六音字典》⑥去聲調字與《廣韻》去聲全清聲母字、次清聲母字、全濁聲母字和次濁聲母字的對應情況，從中窺探其演變情況。

《六音字典》⑥去聲中收有《廣韻》中的全清聲母字計125字：幹慣觀斷断煆瞬奐奂焕苑榦幹煴唤喚況貺汪猶保增奮憤向映竟逕徑儐鬢鬓髩聖圣勝迅絳三間澗塾殿掙玷坫徧遍先娠醃責蔽忮伎冀巽譽疐憒啻輊摯膝婿倚衣驥係繫饑扆綳折皺鵰謝脏榭麝叫詔較翅要罩竈灶播剁喝荷夭踄憒粹邃贅棟限壞概槩洒灑晒曬懈噶搆構覯遘購煹媾彀詢踞據屨絮伺思使

《六音字典》⑥去聲中收有《廣韻》中的次清聲母字計53字：象泮粲燦竄爨篡忿曠壙圹痛岔控埰墭倩抗伉亢汎看盼媲跂企棟涕涕妻歉繇眺趒跳峭皰泡剉

銼喀簣帨快蒯蠆慨愾態詬趣覷覻

《六音字典》⑥去聲中收有《廣韻》中的全濁聲母字計203字：飯段緞伴畔蛋宦換撰份分飯翰宦患俸鳳鳳巷衖共重縫共贈順頌誦溷慁上尚匠鄭定定競妗脛踁陣診陳偋淨剩甚慎盛穽阱瀞病陷範犯帆辦办憚甸佃鄧棧行莧恨便電賤羨繕膳饍擅現見被敝幣弊忌地鼻遞毳稚食席夕汐是拾十邔市豉系嗜避弟舊旧柩就鷲授綬壽壽夀寿胄岫袖樹轎銚誚效校効賀號号晧滯耙蹈下暇話哫縛曝和嗐匱櫃鐀膇遂檖璲燧悴瘁萃墜隊鋭瑞睡惠蕙憓穗彗篲兑袋帒被會会劾大坐害逮稗憊邂嗐薤鉋驟後逅後候厚詎遽醵箸筯續飼嗣樹澍莳埠度鍍渡袝事食互沍

《六音字典》⑥去聲中收有《廣韻》中的次濁聲母字計258字：論亂乱爛嫩難聞問玩翫旺弄如夢夣梦瞢釀閏潤用悶懣運韻詠咏浪紊妄妄瀁量亮喨諒讓樣様恙命硯令令另吝認佞胤命濫纜孟慢謾雁鴈岸硬殮煉練念孕艷艳爓焰焱任姙妊刄刃仞訒麵麪面硯唁彥喭諺驗肄麗隸詈吏利浰俐荔厲勵二弍貳膩味炏媚議義誼毅睨詣藝蓺埶裔未例劖離易外魏艾溜霤袂侑宥囿右祐佑釉柚螃謬鐐燎廖料縝尿耀燿曜曜廟庙妙榜謗鬧貌冒耄傲慠樂稬偄磨帽餓臥鏊濘能罵砑訝迓禦墓類酹淚泪未彙睿叡累位卫衛胃渭謂爲遺偽内昧寐妹魅髟赖頼賴癩邁鼐耐奈柰賣勱碍礙艾乂刈訝陋漏瘺茂懋貿鑢慮濾與礜裕裕蕷預豫喻諭芋禦孺禦馭禺遇寓餌雨路露輅鷺潞怒務霧瞀慔戊暮慕募痦悟晤悮

經統計，明本《六音字典》⑥去聲共有639字，其中收有《廣韻》清聲母字178個字（全清125字，次清53字），占總數的27.86％；濁聲母字461個字（全濁203字，次濁258字），占總數的72.14％。這説明《六音字典》⑥去聲多數位是濁音聲母字，恰好與《六音字典》②去聲多數位是清音聲母字相反。此外，明本《六音字典》⑥去聲，尚有一小部分字在《廣韻》中讀作平聲、上聲、入聲的。

（二）《六音字典》⑥去聲調字與《廣韻》平聲、上聲、入聲調字相對應

《六音字典》⑥去聲中有49個字，在中古音中讀作平聲。如：【通字母】名紐“儚”。【順字母】求紐“娸”，人紐“膿”，名紐“捫”。【朗字母】比紐“梆”。【唱字母】日紐“穰”，向紐“鄉”。【聲字母】求紐“兢”，向紐“欣”，向紐“忻”。【班字母】向紐“蘅”。【備字母】立紐“蜊”，比紐“脾”，比紐“貔”，求紐“稽”，求紐“嵇”，名紐“湄”，向紐“耆”，向紐“鑴”。【結字母】求紐“椅”，氣紐“謙”。【有字母】生紐“妯”。【條字母】求紐“蕎”，求紐“簥”，土紐“佻”，生紐“羨”，又紐“羌”。【嘹字母】片紐“枹”。【百字母】又紐“娏”，言紐“嗟”，向紐“呀”。【推字母】求紐

“傀”，土紐“楞”，又紐“溾”。【乃字母】立紐“篥”。【後字母】比紐“鮑”，比紐“刨”，求紐“菁”。【述字母】立紐“攄”，求紐“渠”，求紐“蕖”，求紐“拘”，求紐“蘧”，求紐“懅”，又紐“愉”，又紐“逾”，又紐“踰”。【古字母】全紐“朔”，人紐“秜”。以上諸例，《廣韻》均讀作平聲字，而《六音字典》⑥去聲則讀作去聲，不符。

《六音字典》⑥去聲中有139個字，在中古音中讀作上聲。

有98個字與《廣韻》全濁上聲字相對應。如：【本字母】比紐“秚”。【風字母】向紐“奉”。【順字母】氣紐“柏”。【朗字母】比紐“蚌”，向紐“項”，向紐“混”。【唱字母】中紐“丈”，中紐“杖”，氣紐“礱”，中紐“杖”，生紐“象”，生紐“像”，生紐“橡”。【音字母】求紐“涇”，全紐“盡”，全紐“尽”，生紐“腎”，出紐“朕”，出紐“眹”，出紐“靖”。【横字母】向紐“犯”，向紐“範”。【班字母】中紐“篹”，中紐“誕”，向紐“幸”，向紐“倖”，向紐“杏”，向紐“荇”，向紐“限”。【先字母】求紐“件”，生紐“善”。【備字母】比紐“婢”，比紐“陛”，求紐“技”，全紐“雉”。【射字母】生紐“社”。【有字母】求紐“舅”，氣紐“咎”，氣紐“臼”，土紐“柱”，生紐“受”。【條字母】求紐“蕌”，土紐“窕”，土紐“兆”。【嘹字母】土紐“窕”，中紐“稻”，片紐“抱”，向紐“浩”，向紐“晧”，向紐“皓”，向紐“鎬”。【合字母】向紐“灝”。【果字母】向紐“禍”，向紐“禍”。【闊字母】生紐“豸”，向紐“亥”。【乃字母】比紐“罷”，中紐“怠”，中紐“殆”，中紐“迨”，向紐“獬”，向紐“蠏”，向紐“蟹”，向紐“蠏”。【後字母】名紐“阜”，向紐“垕”。【述字母】求紐“巨”，求紐“钜”，求紐“拒”，求紐“窶”，生紐“緒”，生紐“敘”，生紐“叙”，生紐“序”，生紐“鱮”，生紐“豎”，生紐“竪”，生紐“豎”，生紐“嶼”，生紐“墅”。【古字母】比紐“媍”，中紐“肚”，中紐“杜”，中紐“羜”，片紐“抱”，生紐“耜”，生紐“姒”，生紐“巳”，生紐“祀”，生紐“俟”，生紐“竢”，生紐“士”，生紐“仕”，向紐“婦”，向紐“負”，向紐“扈”。這説明以上例字均屬中古全濁上聲字，已演變爲《六音字典》中的⑥去聲調之中，符合語音演變的規律。

有41個字與《廣韻》中全清、次清和次濁上聲字相對應。如：【本字母】求纽“祼”，出纽“纂”。【声字母】出纽“诱”，求纽“境”，求纽“颈”，出纽“寝”。【坦字母】求纽“橄”，人纽“腩”。【先字母】又纽“琰”，又纽“荏”。【备字母】比纽“俾”。【舌字母】求纽“敲”。【有字母】又纽“诱”，又纽“牖”。【條字母】立纽“憭”，立纽“繚”，立纽“橑”，立纽“窈”，氣纽“蹻”，人纽“屎”。【嘹字母】立纽

“窈”，言纽“咾”。【合字母】立纽“栳”，中纽“搗”，中纽“擣”。【克字母】生纽“李”。【出字母】立纽“惢”，立纽“累”，又纽“窳”。【推字母】又纽“磈”，向纽“仸”。【乃字母】片纽“秕”。【后字母】生纽“叟”。【述字母】又纽“耳”，又纽“愈”，言纽“禹”。【古字母】立纽“鹵”，立纽“嚕”，全纽“吁”，全纽“呰”，人纽“努”。以上诸例中古读作全清、次清和次浊上声字，而《六音字典》则读作去声，不符。

《六音字典》⑥去聲中有121個字，在中古音中讀作入聲。【備字母】比紐“畢”，比紐“煏”，求紐“擊”，求紐“刮”，土紐“迪”，全紐“十”，全紐“桎”，全紐“蓋”，全紐“脊”，全紐“瘠”，全紐“鶺”，人紐“廿”，又紐“億”，又紐“憶”，言紐“鯢”，言紐“卪”，向紐“翕”，向紐“譪”，向紐“緆”。【結字母】比紐“辟”，比紐“别”，求紐“簓”，求紐“鐗”，求紐“鑷”，氣紐“隙”，氣紐“怯”，氣紐“慊”，生紐“涉”，生紐“陟”，出紐“蠘”，向紐“穴”。【射字母】中紐“糴”，中紐“宅”，中紐“箒”，中紐“宅”，全紐“蹠”，全紐“蹠”，全紐“葉”。【舌字母】全紐“絕”，生紐“抈”。【條字母】全紐“石”，全紐“鼦”，生紐“蓆”，又紐“躍”。【嘹字母】片紐“雹”，全紐“皀”。【合字母】比紐“搏”，比紐“泊”，比紐“亳”，氣紐“盍”，氣紐“搕”，氣紐“搉”，中紐“啄”，生紐“鐲”，言紐“厄”，出紐“戳”，出紐“斵”，出紐“斵”，出紐“鑿”，向紐“霍”，向紐“鶴”。【克字母】求紐“嗝”，求紐“嘓”，生紐“笠”。【百字母】比紐“白”，求紐“蚱”，土紐“踏”，土紐“蹋”，向紐“呷”，向紐“叱”，向紐“學”。【化字母】向紐“乏”，向紐“畫”。【果字母】片紐“暴”。【直字母】比紐“蔔”，比紐“苩”，求紐“馘”，求紐“聝”，求紐“嗝”，中紐“直”，中紐“直”，出紐“賊”，出紐“叱”，向紐“呷”，向紐“歙”。【出字母】求紐“掘”，求紐“甋”，片紐“塥”，片紐“圤”，出紐“秫”。【推字母】中紐“及”，全紐“拭”，又紐“隩”，又紐“澳”，向紐“佛”，向紐“核”，向紐“咈”。【闊字母】向紐“伐”，向紐“閥”，向紐“罰”。【乃字母】中紐“達”，中紐“達”，全紐“截”，又紐“啐”。【後字母】求紐“斛”，土紐“毒”，人紐“耨”。【述字母】求紐“局”，中紐“軸”，生紐“熟”，生紐“塾”，又紐“欲”，又紐“鵒”，又紐“煜”。【古字母】片紐“袱”，片紐“雹”，名紐“嗼”，名紐“幕”，出紐“齪”，出紐“矚”。以上諸例中古讀作入聲，而《六音字典》則讀作去聲，不符。

（三）明本《六音字典》⑥去聲中還有12個字韻類混雜。（1）有陽聲韻雜入陰聲韻字，如：“唱字母”屬陽聲韻部，而在⑥去聲“人紐”之下有一字，《廣韻》屬陰聲韻：要，《廣韻》：於笑切，影宵去，不符。"聲字母"屬陽聲韻部，而在⑥去聲"中紐"之下有一字，《廣韻》屬陰聲韻：埞，《廣韻》：都奚切，端齊平，不符。"班字母"屬陽聲韻部，而在⑥去聲"中紐"之下有一字，《廣韻》屬陰聲韻：軑，《廣韻》：特計切，定齊去，不符。（2）有陽聲韻雜入入聲韻字，如："班字母"屬陽聲韻部，而在⑥去聲"求紐"之下有一字，《廣韻》屬入聲韻：斡，《廣韻》：烏括切，影末入，不符。"班字母"屬陽聲韻部，而在⑥去聲"片紐"之下有一字，《廣韻》屬入聲韻：瓡，《廣韻》：之入切，章緝入，不符。（3）有陰聲韻雜入陽聲韻字，如："條字母"屬陰聲韻部，而在⑥去聲"又紐"之下有一字，《廣韻》屬陽聲韻：睔，《廣韻》：盧本切，來魂上，不符。"合字母"屬陰聲韻部，而在⑥去聲"人紐"之下有一字，《廣韻》屬陽聲韻：糯，《廣韻》：乃臥切，泥戈去，不符。"化字母"屬陰聲韻部，而在⑥去聲"向紐"之下有一字，《廣韻》屬陽聲韻：泛，《廣韻》：孚梵切，敷凡去，不符。"直字母"屬陰聲韻部，而在⑥去聲"生紐"之下有一字，《廣韻》屬陽聲韻：勤，《廣韻》：巨斤切，群欣平，不符。"出字母"屬陰聲韻部，而在⑥去聲"氣紐"之下有一字，《廣韻》屬陽聲韻：清，《廣韻》：七情切，清清平，不符。"合字母"屬陰聲韻部，而在⑥去聲"人紐"之下有一字，《廣韻》屬陽聲韻：耎，《廣韻》：而兗切，日仙上，不符。"克字母"屬陰聲韻部，而在⑥去聲"名紐"之下有一字，《廣韻》屬陽聲韻：湎，《廣韻》：彌兗切，明仙上，不符。

此外，明本《六音字典》⑥去聲中還有 111 個字《廣韻》中所無。這些字或後起字，或著者自造的方言字。

三、中古音去聲字在明本《六音字典》去聲調中的讀音

《廣韻》去聲調演變到現代普通話仍爲去聲調；演變到閩方言，大多則分爲陰去和陽去兩調：清聲母去聲字演變爲陰去，濁聲母字演變爲陽去。而中古音去聲字演變爲《六音字典》②去聲和⑥去聲並遵守這一規律，請看下表：

《廣韻》去聲	《六音字典》②去聲	比例	《廣韻》去聲	《六音字典》⑥去聲	比例
全清聲母 379 字	64.57%	84.67%	全清聲母 125 字	19.56%	27.85%
次清聲母 118 字	20.10%		次清聲母 53 字	8.29%	
全濁聲母 74 字	12.61%	15.34%	全濁聲母 203 字	31.77%	72.15%
次濁聲母 16 字	2.73%		次濁聲母 258 字	40.38%	
小计 587 字	587 字	100.00%	小计 639 字	639 字	100.00%

據統計，《廣韻》1226 個字去聲調字與明本《六音字典》②去聲和⑥去聲調

字相對應，其中：

1.《廣韻》有 379 個全清聲母去聲字與明本《六音字典》②去聲調字相對應，占②去聲調字總數的 64.57%；《廣韻》只有 125 個全清聲母去聲字與明本《六音字典》⑥去聲調字相對應，只占⑥去聲調字總數的 19.56%。

2.《廣韻》有 118 個次清聲母去聲字與明本《六音字典》②去聲調字相對應，占②去聲調字總數的 20.10%；《廣韻》只有 53 個次清聲母去聲字與明本《六音字典》⑥去聲調字相對應，只占⑥去聲調字總數的 8.29%。

3.《廣韻》只有 74 個全濁聲母去聲字與明本《六音字典》②去聲調字相對應，只占②去聲調字總數的 12.61%；《廣韻》有 203 個全清聲母去聲字與明本《六音字典》⑥去聲調字相對應，占⑥去聲調字總數的 31.77%。

4.《廣韻》只有 16 個次濁聲母去聲字與明本《六音字典》②去聲調字相對應，只占②去聲調字總數的 2.73%；《廣韻》有 258 個次濁聲母去聲字與明本《六音字典》⑥去聲調字相對應，占⑥去聲調字總數的 40.38%。

以上可見，《廣韻》有 497 個清聲母字與明本《六音字典》②去聲調字相對應，占②去聲調字總數的 84.67%；《廣韻》只有 90 個濁聲母字與明本《六音字典》②去聲調字相對應，只占②去聲調字總數的 15.34%。這說明明本《六音字典》②去聲調字中絕大多數來源於《廣韻》的清聲母字，只有小部分來源於《廣韻》的濁聲母字。

《廣韻》只有 178 個清聲母字與明本《六音字典》⑥去聲調字相對應，只占⑥去聲調字總數的 27.85%；《廣韻》有 461 個濁聲母字與明本《六音字典》⑥去聲調字相對應，占⑥去聲調字總數的 72.15%。這說明明本《六音字典》⑥去聲調字中絕大多數來源於《廣韻》的濁聲母字，只有小部分來源於《廣韻》的清聲母字。

根據語音演變的規律，中古去聲調的全清聲母字、次清聲母字和次濁聲母字、全濁聲母字演變至現代普通話仍爲去聲調。據考證，《廣韻》清聲母去聲字在閩方言裏演變爲陰去調字，而《廣韻》濁聲母去聲字在閩方言裏演變爲陽去調字。而《六音字典》則不然，②去聲調字多數來源於清聲母字，少數來源於濁聲母字；⑥去聲字多數來源於濁聲母字，少數來源於清聲母字。

四、明本《六音字典》去聲調與現代《政和方言志》聲調比較研究

現代政和方言有 7 調，即陰平、陽平$_{甲}$、陽平$_{乙}$、上聲、陰去、陽去、入聲。而明本《六音字典》則 6 個調，即①平聲、②去聲、③平聲、④上聲、⑤入聲、⑥去聲。此處討論的焦點是明本《六音字典》②去聲和⑥去聲，經過五百年時間如何演變的。現將明本《六音字典》②去聲、⑥去聲調字分别與《政和方言志》陰去、陽去進行對照研究，以窺探它們的演變情況及其規律。

(一)《六音字典》②去聲與現代政和方言聲調比較

《六音字典》②去聲有 430 個字與現代政和方言的陰去、陽去、上聲、入聲、陰平、陽平甲等聲調字相對應。

1. 現代政和方言讀阴去 402 字，占 93.49%：半棍貫灌困旦單判炭歎算散案按寸漢放貢動棟粽甕雍網侖崩供郡中眾俊峻種舜銃訓虹範鋼缸冈磡蕩當冇燙葬喪暗網望放閫兩脹帳賬仗癢醬將瘴相唱向餉領嶺鏡擲正姓性敬禁慶磬錠鎮定騁聽賺浸晉進症政証耳信城應印秤清柄監鑒降勘耽擔但淡站靜更店簪乳變辨辯瓣卞汴劍儉見欠騙片戰占尖箭撚扇煽厭燕宴力立備閉既記紀繼氣器棄治悌帝置值智志痣至集濟疾日四肆試弑拭意易翼異懿米戲裂計牒蝶剃捷世滅篾業孽篘曆屐蔗籍舍赦瀉寄饑税月究救灸宙紂晝咒秀繡獸莠又酉幼俵竅吊兆肇糶照醮少笑鞘肖要紹邵厝了豹暴咬較道盜炮哨奥卯昴躁孝哮洛落駱賂薄報萡告誥去到破套坐座錯栗白密逆獵臘霸賈嫁稼駕怕帕閘昨榨詐拿麥岳樂下褂掛卦化布過課摸貨墨菜貴季桂屁最歲畏翠滑膾塊對兑碓配佩退罪率帥碎悔晦怪帶泰太再譜末没襪吾拜敗界介疥蓋誡戒鲜尬芥貸代派替雜債細厚扣透瘦掃臭陸鋸句俱懼去術注蛀鑄肉庶暑署恕宇玉鈺獄處禄鹿怖部布簿故顧雇固庫褲毒妒蠹苧吐兔自數塑賜素嗉訴汙惡目木件五伍午醋次副付賦駙

2. 現代政和方言讀陽去 7 字，占 1.63%：縱上片侍恃畫炬

3. 現代政和方言讀入聲 4 字，占 0.93%：盾嚼削煦

4. 現代政和方言讀上聲 10 字，占 2.33%：奠狩少秒渺杪杳淼藐佐

5. 現代政和方言讀陰平 4 字，占 0.93%：蔭俺操枷

6. 現代政和方言讀阳平甲 3 字，占 0.70%：萌戴族

由上可見，《六音字典》②去聲與現代政和方言陰去調關係極爲密切，占總數 93.49%；與非陰去調字對應只占 6.51%。

(二)《六音字典》⑥去聲與現代政和方言聲調比較

《六音字典》⑥去聲有 373 個字與現代政和方言的陽去、陰去、上聲、入聲、陰平、陽平甲、陽平乙等聲調字相對應。

1.現代政和方言讀陽去333字,占89.28%:亂爛論拌慣斷泮伴畔嫩難蛋煥換斡問玩燦纂喚患翰況旺鳳奉弄共重縫夢膿潤順頌誦用悶濜運韻浪蚌梆妄項混亮諒量丈杖上讓上象像尚樣鄭定定映命令另竟境競徑頸陣盡認聖甚迅腎盛勝剩慎命靖寢欣濫病抗伉陷範犯辦殿鄧塾慢孟硬岸幸杏恨限莧練煉殮便件念善膳繕羨擅妊黰任醃面驗現勵利吏隸麗蠣珮俐幣婢篦忌伎柿鼻涕十稚二貳膩食是席倚義毅藝市豉妻系例別弟折易蠘穴纙宅葉謝社絕外魏艾溜舊舅臼柱就受授壽袖右佑釉柚侑宥誘嫩樹廖料轎藠跳石尿席躍耀廟妙抱罩鬧貌冒傲校效晧浩栳播泊啄鐲磨帽餓臥鏨賀鶴號李白砑下學話畫直賊累類淚櫃掘墜瑞位衛胃渭惠彗袋被内昧寐妹會佛核大坐壞亥害賴罷稗截鼐耐奈曬灑賣礙艾蟹懈漏刨購茂候後厚巨拒局箸熟熟樹續豎緒敘序欲譽預豫喻諭愉逾芋遇寓禦趣雨路露肚度渡鍍怒士事巳祀俟仕伺慕募暮戊悟晤覷互婦負

2.現代政和方言讀陰去15字,占4.02%:痛電弊億憶撩泡銼兑快慨概怠殆墅

3.現代政和方言讀入聲6字,占1.61%:搏戳霍迓睡逮

4.現代政和方言讀上聲4字,占1.07 %:橄傀與使

5.現代政和方言讀陰平6字,占1.61%:診鷗鶩踞杜思

6.現代政和方言讀陽平甲 8字,占2.14%:脾裨誼蕎和爲渠努

7.現代政和方言讀陽平乙 1字,占0.27%:耙

由上可見,《六音字典》⑥去聲與現代政和方言陽去調關係極爲密切,占總數89.28%;與非陰去調字對應只占10.72%。

總而言之,現代政和方言陰去調字有402個,主要來源於《六音字典》中②去聲調字;陽去調字有333個,主要來源於《六音字典》中⑥去聲調字。二者的區别還是相當分明。

五、結論

本節考證了明代閩北方言韻書《六音字典》②去聲和⑥去聲所有韻字,並與中古音逐一進行比較,發現它們之間差别頗大。

第一,《六音字典》②去聲調字多數來源於清聲母字,少數來源於濁聲母字;⑥去聲字多數來源於濁聲母字,少數來源於清聲母字。這基本上是符合語音演變規律的。

第二,《六音字典》②去聲和⑥去聲均有部分韻字與《廣韻》部分平聲、上

聲、入聲相對應，並存在韻類混雜現象。這説明《六音字典》②去聲調和⑥去聲調的變異也是比較大的。

第四節 明本《六音字典》入聲調研究

本節着重研究《六音字典》入聲調，並與《廣韻》入聲調，現代政和方言入聲比較研究。

一、明本《六音字典》⑤入聲調字與中古入聲調字的對應

《六音字典》⑤入聲調字有中古音平聲全清、次清、全濁、次濁四種讀音：⑤入聲共有 814 字，其中收有《廣韻》清聲母字 560 個字（全清 423 字，次清 137 字），占總數的 68.80％；濁聲母字 254 個字（全濁 103 字，次濁 151 字），占總數的 31.20％。

1. 明本《六音字典》⑤入聲中收有《廣韻》中的入聲全清聲母字計 423 字：必碧璧逼偪筆笔滗吉頡桔給亟極急級戟棘激戞訖吃迄的啇嫡滴適辟裼積绩績稷即唧踖職只執汁質戠析息熄昔惜識織悉蟋失室釋螫暘飾一乙壹益邑鳦挹揖祕秘泌緎咠葺戢橘桔孑揭揭刦刧絜潔結袺訐擷鉠疾哲喆別鼈鱉接浹節癤浙襵揖輒褻燮薛屑绁泄篞設擘滛霎脅脇愶血蠍蠍皵壁鐴孓摘謫折跡迹蹟脊隻曬甲毥伋嚇哧虩獗劂撅暨決诀抉趉刔譎厥蕨輒拙餟輟綴雪説啜歇屩脚借酌勺芍著着穀谷約謔鑠爍灼焯妁約爵雀伯格革虢鬲溥博剥駁閣各桷桌琢樸蹼作倅砻朔嗍數槊稍縮索惡恶訹斱閤矍嗑擭謪責仄昃則節凹蝨虱錫抑厄阸搤扼壓側百柏捌甲鉀韐裌郟夾蛤袷膈隔槅玨捔傕覺答荅褡妲劄鎝匝札薩撒霎倏壓鴨挾押欱歃鶯塁法髮括豁剥郭槨椁鞹北徳德得迫色瑟啬色穡澀澁歰轞塞黑赫哧屈塞鬱欝蔚尉熨懊郁國国骨壑裰掇卒卆蟀刷唰㓐數忽惚欻鬍撥癶鉢芨髮蹳葛割適殺煞撒弗紱黻發誒喝血八捌荚節凹靄餲遏閼瞎匊掬躹鞠諊鞫菊葦權竹竺筑燭烛祝粥足叔菽粟宿稸夙恤卹賉鉥畜蓄鄐閾旭彧卜腹穀玨谷角轂鵠縠篤督箄足哫肅鸘速餗觫謖束屋齷握幄喔偓剭渥沃蹙踧噈涿捉福福蝠楅幅輻

2. 明本《六音字典》⑤入聲中收有《廣韻》中的入聲次清聲母字計 137 字：泣乞喫逖霹僻癖匹敕勅飭剔惕踢舄七柒戚慼挈诘缺鐵銕鉄切竊窃妾唼徹濕磧咨赤闕瘚缺歡却卻郄尺綽逴鵲醯確橐樸撲扑攴璞粕拍託托拓籜錯刻克尅剋忒忑慝踢測惻漆策拆叭客畠恰怏愜刹筴扱册冊臿插珀魄出窟郝脱癹渴闊潑鏺劉

拂察瞥擦貼帖怗呫髷曲麯麴屈俶傗湇矗觳擉壳嗀觸樸禿瘯突怢忑朏促趗躅蹵蹴刺黜覆

3.明本《六音字典》⑤入聲中收有《廣韻》中的入聲全濁聲母字計 103 字：及笈狄翟荻笛滌敵辟寂蟄習蝕苾輯覡竭偈纈襭揲叠疊迭跌瓞軼耋耊垤秩襲桀轍澈隰協协葉拾瞬碩鐸奪僕濁濯擢合闔盍熆曷獲澤洽龘俠狭匣學孝活匐覈核劾倔或惑佛扒艴咶虡掘蜀淑孰述術俗讀牘瀆櫝黷瀆犢獨独趺碡詉逐蹢富服伏復復輹馥

4.明本《六音字典》⑤入聲中收有《廣韻》中的入聲次濁聲母字計 151 字：歷歷歴雳笠粒筆匿惹溺炏溢逸弋曳拽掖液泄繹驛懌奕弈佚馹觅覔蜜密峹宓列烈摺聶躡鑷攝揑拽轥讘囁鑷喏越粵鉞閱劣捋軏悅説曰刖畧若箬弱龠虐瘧樂落諾掿搦哈莫膜嘆漠鏌寞幕蕚蕚咢愕噩餣蓦拉摺辣辢捋鬣鼠蘗撻躂榻塔遝磊讷呐蚋蜹勒肋泐唷默陌貊貉砵勿芴抹朒鬻衄悪慾欲辱嗕溽育毓焴喅唷侑昱疫棫域蜮罭魊簏盝碌娽簶逯漉蓼戮僇睦牧穆沐霂

由上可見，明本《六音字典》入聲雖然無陰陽清濁之分，但是其中清聲母入聲字占三分之二强，濁聲母字所占還未達到三分之一。

二、明本《六音字典》入聲在中古讀作平聲、上聲、去聲

《六音字典》入聲調字中尚有一部分韻字不與《廣韻》入聲調字對應，而是在《廣韻》中讀作平聲、上聲、去聲的，也就是説這些韻字在中古時期是平聲字、上聲字或去聲字，而在明本《六音字典》中演變爲入聲字。

1.明本《六音字典》⑤入聲中有 8 個字，在中古音中讀作平聲。如：【條字母】求紐"轎"，又紐"么"；【出字母】又紐"萎"，又紐"煨"，又紐"猥"，向紐"堉"；【推字母】出紐"刲"；【古字母】又紐"誧"。以上諸例，中古音讀作平聲，而明本《六音字典》則讀作入聲。

2.明本《六音字典》⑤入聲中有 36 個字，在中古音中讀作上聲。如：【備字母】立紐"履"，求紐"杞"，片紐"疋"，片紐"鄙"，全紐"枳"，生紐"豕"，生紐"氏"，生紐"始"，生紐"枲"，生紐"矢"，出紐"咫"；【射字母】全紐"者"，全紐"赭"；【合字母】中紐"朶"，中紐"朵"，中紐"躲"，片紐"叵"，名紐"麼"，名紐"么"；【百字母】中紐"痄"，生紐"耍"，又紐"椛"；【直字母】向紐"駭"；【出字母】人紐"婑"，又紐"委"，又紐"喂"；【乃字母】立紐"舐"，立紐"碭"，又紐"欸"；【述字母】氣紐"傴"，全紐"馬"；【古字母】求紐"羖"，求紐"牯"，片紐"普"，片紐"潽"，又紐

"負"。以上諸例，中古音讀作上聲，而明本《六音字典》則讀作入聲。

3.明本《六音字典》⑤入聲中有63個字，在中古音中讀作去聲。如：【射字母】向紐"唬"；【備字母】立紐"蒞"，中紐"棣"，片紐"嬖"，片紐"臂"，全紐"幟"，生紐"視"，生紐"誓"，生紐"示"，生紐"逝"，生紐"熾"，生紐"筮"，又紐"縊"，又紐"泄"，又紐"施"，又紐"泄"；【射字母】言紐"髂"；【舌字母】求紐"夬"，出紐"毳"；【合字母】比紐"販"，比紐"賻"，求紐"箇"，求紐"個"，求紐"个"，中紐"棹"，中紐"掉"，中紐"惰"，片紐"頗"，土紐"唾"，土紐"涶"，全紐"做"，又紐"能"；【克字母】氣紐"咳"；【百字母】立紐"燎"，中紐"寄"，生紐生紐"灑"，生紐"洒"；【出字母】生紐"戍"，又紐"慰"；【推字母】土紐"褪"，出紐"塊"；【闊字母】闊紐"澗"，又紐"沸"；【乃字母】土紐"劑"，"乃字母・土紐"穧"，人紐"坳"，又紐"藹"，又紐"隘"；【述字母】又紐"雨"，向紐"昫"，向紐"呴"，向紐"最"，向紐"唕"；【古字母】求紐"告"，中紐"匱"，片紐"訃"，片紐"赴"，片紐"菴"，生紐"束"，又紐"婺"，又紐"惡"，向紐"護"。以上諸例，中古音讀作去聲，而明本《六音字典》則讀作入聲。

4.明本《六音字典》入聲中還有6個中古陽聲韻字讀作入聲字。如：【百字母】屬入聲韻部，而在⑤入聲"土紐"之下有一字，《廣韻》屬陽聲韻：唱，《廣韻》：尺亮切，昌陽去，不符；"百字母"屬入聲韻部，而在⑤入聲"全紐"之下有一字，《廣韻》屬陽聲韻：綪，《廣韻》：倉甸切，清先去，不符；在⑤入聲"人紐"之下有一字，《廣韻》屬陽聲韻：冏，《廣韻》：俱永切，見庚上，不符。【推字母】屬入聲韻部，而在⑤入聲"生紐"之下有一字，《廣韻》屬陽聲韻：涮，《廣韻》：生患切，生刪去，不符。【述字母】屬入聲韻部，而在⑤入聲"氣紐"之下有一字，《廣韻》屬陽聲韻：囷，《廣韻》：去倫切，溪諄平，不符。【結字母】屬入聲韻部，而在⑤入聲"全紐"之下有一字，《廣韻》屬陽聲韻：墰，《廣韻》：徒含切，定覃平，不符。

5.明本《六音字典》⑥去聲中還有140個偏僻土字是《廣韻》中所没有的，略。

以上材料表明，明本《六音字典》入聲調字雖然多數與《廣韻》入聲調字對應，這是符合閩方言語音演變規律的，但《六音字典》還是有一部分韻字卻與《廣韻》中的平聲、上聲、去聲韻字對應：去聲韻字讀作入聲有63例，上聲韻字讀作入聲有35例，平聲韻字讀作入聲有8例，甚至把陽聲韻字讀作入聲有6例，這些都是由於方言的接觸而產生語音的變異現象。

三、明本《六音字典》入聲調字與現代政和方言聲調對應比較

《六音字典》共有343個入聲字與現代政和方言入聲、陽去、陰去、上聲、陽平乙、陰平調字相對應。

1.現代政和方言讀入声315字，占91.84％:歷靂笠蒞粒履必碧逼筆潷吉頡給亟極急及級笈棘乞訖迄的滴敵狄翟荻笛滌適嫡匹辟僻疋霹惕剔積績職只枳汁質匿溺失惜逝習昔悉析室釋一壹乙益縊邑繹驛液逸佚挹覓蜜密秘七柒桔列烈揭刼揭竭結潔缺跌秩迭疊鐵接浙節聶攝鑷揑設燮泄襲切濕妾徹澈脇協血壁摘拆只跡囁赤嚇哧獗決訣暨闕缺雪説悦啜歇署屩卻借酌勺若約虐瘧尺灼雀妁鵲樂博剥駁閣各個確桌奪僕樸璞粕拍托作濁索朔縮莫膜寞萼噩合伯格革鬲刻咳克尅踢則仄節責錫虱扼測側漆拆策辣拉百柏甲夾覺隔客答妲塔榻霎薩撒押壓插冊學法剥郭勒肋德得色瑟嗇色澀塞黑赫核尉熨慰蔚出國骨窟脱卒刷忽佛或葛渴澗潑殺煞撒抹察八捌貼節凹軋瞎匊掬曲粬屈掘竹竺築肭粥足抐叔菽淑俗宿育蓄旭煦盝腹角穀穀鵠殼讀篤跌犢獨督突禿束速屋握沃沐睦穆牧促捉福伏幅復覆服

2.現代政和方言讀陽去8字，占2.33％:示誓氏飾蝕欲牯護

3.現代政和方言讀陰去7字，占2.04％:奕落惰錯褪隘刺

4.現代政和方言讀上聲5字，占1.46％:朵北默瞉普

5.現代政和方言讀陽平乙4字，占1.17％:曰躲澤委

6.現代政和方言讀陰平4字，占1.17％:矢豖頗喂

由上表可見，《六音字典》絕大多數入聲調字與現代《政和方言志》入聲調字相對應，占總數91.84％;但還有小部分入聲調字經過近五百年的漫長時期，演變爲《政和方言志》的陰去、陽去、上聲、陰平、陽平乙諸調之中。

四、論中古入聲調在《六音字典》聲調中的變異

普通話裏，中古清聲母的入聲字，分別歸入了陰平、陽平、上聲、去聲四聲;中古次濁聲母的入聲字，則歸入了去聲;中古全濁聲母的入聲字，則絕大多數歸入了陽平。閩方言有條規律是:中古清聲母的入聲字，應歸入陰入聲字;中古濁聲母的入聲字，應歸入陽入聲字。據黄典誠主編的《福建省志・方言志》“第四章　閩北方言”記載，建甌、松溪、石陂、建陽、崇安均有陰入和陽入兩個調類;而政和則只有入聲一個調類，與明本《六音字典》入聲是一致的。但是，由於方言的接觸，明本《六音字典》入聲則是極其複雜的，並不遵循語音演變的一

般規律。中古入聲調在《六音字典》聲調中産生多元的變異。

中古音入聲字共有1190個韻字與《六音字典》"六音"均有對應。《廣韻》入聲調與聲母結合可分爲四種類型：入聲全清聲母字，入聲次清聲母字，入聲全濁聲母字，入聲次濁聲母字。現分别對照排比如下：

(一)《廣韻》入聲全清聲母字與《六音字典》聲調的對應

中古音入聲全清聲母字在明本《六音字典》中有六種讀音：一是讀作"⑤入聲"；二是讀作"②去聲"；三是讀作"⑥去聲"；四是讀作"④上聲"；五是讀作"①平聲"；六是讀作"③平聲"；具體情況如下：

1.《廣韻》中有423個入聲全清聲母字在明本《六音字典》中讀作"⑤入聲"：(略，請見前文)

2.《廣韻》中有32個入聲全清聲母字在明本《六音字典》中讀作"②去聲"：
摧式拭蓄韘擷的削耴縢抑嘖腊唊呷尳搣滑髻隔愐謶屬屌囑唃哈钃斸錫趚竅

3.《廣韻》中有43個入聲全清聲母字在明本《六音字典》中讀作"⑥去聲"：
畢擊刮桎脊鶺億憶卩翕謁辟别陟犵蹠跖皀搏搕摧啄厄斲斵鑿霍嗃嘓蚱呷戫职嗃呷歙瓻及拭隩澳斠矚

4.《廣韻》中有8個入聲全清聲母字在明本《六音字典》中讀作"④上聲"：
詛色辟魇骨刮啐鈒

5.《廣韻》中有5個入聲全清聲母字在明本《六音字典》中讀作"①平聲"：
緆朳蟋挖撮

6.《廣韻》中有12個入聲全清聲母字在明本《六音字典》中讀作"③平聲"：
褲奭蕨爝斫窄蚱葉膉劃頰縮

據統計，《廣韻》中有523個入聲全清聲母字與明本《六音字典》對應，其中：有423個入聲全清聲母字與明本《六音字典》"⑤入聲"對應，占總數80.88%；有32個入聲全清聲母字與明本《六音字典》"②去聲"對應，占總數6.12%；有43個入聲全清聲母字與明本《六音字典》"⑥去聲"對應，占總數8.22%；有8個入聲全清聲母字與明本《六音字典》"④上聲"對應，占總數1.53%；有5個入聲全清聲母字與明本《六音字典》"①平聲"對應，占總數0.96%；有12個入聲全清聲母字與明本《六音字典》"③平聲"對應，占總數2.29%。

(二)《廣韻》入聲次清聲母字與《六音字典》聲調的對應

中古音入聲次清聲母字在明本《六音字典》中有六種讀音：一是讀作"⑤入

聲"；二是讀作"②去聲"；三是讀作"⑥去聲"；四是讀作"④上聲"；五是讀作"①平聲"；六是讀作"③平聲"。具體情況如下：

1.《廣韻》中有137個入聲次清聲母字在明本《六音字典》中讀作"⑤入聲"：（略，請見前文）

2.《廣韻》中有15個入聲次清聲母字在明本《六音字典》中讀作"②去聲"：蝶跅礐酷烞搉胉叱叭掐涑汑塶怵剌

3.《廣韻》中有13個入聲次清聲母字在明本《六音字典》中讀作"⑥去聲"：紿隙怯慊戳踏叱叱堛圤達達齪

4.《廣韻》中有7個入聲次清聲母字在明本《六音字典》中讀作"④上聲"：敼瞥瞥拍哭瞨醭

5.《廣韻》中有3個入聲次清聲母字在明本《六音字典》中讀作"①平聲"：撇擎搭

6.《廣韻》中有4個入聲次清聲母字在明本《六音字典》中讀作"③平聲"：汑喀達闒

據統計，《廣韻》中有179個入聲次清聲母字與明本《六音字典》對應，其中：有137個入聲次清聲母字與明本《六音字典》"⑤入聲"對應，占總數76.54%；有15個入聲次清聲母字與明本《六音字典》"②去聲"對應，占總數8.38%；有13個入聲次清聲母字與明本《六音字典》"⑥去聲"對應，占總數7.26%；有7個入聲次清聲母字與明本《六音字典》"④上聲"對應，占總數3.91%；有3個入聲次清聲母字與明本《六音字典》"①平聲"對應，占總數1.68%；有4個入聲次清聲母字與明本《六音字典》"③平聲"對應，占總數2.23%。

（三）《廣韻》入聲全濁聲母字與《六音字典》聲調的對應

中古音入聲全濁聲母字在明本《六音字典》中有六種讀音：一是讀作"⑤入聲"；二是讀作"②去聲"；三是讀作"⑥去聲"；四是讀作"④上聲"；五是讀作"①平聲"；六是讀作"③平聲"；具體情況如下：

1.《廣韻》中有103個入聲全濁聲母字在明本《六音字典》中讀作"⑤入聲"：（略，請見前文）

2.《廣韻》中有42個入聲全濁聲母字在明本《六音字典》中讀作"②去聲"：擲殖蒺疾嫉集實寔牒帙捷碣屐籍舌嚼貉薄萡鉑碿帛白齕昨怎卡閘牐什鈸蓬襆雜术贖簿僕毒族茯

3.《廣韻》中有 51 個入聲全濁聲母字在明本《六音字典》中讀作“⑥去聲”：熇迪十蠢瘠涉廿蠛穴糴宅宅絕石䩾蓆雹泊亳盍钃鶴白蹋學乏畫暴萄苩直直賊掘秫佛核咈伐閥罰截啐毒局軸孰熟塾袱雹

4.《廣韻》中有 6 個入聲全濁聲母字在明本《六音字典》中讀作“④上聲”：贖檄覈折涸凸

5.《廣韻》中有 3 個入聲全濁聲母字在明本《六音字典》中讀作“①平聲”：或鮊嘉

6.《廣韻》中有 12 個入聲全濁聲母字在明本《六音字典》中讀作“③平聲”：姪侄杰傑度慱特擇犮拔跋峽

據統計,《廣韻》中有 217 個入聲全濁聲母字與明本《六音字典》對應,其中：有 103 個入聲全濁聲母字與明本《六音字典》“⑤入聲”對應,占總數 47.47%；有 42 個入聲全濁聲母字與明本《六音字典》“②去聲”對應,占總數 19.35%；有 51 個入聲全濁聲母字與明本《六音字典》“⑥去聲”對應,占總數 23.50%；有 6 個入聲全濁聲母字與明本《六音字典》“④上聲”對應,占總數 2.76%；有 3 個入聲全濁聲母字與明本《六音字典》“①平聲”對應,占總數 1.38%；有 12 個入聲全濁聲母字與明本《六音字典》“③平聲”對應,占總數 5.53%。

(四)《广韵》入声次浊声母字與《六音字典》聲調的對應

中古音入聲次濁聲母字在明本《六音字典》中有六種讀音：一是讀作“⑤入聲”；二是讀作“②去聲”；三是讀作“⑥去聲”；四是讀作“④上聲”；五是讀作“①平聲”；六是讀作“③平聲”；具體情況如下：

1.《廣韻》中有 151 個入聲次濁聲母字在明本《六音字典》中讀作“⑤入聲”：(略,請見前文)

2.《廣韻》中有 86 個入聲次濁聲母字在明本《六音字典》中讀作“②去聲”：力立日入翌翼翊裂篾滅業孽蠥梟頁曆月葉邈藥葯落洛駱栗慄礫蹀峹密逆鷊獵爉臘粒笝脉脈麥樂岳嶽摸篇墨諾額欲末没襪韈殁靺蕒綠绿録騄菉淥六陸坴肉月褥縟浴玉鈺瑦獄鹿漉爊麓摝掾縠禄禄目苜木

3.《廣韻》中有 14 個入聲次濁聲母字在明本《六音字典》中讀作“⑥去聲”：鵙籥鑭鑷葉抈躍笠耨欲鴿煜暯

4.《廣韻》中有 10 個入聲次濁聲母字在明本《六音字典》中讀作“④上聲”：掠粒物鬣駃聿律遹鶘蘢

5.《廣韻》中有 4 個入聲次濁聲母字在明本《六音字典》中讀作"①平聲"：筶兀杌牧

6.《廣韻》中有 6 個入聲次濁聲母字在明本《六音字典》中讀作"③平聲"：熱亦物歹納衲

據統計，《廣韻》中有 271 個入聲次濁聲母字與明本《六音字典》對應，其中：有 151 個入聲次濁聲母字與明本《六音字典》"⑤入聲"對應，占總數 55.72％；有 86 個入聲次濁聲母字與明本《六音字典》"②去聲"對應，占總數 31.73％；有 14 個入聲次濁聲母字與明本《六音字典》"⑥去聲"對應，占總數 5.17％；有 10 個入聲次濁聲母字與明本《六音字典》"④上聲"對應，占總數 3.69％；有 4 個入聲次濁聲母字與明本《六音字典》"①平聲"對應，占總數 1.48％；有 6 個入聲次濁聲母字與明本《六音字典》"③平聲"對應，占總數 2.21％。

（五）小結

綜上所述，我們把《廣韻》入聲字與《六音字典》"六音"對應情況列表如下：

	⑤入聲	②去聲	⑥去聲	④上聲	①平聲	③平聲	小計
全清聲母	423	32	43	8	5	12	523
次清聲母	137	15	13	7	3	4	179
全濁聲母	103	42	51	6	3	12	217
次濁聲母	151	86	14	10	4	6	271
小計	814	175	121	31	15	34	1190
總比例數	68.40％	14.71％	10.17％	2.61％	1.26％	2.86％	

由上表可見，《廣韻》入聲調有 1190 字與《六音字典》相對應，其中："⑤入聲"814 字，占總數 68.40％；"②去聲"175 字，占總數 14.71％；"⑥去聲"121 字，占總數 10.17％；"④上聲"31 字，占總數 2.61％；"①平聲"15 字，占總數 1.26％；"③平聲"34 字，占總數 2.86％。"⑤入聲"來源於《廣韻》入聲字約占三分之二强，保留古音痕跡；"②去聲"和"⑥去聲"有 296 字來源於《廣韻》入聲韻字，説明它們之間關係比較密切。至於"④上聲"、"①平聲"、"③平聲"包含《廣韻》入聲字較少。

五、結論

綜上所述，明本《六音字典》入聲韻字是極其複雜的。歸納起來，可以得出以下結論：

(一)《六音字典》入聲雖然無陰陽清濁之分，但是清聲母入聲字占三分之二强，濁聲母字所占還未達到三分之一。

(二)《六音字典》入聲調字有 112 個韻字不屬入聲韻字，它們分别與《廣韻》中的平聲、上聲、去聲韻字對應，這些都是由於方言的接觸而産生語音的變異的結果。

(三)《六音字典》共有 343 個入聲字與現代政和方言相對應，其中絕大多數入聲調字與《政和方言志》入聲調字相對應，但經過近五百年的演變，還有少數入聲調字演變爲政和方言的陰去、陽去、上聲、陰平、陽平$_{乙}$諸調字。

(四)《廣韻》有 1190 個入聲韻字演變爲明本《六音字典》多種調類韻字：其中與《六音字典》⑤入聲對應例最多，占總數的 68.40%；其次是與《六音字典》②去聲和⑥去聲，占總數的 24.87%；至於與《六音字典》④上聲、①平聲、③平聲對應，只占總數的 6.72%。可見中古入聲調字除了與《六音字典》入聲有三分之二强的韻字對應外，與《六音字典》②去聲和⑥去聲關係也較爲密切，約占總數的四分之一。

第五節 《六音字典》聲調變异的緣由

據《南平地區志》記載，閩北處於閩、吴、客贛方言交界之地，故閩北方言有不少别於福建沿海閩方言的特點。閩北方言大體可分東西兩片。崇陽溪流域的建陽、崇安屬西片，那裏隔武夷山與江西接壤，受贛方言影響更大。其餘地區屬東片，但浦城南部與順昌縣内的閩北話也兼有與西片相近的某些特點。東西兩片口音在鄉間農民中通話有困難。除了兩片不同口音之外，還有兩處邊界方言有更大的混雜。一是南平市東 20 公里閩江南岸的夏道鎮，這裏由於和南平市土官話接觸頻繁又和東邊的太平、樟湖二鄉的閩東方言連界，受官話方言島和閩東方言影響，口音明顯不同；二是建陽縣西端的黄坑鄉，因與邵武、光澤兩縣連界並有密切來往，受到那裏的閩贛方言的影響，口音也明顯不同。

政和方言是閩北方言之一。據《南平地區志》“第十節 政和縣”記載，“政和縣位於閩東北邊陲，與浙江省相接，介於北緯 27°03′—27°32′、東經 118°33′—119°17′之間。東與壽甯、周寧，西與建陽，南與建甌、屏南，北與松溪以及浙江慶元等 7 個縣(市)相鄰。土地總面積 1749 平方公里。1994 年，全縣總人口

20.05 萬。居民以漢族爲主，有佘、回、蒙古、苗、滿、藏、高山、布依、黎等 14 個少數民族。"因政和所處的地理位置，其方言與閩西北地方的客贛方言區、江西贛語區、浙江西南吴語區和閩東方言區有著廣泛的方言接觸，不同方言的滲透與融合，導致聲調系統的變異。例如中古上聲字不僅在現代政和方言可以讀作平聲，閩北、閩西北及閩東北部方言亦可讀作平聲：

例	闽北方言					闽西北方言				闽东北片方言	
字	政和	建甌	松溪	石陂	崇安	泰寧	建寧	將樂	明溪	壽寧	周寧
傻	sa^{陽平甲}	sa^{平聲}	sɒ^{陽平甲}	sa^{陰平}	sa^{陰平}	sa^{陰平}	sa^{陰平}	ʃa^{陰平}	sa^{陰平}	—	—
壟	lɔŋ^{陽平乙}	—	louŋ^{陽平甲}	louŋ^{陽平}	ləŋ^{陽平}	luŋ^{陽平}	—	lɤŋ^{陽平}	lɤŋ^{陰平}	luŋ^{陽平}	lœŋ^{陽平}

又如中古入聲字在現代政和方言與閩北、閩西北及閩東北部方言亦可讀作平聲：

例字	闽北方言					闽西北方言				闽东北
	政和	建甌	松溪	石陂	崇安	泰寧	建寧	將樂	明溪	壽寧
挖	ua^{陰平}	ua^{陰平}	uɒ^{陰平}	ua^{陰平}	ua^{陰平}	ua^{陰平}	via^{陰平}	ua^{陰平}	vo^{陰平}	—
拉	la^{陽平乙}	la^{平聲}	lɒ^{陽平甲}	la^{陰平}	la^{陰平}	la^{陰平}	la^{陰平}	la^{陰平}	la^{陰平}	la^{陰平}

"挖""拉"二字，也許受到現代普通話的影響，因此二字在普通話裏均讀作陰平調。顯然，政和方言與周邊地區方言一樣，其平聲調類顯然不能以歷時或共時音系的變化來處理，因爲它們均雜入部分中古上聲、去聲和入聲調字。

例如中古平聲字不僅在現代政和方言可以讀作上聲，閩北、閩西北及閩東北部方言亦可讀作上聲：

閩北				閩西北				閩東北	
政和	建甌	松溪	崇安	泰寧	建寧	將樂	明溪	壽寧	周寧
蚊 mɔŋ^{上}	程 tiaŋ^{上}	邯 xaiŋ^{上}	掀 xyaiŋ^{上}	精 tsan^{上}	莖 kuaŋ^{上}	虹 kiɤŋ^{上}	爭 ts^{h}aŋ^{上}	掀 xiaŋ^{上}	荀 θyn^{上}
乖 ɔ^{上}	脾 pi^{上}	枵 ŋo^{上}	脂 tsi^{上}	飛 p^{h}ø^{上}	無 mɔ^{上}	菇 ɸu^{上}	編 p^{h}ieŋ^{上}	於 y^{上}	奴 no^{上}

又如中古去聲字在現代政和方言與閩北、閩西北及閩東北部方言亦可讀作上聲：

閩北				閩西北				閩東北	
政和	建甌	松溪	崇安	泰寧	建寧	將樂	明溪	壽寧	周寧
會 ɔ^{上}	任 iŋ^{上}	誥 ko^{上}	事 xai^{上}	坐 t^{h}uai^{上}	坐 t^{h}ɔ^{上}	臂 pi^{上}	振 tsɛŋ^{上}	犒 kɔ^{上}	詈 lɛ^{上}
魅 mɛ^{上}	剁 tu^{上}	頓 tuiŋ^{上}	撞 t^{h}ɔŋ^{上}	瓣 phan^{上}	治 ts^{h}i^{上}	泡 p^{h}au^{上}	殉 sɛŋ^{上}	賣 mɛ^{上}	鑄 tsu^{上}

又如中古入聲字在現代政和方言與閩北、閩西北亦可讀作上聲，閩東北部方言則極少這種現象：

閩北				閩西北				閩東北	
政和	建甌	松溪	崇安	泰寧	建寧	將樂	明溪	壽寧	周寧
北 pε^{上}	亦 ia^{上}	沃 œy^{上}	發 βai^{上}	答 ta^{上}	拍 p^{h}ai^{上}	速 sɿ^{上}	百 po^{上}	——	——
默 mε^{上}	斫 tu^{上}	乞 k^{h}i^{上}	宿 ts^{h}iəu^{上}	刮 kua^{上}	靄 ei^{上}	篳 pi^{上}	壁 pia^{上}	靄 ai^{上}	——

顯然，政和方言與周邊地區方言一樣，其上聲調類顯然不能以歷時或共時音系的變化來處理，因爲它們均雜入部分中古平聲、去聲和入聲調字。

又如中古入聲字在閩北、閩西北、閩東地區讀作非入聲字，請看下表：

例字	閩北					閩西北				閩東
	政和	建甌	松溪	石陂	崇安	泰寧	建寧	將樂	明溪	壽寧
挖	ua^{陰平}	ua^{平聲}	uɒ^{陰平}	ua^{陰平}	ua^{陰平}	ua^{陰平}	via^{陰平}	ua^{陰平}	vo^{陰平}	—
拉	la^{陽平乙}	la^{平聲}	lɒ^{陽平甲}	la^{陰平}	la^{陰平}	la^{陰平}	la^{陰平}	la^{陰平}	la^{陰平}	la^{陰平}
拔	pa^{陽平甲}	pai^{平聲}	—	—	—	pae^{陰平}	—	pa^{陰平}	pa^{陰平}	—
扒	p^{h}a^{陰平}	p^{h}a^{平聲}	pɒ^{陽平甲}	p^{h}a^{陰平}	—	—	—	p^{h}a^{陽平}	p^{h}o^{陰平}	pa^{陽平}

中古非入聲字在閩北、閩西北地方讀作入聲字，請看下表：

閩北				閩東北	
政和	建甌	松溪	崇安	將樂	明溪
那 na^{入聲}	吧 pa^{陽入}	差 t^{h}ɒ^{陽入}	拿 na^{陽入}	把 pa^{陰入}	霞 xo^{入聲}
哪 na^{入聲}	架 ka^{陰入}	拿 na^{陽入}	——	榨 tʃa^{陰入}	齊 t^{h}a^{入聲}
履 li^{入聲}	臂 p^{h}i^{陰入}	異 xi^{陽入}	——	麗 li^{陽入}	李 se^{入聲}
者 si^{入聲}	米 mi^{陽入}	——	氣 k^{h}i^{陰入}	啼 t^{h}i^{陰入}	蟻 ŋe^{入聲}
叫 kiɔ^{入聲}	叫 kiau^{陰入}	叫 kio^{陰入}	——	扯 ts^{h}e^{陰入}	肚 tu^{入聲}
這 tsiε^{入聲}	這 tsiε^{陰入}	這 iε^{陰入}	蟹 ts^{h}i^{陽入}	瘸 k^{h}yo^{陰入}	桃 t^{h}au^{入聲}
詁 ku^{入聲}	自 tsi^{陽入}	部 pu^{陽入}	煦 xəu^{陰入}	姆 mu^{陰入}	遇 ŋy^{入聲}
睡 sui^{入聲}	巨 ky^{陽入}	倍 puεi^{陽入}	坐 tsuai^{陽入}	錘 t^{h}ui^{陰入}	啼 t^{h}i^{入聲}
尉 ui^{入聲}	尉 y^{陰入}	——	——	粹 ts^{h}ui^{陰入}	——

中古入聲字在閩北、閩東北、閩東地區讀作非入聲字，或中古非入聲字在閩北、閩東北地區讀作入聲字，這是由於這些方言區有着複雜的地理環境和方言接觸的層次性，才導致這種不符合語音演變規律的現象。

就如戴慶廈(2006)所指出的："語言接觸的結果，必然會出現語言影響，而語言影響必然會導致語言結構和語言功能的變化。”可見,語言接觸對語言的影響是重要的,對語言的演變會産生或大或小的影響。如果不考慮語言影響的因素,對語言演變的許多事實,特别是對語言接觸多的語言,是不可能科學地準確地認識其演變規律及現狀特徵的。薛才德在《語言接觸與語言比較》(學林出版社)指出:“語言接觸與語言比較,是當前語言學研究的熱點。無論是語言的共時比較還是歷時比較都必須關注語言的接觸問題,這是因爲没有一種語言或方言在發展演變的過程中不跟其他語言或方言發生接觸關係。可以説忽略語言接觸,就不可能深刻認識語言結構和語言的演變規律。語言接觸實質上首先是説不同語言或方言的不同民族或同一個民族内部不同地區的人群的接觸和交往,通過語言接觸研究還可以追溯族群歷史文化交流的歷史。”可見,語言接觸對語言的影響是重要的,對語言的演變會産生或大或小的影響。如果不考慮語言影響的因素,對語言演變的許多事實,特别是對語言接觸多的語言,是不可能科學地準確地認識其演變規律及現狀特徵的。《六音字典》的聲調之所以較爲複雜,是因爲特定的地理環境和語言與語言接觸造成的。

第 九 章

明本《六音字典》聲韻調配合表

據考證,《六音字典》成書時間應是 1515 年,著者乃陳桓之兄陳相。《六音字典》是迄今爲止筆者發現福建最早的方言韻書,所反映的音系是明朝中葉閩北政和縣方言音系。

一、明手抄本《六音字典》音系及其音值

(一)聲母系統

《六音字典》"十五音",15 個代表字,即立比求氣中片土全人生又名言出向。現將《六音字典》"十五音 "及其音值擬測如下:

立[l]、比[p]、求[k]、氣[k']、中[t]、片[p']、土[t']、全[ts]、人[n]、生[s]、又[Ø]、名[m]、言[ŋ]、出[ts']、向[x]。

(二)韻母系統

《六音字典》"三十四字母",即穿本風通順朗唱聲音坦横班先備結射舌有條嘹交合克百化果直出推闊乃後述古。據考證,《六音字典》"三十四字母"及其音值擬測如下:

1. 穿字母[yiŋ]	2. 本字母[ueiŋ/uaiŋ]	3. 風字母[uŋ]	4. 通字母[ɔŋ]	5. 順字母[œyŋ]
6. 朗字母[auŋ/uauŋ]	7. 唱字母[iɔŋ]	8. 聲字母[iaŋ]	9. 音字母[eiŋ]	10. 坦字母[aŋ]
11. 横字母[uaŋ]	12. 班字母[aiŋ]	13. 先字母[iŋ/ieiŋ]	14. 備字母[i]	15. 結字母[iɛ]
16. 射字母[ia]	17. 舌字母[yɛ]	18. 有字母[iu]	19. 條字母[iɔ]	20. 嘹字母[iau]
21. 交字母[au]	22. 合字母[ɔ]	23. 克字母[ɛ]	24. 百字母[a]	25. 化字母[ua]
26. 果字母[o]	27. 直字母[E]	28. 出字母[ui]	29. 推字母[uɛ]	30. 闊字母[ue/uai]
31. 乃字母[ai]	32. 後字母[e]	33. 述字母[y]	34. 古字母[u]	

(三)聲調系統

《六音字典》"六音"(即①平聲、②去聲、③平聲、④上聲、⑤入聲、⑥去聲),

所反映的應該是明代中葉閩北政和話的聲調系統。

通過明本《六音字典》音系與福建閩北建甌、松溪、政和、石陂、建陽、崇安等6個方言音系的歷史比較，我們認爲，明本《六音字典》"十五音"所反映的是與政和、建甌、松溪3個方言點的聲母系統基本相同；其"三十四字母"與政和、建甌韻母系統相比較，所反映的韻系與政和韻系更爲接近，而與建甌韻系差別較大。至於聲調系統，《六音字典》"六音"與現代政和方言7調，只是平聲兩類與三類之差，這是五百年來平聲演化的結果。因此，我們認爲，《六音字典》所反映的音系應該是明代中葉（即16世紀中葉）福建政和方言音系。通過研究，我們也可以窺視福建閩北政和方言五百年的演化軌跡。

二、明手抄本《六音字典》聲韻調配合表

[卷一]"穿本風通順朗"六部聲韻調配合表

[卷二]"唱聲音坦橫班"六部聲韻調配合表

[卷三]"先備結射舌有"六部聲韻調配合表

[卷四]"條嘹交合克百"六部聲韻調配合表

[卷五]"化果直出推闊"六部聲韻調配合表

[卷六]"乃後述古"四部聲韻調配合表

[卷一]"穿本風通順朗"六部聲韻調配合表

字母	1.穿字母 [yiŋ]	2.本字母 [ueiŋ/uaiŋ]	3.風字母 [uŋ]	4.通字母 [ɔŋ]	5.順字母 [œyŋ]	6.朗字母 [auŋ/uauŋ]
聲調	平去平上入去 聲聲聲聲聲聲	平去平上入去 聲聲聲聲聲聲	平去平上入去 聲聲聲聲聲聲	平去平上入去 聲聲聲聲聲聲	平去平上入去 聲聲聲聲聲聲	平去平上入去 聲聲聲聲聲聲
立 l	○○○○○○	圇○瀾○○論	○○○○○○	礱竉朧籠○衕	龍侖倫○○○	廊○狼朗○浪
比 p	○○○○○○	般半盆阪○秤	○○○○○○	○放房○○榊	奔崩○○○○	○範幫榜○蚌
求 k	○○○○○○	裙棍竿管○○	光○狂廣○○	○貢公○○共	君琨君拱○共	岡碙江講○○
氣 k'	○○○○○○	○困昆懇○○	○○筐○○曠	空○埪孔○壙	穹窘困恐○柏	康囥糠匟○○
中 t	○○○○○○	端旦壇頓○斷	○○○○○○	東動同涷○重	登橙重塚○○	腸沌堂黨○○
片 p'	○○○○○○	跰噴○○○泮	○○○○○○	帆噴蜂紡○縫	○○○○○○	○膀○謗○○
土 t'	○○○○○○	○歎吞○○○	○○○○○○	蟲○通桶○痛	潭○○冢○○	糖燙湯盪○○
全 ts	○○○○○○	○趲薦○○○	○○○○○○	叢稯崇總○○	鍾眾從腫○贈	尊葚莊○○○
人 n	○○○○○○	○○○暖○嫩	○○○○○○	儂戇農○○○	濃○能○○膿	瓤○囊曩○○
生 s	○○○○○○	○巽山産○蛋	○○○○○○	雙宋憑搓○倲	○舜僧筍○順	霜喪磄磉○○
又 ø	○○○○○○	瘟案安穩○奐	黃王簧枉○旺	○雍○○○○	殷○翁永○用	○暗庵影○○
名 m	○○○○○○	○○瞞滿○問	○○○○○○	蓬網濛濛○儚	○○○○○捫	○網茫罔○○
言 ŋ	○○○○○○	○○○○○玩	○○○○○○	○○○○○○	銀○嚚○○○	○○○○○○
出 ts'	○○○○○○	○寸村喘○粲	○○○○○○	囪○熜○○○	春銃○蠢○○	床闖倉創○○
向 x	○○○○○○	鼾漢番反○忿	楻詳風諷○奉	轟𢇶烘詎○○	兄訓雲○○運	痕○杭○○項

[卷二]"唱聲音坦横班"六部聲韻調配合表

字母	7. 唱字母[iɔŋ]	8. 聲字母[iaŋ]	9. 音字母[eiŋ]	10. 坦字母[aŋ]	11. 横字母[uaŋ]	12. 班字母[aiŋ]
聲調	平去平上入去 聲聲聲聲聲聲	平去平上入去 聲聲聲聲聲聲	平去平上入去 聲聲聲聲聲聲	平去平上入去 聲聲聲聲聲聲	平去平上入去 聲聲聲聲聲聲	平去平上入去 聲聲聲聲聲聲
立 l	梁両良兩○量	靈領嚨○○○	林○憐稟○令	藍○襤覽○嚂	○○○○○○	鈴○○冷○○
比 p	○○○○○○	坪○○餅○○	彬屏平秉○○	邦柄棚○○病	○○○○○○	班○瓶板○辦
求 k	姜○强○○○	檠鏡驚○○○	荊敬襟景○竟	甘監箝減○絳	○閂○梗○○	跟更○耿○間
氣 k‘	强○○强○控	輕○○○○啓	矜慶擒頃○○	嵌勘○坎○抗	○○○○○○	牽○○犬○看
中 t	張賬場長○○	○擲呈鍸○鄭	陳錠停鼎○陣	○躭擔膽○○	○○○○○○	填店亭等○簞
片 p‘	○○○○○○	闏○栟○○○	嬪騁○品○儐	彭○○怦○○	○○○○○○	烹○○○○瓡
土 t‘	○暢○○○杖	程○廳抽○定	○賺○郢○○	貪○○坦○○	○○○○○○	探○攤○○○
全 ts	牆將漿掌○上	正正淡○○○	精浸尋振○淨	晴站○井○○	○○○○○○	爭諍蠶盞○掙
人 n	娘○○○○讓	○○○惹○○	人耳寧忍○認	南○○○○腩	○○○○○○	○乳○○○○
生 s	相上常賞○上	鱗姓聲○○○	申成辰審○聖	籃○三省○三	○○○○○○	槮柵先省○○
又 ∅	陽○鴦養○樣	赢○○○○映	英應○影○胤	○俺○晻○○	○○○○○○	恩○○○○○
名 m	○○○○○○	名○○○○命	眠○明銘○命	喃萌○○○○	○○○○○○	蠻○○猛○孟
言 ŋ	○○○仰○懲	擎徹○○○硯	○○迎○○○	岩○笻○○○	○○○○○○	○○顏眼○雁
出 ts‘	倡唱昌搶○○	○○○請○誘	清秤臣○○朕	青讖○醒○○	○○○○○○	田○千○○○
向 x	○向香饗○鄉	鄉○○○○○	眩�盈○○欣	蚶○憨喊○憾	横○○○○犯	亨○行悍○行

[卷三]"先備結射舌有"六部聲韻調配合表

字母	13. 先字母 [iŋ/ieiŋ]	14. 備字母[i]	15. 結字母[iɛ]	16. 射字母[ia]	17. 舌字母[yɛ]	18. 有字母[iu]
聲調	平去平上入去 聲聲聲聲聲聲	平去平上入去 聲聲聲聲聲聲	平去平上入去 聲聲聲聲聲聲	平去平上入去 聲聲聲聲聲聲	平去平上入去 聲聲聲聲聲聲	平去平上入去 聲聲聲聲聲聲
立 l	連○奩璉○殮	梨力離裏歷莀	籬裂○○列例	○籭○○䙰○	○○○○越○	榴○磂柳○溜
比 p	邊變鞭匾○便	跛備碑比必被	○○謝○○避	○摒○○壁○	○○○○○○	○○彪○○○
求 k	兼劍幹檢○件	旗記奇已吉擊	○計傑○孑椅	○屐迦○孓○	○寄簭○夬敧	鳩究求九○舊
氣 k‘	鉗欠○謇○○	蜞器其起戛楝	○契佉○鈌隙	○○枝○○皺	早○開○厥○	邱○○○○咎
中 t	顛奠癲典○電	知治遲氏的地	爺牒池○揲弟	○○○○摘糴	○○○○輒○	綢晝儔閂○○
片 p‘	偏騙○○○徧	被呸○譬辟鼻	編剫○瞥别○	○○㴞躃○○	○○○○○○	○○○○○○
土 t‘	天○○筅○○	䵣○駞體敕涕	啼剃○○鐵䙉	○○○○竹宅	獺○○○○○	籌○簩○○柱
全 ts	錢占詹戔○賤	糍之齊止積十	匙捷支○接折	遮樜邪姐跡蹠	○漈○紙拙絕	周咒啁酒○就
人 n	年撚○染○念	○日尼你匿二	○○○○聶○	○○○○讘○	撋○○○○○	牛○○鈕○○
生 s	○扇先鮮○善	時四詩菡豕食	些世施○褻涉	○射蛇寫劚謝	○舌○膸雪捎	羞秀修首○受
又 ∅	焉燕焉冉○孕	衣意夷以一億	○○爺椅擛易	椴○亦野○○	蛇○○○悦○	油又由有○侑
名 m	綿○○色○面	伓米迷美覓味	○篾○○○○	○○○○○○	○○○○○○	繆○○○○謬
言 ŋ	○○嚴獵○硯	擬○嶷○○議	○業○○桀○	額○○○髂○	鵝月○○○外	○○○○○○
出 ts‘	前○遷淺○籤	癡焠妻斥七市	○棘○扭切蠘	賒跅○扯赤○	炊脃○○毳○	秋○囚肘○樉
向 x	還○○穎○現	羲戲○喜橘翕	○○○○脅穴	○○墉○嚇○	歲薈蕨○歇○	休○○韮○○

[卷四]"條嘹交合克百"六部聲韻調配合表

字母	19. 條字母[iɔ]	20. 嘹字母[iau]	21. 交字母[au]	22. 合字母[ɔ]	23. 克字母[ɛ]	24. 百字母[a]
聲調	平去平上入去 聲聲聲聲聲聲	平去平上入去 聲聲聲聲聲聲	平去平上入去 聲聲聲聲聲聲	平去平上入去 聲聲聲聲聲聲	平去平上入去 聲聲聲聲聲聲	平去平上入去 聲聲聲聲聲聲
立 l	○○○了署鐐	○○鷯了○窈	瞭嫪勞箞○橯	羅落囉老樂栳	○栗○○○○	詑獵○○拉○
比 p	○裱標表○○	○○○○○○	○豹包飽○○	婆報保寶溥搏	○帛咱○伯○	巴霸犮把百白
求 k	橋嶠僑矯轎叫	○○○○○○	交咬○攪○○	○告歌○閣○	○○○○格嗝	跏賈家○甲蚱
氣 k'	○竅○○卻鼽	○○○○○○	○靠跤考○○	柯去舸可確盍	○○喀○刻○	峈○○○客喀
中 t	朝吊○○○○	○○○○○○	○道韜○○稻	多到駝倒朶剁	○𪐴特○○柰	茶蹕爺打答蹈
片 p'	瀌○○嫖○○	○○○○○○	○炮庖○○抱	叵破吥○僕○	○○胉○○○	○怕吧拍○○
土 t'	超糶祧○○窕	○○○○○窕	滔○○○○○	桃套沰討托○	○○○○忒○	他齡○○撻踏
全 ts	昭照焦蘸借石	○○○○○○	蹧○巢找○罩	槽佐曹棗作○	臍箭擇仔謫○	○胙查○恰○
人 n	澆葉堯鳥○尿	○○○○○○	抝○鐃懊○鬧	挼○那懊諾糯	如○○○凹滯	○拏○那訥○
生 s	蕭少硝小穀趐	○○○○○○	○哨筲掃○○	唆燥梭鎖朔鐲	○○○○虱笠	蟋掐紗○薩殦
又 ∅	韶沼夭擾若耀	○○○○○○	○奧○抝○○	猗○唯襖惡荷	○犗○○抑○	哾○○啞壓娖
名 m	苗淼○○○廟	○○○○○○	○卯茅○○貌	毛○魔妐莫磨	嘪密○髟驀湎	㹦脈蓦馬○罵
言 ŋ	○○○○虐○	○○○○○○	爻○肴○○傲	熬○娥我萼厄	○逆○○○○	牙樂蕥雅○砑
出 ts'	○厝燒悄尺峭	○○○○○○	柴操抄炒○○	瑳繰臊草戳剉	○嘖○○漆○	差蛇○○扱○
向 x	梟藥○曉○○	○○○○○○	昊孝豪○○效	吙嘝河好合賀	○齕○○○○	蝦下夏○學下

[卷五]"化果直出推闊"六部聲韻調配合表

字母	25. 化字母[ua]	26. 果字母[o]	27. 直字母[E]	28. 出字母[ui]	29. 推字母[uɛ]	30. 闊字母[ue/uai]
聲調	平去平上入去 聲聲聲聲聲聲	平去平上入去 聲聲聲聲聲聲	平去平上入去 聲聲聲聲聲聲	平去平上入去 聲聲聲聲聲聲	平去平上入去 聲聲聲聲聲聲	平去平上入去 聲聲聲聲聲聲
立 l	○○○○○○	○○○○○○	來○○○勒○	○○侶蘂○類	○○○○○○	○羸○○○○
比 p	○○○○○○	○布補○剥縛	○○○○北蔔	肥○吠○○○	○○○○○○	○簸○○撥○
求 k	瓜卦擡剮○○	過過○果郭○	○○○○○鰔	規癸桂鬼○匱	○額○粿國傀	○怪○拐葛○
氣 k'	誇○○○○○	○課科○○○	慫○○○○○	窺揆虧豬倔簣	魁膾○○壑○	○○○○渴快
中 t	○○○○○○	○○○○○○	○○戴○德直	○○搥○䁤硾	○對堆短裰兑	○帶達○○大
片 p'	○○○○○○	○○○○○曝	○○○○○迫	○屁○○○塯	皮配坯○○被	剖○○○潑○
土 t'	○○○○○○	○○○○○○	○○膷○○○	槌○頹○塞腿	抬退梯腿脱楞	○泰拕癱○𨃰
全 ts	○○攄○○○	○○○○○○	○載栽簺○○	○最錐嘴○砦	○罪裁○卒拭	災再才宰○坐
人 n	蛙○㧓○○話	○○○○○○	○○○○○○	○○○餒踒抐	○○○○○内	餉○○○○○
生 s	○○○○○○	○○○○○○	獵○○使色勤	雖歲誰水戍帨	螺賽衰○蟀楝	籮○沙○殺殦
又 ∅	○○○○○○	窶○和夥○和	○○腦○哺嚳	韋諱威○鬱位	禾欲燠○○碨	○○○物勿○
名 m	○○○○○○	○捫○○○墓	○墨○○默○	○○○美○○	梅○○每○昧	麻末○○抹○
言 ŋ	○○○○○○	○○○○○○	○○○○○○	○○危○○偽	兀○○○○○	○吾○○○○
出 ts'	○○○○○○	○○○○○○	○菜磋○○賊	口翠○○出秫	○碎推○卦○	○○○○察○
向 x	○瓦花○法乏	○貨靴○○禍	○諾○○黑�POS	輝○爲毁堉惠	灰誨摠火忽會	○○懷海發伐

[卷六]"乃後述古"四部聲韻調配合表

字母	31. 乃字母[ai]	32. 後字母[e]	33. 述字母[y]	34. 古字母[u]
聲調	平去平上入去 聲聲聲聲聲聲	平去平上入去 聲聲聲聲聲聲	平去平上入去 聲聲聲聲聲聲	平去平上入去 聲聲聲聲聲聲
立 l	犁〇來〇舐賴	樓〇鏤簍〇陋	閭綠〇聿〇慮	盧鹿〇麓簏鹵
比 p	棑拜筏〇八吧	裒〇〇〇〇鉋	〇〇〇〇〇〇	〇簿步輔蔔埠
求 k	皆介䱨解莢〇	溝夠猴苟〇冓	居具衢舉匊巨	孤故牯古穀〇
氣 k'	〇棄〇愷〇慨	鏂叩〇〇〇〇	區去〇起曲〇	〇庫〇苦〇〇
中 t	蹄代駘底〇怠	〇〇〇〇〇〇	豬術鋤〇竹箸	都苧塗〇篤肚
片 p'	〇派㶡擺〇稗	〇〇〇〇〇〇	〇〇〇〇〇〇	〇〇麩甫普袱
土 t'	〇替胎〇貼態	頭透偷諀〇毒	宰〇〇䟫朒〇	〇吐〇土秃〇
全 ts	儕債寨載節截	鄹奏醻走〇驟	朱渚徐煮蜀熟	茲自租子足偖
人 n	埿〇納乃㮈鼐	撓〇𢷤〇〇耨	〇肉〇女衄忸	奴〇〇〇〇怒
生 s	西恓躞洗闔灑	〇瘦搜叟〇叟	荽褥書〇叔續	師泗〇史肅耜
又 ∅	唉愛哀矮欸哮	毆拗〇吼〇咶	于屬餘與欲欲	惡汙〇蕪屋〇
名 m	〇薹埋買〇賣	貓〇謀牡〇茂	〇〇〇〇〇〇	蒲目模母睦霧
言 ŋ	倪〇呆〇〇礙	歪〇〇〇〇〇	魚玉虞語〇禦	吴五〇〇〇寤
出 ts'	〇蔡纔采〇〇	〇臭〇巢〇皞	趨處〇鼠傗蒔	初次麄怚豖齪
向 x	偕〇〇閂瞎獬	緱〇啂〇〇後	虛响〇許育雨	夫嘑孚府福互

三、個别韻部討論

由上表可見,有 5 個韻部即"穿字母"、"本字母"、"朗字母"、"先字母"和"闊字母"要做進一步的分析和説明：

(1)《六音字典》手抄本"三十四字母"中就缺"穿字母"字,筆者根據新發現的清光緒二十年(1894)歲次甲午暮月的另一手抄本《六音字典》"孿字母"進行校對,並與現代閩北政和方言進行歷史比較,考證明本《六音字典》"穿字母"可擬音爲[yiŋ]。

(2)"本字母"例字"瀾亂爛搬般盤半貫竿幹鰥冠管困捆款端丹旦單壇檀單彈斷蟠判泮伴畔歎攤炭暖難算散山産傘案按彎灣安鞍穩宛碗瞞滿玩喘鏇燦纂鼾歡漢肝翰喚患"在現代政和話中讀作[ueiŋ],"鼾番翻反返飯"則讀作[uaiŋ]。此字母音值演變規律應是：多數韻字音值不變"ueiŋ→ueiŋ",少數韻字稍變"ueiŋ→uaiŋ"。

(3)"朗字母"例字"廊郎狼浪範幫挷旁傍塝防榜綁蚌梆鋼缸杠江豇疳講敢康囥磡糠腸屯當蕩盾堂長唐塘冇糖燙湯尊遵妝裝醃葬存狀髒藏臧瓤霜喪桑磉爽暗庵秧網忙莽床闖倉蒼瘡創痕行項混" 在現代政和話中讀作[auŋ],"方芳望忘亡妄"則讀作[uauŋ]。此字母音值包括開口韻母[auŋ]和合口韻母[uauŋ]。

(4)"先字母"例字"連聯臁鐮簾憐廉璉斂殮煉練邊便變辨辯辮卞汴鞭扁蝙匾貶兼堅鏗劍儉見檢件鉗箝謙欠遣譴纏奠癲鈿典電偏騙片遍天添筅錢氈占尖箭戰詹潛煎賤年撚染念扇煽先仙膻鮮善羨繕膳擅厭胭炎鹽煙燕宴厭禪然仁賢延掩任妊醃艷綿棉面嚴儼驗前遷箋簽殲淺還顯險現"在現代政和話中讀作[iŋ],"仁然延燃"則讀作[ieiŋ]。此字母音值演變規律應是:多數韻字音值不變"iŋ→iŋ",少數韻字演變爲"iŋ→ieiŋ"。

(5)"闊字母"例字"簸撥不缽怪葛渴闊快帶戴達大破潑泰太拖災哉再纔才財材宰載坐鯊沙殺煞撒物麻末没韈抹吾察海害壞亥"在現代政和話中讀作[uɛ],"拐乖蒯發血罰"則讀作[uai]。此字母音值演變規律應是:多數韻字音值不變"uɛ→uɛ",少數韻字演變爲"uɛ→uai"。

徐通鏘在《歷史語言學》指出,"語言的空間差異反映語言的時間發展,説明語言的發展同時表現在空間和時間兩個方面。語言發展中的時間是無形的,一發即逝,難以捉摸,而語言的空間差異則是有形的,是聽得見、看得清(把實際音值記下來)的,是時間留在語言中的痕跡,可以成爲觀察已經消失的時間的視窗。"通過筆者對《六音字典》音系的研究,我們也可以窺視福建閩北政和方言自明朝正德年間迄今五百年的演化軌跡,這是語言的時間差異。至於現代閩北政和方言則是有形的,聽得見、看得清的,這是語言的空間差異。只要我們把明代的方言文獻材料和現代政和方言音系結合起來進行歷史比較研究,就可以清楚地探討明本《六音字典》的音系性質。

第十章

明本《六音字典》"土音"研究

"土音"自中古以來就有指地方口音、方音之説法。唐·蕭穎士《舟中遇陸棣兄》詩:"但見土音異,始知程路長。"《二刻拍案驚奇》卷二四:"自實急了,走上前去,説了山東土音,把自己姓名,大聲叫喊。"清·和邦額《夜譚隨録·邱生》:"今與娘子應答,又甚清楚,想前操土音,今説官話也。"王西彦《人的世界·第五家鄰居》:"那對從鄉下來的母子,滿口土音,完全無法聽懂。"明本《六音字典》韻字中標注許多"土音",這些"土音"字應是指該字典所根據的地方口音、方音。筆者查閲書中所有"土音"字,並與其對應的韻字讀音(筆者稱之爲"文讀音")進行對照考證,試圖理清《六音字典》中文白異讀兩個系統。

徐通鏘(1991)指出,"文白異讀在漢語中是一種常見的語言現象,是語詞中能體現雅/土這種不同風格色彩的音類差異。""'文'與'白'代表兩種不同的語音系統,大體説來,白讀代表本方言的土語,文讀則是以本方言的音系所許可的範圍吸收某一標準語(現代的或古代的)的成分,從而在語音上向這一標準語靠近。"通俗地説,文讀音就現代漢語而言"比較接近北京音"(李榮1982),就古代漢語而言比較接近《廣韻》音。明本《六音字典》裏有着豐富的"土音"材料,反映了16世紀初葉福建閩北方言的底層。本章就明正德《六音字典》中的"土音"進行全面研究。

本章對《六音字典》中136個"土音"進行整理,並與同字別音者進行比照,大致分爲四種情況:一是土音與文讀音字音節(包括声、韵、调)"某同而某、某不同者";二是土音與文讀音字音節"某、某同而某不同者";三是土音與文讀音字音節"某、某、某均不同者";四是只出現土音字,無文讀音字者。凡文中[聲/

立]者,“聲”指聲字母;“立”指聲母;①、②、③、④、⑤、⑥,分别指平聲一、去聲二、平聲三、上聲四、入聲五、去聲六。

第一節　土音與文讀音音節“某同而某、某不同者”

在本節裏,我們整理出陽聲韻、陰聲韻、入聲韻字音節的三種不同情況,即“聲母同而韻母、聲調不同者”,“韻母同而聲母、聲調不同者”,“聲調同而聲母、韻母不同者”。

一、聲母同而韻母、聲調不同者

據統計,《六音字典》“土音”與“文讀音”聲母同而韻母、聲調不同者共有34例。

1.中古陽聲韻字在“土音”、“文讀音”中對應情況

靈:(1)[聲/立]①靈土音,擬音爲[liaŋ¹];(2)[音/立]③靈,擬音爲[leiŋ³]。按:二者聲母同爲立母,但前者爲[聲字母]平聲調一,後者爲[音字母]平聲調三。按:《廣韻》:靈,郎丁切,來母青韻平聲;高本漢、王力擬音[lieŋ],董同龢擬音[liɛŋ];普通話讀作 líng。可見,後者主要母音比較弇,近于中古音和普通話,應爲文讀音;而前者主要母音比較侈,應爲土音。

平:(1)[聲/比]①平土音,擬音爲[piaŋ¹];(2)[音/比]③平,擬音爲[peiŋ³]。按:二者聲母同爲比母,但前者爲[聲字母]平聲調一,後者爲[音字母]平聲調三。《廣韻》:平,符兵切,並母庚韻平聲;高本漢、王力擬音[b‘ĭɐŋ],董同龢擬音[b‘jɐŋ];普通話讀作 píng。可見,後者主要母音比較弇,近于中古音和普通話,應爲文讀音;而前者主要母音比較侈,應爲土音。

並:(1)[聲/比]①並土音～齊,擬音爲[piaŋ¹];(2)[音/比]②並,擬音爲[peiŋ²]。按:二者聲母同爲比母,但前者爲[聲字母]平聲調一,後者爲[音字母]去聲調二。《廣韻》:並,蒲迥切,並母青韻上聲;高本漢、王力擬音[b‘ieŋ],董同龢擬音[b‘jɛŋ];普通話讀作 bìng。可見,後者主要母音比較弇,近于中古音和普通話,應爲文讀音;而前者主要母音比較侈,應爲土音。

定:(1)[聲/中]⑥定土音的寔～居,擬音爲[tiaŋ⁶];(2)[音/中]②定,擬音爲[teiŋ²]。按:二者聲母同爲中母,但前者爲[聲字母]去聲調六,後者爲[音字母]去聲調二。《廣韻》:定,徒徑切,定母青韻去聲;高本漢、王力擬音[d‘ieŋ],

董同龢擬音[d'jɛŋ]；普通話讀作 dìng。可見，後者主要母音比較弇，近于中古音和普通話，應爲文讀音；而前者主要母音比較侈，應爲土音。

聽：(1)[聲/土]③聽土音，擬音爲[t'iaŋ³]；(2)[音/土]②聽，擬音爲[t'eiŋ²]。按：二者聲母同爲土母，但前者爲[聲字母]平聲調三，後者爲[音字母]去聲調二。《廣韻》有兩讀：聽，他丁切，透母青韻平聲/他定切，透母青韻去聲；高本漢、王力擬音[t'ieŋ]，董同龢擬音[t'jɛŋ]；普通話讀作 tīng。可見，後者主要母音比較弇，近于中古音和普通話，應爲文讀音；而前者主要母音比較侈，應爲土音。

成：(1)[聲/生]③成土音完～，擬音爲[siaŋ³]；(2)[音/生]②成，擬音爲[seiŋ²]。按：二者聲母同爲生母，但前者爲[聲字母]平聲調三，後者爲[音字母]去聲調二。《廣韻》：成，是征切，禪母清韻平聲，高本漢、王力擬音[ʑĭɛŋ]，董同龢擬音[ʑjɛŋ]；普通話讀作 chéng。可見，後者主要母音比較弇，近于中古音和普通話，應爲文讀音；而前者主要母音比較侈，應爲土音。

研：(1)[班/言]④研土音，擬音爲[ŋaiŋ⁴]；(2)[坦/言]③研，擬音爲[ŋaŋ³]。按：二者聲母同爲言母，但前者爲[班字母]上聲調四，後者爲[坦字母]平聲調三。《廣韻》有兩讀：研，五堅切，疑母先韻平聲/吾甸切，疑母先韻去聲；高本漢、王力擬音[ŋien]，董同龢擬音[ŋiɛn]，普通話讀作 yán 和 yàn 同"硯"；可見，後者爲平聲，近于中古音平聲，應爲文讀音；前者爲上聲，應爲土音。

還：(1)[先/向]①還土音，擬音爲[xiŋ¹]；(2)[本/向]③還，擬音爲[xueiŋ³]。按：二者聲母同爲向母，但前者爲[先字母]平聲調一，後者爲[本字母]平聲調三。《廣韻》：還，户關切，匣母删韻平聲；高本漢、王力擬音[ɣwan]，董同龢擬音[ɣuan]；普通話讀作 huán。可見，後者主要母音比較侈且合口呼，近于中古音和普通話，應爲文讀音；而前者主要母音比較弇，應爲土音。

鄉：(1)[聲/向]①鄉白音香～村，擬音爲[xiaŋ¹]；(2)[唱/向]③鄉，擬音爲[xiɔŋ³]。按：二者聲母同爲向母，但前者爲[聲字母]平聲調一，後者爲[唱字母]平聲調三。《廣韻》：鄉，許良切，曉母陽韻平聲；高本漢、王力擬音[xĭaŋ]，董同龢擬音[xjaŋ]，普通話讀作 xiāng；可見，前者主要母音比較侈，近于中古音和普通話，應爲文讀音；而後者主要母音比較弇，應爲土音。二者均有誤。

哂：(1)[班/生]③哂土音，擬音爲[saiŋ³]；(2)[備/生]①哂，擬音爲[si¹]。按：二者聲母同爲生母，但前者爲[班字母]平聲調三，後者爲[備字母]平聲調一。《廣韻》：哂，式忍切，書母真韻上聲，高本漢、王力擬音[ɕĭěn]，董同龢擬音[ɕien]；普通話讀作 shěn。可見，前者平聲，主要母音比較侈，與中古音和普通話不合，應爲土音；後者讀作[si^{1}]，似乎誤讀爲"西"音。

以上 10 例，前 8 例是陽聲韻與陽聲韻的對應；後 2 例有誤："鄉"前、後二讀均有誤；"哂"字似乎誤讀爲"西"音。

2. 中古陰聲韻字在"土音"、"文讀音"中對應情況

快：(1)[舌/氣]①快土音易也，擬音爲[k'yɛ^{1}]；(2)[闊/氣]⑥快，擬音爲[k'ue^{6}]。按：二者聲母同爲氣母，但前者爲[舌字母]平聲調一，後者爲[闊字母]去聲調六。《廣韻》：快，苦夬切，溪母夬韻去聲；高本漢、王力擬音[k'wæi]，董同龢擬音[k'uai]；普通話讀作 kuài。可見，後者去聲且合口呼，近于中古音和普通話，應爲文讀音；前者平聲，應爲土音。

鵝：(1)[舌/言]①鵝土音，擬音爲[ŋyɛ^{1}]；(2)[合/言]③鵝，擬音爲[ŋɔ^{3}]。按：二者聲母同爲言母，但前者爲[舌字母]平聲調一，後者爲[合字母]平聲調三。《廣韻》：鵝，五何切，疑母歌韻平聲；高本漢、王力、董同龢均擬音[ŋɑ]，普通話讀作 é。可見，後者主要母音較侈，近于中古音，應爲文讀音；前者主要母音較弇，應爲土音。

你：(1)[條/人]②你土音，擬音爲[niɔ^{2}]；(2)[備/人]④你，擬音爲[ni^{4}]。按：二者聲母同爲人母，但前者爲[條字母]去聲調二，後者爲[備字母]上聲調四。《廣韻》：你，乃裏切，娘母之韻上聲；高本漢擬音[ni]、王力擬音[nĭə]、董同龢擬音[nji]，普通話讀作 nǐ。可見，後者主要母音和聲調近于中古音和普通話，應爲文讀音；前者去聲不合，應爲土音。

了：(1)[交/立]②了土音，擬音爲[lau^{2}]；(2)[條/立]④了，擬音爲[liɔ^{4}]。按：二者聲母同爲立母，但前者爲[交字母]去聲調二，後者爲[條字母]上聲調四。《廣韻》：了，盧鳥切，來母蕭上；高本漢、王力擬音[lieu]、董同龢擬音[liɛu]，普通話讀作 liǎo。可見，後者上聲，近于中古音和普通話，應爲文讀音；前者去聲不合，應爲土音。

追：(1)[百/中]④追土音，擬音爲[ta^{4}]；(2)[出/中]③追逐隨也，擬音爲[tui^{3}]。按：二者聲母同爲中母，但前者爲[百字母]上聲調四，後者爲[出字母]平聲調三。《廣韻》：追，陟隹切，知母脂韻平聲；高本漢擬音[ȶ^{w}i]、王力擬音[ȶwi]、董同龢擬音[ȶjuei]，普通話讀作 zhuī。可見，後者爲平聲，近于中古音和普通話，應爲文讀音；前者上聲，主要母音也不合，應爲土音。

補：(1)［果/比］③補修～土音，擬音爲［po³］；(2)［古/比］④補～衣修～，擬音爲［pu⁴］。按：二者聲母同爲比母，但前者爲［果字母］平聲調三，後者爲［古字母］上聲調四。《廣韻》：補，博古切，幫母模韻上聲；高本漢擬音［puo］、王力擬音［po］、董同龢擬音［puo］，普通話讀作 bǔ。可見，後者上聲且主要母音爲 u，近于中古音和普通話，應爲文讀音；前者爲平聲，主要母音比較弇，應爲土音。

驅：(1)［果/氣］③驅土音趕追也，擬音爲［k'o³］；(2)［述/氣］①驅馳～又馬子又逐趕也～牛～豬～蚊，擬音爲［k'y¹］。按：二者聲母同爲氣母，但前者爲［果字母］平聲調三，後者爲［述字母］平聲調一。《廣韻》：驅，豈俱切，溪母虞韻平聲；高本漢、王力擬音［k'ĭu］、董同龢擬音［k'juo］，普通話讀作 qū。可見，後者主要母音［y］，近于中古音和普通話，應爲文讀音；前者主要母音［o］，應爲土音。

來：(1)［直/立］①來土音到～，擬音爲［lᴇ¹］；(2)［乃/立］③來，擬音爲［lai³］。按：二者聲母同爲立母，但前者爲［直字母］平聲調一，後者爲［乃字母］平聲調三。《廣韻》：來，落哀切，來母咍韻平聲；高本漢擬音［lăi］、王力擬音［lɒi］、董同龢擬音［lAi］，普通話讀作 lái。可見，後者主要母音近于中古音和普通話，應爲文讀音；前者主要母音［ᴇ］較弇，應爲土音。

戴：(1)［直/中］③戴土音～帽，擬音爲［tᴇ³］；(2)［闊/中］②戴，擬音爲［tue²］。按：二者聲母同爲中母，但前者爲［直字母］平聲三，後者爲［闊字母］去聲調二。《廣韻》：戴，都代切，端母咍韻去聲；高本漢擬音［tăi］、王力擬音［tɒi］、董同龢擬音［tAi］，普通話讀作 dài。可見，後者去聲，且韻母近于中古音，應爲文讀音；前者平聲及韻母皆不合，應爲土音。

侶：(1)［出/立］③侶土音客～，擬音爲［lui³］；(2)［述字母］［立］④侶徒伴也朋也，擬音爲［ly⁴］。按：二者聲母同爲立母，但前者爲［出字母］平聲三，後者爲［述字母］上聲調四。《廣韻》：侶，力舉切，來母魚韻上聲；高本漢擬音［lĭwo］、王力擬音［lĭo］、董同龢擬音［ljo］，普通話讀作 lǚ。可見，後者上聲和韻母［y］，近于中古音和普通話，應爲文讀音；前者平聲及韻母［ui］皆不合，應爲土音。

瘦：(1)［推/生］③瘦土音不肥，擬音爲［suɛ³］；(2)［後/生］②瘦，擬音爲［se²］。按：二者聲母同爲生母，但前者爲［推字母］平聲三，後者爲［後字母］去聲調二。《廣韻》：瘦，所佑切，生母尤韻去聲；高本漢擬音［ʂĭə̯u］、王力擬音［ʃĭəu］、董同龢擬音[ʃju]，普通話讀作 shòu。可見，後者去聲近于中古音和普通話，應爲文讀音；前者平聲不合，應爲土音。

破：(1)[闊/片]①破土音～壞，擬音爲[p‘ue¹]；(2)[合/片]②破，擬音爲[p‘ɔ²]。按：二者聲母同爲片母，但前者爲[闊字母]平聲一，後者爲[合字母]去聲調二。《廣韻》：破，普過切，滂母戈韻去聲；高本漢、王力、董同龢均擬音[p‘uɑ]，普通話讀作 pò。可見，後者爲去聲和韻母[ɔ]，近于中古音和普通話，應爲文讀音；前者平聲和韻母[ue]均不合，應爲土音。

坐：(1)[闊/全]⑥坐土音，擬音爲[tsue⁶]；(2)[合/全]②坐，擬音爲[tsɔ²]。按：二者聲母同爲全母，但前者爲[闊字母]去聲六，後者爲[合字母]去聲調二。《廣韻》：坐，徂臥切，從母戈韻去聲；高本漢、王力、董同龢均擬音[dz‘uɑ]，普通話讀作 zuò。可見，後者韻母[ɔ]，近于中古音和普通話，應爲文讀音；前者韻母[ue]不合，應爲土音。

埽：(1)[後/生]②埽土音～箒，擬音爲[se²]；(2)[交/生]④埽，擬音爲[sau⁴]。按：二者聲母同爲生母，但前者爲[後字母]去聲二，後者爲[交字母]上聲調四。《廣韻》：埽，蘇老切，心母豪韻上聲；高本漢、王力、董同龢均擬音[sɑu]，普通話讀作 sǎo。可見，後者上聲和韻母[au]，近于中古音和普通話，應爲文讀音；前者去聲和韻母[e]均不合，應爲土音。

渠：(1)[條/求]②渠土音伊也，擬音爲[kiɔ²]；(2)[述/求]⑥渠蒲～，擬音爲[ky⁶]。按：二者聲母同爲求母，但前者爲[條字母]去聲調二，後者爲[述字母]去聲調六。《廣韻》：渠，强魚切，群母魚韻平聲；高本漢擬音[g‘ĭʷo]、王力擬音[g‘ĭo]、董同龢擬音[g‘jo]，普通話讀作 qú。可見，二者均爲去聲，與中古音和普通話均不合；而後者韻母音與普通話接近，理應爲文讀音，就是聲調不符。

以上 15 例，均爲陰聲韻與陰聲韻的對應。其中文讀音與中古音不符的有[述/求]⑥渠蒲～，擬音爲[ky⁶]。

3. 中古入聲韻字在“土音”、“文讀音”中對應情況

的：(1)[條/中]②的土音～力，擬音爲[tiɔ²]；(2)[備/中]⑤的，擬音爲[ti⁵]。按：二者聲母同爲中母，但前者爲[條字母]去聲調二，後者爲[備字母]入聲調五。《廣韻》：的，都歷切，端母錫韻入聲；高本漢、王力擬音[tiek]、董同龢擬音[tiɛk]，普通話讀作 dè。可見，後者入聲近于中古音，應爲文讀音；前者去聲不合，應爲土音。

密：(1)[克/名]②密土音不疏，擬音爲[mɛ²]；(2)[備/名]⑤密，擬音爲[mi⁵]。按：二者聲母同爲名母，但前者爲[克字母]去聲調二，後者爲[備字母]入聲調五。《廣韻》：密，美畢切，明母質韻入聲；高本漢、王力擬音[mĭĕt]、董同龢擬音[mjĕt]，普通話讀作 mì。可見，後者入聲近于中古音，應爲文讀音；前者去聲不合，應爲土音。

粒：(1)[百/立]②粒土音小只，擬音爲[la²]；(2)[備/立]⑤粒，擬音爲[li⁵]。按：二者聲母同爲立母，但前者爲[百字母]去聲調二，後者爲[備字母]入聲調五。《廣韻》：粒，力入切，來母緝韻入聲；高本漢擬音[lĭep]、王力擬音[lĭĕp]、董同龢擬音[ljep]，普通話讀作 lì。可見，後者入聲且主要母音爲[i]，近于中古音，應爲文讀音；前者去聲且主要母音[a]，不合，應爲土音。

作：(1)[百/全]②作土音，擬音爲[tsa²]；(2)[合/全]⑤作，擬音爲[tsɔ⁵]。按：二者聲母同爲全母，但前者爲[百字母]去聲調二，後者爲[合字母]入聲調五。《廣韻》：作，則落切，精母鐸韻入聲；高本漢、王力、董同龢均擬音[tsɑk]，普通話讀作 zuò。可見，後者入聲且主要母音爲[ɔ]，近于中古音，應爲文讀音；前者去聲且主要母音爲[a]，不合，應爲土音。

欲：(1)[推/又]②欲土音好也，擬音爲[uɛ²]；(2)[述/又]⑤欲淫～私～，擬音爲[y⁵]。按：二者聲母同爲又母，但前者爲[推字母]去聲二，後者爲[述字母]入聲調五。《廣韻》：欲，餘蜀切，以母燭韻入聲；高本漢擬音[ĭʷok]、王力擬音[ĭwok]、董同龢擬音[juok]，普通話讀作 yù。可見，後者入聲且主要母音爲[y]，近于中古音，應爲文讀音；前者去聲且主要母音爲[ɛ]，不合，應爲土音。

惹：(1)[聲/人]④惹土音亂炮曰～，擬音爲[niaŋ⁴]；(2)[備/人]⑤惹，擬音爲[ni⁵]。按：二者聲母同爲人母，但前者爲[聲字母]上聲調四，後者爲[備字母]入聲調五。《廣韻》：惹，而灼切，日母藥韻入聲；高本漢、王力擬音[ȵʑĭak]、董同龢擬音[ȵjɑk]，普通話讀作 rě。可見，後者入聲且主要母音爲[i]，近于中古音，應爲文讀音；前者上聲且韻母爲[iaŋ]，不合，應爲土音。

脊：(1)[射字母][全]⑤脊土音背～，擬音爲[tsia⁵]；(2)[備/全]⑥脊背～，擬音爲[tsi⁶]。按：二者聲母同爲全母，但前者爲[射字母]入聲調五，後者爲[備字母]去聲調六。《廣韻》：脊，資昔切，精母昔韻入聲；高本漢、王力擬音[tsĭɛk]、董同龢擬音[tsjɛk]，普通話讀作 jǐ。可見，後者主要母音爲[i]，近于普通話，應爲文讀音；前者入聲近于中古音但韻母[ia]不合，應爲土音。

拾：(1)[條/生]⑤拾土音，擬音爲[siɔ⁵]；(2)[備/生]⑥拾掇也斂也斂也又與十同，擬音爲[si⁶]。按：二者聲母同爲生母，但前者爲[條字母]入聲調五，後者爲[備字母]去聲調六。《廣韻》：拾，是執切，禪母緝韻入聲；高本漢擬音[ʑĭəp]、王力擬音[ʑĭĕp]、董同龢擬音[ʑjep]，普通話讀作 shí。可見，後者主要母音爲[i]，近于普通話，應爲文讀音；前者入聲近于中古音但韻母[iɔ]不合，應爲土音。

達：(1)[乃/中]⑥達土音透~，擬音爲[tai⁶]；(2)[闊/中]③達，擬音爲[tue³]。按：二者聲母同爲中母，但前者爲[乃字母]去聲六，後者爲[闊字母]平聲調三。《廣韻》：達，他達切，透母曷韻入聲；高本漢、王力、董同龢均擬音[tʻɑt]，普通話讀作 dá。可見，前者和後者均不合中古音和普通話，應均爲土音。

以上 9 例，前 6 例土音爲陰聲韻與入聲韻的對應；後 2 例“脊”、“拾”二字土音爲入聲韻與陰聲韻的對應，不合；最後 1 例“達”爲陰聲韻與陰聲韻的對應，亦不合。

二、韻母同而聲母、聲調不同者

據統計，《六音字典》“土音”與“文讀音”韻母同而聲母、聲調不同者共有 9 例。

1. 中古陽聲韻字在“土音”、“文讀音”中對應情況

暖：(1)[本/中]②暖土音，擬音爲[tueiŋ²]；(2)[本/人]④暖，擬音爲[nueiŋ⁴]。按：同爲[本字母]，但前者聲母爲中母、去聲調二，後者爲人母、上聲調四。《廣韻》：暖，乃管切，泥母桓韻上聲；高本漢、王力、董同龢均擬音[nuɑn]，普通話讀作 nuǎn。可見，後者上聲且聲母爲[n]，近于中古音和普通話，應爲文讀音；前者去聲且聲母爲[t]，應爲土音。

閏：(1)[順/生]③閏土音重月，擬音爲[sœyŋ³]；(2)[順/人]⑥閏，擬音爲[nœyŋ⁶]。按：同爲[順字母]，但前者聲母爲生母、平聲調三，後者爲人母、去聲調六。《廣韻》：閏，如順切，日母諄韻去聲；高本漢、王力擬音[ȵʑĭuĕn]、董同龢擬音[ȵjuen]，普通話讀作 rùn。可見，後者去聲且聲母爲[n]，近于中古音和普通話，應爲文讀音；前者平聲且聲母爲[s]，不合，應爲土音。

以上 2 例，均爲陽聲韻與陽聲韻的對應。

2. 中古陰聲韻字在“土音”、“文讀音”中對應情況

打：(1)[百/名]②打土音，擬音爲[ma²]；(2)[百/中]④打，擬音爲[ta⁴]。

按:同爲[百字母],但前者聲母爲名母、去聲調二,後者爲中母、上聲調四。《廣韻》:打,都挺切,端母青韻上聲;高本漢、王力擬音[tieŋ]、董同龢擬音[tiɛŋ];《六書故》都假切,端母馬韻上聲;普通話讀作 dǎ。可見,後者上聲且聲母爲[t]中母,近于普通話,應爲文讀音;前者去聲且聲母爲[m],不合,應爲土音。

逅:(1)[後/求]①逅土音不薄,擬音爲[ke^{1}];(2)[後/向]⑥逅豐~足~,擬音爲[xe^{6}]。按:同爲[後字母],但前者聲母爲求母、平聲調一,後者爲向母、去聲調六。《廣韻》:厚,胡遘切,匣母侯韻去聲;高本漢擬音[ɣʔu]、王力擬音[ɣəu]、董同龢擬音[ɣu],普通話讀作 hòu。可見,後者去聲且聲母爲[x],近于中古音和普通話,應爲文讀音;前者平聲且聲母爲[k],不合,應爲土音。

菰:(1)[古/向]②菰土音山~香~,擬音爲[xu^{2}];(2)[古/求]①菰山~香富~又音,擬音爲[ku^{1}]。按:同爲[古字母],但前者聲母爲向母、去聲調二,後者爲求母、平聲調一。《廣韻》:菰,古胡切,見母模韻平聲;高本漢擬音[kuo]、王力擬音[ku]、董同龢擬音[kuo],普通話讀作 gū。可見,後者平聲且聲母爲[k],近于中古音和普通話,應爲文讀音;前者去聲且聲母爲[x],不合,應爲土音。

塊:(1)[推/出]⑤塊土音,擬音爲[ts‘uɛ^{5}];(2)[推/氣]②塊,擬音爲[k‘uɛ^{2}]。按:同爲[推字母],但前者聲母爲出母、入聲調五,後者爲氣母、去聲調二。《廣韻》:塊,苦怪切,溪母皆韻去聲;高本漢擬音[k‘^{W}ăi]、王力擬音[k‘wɐi]、董同龢擬音[k‘uɐi],普通話讀作 kuài。可見,後者去聲且聲母爲[k‘],近于中古音和普通話,應爲文讀音;前者入聲且聲母爲[ts‘],不合,應爲土音。

前3例,是陰聲韻與陰聲韻的對應,後1例土音爲入聲韻與陰聲韻的對應。

3. 中古入聲韻字在"土音"、"文讀音"中對應情况

别:(1)[結/比]⑥别土音各~,擬音爲[piɛ^{6}];(2)[結/片]⑤别,擬音爲[p‘iɛ^{5}]。按:同爲[結字母],但前者聲母爲比母、去聲調六,後者爲片母、入聲調五。《廣韻》:别,皮列切,並母薛韻入聲;高本漢、王力擬音[b‘ ĭɛt]、董同龢擬音[b‘jæt],普通話讀作 bié。可見,後者入聲近于中古音和普通話,應爲文讀音;前者去聲不合,應爲土音。

蕨:(1)[舌/向]③蕨土音蘅也,擬音爲[xyɛ^{3}];(2)[舌/氣]⑤蕨薇,擬音爲[k‘yɛ^{5}]。按:同爲[舌字母],但前者聲母爲向母、平聲調三,後者爲氣母、入聲調五。《廣韻》:蕨,居月切,見母月韻入聲;高本漢擬音[kĭ^{W}ɐt]、王力擬音[kĭwɐt]、董同龢擬音[kiuɐt],普通話讀作 jué。可見,後者入聲且聲母爲[k‘],近于中古音，應爲文讀音；前者平聲且聲母爲[x]，不合，應爲土音。

抑：(1)[克/比]②抑土音揚反，擬音爲[pɛ²]；(2)[克/又]⑤抑，擬音爲[ɛ⁵]。按：同爲[克字母]，但前者聲母爲比母、去聲調二，後者爲又母、入聲調五。《廣韻》：抑，於力切，影母職韻入聲；高本漢擬音[ʔĭək]、王力擬音[ĭək]、董同龢擬音[ʔjək]，普通話讀作 yì。可見，後者入聲且爲零聲母，近于中古音和普通話，應爲文讀音；前者去聲且聲母爲[p]，不合，應爲土音。

此 3 例，土音爲陰聲韻與入聲韻的對應。

三、聲調同而聲母、韻母不同者

據統計，《六音字典》"土音"與"文讀音"聲調同而聲母、韻母不同者共有 11 例。

1. 中古陽聲韻字在"土音"、"文讀音"中對應情況

行：(1)[聲/求]③行土音口發步，擬音爲[kiaŋ³]；(2)[朗/向]③行，擬音爲[xauŋ³]。按：同爲平聲調三，但前者韻母爲[聲字母]求母，後者爲[朗字母]向母。《廣韻》：行，户庚切，匣母庚韻平聲；高本漢、王力、董同龢均擬音[ɣɐŋ]，普通話讀作 xíng。可見，後者聲母爲[x]且韻母爲[auŋ]，近于中古音和普通話，應爲文讀音；前者聲母爲[k]且韻母爲[iaŋ]，不合，應爲土音。

放：(1)[通/比]②放土音，擬音爲[pɔŋ²]；(2)[朗/又]②放，擬音爲[auŋ²]。按：同爲去聲調二，但前者韻母爲[通字母]比母，後者爲[朗字母]又母。《廣韻》：放，甫妄切，非母陽韻去聲；高本漢擬音[piʷaŋ]、王力擬音[pĭwaŋ]、董同龢擬音[pjuɑŋ]，普通話讀作 fàng。可見，前者聲母爲[p]且韻母爲[ɔŋ]，近于中古音，應爲文讀音，誤爲土音；後者爲零聲母且韻母爲[auŋ]，不合，應爲土音。

以上 2 例，均爲陽聲韻與陽聲韻的對應，但後一例有誤。

2. 中古陰聲韻字在"土音"、"文讀音"中對應情況

誘：(1)[聲/出]⑥誘土音引動也，擬音爲[ts'iaŋ⁶]；(2)[有/又]⑥誘，擬音爲[iu⁶]。按：同爲去聲調六，但前者韻母爲[聲字母]出母，後者爲[有字母]又母。《廣韻》：誘，與久切，以母尤韻上聲；高本漢擬音[ĭə̯u]、王力擬音[jĭəu]、董同龢擬音[ju]，普通話讀作 yòu。可見，後者爲零聲母且韻母爲[iu]，近于中古音和普通話，應爲文讀音；前者聲母爲[ts']且韻母爲陽聲韻，不合，應爲土音。

枝：(1)[射/氣]③枝土音，擬音爲[k'ia³]；(2)[結/全]③枝，擬音爲[tsiɛ³]。按：同爲平聲調三，但前者韻母爲[射字母]氣母，後者爲[結字母]全母。《廣韻》:枝,章移切,章母支韻平聲;高本漢、王力擬音[tɕĭe]、董同龢擬音[tɕje],普通話讀作 zhī。可見,後者聲母爲[ts]且韻母爲[iɛ],近于中古音和普通話,應爲文讀音;前者聲母爲[k']且韻母爲[ia],不合,應爲土音。

樹:(1)[有/出]⑥樹土音,擬音爲[ts'iu⁶];(2)[述/生]⑥樹~水,擬音爲[sy⁶]。按:同爲去聲調六,但前者韻母爲[有字母]出母,後者爲[述字母]生母。《廣韻》:樹,臣庾切,禪母虞韻上聲;高本漢、王力擬音[ʑĭu]、董同龢擬音[ʑjuo],普通話讀作 shù。可見,後者聲母爲[s]且韻母爲[y],近于中古音和普通話,應爲文讀音;前者聲母爲[ts']且韻母爲[iu],不合,應爲土音。

救:(1)[條/向]②救土音~命,擬音爲[xiɔ²];(2)[有/求]②救,擬音爲[kiu²]。按:同爲去聲調二,但前者韻母爲[有字母]求母,後者爲[有字母]求母。《廣韻》:救,居佑切,見母尤韻去聲;高本漢擬音[kĭə̯u]、王力擬音[kĭəu]、董同龢擬音[kju],普通話讀作 jiù。可見,後者聲母爲[k]且韻母爲[iu],近于中古音和普通話,應爲文讀音;前者聲母爲[x]且韻母爲[iɔ],不合,應爲土音。

帷:(1)[克/名]①帷土音帳~壽~,擬音爲[mɛ¹];(2)[出/又]①帷,擬音爲[ui¹]。按:同爲平聲調一,但前者韻母爲[克字母]名母,後者爲[出字母]又母。《廣韻》:帷,洧悲切,雲母脂韻平聲;高本漢擬音[jʷi]、王力擬音[ɣwi]、董同龢擬音[ɣjuei],普通話讀作 wéi。可見,後者爲零聲母且韻母爲[ui],近于中古音和普通話,應爲文讀音;前者聲母爲[m]且韻母爲[ɛ],不合,應爲土音。

爺:(1)[百/中]③爺土音父也,擬音爲[ta³];(2)[結/又]③爺,擬音爲[iɛ³]。按:同爲平聲調三,但前者韻母爲[百字母]中母,後者爲[結字母]又母。《玉篇》:爺,以遮切,余母麻韻平聲;普通話讀作 yé。可見,後者爲零聲母且韻母爲[iɛ],近于中古音和普通話,應爲文讀音;前者聲母爲[t]且韻母爲[a],不合,應爲土音。

以上 6 例,均爲陰聲韻與陰聲韻的對應。

3. 中古入聲韻字在"土音"、"文讀音"中對應情況

穀:(1)[條/生]⑤谷土音米~,擬音爲[siɔ⁵];(2)[古/求]⑤穀山~空~深~又仝穀,擬音爲[ku⁵]。按:同爲入聲調五,但前者韻母爲[條字母]生母,爲土音;後者爲[古字母]求母,爲文讀音。《廣韻》:谷,古禄切,見母屋韻入聲;高本漢、王力、董同龢均擬音[kuk],普通話讀作 gǔ。可見,後者聲母爲[k]且韻母爲[u],近于中

古音和普通話，應爲文讀音；前者聲母爲[s]且韻母爲[iɔ]，不合，應爲土音。

塞：(1)[出/土]⑤塞土音不通，擬音爲[t‘ui⁵]；(2)[直/生]⑤塞，擬音爲[sᴇ⁵]。按：同爲入聲調五，但前者韻母爲[出字母]土母，爲土音；後者爲[直字母]生母，爲文讀音。《廣韻》：塞，蘇則切，心母德韻入聲；高本漢、王力、董同龢均擬音[sək]，普通話讀作 sè。可見，後者聲母爲[s]且韻母爲[ᴇ]，近于中古音和普通話，應爲文讀音；前者聲母爲[t‘]且韻母爲[ui]，不合，應爲土音。

折：(1)[射/土]⑤折土音開，擬音爲[t‘ia⁵]；(2)[克/出]⑤折，擬音爲[ts‘ɛ⁵]。按：同爲入聲調五，但前者韻母爲[射字母]土母，爲土音；後者爲[克字母]出母，爲文讀音。《廣韻》：折，旨熱切，章母薛韻入聲；高本漢、王力均擬音[tɕĭɛt]、董同龢均擬音[tɕjæt]，普通話讀作 zhé。可見，後者聲母爲[ts]且韻母爲[ɛ]，近于中古音，應爲文讀音；前者聲母爲[t‘]且韻母爲[ia]，不合，應爲土音。

以上 3 例，土音均爲入聲韻與入聲韻的對應。

第二節　土音與文讀音音節“某、某同而某不同者”

在本節裏，我們整理出陽聲韻、陰聲韻、入聲韻的三種不同情況，即聲母、聲調同而韻母不同者，韻母、聲調同而聲母不同者，聲母、韻母同而聲調不同者。

一、聲母、聲調同而韻母不同者

據統計，《六音字典》“土音”與“文讀音”聲母、聲調同而韻母不同者共有23例。

1. 中古陽聲韻字在“土音”、“文讀音”中對應情況

影：(1)[風/又]④影土音，擬音爲[uŋ⁴]；[朗/又]④影土音形～，擬音爲[auŋ⁴]；(2)[音/又]④影，擬音爲[eiŋ⁴]。按：二者同爲又母、上聲調四，但前者韻母爲[風字母]、[朗字母]，後者爲[音字母]。《廣韻》：影，於丙切，影母庚韻上聲；高本漢擬音[ʔɪɐŋ]、王力擬音[ĭɐŋ]、董同龢擬音[ʔjɐŋ]，普通話讀作 yǐng。可見，後者韻母爲[eiŋ]，近于中古音和普通話，應爲文讀音；前者韻母爲[uŋ]、[auŋ]，不合，應爲土音。

嚨：(1)[聲/立]③嚨土音喉～，擬音爲[liaŋ³]；(2)[通/立]③嚨，擬音爲[lɔŋ³]。按：二者同爲立母、平聲調三，但前者韻母爲[聲字母]，後者爲[通字母]。《廣韻》：嚨，盧紅切，來母東韻平聲；高本漢、王力、董同龢均擬音[luŋ]，普通話讀作 lóng。可見，後者韻母爲[ɔŋ]，近于普通話，應爲文讀音；前者韻母爲[iaŋ]，不合，應爲土音。

性：(1)[聲/生]②性$_{\text{土音～氣}}$，擬音爲[siaŋ^{2}]；(2)[音/生]②性，擬音爲[seiŋ^{2}]。按：二者同爲生母、去聲調二，但前者韻母爲[聲字母]，後者爲[音字母]。《廣韻》：性，息正切，心母清韻去聲；高本漢、王力擬音[sĭɛŋ]、董同龢擬音[sjɛŋ]，普通話讀作 xìng。可見，後者韻母爲[eiŋ]，近于中古音和普通話，應爲文讀音；前者韻母爲[iaŋ]，不合，應爲土音。

匾：(1)[音/比]④匾$_{\text{土音}}$，擬音爲[peiŋ^{4}]；(2)[先/比]④匾，擬音爲[piŋ^{4}]。按：同爲比母、上聲調四，但前者韻母爲[音字母]，後者爲[先字母]。《廣韻》：匾，方典切，幫母先韻上聲；高本漢、王力擬音[pien]、董同龢擬音[piɛn]，普通話讀作 biǎn。可見，後者韻母爲[iŋ]近于古音，應爲文讀音；前者韻母爲[eiŋ]，不合，應爲土音。

煙：(1)[音/又]①煙$_{\text{土音}}$，擬音爲[eiŋ^{1}]；(2)[先/又]①煙，擬音爲[iŋ^{1}]。按：二者同爲又母、平聲調一，但前者韻母爲[音字母]，後者爲[先字母]。《廣韻》：煙，烏前切，影母先韻平聲；高本漢擬音[ʔien]、王力擬音[ien]、董同龢擬音[ʔiɛn]，普通話讀作 yān。可見，後者韻母爲[iŋ]近于古音，應爲文讀音；前者韻母爲[eiŋ]，不合，應爲土音。

信：(1)[班/生]②信$_{\text{土音}}$，擬音爲[saiŋ^{2}]；(2)[音/生]②信，擬音爲[seiŋ^{2}]。按：二者同爲生母、去聲調二，但前者韻母爲[班字母]，後者爲[音字母]。《廣韻》：信，息晉切，心母真韻去聲；高本漢、王力擬音[sĭěn]、董同龢擬音[sjen]，普通話讀作 xìn。可見，後者韻母爲[eiŋ]，近于中古音，應爲文讀音；前者韻母爲[aiŋ]，不合，應爲土音。

先：(1)[班/生]③先$_{\text{土音～前}}$，擬音爲[saiŋ^{3}]；(2)[先/生]③先，擬音爲[siŋ^{3}]。按：二者同爲生母、平聲調三，但前者韻母爲[班字母]，後者爲[先字母]。《廣韻》：先，蘇前切，心母先韻平聲；高本漢、王力擬音[sien]、董同龢擬音[siɛn]，普通話讀作 xiān。可見，後者韻母爲[iŋ]近于古音，應爲文讀音；前者韻母爲[aiŋ]，不合，應爲土音。

中：(1)[條/中]②中$_{\text{土音～穴}}$，擬音爲[tiɔ^{2}]；(2)[順/中]②中，擬音爲[tœyŋ^{2}]。按：二者同爲中母、去聲調二，但前者韻母爲[條字母]，後者爲[順字母]。《廣韻》:中,陟仲切,知母東韻去聲;高本漢、王力擬音[ȶĭuŋ]、董同龢擬音[ȶjuŋ],普通話讀作 zhòng。可見,後者韻母爲[œyŋ],近于中古音,應爲文讀音;前者[條字母]陰聲韻不合,應爲土音。

羡:(1)[條/生]⑥羡土音稱~,擬音爲[siɔ⁶];(2)[先/生]⑥羡,擬音爲[siŋ⁶]。按:二者同爲生母、去聲調六,但前者韻母爲[條字母],後者爲[先字母]。《廣韻》:羡,似面切,邪母仙韻去聲;高本漢、王力擬音[zĭɛn]、董同龢擬音[zjæn],普通話讀作 xiàn。可見,後者爲陽聲韻,近于中古音和普通話,應爲文讀音;前者陰聲韻,不合,應爲土音。

共:(1)[通/求]⑥共土音,擬音爲[kɔŋ⁶];(2)[順字母][求]⑥共,擬音爲[kœyŋ⁶]。按:二者同爲求母、去聲調六,但前者韻母爲[通字母],後者爲[順字母]。《廣韻》:共,渠用切,群母鐘韻去聲;高本漢擬音[g' ĭʷoŋ]、王力擬音[g' ĭwoŋ]、董同龢擬音[g'juoŋ],普通話讀作 gòng。可見,前者韻母爲[ɔŋ],近于普通話,應爲文讀音,誤爲土音;後者韻母爲[œyŋ],不合,應爲土音。

以上 10 例可見,前 8 例均爲陽聲韻與陽聲韻對應,後 2 例"中""羡"二字土音均爲陰聲韻與陽聲韻的對應。最後例"共"有誤。

2. 中古陰聲韻字在"土音"、"文讀音"中對應情況

開:(1)[舌/氣]③開土音~折,擬音爲[k'yɛ³];(2)[乃/氣]③開敢也,擬音爲[k'ai³]。按:同爲氣母、平聲調三,但前者韻母爲[舌字母],後者爲[乃字母]。《廣韻》:開,苦哀切,溪母咍韻平聲;高本漢擬音[khăi]、王力擬音[khɒi]、董同龢擬音[khʌi],普通話讀作 kāi。可見,後者韻母爲[ai],近于中古音和普通話,應爲文讀音;前者韻母爲[yɛ],不合,應爲土音。

艾:(1)[舌/言]⑥艾土音~葉,擬音爲[ŋyɛ⁶];(2)[乃/言]⑥艾,擬音爲[ŋai⁶]。按:同爲言母、去聲調六,但前者韻母爲[舌字母],後者爲[乃字母]。《廣韻》:艾,魚肺切,疑母廢韻去聲;高本漢擬音[ŋĭɐi]、王力擬音[ŋĭɐi]、董同龢擬音[ŋjɐi],普通話讀作 ài。可見,後者韻母爲[ai],近于中古音和普通話,應爲文讀音;前者韻母爲[yɛ],不合,應爲土音。

去:(1)[合/氣]②去土音,擬音爲[k'ɔ²];(2)[述/氣]②去往也求反,擬音爲[k'y²]。按:同爲氣母、去聲調二,但前者韻母爲[合字母],後者爲[述字母]。《廣韻》:去,丘倨切,溪母魚韻去聲;高本漢擬音[khĭʷo]、王力擬音[khĭo]、董

同龢擬音[khjo],普通話讀作 qù。可見,後者韻母爲[y],近于中古音和普通話,應爲文讀音;前者韻母爲[ɔ],不合,應爲土音。

使:(1)[直/生]④使土音~用,擬音爲[sɛ^{4}];(2)[古/生]④使令役也,擬音爲[su^{4}]。按:同爲生母、上聲調四,但前者韻母爲[直字母],後者爲[古字母]。《廣韻》:使,踈士切,生母之韻上聲;高本漢擬音[ʂi]、王力擬音[ʃĭə]、董同龢擬音[ʃji],普通話讀作 shǐ。可見,後者[古字母]近于中古音和普通話,應爲文讀音;前者[直字母]不合,應爲土音。

棄:(1)[乃/氣]②棄土音抛也,擬音爲[k‘ai^{2}];(2)[備/氣]②棄,擬音爲[k‘i^{2}]。按:同爲氣母、去聲調二,但前者韻母爲[乃字母],後者爲[備字母]。《廣韻》:棄,詰利切,溪母脂韻去聲;高本漢、王力擬音[khi]、董同龢擬音[khjei],普通話讀作 qì。可見,後者韻母爲[i],近于中古音和普通話,應爲文讀音;前者韻母爲[ai],不合,應爲土音。

底:(1)[乃/中]④底土音尾~,擬音爲[tai^{4}];(2)[備/中]④底,擬音爲[ti^{4}]。按:同爲中母、上聲調四,但前者韻母爲[乃字母],後者爲[備字母]。《廣韻》:底,都禮切,端母齊韻上聲;高本漢、王力擬音[tiei]、董同龢擬音[tiɛi],普通話讀作 dǐ。可見,後者韻母爲[i],近于中古音和普通話,應爲文讀音;前者韻母爲[ai],不合,應爲土音。

起:(1)[述/氣]④起土音升也,擬音爲[k‘y^{4}];(2)[備/氣]④起,擬音爲[k‘i^{4}]。按:同爲氣母、上聲調四,但前者韻母爲[述字母],後者爲[備字母]。《廣韻》:起,墟裏切,溪母之韻上聲;高本漢擬音[khi]、王力擬音[khĭə]、董同龢擬音[khji],普通話讀作 qǐ。可見,後者韻母爲[ai],近于中古音和普通話,應爲文讀音;前者韻母爲[y],不合,應爲土音。

抱:(1)[古/片]⑥抱土音攬~,擬音爲[p‘u^{6}];(2)[交/片]⑥抱,擬音爲[p‘au^{6}]。按:同爲片母、去聲調六,但前者韻母爲[古字母],後者爲[交字母]。《廣韻》:抱,薄浩切,並母豪韻上聲;高本漢、王力、董同龢擬音[bhɑu],普通話讀作 bào。可見,後者韻母爲[au],近于中古音和普通話,應爲文讀音;前者韻母爲[u],不合,應爲土音。

以上 8 例,土音均爲陰聲韻與陰聲韻的對應。

3. 中古入聲韻字在"土音"、"文讀音"中對應情況

缺:(1)[結/氣]⑤缺土音~破,擬音爲[k‘iɛ^{5}];(2)[舌/氣]⑤缺,擬音爲[k‘yɛ^{5}]。

按：同爲氣母、入聲調五，但前者韻母爲[結字母]，後者爲[舌字母]。《廣韻》：缺，傾雪切，溪母薛韻入聲；高本漢擬音[khĭ^{W}et]、王力擬音[khĭwɛt]、董同龢擬音[khjuæt]，普通話讀作 quē。可見，後者韻母爲[yɛ]，近于中古音和普通話，應爲文讀音；前者韻母爲[iɛ]，不合，應爲土音。

血：(1)[闊/向]⑤血土音～脈，擬音爲[xue^{5}]；(2)[結/向]⑤血～脈，擬音爲[xiɛ^{5}]。按：同爲向母、入聲調五，但前者韻母爲[闊字母]，後者爲[結字母]。《廣韻》：血，呼決切，曉母屑韻入聲；高本漢擬音[xi^{W}et]、王力擬音[xiwet]、董同龢擬音[xiuɛt]，普通話讀作 xiě。可見，後者韻母爲[iɛ]，近于中古音和普通話，應爲文讀音；前者韻母爲[ue]，不合，應爲土音。

節：(1)[乃/全]⑤節土音年～，擬音爲[tsai^{5}]；(2)[結/全]⑤節，擬音爲[tsiɛ^{5}]。按：同爲全母、入聲調五，但前者韻母爲[乃字母]，後者爲[結字母]。《廣韻》：節，子結切，精母屑韻入聲；高本漢、王力擬音[tsiet]、董同龢擬音[tsiɛt]，普通話讀作 jí。可見，後者韻母爲[iɛ]，近于中古音和普通話，應爲文讀音；前者韻母爲[ai]，不合，應爲土音。

跌：(1)[古/中]⑤跌土音～倒，擬音爲[tu^{5}]；(2)[結/中]⑤跌，擬音爲[tiɛ^{5}]。按：同爲中母、入聲調五，但前者韻母爲[古字母]，後者爲[結字母]。《廣韻》：跌，徒結切，定母屑韻入聲；高本漢、王力擬音[dhiet]、董同龢擬音[dhiɛt]，普通話讀作 dié。可見，後者韻母爲[iɛ]，近于中古音和普通話，應爲文讀音；前者韻母爲[u]，不合，應爲土音。

雹：(1)[古/片]⑥雹土音雨，擬音爲[p‘u^{6}]；(2)[交/片]⑥雹，擬音爲[p‘au^{6}]。按：同爲片母、去聲調六，但前者韻母爲[古字母]，後者爲[交字母]。《廣韻》：雹，蒲角切，並母覺韻入聲；高本漢、王力、董同龢均擬音[bhək]，普通話讀作 báo。可見，後者韻母爲[au]，近于中古音和普通話，應爲文讀音；前者韻母爲[u]，不合，應爲土音。

以上 5 例，前 4 例土音均爲入聲韻與入聲韻的對應，只有最後"雹"字，陰聲韻與陰聲韻的對應，可見該字已經演變爲陰聲韻字了。

二、韻母、聲調同而聲母不同者

據統計，《六音字典》"土音"與"文讀音"韻母、聲調同而聲母不同者共有 4 例。

1. 中古陽聲韻字在"土音"、"文讀音"中對應情況 2 例

飯：(1)[本/比]⑥飯土音米煮熟曰～，擬音爲[pueiŋ^{6}]；(2)[本/向]⑥飯，擬音爲

[xueiŋ⁶]。按：同爲[本字母]去聲調六，但前者聲母爲比母，後者爲向母。《廣韻》：飯，符萬切，奉母元韻去聲；高本漢擬音[bhǐʷɐn]、王力擬音[bhǐwɐn]、董同龢擬音[bhiuɐn]，普通話讀作 fàn。可見，後者爲向母近于中古音和普通話，應爲文讀音；前者比母，不合，應爲土音。

杖：(1)[唱/土]⑥杖土音擔～，擬音爲[t'iɔŋ⁶]；(2)[唱/中]⑥杖柤～，擬音爲[tiɔŋ⁶]。按：同爲[唱字母]去聲調六，但前者聲母爲土母，後者爲中母。《廣韻》：杖，直兩切，澄母陽韻上聲；高本漢擬音[ȡhiaŋ]、王力擬音[ȡhǐaŋ]、董同龢擬音[ȡhjɑŋ]，普通話讀作 zhàng。可見，後者聲母爲[t]，近于中古音，應爲文讀音；前者聲母爲[t']，不合，應爲土音。

2. 中古陰聲韻字在"土音"、"文讀音"中對應情況 2 例

累：(1)[出/土]⑥累土音，擬音爲[t'ui⁶]；(2)[出/立]⑥累，擬音爲[lui⁶]。按：同爲[出字母]去聲調六，但前者聲母爲土母，後者爲立母。《廣韻》：累，良僞切，來母支韻去聲；高本漢擬音[lǐʷe]、王力擬音[lǐwe]、董同龢擬音[ljue]，普通話讀作 lèi。可見，後者聲母爲[l]，近于中古音和普通話，應爲文讀音；前者聲母爲[t']，不合，應爲土音。

仵：(1)[古/名]②仵土音～倅，擬音爲[mu²]；(2)[古/言]②仵～倅，擬音爲[ŋu²]。按：同爲[古字母]去聲調二，但前者聲母爲名母，後者爲言母。《廣韻》：仵，疑古切，疑母模韻上聲；高本漢擬音[ŋuo]、王力擬音[ŋu]、董同龢擬音[ŋuo]，普通話讀作 wǔ。可見，後者聲母爲[ŋ]，近于中古音和普通話，應爲文讀音；前者聲母爲[m]，不合，應爲土音。

前 2 例，是陽聲韻與陽聲韻的對應；後 2 例，則是陰聲韻與陰聲韻的對應。

三、聲母、韻母同而聲調不同者

據考察，《六音字典》"土音"與"文讀音"聲母、韻母同而聲調不同者只有 2 例。

1. 中古陰聲韻字在"土音"、"文讀音"中對應情況 1 例

叟：(1)[後/生]⑥叟土音老也，擬音爲[se⁶]；(2)[後/生]④叟老之稱，擬音爲[se⁴]。按：二者同爲[後字母]生母，但前者聲調爲去聲調六，後者爲上聲調四。《廣韻》：叟，蘇後切，心母侯韻上聲；高本漢擬音[sʔu]、王力擬音[səu]、董同龢擬音[su]，普通話讀作 sǒu。可見，後者上聲近于中古音和普通話，應爲文讀音；前者去聲不合，應爲土音。

2. 中古入聲韻字在"土音"、"文讀音"中對應情況1例

折：(1)[結/全]⑥折土音～本消～，擬音爲[tsiɛ⁶]；(2)[結/全]⑤折，擬音爲[tsiɛ⁵]。按：二者同爲[結字母]全母，但前者聲調爲去聲調六，後者爲入聲調五。《廣韻》：折，旨熱切，章母薛韻入聲；高本漢擬音[tɕĭɛt]、王力擬音[tɕĭɛt]、董同龢擬音[tɕjæt]，普通話讀作 zhé。可見，後者入聲近于中古音，應爲文讀音；前者去聲不合，應爲土音。

第三節　土音與文讀音音節"某、某、某均不同者"

在本節裏，我們整理出陽聲韻、陰聲韻、入聲韻的共同情況，即聲母、韻母、聲調均不同者。據統計，《六音字典》"土音"與"文讀音"韻母、聲母、聲調均不同者共有42例。

一、中古陽聲韻字在"土音"、"文讀音"中對應情況

定：(1)[聲/土]⑥定土音，擬音爲[t'iaŋ⁶]；(2)[音/中]②定，擬音爲[teiŋ²]。按：聲母、韻母、聲調均不同者。《廣韻》：定，丁定切，端母青韻去聲；高本漢、王力擬音[tieŋ]、董同龢擬音[tiɛŋ]，普通話讀作 dìng。可見，後者韻母爲[eiŋ]，主要母音較弇，近于中古音和普通話，應爲文讀音；前者韻母爲[iaŋ]，主要母音較侈，不合，應爲土音。

淡：(1)[聲/全]③淡土音，擬音爲[tsiaŋ³]；(2)[坦/中]②淡，擬音爲[taŋ²]。按：聲母、韻母、聲調均不同者。《廣韻》：淡，徒濫切，定母談韻去聲；高本漢、王力、董同龢均擬音[dhɑm]，普通話讀作 dàn。可見，後者韻母爲[aŋ]，主要母音較侈，近于中古音和普通話，應爲文讀音；前者韻母爲[aŋ]，主要母音較弇，不合，應爲土音。

鱗：(1)[聲/生]①鱗土音魚～，擬音爲[siaŋ¹]；(2)[音/立]③鱗，擬音爲[leiŋ³]。按：聲母、韻母、聲調均不同者。《廣韻》：鱗，力珍切，來母真韻平聲；高本漢、王力擬音[lĭěn]、董同龢擬音[ljen]，普通話讀作 lín。可見，後者韻母爲[eiŋ]，主要母音較弇，近于中古音和普通話，應爲文讀音；前者韻母爲[iaŋ]，主要母音較侈，不合，應爲土音。

反：(1)[班/比]③反土音，擬音爲[paiŋ³]；(2)[本/向]④反，擬音爲[xueiŋ⁴]。按：聲母、韻母、聲調均不同者。《廣韻》：反，府遠切，非母元韻上

聲；高本漢擬音[pĭ^{W}ɐn]、王力擬音[pĭwɐn]、董同龢擬音[piuɐn]，普通話讀作 fǎn。可見，後者[本字母]合口呼，近于中古音，應爲文讀音；前者[班字母]開口呼不合，應爲土音。

幹：(1)[條/中]②幹土音，擬音爲[tiɔ^{2}]；(2)[本/求]③幹，擬音爲[kueiŋ^{3}]。按：聲母、韻母、聲調均不同者。《廣韻》：幹，古寒切，見母寒韻平聲；高本漢、王力、董同龢均擬音[kɑn]，普通話讀作 gān。可見，後者聲母爲[k]，近于中古音和普通話，應爲文讀音；前者聲母爲[t]，不合，應爲土音。

勤：(1)[直/生]⑥勤土音不倦，擬音爲[sᴇ^{6}]；(2)[順/求]③勤，擬音爲[kœyŋ^{3}]。按：聲母、韻母、聲調均不同者。《廣韻》：勤，巨斤切，群母欣韻平聲；高本漢、王力擬音[ɡhĭən]、董同龢擬音[ɡhjən]，普通話讀作 qín。可見，後者聲母爲[k]且陽聲韻，近于近于中古音和普通話，應爲文讀音；前者聲母爲[s]且陰聲韻，不合，應爲土音。

楝：(1)[推/生]⑥楝土音，擬音爲[suɛ^{6}]；(2)[通/中]②楝，擬音爲[təŋ^{2}]。按：聲母、韻母、聲調均不同者。《廣韻》：楝，多貢切，端母東韻去聲；高本漢、王力、董同龢均擬音[tuŋ]，普通話讀作 dòng。可見，後者聲母爲[k]且陽聲韻，近于中古音和普通話，應爲文讀音；前者聲母爲[s]且陰聲韻，不合，應爲土音。

能：(1)[合/又]⑤能土音，擬音爲[ɔ^{5}]；(2)[順/人]③能，擬音爲[nœyŋ^{3}]。按：聲母、韻母、聲調均不同者。《廣韻》：能，奴登切，泥母登韻平聲；高本漢、王力、董同龢均擬音[nəŋ]，普通話讀作 néng。可見，後者聲母爲[n]且陽聲韻、平聲，近于中古音和普通話，應爲文讀音；前者爲零聲母且陰聲韻、入聲，不合，應爲土音。

以上 8 例，前 4 例爲陽聲韻與陽聲韻對應；後 3 例土音均爲陰聲韻與陽聲韻對應；最後 1 例土音爲入聲韻與陽聲韻的對應。

二、中古陰聲韻字在“土音”、“文讀音”中對應情況

蚤：(1)[舌/氣]①蚤土音不晚，擬音爲[k‘yɛ^{1}]；(2)[後/全]④蚤，擬音爲[tse^{4}]。按：聲母、韻母、聲調均不同者。《廣韻》：蚤，子晧切，精母豪韻上聲；高本漢、王力、董同龢均擬音[tsɑu]，普通話讀作 zǎo。可見，後者聲母爲[ts]且上聲，近于中古音和普通話，應爲文讀音；前者聲母爲[k‘]且爲平聲，不合，應爲土音。

蛇：(1)[舌/又]①蛇土音，擬音爲[yɛ^{1}]；(2)[射/生]③蛇虺～，擬音爲[sia^{3}]；[百/出]②蛇，擬音爲[ts‘a^{2}]。按：聲母、韻母、聲調均不同者。《廣韻》：蛇，食

遮切，船母麻韻平聲；高本漢擬音[dʑhʔa]、王力擬音[dʑhĭa]、董同龢擬音[dʑhja]，普通話讀作 shé。可見，後者聲母爲[s]且韻母爲[ia]，近于中古音和普通話，應爲文讀音；前者爲零聲母且韻母爲[yɛ]，不合，應爲土音。

㞮：(1)[舌/向]①㞮土音，擬音爲[xyɛ^{1}]；(2)[出/生]②㞮，擬音爲[sui^{2}]。按：聲母、韻母、聲調均不同者。《廣韻》：㞮，相鋭切，心母祭韻去聲；高本漢擬音[sĭ^{W}ei]、王力擬音[sĭwɛi]、董同龢均擬音[sjuæi]，普通話讀作 suì。可見，後者聲母爲[s]且韻母爲[ui]、去聲，近于中古音和普通話，應爲文讀音；前者聲母爲[x]且韻母爲[yɛ]、平聲，不合，應爲土音。

伊：(1)[條/求]②伊土音吾對～，擬音爲[kiɔ^{2}]；(2)[備/又]①伊，擬音爲[i^{1}]。按：聲母、韻母、聲調均不同者。《廣韻》：伊，於脂切，影母脂韻平聲；高本漢擬音[ʔi]、王力擬音[i]、董同龢擬音[ʔjei]，普通話讀作 yī。可見，後者爲零聲母且韻母爲[i]、平聲，近于中古音和普通話，應爲文讀音；前者聲母爲[k]且韻母爲[iɔ]、去聲，不合，應爲土音。

唯：(1)[合/又]③唯土音應是，擬音爲[ɔ^{3}]；(2)[出/向]①唯應是之聲，擬音爲[xui^{1}]。按：聲母、韻母、聲調均不同者。《廣韻》：唯，以追切，以母脂韻平聲；高本漢擬音[^{W}i]、王力擬音[jwi]、董同龢擬音[juei]，普通話讀作 wéi。可見，後者聲母爲[x]且韻母爲[ui]、平聲，近于中古音和普通話，應爲文讀音；前者爲零聲母且韻母爲[ɔ]、平聲，不合，應爲土音。

如：(1)[克/人]①如土音，擬音爲[nɛ^{1}]；(2)[述/又]③如咸也～何又譬～又猶也，擬音爲[y^{3}]。按：聲母、韻母、聲調均不同者。《廣韻》：如，人諸切，日母魚韻平聲；高本漢擬音[ȵʑĭ^{W}o]、王力擬音[ȵʑĭo]、董同龢均擬音[ȵjo]，普通話讀作 rú。可見，後者韻母爲[y]，近于中古音和普通話，應爲文讀音；前者韻母爲[ɛ]，不合，應爲土音。

李：(1)[克/生]⑥李土音梨～二果，擬音爲[sɛ^{6}]；(2)[備/立]④李，擬音爲[li^{4}]。按：聲母、韻母、聲調均不同者。《廣韻》：李，良士切，來母之韻上聲；高本漢擬音[li]、王力擬音[lĭə]、董同龢擬音[lji]，普通話讀作 lǐ。可見，後者聲母爲[l]且韻母爲[i]、上聲，近于中古音和普通話，應爲文讀音；前者聲母爲[s]且韻母爲[ɛ]、去聲，不合，應爲土音。

豈：(1)[百/求]①豈土音反是，擬音爲[ka^{1}]；(2)[備/氣]④豈，擬音爲[k‘i^{4}]。

按:聲母、韻母、聲調均不同者。《廣韻》:豈,祛狶切,溪母微韻上聲;高本漢擬音[khjĕi]、王力擬音[khĭəi]、董同龢均擬音[khjəi],普通話讀作 qǐ。可見,後者聲母爲[k‘]且韻母爲[i]、上聲,近于中古音和普通話,應爲文讀音;前者聲母爲[k]且韻母爲[a]、平聲,不合,應爲土音。

豬:(1)[出/氣]④豬土音牛～,擬音爲[k‘ui^{4}];(2)[述/中]①豬牛～犬～,擬音爲[ty^{1}]。按:聲母、韻母、聲調均不同者。《廣韻》:豬,陟魚切,知母魚韻平聲;高本漢擬音[ȶi^{W}o]、王力擬音[ȶĭo]、董同龢擬音[ȶjo],普通話讀作 zhū。可見,後者聲母爲[t]且韻母爲[y]、平聲,近于中古音和普通話,應爲文讀音;前者聲母爲[k‘]且韻母爲[ui]、上聲,不合,應爲土音。

巢:(1)[後/出]④巢土音鳥居床,擬音爲[ts‘e^{4}];(2)[交/全]③巢,擬音爲[tsau^{3}]。按:聲母、韻母、聲調均不同者。《廣韻》:巢,鉏交切,崇母肴韻平聲;高本漢擬音[dʐhau]、王力擬音[dʒhau]、董同龢擬音[dʒhau],普通話讀作 cháo。可見,後者聲母爲[ts]且韻母爲[au]、平聲,近于中古音和普通話,應爲文讀音;前者聲母爲[ts‘]且韻母爲[e]、上聲,不合,應爲土音。

架:(1)[述/氣]④架土音造屋,擬音爲[k‘y^{4}];(2)[百/求]②架棚～,擬音爲[ka^{2}]。按:聲母、韻母、聲調均不同者。《廣韻》:架,古訝切,見母麻韻去聲;高本漢、王力、董同龢均擬音[ka],普通話讀作 jià。可見,後者聲母爲[k]且韻母爲[a]、去聲,近于中古音和普通話,應爲文讀音;前者聲母爲[k‘]且韻母爲[y]、上聲,不合,應爲土音。

宰:(1)[述/土]①宰土音o殺也～牛～豬,擬音爲[t‘y^{1}];(2)[闊/全]④宰,擬音爲[tsue^{4}]。按:聲母、韻母、聲調均不同者。《廣韻》:宰,作亥切,精母咍韻上聲;高本漢擬音[tsăi]、王力擬音[tsɒi]、董同龢擬音[tsʌi],普通話讀作 zǎi。可見,後者聲母爲[ts]且韻母爲[ue]、上聲,近于中古音和普通話,應爲文讀音;前者聲母爲[t‘]且韻母爲[y]、平聲,不合,應爲土音。

猶:(1)[通/求]⑥猶土音如也,擬音爲[kɔŋ^{6}];(2)[有/又]③猶,擬音爲[iu^{3}]。按:聲母、韻母、聲調均不同者。《廣韻》:猶,以周切,以母尤韻平聲;高本漢擬音[i̯ə̯u]、王力擬音[jĭəu]、董同龢擬音[ju],普通話讀作 yóu。可見,後者爲零聲母且韻母爲[iu]、平聲,近于中古音和普通話,應爲文讀音;前者聲母爲[k]且陽聲韻,不合,應爲土音。

如：(1)[通/求]⑥如土音猶也，擬音爲[kɔŋ^{6}]；(2)[述/又]③如咸也～何又譬～又猶也，擬音爲[y^{3}]。按：聲母、韻母、聲調均不同者。《廣韻》：如，人諸切，日母魚韻平聲；高本漢擬音[ȵʑzĭ^{W}o]、王力擬音[ȵʑĭo]、董同龢均擬音[ȵjo]，普通話讀作rú。可見，後者爲零聲母且韻母爲[y]、平聲，于中古音和普通話，應爲文讀音；前者聲母爲[k]且陽聲韻、去聲，不合，應爲土音。

要：(1)[唱/人]⑥要土音欲用意，擬音爲[niɔŋ^{6}]；(2)[條/又]②要當～，擬音爲[iɔ^{2}]。按：聲母、韻母、聲調均不同者，但前者爲土音，後者爲文讀音。《廣韻》：要，於笑切，影母宵韻去聲；高本漢擬音[ʔĭɛu]、王力擬音[ĭɛu]、董同龢擬音[ʔjæu]，普通話讀作yào。可見，後者聲母爲零聲母且韻母爲[iɔ]，近于中古音和普通話，應爲文讀音；前者聲母爲[n]且陽聲韻，不合，應爲土音。

守：(1)[聲/又]①守土音，擬音爲[iaŋ^{1}]；(2)[有/生]④守，擬音爲[siu^{4}]。按：聲母、韻母、聲調均不同者。《廣韻》：守，書九切，書母尤韻上聲；高本漢擬音[ɕĭə̯u]、王力擬音[ɕĭəu]、董同龢擬音[ɕju]，普通話讀作shǒu。可見，後者聲母爲[s]且陰聲韻、上聲，近于中古音和普通話，應爲文讀音；前者爲零聲母且陽聲韻、平聲，不合，應爲土音。

取：(1)[音/氣]③取土音，擬音爲[k'eiŋ^{3}]；(2)[述/出]④取索獲也收愛也攬資也，擬音爲[ts'y^{4}]。按：聲母、韻母、聲調均不同者。《廣韻》：取，倉苟切，清母侯韻上聲；高本漢擬音[tshʔu]、王力擬音[tshəu]、董同龢擬音[tshu]，普通話讀作qǔ。可見，後者聲母爲[ts']且韻母爲[y]、上聲，近于中古音和普通話，應爲文讀音；前者聲母爲[k']且韻母爲陽聲韻、平聲，不合，應爲土音。

寄：(1)[百/中]⑤寄土音～信，擬音爲[ta^{5}]；(2)[舌/求]②寄，擬音爲[kyɛ^{2}]。按：聲母、韻母、聲調均不同者。《廣韻》：寄，居義切，見母支韻去聲；高本漢擬音[kĭe]、王力擬音[kĭe]、董同龢擬音[kjĕ]，普通話讀作jì。可見，後者聲母爲[k]且韻母爲[yɛ]、去聲，近于中古音和普通話，應爲文讀音；前者聲母爲[t]且韻母爲[a]、入聲，不合，應爲土音。

沸：(1)[出/向]③沸土音水大熱滾，擬音爲[xui^{3}]；(2)[闊/又]⑤沸，擬音爲[ue^{5}]。按：聲母、韻母、聲調均不同者。《廣韻》：沸，方味切，非母微韻去聲；高本漢擬音[pj^{W}ĕi]、王力擬音[pĭwəi]、董同龢擬音[pjuəi]，普通話讀作fèi。可見，前者爲聲母爲[x]且韻母爲[ui]，近于中古音和普通話，應爲文讀音，誤爲土音；後者爲零聲母且韻母爲[ue]、入聲，不合，應爲土音。

無：(1)[合/名]①無土音，擬音爲[mɔ^{1}]；(2)[古/向]③無未有，擬音爲[xu^{3}]。按：聲母、韻母、聲調均不同者。《廣韻》：無，武夫切，微母虞韻平聲；高本漢、王力擬音[mĭu]、董同龢擬音[mjuo]，普通話讀作 wú。可見，前者聲母爲[m]且韻母爲[ɔ]，近于中古音，應爲文讀音，誤爲土音；後者聲母爲[x]且韻母爲[u]，不合，應爲土音。

以上 20 例，前 12 例土音均爲陰聲韻與陰聲韻的對應；後 5 例“猶、如、要、守、取”土音爲陽聲韻與陰聲韻的對應；後 1“寄”土音爲入聲韻與陰聲韻的對應；最後例“沸”、“無”二例土音有誤。

三、中古入聲韻字在“土音”、“文讀音”中對應情況

棘：(1)[結/出]②棘土音凡有刺者皆曰～，擬音爲[ts‘iɛ^{2}]；(2)[備/求]⑤棘，擬音爲[ki^{5}]。按：聲母、韻母、聲調均不同者。《廣韻》：棘，紀力切，見母職韻入聲；高本漢、王力擬音[kĭək]、董同龢擬音[kjək]，普通話讀作 jí。可見，後者聲母爲[k]且韻母爲[i]、入聲，近于中古音，應爲文讀音；前者聲母爲[ts‘]且韻母爲[iɛ]、去聲，不合，應爲土音。

或：(1)[克/人]①或土音，擬音爲[nɛ^{1}]；(2)[推/向]⑤或，擬音爲[xuɛ^{5}]。按：聲母、韻母、聲調均不同者。《廣韻》：或，胡國切，匣母德韻入聲；高本漢擬音[ɣ^{w}ək]、王力擬音[ɣuək]、董同龢擬音[ɣuək]，普通話讀作 huò。可見，後者聲母爲[x]且韻母爲[uɛ]、入聲，近于中古音，應爲文讀音；前者聲母爲[n]且韻母爲[ɛ]、平聲，不合，應爲土音。

若：(1)[克/人]①若土音，擬音爲[nɛ^{1}]；(2)[條/又]⑤若，擬音爲[iɔ^{5}]。按：聲母、韻母、聲調均不同者，但前者爲土音，後者爲文讀音。《廣韻》：若，而灼切，日母藥韻入聲；高本漢擬音[ȵʑziak]、王力擬音[ȵʑĭak]、董同龢擬音[ȵjɑk]，普通話讀作 ruò。可見，後者入聲近于中古音，應爲文讀音；前者平聲不合，應爲土音。

笠：(1)[克/生]⑥笠土音箬～，擬音爲[sɛ^{6}]；(2)[備/立]⑤笠，擬音爲[li^{5}]。按：聲母、韻母、聲調均不同者。《廣韻》：笠，力入切，來母緝韻入聲；高本漢擬音[lĭəp]、王力擬音[lĭĕp]、董同龢擬音[ljep]，普通話讀作 lì。可見，後者聲母爲[l]且韻母爲[i]、入聲，近于中古音，應爲文讀音；前者聲母爲[s]且韻母爲[ɛ]、去聲，不合，應爲土音。

諸：(1)[直/向]②諸土音，擬音爲[xE^2]；(2)[合/人]⑤諸，擬音爲[nɔ^5]。按：聲母、韻母、聲調均不同者。《廣韻》：諾，奴各切，泥母鐸韻入聲；高本漢、王力、董同龢均擬音[nɑk]，普通話讀作 nuò。可見，後者聲母爲[n]且韻母爲[ɔ]、入聲，近于中古音，應爲文讀音；前者聲母爲[x]且韻母爲[E]、去聲，不合，應爲土音。

掘：(1)[出/求]⑥掘土音挖也，擬音爲[kui^6]；(2)[述/氣]⑤掘穿也，擬音爲[k'y^5]。按：聲母、韻母、聲調均不同者。《廣韻》：掘，衢物切，群母物韻入聲；高本漢、王力擬音[ghĭuət]、董同龢擬音[ghjuət]，普通話讀作 jué。可見，後者聲母爲[k']且韻母爲[y]、入聲，近于中古音，應爲文讀音；前者聲母爲[k]且韻母爲[ui]、去聲，不合，應爲土音。

及：(1)[出/中]⑥及土音，擬音爲[tui^6]；(2)[備/求]⑤及，擬音爲[ki^5]。按：聲母、韻母、聲調均不同者。《廣韻》：及，其立切，群母緝韻入聲；高本漢擬音[ghĭəp]、王力擬音[ghĭěp]、董同龢擬音[ghjěp]，普通話讀作 jí。可見，後者聲母爲[k]且韻母爲[i]、入聲，近于中古音，應爲文讀音；前者聲母爲[k]且韻母爲[ui]、去聲，不合，應爲土音。

足：(1)[後/求]①足土音，擬音爲[ke^1]；(2)[述/全]⑤足充～又手～，擬音爲[tsy^5]。按：聲母、韻母、聲調均不同者。《廣韻》：足，即玉切，精母燭韻平入聲；高本漢擬音[tsĭ^{W}ok]、王力擬音[tsĭwok]、董同龢擬音[tsjuok]；普通話讀作 zú。可見，後者聲母爲[ts]且韻母爲[y]、入聲，近于中古音，應爲文讀音；前者聲母爲[k]且韻母爲[e]、平聲，不合，應爲土音。

縮：(1)[述/中]③縮土音～頭不出，擬音爲[ty^3]；(2)[合/生]⑤縮，擬音爲[sɔ^5]。按：聲母、韻母、聲調均不同者。《廣韻》：縮，所六切，生母屋韻入聲；高本漢擬音[ʂĭuk]、王力擬音[ʃĭuk]、董同龢擬音[ʃjuk]，普通話讀作 suō。可見，後者聲母爲[s]且韻母爲[ɔ]、入聲，近于中古音，應爲文讀音；前者聲母爲[t]且韻母爲[y]、平聲，不合，應爲土音。

不：(1)[乃/名]②不土音～～作，擬音爲[mai^2]；(2)[闊/比]⑤不，擬音爲[pue^5]。按：聲母、韻母、聲調均不同者。《集韻》：不，分物切，非母物韻入聲；普通話讀作 bù。可見，後者聲母爲[p]且韻母爲[ue]、入聲，近于中古音和普通話，應爲文讀音；前者聲母爲[m]且韻母爲[ai]、去聲，不合，應爲土音。

牧：(1)[聲/又]①牧土音～牛，擬音爲[iaŋ^1]；(2)[古/名]⑤牧畜養，擬音爲

[mu^{5}]。按：聲母、韻母、聲調均不同者。《廣韻》：牧，莫六切，明母屋韻入聲；高本漢、王力擬音[mǐuk]、董同龢擬音[mjuk]，普通話讀作 mù。可見，後者聲母爲[m]且韻母爲[u]、入聲，近于中古音，應爲文讀音；前者爲零聲母且韻母爲陽聲韻、平聲，不合，應爲土音。

贖：(1)[有/出]④贖$_{\text{土音}}$，擬音爲[ts'iu^{4}]；(2)[述/生]②贖$_{\text{～回原物}}$，擬音爲[sy^{2}]。按：聲母、韻母、聲調均不同者。《廣韻》：贖，神蜀切，船母燭韻入聲；高本漢擬音[dʑhǐ^{W}ok]、王力擬音[dʑhǐwok]、董同龢擬音[dʑhjuok]，普通話讀作 shú。可見，後者聲母爲[s]且韻母爲[y]、去聲，近于中古音，應爲文讀音；前者聲母爲[ts']且韻母爲[iu]、上聲，不合，應爲土音。

拭：(1)[推/全]⑥拭$_{\text{土音}}$，擬音爲[tsuɛ^{6}]；(2)[備/生]②拭，擬音爲[si^{2}]。按：聲母、韻母、聲調均不同者。《廣韻》：拭，賞職切，書母職韻入聲；高本漢、王力擬音[ɕĭək]、董同龢擬音[ɕjək]，普通話讀作 shì。可見，後者聲母爲[s]且韻母爲[i]、去聲，近于中古音和普通話，應爲文讀音；前者聲母爲[ts]且韻母爲[uɛ]、去聲，不合，應爲土音。

毒：(1)[後/土]⑥毒$_{\text{土音～死～人}}$，擬音爲[t'e^{6}]；(2)[古/中]②毒$_{\text{～藥}}$，擬音爲[tu^{2}]。按：聲母、韻母、聲調均不同者。《廣韻》：毒，徒沃切，定母沃韻入聲；高本漢、王力、董同龢均擬音[dhuok]，普通話讀作 dú。可見，後者聲母爲[t]且韻母爲[u]、去聲，近于中古音和普通話，應爲文讀音；前者聲母爲[t']且韻母爲[e]、去聲，不合，應爲土音。

以上 14 例，前 10 例土音均爲陰聲韻與入聲韻的對應；後例"牧"字土音爲陽聲韻與入聲韻的對應；最後 3 例"贖、拭、毒"諸字土音爲陰聲韻與陰聲韻的對應。

第四節　只有土音字，無文讀音對應者

在本節裏，我們整理出《六音字典》中只有"土音"字而無與"文讀音"字 11 例。

一、中古陽聲韻字读作"土音"情況 4 例

洚：[本/又]④洚$_{\text{土音宛}}$，擬音爲[ueŋ^{4}]。按：洚，[本字母]又母，上聲四。《廣韻》：洚，古巷切，見母江韻去聲；高本漢、王力、董同龢均擬音[kɔŋ]，普通話

讀作 jiàng。可見，該字與中古音和普通話有較大差别，應爲土音。

莖：[聲/中]③莖土音條～大～日條小日～，擬音爲[tiaŋ³]。按：莖，[聲字母]中母，平聲三。《廣韻》：莖，烏莖切，影母耕韻平聲；高本漢擬音[ʔæŋ]、王力擬音[æŋ]、董同龢擬音[ʔæŋ]；《廣韻》：莖，户耕切，匣母耕韻平聲；高本漢、王力、董同龢均擬音[ɣæŋ]普通話讀作；普通話讀作 jīng。可見，該字與中古音和普通話有較大差别，應爲土音。

言：[乃/求]④言土音，擬音爲[kai⁴]。按：言，[乃字母]求母，上聲四。《廣韻》：言，語軒切，疑母元韻平聲；高本漢、王力擬音[ŋĭɐn]、董同龢擬音[ŋiɐn]，普通話讀作 yán。可見，該字與中古音和普通話有較大差别，應爲土音。

䏶：[後/生]②䏶土音目反，擬音爲[se²]。《中華字海》：“䏶 shěng 音生上聲，瘦。《新唐書·李百藥傳》：‘容貌臒䏶者累年’。”可見，該字與普通話有較大差别，應爲土音。

前 2 例土音均爲陽聲韻；後 2 例土音均爲陰聲韻，中古音均爲陽聲韻。

二、中古陰聲韻字读作“土音”情況 5 例

饑：[舌/求]②饑土音餓也，擬音爲[kyɛ²]。按：饑，[舌字母]求母，去聲二。《廣韻》：饑，居夷切，見母脂韻平聲；高本漢擬音[ki]、王力擬音[ki]、董同龢擬音[kjĕi]，普通話讀作 jī。可見，該字與中古音和普通話有較大差别，應爲土音。

徙：[舌/生]④徙土音遷移日～，擬音爲[syɛ⁴]。按：徙，[舌字母]生母，上聲四。《廣韻》：徙，斯氏切，心母支韻上聲；高本漢擬音[sĭe]、王力擬音[sĭe]、董同龢擬音[sje]，普通話讀作 xǐ。可見，該字與中古音和普通話有較大差别，應爲土音。

口：[出/出]①口土音，擬音爲[ts‘ui¹]。按：口，[出字母]出母，平聲一。《廣韻》：口，苦後切，溪母侯韻上聲；高本漢擬音[khʔu]、王力擬音[khəu]、董同龢擬音[khu]，普通話讀作 kǒu。可見，該字與中古音和普通話有較大差别，應爲土音。

雷：[推/生]①雷土音～公～響，擬音爲[suɛ¹]。按：雷，[推字母]生母，平聲一。《廣韻》：雷，魯回切，來母灰韻平聲；高本漢擬音[luăi]、王力擬音[luɒi]、董同龢擬音[luʌi]，普通話讀作 léi。可見，該字與中古音和普通話有較大差别，應爲土音。

咶：[乃/立]⑤咶土音，擬音爲[lai⁵]。按：咶，[乃字母]立母，入聲五。《廣韻》：咶，火夬切，曉母夬韻去聲；高本漢擬音[xʷai]、王力擬音[xwæi]、董同龢擬音[xuai],普通話讀作 huài。可見,該字與中古音和普通話有較大差别,應爲土音。

以上 5 例土音均爲陰聲韻。

三、中古入聲韻字读作“土音”情況 2 例

鑰:[果/向]②鑰$_{\text{土音炭}\sim}$,擬音爲[xo^{2}]。按:鑰,[果字母]向母,去聲二。《廣韻》:鑰,以灼切,以母藥韻入聲;高本漢擬音[ĭak]、王力擬音[jĭak]、董同龢擬音[jɑk],普通話讀作 yuè。可見,該字與中古音和普通話有較大差别,應爲土音。

甋:[出/求]⑥甋$_{\text{土音水}\sim}$,擬音爲[kui^{6}]。按:[出字母]求母,去聲六。《廣韻》:甋,都曆切,端母錫韻入聲;高本漢、王力擬音[tiek]、董同龢擬音[tiɛk],普通話讀作 dì。可見,該字與中古音和普通話有較大差别,應爲土音。

以上 2 例土音均爲陰聲韻,中古音均爲入聲韻。

第五節　結論

經考察,明本《六音字典》共出現“土音”字 136 例。其中土音與文讀音字音節(包括聲母、韻母、聲調)“某同而某、某不同者”有 54 例,占總數 39.70%;“某、某同而某不同者”有 29 例,占總數 21.32%;“某、某、某均不同者”有 42 例,占總數 30.88%;只有土音字,無文讀音對應者有 11 例占總數 8.09%。具体情況如下表:

土音與文讀音異讀情況		陽聲韻	陰聲韻	入聲韻
“某同而某、某不同者”:54 例	聲母同而韻母、聲調不同者:34 例	10 例	15 例	9 例
	韻母同而聲母、聲調不同者:9 例	2 例	4 例	3 例
	聲調同而聲母、韻母不同者:11 例	2 例	6 例	3 例
“某、某同而某不同者”:29 例	聲母、聲調同而韻母不同者:23 例	10 例	8 例	5 例
	韻母、聲調同而聲母不同者:4 例	2 例	2 例	——
	聲母、韻母同而聲調不同者:2 例	——	1 例	1 例
“某、某、某均不同者”:42 例	聲母、韻母、聲調均不同者:42 例	8 例	20 例	14 例
只有土音字,無文讀音對應者:11 例		4 例	5 例	2 例
合計:136 例		38 例	61 例	37 例

上表可見,陰聲韻土音例最多,每一種類型均有,共 61 例,占總數

44.85％；陽聲韻其次，"聲母、韻母同而聲調不同者"缺例外，其他類型均有，共38例，占總數27.94％；入聲韻再其次，"韻母、聲調同而聲母不同者"缺例外，其他類型均有，共37例，占總數27.21％。

經考察，在136"土音"例中，一般均爲陽聲韻與陽聲韻對應，陰聲韻與陰聲韻對應，入聲韻與入聲韻對應。但還存在六種情況並不是這樣，共有44例：

第一，中古陽聲韻字的"土音"是陰聲韻，共6例：[條/生]⑥羨土音稱~，擬音爲[siɔ^{6}]；[條/中]②幹土音，擬音爲[tiɔ^{2}]；[直/生]⑥勤土音不倦，擬音爲[sᴇ^{6}]；[推/生]⑥棟土音，擬音爲[suɛ^{6}]；[乃/求]④言土音，擬音爲[kai^{4}]；[後/生]②酧土音目反，擬音爲[se^{2}]。

第二，中古陽聲韻字的"土音"是入聲韻，僅1例：[合/又]⑤能土音，擬音爲[ɔ^{5}]。

第三，中古陰聲韻字的"土音"是陽聲韻，共6例：[聲/出]⑥誘土音引動也，擬音爲[ts'iaŋ^{6}]；[通/求]⑥猶土音如也，擬音爲[kɔŋ^{6}]；[通/求]⑥如土音猶也，擬音爲[kɔŋ^{6}]；[唱/人]⑥要土音欲用意，擬音爲[niɔŋ^{6}]；[聲/又]①守土音，擬音爲[iaŋ^{1}]；[音/氣]③取土音，擬音爲[k'eiŋ^{3}]。

第四，中古陰聲韻字的"土音"是入聲韻，共3例：[推/出]⑤塊土音，擬音爲[ts'uɛ^{5}]；[百/中]⑤寄土音~信，擬音爲[ta^{5}]；[乃/立]⑤咶土音，擬音爲[lai^{5}]。

第五，中古入聲韻字的"土音"是陰聲韻，共27例：[條/中]②的土音~力，擬音爲[tiɔ^{2}]；[克/名]②密土音不疏，擬音爲[mɛ^{2}]；[百/立]②粒土音小只，擬音爲[la^{2}]；[百/全]②作土音，擬音爲[tsa^{2}]；[推/又]②欲土音好也，擬音爲[uɛ^{2}]；[聲/人]④惹土音亂炮曰~，擬音爲[niaŋ^{4}]；[結/比]⑥別土音各~，擬音爲[piɛ^{6}]；[舌/向]③蕨土音蘅也，擬音爲[xyɛ^{3}]；[克/比]②抑土音揚反，擬音爲[pɛ^{2}]；[結/全]⑥折土音~本消~，擬音爲[tsiɛ^{6}]；[結/出]②棘土音凡有刺者皆曰~，擬音爲[ts'iɛ^{2}]；[克/人]①或土音，擬音爲[nɛ^{1}]；[克/人]①若土音，擬音爲[nɛ^{1}]；[克/生]⑥笠土音箬~，擬音爲[sɛ^{6}]；[直/向]②諾土音，擬音爲[xᴇ^{2}]；[出/求]⑥掘土音挖也，擬音爲[kui^{6}]；[出/中]⑥及土音，擬音爲[tui^{6}]；[後/求]①足土音，擬音爲[ke^{1}]；[述/中]③縮土音~頭不出，擬音爲[ty^{3}]；[乃/名]②不土音~~作，擬音爲[mai^{2}]；[果/向]②鑰土音炭~，擬音爲[xo^{2}]；[出/求]⑥甋土音水~，擬音爲[kui^{6}]；[乃/中]⑥達土音透~，擬音爲[tai^{6}]；[古/片]⑥雹土音雨，擬音爲[p'u^{6}]；[有/出]④贖土音，擬音爲

[ts'iu⁴];[推/全]⑥拭$_{土音}$,擬音爲[tsuɛ⁶];[後/土]⑥毒$_{土音～死～人}$,擬音爲[t'e⁶]。

第六,中古入聲韻字的“土音”是陽聲韻,僅1例:[聲/又]①牧$_{土音～牛}$,擬音爲[iaŋ¹]。

總之,中古陽聲韻字在《六音字典》裏作“土音”的,有讀作陰聲韻的,有讀作入聲韻的;中古陰聲韻字作“土音”的,有讀作陽聲韻的,有讀作入聲韻的;中古入聲韻字作“土音”的,有讀作陰聲韻的,有讀作陽聲韻的。這些例字,《六音字典》均注明“土音”,反映了16世紀初葉福建閩北方言“底層”的異源層次。

關於文讀和白讀,徐通鏘在《歷史語言學》裏已有明確的定義:“‘文’與‘白’代表兩種不同的語音系統,大體説來,白讀代表本方言的土語,文讀則是以本方言的音系所許可的範圍吸收某一標準語(現代的或古代的)的成分,從而在語音上向這一標準語靠近。……這些情況説明,文讀形式的産生是外方言、主要是權威方言影響的結果,是某一個語言系統的結構要素滲透到另一個系統中去的表現,因而音系中文白異讀之間的語音差異實質上相當於方言之間的語音對應關係。如果説,方言間的語音對應關係是語言分化的結果,那麼音系内部由文白兩種形式的區别所體現的對應關係則是語言匯合或統一的産物。”在上文136個土音例中,除了11例只有土音字而無文讀音對應者,其餘125例土音均找得到相對應的文讀音。這些土音代表着明朝正德年間福建閩北政和方言的土語;而與之相對應的文讀音均爲該方言音系所許可的範圍吸收某一標準語(現代的或古代的)的成分。

徐通鏘在《歷史語言學》中還指出:“文讀形式産生之後在語言系統中就出現了文與白的競争,競争的總趨勢一般都是文讀形式節節勝利,而白讀形式則節節‘敗退’,最後只能憑藉個别特殊的詞語與文讀形式抗爭。這種過程大體上可以分爲三個階段。”這三個階段是“文弱白强”、“文白相持”和“文强白弱”。那11例只有土音字而無文讀音對應者,則是“文弱白强”的一種表現,文讀形式的運用範圍受到極爲嚴格的辭彙條件的限制。125例土音屬“文白相持”,文白共存,體現爲雅/土的風格色彩的差别。而《六音字典》還有大量的韻字找不到相對應的土音字,屬文强白弱,與第一種現象的情況正好相反。如果説第一種現象的文讀形式要受到辭彙條件的嚴格限制,那麼第三種現象則是白讀形式要受到辭彙條件的限制。

中　編

清本《六音字典》(殘卷本)研究

第　一　章

清本《六音字典》作者、成書時間及其聲韻調系統

第一節　清本《六音字典》作者、成書時間

新近發現的閩北方言韻書手抄本《六音字典》有兩種：一是明朝正德乙亥年（即公元 1515 年）陳相手抄本《六音字典》（簡稱明本《六音字典》），一是清朝光緒二十年歲次甲午陳家箎手抄本《六音字典》（簡稱清本《六音字典》）。這兩種《六音字典》均由福建省政和縣楊源鄉阪頭村蘇坑人陳文義老先生珍藏。清本《六音字典》封面署名陳家箎，此人生平事蹟不詳，與陳文義老先生同姓，該是同村祖輩，應是一位文化人。正文前面部分記載，該書成書時間是"光緒二十年歲次甲午暮月"，即公元 1894 年。此書與明本《六音字典》相差 379 年。

第二節　清本《六音字典》聲韻調系統

清本《六音字典》正文的前面部分敍述了本書"十五音"、"三十四字母"及其聲調。現分別介紹如下：

一、清本《六音字典》"十五音"

清本《六音字典》正文的前面部分記載了"十五音"，即：

柳立 邊比 求求 氣氣 直中 頗片 他土 曾全 日人
時生 鶯又 問名 語言 出出 非向

仔細考察清本《六音字典》"十五音",筆者有兩種感受:一是繼承了明本《六音字典》的"十五音",大號字爲清本《六音字典》聲母系統,小字則爲明本《六音字典》聲母系統;二是繼承《戚參軍八音字義便覽》"十五音"(即柳邊求氣低波他曾日時鶯蒙語出喜),其15個聲母字中有11個是相同的,只有4個有差異(直低;頗波;問蒙;非喜),説明清本《六音字典》"十五音"已受到《戚參軍八音字義便覽》"十五音"的影響。現將三種韻書"十五音"排比如下:

明本《六音字典》"十五音":立 比 求 氣 中 片 土 全 人 生 又 名 言 出 向
《戚參軍八音字義便覽》"十五音":柳 邊 求 氣 低 波 他 曾 日 時 鶯 蒙 語 出 喜
清本《六音字典》"十五音":柳 邊 求 氣 直 頗 他 曾 日 時 鶯 問 語 出 非

上表可見,明本《六音字典》"十五音"只有"求""氣""出"等3個字與《戚參軍八音字義便覽》"十五音"相同;清本《六音字典》"十五音"則有"柳""邊""求""氣""他""曾""日""時""鶯""語""出"等11個字與《戚參軍八音字義便覽》"十五音"相同。

二、清本《六音字典》"三十四字母"

清本《六音字典》正文前面部分記載了"三十四字母",即"肥花涼郎連坪梨藍爐攣籬勒林籃俵閬布樓鈴賠驢黄籠彪粒闌栗龍聊羅勞論犁簸"。現將清本《六音字典》與明本《六音字典》"三十四字母"排比如下:

表一 清本《六音字典》:"三十四字母"

1 肥字母	2 花字母	3 涼字母	4 郎字母	5 連字母	6 坪字母
7 梨字母	8 藍字母	9 爐字母	10 攣字母	11 籬字母	12 勒字母
13 林字母	14 籃字母	15 俵字母	16 閬字母	17 布字母	18 樓字母
19 鈴字母	20 賠字母	21 驢字母	22 黄字母	23 籠字母	24 彪字母
25 粒字母	26 闌字母	27 栗字母	28 龍字母	29 聊字母	30 羅字母
31 勞字母	32 論字母	33 犁字母	34 簸字母		

這裏還要提的是,清本《六音字典》"三十四字母"中有11個存韻目而缺韻字的字母:6 坪、12 勒、13 林、14 籃、15 俵、16 閬、17 布、18 樓、19 鈴、20 賠、34

簸。筆者將其與明本《六音字典》"三十四字母"進行比照考證,可爲這 11 個字母進行音值擬測。同樣,明本《六音字典》"三十四字母"中"穿字母"亦屬存韻目而缺韻字的字母,筆者可用同樣方法來給"穿字母"的音值擬音。

表二　明本《六音字典》:"三十四字母"

1 穿字母	2 本字母	3 風字母	4 通字母	5 順字母	6 朗字母
7 唱字母	8 聲字母	9 音字母	10 坦字母	11 橫字母	12 班字母
13 先字母	14 備字母	15 結字母	16 射字母	17 舌字母	18 有字母
19 條字母	20 嘹字母	21 交字母	22 合字母	23 克字母	24 百字母
25 化字母	26 果字母	27 直字母	28 出字母	29 推字母	30 闊字母
31 乃字母	32 後字母	33 述字母	34 古字母		

由以上二表可見,清本與明本《六音字典》均有"三十四字母",字母數一樣,都是 34 個字母。但不同點有二:一是字母用字完全不同,二是字母次序也不同。

三、清本《六音字典》聲調系統

清本《六音字典》正文前面部分記載了聲調表示法:"凡稿中注一二三四五六七八等字者,如注二字以下各字,均寫在二圈之下,如注三字即屬第三圈之下,餘倣此……一三五屬平,各音皆仄。其實大数能然,其小可不從。"這段話有以下四層意思:一是該書設置了八個聲調,以八個圈表示,凡標●號者表示下有韻字,凡○號者表示下無韻字。二是"一三五屬平",是説第一、第三、第五圈下的韻字屬平聲,即平聲一、平聲三、平聲五。三是"各音皆仄",是説第二、第四、第六、第七、第八均屬仄聲,具體地説,即去聲二、上聲四、去聲六、入聲七、去聲八。四是"其實大数能然,其小可不從",應該是説韻字數量大的,可以自成一調;数量小的,可以不从其调。例如:

【粒字母】[邊]●巴瓠~爬搔~　●覇罷霸　●拔~貢土音 琶琵~杷枇~
芭芭蕉侯~　●把跋　●䩻藹葩詩~豝五~羓帝~　●拔~
貢超~●陌柏松~百千~擘　●白紅~

考察全書體例,清本《六音字典》每個字母之下,橫列"十五音",每個聲母之下均有 8 個圓圈,凡有調無字者,以○表示;凡有調有字者,以●表示。根據韻書設計,清本《六音字典》有以下八調:一平聲,二去聲,三平聲,四上聲,五平聲,六去聲,七入聲,八去聲。

清本《六音字典》正文前面部分還指出:"以後人或是抄此冊者,不必捌音,定要結在六音之內裏去,就好了。寫出六音之法,雖平歲去誰平水上成入瑞去,夫平付去無平府上復入父去。各音皆然。"還指出,"一三五屬平,各音皆仄。其實大數能然,其小可不從。"雖然這裏强調"六音之法",但卻設計8個圈,爭論焦點就在於第五圈和第六圈。第五圈出現許多"平聲字",筆者認爲不應當做偶爾現象,而是第三類平聲調。第六圈只有三個地方出現"⑥去聲字":清本"1肥字母"氣母去聲下有"揆"一字;清本"25粒字母"邊母去聲下有"拔"一字;清本"28龍字母"曾母去聲下有"眾俊雋鐫濬浚睃鐫"八字。因爲例字太少,我們把這種現象當做偶爾現象,似乎可以略而不計。但是,清本作者說"以後人或是抄此冊者,不必捌音,定要結在六音之内裏去",這種説法,我們覺得十分牽强。原因是什麼呢?我們猜測,清本作者可能是受到明本《六音字典》"①平聲""③平聲"的影響,明明知道當時已有"⑤平聲"的存在,卻仍然堅持"六音",可能是明本平聲兩調與現代政和話平聲三調的一種過渡吧。第二章我們還有專門的討論。

明本《六音字典》"六音"即指:①平聲,②去聲,③平聲,④上聲,⑤入聲,⑥去聲。而清本《六音字典》是以"八音"來設計的,定要"結在六音之内裏去",有点不合情理。

第　二　章

明本《六音字典》與清本《六音字典》比較研究(上)

在上一章裏，筆者排比了清本《六音字典》和明本《六音字典》“十五音”和“三十四字母”，它們基本上是一致的，但二者還是有些差異的。下文將兩種《六音字典》進行對讀，先尋找對應的字母；再以“十五音”的順序尋找對應韻字(如[求/攀]，“求”表示聲母，“攀”表示韻母)；次與現代政和方言進行歷史比較；最後給字母進行音值構擬。統計對應數字時，按平、上、去、入四聲分別進行統計。如明本“24 百字母”和清本“25 粒字母”對應表：

本	紐	平	去	平	上	(平)	(去)	入	去
明	比/百	巴爬芭疤笆鲌枛	霸罷炻	犮拔窄琶杷跋	把靶杷	——	——	百柏唎叭捌牓擛蘗	白鉑耙
清	邊/粒	巴爬	霸罷覇	拔琶杷芭	把跋	吧藒葩豝羓	拔	百柏陌擘	白
政和	調	陰平	陰去	陽平 1	上聲	陽平 2	○	入聲	陽去
	例	巴疤芭笆	霸灞	拔琶	把靶	爬扒耙叭	○	百柏陌	白爸

筆者可以從表格中尋找對應字。據考證，上聲和入聲韻字基本上是對應的；平聲較複雜，由明本平聲兩調演變爲清本平聲三調，再演變爲現代政和方言平聲三調；去聲也複雜一些，由明本去聲兩調演變爲清本去聲三調，再演變爲現代政和方言去聲兩調。故統計對應數字時，按平、上、去、入四聲分別進行統計。

上表可見，明本《六音字典》六調；清本《六音字典》八調；现代政和方言七调。因清本⑥去聲全書只出現 4 次 11 個字，因此筆者在下文設計的表格中除了那 4 次設計八音以外，一律以七音來設計，以節省篇幅。

第一節 明本“穿本風通順”與清本“攣論闌黄籠龍”對應

本節將明本《六音字典》和清本《六音字典》的以下韻部做比較:“穿”與“攣”,“本”與“闌、論”,“風”與“黄、籠”,“通”與“籠”,“順”與“龍”。

1. 明本“1穿字母”與清本“10攣字母”比較

表1—1

本	紐/韻	①平	②去	③平	④上	——	⑤入	⑥去
明	立/穿	○	○	○	○	——	○	○
本	紐/韻	①平	②去	③平	④上	⑤平	⑦入	⑧去
清	柳/攣	攣裢褳紩	○	○	○	○	○	戀孌欒
政	調	陰平	陰去	陽平1	上聲	陽平2	入聲	陽去
和	例	○	○	○	○	聯	○	○

明本“穿字母”缺韻字,清本“攣字母”有(攣裢褳紩戀孌欒)韻字。據《政和縣志・方言》“聯(用針縫)”字讀作[lyiŋ],實際上其本字爲“紩縫,用針線連綴”;《政和縣志》不見“攣裢褳孌欒”諸字。

表1—2

本	紐/韻	①平	②去	③平	④上	——	⑤入	⑥去
明	求/穿	○	○	○	○	——	○	○
本	紐/韻	①平	②去	③平	④上	⑤平	⑦入	⑧去
清	求/攣	堎拳	卷建健 絹捲倦鍵	權縣 顴	囝涓蠲捐娟 鵑根	○	○	近
政	调	陰平	陰去	陽平1	上聲	陽平2	入聲	陽去
和	例	根斤觔筋	卷建健	權縣县	囝拳	堎	○	近莖

清本有“堎卷建健權縣囝近”8個韻字與现代政和方言相對應,據《政和縣志・方言》,可擬音爲[kyiŋ]。

表1—3

本	紐/韻	①平	②去	③平	④上	⑤平	⑦入	⑧去
清	氣/攣	勸	○	○	券	圈	○	○
政	調	陰平	陰去	陽平1	上聲	陽平2	入聲	陽去
和	例	圈	勸	○	○	○	○	券

清本有"圈"1 個韻字與現代政和方言相對應,據《政和縣志・方言》,可擬音爲[k'yiŋ]。

表 1—4

本	紐/韻	①平	②去	③平	④上	⑤平	⑦入	⑧去
清	直/攣	○	○	傳	轉囀	○	○	篆傳
政	調	陰平	陰去	陽平 1	上聲	陽平 2	入聲	陽去
和	例	○	○	傳	轉	○	○	篆傳

清本有"傳轉篆傳"4 個韻字與現代政和方言相對應,根據《政和縣志・方言》,可擬音爲[tyiŋ]。

表 1—5

本	紐/韻	①平	②去	③平	④上	——	⑤入	⑥去
明	土/穿	○	○	○	○	——	○	○
清	他/攣	○	○	○	剶	○	○	傳
政	調	陰平	陰去	陽平 1	上聲	陽平 2	入聲	陽去
和	例	○	○	○	○	○	○	○

據《政和縣志・方言》載,"傳"字不讀作[t'yiŋ],而讀作[tyiŋ]。

表 1—6

本	紐/韻	①平	②去	③平	④上	——	⑤入	⑥去
明	全/穿	○	○	○	○	——	○	○
本	紐/韻	①平	②去	③平	④上	⑤平	⑦入	⑧去
清	曾/攣	泉	○	全銓旋筌痊璿璇悛竣	○	專磚耑遄顓甎	○	漩賤
政	調	陰平	陰去	陽平 1	上聲	陽平 2	入聲	陽去
和	例	專磚	○	全銓	○	泉	○	漩轉馴旋

清本"全銓漩泉專磚"6 個韻字與現代政和方言相對應,根據《政和縣志・方言》,可讀作[tsyiŋ]。

表 1—7

本	紐/韻	①平	②去	③平	④上	——	⑤入	⑥去
明	人/穿	○	○	○	○	——	○	○
本	紐/韻	①平	②去	③平	④上	⑤平	⑦入	⑧去
清	日/攣	○	○	○	輭耎軟愞	○	○	韌
政	調	陰平	陰去	陽平 1	上聲	陽平 2	入聲	陽去
和	例	○	○	○	○	○	○	韌

清本有“韌”1 個韻字與現代政和方言相對應，據《政和縣志·方言》，可讀作[nyiŋ]。

表 1—8

本	紐/韻	①平	②去	③平	④上	——	⑤入	⑥去
明	生/穿	○	○	○	○	——	○	○
本	紐/韻	①平	②去	③平	④上	⑤平	⑦入	⑧去
清	時/攣	○	線	船舡	徙選葰	喧暄宣萱藼諼	○	墡蟮鱔
政	調	陰平	陰去	陽平 1	上聲	陽平 2	入聲	陽去
和	例	宣喧萱伸	線腺	○	選	○	○	蟮鱔

清本有“線選蟮鱔喧宣萱”7 個韻字與現代政和方言相對應，據《政和縣志·方言》，可讀作[syiŋ]。

表 1—9

本	紐/韻	①平	②去	③平	④上	——	⑤入	⑥去
明	又/穿	○	○	○	○	——	○	○
本	紐/韻	①平	②去	③平	④上	⑤平	⑦入	⑧去
清	鶯/攣	猿宛袁淵丸蝯猨芄緣鳶櫞沿媛	怨	黿	遠	鴛	○	院暈
政	調	陰平	陰去	陽平 1	上聲	陽平 2	入聲	陽去
和	例	宛淵鴛	怨	船圓	遠援	猿袁丸員鉛	○	院阮換雇

清本有“猿宛袁淵丸怨遠院”8 個韻字與現代政和方言相對應，據《政和縣志·方言》，可讀作[yiŋ]。

表 1—10

本	紐/韻	①平	②去	③平	④上	——	⑤入	⑥去
明	言/穿	○	○	○	○	——	○	○
本	紐/韻	①平	②去	③平	④上	⑤平	⑦入	⑧去
清	語/攣	元原源騵嫄	○	言	○	○	○	願原
政	調	陰平	陰去	陽平 1	上聲	陽平 2	入聲	陽去
和	例	○	○	言	○	蔫元原源皽	○	願

清本有“元原源言願”5 個韻字與現代政和方言相對應，根據《政和縣志·方言》，可讀作[ŋiŋ]。

表 1—11

本	紐/韻	①平	②去	③平	④上	——	⑤入	⑥去
明	出/穿	○	○	○	○	——	○	○
本	紐/韻	①平	②去	③平	④上	⑤平	⑦入	⑧去
清	出/攣	○	串	○	癬	川穿	○	○
政	調	陰平	陰去	陽平 1	上聲	陽平 2	入聲	陽去
和	例	川	串穿	○	癬	○	○	○

清本有“川串穿癬”4 個韻字與現代政和方言相對應，根據《政和縣志・方言》，可讀作[ts‘yiŋ]。

表 1—12

本	紐/韻	①平	②去	③平	④上	——	⑤入	⑥去
明	向/穿	○	○	○	○	——	○	○
本	紐/韻	①平	②去	③平	④上	⑤平	⑦入	⑧去
清	非/攣	園园軒	憲獻献讞懸	完鼋萑圓員鉉玄	○	○	○	眩絢
政	調	陰平	陰去	陽平 1	上聲	陽平 2	入聲	陽去
和	例	軒	憲獻	○	掀	園	○	○

清本有“園园軒憲獻献”6 個韻字與現代政和方言相對應，據《政和縣志・方言》，可讀作[xyiŋ]。

經考證，清本《六音字典》“10 攣字母”可擬音爲[yiŋ]。明本《六音字典》“1 穿字母”缺頁，今根據表 1—11 清本《六音字典》“出/攣”平聲五下有“川穿”二字，筆者據此給“1 穿字母”擬音爲[yiŋ]。

2. 明本“2 本字母”與清本“26 闌字母”、“32 論字母”比較

表 2—1

本	紐	①平	②去	③平	④上		⑤入	⑥去
明	立/本	襴圇	○	灡	○	○	○	論亂乱爛
		①平	②去	③平	④上	⑤平	⑦入	⑧去
清	柳/闌	闌欄蘭爛攔	卵	灡鑾鸞巒	懶孏	○	○	亂乿乱爛
清	柳/論	○	○	○	○	○	○	論
政	調	陰平	陰去	陽平 1	上聲	陽平 2	入聲	陽去
和	例字	○	囒	鑾鸞	懶	闌欄蘭爛攔灡	○	乱爛/論

明本與清本有“灡亂乱爛/論”5 個韻字相對應，明本、清本有“闌欄蘭爛攔灡鑾鸞懶乱爛/論”12 個韻字與現代政和方言相對應，據《政和縣志・方言》，除了“論”字讀作[lauŋ]，其餘可讀作[lueiŋ]。

表 2—2

本	紐	平	去	平	上	(平)	入	去
明	比/本	般盤槃磐鎜	半糞撲叁畚	盆搬	坂本跰	○	○	拌飯
清	邊/闌	般盤槃磐盆鞶	半糞	攂	坂	○	○	拌
清	邊/論	○	○	盤盆	本畚	○	○	○
政和	調	陰平	陰去	陽平 1	上聲	陽平 2	入聲	陽去
	例	般搬	半	盤掊		盤	○	拌
		○	○	○	本	○	○	○

明本與清本有“般盤槃磐盆坂半糞拌/本”10 個韻字相對應,明本、清本有“般搬半盤拌”5 個韻字與現代政和方言相對應,根據《政和縣志・方言》,除了“本”字則讀作[pauŋ],其餘可讀作[pueiŋ]。

表 2—3

本	紐	平	去	平	上	(平)	入	去
明	求/本	裙	貫棍灌	竿乾干鰥冠幹	管	○	○	幹慣裸觀
清	求/闌	裩褌幝	貫	寒汗	稈琯痯綰芊逭盥	竿乾干鰥冠官倌菅觀覌闗涫	○	幹慣祼觀覌雚鸛丫冠盰
清	求/論	○	棍灌	○	管	○	○	○
政和	調	陰平	陰去	陽平 1	上聲	陽平 2	入聲	陽去
	例	竿乾官闗倌干冠鰥覌棺	貫	寒汗	稈管滚鲧馆	○	○	慣
		○	棍灌	○	管	○	○	○

明本與清本有“貫竿乾干鰥冠幹慣祼觀/棍灌管”13 個韻字相對應,明本、清本有“竿乾官闗倌干冠鰥覌貫寒汗稈管/棍灌管”17 個韻字與現代政和方言相對應,根據《政和縣志・方言》,除了“棍灌管”則讀作[kauŋ],其餘可讀作[kueiŋ]。

表 2—4

本	紐	平	去	平	上	(平)	入	去
明	氣/本	○	困	昆崑坤焜鵾	館舘悃墾匠綑稇款	○	○	○
清	氣/闌	環鐶	○	○	館欵侃	寬髡琨	○	○
清	氣/論	○	困困	○	稇衮梱捆閫壼悃	昆崑坤鯤錕緄琨	○	○
政和	調	陰平	陰去	陽平 1	上聲	陽平 2	入聲	陽去
	例	寬	困	○	款	困	○	○
		坤	閫	○	捆	○	○	○

明本與清本有“困昆崑坤錧館”6 個韻字相對應，明本、清本有“寬困款/坤捆閫”6 個韻字與現代政和方言相對應，根據《政和縣志・方言》，除了“坤捆閫”字讀作[k‘auŋ]，其餘可讀作[k‘ueiŋ]。

表 2—5

本	紐	平	去	平	上	(平)	入	去
明	中/本	端丹	旦誕單 暖煖	壇檀彈團 單刯	頓遏詚剸墩 塹擎敲	○	○	斷断象煆叚 塅緞
清	直/闌	○	旦誕單	壇檀彈團溥鄲	○	端丹敦	○	斷象煆叚鍛
清	直/論	○	煖暖	○	○	墩驐暾	○	
政和	調	陰平	陰去	陽平 1	上聲	陽平 2	入聲	陽去
	例	端丹單	旦單	彈壇昙	疸	壇	○	断
		○	頓	○	墩	○	○	鍛

明本與清本有“端丹旦誕單壇檀彈團斷断象煆叚/暖煖”16 個韻字相對應，明本、清本有“端丹旦單彈壇断/墩鍛”9 個韻字與現代政和方言相對應，根據《政和縣志・方言》，除了“墩鍛”字讀作[tauŋ]，其餘可讀作[tueiŋ]。

表 2—6

本	紐	平	去	平	上	(平)	入	去
明	片/本	跘盤鬆蟠磻	噴判	○	○	○	○	泮伴畔拚
清	頗/闌	槃	噴判叛	弁胖	○	磻蟠潘藩膰 蹯幡璠	○	泮伴丱頖
清	頗/論	○	○	○	○	○	○	○
政	調	陰平	陰去	陽平 1	上聲	陽平 2	入聲	陽去
和	例	潘	判叛	○	○	蟠	○	泮伴畔

明本與清本有“蟠磻噴判伴泮”6 個韻字相對應，明本、清本有“潘蟠判叛泮伴畔”7 個韻字與現代政和方言相對應，據《政和縣志・方言》，可讀作[p‘ueiŋ]。

表 2—7

本	紐	平	去	平	上	(平)	入	去
明	土/本	○	嘆攤炭	吞檔	○	○	○	○
清	他/闌	灘攤	歎嘆炭	○	○	攤	○	○
清	他/論	吞	○	○	○	○	○	○
政和	調	陰平	陰去	陽平 1	上聲	陽平 2	入聲	陽去
	例	灘攤湍	炭嘆	○	○	○	○	○
		吞	○	○	○	○	○	○

明本與清本有“歎攤炭/吞”4 個韻字相對應，明本、清本有“灘攤炭歎”4 個韻

字與現代政和方言相對應,根據《政和縣志・方言》,除了"吞"字讀作[t'auŋ],其餘可讀作[t'ueiŋ]。

表 2—8

本	紐	平	去	平	上	(平)	入	去
明	全/本	○	趲圳	薦荐	○	○	○	○
清	曾/闌	攢	瓚纘酇纂贊讚	○	○	○	○	○
清	曾/論	○	鑽	○	○	○	○	○
政和	調	陰平	陰去	陽平 1	上聲	陽平 2	入聲	陽去
	例	○	贊攢	戲	○	○	○	○
		○	鑽	○	○	○	○	○

清本有"贊/鑽"2 個韻字與現代政和方言相對應,根據《政和縣志・方言》,除了"鑽"字讀作[tsauŋ],其餘可讀作[tsueiŋ]。

表 2—9

本	紐	平	去	平	上	(平)	入	去
明	人/本	○	○	○	暖煖	○	○	嫩難
清	日/闌	難	○	○	○	○	○	戁難細
清	日/論	○	○	○	煖	○	○	嫩
政和	調	陰平	陰去	陽平 1	上聲	陽平 2	入聲	陽去
	例	○	○	○	暖	難	○	難
		○	暖	○	○	○	○	嫩

明本與清本有"暖難/煖嫩"4 個韻字相對應,明本、清本有"難/煖嫩"3 個韻字與現代政和方言相對應,根據《政和縣志・方言》,除了"煖嫩"字讀作[nauŋ],其餘可讀作[nueiŋ]。

表 2—10

本	紐	平	去	平	上	(平)	入	去
明	生/本	○	筭散巽算	山孫酸	産傘損	○	○	蛋瞬
清	時/闌	○	筭散皦	○	産傘損繖	山孫	○	○
清	時/論	○	巽潠蒜	○	損	孫酸	○	蛋蝨
政和	調	陰平	陰去	陽平 1	上聲	陽平 2	入聲	陽去
	例	山	算散	○	傘産散	○	○	○
		孫酸	蒜	○	損	○	○	○

明本與清本有"筭散山孫産傘損蛋/巽酸"10 個韻字相對應,明本、清本有"山算散傘産散/孫酸蒜損"10 個韻字與現代政和方言相對應,根據《政和縣志・方言》,除了"孫酸蒜損"字讀作[sauŋ],其餘可讀作[sueiŋ]。

表 2—11

本	紐	平	去	平	上	(平)	入	去
明	又/本	氳温㔚嗢瘟	案按彎灣	安鞍樊焚萬万礬文紋墳坟聞雯尯紈煩	穩宛婉碗椀盌緩晚爰刎浲宛阮挽	○	○	苑奐奂宦煴榦幹聞煥換斡
清	鶯/闌	灣彎	案按	樊焚萬礬蘩韓繁癏闤鬟寰闤熕	宛婉碗椀盌緩晚爰晼琬畹踠楥腕惋媛菀蜿	安鞍窐	○	苑阮
清	鶯/論	○	○	○	穩	氳温緼蒀煴	○	蕴藴醖惱韞
清	又/論	○	○	文紋墳聞	○	○	○	汶
政和	調	陰平	陰去	陽平 1	上聲	陽平 2	入聲	陽去
政和	例	灣彎安鞍氨	案按旱	还怀桓焊环寒	穩碗宛	○	○	○
政和		瘟温	○	○	○	○	○	煥換斡

明本與清本有“氳瘟温案按安鞍樊焚萬万礬宛婉碗椀盌緩晚爰苑/文紋墳坟聞穩氳温”29 個韻字相對應,明本、清本有“灣彎安鞍案按穩碗宛/瘟温”11 個韻字與現代政和方言相對應,根據《政和縣志·方言》,除了“瘟温”字讀作[auŋ],其餘可讀作[ueiŋ]。

表 2—12

本	紐	平	去	平	上	(平)	入	去
明	名/本	○	○	瞞	滿	○	○	問
清	問/闌	門瞞饅	○	○	滿	○	○	問
清	問/論	○	○	○	○	○	○	○
政和	调	阴平	阴去	阳平 1	上声	阳平 2	入声	阳去
政和	例	○	○	○	滿	瞞媒饅	○	○
政和		○	○	○	○	○	○	問

明本與清本有“瞞滿問”3 個韻字相對應,明本、清本有“瞞滿問”3 個韻字與現代政和方言相對應,根據《政和縣志·方言》,除了“門問”字讀作[mɔŋ],其餘可讀作[mueiŋ]。

表 2—13

本	紐	平	去	平	上	(平)	入	去
明	言/本	○	○	○	○	○	○	玩翫
清	語/闌	銀垠	○	頑	○	○	○	玩澣浣睆莞
清	語/論	○	○	○	○	○	○	○
政和	調	陰平	陰去	陽平 1	上聲	陽平 2	入聲	陽去
政和	例	○	○	頑	○	○	○	玩
政和		○	○	○	○	○	○	○

明本與清本有"玩"1 個韻字相對應,明本、清本有"頑玩"2 個韻字與現代政和方言相對應,根據《政和縣志・方言》,可讀作[ŋueiŋ]。

表 2—14

本	紐	平	去	平	上	(平)	入	去
明	出/本	○	寸	村	喘惴忖揣鏟 腨腄舛剶	○	○	粲燦篡撰竄 爨纂
清	出/闌	○	○	○	喘惴忖揣鏟剗	飡餐湍	○	粲燦篡撰竄爨 饌餥璨篹譔
清	出/論	○	寸	○	○	村邨	○	○
政和	調	陰平	陰去	陽平 1	上聲	陽平 2	入聲	陽去
	例	餐	○	○	鏟喘	○	○	燦纂
		村	寸	○	○	○	○	○

明本與清本有"喘惴忖揣鏟粲燦篡撰竄爨/寸村"13 個韻字相對應,明本、清本有"餐燦/寸村"4 個韻字與現代政和方言相對應,根據《政和縣志・方言》,除了"寸村"字讀作[tsʻauŋ],其餘可讀作[tsʻueiŋ]。

表 2—15

本	紐	平	去	平	上	(平)	入	去
明	向/本	鼾販玕歡懽 魂葷昏婚分芬 吩紛惛惃	漢旱哻譽	還恒肝 番翻潅垣繁焚 渾環韓販	粉紛反返恢	○	○	宦患翰喚喚 忿分份飯
清	非/闌	鼾販蘢	漢旱暵熯	還恒桓緬	○	玕歡懽肝驩	○	宦患翰喚 幻旰瀚換渙奐
清	非/論	魂	○	○	○	葷昏婚	○	○
	餘音	○	○	○	粉紛棼蚡刎坌	分芬氛枌汾	○	忿分憤汶
政和	調	陰平	陰去	陽平 1	上聲	陽平 2	入聲	陽去
	例	肝歡	漢	○	○	鼾	○	幻喚換患翰
		昏婚	○	○	○	○	○	○

明本與清本有"鼾販玕歡懽漢旱還恒肝宦患翰喚喚/魂葷昏婚分芬粉紛忿分"25 個韻字相對應,明本、清本有"肝歡漢鼾幻喚換患翰/昏婚"11 個韻字與現代政和方言相對應,根據《政和縣志・方言》,除了"昏婚"字讀作[xauŋ],其餘可讀作[xueiŋ]。

據考證,明本《六音字典》"2 本字母"擬音爲[ueiŋ/uaiŋ](馬重奇,2010),清本"26 闌字母"韻字可與之對應,可擬音爲[ueiŋ];"2 本字母"部分韻字與清本"32 論字母"韻字對應,這些韻字在現代政和方言讀作[auŋ],但由於明本"6

朗字母”擬音爲[auŋ/uauŋ](馬重奇,2010),清本“4 郎字母”與之對應,可擬音爲[auŋ/uauŋ],爲了區别“4 郎字母”和“32 論字母”,我們特將“32 論字母”擬音爲[uaiŋ]。

3. 明本“3 風字母”與清本“22 黄字母”、“23 籠字母”比較

表 3—1

本	紐	平	去	平	上	(平)	入	去
明	求/風	光	○	狂誑	廣鑛	○	○	○
清	求/黄	○	○	狂	廣鑛	光觥胱	○	○
政	調	陰平	陰去	陽平 1	上聲	陽平 2	入聲	陽去
和	例	工功攻公	貢汞	狂	港	○	○	共

明本與清本有“光狂廣鑛”4 個韻字相對應,明本、清本有“狂”1 個韻字與現代政和方言相對應,根據《政和縣志・方言》,可讀作[kɔŋ]。

表 3—2

本	紐	平	去	平	上	(平)	入	去
明	氣/風	○	○	筐匡	○	○	○	曠壙況貺
清	氣/黄	○	曠擴纊	○	○	筐匡劻眶	○	壙況貺
政	調	陰平	陰去	陽平 1	上聲	陽平 2	入聲	陽去
和	例	空崆框	空	○	恐	○	○	礦控況

明本與清本有“筐匡曠壙況貺”6 個韻字相對應,明本、清本有“況”1 個韻字與現代政和方言相對應,根據《政和縣志・方言》,可讀作[k‘ɔŋ]。

表 3—3

本	紐	平	去	平	上	(平)	入	去
明	又/風	黄王惶鰉鱑	王	磺逢煌凰皇簧蓬	枉往影	○	○	旺汪
清	鶯/黄	黄王簧璜	王	磺逢煌凰皇惶隍遑篁蝗媓縫	枉往迋	汪	○	旺
政	調	陰平	陰去	陽平 1	上聲	陽平 2	入聲	陽去
和	例	翁	甕蕹	暈	影往	王黄嗡		旺

明本與清本有“黄王惶王磺逢煌凰皇簧枉往旺”13 個韻字相對應,明本、清本有“影往王黄旺”5 個韻字與現代政和方言相對應,根據《政和縣志・方言》,可讀作[ɔŋ]。

表 3—4

本	紐	平	去	平	上	(平)	入	去
明	向/風	楻鄷豊豐丰	詳	風荒峯瘋慌鋒封	恍諷謊慌捧棒	○	○	奉俸鳳巷鳳
清	非/黄	楻風	○	○	恍諷謊琫誑迋	荒楓峰	○	○
清	非/籠	丰	○	○	諷琫	風楓峰封豐鋒烽湊夆葑鄷	○	奉俸鳳
政和	調	陰平	陰去	陽平 1	上聲	陽平 2	入聲	陽去
	例	風豐峰鋒封慌烘	埪	紅鴻	哄	楻		鳳奉

明本與清本有"楻風恍諷謊荒楓峰/丰諷風楓峰封豐鋒奉俸鳳"19個韻字相對應,明本、清本有"風豐峰鋒封慌楻鳳奉"9個韻字與現代政和方言相對應,據《政和縣志·方言》,可讀作[xɔŋ]。

經考證,明本"3風字母"擬音爲[uŋ](馬重奇,2010),清本"22黄字母"與之對應,亦可擬音爲[ɔŋ];清本"23籠字母"部分韻字也與之對應,在現代政和方言中亦讀作[ɔŋ]。爲了區别"22黄字母"和"23籠字母"的微殊,故特將"22黄字母"擬音爲[uŋ],"23籠字母"則擬音爲[ɔŋ]。

4.明本"4通字母"與清本"23籠字母"比較

表 4—1

本	紐	平	去	平	上	(平)	入	去
明	立/通	礱籠壠壟垅	窿櫟	朧嚨	籠	○	○	衖弄
清	柳/籠	礱籠硥	隴龍壠	瓏	籠	壠	○	衖弄哢
政	調	陰平	陰去	陽平 1	上聲	陽平 2	入聲	陽去
和	例	○	窿	煵	○	壟隴籠	○	挵弄

明本與清本有"礱籠壠籠衖弄"6個韻字相對應,明本、清本有"壟隴籠弄"4個韻字与现代政和方言相对應,據《政和縣志·方言》,可讀作[lɔŋ]。

表 4—2

本	紐	平	去	平	上	(平)	入	去
明	比/通	○	放	馮房枋	○	○	○	�
清	邊/籠	房	放	馮	○	○	○	○
政	調	陰平	陰去	陽平 1	上聲	陽平 2	入聲	陽去
和	例	枋	放	房馮	捧	○	○	飯

明本與清本有"放房馮"3個韻字相對應,明本、清本有"馮房枋"3個韻字與現代政和方言相對應,據《政和縣志·方言》,可讀作[pɔŋ]。

表 4—3

本	紐	平	去	平	上	（平）	入	去
明	求/通	○	貢肛	公攻工功蚣	○	○	○	共猶如
清	求/籠	○	貢贛	○	○	公攻工功	○	共猶
政	調	陰平	陰去	陽平 1	上聲	陽平 2	入聲	陽去
和	例	公攻工功	貢汞	狂	港			共

明本與清本有“貢公攻工功共猶”7 個韻字相對應，明本、清本有“貢公攻工功共”6 個韻字與現代政和方言相對應，據《政和縣志・方言》，可讀作[kɔŋ]。

表 4—4

本	紐	平	去	平	上	（平）	入	去
明	氣/通	空	○	埪	孔	○	○	壙
清	氣/籠	○	○	○	孔	空悾	○	壙
政	調	陰平	陰去	陽平 1	上聲	陽平 2	入聲	陽去
和	例	空崆框	空	○	恐	○	○	礦控況

明本與清本有“空孔壙”3 個韻字相對應，明本、清本有“空”1 個韻字與現代政和方言相對應，據《政和縣志・方言》，可讀作[k‘ɔŋ]。

表 4—5

本	紐	平	去	平	上	（平）	入	去
明	中/通	東冬 筒篛豘笭苳 零疼桐恫炯爞	動棟	同仝銅彤童 瞳洞	凍董懂	○	○	重
清	直/籠	筒篛豘	動棟洞	同仝銅彤童 侗暗罿曈橦	凍董	東冬悚	○	重洞
政	調	陰平	陰去	陽平 1	上聲	陽平 2	入聲	陽去
和	例	東冬	棟動凍	銅同洞恫	董懂	咚筒		重

明本與清本有“東冬篛筒動棟同仝銅彤童凍董重”14 個韻字相對應，明本、清本有“東冬動棟銅同洞董懂筒重”11 個韻字與現代政和方言相對應，據《政和縣志・方言》，可讀作[tɔŋ]。

表 4—6

本	紐	平	去	平	上	（平）	入	去
明	片/通	蓬鬔帆帆	噴	蜂蠭	紡	○	○	縫
清	頗/籠	篷鬔箻	○	○	捧紡	蜂蠭	○	縫
政	調	陰平	陰去	陽平 1	上聲	陽平 2	入聲	陽去
和	例	蜂	碰	○	○	蓬帆篷	○	縫

明本與清本有"帆帆𩬆蜂𧕴紡縫"7 個韻字相對應,明本、清本有"蜂蓬篷縫"4 個韻字與現代政和方言相對應,據《政和縣志·方言》,可讀作[p'ɔŋ]。

表 4—7

本	紐	平	去	平	上	(平)	入	去
明	土/通	虫𧈢蟲桐	○	通熥	桶統	○	○	痛
清	他/籠	虫蟲桐恫痌	○	○	桶統	通	○	痛
政	調	陰平	陰去	陽平 1	上聲	陽平 2	入聲	陽去
和	例	通	痛疼	○	桶	蟲桐	○	○

明本與清本有"虫𧈢蟲桐通桶統痛"8 個韻字相對應,明本、清本有"通痛桶蟲桐"5 個韻字與現代政和方言相對應,據《政和縣志·方言》,可讀作[t'ɔŋ]。

表 4—8

本	紐	平	去	平	上	(平)	入	去
明	全/通	叢踪蹤宗	糉粽	崇棕椶	總捴	○	○	○
清	曾/籠	叢踪蹤瑽騘豵	糉粽㚇	崇淙騣鬃	總捴	棕椶宗琮	○	○
政	調	陰平	陰去	陽平 1	上聲	陽平 2	入聲	陽去
和	例	宗棕鬃蹤捽	粽	崇	總	叢		縱

明本與清本有"叢蹤踪宗糉粽崇棕椶總捴"11 個韻字相對應,明本、清本有"宗棕鬃蹤粽崇總叢"8 個韻字與現代政和方言相對應,據《政和縣志·方言》,可讀作[tsɔŋ]。

表 4—9

本	紐	平	去	平	上	(平)	入	去
明	人/通	儂	齈	農	○	○	○	○
清	日/籠	○	○	農	○	○	○	○
政	調	陰平	陰去	陽平 1	上聲	陽平 2	入聲	陽去
和	例	○	○	農儂穠	○	○	○	○

明本與清本有"農"1 個韻字相對應,明本、清本有"農儂"2 個韻字與現代政和方言相對應,據《政和縣志·方言》,可讀作[nɔŋ]。

表 4—10

本	紐	平	去	平	上	(平)	入	去
明	生/通	𩕄雙双鬆	宋送	憽	摤聳	○	○	倯
清	時/籠	𩕄	宋送	○	摤聳	双雙鬆艭雙	○	○
政	調	陰平	陰去	陽平 1	上聲	陽平 2	入聲	陽去
和	例	鬆	宋送	○	○	○	○	宋送

明本與清本有“聳双雙鬆宋送搓聳”8個韻字相對應,明本、清本有“鬆宋送”3個韻字與現代政和方言相對應,據《政和縣志·方言》,可讀作[sɔŋ]。

表 4—11

本	紐	平	去	平	上	(平)	入	去
明	又/通	○	甕邕雍罋菶蓊	○	○	○	○	○
清	鶯/籠	○	甕瓮	○	○	邕癰饔雝	○	○
政	調	陰平	陰去	陽平 1	上聲	陽平 2	入聲	陽去
和	例	松			搡	聾聳		拴

明本與清本有“甕邕”2個韻字相對應,據《政和縣志·方言》,可讀作[ɔŋ]。

表 4—12

本	紐	平	去	平	上	(平)	入	去
明	名/通	蓬	網	蒙	蚊懞懵	○	○	夢梦瞢夣儚
清	問/籠	蓬	○	蒙濛朦艨曚幪夣懵夢瞢梦寱	蚊蟁蚉蜓蟁螽	網	○	夢梦瞢夣問寱
政和	調	陰平	陰去	陽平 1	上聲	陽平 2	入聲	陽去
政和	例	○	網	蒙濛朦艨曚礞	蚊懵	門芒	○	夢問甍

明本與清本有“蓬網蒙蚊夢梦瞢夣”8個韻字相對應,明本、清本有“網蒙濛朦曚艨問懵蚊夢”10個韻字與現代政和方言相對應,據《政和縣志·方言》,可讀作[mɔŋ]。

表 4—13

本	紐	平	去	平	上	(平)	入	去
明	出/通	蔥聰聰蓊囪悤匆	○	熜	○	○	○	○
清	出/籠	○	○	○	○	蔥聰聰蓊怱匆驄	○	○
政	調	陰平	陰去	陽平 1	上聲	陽平 2	入聲	陽去
和	例	聰蔥匆囪	○	寵	○	○	○	○

明本與清本有“蔥聰聰蓊悤匆”6個韻字相對應,明本、清本有“聰蔥匆囪”4個韻字與現代政和方言相對應,據《政和縣志·方言》,可讀作[ts‘ɔŋ]。

表 4—14

本	紐	平	去	平	上	(平)	入	去
明	向/通	轟	烘缸	紅鴻弘宏烘	詎駆	○	○	○
清	非/籠	○	○	紅鴻弘宏洚閎豅洪	詎駆	烘	○	○
政和	調	陰平	陰去	陽平 1	上聲	陽平 2	入聲	陽去
	例	峰風鋒封豐慌烘	埪	紅鴻	哄	楻	○	鳳奉

明本與清本有“紅鴻弘宏烘詎駆”7 個韻字相對應,明本、清本有“烘紅鴻”3 個韻字與現代政和方言相對應,據《政和縣志·方言》,可讀作[xɔŋ]。

經考證,明本“4 通字母”擬音爲[ɔŋ](馬重奇,2010),清本“23 籠字母”與之對應,亦可擬音爲[ɔŋ]。可見,清本“23 籠字母”多數韻字與明本“4 通字母”對應,少數韻字與明本“3 風字母”韻字對應。

5. 明本“5 順字母”與清本“28 龍字母”比較

表 5—1

本	紐	平	去	平	上	(平)	入	去
明	立/順	龍竜輪尨	崙侖	倫隆	○	○	○	○
清	柳/龍	龍竜輪艙朧轆踚	○	倫隆霳窿綸淪掄逾崙蜦	○	○	○	○
政和	調	陰平	陰去	陽平 1	上聲	陽平 2	入聲	陽去
	例	○	崙	倫隆閏純茸絨	○	龍輪	○	○

明本與清本有“龍竜輪崙倫隆”6 個韻字相對應,明本、清本有“崙倫隆龍輪”5 個韻字與現代政和方言相對應,據《政和縣志·方言》,可讀作[lœyŋ]。

表 5—2

本	紐	平	去	平	上	(平)	入	去
明	比/順	奔犇	崩鵬硼磞	○	○	○	○	○
清	邊/龍	○	畚坌糞甭蝴堋	朋鵬硼	○	崩奔痭	○	○
政和	調	陰平	陰去	陽平 1	上聲	陽平 2	入聲	陽去
	例	○	奔崩	○	○	○	○	○

明本與清本有“奔犇”2 個韻字相對應,明本、清本有“崩”1 個韻字與現代政和方言相對應,據《政和縣志·方言》,可讀作[pœyŋ]。

表 5—3

本	紐	平	去	平	上	(平)	入	去
明	求/順	莙裙裈幝	䩵郡供共	君軍恭羣群宮巾鈞筠均窮勤焪皸勻弓芎躬懃	拱拲共	○	○	共烘
清	求/龍	窮裙裈幝裩	䩵郡鵘	羣群窮懃勤藭芹蛩穹邛	拱拲	君軍恭宮巾筠鈞均龔供鉤	○	共
政	調	陰平	陰去	陽平 1	上聲	陽平 2	入聲	陽去
和	例	君巾軍弓均皸宮躬	郡供	群	拱	窮裙	○	○

明本與清本有"裙裈幝䩵郡君軍恭羣群宮巾鈞筠均窮勤懃拱拲共"21 個韻字相對應,明本、清本有"君巾軍弓均皸宮躬郡供群拱窮裙"14 個韻字與現代政和方言相對應,據《政和縣志・方言》,可讀作[kœyŋ]。

表 5—4

本	紐	平	去	平	上	(平)	入	去
明	氣/順	穹	窘爋	囷菌埪銎	恐肯肎	○	○	柏栶
清	氣/龍	芎	爋	蛩	恐肯鞏	焄	○	柏
政	調	陰平	陰去	陽平 1	上聲	陽平 2	入聲	陽去
和	例	菌芎	熏	○	恐	○	○	○

明本與清本有"穹爋銎恐肯柏"6 個韻字相對應,明本、清本有"菌熏恐"3 個韻字與現代政和方言相對應,據《政和縣志・方言》,可讀作[[k'œyŋ]。

表 5—5

本	紐	平	去	平	上	(平)	入	去
明	中/順	登燈灯衷中忠藤藤	橙凳中	重豚騰滕謄仲騰蹭	待塚塚冡	○	○	○
清	直/龍	藤縢籐虅	橙中凳隥磴墱蹬嶝鐙	重豚騰滕謄褈	待	中忠燈灯登簦嬁	○	仲
政	調	陰平	陰去	陽平 1	上聲	陽平 2	入聲	陽去
和	例	中忠	鈍中	重仲	塚	○	○	○

明本與清本有"燈灯登中忠藤重豚騰滕謄橙中凳待"15 個韻字相對應,明本、清本有"中忠中重仲塚"個韻字與現代政和方言相對應,據《政和縣志・方言》載"衷中忠仲中重塚塚"字讀作[tœyŋ];"登燈灯藤藤凳謄"字讀作[taiŋ]。

表 5—6

本	紐	平	去	平	上	(平)	入	去
明	片/順	○	○	○	○	○	○	○
清	頗/龍	○	噴	○	○	○	○	○
政	調	陰平	陰去	陽平 1	上聲	陽平 2	入聲	陽去
和	例	○	○	○	○	○	○	○

明本与清本均出现“噴”字,但《政和縣志·方言》找不到此字。

表 5—7

本	紐	平	去	平	上	(平)	入	去
明	土/順	潭	○	○	冢寵喠	○	○	○
清	他/龍	潭	○	○	冢寵	○	○	○
政	調	陰平	陰去	陽平 1	上聲	陽平 2	入聲	陽去
和	例	○	○	○	冢	○	○	○

明本與清本有“潭冢寵”個韻字相對應,明本、清本有“冢”1 個韻字與現代政和方言相對應,據《政和縣志·方言》,可讀作[t‘œyŋ]。

表 5—8

本	紐	平	去	平	上	(平)	(去)	入	去
明	全/順	鍾鐘曾終諄	眾俊雋濬駿峻縱種浚憎從	從从松層曾餕	腫踵種准準煄橦	○	○	○	贈增
清	曾/龍	逡	駿峻縱種	從松層崧嵩菘淞凇髼葼	腫踵種准準煄隼	鍾鐘曾終繒矰憎橧怎	眾俊雋浚濬鐫畯鐫	○	贈增
政	調	陰平	陰去	陽平 1	上聲	陽平 2	○	入聲	陽去
和	例	鐘終盅	眾俊峻種竣圳	松從菘慫	種腫准	○	○	○	縱穿

明本與清本有“鍾鐘曾終眾俊雋濬駿峻縱種浚從从松層曾腫踵種准準煄贈增”26 個韻字相對應,明本、清本有“鐘終盅眾俊峻種松從菘種腫准縱”14 個韻字與現代政和方言相對應,據《政和縣志·方言》,可讀作[tsœyŋ]。

表 5—9

本	紐	平	去	平	上	(平)	入	去
明	人/順	濃	○	能	○	○	○	朧潤閏璗釀
清	日/龍	濃儂穠膿齈齉	○	能濘	○	○	○	朧潤閏璗釀瓓肭
政	調	陰平	陰去	陽平 1	上聲	陽平 2	入聲	陽去
和	例	○	○	○	○	濃	○	朧潤

明本與清本有“濃能膿潤閏䨗釀”7 個韻字相對應,明本、清本有“濃膿潤”3 個韻字與現代政和方言相對應,據《政和縣志・方言》,可讀作[nœyŋ]。

表 5—10

本	紐	平	去	平	上	(平)	入	去
明	生/順	○	舜	旬戎純巡脣唇閏循絨茸僧春搐	笋筍	○	○	順頌頡誦
清	時/龍	○	舜瞬	旬戎純巡脣閏循淯醕徇鶉諄詢恂荀湇錞錞窀愔唁焻狥徇珣	笋筍簨	○	○	順頌
政	調	陰平	陰去	陽平 1	上聲	陽平 2	入聲	陽去
和	例	嵩春	舜	純旬	筍榫	○	○	順頌誦訟

明本與清本有“舜旬戎純巡脣唇閏循笋筍順頌”13 個韻字相對應,明本、清本有“春舜旬純筍順頌誦”8 個韻字與現代政和方言相對應,據《政和縣志・方言》,可讀作[sœyŋ]。

表 5—11

本	紐	平	去	平	上	(平)	入	去
明	又/順	殷慇	○	翁螉	永尹勇允隱壅擁踴	○	○	用
清	鶯/龍	○	○	○	○	○	○	○
政	調	陰平	陰去	陽平 1	上聲	陽平 2	入聲	陽去
和	例	雍翁擁	灉淹	○	永尹勇允隱湧	○	○	用運韻

明本有“翁永尹勇允隱用”7 個韻字與現代政和方言相對應,據《政和縣志・方言》,可讀作[œyŋ]。

表 5—12

本	紐	平	去	平	上	(平)	入	去
明	名/順	○	○	○	○	○	○	懣悶們捫
清	問/龍	○	○	○	○	○	○	○
政	調	陰平	陰去	陽平 1	上聲	陽平 2	入聲	陽去
和	例	○	○	○	○	○	○	悶懣

明本有“懣悶”2 個韻字與現代政和方言相對應,據《政和縣志・方言》載“悶懣”字讀作[meiŋ],而不讀[mœyŋ]。

表 5—13

本	組	平	去	平	上	(平)	入	去
明	言/順	銀	○	嚚誾顒	○	○	○	○
清	語/龍	○	○	○	○	○	○	○
政	調	陰平	陰去	陽平 1	上聲	陽平 2	入聲	陽去
和	例	○	○	○	○	銀	○	○

明本有“銀”1 個韻字與現代政和方言相對應,據《政和縣志・方言》,可讀作[ŋœyŋ]。

表 5—14

本	組	平	去	平	上	(平)	入	去
明	出/順	春沖充椿衝衞	銃	○	蠢	○	○	○
清	出/龍	○	○	○	○	○	○	○
政	調	陰平	陰去	陽平 1	上聲	陽平 2	入聲	陽去
和	例	春沖充椿春	銃	○	蠢	○	○	沖

明本有“春充沖椿銃蠢”6 個韻字與現代政和方言相對應,據《政和縣志・方言》,可讀作[ts‘œyŋ]。

表 5—15

本	組	平	去	平	上	(平)	入	去
明	向/順	兄凶兇胸曛勛凶殉	訓虹熊	雲云紜芸耘庸傭容蓉營榮荣融雄訟	○	○	○	運詠咏韻
清	非/龍	○	訓虹昝	雲云紜芸耘庸傭容蓉營榮融雄虹訌絨茸慵墉鏞鄘溶鎔熔瑢榕勻棼澐檼瑩嶸縈螢熒褮髼愹	○	兄凶兇胸胷勲勛塤臐獯匈纁醺熏薰馴壎焮昕	○	運詠咏韻韵泳
政	調	陰平	陰去	陽平 1	上聲	陽平 2	入聲	陽去
和	例	兄凶胸	訓虹馴爋	營云雄芸容勻榮熊	○	○	○	運韻

明本與清本有“兄凶兇胸胷勲勛雲云紜芸耘庸傭容蓉營榮荣融雄訓虹運詠咏韻韵”28 個韻字相對應,明本、清本有“兄凶胸訓虹營云雄芸容勻榮運韻”14 個韻字與現代政和方言相對應,據《政和縣志・方言》,可讀作[xœyŋ]。

經考證，明本“5 順字母”擬音爲[œyŋ]（馬重奇，2010），清本“28 龍字母”與之對應，亦可擬音爲[œyŋ]。

以上將明本《六音字典》“穿本風通順”諸字母與清本《六音字典》“孿論闌黄籠龍”諸字母對應比較，並與現代政和方言進行歷史比較研究。明本《六音字典》“1 穿字母”缺頁，今根據表 1—11 清本《六音字典》“出/孿”平聲五下有“川穿”二字，筆者據此給該字母擬音爲[yiŋ]。

現將各字母的音值擬測如下：

明本《六音字典》			清本《六音字典》		
1	穿字母	[yiŋ]*	10	孿字母	[yiŋ]
2	本字母	[ueiŋ/uaiŋ]	26	闌字母	[ueiŋ]
			32	論字母	[uaiŋ]
3	風字母	[uŋ]	22	黄字母	[uŋ]
			23	籠字母	[ɔŋ]
4	通字母	[ɔŋ]	23	籠字母	[ɔŋ]
5	順字母	[œyŋ]	28	龍字母	[œyŋ]

第二節　明本“朗唱聲音坦”與清本“郎涼坪林藍”對應

本節將明本《六音字典》和清本《六音字典》的以下韻部做比較：“朗”與“郎”，“唱”與“涼”，“聲”與“坪”，“音”與“林”，“坦”與“藍”。

6. 明本“6 朗字母”與清本“4 郎字母”比較

表 6—1

本	紐	平	去	平	上	(平)	入	去
明	立/朗	廊郎	○	狼	朗	○	○	浪
清	柳/郎	廊郎筤	○	榔琅蜋	○	郎	○	浪
政	調	陰平	陰去	陽平 1	上聲	陽平 2	入聲	陽去
和	例	○	○	狼浪	○	廊郎	○	浪論

明本與清本有“廊郎浪”3 個韻字相對應，明本、清本有“廊郎狼浪”4 個韻字與現代政和方言相對應，據《政和縣志・方言》，可讀作[lauŋ]。

表 6—2

本	紐	平	去	平	上	(平)	入	去
明	比/朗	○	范	傍防幫掷旁塝陊	榜牓膊綁	○	○	梆蚌
清	邊/郎	○	范	傍防牓螃	榜	○	○	梆
政	調	陰平	陰去	陽平 1	上聲	陽平 2	入聲	陽去
和	例	幫分	范	旁傍塝防	榜綁牓本	○	○	蚌梆磅鎊笨

明本與清本有"范傍防榜梆"5 個韻字相對應,明本、清本有"幫范旁傍塝防榜綁蚌梆"10 個韻字與現代政和方言相對應,據《政和縣志·方言》,可讀作[pauŋ]。

表 6—3

本	紐	平	去	平	上	(平)	入	去
明	求/朗	岡崗鋼棡	艮碙鋼缸杠湏贛	江矼杠豇泔綱剛搁疳罡	講敢肱	○	○	○
清	求/郎	岡崗鋼肱	艮	江矼扛豇泔	講敢港	剛綱	○	○
政	調	陰平	陰去	陽平 1	上聲	陽平 2	入聲	陽去
和	例	江杠豇甘疳	鋼缸灌罐棍	○	講敢管	○	○	○

明本與清本有"岡崗鋼艮江矼杠豇泔綱剛講敢"13 個韻字相對應,明本、清本有"江杠豇甘疳鋼缸講敢"9 個韻字與現代政和方言相對應,據《政和縣志·方言》,可讀作[kauŋ]。

表 6—4

本	紐	平	去	平	上	(平)	入	去
明	氣/朗	康	囥磡	糠穅	匟	○	○	○
清	氣/郎	○	磡囥	○	慷	康穅糠	○	○
政	調	陰平	陰去	陽平 1	上聲	陽平 2	入聲	陽去
和	例	康坤糠	囥磡困	○	捆孔	○	○	○

明本與清本有"康囥磡糠穅"5 個韻字相對應,明本、清本有"康糠囥磡"4 個韻字與現代政和方言相對應,據《政和縣志·方言》,可讀作[k'auŋ]。

表 6—5

本	紐	平	去	平	上	(平)	入	去
明	中/朗	腸撞屯迍搪當	蕩當鈍遁盾沌	堂棠長唐塘溏螳	黨党漲涱	○	○	○

續表

清	直/郎	腸撞簹鐺	蕩當鈍遁盾遯宕	屯迍堂棠長唐	黨党漲張	驐	○	○
政	調	陰平	陰去	陽平 1	上聲	陽平 2	入聲	陽去
和	例	當劏檔	當頓蕩	長屯唐塘堂	墩嘛盾	腸	○	斷鍛緞

明本與清本有"腸撞屯迍蕩當鈍遁盾堂棠長唐黨党漲張"17 個韻字相對應,明本、清本有"當当頓蕩長屯唐塘堂腸"10 個韻字與現代政和方言相對應,據《政和縣志・方言》,可讀作[tauŋ]。

表 6—6

本	紐	平	去	平	上	(平)	入	去
明	片/朗	○	脕冇	○	謗	○	○	○
清	頗/郎	○	○	○	謗	○	○	○
政	調	陰平	陰去	陽平 1	上聲	陽平 2	入聲	陽去
和	例	○	胖冇	○	○	○	○	○

明本與清本有"謗"1 個韻字相對應,明本、清本有"冇"1 個韻字與現代政和方言相對應,據《政和縣志・方言》,可讀作[p'auŋ]。

表 6—7

本	紐	平	去	平	上	(平)	入	去
明	土/朗	糖	燙錫	湯	倘蘯氽	○	○	○
清	他/郎	○	湯	○	倘儻	湯	○	○
政	調	陰平	陰去	陽平 1	上聲	陽平 2	入聲	陽去
和	例	湯吞	燙	○	○	糖豚	○	燙

明本與清本有"湯倘"2 個韻字相對應,明本、清本有"湯燙糖"3 個韻字與現代政和方言相對應,據《政和縣志・方言》,可讀作[t'auŋ]。

表 6—8

本	紐	平	去	平	上	(平)	入	去
明	全/朗	尊遵樽罇粧妝莊裝醃	壯葬	莊存臟藏臧贓賍狀	○	○	○	○
清	曾/郎	醃	壯狀	莊存臟藏臧贓賍尊遵樽罇粧妝尊	○	○	○	○
政	調	陰平	陰去	陽平 1	上聲	陽平 2	入聲	陽去
和	例	莊尊遵裝妝	葬鑽狀	存藏臟薦	○	醃醉	○	○

明本與清本有"尊遵樽罇粧妝莊壯莊存臟藏臧贓賍"15 個韻字相對應,明

本、清本有“莊尊遵裝妝葬鑽狀存藏臟”11 個韻字與現代政和方言相對應，據《政和縣志・方言》，可讀作[tsauŋ]。

表 6—9

本	紐	平	去	平	上	(平)	入	去
明	人/朗	瓤	○	囊	曩	○	○	○
清	日/郎	瓤	曩	囊	○	○	○	○
政	調	陰平	陰去	陽平 1	上聲	陽平 2	入聲	陽去
和	例	○	暖	○	攮	瓤	○	嫩

明本與清本有“瓤囊”2 個韻字相對應，明本、清本有“瓤”1 個韻字與現代政和方言相對應，據《政和縣志・方言》，可讀作[nauŋ]。

表 6—10

本	紐	平	去	平	上	(平)	入	去
明	生/朗	孀桑喪霜糯	喪	礵	磉顙爽	○	○	○
清	時/郎	塽	巽爽	○	磉顙礎	孀桑喪驦	○	遜蛋蝨
政和	調	陰平	陰去	陽平 1	上聲	陽平 2	入聲	陽去
	例	霜桑閂筀拴孫酸	蒜喪	○	磉爽損	郎	○	卵兩

明本與清本有“孀桑喪磉顙”5 個韻字相對應，明本、清本有“霜桑喪磉爽”5 個韻字與現代政和方言相對應，據《政和縣志・方言》，可讀作[auŋ]。

表 6—11

本	紐	平	去	平	上	(平)	入	去
明	又/朗	○	暗	秧蓊庵菴	影	○	○	○
清	鶯/郎	○	暗闇	○	影穩	秧蓊庵	○	慍
政	調	陰平	陰去	陽平 1	上聲	陽平 2	入聲	陽去
和	例	庵秧温瘟榲	暗	○	刎	魂丸	○	○

明本與清本有“暗秧蓊庵影”5 個韻字相對應，明本、清本有“庵秧暗”3 個韻字與現代政和方言相對應，據《政和縣志・方言》，可讀作[auŋ]。

表 6—12

本	紐	平	去	平	上	(平)	入	去
明	名/朗	○	網	茫忙芒杗	罔惘莽	○	○	○
清	問/郎	芒鋩盲邙	網輞	茫忙	罔惘莽蟒	○	○	盲
政	調	陰平	陰去	陽平 1	上聲	陽平 2	入聲	陽去
和	例	○	網	忙	莽	○	○	○

明本與清本有"網茫忙芒罔惘莽"7個韻字相對應,明本、清本有"網忙莽"3個韻字與現代政和方言相對應,據《政和縣志·方言》,可讀作[mauŋ]。

表 6—13

本	紐	平	去	平	上	(平)	入	去
明	又/朗	○	望放	忘亡亾凡几	○	○	○	妄謊
清	鶯/郎	○	望放塱魆	忘	○	○	○	○
政	調	陰平	陰去	陽平 1	上聲	陽平 2	入聲	陽去
和	例		望	忘亡文聞紋			○	妄

明本與清本有"望放忘"3個韻字相對應,明本、清本有"望忘亡妄"4個韻字與現代政和方言相對應,據《政和縣志·方言》,除了"放"字讀作[pɔŋ],其余可讀作[uauŋ]。

表 6—14

本	紐	平	去	平	上	(平)	入	去
明	出/朗	床牀牕窗窓窻	闖	倉蒼滄瘡	創	○	○	○
清	出/郎	床牀闖覘	○	○	創刱愴	倉蒼滄窗窓牕蹌鶬	○	○
政	調	陰平	陰去	陽平 1	上聲	陽平 2	入聲	陽去
和	例	蒼倉瘡村	闖竄寸	○	創廠闖	床	○	○

明本與清本有"床牀牕窗窓倉蒼滄創"9個韻字相對應,明本、清本有"倉蒼瘡闖創床"6個韻字與現代政和方言相對應,據《政和縣志·方言》,可讀作[ts'auŋ]。

表 6—15

本	紐	平	去	平	上	(平)	入	去
明	向/朗	痕齦杭	○	杭行航	○	○	○	項混溷慁豢
清	非/郎	痕	○	行杭渾	○	葷	○	○
政	調	陰平	陰去	陽平 1	上聲	陽平 2	入聲	陽去
和	例	昏婚	舡	渾行	○	痕	○	項混

明本與清本有"痕杭行"3個韻字相對應,明本、清本有"渾痕行項混"5個韻字與現代政和方言相對應,據《政和縣志·方言》,可讀作[xauŋ]。

表 6—16

本	紐	平	去	平	上	(平)	入	去
明	向/朗	芳坊妨方	○	蚄	髣訪仿	○	○	忿奮憤
清	非/郎	○	○	○	髣彷仿恍訪妨舫	芳坊祊	○	忿奮
政	調	陰平	陰去	陽平 1	上聲	陽平 2	入聲	陽去
和	例	方芳	○	○	粉		○	犯

明本與清本有“芳坊髣訪仿忿奮”7 個韻字相對應,明本、清本有“方芳”2 個韻字與現代政和方言相對應,據《政和縣志・方言》,“方芳”字讀作[xuauŋ]。

經考證,明本“6 朗字母”擬音爲[auŋ/uauŋ](馬重奇,2010),清本“4 郎字母”與之對應,亦可擬音爲[auŋ/uauŋ]。

7. 明本“7 唱字母”與清本“3 涼字母”比較

表 7—1

本	紐	平	去	平	上	(平)	入	去
明	立/唱	涼梁粱量糧粮輛料两	両刃	良	兩两両	○	○	諒亮喨量
清	柳/涼	涼梁粱量粮糧	两輛	良	两	○	○	諒亮
政和	調	陰平	陰去	陽平 1	上聲	陽平 2	入聲	陽去
	例	○	兩	良	兩倆魎	糧梁粱涼輛量	○	亮諒量

明本與清本有“涼梁粱量糧粮両良兩两諒亮”12 個韻字相對應,明本、清本有“兩良兩糧梁粱涼輛量亮諒量”12 個韻字與現代政和方言相對應,據《政和縣志・方言》,可讀作[liɔŋ]。

表 7—2

本	紐	平	去	平	上	(平)	入	去
明	求/唱	姜羌薑羗	○	强彊麠獐	○	○	○	○
清	求/涼	○	○	强彊	○	羌姜薑蜣	○	○
政	調	陰平	陰去	陽平 1	上聲	陽平 2	入聲	陽去
和	例	薑羌僵	○	强鏹繈	○	强	○	僵强

明本與清本有“姜羌薑强彊”5 個韻字相對應,明本、清本有“薑羌强”3 個韻字與現代政和方言相對應,據《政和縣志・方言》,可讀作[kiɔŋ]。

表 7—3

本	紐	平	去	平	上	(平)	入	去
明	氣/唱	彊畺腔羫	○	○	强	○	○	控礐
清	氣/凉	○	○	○	襁彊	腔羫疆	○	控
政	調	陰平	陰去	陽平 1	上聲	陽平 2	入聲	陽去
和	例	腔	○	○	强	○	○	僵强

明本與清本有"腔羫控"3 個韻字相對應,明本、清本有"腔强"2 個韻字與現代政和方言相對應,據《政和縣志・方言》,可讀作[k'iɔŋ]。

表 7—4

本	紐	平	去	平	上	(平)	入	去
明	中/唱	張	帳脹痮仗賬	塲場	長	○	○	丈杖
清	直/凉	○	帳脹丈	場	○	張	○	杖丈
政	調	陰平	陰去	陽平 1	上聲	陽平 2	入聲	陽去
和	例	張	漲脹帳賬仗	場長	長	○	○	丈

明本與清本有"賬帳場丈杖"5 個韻字相對應,明本、清本有"張帳脹賬仗場長丈"8 個韻字與現代政和方言相對應,據《政和縣志・方言》,可讀作[tiɔŋ]。

表 7—5

本	紐	平	去	平	上	(平)	入	去
明	土/唱	○	暢鬯	○	○	○	○	杖
清	他/凉	○	暢鬯杖悵	○	○	○	○	杖
政	調	陰平	陰去	陽平 1	上聲	陽平 2	入聲	陽去
和	例	○	○	○	喘	○	○	杖

明本與清本有"暢鬯杖"3 個韻字相對應,明本、清本有"杖"1 個韻字與現代政和方言相對應,據《政和縣志・方言》,可讀作[t'iɔŋ]。

表 7—6

本	紐	平	去	平	上	(平)	入	去
明	全/唱	牆墻將章	將醬障癢痒瘴瘴	翔祥庠漿槳	掌槳獎	○	○	上
清	曾/凉	墻牆嬙	將醬障痒瘴嶂	翔祥庠詳	掌獎槳	章將樟彰璋漿	○	上
政	調	陰平	陰去	陽平 1	上聲	陽平 2	入聲	陽去
和	例	章將樟彰獐蟑漿璋障漳	癢醬將瘴	祥詳翔	掌獎奘蔣	牆裳薔	○	上

明本與清本有"牆墻將章將醬障癢痒瘴翔祥庠漿掌槳獎"17 個韻字相對

應,明本、清本有"章將樟彰漿璋癢醬將瘴祥掌奬牆"14 個韻字與現代政和方言相對應,據《政和縣志・方言》,可讀作[tsiɔŋ]。

表 7—7

本	紐	平	去	平	上	(平)	入	去
明	人/唱	娘	○	○	○	○	○	讓襶要
清	日/涼	娘孃	○	○	○	○	○	讓
政和	調	陰平	陰去	陽平 1	上聲	陽平 2	入聲	陽去
	例	○	○	○	○	娘	○	讓

明本與清本有"娘讓"2 個韻字相對應,明本、清本有"娘讓"2 個韻字與現代政和方言相對應,據《政和縣志・方言》,可讀作[niɔŋ]。

表 7—8

本	紐	平	去	平	上	(平)	入	去
明	生/唱	相觴箱湘襄商傷鑲廂	上相	常嘗裳償嫦姮嚐	賞想鯗	○	○	上象像尚匠
清	時/涼	相	相	常嘗裳償	想賞	觴箱湘襄商壤傷	○	上象像尚匠
政和	調	陰平	陰去	陽平 1	上聲	陽平 2	入聲	陽去
	例	相傷箱廂鑲商墒葙	湘相	○	想嘗享償	○	○	上象像尚橡

明本與清本有"相觴箱湘襄商傷相常嘗裳償賞想上象像尚匠"19 個韻字相對應,明本、清本有"相傷箱廂鑲商相想嘗上象像尚"13 個韻字與現代政和方言相對應,據《政和縣志・方言》,可讀作[siɔŋ]。

表 7—9

本	紐	平	去	平	上	(平)	入	去
明	又/唱	陽楊暘央殃洋羊佯昜	○	揚鴦	養飬儀攁	○	○	様樣橡恙
清	鶯/涼	陽楊暘央殃洋羊鴹	○	揚颺	養	○	○	様橡件
政和	調	陰平	陰去	陽平 1	上聲	陽平 2	入聲	陽去
	例	快掩鴦殃央	上	揚嘗常嫦	氧養	羊佯楊烊洋陽瘍	○	様漾

明本與清本有"陽楊暘央殃洋羊揚養様樣"11 個韻字相對應,明本、清本有"鴦殃央揚養羊佯楊烊洋陽瘍様"13 個韻字與現代政和方言相對應,據《政和縣志・方言》,可讀作[iɔŋ]。

表 7—10

本	紐	平	去	平	上	（平）	入	去
明	言/唱	○	○	○	仰圹坮	○	○	儆
清	語/涼	○	○	○	仰卬	○	○	○
政	調	陰平	陰去	陽平 1	上聲	陽平 2	入聲	陽去
和	例	○	○	○	仰	迎	○	○

明本與清本有“仰”1 個韻字相對應，明本、清本有“仰”1 個韻字與現代政和方言相對應，據《政和縣志・方言》，可讀作[ŋiɔŋ]。

表 7—11

本	紐	平	去	平	上	（平）	入	去
明	出/唱	倡	唱	昌菖閶鯧槍	廠敞搶	○	○	○
清	出/涼	倡娼	唱	鏘	廠敞	昌菖閶瑲鎗	○	○
政	調	陰平	陰去	陽平 1	上聲	陽平 2	入聲	陽去
和	例	昌娼槍蒼	唱倡	○	搶	○	○	上緔

明本與清本有“倡唱昌菖閶廠敞”7 個韻字相對應，明本、清本有“昌娼唱槍搶”5 個韻字與現代政和方言相對應，據《政和縣志・方言》，可讀作[tsʻiɔŋ]。

表 7—12

本	紐	平	去	平	上	（平）	入	去
明	向/唱	○	向餉餹饟	香鄉薌	响饗享亯	○	○	鄉向
清	非/涼	○	向鄉盎鞅恙	○	响饗享嚮	香鄉薌	○	○
政	調	陰平	陰去	陽平 1	上聲	陽平 2	入聲	陽去
和	例	香鄉	向餉	○	响享	○	○	○

明本與清本有“向香鄉响饗享鄉向”8 個韻字相對應，明本、清本有“香鄉向餉响享”6 個韻字與現代政和方言相對應，據《政和縣志・方言》，可讀作[xiɔŋ]。

經考證，明本“7 唱字母”擬音爲[iɔŋ]（馬重奇，2010），清本“3 涼字母”與之對應，亦擬音爲[iɔŋ]。

8. 明本“8 聲字母”與清本“6 坪字母”（缺）比較

表 8—1

本	紐	平	去	平	上	（平）	入	去
明	立/聲	靈	領嶺衿	嚨	○	——	○	○
清	柳/坪	○	○	○	○	○	○	○
政	調	陰平	陰去	陽平 1	上聲	陽平 2	入聲	陽去
和	例	○	領嶺	嚨	○	靈晾	○	靈

明本有"靈領嶺嚨"4 個韻字與現代政和方言相對應,據《政和縣志·方言》,可讀作[liaŋ]。

表 8—2

本	紐	平	去	平	上	(平)	入	去
明	比/聲	坪平並	○	○	餅	——	○	○
清	邊/坪	○	○	○	○	○	○	○
政	調	陰平	陰去	陽平 1	上聲	陽平 2	入聲	陽去
和	例	○	並拼	○	餅	坪平	○	○

明本有"坪平並餅"4 個韻字與現代政和方言相對應,據《政和縣志·方言》,可讀作[piaŋ]。

表 8—3

本	紐	平	去	平	上	(平)	入	去
明	求/聲	檠	鏡	驚行	○	——	○	○
清	求/坪	○	○	○	○	○	○	○
政	調	陰平	陰去	陽平 1	上聲	陽平 2	入聲	陽去
和	例	驚	鏡	行	○	擎	○	○

明本有"鏡驚行"3 個韻字與現代政和方言相對應,據《政和縣志·方言》,可讀作[kiaŋ]。

表 8—4

本	紐	平	去	平	上	(平)	入	去
明	氣/聲	輕	○	○	○	——	○	瘔瘟
清	氣/坪	○	○	○	○	○	○	○
政	調	陰平	陰去	陽平 1	上聲	陽平 2	入聲	陽去
和	例	氫輕	○	○	○	○	○	○

明本有"輕"1 個韻字與現代政和方言相對應,據《政和縣志·方言》,可讀作[k'iaŋ]。

表 8—5

本	紐	平	去	平	上	(平)	入	去
明	中/聲	○	擲	呈程莛	鏳	——	○	鄭埞定
清	直/坪	○	○	○	○	○	○	○
政	調	陰平	陰去	陽平 1	上聲	陽平 2	入聲	陽去
和	例	腚	擲	程呈	鏳	○	○	鄭定

明本有“擲呈程鍚鄭定”6個韻字與現代政和方言相對應,據《政和縣志·方言》,可讀作[tiaŋ]。

表 8—6

本	紐	平	去	平	上	(平)	入	去
明	片/聲	闣	○	栟	○	——	○	○
清	頗/坪	○	○	○	○	○	○	○
政	調	陰平	陰去	陽平 1	上聲	陽平 2	入聲	陽去
和	例	栟	拼	○	○	○	○	拼

明本有“栟”1個韻字與現代政和方言相對應,據《政和縣志·方言》,可讀作[p‘iaŋ]。

表 8—7

本	紐	平	去	平	上	(平)	入	去
明	土/聲	程	○	廳聽听	抽	——	○	定
清	他/坪	○	○	○	○	○	○	○
政	調	陰平	陰去	陽平 1	上聲	陽平 2	入聲	陽去
和	例	衫	鋥	○	○	程	○	定

明本有“程定”2個韻字與現代政和方言相對應,據《政和縣志·方言》,可讀作[t‘iaŋ]。

表 8—8

本	紐	平	去	平	上	(平)	入	去
明	全/聲	正	正	淡饗	○	——	○	○
清	曾/坪	○	○	○	○	○	○	○
政	調	陰平	陰去	陽平 1	上聲	陽平 2	入聲	陽去
和	例	正	正	饗	○	○	○	○

明本有“正正饗”3個韻字與現代政和方言相對應,據《政和縣志·方言》,可讀作[tsiaŋ]。

表 8—9

本	紐	平	去	平	上	(平)	入	去
明	人/聲	○	○	○	惹	——	○	○
清	日/坪	○	○	○	○	○	○	○
政	調	陰平	陰去	陽平 1	上聲	陽平 2	入聲	陽去
和	例	○	○	○	○	○	○	○

明本"聲字母"韻字(惹)與清本"坪字母"缺韻字。《政和縣志・方言》無載"惹"字讀作[niaŋ]。

表 8—10

本	紐	平	去	平	上	(平)	入	去
明	生/聲	鱗	姓性	聲声成	○	——	○	○
清	時/坪	○	○	○	○	○	○	○
政	調	陰平	陰去	陽平 1	上聲	陽平 2	入聲	陽去
和	例	聲	性姓	○	○	○	○	○

明本有"聲姓性"3 個韻字與現代政和方言相對應,據《政和縣志・方言》,可讀作[siaŋ]。

表 8—11

本	紐	平	去	平	上	(平)	入	去
明	又/聲	贏營守牧	○	○	○	——	○	映
清	鶯/坪	○	○	○	○	○	○	○
政	調	陰平	陰去	陽平 1	上聲	陽平 2	入聲	陽去
和	例	○	映	成城	○	營贏	○	閃映螢焰

明本有"贏營映"3 個韻字與現代政和方言相對應,據《政和縣志・方言》,可讀作[iaŋ]。

表 8—12

本	紐	平	去	平	上	(平)	入	去
明	名/聲	名	○	○	○	——	○	命
清	問/坪	○	○	○	○	○	○	○
政	調	陰平	陰去	陽平 1	上聲	陽平 2	入聲	陽去
和	例	○	○	○	○	名	○	命

明本有"名命"2 個韻字與現代政和方言相對應,據《政和縣志・方言》,可讀作[miaŋ]。

表 8—13

本	紐	平	去	平	上	(平)	入	去
明	言/聲	擎	徹摧	○	○	——	○	硯
清	語/坪	○	○	○	○	○	○	○
政	調	陰平	陰去	陽平 1	上聲	陽平 2	入聲	陽去
和	例	○	○	○	○	○	○	○

《政和縣志・方言》載“擎”字讀作[kiaŋ],而不見“徹摧硯”諸字。

表 8—14

本	組	平	去	平	上	(平)	入	去
明	出/聲	○	○	○	請鏟	——	○	誘
清	出/坪	○	○	○	○	○	○	○
政	調	陰平	陰去	陽平 1	上聲	陽平 2	入聲	陽去
和	例	○	盡	○	請	盡	○	○

明本有“請”1 個韻字與現代政和方言相對應,據《政和縣志・方言》,可讀作[ts‘iaŋ]。

表 8—15

本	組	平	去	平	上	(平)	入	去
明	向/聲	鄉	○	○	○	——	○	○
清	非/坪	○	○	○	○	○	○	○
政	調	陰平	陰去	陽平 1	上聲	陽平 2	入聲	陽去
和	例	兄	○	○	○	○	○	○

明本“聲字母”韻字(鄉)與清本“坪字母”缺韻字。《政和縣志・方言》載“鄉”字讀作[xiɔŋ],不讀作[xiaŋ]。

經考證,明本“8 聲字母”擬音爲[iaŋ](馬重奇,2010),清本《六音字典》“6 坪字母”缺頁,因明本《六音字典》“8 聲字母”比紐平聲一下有“坪平並”三字,筆者據此給“6 坪字母”擬音爲[iaŋ]。

9. 明本“音字母”與清本“13 林字母”(缺)

表 9—1

本	組	平	去	平	上	(平)	入	去
明	立/音	林淋霖苓囹翎鴒綾	○	伶齡琳臨靈霛灵夌淩陵鱗粦麟鄰	稟廩懍蛉	——	○	令令另吝
清	柳/林	○	○	○	○	○	○	○
政和	調	陰平	陰去	陽平 1	上聲	陽平 2	入聲	陽去
	例	○	○	憐齡琳臨靈陵淩鱗鄰麟霖羚凜磷玲菱	伶聆廩	林苓淋綾	○	令另

明本有“憐齡琳臨靈陵淩鱗鄰麟霖廩林苓淋綾令另”18 個韻字與現代政和方言相對應,據《政和縣志・方言》,可讀作[leiŋ]。

表 9—2

本	紐	平	去	平	上	(平)	入	去
明	比/音	彬斌贇豳邠兵賓賔檳濱	屏迸並竝併并殯	平評萍枰蘋苹頻顰貧憑凴凭笲屏	秉炳丙擯稟牝箳匾	——	○	○
清	邊/林	○	○	○	○	○	○	○
政和	调	阴平	阴去	阳平 1	上声	阳平 2	入声	阳去
	例	兵賓膑濱檳缤彬	绷	評屏平苹便濒顰貧萍凴	炳秉丙稟	○	○	○

明本有“兵賓濱檳彬評屏平苹顰貧萍凴炳秉丙稟”17 個韻字與現代政和方言相對應,據《政和縣志・方言》,可讀作[peiŋ]。

表 9—3

本	紐	平	去	平	上	(平)	入	去
明	求/音	荊京勍巠經金今	敬禁勬	襟禽檎琴衾芩訡吟唫蔓瓊琼芹咸醎	景警儆錦槿鏲謹覲緊	——	○	竟境競兢涇逕徑悭脛踁頸妗
清	求/林	○	○	○	○	○	○	○
政和	調	陰平	陰去	陽平 1	上聲	陽平 2	入聲	陽去
	例	鯨京矜今經金荊襟	敬禁勁	琴咸禽瓊擒	景警緊僅瑾錦	○	○	境襟勁競竟噤徑莖頸

明本有“京今經金荊襟敬禁琴咸禽瓊景警緊錦境競竟徑頸”21 個韻字與現代政和方言相對應,據《政和縣志・方言》,可讀作[keiŋ]。

表 9—4

本	紐	平	去	平	上	(平)	入	去
明	氣/音	矜欽卿	慶磬	擒撿取	頃傾	——	○	○
清	氣/林	○	○	○	○	○	○	○
政	調	陰平	陰去	陽平 1	上聲	陽平 2	入聲	陽去
和	例	欽卿	慶磬	○	傾頃	罄	○	鏗

明本有“欽卿慶磬傾頃”6 個韻字與現代政和方言相對應,據《政和縣志・方言》,可讀作[k‘eiŋ]。

表 9—5

本	紐	平	去	平	上	(平)	入	去
明	中/音	陳蔯貞禎徵懲懲瀓澄珍殄丁叮	錠鎮定	停砧埕塵沉廷庭霆第	鼎頂嵿	——	○	陣陳診旋

續表

清	直/林	○	○	○	○	○	○	○
政	調	陰平	陰去	陽平 1	上聲	陽平 2	入聲	陽去
和	例	貞丁禎診疹楨叮怎偵砧	定綻錠鎮	庭廷停沉	鼎頂	陳塵澄沉	○	陣燉

明本有"貞丁禎叮砧定錠鎮庭廷停沉鼎頂陳塵澄沉陣"19 個韻字與現代政和方言相對應,據《政和縣志・方言》,可讀作[teiŋ]。

表 9—6

本	組	平	去	平	上	(平)	入	去
明	片/音	嬪娉	騁	○	品	——	○	儐鬢鬂髩併
清	頗/林	○	○	○	○	○	○	○
政	調	陰平	陰去	陽平 1	上聲	陽平 2	入聲	陽去
和	例	○	聘	○	品	○	○	乒

明本有"品"1 個韻字與現代政和方言相對應,據《政和縣志・方言》,可讀作[p'eiŋ]。

表 9—7

本	組	平	去	平	上	(平)	入	去
明	土/音	○	賺賺聽聴听	○	郢逞艇	——	○	○
清	他/林	○	○	○	○	○	○	○
政	調	陰平	陰去	陽平 1	上聲	陽平 2	入聲	陽去
和	例	○	聽賺趁	○	挺逞艇	○	○	○

明本有"賺聽逞艇"4 個韻字與現代政和方言相對應,據《政和縣志・方言》,可讀作[t'eiŋ]。

表 9—8

本	組	平	去	平	上	(平)	入	去
明	全/音	精蒸烝烝晶真眞嗔斟諶忱旃津箴針旌征侵	浸滲政症証證進晋晉縉甑	尋蟳蠅繩绳情全巹秦蠑	振賑震輾碾展炡整枕煩畛軫诊	——	○	淨盡尽
清	曾/林	○	○	○	○	○	○	○
政	調	陰平	陰去	陽平 1	上聲	陽平 2	入聲	陽去
和	例	真針晶津蒸侵甄旌箴精斟征晴	浸晉進症政証	秦情尋蟳淨	震展枕朕拯振整侭	○	淨	盡侭燼

明本有“真針晶津蒸侵旌箴精斟征浸晉進症政証秦情尋蟳震展枕振整盡”27 個韻字與現代政和方言相對應,據《政和縣志・方言》,可讀作[tseiŋ]。

表 9—9

本	紐	平	去	平	上	(平)	入	去
明	人/音	人壬	耳	甯寧凝	忍	——	○	認佞
清	日/林	○	○	○	○	○	○	○
政	調	陰平	陰去	陽平 1	上聲	陽平 2	入聲	陽去
和	例	○	人耳	寗嚀	忍	人壬	○	認

明本有“耳寧忍人壬認”6 個韻字與現代政和方言相對應,據《政和縣志・方言》,可讀作[neiŋ]。

表 9—10

本	紐	平	去	平	上	(平)	入	去
明	生/音	申呻伸紳辛甡心身升陞昇新薪	成城乘性信	辰晨神宸	審嬸稔沈陝訊	——	○	聖圣勝剩塖塍甚慎穽阱腎盛迅
清	時/林	○	○	○	○	○	○	○
政和	調	陰平	陰去	陽平 1	上聲	陽平 2	入聲	陽去
	例	身心新升昇薪呻申伸陞辛	信城匈甚	神	嬸審沈	○	○	聖甚迅腎盛葚勝剩訊慎

明本有“身心新升昇薪呻申伸陞辛信城甚神嬸審沈聖甚迅腎盛勝剩慎”26 個韻字與現代政和方言相對應,據《政和縣志・方言》,可讀作[seiŋ]。

表 9—11

本	紐	平	去	平	上	(平)	入	去
明	又/音	英瑛因回咽姻絪烟煙罌嬰纓櫻鸚鷹陰隂音	應应蔭廕印	○	影飲引蚓	——	○	胤
清	鶯/林	○	○	○	○	○	○	○
政和	調	陰平	陰去	陽平 1	上聲	陽平 2	入聲	陽去
	例	英瑛陰蔭因姻嬰櫻	應印	○	○	泅	○	鷹伓

明本有“英瑛陰因姻嬰櫻應印”9 個韻字與現代政和方言相對應,據《政和縣志・方言》,可讀作[eiŋ]。

表 9—12

本	組	平	去	平	上	(平)	入	去
明	名/音	眠喕	○	明民鳴	銘茗溟黽皿盟閩憫旻閔敏冥寘瞑螟	——	○	命
清	問/林	○	○	○	○	○	○	○
政	調	陰平	陰去	陽平 1	上聲	陽平 2	入聲	陽去
和	例	○	抿	明民	銘冥敏	眠	○	悶命燜懣

明本有"明民銘冥敏眠命"7 個韻字與現代政和方言相對應,據《政和縣志・方言》,可讀作[meiŋ]。

表 9—13

本	組	平	去	平	上	(平)	入	去
明	言/音	○	○	迎	○	——	○	○
清	語	○	○	○	○	○	○	○
政	調	陰平	陰去	陽平 1	上聲	陽平 2	入聲	陽去
和	例	○	○	迎吟	○	○	○	○

明本有"迎"1 個韻字與現代政和方言相對應,據《政和縣志・方言》,可讀作[ŋeiŋ]。

表 9—14

本	組	平	去	平	上	(平)	入	去
明	出/音	清深琛爯稱夋親	秤稱沁清	臣丞承誠成盛	○	——	○	朕眹寢滲靖倩
清	出/林	○	○	○	○	○	○	○
政	調	陰平	陰去	陽平 1	上聲	陽平 2	入聲	陽去
和	例	清深琛親稱	秤撑清趁	成誠承臣乘	○	○	○	靖寢

明本有"清深琛親稱秤清成誠承臣靖寢"13 個韻字與現代政和方言相對應,據《政和縣志・方言》,可讀作[ts‘eiŋ]。

表 9—15

本	組	平	去	平	上	(平)	入	去
明	向/音	眩興具興馨	肸	盈楹寅夤形刑型垩淫婬嬴羸瀛籯	○	——	○	欣忻
清	非/林	○	○	○	○	○	○	○
政	調	陰平	陰去	陽平 1	上聲	陽平 2	入聲	陽去
和	例	興馨	肸	刑形瀛型盈寅邢引	○	眩	○	興欣釁掀

明本有“興馨刑形瀛型盈寅欣”9 個韻字與現代政和方言相對應，據《政和縣志・方言》，可讀作[xeiŋ]。

經考證，明本“9 音字母”擬音爲[eiŋ](馬重奇，2010)，清本《六音字典》“13 林字母”缺頁，因明本《六音字典》“9 音字母”立紐平聲一下有“林淋霖苓囹翎鴒綾”八字，笔者據此給“13 林字母”擬音爲[eiŋ]。

10. 明本“10 坦字母”與清本“8 藍字母”比較

表 10—1

本	紐	平	去	平	上	(平)	入	去
明	立/坦	藍嵐	○	襤	覽覧攬擥欖	——	○	爁濫纜纜
清	柳/藍	嵐藍襤林	○	○	覽攬	○	○	濫婪惏梵
政	調	陰平	陰去	陽平 1	上聲	陽平 2	入聲	陽去
和	例	○	攬攘	濫浪	覽攬	林藍襤	○	濫籃

明本與清本有“藍嵐覽覧攬濫”6 個韻字相對應，明本、清本有“覽攬林藍襤濫”6 個韻字與現代政和方言相對應，據《政和縣志・方言》，可讀作[laŋ]。

表 10—2

本	紐	平	去	平	上	(平)	入	去
明	比/坦	邦	柄	棚	○	——	○	病
清	邊/藍	○	柄	棚	○	邦梆	○	病
政	調	陰平	陰去	陽平 1	上聲	陽平 2	入聲	陽去
和	例	邦梆繃	柄絆	棚	○	○	○	病

明本與清本有“邦柄棚病”4 個韻字相對應，明本、清本有“邦梆柄棚病”5 個韻字與現代政和方言相對應，據《政和縣志・方言》，可讀作[paŋ]。

表 10—3

本	紐	平	去	平	上	(平)	入	去
明	求/坦	甘苷酣賡羹尷更	監鑑降	箝哽	減感埂敢	——	○	絳橄
清	求/藍	○	鑒鑑監檻艦轞	箝	感敢減橄摵	羹甘酣粳更苷亙	○	紺闞絳瞰
政	調	陰平	陰去	陽平 1	上聲	陽平 2	入聲	陽去
和	例	更尷羹	降檻監鑑鑒	哽骾	感減埂擀橄趕	○	○	○

明本與清本有“甘苷酣羹監鑑哽減感敢絳”11 個韻字相對應，明本、清本有“更尷羹降檻監鑑鑒哽感減埂”12 個韻字與現代政和方言相對應，據《政和

縣志・方言》,可讀作[kaŋ]。

表 10—4

本	紐	平	去	平	上	(平)	入	去
明	氣/坦	嵌堪龕坑	勘	○	坎砍刊慷	——	○	抗伉亢
清	氣/藍	○	勘	○	坎慷	堪刊阬龕	○	抗亢伉頏匟
政	調	陰平	陰去	陽平 1	上聲	陽平 2	入聲	陽去
和	例	坑炕	勘戡嵌	○	砍刊坎侃	○	○	抗堪伉

明本與清本有"堪龕坑勘坎慷抗伉亢"9 個韻字相對應,明本、清本有"坑勘砍刊坎抗伉"7 個韻字與現代政和方言相對應,據《政和縣志・方言》,可讀作[k'aŋ]。

表 10—5

本	紐	平	去	平	上	(平)	入	去
明	中/坦	○	躭耽擔担但談淡亶	擔担映	膽胆瞥	——	○	○
清	直/藍	擔担儋耽躭	啖但亶淡澹噉擔担儋	痰餤談譚	膽胆	○	○	○
政	調	陰平	陰去	陽平 1	上聲	陽平 2	入聲	陽去
和	例	擔	氮擔耽宕淡啖但	痰啖談	膽疸	噹	○	○

明本與清本有"擔担但淡亶擔担膽胆瞥"10 個韻字相對應,明本、清本有"擔耽淡啖但痰談膽"8 個韻字與現代政和方言相對應,據《政和縣志・方言》,可讀作[taŋ]。

表 10—6

本	紐	平	去	平	上	(平)	入	去
明	片/坦	彭鬔蟛	○	○	怦	——	○	○
清	頗/藍	彭	○	○	○	○	○	○
政	調	陰平	陰去	陽平 1	上聲	陽平 2	入聲	陽去
和	例	○	○	龐跰	○	鬔膨彭	○	拼乒

明本與清本有"彭"1 個韻字相對應,明本、清本有"彭鬔"2 個韻字與現代政和方言相對應,據《政和縣志・方言》,可讀作[p'aŋ]。

表 10—7

本	紐	平	去	平	上	(平)	入	去
明	土/坦	貪攤	○	○	坦	——	○	○
清	他/藍	○	○	○	袒坦毯旦笪	貪	○	○
政	調	陰平	陰去	陽平 1	上聲	陽平 2	入聲	陽去
和	例	坍貪攤	○	○	坦毯	○	○	○

明本與清本有"貪坦"2 個韻字相對應,明本、清本有"貪攤坦毯"4 個韻字與現代政和方言相對應,據《政和縣志·方言》,可讀作[tʻaŋ]。

表 10—8

本	紐	平	去	平	上	(平)	入	去
明	全/坦	晴	站靜	○	井斬	——	○	○
清	曾/藍	晴睛	靜暫蹔站	○	井斬	○	○	○
政	調	陰平	陰去	陽平 1	上聲	陽平 2	入聲	陽去
和	例	○	站靜	暫漸	井斬嶄	晴	○	○

明本與清本有"晴站靜井斬"5 個韻字相對應,明本、清本有"晴站靜井斬"5 個韻字與現代政和方言相對應,據《政和縣志·方言》,可讀作[tsaŋ]。

表 10—9

本	紐	平	去	平	上	(平)	入	去
明	人/坦	南喃喨楠男	○	○	○	——	○	腩
清	日/藍	南楠柟枏男諵喃	○	○	○	○	○	○
政	調	陰平	陰去	陽平 1	上聲	陽平 2	入聲	陽去
和	例	○	○	南	○	南喃男	○	○

明本與清本有"南喃楠男"4 個韻字相對應,明本、清本有"南喃男"3 個韻字與現代政和方言相對應,據《政和縣志·方言》,可讀作[naŋ]。

表 10—10

本	紐	平	去	平	上	(平)	入	去
明	生/坦	籃衫杉生	○	三叁甥	省	——	○	三
清	時/藍	籃	○	生	省	三衫杉芟	○	三
政和	調	陰平	陰去	陽平 1	上聲	陽平 2	入聲	陽去
	例	三叁珊姍刪杉牲生鮮衫甥	簮	○	省	籃	○	○

明本與清本有"籃衫杉生三省三"7 個韻字相對應,明本、清本有"籃三叁衫

杉生甥省”8 個韻字與現代政和方言相對應,據《政和縣志・方言》,可讀作[saŋ]。

表 10—11

本	紐	平	去	平	上	(平)	入	去
明	又/坦	○	俺	○	晻唵㖠	——	○	○
清	鶯/藍	諳闇	俺	○	黯	○	○	○
政	調	陰平	陰去	陽平 1	上聲	陽平 2	入聲	陽去
和	例	俺	○	○	○	肮	○	○

明本與清本有“俺”1 個韻字相對應,據《政和縣志・方言》,可讀作[aŋ]。

表 10—12

本	紐	平	去	平	上	(平)	入	去
明	名/坦	喃盲邙鋩杧	○	萠麗	○	——	○	○
清	問/藍	盲芒苂鋩	○	芃厖尨龎泯萠氓	蜢艋	○	○	○
政	調	陰平	陰去	陽平 1	上聲	陽平 2	入聲	陽去
和	例	○	○	萠	蜢虻	芒暝蒙	○	○

明本與清本有“盲鋩萠龎”4 個韻字相對應,明本、清本有“萠蜢芒”3 個韻字與現代政和方言相對應,據《政和縣志・方言》,“芒”字讀作[maŋ],“萠氓”字讀作[maiŋ]。

表 10—13

本	紐	平	去	平	上	(平)	入	去
明	言/坦	巖岩	○	笄卬涯妍研厓崖昂	○	——	○	○
清	語/藍	巖岩碞嵒	○	笄邛涯妍研厓	○	○	○	○
政	調	陰平	陰去	陽平 1	上聲	陽平 2	入聲	陽去
和	例	○	○	○	○	岩癌	○	○

明本與清本有“巖岩笄卬涯妍研厓”8 個韻字相對應,明本、清本有“岩”1 個韻字與現代政和方言相對應,據《政和縣志・方言》,可讀作[ŋaŋ]。

表 10—14

本	紐	平	去	平	上	(平)	入	去
明	出/坦	青參参眚	讖懺儳錚	○	醒	——	○	○
清	出/藍	○	○	○	醒	青參驂摻	○	○
政	調	陰平	陰去	陽平 1	上聲	陽平 2	入聲	陽去
和	例	青參摻生	生	○	醒惨情	○	○	○

明本與清本有“青參參醒”4 個韻字相對應,明本、清本有“青參醒”3 個韻字與現代政和方言相對應,據《政和縣志・方言》,可讀作[ts‘aŋ]。

表 10—15

本	紐	平	去	平	上	(平)	入	去
明	向/坦	蚶	○	憨儑降鵰緘桁珩筧銜衔衡銜含啣函咸	喊噉	——	○	慽陷
清	非/藍	○	○	降鵰桁衡緘銜珩啣含涵函械減莖	喊	蚶蝛憨	○	慽陷
政	調	陰平	陰去	陽平 1	上聲	陽平 2	入聲	陽去
和	例	戇憾	○	含晗函涵咸	喊罕	憨酣	○	陷捍

明本與清本有“蚶憨降鵰緘咸珩桁銜衡含啣函喊慽陷”16 個韻字相對應,明本、清本有“含函咸喊憨陷”6 個韻字與現代政和方言相對應,據《政和縣志・方言》,可讀作[xaŋ]。

經考證,明本“10 坦字母”擬音爲[aŋ](馬重奇,2010),清本《六音字典》“8 藍字母”與之對應,亦可擬音爲[aŋ]。

以上將明本《六音字典》“朗唱聲音坦”諸字母與清本《六音字典》“郎涼坪林藍龍”諸字母進行對應比較,並與現代政和方言進行歷史比較研究。清本《六音字典》“6 坪字母”缺頁,今根據表 8—2 明本《六音字典》“比/聲”平聲一下有“坪平並”三字,即給該字母擬音爲[iaŋ]。清本《六音字典》“13 林字母”缺頁,今根據表 9—1 明本《六音字典》“立/音”平聲一下有“林淋霖苓囹翎鴒綾”八字,即給該字母擬音爲[eiŋ]。現將各字母的音值擬測如下:

明本《六音字典》			清本《六音字典》		
6	朗字母	[auŋ/uauŋ]	4	郎字母	[auŋ/uauŋ]
7	唱字母	[iɔŋ]	3	涼字母	[iɔŋ]
8	聲字母	[iaŋ]	6	坪字母	[iaŋ]*
9	音字母	[eiŋ]	13	林字母	[eiŋ]*
10	坦字母	[aŋ]	8	藍字母	[aŋ]

第　三　章

明本《六音字典》與清本《六音字典》比較研究(中)

第三節　明本“橫班先備結”與清本“藍鈴連梨籬”對應

本節將明本《六音字典》和清本《六音字典》的以下韻部做比較:“橫”與“藍”,“班”與“鈴”,“先”與“連”,“備”與“梨”,“結”與“籬”。

11. 明本“11 橫字母”與清本“8 藍字母”比較

表 11—1

本	紐	平	去	平	上	(平)	入	去
明	求/橫	○	閂	○	梗杆榦笴	——	○	○
清	求/藍	○	○	○	○	○	○	○
政	調	陰平	陰去	陽平 1	上聲	陽平 2	入聲	陽去
和	例	○	○	○	○	○	○	○

清本和《政和縣志·方言》不見與明本有對應字。

表 11—2

本	紐	平	去	平	上	(平)	入	去
明	向/橫	橫衡	○	○	○	——	○	犯氾汎範梵
清	非/藍	橫	○	○	○	○	○	汎範犯帆
政	調	陰平	陰去	陽平 1	上聲	陽平 2	入聲	陽去
和	例	○	晃	○	○	橫	○	範犯

明本與清本有“橫犯汎範”4 個韻字相對應,明本、清本有“橫範犯”3 個韻

字與現代政和方言相對應,據《政和縣志・方言》,可讀作[xuaŋ]。

經考證,明本"11 横字母"擬音爲[uaŋ](馬重奇,2010),清本"8 藍字母"與之對應,亦可擬音爲[uaŋ]。可见,清本《六音字典》"8 藍字母"部分韻字與明本"10 坦字母"對應,可擬音爲[aŋ];部分韻字與明本"11 横字母"對應,擬音爲[uaŋ]。因此清本"8 藍字母"可擬音爲[aŋ/uaŋ]。

12. 明本"12 班字母"與清本"19 鈴字母"(缺)比較

表 12—1

本	紐	平	去	平	上	(平)	入	去
明	立/班	鈴聆伶零婱菱蔆棱蓮	○	○	冷	——	○	○
清	柳/鈴	○	○	○	○	○	○	○
政	調	陰平	陰去	陽平 1	上聲	陽平 2	入聲	陽去
和	例	○	○	○	冷	零蓮	○	荔

明本有"冷蓮"2 個韻字與現代政和方言相對應,據《政和縣志・方言》,可讀作[laiŋ]。

表 12—2

本	紐	平	去	平	上	(平)	入	去
明	比/班	班斑冰氷頒	○	瓶缾販反	板版	——	○	辦辧
清	邊/鈴	○	○	○	○	○	○	○
政	調	陰平	陰去	陽平 1	上聲	陽平 2	入聲	陽去
和	例	冰班頒斑瘢	崩奔瘢	朋瓶硼	板扳版	○	○	辦扮

明本有"冰班頒斑瓶板版辦"8 個韻字與現代政和方言相對應,據《政和縣志・方言》,可讀作[paiŋ]。

表 12—3

本	紐	平	去	平	上	(平)	入	去
明	求/班	跟艱肩庚姦奸赶耕畊間癎	更諫	○	耿炯烱迴繭狷亙柬揀簡梗	——	○	間澗
清	求/鈴	○	○	○	○	○	○	○
政和	調	陰平	陰去	陽平 1	上聲	陽平 2	入聲	陽去
	例	庚耕間艱奸跟肩	更	含	簡柬揀繭炯	○	○	幹榦

明本有"庚耕間艱奸跟肩更簡柬揀繭炯"13 個韻字與現代政和方言相對

應,據《政和縣志・方言》,可讀作[kaiŋ]。

表 12—4

本	紐	平	去	平	上	(平)	入	去
明	氣/班	牽掌	○	○	犬	——	○	看看
清	氣/鈴	○	○	○	○	○	○	○
政	調	陰平	陰去	陽平 1	上聲	陽平 2	入聲	陽去
和	例	牽	看瞰頃	○	肯	○	○	○

明本有"牽看"2 個韻字與現代政和方言相對應,據《政和縣志・方言》,可讀作[k'aiŋ]。

表 12—5

本	紐	平	去	平	上	(平)	入	去
明	中/班	填	店訂	亭釘甜覃	等等竽點戥典	——	○	簟憚墊誕殿軑甸佃鄧
清	直/鈴	○	○	○	○	○	○	○
政	調	陰平	陰去	陽平 1	上聲	陽平 2	入聲	陽去
和	例	瞪燈釘疔叮	汀釘凳店	甜謄亭	等戥	填藤	○	殿鄧靛墊

明本有"店甜亭等戥填殿鄧墊"9 個韻字與現代政和方言相對應,據《政和縣志・方言》,可讀作[taiŋ]。

表 12—6

本	紐	平	去	平	上	(平)	入	去
明	片/班	烹攀	○	○	○	——	○	瓣盼盼
清	頗/鈴	○	○	○	○	○	○	○
政	調	陰平	陰去	陽平 1	上聲	陽平 2	入聲	陽去
和	例	攀	袢	○	○	○	○	瓣

明本有"攀"1 個韻字與現代政和方言相對應,據《政和縣志・方言》,可讀作[p'aiŋ]。

表 12—7

本	紐	平	去	平	上	(平)	入	去
明	土/班	探撢汀虰蛈蟶	○	攤	○	——	○	○
清	他/鈴	○	○	○	○	○	○	○
政	調	陰平	陰去	陽平 1	上聲	陽平 2	入聲	陽去
和	例	廳汀蟶	探	○	○	潭譚曇	○	墊

明本有“汀鯉”2 個韻字與現代政和方言相對應，據《政和縣志・方言》，可讀作[t‘aiŋ]。

表 12—8

本	紐	平	去	平	上	(平)	入	去
明	全/班	爭榛臻	諍簪瀓澄	蠶蚕殘	盞琖翦剪	——	○	掙棧摒
清	曾/鈴	○	○	○	○	○	○	○
政和	調	陰平	陰去	陽平 1	上聲	陽平 2	入聲	陽去
	例	爭榛臻蹭箏曾僧猙掙增崢淨	垡簪	層攢曾	剪盞戩	○	○	贈塹

明本有“爭榛臻簪剪盞”6 個韻字與現代政和方言相對應，據《政和縣志・方言》，可讀作[tsaiŋ]。

表 12—9

本	紐	平	去	平	上	(平)	入	去
明	人/班	○	乳赧赦	○	○	——	○	○
清	日/鈴	○	○	○	○	○	○	○
政	調	陰平	陰去	陽平 1	上聲	陽平 2	入聲	陽去
和	例	○	乳奶	能朧	○	○	○	釀唸

明本有“乳”1 個韻字與現代政和方言相對應，據《政和縣志・方言》，可讀作[naiŋ]。

表 12—10

本	紐	平	去	平	上	(平)	入	去
明	生/班	槮滲潛珊	柵信	先生星笙牲狴猩森参參哂	省	——	○	○
清	時/鈴	○	○	○	○	○	○	○
政和	調	陰平	陰去	陽平 1	上聲	陽平 2	入聲	陽去
	例	生先參星牲森猩僧	擤	滲	省糝	棔槮鱗	○	○

明本有“生先參星牲森猩滲省糝”10 個韻字與現代政和方言相對應，據《政和縣志・方言》，可讀作[saiŋ]。

表 12—11

本	紐	平	去	平	上	(平)	入	去
明	又/班	恩鶯鸚	○	○	○	——	○	○
清	鶯/鈴	○	○	○	○	○	○	○
政	調	陰平	陰去	陽平 1	上聲	陽平 2	入聲	陽去
和	例	恩	應	○	飲	○	○	摁

明本有"恩"1個韻字與現代政和方言相對應,據《政和縣志·方言》,可讀作[aiŋ]。

表 12—12

本	紐	平	去	平	上	(平)	入	去
明	名/班	蠻蛮鰻饅	○	○	猛	——	○	孟慢謾
清	問/鈴	○	○	○	○	○	○	○
政	調	陰平	陰去	陽平 1	上聲	陽平 2	入聲	陽去
和	例	○	○	萌氓埋	猛蠎漭	蠻	○	慢孟蔓漫

明本有"猛蠻孟慢"4個韻字與現代政和方言相對應,據《政和縣志·方言》,可讀作[maiŋ]。

表 12—13

本	紐	平	去	平	上	(平)	入	去
明	言/班	○	○	顏顔	眼研	——	○	雁鴈岸硬
清	語/鈴	○	○	○	○	○	○	○
政	調	陰平	陰去	陽平 1	上聲	陽平 2	入聲	陽去
和	例	○	○	顔	眼	○	○	硬岸

明本有"顔眼岸硬"4個韻字與現代政和方言相對應,據《政和縣志·方言》,可讀作[ŋaiŋ]。

表 12—14

本	紐	平	去	平	上	(平)	入	去
明	出/班	田	○	千臏	○	——	○	○
清	出/鈴	○	○	○	○	○	○	○
政	調	陰平	陰去	陽平 1	上聲	陽平 2	入聲	陽去
和	例	千阡仟	○	○	○	田靝	○	疝

明本有"田千"2個韻字與現代政和方言相對應,據《政和縣志·方言》,可讀作[tsʻaiŋ]。

表 12—15

本	紐	平	去	平	上	(平)	入	去
明	向/班	亨	○	行嫌媚嫻閑閒	悍罕罕很狠	——	○	行幸倖杏荇蘅莧恨限
清	非/鈴	○	○	○	○	○	○	○
政	調	陰平	陰去	陽平 1	上聲	陽平 2	入聲	陽去
和	例	亨哼	○	閑閒嚰	狠很	○	○	幸杏恨限悻莧

明本有"亨閑閒很狠幸杏恨限莧"10 個韻字與現代政和方言相對應,據《政和縣志·方言》,可讀作[xaiŋ]。

經考證,明本"12 班字母"擬音爲[aiŋ](馬重奇,2010),清本《六音字典》"19 鈴字母"缺頁,因明本《六音字典》"12 班字母"立紐平聲一下有"鈴聆伶零零要菱薐棱蓮"10 字,筆者據此給該字母擬音爲[aiŋ]。

13. 明本"13 先字母"與清本"5 連字母"比較

表 13—1

本	紐	平	去	平	上	(平)	入	去
明	立/先	連聯簾帷嗹慩臁鐮	○	匳匳奩憐廉濂籢	璉輦斂歛	——	○	殮煉練
清	柳/連	連聯簾帘漣帷璉	輦	憐奩匳匳	斂臉	○	○	練煉殮演
政	調	陰平	陰去	陽平 1	上聲	陽平 2	入聲	陽去
和	例	藺	○	廉憐	斂臉	連簾鐮臁聯璉鰱	○	練煉殮鏈

明本與清本有"連聯簾帷匳匳奩憐斂殮煉練"12 個韻字相對應,明本、清本有"廉憐斂臉連簾鐮臁聯璉練煉殮"13 個韻字與現代政和方言相對應,據《政和縣志·方言》,可讀作[liŋ]。

表 13—2

本	紐	平	去	平	上	(平)	入	去
明	比/先	邊籩便哽	變辨辯辮卞汴	鞭扁蝙蝙	匾貶	——	○	便辯
清	邊/連	○	辯辨變辮	扁	匾	邊便籩鞭	○	便湎
政	調	陰平	陰去	陽平 1	上聲	陽平 2	入聲	陽去
和	例	鞭邊	變辨辯辮卞汴	扁蝙	貶匾	○	○	便

明本與清本有"邊籩便變辨辯辮鞭扁匾"10 個韻字相對應,明本、清本有"鞭邊變辨辯辮卞汴扁蝙貶匾便"13 個韻字與現代政和方言相對應,據《政和縣

志・方言》,可讀作[piŋ]。

表 13—3

本	紐	平	去	平	上	(平)	入	去
明	求/先	兼堅鏗慳	劍劒見儉	乾痼	檢	——	○	件
清	求/連	○	劍劒見	乾	檢儉	慳鏗堅肩兼蒹鶼	○	件
政	調	陰平	陰去	陽平 1	上聲	陽平 2	入聲	陽去
和	例	兼堅鏗鹼	劍儉見驚	○	檢	○	○	件

明本與清本有"兼堅鏗慳劍劒見乾檢件"10 個韻字相對應,明本、清本有"兼堅鏗劍劒儉見檢件"9 個韻字與現代政和方言相對應,據《政和縣志・方言》,可讀作[kiŋ]。

表 13—4

本	紐	平	去	平	上	(平)	入	去
明	氣/先	鉗謙愆諐騫箝嵃	欠	○	謇蹇遣譴虔	——	○	○
清	氣/連	愆諐鉗	芡欠	○	遣蹇衍謇繾兗	虔騫謙	○	○
政	調	陰平	陰去	陽平 1	上聲	陽平 2	入聲	陽去
和	例	謙	欠芡	○	遣譴	鉗箝	○	○

明本與清本有"鉗謙愆諐騫欠謇蹇遣"9 個韻字相對應,明本、清本有"鉗箝謙欠芡遣譴"7 個韻字與現代政和方言相對應,據《政和縣志・方言》,可讀作[k'iŋ]。

表 13—5

本	紐	平	去	平	上	(平)	入	去
明	中/先	顛巔纒恬	奠	癲廛躔纏田鈿	典	——	○	電玷坫
清	直/連	纒	奠	畋田纏	典腆	顛鈿巔鎮	○	電玷佃甸
政	調	陰平	陰去	陽平 1	上聲	陽平 2	入聲	陽去
和	例	癲	電	鈿纏	典碘奠	釘	○	甸滇

明本與清本有"顛巔纒奠纏田鈿典電玷"10 個韻字相對應,明本、清本有"癲電鈿纏典甸"6 個韻字與現代政和方言相對應,據《政和縣志・方言》,可讀作[tiŋ]。

表 13—6

本	紐	平	去	平	上	(平)	入	去
明	片/先	偏	騙諞片	○	○	——	○	徧遍
清	頗/連	○	騙諞片	○	○	偏翩	○	徧遍
政和	調	陰平	陰去	陽平 1	上聲	陽平 2	入聲	陽去
	例	偏篇遍胼	騙片	○	○	○	○	編片

明本與清本有“偏騙諞片徧遍”6 個韻字相對應，明本、清本有“偏騙片片”4 個韻字與現代政和方言相對應，據《政和縣志・方言》，可讀作[p‘iŋ]。

表 13—7

本	紐	平	去	平	上	(平)	入	去
明	土/先	天添	○	○	筅忝忝	——	○	○
清	他/連	○	○	○	筅	天靝	○	○
政和	調	陰平	陰去	陽平 1	上聲	陽平 2	入聲	陽去
	例	天添	搌	○	筅撣	○	○	○

明本與清本有“天添筅”3 個韻字相對應，明本、清本有“天添筅”3 個韻字與現代政和方言相對應，據《政和縣志・方言》，可讀作[t‘iŋ]。

表 13—8

本	紐	平	去	平	上	(平)	入	去
明	全/先	錢銭佟簷毡沾霑氊氈檐蟾�膽	箭戰占佔尖牮	詹漸潛暫煎詹洊	戔漸	——	○	賤
清	曾/連	錢佟簷邅瞻覘	箭戰薦荐餞洊	潛漸詹毡霑沾佔苫慙漸蔪	○	○	○	賤
政和	調	陰平	陰去	陽平 1	上聲	陽平 2	入聲	陽去
	例	煎氈詹尖	薦賤戰占尖箭	踐餞潛僭	○	錢	○	○

明本與清本有“錢銭佟簷毡沾霑箭戰詹漸潛賤”13 個韻字相對應，明本、清本有“煎氈詹薦賤戰占尖箭潛錢”11 個韻字與現代政和方言相對應，據《政和縣志・方言》，可讀作[tsiŋ]。

表 13—9

本	紐	平	去	平	上	(平)	入	去
明	人/先	年黏	撚拈囦	○	染	——	○	念
清	日/連	年黏粘拈	撚	○	染	○	○	念
政和	調	陰平	陰去	陽平 1	上聲	陽平 2	入聲	陽去
	例	侫	撚	○	染	年	○	念撚稔

明本與清本有“年黏撚染念”5 個韻字相對應，明本、清本有“年撚染念撚”5 個韻字與現代政和方言相對應，據《政和縣志・方言》，可讀作[niŋ]。

表 13—10

本	紐	平	去	平	上	(平)	入	去
明	生/先	○	扇煽庑廠	先仙僊襢薜亼莥罨	鮮殀暹陜	——	○	善羨繕膳擅饍先
清	時/連	○	扇煽	○	鮮豯薛	先仙僊襢	○	善膳羨擅繕墡
政和	調	陰平	陰去	陽平 1	上聲	陽平 2	入聲	陽去
	例	先仙鮮膻醒	扇煽	○	鮮薛暹癬	蠅搧	○	善膳繕羨擅單掀

明本與清本有“扇煽先仙僊襢鮮善羨繕膳擅”12 個韻字相對應，明本、清本有“扇煽先仙鮮薛暹善膻繕膳羨擅”13 個韻字與現代政和方言相對應，據《政和縣志・方言》，可讀作[siŋ]。

表 13—11

本	紐	平	去	平	上	(平)	入	去
明	又/先	焉仍厭臙胭炎閻鹽塩盐湮堙甄煙烟	醼讌燕晏宴燕鸗饜厭	焉蟬禪嬋然燃仁賢贙絃弦延筵涎神辰晨宸	冉苒髯衍琰偃淹奄掩揜演閃	——	○	刄任荏訒孕娠姙妊醃刃仞艶豔爓爛焰餤焱
清	鶯/連	鹽盐閹懕髯焉仍醃	燕讌醼宴晏斁厭鷃	莚仁宸絃弦然延筵焉禪嬋晨	偃掩冉奄	烟煙甄閻禋	○	刄任荏訒韌賃
政和	調	陰平	陰去	陽平 1	上聲	陽平 2	入聲	陽去
	例	煙胭炎仍	厭燕隱宴檇癮鼴	仁賢禪然延	穎掩鄢	鹽	○	妊豔任醃胤

明本與清本有“焉仍閻鹽塩盐甄煙烟醼讌燕晏宴燕厭焉禪嬋然仁絃弦延筵晨宸冉偃奄掩刄任荏訒”35 個韻字相對應，明本、清本有“煙胭炎仍厭燕宴仁賢禪然延掩鹽妊豔任醃”18 個韻字與現代政和方言相對應，據《政和縣志・方言》，可讀作[iŋ]。

表 13—12

本	紐	平	去	平	上	(平)	入	去
明	名/先	綿棉緜緡	○	○	免勉冕浼俛	——	○	麵麪面
清	問/連	○	○	○	○	○	○	○
政	調	陰平	陰去	陽平 1	上聲	陽平 2	入聲	陽去
和	例	○	○	○	免勉冕娩	棉綿靦	○	面緬

明本有“免勉冕綿棉面”6 個韻字與現代政和方言相對應，據《政和縣志・方言》，可讀作[miŋ]。明本“先字母”有韻字“色邑冾㐌侮”應爲“免”“冕”“浼”“勉”“俛”之誤。

表 13—13

本	紐	平	去	平	上	(平)	入	去
明	言/先	○	○	嚴迎	玁儼	——	○	硯唁彥喭諺驗驗
清	語/連	○	○	○	○	○	○	○
政	調	陰平	陰去	陽平 1	上聲	陽平 2	入聲	陽去
和	例	○	○	嚴儼	○	嚴閻閆	○	驗

明本有“嚴驗”2 個韻字與現代政和方言相對應，據《政和縣志・方言》，可讀作[ŋiŋ]。

表 13—14

本	紐	平	去	平	上	(平)	入	去
明	出/先	前媊	○	簽籤遷韆迁扦攑攓臔籛芊僉殲鮮鱻	淺諂	——	○	籖
清	出/連	○	○	○	○	○	○	○
政	調	陰平	陰去	陽平 1	上聲	陽平 2	入聲	陽去
和	例	簽籤遷韆阡	○	○	淺	前	○	殲釺

明本有“簽籤遷韆淺前”6 個韻字與現代政和方言相對應，據《政和縣志・方言》，可讀作[ts‘iŋ]。

表 13—15

本	紐	平	去	平	上	(平)	入	去
明	向/先	還	○	○	穎顈顯顕險	——	○	現見
清	非/連	○	○	○	○	○	○	○
政	調	陰平	陰去	陽平 1	上聲	陽平 2	入聲	陽去
和	例	○	○	○	顯險	還	○	現

明本有“顯險還現”4 個韻字與現代政和方言相對應，據《政和縣志・方言》，可讀作[xiŋ]。

經考證，明本“13 先字母”擬音爲[iŋ](馬重奇，2010)，清本《六音字典》“5 連字母”與之對應，亦可擬音爲[iŋ]。

14. 明本“14 備字母”與清本“7 梨字母”比較

表 14—1

本	紐	平	去	平	上	(平)	入	去
明	立/備	梨棃	力立	蠡蜊離离漓璃瓈黎藜蠣蔾䔧罹厘貍鸝	娌李里理鯉醴禮礼	——	靂履歷歷歴笠粒泣蒞	利荔蜊莀麗罷肆隸詈吏浰唎俐厲勵
清	柳/梨	○	○	蠡蜊螭	李娌俚	○	靂履	利戾荔儷蜊蝵蠣礪
政和	調	陰平	陰去	陽平 1	上聲	陽平 2	入聲	陽去
	例	○	立力	厘狸璃	娌禮李裏涅理鯉	梨	笠靂歷蒞粒瀝履	勵利吏隸麗莉儷蠣唎俐

明本與清本有“蠡蜊娌李靂履利荔蜊”9 個韻字相對應,明本、清本有“立力厘狸璃娌禮李裏理鯉梨笠靂歷蒞粒履勵利吏隸麗儷蠣俐”26 個韻字與現代政和方言相對應,據《政和縣志·方言》,可讀作[li]。

表 14—2

本	紐	平	去	平	上	(平)	入	去
明	比/備	跛	偹閉箄�瘴詖痹備	脾鵧枇琵碑	比彼妣毘庇匕	——	必碧璧逼偪嗶筆蓽滗	被婢俾陛煏堛箆幣獘蔽脾裨畢賁媲貔敝弊
清	邊/梨	○	偹閉箄匼瘴畢	脾鵧鼙啼	比彼妣毗	碑	必碧璧逼偪嗶筆笔蓽滗	被婢俾陛煏堛篦幣獘蔽斃敝憊楅褲庇
政和	調	陰平	陰去	陽平 1	上聲	陽平 2	入聲	陽去
	例	碑拔	備閉弊毖	琵枇脾妣庇裨	比	屄	逼筆滗必弼畢蓽碧贔臂匕壁	幣婢篦

明本與清本有“偹閉箄匼瘴脾鵧碑比彼妣必碧璧逼偪嗶筆滗被婢俾陛煏堛箆幣獘蔽”29 個韻字相對應,明本、清本有“碑備閉琵枇脾比逼筆滗必碧幣婢篦”15 個韻字與現代政和方言相對應,據《政和縣志·方言》,可讀作[pi]。

表 14—3

本	紐	平	去	平	上	（平）	入	去
明	求/備	旗旂几幾机機譏畿磯璣肌朡饑箕綦妃姬勸基雞鷄未	記紀繼继既既	奇祈騎期碁錡麒岐芪耆祁踦琦棋乩祇	麂已屺虮	——	吉頡亟極急及級給笈棘桔杞戟激	擊忮伎技跂跧企忌冀刮颱閬稽嵇異
清	求/梨	旗旂	記紀繼既	奇祈騎期碁錡麒岐芪耆祁朞棊崎碕歧騏剞跂跧企沂淇畸椅蓍鬐琪祺萁	麂已杞	几幾機譏讥畿磯璣肌朡饑箕綦乩稽嵇羈羇圮	吉頡亟極急及級給杞笈棘殛伋仕蓟	擊忮伎技跂跧企忌冀激檄妓驥
政和	調	陰平	陰去	陽平 1	上聲	陽平 2	入聲	陽去
	例	姬饑基箕稽羈機譏璣磯岐歧	既記紀繼	期騎奇麒芪沂棋其琪祈	麂已杞紀幾	旗	吉頡及極給急笈殛棘級亟岌擊潔芨	妓忌伎嫉摳

明本與清本有“旗旂几幾機机譏畿磯璣肌朡饑箕綦記紀繼继既既奇祈騎期碁錡麒岐芪耆祁麂已吉頡亟極急及級給笈棘擊忮伎技跂跧企忌冀”54 個韻字相對應,明本、清本有“姬饑基箕稽羈機譏璣磯岐歧既記紀繼期騎奇麒芪沂棋其琪麂已杞旗吉頡及極給急笈殛棘級亟妓忌伎”43 個韻字與現代政和方言相對應,據《政和縣志・方言》,可讀作[ki]。

表 14—4

本	紐	平	去	平	上	（平）	入	去
明	氣/備	蜞啝	器噐氣氣气炁棄弃嘟	其欺欹攲崎	起豈啟	——	乞訖喫吃戞迄	楝林噉
清	氣/梨	芞	氣炁棄器	其亓丌	起豈啟芑	欹攲欺觭	乞訖吃喫戟汲隙郤吸憩	嘞梯
政	調	陰平	陰去	陽平 1	上聲	陽平 2	入聲	陽去
和	例	欺欹	氣器棄汽契	騎	起豈啟企	○	乞訖迄	柿

明本與清本有“器噐氣气炁棄弃其欺欹攲起豈啟乞訖喫吃”18 個韻字相對應,明本、清本有“欺欹氣器棄起豈啟乞訖迄”11 個韻字與現代政和方言相對應,據《政和縣志・方言》,可讀作[k‘i]。

表 14—5

本	紐	平	去	平	上	(平)	入	去
明	中/備	知	治帝蒂第植值殖置致弟悌智褅締知弟置蝷蝃	遲題隄持踟痔緹瘍姪侄笞忝弛	氐抵褁邸砥底碭詆低裡褁	——	的狄逖荻翟敵啇適笛棣嫡滴滌	地
清	直/梨	○	治帝蒂第植值殖置致弟智悌侄姪郅寘	遲題隄持踟痔篪提貤低氐瓻鴟祇胝馳	氐抵褁邸砥詆	知蜘	的狄逖荻翟敵適啇笛棣諟峙篴遏蹢籊	地
政和	調	陰平	陰去	陽平 1	上聲	陽平 2	入聲	陽去
	例	知蜘	治悌帝置值智雉鯉	提痔堤遲馳弛第姪侄	砥抵詆邸褁低	嘀	的敵滴狄適嫡滌笛荻翟鏑	事蟄

明本與清本有"知治帝蒂第植值殖置致弟悌智遲題隄持踟痔氐抵褁邸砥的狄逖荻翟敵啇適笛棣地"36 個韻字相對應,明本、清本有"知蜘治悌帝置值智提痔堤遲弛姪侄砥抵詆邸褁的敵滴狄適嫡滌笛荻翟"30 個韻字與現代政和方言相對應,據《政和縣志・方言》,可讀作[ti]。

表 14—6

本	紐	平	去	平	上	(平)	入	去
明	片/備	披疲被困吡磇砒	呢	○	譬辟散痱柹	——	辟霹僻檗癖臂疋匹鄙辟	鼻轡洟
清	陂/梨	○	髀呸啡	疲	痂	披丕誹陂	辟霹僻檗癖臂疋匹鄙褫譬闢擘	鼻轡
政和	調	陰平	陰去	陽平 1	上聲	陽平 2	入聲	陽去
	例	披疲	○	○	痞丕	○	匹辟僻疋霹譬鼙痺	鼻

明本與清本有"披疲辟霹僻檗癖臂疋匹鄙鼻轡"13 個韻字相對應,明本、清本有"披疲匹辟僻疋霹譬鼻"9 個韻字與現代政和方言相對應,據《政和縣志・方言》,可讀作[p‘i]。

表 14—7

本	紐	平	去	平	上	(平)	入	去
明	土/備	鬄緆虉	○	駂	體体醍	——	敕勅飭剔擿裼惕踢	遞涕啻懥疐迪疐

續表

清	他/梨	簛黐	○	○	體体	○	勑敕餝剔勑	遞涕啻愭蹇廸逓娣憒諦棣杕締桋蝷滌惕
政	調	陰平	陰去	陽平 1	上聲	陽平 2	入聲	陽去
和	例	屜	○	○	體扯	刣	惕剔	滯締涕

明本與清本有“體体敕勑餝剔遞涕啻愭蹇迪”12 個韻字相對應,明本、清本有“體惕剔締涕”5 個韻字與現代政和方言相對應,據《政和縣志・方言》,可讀作[t‘i]。

表 14—8

本	紐	平	去	平	上	(平)	入	去
明	全/備	糍鶿薋	之賫霽濟至志痣疾蒺嫉胑誌集齎	齊字寺	止趾址旨指姊脂嵛㐆芷	——	積績只勣職執寂稷即質隲枳汁蟄退巁唧踖戠	十桎輊臺脊瘠鶺雉摯馬彘稚
清	曾/梨	糍鶿蒔	之賫霽濟至志痣疾蒺嫉集劑	齊字寺躋蠐	止趾址旨指姊沚祉	○	積績只勣職執寂稷即質隲贄陟蓺織	十桎輊臺脊瘠鶺雉摯馬彘稚薙咥室穉蟄什縶
政	調	陰平	陰去	陽平 1	上聲	陽平 2	入聲	陽去
和	例	○	志痣至集濟疾劑掣濺	字齊擠	止趾旨指姊脂址	糍	積績職只質汁織枳摯濺	十稚拾植

明本與清本有“糍鶿之賫霽濟至志痣疾蒺嫉齊字寺止趾址旨指姊積績只勣職執寂稷即質隲十桎輊臺脊瘠鶺雉摯馬彘稚”44 個韻字相對應,明本、清本有“志痣至集濟疾劑字齊止趾旨指姊脂址糍積績職只質汁織枳十稚”27 個韻字與現代政和方言相對應,據《政和縣志・方言》,可讀作[tsi]。

表 14—9

本	紐	平	去	平	上	(平)	入	去
明	人/備	○	日入	尼妮	你	——	溺匿惹夾	二弍貳膩廿
清	日/梨	○	入日	尼妮怩柅呢	你	○	溺匿惄	二弍貳膩
政	調	陰平	陰去	陽平 1	上聲	陽平 2	入聲	陽去
和	例	○	你日	尼	○	呢	溺匿昵	二貳膩

明本與清本有 “日入尼妮你匿溺二弍貳膩”11 個韻字相對應,明本、清本有“尼呢日二貳膩匿溺”8 個韻字與現代政和方言相對應,據《政和縣志・方

言》,可讀作[ni]。

表 14—10

本	紐	平	去	平	上	(平)	入	去
明	生/備	時旹塒哂	四肆式試拭弑實寔侍恃	詩絲鷥司犀樨吚斯蕬	菌屎死	——	豕視析示筮氏失矢室識息熄昔惜逝悉蟋釋熾舄螫耤誓趖始枲習織蝕睗飾	食是席夕十拾膝㐌坁婿启汐
清	時/梨	時旹塒榯鰣	四肆式試拭弑實寔侍軾哂笥	○	菌屎死	詩絲鷥司犀墀棲伺	豕視析示筮氏矢失室識息熄昔惜逝悉蟋釋熾舄螫耤噬兕誌晳晰淅媳式	食是席夕十拾膝㐌恃蝕飾墒
政和	調	陰平	陰去	陽平 1	上聲	陽平 2	入聲	陽去
	例	犀詩絲司撕矢豕施	四肆試軾弑拭勢	○	死屎始	時	失惜析晰習昔逝悉釋室晳適夕	席是飾恃蝕食示飼誓氏侍

明本與清本有"時旹塒四肆式試拭弑實寔侍詩絲鷥司犀菌屎死豕視析示筮氏失矢室識息熄昔惜逝悉蟋釋熾舄螫耤食是席夕十拾膝㐌"50 個韻字相對應,明本、清本有"犀詩絲司四肆試軾弑拭死屎時失惜析晰習昔逝悉釋室晳席是飾恃蝕食"30 個韻字與現代政和方言相對應,據《政和縣志 · 方言》,可讀作[si]。

表 14—11

本	紐	平	去	平	上	(平)	入	去
明	又/備	伊噫衣依醫咿兮	意薏異翼翊翌易懿綺異瞖翳	夷移姨怡頤漪遺夸胰貽詒痍匜迤彛彝桅	以矣苡苢已目頤	——	一壹乙益邑挹弋泄逸佚鳦驛馹掖液懌奕弈揖縊溢曳拽洩繹施	億憶衣驥倚
清	鶯/梨	伊噫	意薏異翼翊翌易瘞	夷移姨怡頤漪遺瘆彝笞猗飴畦	已苢苡	醫衣依	一壹乙益邑挹弋泄逸佚鳦馹驛液掖懌奕弈揖弋佾腋斁射鷁輯緝翕戢以	億憶衣懿臆饐謚㥋鎰

續表

	調	陰平	陰去	陽平 1	上聲	陽平 2	入聲	陽去
政和	例	醫依衣鉢	易異翼意薏懿億憶實肆冀噫臆蜴詣奕	移夷姨胰遺頤怡貽圯痍荑	以矣	伊尹屎	一乙益壹邑驛液逸繹縊佚軼挹疫譯屹咦抑	倚

明本與清本有"伊噫衣依醫意薏異翼翊翌易懿夷移姨怡頤漪遺以矣苡苢已一壹乙益邑挹弋泄逸佚鳦驛馹掖液懌奕弈揖億憶衣"47個韻字相對應,明本、清本有"醫依衣易異翼意薏懿億憶移夷姨胰遺頤怡貽以矣伊尹一乙益壹邑驛液逸繹縊佚軼挹倚"37個韻字與現代政和方言相對應,據《政和縣志·方言》,可讀作[i]。

表 14—12

本	紐	平	去	平	上	(平)	入	去
明	名/備	伾丕	米	麋彌羆瀰迷醾醿糜蘪蘪弼禰爾弭	美媄	——	覓覔蜜簆密宻祕泌宓秘苾	味炗媚湄謎
清	問/梨	莫	米弭弼葺獮	麋彌羆瀰貎禰	美	莫	覓蜜密秘泌爾閟	味媚炗謎
政和	調	陰平	陰去	陽平 1	上聲	陽平 2	入聲	陽去
	例	○	米	迷彌謎	○	咪勿○	覓蜜密秘吻	咪

明本與清本有"米麋彌羆瀰美覓覔蜜簆密宻祕泌味炗媚"17個韻字相對應,明本、清本有"米迷彌覓蜜密秘"7個韻字與現代政和方言相對應,據《政和縣志·方言》,可讀作[mi]。

表 14—13

本	紐	平	去	平	上	(平)	入	去
明	言/備	擬	○	疑宜儀霓輗蟻麑倪嶷	○	——	○	議義誼藝詣毅睨鯢卪蓺埶
清	語/梨	○	睨	疑宜儀霓輗鈚㶽	○	○	○	議義誼藝詣毅羿蟻螘擬閡
政和	調	陰平	陰去	陽平 1	上聲	陽平 2	入聲	陽去
	例	○	○	宜疑儀凝誼	○	擬	○	義蟻毅藝囈諺彥唁

明本與清本有"擬疑宜儀霓輗議義誼藝詣毅"12個韻字相對應,明本、清本有"宜疑儀擬義蟻毅藝"8個韻字與現代政和方言相對應,據《政和縣志·方言》,可讀作[ŋi]。

表 14—14

本	紐	平	去	平	上	(平)	入	去
明	出/備	癡痴悽淒蚩棲栖	焠淬顇撍啛	妻尸屍鸀	恥耻齒斥侈庈	——	七柒戚咫戚緘輯緝戢咠咠葺咠	市豉妻
清	出/梨	○	焠淬	○	恥齒	妻尸屍蚩癡淒悽鳲萋	七戚咫斥吃喫	妻豉市
政和	調	陰平	陰去	陽平 1	上聲	陽平 2	入聲	陽去
	例	屍妻淒癡	試	○	恥齒侈	○	柒七刺翅鰭	豉市妻

明本與清本有"癡痴悽淒蚩焠淬妻尸屍耻恥齒七柒戚咫市豉妻"20 個韻字相對應,明本、清本有"屍妻淒癡恥齒侈柒七豉市妻"12 個韻字與現代政和方言相對應,據《政和縣志·方言》,可讀作[tsʻi]。

表 14—15

本	紐	平	去	平	上	(平)	入	去
明	向/備	羲犧奚僖熹禧希稀欷晞兮熙觿睎絺攜携傒嬉熺俙畦頤妃曦	戲戱	○	喜憙囍嬉嬉	——	橘桔覡	綌系嗜翕係謑繫餼耆鑴裔齊屓屭
清	非/梨	○	戲	姨	喜	羲犧奚僖熹禧希稀欷晞兮熙觿睎絺携傒曦	橘鷸	綌系嗜系
政和	調	陰平	陰去	陽平 1	上聲	陽平 2	入聲	陽去
	例	奚希稀犧熙熹嬉禧兮	戲	○	喜	嘻	桔吸	系

明本與清本有"羲犧奚僖熹禧希稀欷晞兮熙觿睎絺攜携戲喜橘綌系嗜"23 個韻字相對應,明本、清本有"奚希稀犧熙熹嬉禧兮戲喜桔系"13 個韻字與現代政和方言相對應,據《政和縣志·方言》,可讀作[xi]。

表 14—16

本	紐	平	去	平	上	(平)	入	去
明	向/備	非霏扉菲悱飛	費廢未肺匪	○	斐翡靡篚	——	○	未楙
清	非/梨	○	肺	○	斐翡靡肸廢蜚芾費匪悱糜非	非扉霏菲妃	○	○
政和	調	陰平	陰去	陽平 1	上聲	陽平 2	入聲	陽去
	例	揮輝飛非	○	○	毀匪	○	○	惠慧

明本與清本有“非霏扉菲肺斐翡靡”8 個韻字相對應，明本、清本有“飛匪”2 個韻字與現代政和方言相對應，據《政和縣志·方言》，可讀作[xi]。

表 14—17

本	紐	平	去	平	上	(平)	入	去
明	又/備	○	○	微薇	○	——	○	未㳮
清	問/梨	○	○	微薇	○		○	未
政	調	陰平	陰去	陽平 1	上聲	陽平 2	入聲	陽去
和	例	微薇	○	○	○	○	○	未

明本與清本有“微薇未”3 個韻字相對應，據《政和縣志·方言》，可讀作[i]。

經考證，明本“14 備字母”擬音爲[i](馬重奇，2010)，清本《六音字典》“7 梨字母”與之對應，亦可擬音爲[i]。

15. 明本“15 結字母”與清本“11 籬字母”比較

表 15—1

本	紐	平	去	平	上	(平)	入	去
明	立/結	籬篱離	裂冽	○	○	——	列烈	例離劙𥜐
清	柳/籬	籬	裂	○	○	○	列烈冽鬣詈	例離
政	調	陰平	陰去	陽平 1	上聲	陽平 2	入聲	陽去
和	例	○	裂	○	○	○	列烈	例

明本與清本有“籬篱裂列烈例離”7 個韻字相對應，明本、清本有“裂列烈例”4 個韻字與現代政和方言相對應，據《政和縣志·方言》，可讀作[liɛ]。

表 15—2

本	紐	平	去	平	上	(平)	入	去
明	比/結	○	○	諯惼徧 煸褊	○	——	○	避辟別
清	邊/籬	○	○	○	○	○	○	避
政	調	陰平	陰去	陽平 1	上聲	陽平 2	入聲	陽去
和	例	○	○	瘪	○	○	屄	別

明本與清本有“避”1 個韻字相對應，明本、清本有“別”1 個韻字與現代政和方言相對應，據《政和縣志·方言》，可讀作[piɛ]。

表 15—3

本	紐	平	去	平	上	(平)	入	去
明	求/結	○	計	傑杰	○	——	揭竭偈刦刧絜潔結詰擷訐挈拗纈襭袺孑擖	徛簕鐲鑷
清	求/籬	○	計	○	○	○	揭偈竭劫絜潔擷結詰訐褉諤傑杰蜐桀	徛
政和	調	陰平	陰去	陽平 1	上聲	陽平 2	入聲	陽去
	例	這	計	傑桀結	○	○	潔刧揭結竭謁急	○

明本與清本有“計傑杰揭竭偈刦刧絜潔結詰擷訐徛”16 個韻字相對應,明本、清本有“計傑潔結揭竭謁”7 個韻字與現代政和方言相對應,據《政和縣志・方言》,可讀作[kiɛ]。

表 15—4

本	紐	平	去	平	上	(平)	入	去
明	氣/結	○	契	怯	○	——	缺鑿疾蚗缺	歉隙慊怯謙
清	氣/籬	○	契	○	○	○	缺鑿怯	歉隙慊郤
政	調	陰平	陰去	陽平 1	上聲	陽平 2	入聲	陽去
和	例	○	○	○	○	○	缺	○

明本與清本有“契缺鑿隙慊歉”6 個韻字相對應,明本、清本有“缺”1 個韻字與現代政和方言相對應,據《政和縣志・方言》,可讀作[kʻiɛ]。

表 15—5

本	紐	平	去	平	上	(平)	入	去
明	中/結	爺爹	牒蝶蜨鞢帙	池篪箎	○	——	揲叠疊迭跌飈軼秩耊耋恎哲喆	弟
清	直/籬	爹	牒蝶蜨鞢諜艸	池	○	○	秩	○
政	調	陰平	陰去	陽平 1	上聲	陽平 2	入聲	陽去
和	例	爹	蝶牒諜喋滴	池鮂	○	爹	跌秩迭疊	弟地

明本與清本有“爹牒蝶蜨鞢池叠疊迭跌秩弟”12 個韻字相對應,明本、清本有“爹蝶牒諜池爹跌秩迭疊弟”11 個韻字與現代政和方言相對應,據《政和縣志・方言》,可讀作[tiɛ]。

表 15—6

本	紐	平	去	平	上	(平)	入	去
明	片/結	編篇枇批鈚錍撇擎	剆㵨㓖	○	瞥瞥	——	別鼈鱉	○
清	頗/籬	○	○	○	○	○	○	○
政	調	陰平	陰去	陽平 1	上聲	陽平 2	入聲	陽去
和	例	批	劈	○	○	○	撇劈	○

明本有“批”1 個韻字與現代政和方言相對應，據《政和縣志・方言》，可讀作[p‘iɛ]。

表 15—7

本	紐	平	去	平	上	(平)	入	去
明	土/結	啼	剃	○	○	——	鐵銕鉄	裫䌌
清	他/籬	○	○	○	○	○	○	○
政	調	陰平	陰去	陽平 1	上聲	陽平 2	入聲	陽去
和	例	○	剃	○	○	啼	鐵帖貼	塊

明本有“剃啼鐵”3 個韻字與現代政和方言相對應，據《政和縣志・方言》，可讀作[t‘iɛ]。

表 15—8

本	紐	平	去	平	上	(平)	入	去
明	全/結	匙	捷祭際炙炙制製掣	支吱枝肢芝卮梔這	○	——	接折浙節襵裙浹瘸壇	折
清	曾/籬	○	○	○	○	○	○	○
政	調	陰平	陰去	陽平 1	上聲	陽平 2	入聲	陽去
和	例	枝支芝肢	捷睫婕	○	仔者	匙	接折浙節蜇這	折

明本有“支枝芝捷匙接折浙節”9 個韻字與現代政和方言相對應，據《政和縣志・方言》，可讀作[tsiɛ]。

表 15—9

本	紐	平	去	平	上	(平)	入	去
明	人/結	○	○	○	○	——	聶攝鑷揑拰躡啀涅碮緤輒	○
清	日/籬	○	○	○	○	○	○	○
政	調	陰平	陰去	陽平 1	上聲	陽平 2	入聲	陽去
和	例	○	○	○	○	○	聶攝鑷揑	○

明本有“聶攝鑷揑”4 個韻字與現代政和方言相對應,據《政和縣志·方言》,可讀作[niɛ]。

表 15—10

本	紐	平	去	平	上	(平)	入	去
明	生/結	些	世旾貰勢	施施岐榩熱	○	——	褻襲燮爕篞薛屑拽緤洩泄設	涉陟
清	時/籬	○	○	○	○	○	○	○
政	調	陰平	陰去	陽平 1	上聲	陽平 2	入聲	陽去
和	例	些	世	○	○	○	設燮泄襲涉	翅

明本有“些世設燮泄襲”6 個韻字與現代政和方言相對應,據《政和縣志·方言》,可讀作[siɛ]。

表 15—11

本	紐	平	去	平	上	(平)	入	去
明	又/結	○	○	爺爷	椅	——	擛擘	易
清	鶯/籬	○	○	○	○	○	○	○
政	調	陰平	陰去	陽平 1	上聲	陽平 2	入聲	陽去
和	例	○	吃	熱爺	○	○	頁掰	易

明本有“爺易”2 個韻字與現代政和方言相對應,據《政和縣志·方言》,可讀作[iɛ]。

表 15—12

本	紐	平	去	平	上	(平)	入	去
明	名/結	○	篾箵摵滅	○	○	——	○	○
清	問/籬	○	○	○	○	○	○	○
政	調	陰平	陰去	陽平 1	上聲	陽平 2	入聲	陽去
和	例	○	滅篾蔑	○	○	○	○	○

明本有“篾滅”2 個韻字與現代政和方言相對應,據《政和縣志·方言》,可讀作[miɛ]。

表 15—13

本	紐	平	去	平	上	(平)	入	去
明	言/結	○	業孽蠥旹臬頁碣	○	○	——	桀	○
清	語/籬	○	○	○	○	○	○	○
政	調	陰平	陰去	陽平 1	上聲	陽平 2	入聲	陽去
和	例	○	業孽	○	○	○	○	鑷

明本有“業孽”2 個韻字與現代政和方言相對應，據《政和縣志・方言》，可讀作[ŋiɛ]。

表 15—14

本	紐	平	去	平	上	(平)	入	去
明	出/結	○	棘	○	抯扯	——	切竊窃徹轍澈濕溼隰妾唼霎	蠘
清	出/籬	○	○	○	○	○	○	○
政	調	陰平	陰去	陽平 1	上聲	陽平 2	入聲	陽去
和	例	○	刺	○	扯	○	濕妾切徹澈	蠘

明本有“扯切徹澈妾濕蠘”7 個韻字與現代政和方言相對應，據《政和縣志・方言》，可讀作[ts‘iɛ]。

表 15—15

本	紐	平	去	平	上	(平)	入	去
明	向/結	○	○	○	○	——	脅脇愶協叶憎飈血蝎蠍	穴
清	非/籬	○	○	○	○	○	○	○
政	調	陰平	陰去	陽平 1	上聲	陽平 2	入聲	陽去
和	例	○	○	○	○	○	愶脅血	穴

明本有“穴脅協血”4 個韻字與現代政和方言相對應，據《政和縣志・方言》，可讀作[xiɛ]。

經考證，明本“15 結字母”擬音爲[iɛ](馬重奇，2010)，清本《六音字典》“11 籬字母”與之對應，亦可擬音爲[iɛ]。

以上將明本《六音字典》“橫班先備結”諸字母與清本《六音字典》“藍鈴連梨籬”諸字母進行對應比較，並與現代政和方言進行歷史比較研究。清本《六音字典》“19 鈴字母”缺頁，今根據表 12—1 明本《六音字典》“立/班”平聲一下有“鈴聆伶零零嫑菱薐棱蓮”10 字，即給該字母擬音爲[aiŋ]。現將各字母的音值擬測如下：

明本《六音字典》			清本《六音字典》		
11	橫字母	[uaŋ]	8	藍字母	[aŋ/uaŋ]
12	班字母	[aiŋ]	19	鈴字母	[aiŋ]*
13	先字母	[iŋ]	5	連字母	[iŋ]
14	備字母	[i]	7	梨字母	[i]
15	結字母	[iɛ]	11	籬字母	[iɛ]

第四節　明本"射舌有條嘹"與清本"籠閱彪俵聊"對應

本節將明本《六音字典》和清本《六音字典》的以下韻部做比較:"射"與"籠","舌"與"閱","有"與"彪","條"與"俵","嘹"與"聊"。

16. 明本"16 射字母"與清本"14 籠字母"(缺)比較

表 16—1

本	紐	平	去	平	上	(平)	入	去
明	立/射	○	籠曆	○	○	——	皻轣鴘	○
清	柳/籠	○	○	○	○	○	○	○
政	調	陰平	陰去	陽平 1	上聲	陽平 2	入聲	陽去
和	例	○	籠曆	○	○	○	○	○

明本有"籠曆"2 個韻字與現代政和方言相對應,據《政和縣志・方言》,可讀作[lia]。

表 16—2

本	紐	平	去	平	上	(平)	入	去
明	比/射	○	摒帲	○	○	——	壁鐴	○
清	邉/籠	○	○	○	○	○	○	○
政	調	陰平	陰去	陽平 1	上聲	陽平 2	入聲	陽去
和	例	○	○	○	○	○	壁	○

明本有"壁"1 個韻字與現代政和方言相對應,據《政和縣志・方言》,可讀作[pia]。

表 16—3

本	紐	平	去	平	上	(平)	入	去
明	求/射	○	屐了杈支擷咖	迦伽	○	——	孓	○
清	求/籠	○	○	○	○	○	○	○
政	調	陰平	陰去	陽平 1	上聲	陽平 2	入聲	陽去
和	例	○	屐架	迦	○	○	○	○

明本有"屐迦"2 個韻字與現代政和方言相對應,據《政和縣志・方言》,可讀作[kia]。

表 16—4

本	紐	平	去	平	上	(平)	入	去
明	氣/射	○	○	枝	○	——	○	皺腦
清	氣/籭	○	○	○	○	○	○	○
政	調	陰平	陰去	陽平 1	上聲	陽平 2	入聲	陽去
和	例	杈	○	○	○	○	○	○

明本无韻字與現代政和方言相對應。《政和縣志·方言》載"杈"字讀作[kia]而不读[k'ia];且不見"枝皺腦"諸字。

表 16—5

本	紐	平	去	平	上	(平)	入	去
明	中/射	○	○	○	○	——	摘謫	糴宅厇仛犵
清	直/籭	○	○	○	○	○	○	○
政	調	陰平	陰去	陽平 1	上聲	陽平 2	入聲	陽去
和	例	○	榨	○	○	○	摘	糴

明本有"摘糴"2 個韻字與現代政和方言相對應,據《政和縣志·方言》,可讀作[tia]。

表 16—6

本	紐	平	去	平	上	(平)	入	去
明	片/射	○	○	娗	躃躄閅	——	○	○
清	頗/籭	○	○	○	○	○	○	○
政	調	陰平	陰去	陽平 1	上聲	陽平 2	入聲	陽去
和	例	○	○	○	○	○	○	○

明本无韻字與現代政和方言相對應。

表 16—7

本	紐	平	去	平	上	(平)	入	去
明	土/射	○	○	○	○	——	惁折	宅仛犵
清	他/籭	○	○	○	○	○	○	○
政	調	陰平	陰去	陽平 1	上聲	陽平 2	入聲	陽去
和	例	○	○	○	○	○	拆坼	宅

明本有"宅"1 個韻字與現代政和方言相對應,據《政和縣志·方言》,可讀作[t'ia]。

表 16—8

本	紐	平	去	平	上	(平)	入	去
明	全/射	遮罝罝嗟蹉嵯嗟	樜蔗籍柘	邪	姐	——	跡迹蹟者赭只磧脊	蹠跖鷓蔗
清	曾/籭	○	○	○	○	○	○	○
政	調	陰平	陰去	陽平 1	上聲	陽平 2	入聲	陽去
和	例	遮嗟鷓	蔗藉籍踩	斜邪	○	○	只跡躤	蔗隻

明本有"遮嗟蔗籍邪只跡蔗"8 個韻字與現代政和方言相對應,據《政和縣志・方言》,可讀作[tsia]。

表 16—9

本	紐	平	去	平	上	(平)	入	去
明	人/射	○	○	○	○	——	讘囁矎鑷呇谽喏甲	○
清	日/籭	○	○	○	○	○	○	○
政	調	陰平	陰去	陽平 1	上聲	陽平 2	入聲	陽去
和	例	○	○	○	○	耥	鑷囁啮	○

明本有"鑷囁"2 個韻字與現代政和方言相對應,據《政和縣志・方言》,可讀作[nia]。

表 16—10

本	紐	平	去	平	上	(平)	入	去
明	生/射	○	射卸瀉譎舍赦	蛇	寫捨舍	——	削髣鍱剔脜毤脜	謝榭榭社麝
清	時/籭	○	○	○	○	○	○	○
政	調	陰平	陰去	陽平 1	上聲	陽平 2	入聲	陽去
和	例	○	捨赦瀉	○	寫舍	○	削	謝社

明本有"寫舍赦瀉謝社"6 個韻字與現代政和方言相對應,據《政和縣志・方言》,可讀作[sia]。

表 16—11

本	紐	平	去	平	上	(平)	入	去
明	又/射	椴役耶鎁鎁	○	亦余	野	——	○	○
清	鶯/籭	○	○	○	○	○	○	○
政	調	陰平	陰去	陽平 1	上聲	陽平 2	入聲	陽去
和	例	○	射社役野	耶椰亦也麝余	冶	○	○	夜

明本有"耶亦余"3 個韻字與現代政和方言相對應,據《政和縣志・方言》,

可讀作[ia]。

表 16—12

本	紐	平	去	平	上	(平)	入	去
明	言/射	額	○	○	○	——	髂胳	○
清	語/簾	○	○	○	○	○	○	○
政	調	陰平	陰去	陽平 1	上聲	陽平 2	入聲	陽去
和	例	○	○	○	○	○	○	○

明本无韻字與現代政和方言相對應。

表 16—13

本	紐	平	去	平	上	(平)	入	去
明	出/射	賒奢撦車俥	跅	○	扯扭且	——	赤謕愵	○
清	出/簾	○	○	○	○	○	○	○
政	調	陰平	陰去	陽平 1	上聲	陽平 2	入聲	陽去
和	例	車賒奢	斜岔	○	○	○	赤	○

明本有"賒奢車赤"4 個韻字與現代政和方言相對應,據《政和縣志·方言》,可讀作[ts‘ia]。

表 16—14

本	紐	平	去	平	上	(平)	入	去
明	向/射	○	○	墷	○	——	嚇哧謕唬	○
清	非/簾	○	○	○	○	○	○	○
政	調	陰平	陰去	陽平 1	上聲	陽平 2	入聲	陽去
和	例	○	○	○	○	○	哧嚇	○

明本有"嚇哧"2 個韻字與現代政和方言相對應,據《政和縣志·方言》,可讀作[xia]。

經考證,明本"16 射字母"擬音爲[ia](馬重奇,2010),清本《六音字典》"14 簾字母"缺頁,因明本《六音字典》"16 射字母"立紐去聲二下有"簾曆"2 字,笔者據此給該字母擬音爲[ia]。

17. 明本"17 舌字母"與清本"16 闃字母"(缺)比較

表 17—1

本	紐	平	去	平	上	(平)	入	去
明	立/舌	○	○	○	○	——	越閱粵劣軏捋鉞	○

續表

清	柳/閱	○	○	○	○	○	○	○
政	調	陰平	陰去	陽平 1	上聲	陽平 2	入聲	陽去
和	例	○	舌	○	○	○	○	○

明本無韻字與現代政和方言相對應。《政和縣志・方言》載"舌"字讀作[lyɛ];"越閱"字讀作[yɛ]。

表 17—2

本	紐	平	去	平	上	(平)	入	去
明	求/舌	○	寄饑飢	簭	○	——	夬獗決訣抉赽刔劂撅譎曁飆	敽
清	求/閱	○	○	○	○	○	○	○
政	調	陰平	陰去	陽平 1	上聲	陽平 2	入聲	陽去
和	例	○	寄饑	○	○	○	決訣曁厥獗	○

明本有"寄饑飢決訣曁獗"7 個韻字與現代政和方言相對應,據《政和縣志・方言》,可讀作[kyɛ]。

表 17—3

本	紐	平	去	平	上	(平)	入	去
明	氣/舌	早蚤快	○	開	○	——	厥闕瀾瀱闕缺蕨	○
清	氣/閱	○	○	○	○	○	○	○
政	調	陰平	陰去	陽平 1	上聲	陽平 2	入聲	陽去
和	例	開	快	○	缺	○	缺闕	開

明本有"開缺闕"3 個韻字與現代政和方言相對應,據《政和縣志・方言》,可讀作[k'yɛ]。

表 17—4

本	紐	平	去	平	上	(平)	入	去
明	中/舌	○	○	○	○	——	輒	○
清	直/閱	○	○	○	○	○	○	○
政	調	陰平	陰去	陽平 1	上聲	陽平 2	入聲	陽去
和	例	○	○	○	○	○	哲輟綴	○

明本無韻字與現代政和方言相對應。

表 17—5

本	紐	平	去	平	上	(平)	入	去
明	土/舌	獺	○	○	○	——	○	○
清	他/閬	○	○	○	○	○	○	○
政	調	陰平	陰去	陽平 1	上聲	陽平 2	入聲	陽去
和	例	○	○	○	○	○	獺	○

明本無韻字與現代政和方言相對應,《政和縣志・方言》載"獺"字讀作[t‘yɛ],入声字而非平声字。

表 17—6

本	紐	平	去	平	上	(平)	入	去
明	全/舌	○	漈虀薺	○	紙帋	——	拙拆餟輟綴	絕
清	曾/閬	○	○	○	○	○	○	○
政	調	陰平	陰去	陽平 1	上聲	陽平 2	入聲	陽去
和	例	○	示祭	絕	紙	○	絕	絕

明本有"絕紙"2 個韻字與現代政和方言相對應,據《政和縣志・方言》,可讀作[tsyɛ]。

表 17—7

本	紐	平	去	平	上	(平)	入	去
明	人/舌	擱	○	○	○	——	○	○
清	日/閬	○	○	○	○	○	○	○
政	調	陰平	陰去	陽平 1	上聲	陽平 2	入聲	陽去
和	例	○	○	○	○	○	○	○

明本無韻字與現代政和方言相對應。

表 17—8

本	紐	平	去	平	上	(平)	入	去
明	生/舌	○	舌稅	○	膸髓徙	——	雪說	抈
清	時/閬	○	○	○	○	○	○	○
政	調	陰平	陰去	陽平 1	上聲	陽平 2	入聲	陽去
和	例	○	稅	○	髓	○	說雪	○

明本有"髓稅雪說"4 個韻字與現代政和方言相對應,據《政和縣志・方言》,可讀作[syɛ]。

表 17—9

本	紐	平	去	平	上	(平)	入	去
明	又/舌	蛇	○	○	○	——	悅説曰刖	○
清	鶯/閩	○	○	○	○	○	○	○
政	調	陰平	陰去	陽平 1	上聲	陽平 2	入聲	陽去
和	例	○	飛蕨	蕨	○	蛇曰	閲越悅	○

明本有“蛇悅”2 個韻字與現代政和方言相對應,據《政和縣志・方言》,可讀作[yɛ]。

表 17—10

本	紐	平	去	平	上	(平)	入	去
明	言/舌	鵝	月	○	○	——	○	外魏艾
清	語/閩	○	○	○	○	○	○	○
政	調	陰平	陰去	陽平 1	上聲	陽平 2	入聲	陽去
和	例	○	月蟻	○	○	鵝	○	魏外艾

明本有“鵝月外魏艾”5 個韻字與現代政和方言相對應,據《政和縣志・方言》,可讀作[ŋyɛ]。

表 17—11

本	紐	平	去	平	上	(平)	入	去
明	出/舌	炊吹	脃脆	○	○	——	毳歠啜	○
清	出/閩	○	○	○	○	○	○	○
政	調	陰平	陰去	陽平 1	上聲	陽平 2	入聲	陽去
和	例	吹	○	○	○	○	啜	○

明本有“吹啜”2 個韻字與現代政和方言相對應,據《政和縣志・方言》,可讀作[ts‘yɛ]。

表 17—12

本	紐	平	去	平	上	(平)	入	去
明	向/舌	歲嵗岀	薈鱖翅	蕨	○	——	歇	○
清	非/閩	○	○	○	○	○	○	○
政	調	陰平	陰去	陽平 1	上聲	陽平 2	入聲	陽去
和	例	○	歲	○	○	○	歇	○

明本有“歇”1 個韻字與現代政和方言相對應,據《政和縣志・方言》,可讀作[xyɛ];“歲”字亦讀作[xyɛ],明本为平声而非去声。

經考證,明本“17 舌字母”擬音爲[yɛ](馬重奇,2010),清本《六音字典》

"16 閲字母"缺頁，因明本《六音字典》"17 舌字母"立紐入聲五下有"越閲粤劣軏捋鉞"7 字，筆者據此給"16 閲字母"擬音爲[yɛ]。

18. 明本"18 有字母"與清本"24 彪字母"比較

表 18—1

本	紐	平	去	平	上	(平)	入	去
明	立/有	榴流	○	留劉刘琉瑠磂硫慉	柳桞鰡蚔	——	○	溜霤
清	柳/彪	騮旒	○	流留劉琉瑠遛	柳罶	○	○	○
政	調	陰平	陰去	陽平 1	上聲	陽平 2	入聲	陽去
和	例	○	鰡	劉硫琉留流鰡	柳	溜榴瘤	○	綹溜

明本與清本有"榴流瑠琉留劉刘柳桞溜"10 個韻字相對應，明本、清本有"劉硫琉留流柳榴溜"8 個韻字與現代政和方言相對應，據《政和縣志・方言》，可讀作[liu]。

表 18—2

本	紐	平	去	平	上	(平)	入	去
明	比/有	○	○	彪滮淲驫飍	○	——	○	○
清	邉/彪	○	○	○	○	彪	○	○
政	調	陰平	陰去	陽平 1	上聲	陽平 2	入聲	陽去
和	例	○	○	○	○	○	○	○

明本與清本有"彪"1 個韻字相對應，《政和縣志・方言》載"彪"字讀作[piɔ]而不读[piu]。

表 18—3

本	紐	平	去	平	上	(平)	入	去
明	求/有	鳩樛丩朻	究救赳赳匓灸	求裘毬梂虯虬	九玖夂久	——	○	舊舊旧舅
清	求/彪	觩斛	究救詸鞣楺	求裘毬球逑頄	九玖夂赳	樛鳩	○	舅舊旧
政和	調	陰平	陰去	陽平 1	上聲	陽平 2	入聲	陽去
	例	糾鳩	究救灸蚼疚柩咎廄	球求裘蚼俅	久玖九	○	○	舊舅

明本與清本有"鳩樛究救求裘毬九玖夂久舊舊旧舅"15 個韻字相對應，明本、清本有"鳩究救灸球求裘蚼久玖九舊舅"13 個韻字與現代政和方言相對應，據《政和縣志・方言》，可讀作[kiu]。

表 18—4

本	紐	平	去	平	上	(平)	入	去
明	氣/有	邱丘坵北蚯	○	○	○	——	○	咎臼柩
清	氣/彪	○	○	○	○	邱丘	○	咎臼匛匶廄疚
政	調	陰平	陰去	陽平 1	上聲	陽平 2	入聲	陽去
和	例	丘邱	○	○	○	○	○	臼柏

明本與清本有"邱丘咎臼"4 個韻字相對應,明本、清本有"邱丘臼"3 個韻字與現代政和方言相對應,據《政和縣志 · 方言》,可讀作[k'iu]。

表 18—5

本	紐	平	去	平	上	(平)	入	去
明	中/有	綢紬裯	晝宙紂伷冑籒	儔疇躊丟	肘	——	○	○
清	直/彪	綢紬裯椆丟	晝宙紂肘	疇罥籌	○	○	○	○
政	調	陰平	陰去	陽平 1	上聲	陽平 2	入聲	陽去
和	例	丟	宙紂晝	疇	拄	綢	○	住

明本與清本有"綢紬裯晝宙紂疇"7 個韻字相對應,明本、清本有"丟宙紂晝疇綢"6 個韻字與現代政和方言相對應,據《政和縣志 · 方言》,可讀作[tiu]。

表 18—6

本	紐	平	去	平	上	(平)	入	去
明	土/有	籌抽	○	籒箇篘餽	○	——	○	柱
清	他/彪	○	○	○	丑	抽	○	柱
政	調	陰平	陰去	陽平 1	上聲	陽平 2	入聲	陽去
和	例	抽餿	○	○	丑	籌稠	○	柱

明本與清本有"抽柱"2 個韻字相對應,明本、清本有"籌抽丑柱"4 個韻字與現代政和方言相對應,據《政和縣志 · 方言》,可讀作[t'iu]。

表 18—7

本	紐	平	去	平	上	(平)	入	去
明	全/有	周舟州洲週賙惆	咒呪	啁	酒	——	○	就鷲
清	曾/彪	○	咒	○	酒	周舟洲州	○	就鷲
政	調	陰平	陰去	陽平 1	上聲	陽平 2	入聲	陽去
和	例	周州洲舟賙鷲	咒	囚	酒帚	○	○	就

明本與清本有"周舟州洲咒酒就鷲"8 個韻字相對應,明本、清本有"周州洲

舟咒酒就”7 個韻字與現代政和方言相對應，據《政和縣志・方言》，可讀作[tsiu]。

表 18—8

本	紐	平	去	平	上	(平)	入	去
明	人/有	牛瘤膪	○	○	鈕紐扭鈕杻	——	○	○
清	日/彪	牛	忸	○	鈕紐扭	○	○	○
政	調	陰平	陰去	陽平 1	上聲	陽平 2	入聲	陽去
和	例	○	扭	○	紐扭	牛	○	扭

明本與清本有“牛鈕紐扭”4 個韻字相對應，明本、清本有“牛紐扭”3 個韻字與現代政和方言相對應，據《政和縣志・方言》，可讀作[niu]；“瘤膪”字則讀作[liu]。

表 18—9

本	紐	平	去	平	上	(平)	入	去
明	生/有	羞	秀莠绣繡獸狩	修收収蒐	首手守箒帚	——	○	受授岫袖胄 壽壽鬹寿綬 妯袂
清	時/彪	蒐	秀莠绣繡獸琇	○	首手守狩	脩修羞收	○	受授岫袖胄 壽鬹伷嘯歒售
政	調	陰平	陰去	陽平 1	上聲	陽平 2	入聲	陽去
和	例	收修羞	秀莠繡獸鏽	○	首手守狩	○	○	壽袖受售授

明本與清本有“羞秀莠绣繡獸修收収蒐首手守受授岫袖胄壽壽鬹寿”22 個韻字相對應，明本、清本有“收修羞秀莠繡獸首手守狩壽袖受售授”16 個韻字與現代政和方言相對應，據《政和縣志・方言》，可讀作[siu]。

表 18—10

本	紐	平	去	平	上	(平)	入	去
明	又/有	油憂幽呦悠 優攸麀	又酉幼莤	柔由繇猶酋 猷泅卣蝣蝤 遊迂游尤汓 友郵咻	有	——	○	侑宥囿右祐 佑誘牖釉柚蜏
清	鶯/彪	油呇叺	又酉幼	柔蹂	有	憂幽呦悠	○	侑宥囿右佑 祐牖誘洧酭
政	調	陰平	陰去	陽平 1	上聲	陽平 2	入聲	陽去
和	例	憂優攸悠幽	又酉幼孵	友游郵由鱿浮	有	油	○	右佑柚宥誘 釉侑

明本與清本有“油憂幽呦悠又酉幼柔有侑宥囿右祐佑誘牖”18 個韻字相

對應,明本、清本有“憂優攸悠幽又酉幼友游郵由有油右佑柚宥誘釉侑”21 個韻字與現代政和方言相對應,據《政和縣志・方言》,可讀作[iu]。

表 18—11

本	紐	平	去	平	上	(平)	入	去
明	名/有	繆缪	○	○	○	——	○	謬
清	問/彪	○	○	○	○	○	○	謬繆袂
政	調	陰平	陰去	陽平 1	上聲	陽平 2	入聲	陽去
和	例	○	○	○	○	○	○	○

明本與清本有“謬”1 個韻字相對應,《政和縣志・方言》載“繆謬”字不讀作[miu],而读作[miɔ]。

表 18—12

本	紐	平	去	平	上	(平)	入	去
明	出/有	秋啾蝵烌湫鶖秌鰍鰌䱺	○	囚讐仇售酬酧醻	醜贖肘醜	——	○	樹樹
清	出/彪	○	○	囚讐仇售酬酧醻	醜贖羞	秋鍬啾穐鞦	○	樹
政	調	陰平	陰去	陽平 1	上聲	陽平 2	入聲	陽去
和	例	秋鰍鍬	○	○	醜取	○	○	樹樹

明本與清本有“秋啾蝵囚讐仇售酬酧醻醜贖樹”13 個韻字相對應,明本、清本有“秋鰍醜樹樹”5 個韻字與現代政和方言相對應,據《政和縣志・方言》,可讀作[tsʻiu]。

表 18—13

本	紐	平	去	平	上	(平)	入	去
明	向/有	休庥貅猇烋	○	○	韮韭朽	——	○	○
清	非/彪	○	○	遊猷遒蝣櫾輶卣訧蕕㕤厸	韭韮朽	休庥猇貅咻	○	○
政	調	陰平	陰去	陽平 1	上聲	陽平 2	入聲	陽去
和	例	灰休	○	朽	韭	○	○	○

明本與清本有“休庥貅猇韮韭朽”7 個韻字相對應,明本、清本有“休韭”2 個韻字與現代政和方言相對應,據《政和縣志・方言》,可讀作[xiu]。

經考證,明本“18 有字母”擬音爲[iu](馬重奇,2010),清本《六音字典》“24 彪字母”與之對應,亦可擬音爲[iu]。

19. 明本"19 條字母"與清本"15 俵字母"(缺)比較

表 19—1

本	紐	平	去	平	上	(平)	入	去
明	立/條	○	○	○	了掠憭瞭	——	畧	鐐撩繚燎橑廖料窌
清	柳/俵	○	○	○	○	○	○	○
政	調	陰平	陰去	陽平 1	上聲	陽平 2	入聲	陽去
和	例	○	撩	○	了	○	略掠	料廖寥

明本有"撩了畧料廖"5 個韻字與現代政和方言相對應,據《政和縣志・方言》,可讀作[liɔ]。

表 19—2

本	紐	平	去	平	上	(平)	入	去
明	比/條	○	摽俵	標杓麃彪飍猋杓	表婊裱殍莩	——	○	○
清	邊/俵	○	○	○	○	○	○	○
政	調	陰平	陰去	陽平 1	上聲	陽平 2	入聲	陽去
和	例	標彪鏢膘表	俵	○	表婊	○	○	○

明本有"標彪表婊俵"5 個韻字與現代政和方言相對應,據《政和縣志・方言》,可讀作[piɔ]。

表 19—3

本	紐	平	去	平	上	(平)	入	去
明	求/條	橋茄	嶠渠伊	僑驕嬌憍撟喬翹荍訆	矯繳檄噭皦皎皎	——	鞽屩	叫嘂蕎藠簥轎較
清	求/俵	○	○	○	○	○	○	○
政	調	陰平	陰去	陽平 1	上聲	陽平 2	入聲	陽去
和	例	驕嬌矯	○	僑喬翹蕎	繳餃	橋茄瘸	屩腳叫角	轎藠

明本有"驕嬌僑喬翹繳橋茄屩轎藠"11 個韻字與現代政和方言相對應,據《政和縣志・方言》,可讀作[kiɔ]。

表 19—4

本	紐	平	去	平	上	(平)	入	去
明	氣/條	○	竅	○		——	却卻郤腳	鼽尷蹻甋
清	氣/俵	○	○	○	○	○	○	○
政	調	陰平	陰去	陽平 1	上聲	陽平 2	入聲	陽去
和	例	○	竅翹	○	○	○	卻怯	○

明本有"竅卻"2個韻字與現代政和方言相對應,據《政和縣志·方言》,可讀作[k'iɔ]。

表 19—5

本	組	平	去	平	上	(平)	入	去
明	中/條	朝嘲調凋彫雕錭刪條刁刅刟迢	弔吊肇兆中的釣瘹乾干	○		——	○	○
清	直/俵	○	○	○	○	○	○	○
政	調	陰平	陰去	陽平 1	上聲	陽平 2	入聲	陽去
和	例	雕刁貂	吊兆肇	朝嘲調潮	○	條	○	趙調著召

明本有"雕刁吊兆肇朝嘲調條"9個韻字與現代政和方言相對應,據《政和縣志·方言》,可讀作[tiɔ]。

表 19—6

本	組	平	去	平	上	(平)	入	去
明	片/條	薸荮藨瓢漂嘌飄膔	○	○	嫖票	——	○	○
清	頗/俵	○	○	○	○	○	○	○
政	調	陰平	陰去	陽平 1	上聲	陽平 2	入聲	陽去
和	例	漂飄	○	○	嫖	漂薸瓢	○	票

明本有"漂飄嫖薸瓢"5個韻字與現代政和方言相對應,據《政和縣志·方言》,可讀作[p'iɔ]。

表 19—7

本	組	平	去	平	上	(平)	入	去
明	土/條	超挑	糶	祧恌	○	——	○	窕朓兆佻銚眺趒跳
清	他/俵	○	○	○	○	○	○	○
政	調	陰平	陰去	陽平 1	上聲	陽平 2	入聲	陽去
和	例	超	糶挑	○	挑	○	○	跳

明本有"超挑糶跳"4個韻字與現代政和方言相對應,據《政和縣志·方言》,可讀作[t'iɔ]。

表 19—8

本	組	平	去	平	上	(平)	入	去
明	全/條	昭招蕉憔顦鷦魑	照炤醮樵嚼	焦噍燋樵爝釗椒	蘸	——	借酌勺芍著着	石鮖

續表

清	曾/俵	○	○	○	○	○	○	○
政和	調	陰平	陰去	陽平 1	上聲	陽平 2	入聲	陽去
	例	昭招蕉焦樵椒釗礁	照醮	○	○	○	借酌勺爵嚼	石邵

明本有“昭招蕉焦樵椒釗照醮借酌勺石”13 個韻字與現代政和方言相對應,據《政和縣志・方言》,可讀作[tsiɔ]。

表 19—9

本	紐	平	去	平	上	(平)	入	去
明	人/條	澆墝磽嬈鐃	葉你	堯蕘	鳥蔦裊繞遶	——	○	尿溺
清	日/俵	○	○	○	○	○	○	○
政	調	陰平	陰去	陽平 1	上聲	陽平 2	入聲	陽去
和	例	○	箬	堯	繞鳥	繞鐃	○	尿

明本有“堯繞鳥尿”4 個韻字與現代政和方言相對應,據《政和縣志・方言》,可讀作[niɔ]。

表 19—10

本	紐	平	去	平	上	(平)	入	去
明	生/條	蕭瀟簫宵霄焇消逍	少笑咲肖鞘削	硝齣斫	小少	——	穀谷拾	趐蓆羨
清	時/俵	○	○	○	○	○	○	○
政和	調	陰平	陰去	陽平 1	上聲	陽平 2	入聲	陽去
	例	蕭消霄宵硝銷肖削屑	少笑鞘肖	○	少小拾	汆泗	削	席

明本有“蕭消霄宵硝少笑鞘肖少小席”12 個韻字與現代政和方言相對應,據《政和縣志・方言》,可讀作[siɔ]。

表 19—11

本	紐	平	去	平	上	(平)	入	去
明	又/條	韶劭洮姚搖颻嗂窯遙謠瑤	沼邵紹詔要	夭要腰喓妖殀邀	擾	——	若箬約弱龠	耀燿曜矅曜睔躍鷂要
清	鶯/俵	○	○	○	○	○	○	○
政	調	陰平	陰去	陽平 1	上聲	陽平 2	入聲	陽去
和	例	腰夭妖邀麼	要紹邵藥	砍	舀	搖窯姚	若約	躍耀鳶

明本有“腰夭妖邀要紹邵搖窯姚若約躍耀”14 個韻字與現代政和方言相

對應,據《政和縣志・方言》,可讀作[iɔ]。

表 19—12

本	紐	平	去	平	上	(平)	入	去
明	名/條	苗鯔描	淼渺緲眇杪杳藐邈	○		——	○	廟庙妙
清	問/俵	○	○	○	○	○	○	○
政	調	陰平	陰去	陽平 1	上聲	陽平 2	入聲	陽去
和	例	○	○	○	渺杪杳淼藐秒	苗描瞄	○	廟妙謬繆

明本有"苗描渺杪杳藐淼廟庙妙"10 個韻字與現代政和方言相對應,據《政和縣志・方言》,可讀作[miɔ]。

表 19—13

本	紐	平	去	平	上	(平)	入	去
明	言/條	○	○	○		——	虐瘧謔	○
清	語/俵	○	○	○	○	○	○	○
政	調	陰平	陰去	陽平 1	上聲	陽平 2	入聲	陽去
和	例	○	○	○	○	○	弱虐瘧	○

明本有"虐瘧"2 個韻字與現代政和方言相對應,據《政和縣志・方言》,可讀作[ŋiɔ]。

表 19—14

本	紐	平	去	平	上	(平)	入	去
明	出/條	○	厝	燒	悄	——	尺鑠爍灼焯妁約綽逴爵皭碩雀鵲	峭誚
清	出/俵	○	○	○	○	○	○	○
政	調	陰平	陰去	陽平 1	上聲	陽平 2	入聲	陽去
和	例	燒熱	厝	○	○	○	尺灼雀妁鵲焯	俏

明本有"厝尺灼雀鵲妁"6 個韻字與現代政和方言相對應,據《政和縣志・方言》,可讀作[ts‘iɔ]。

表 19—15

本	紐	平	去	平	上	(平)	入	去
明	向/條	梟切灱囂買儌烋嚻	藥药救	○	曉	——	○	○
清	非/俵	○	○	○	○	○	○	○

續表

政	調	陰平	陰去	陽平 1	上聲	陽平 2	入聲	陽去
和	例	嚣	○	○	曉	○	○	○

明本有“嚣曉”2 個韻字與現代政和方言相對應,據《政和縣志·方言》,可讀作[xiɔ]。

經考證,明本“19 條字母”擬音爲[iɔ](馬重奇,2010),清本《六音字典》“15 俵字母”缺頁,因明本《六音字典》“19 條字母”比紐去聲二下有“裱俵”2 字,笔者據此給該字母擬音爲[iɔ]。

20. 明本“20 嘹字母”與清本“29 聊字母”比較

表 20—1

本	紐	平	去	平	上	(平)	入	去
明	立/嘹	○	○	鷯僚遼寮嘹燎聊寥嘞膠廖獠	了	——	○	窈
清	柳/聊	○	繚窈	鷯僚遼寮嘹燎聊寥瘳鐐瞭	了	○	○	瘵
政	調	陰平	陰去	陽平 1	上聲	陽平 2	入聲	陽去
和	例	○	○	遼嘹瘵撩	○	○	○	○

明本與清本有“鷯僚遼寮嘹燎聊寥”8 個韻字相對應,明本、清本有“遼嘹”2 個韻字與現代政和方言相對應,據《政和縣志·方言》,可讀作[liau]。

表 20—2

本	紐	平	去	平	上	(平)	入	去
明	求/嘹	○	○	○	○	——	○	○
清	求/聊	○	○	翹	○	○	○	○
政	調	陰平	陰去	陽平 1	上聲	陽平 2	入聲	陽去
和	例	○	○	翹	○	○	○	撬

清本有“翹”1 個韻字與現代政和方言相對應,《政和縣志·方言》載“翹”字讀作[kiɔ]而不读[kiau]。

表 20—3

本	紐	平	去	平	上	(平)	入	去
明	土/嘹	○	○		○	——	○	窕
清	他/聊	○	窕	○	○	○	○	○

續表

政	調	陰平	陰去	陽平 1	上聲	陽平 2	入聲	陽去
和	例	○	○	○	○	○	○	○

明本與清本有"窕"1 個韻字相對應,無韻字與現代政和方言相對應。

表 20—4

本	紐	平	去	平	上	(平)	入	去
明	又/嘹	○	○	○	○	——	○	○
清	鶯/聊	○	○	遙瑤珧鰩	○	○	○	○
政	調	陰平	陰去	陽平 1	上聲	陽平 2	入聲	陽去
和	例	○	○	○	○	○	○	○

明本與清本無韻字與現代政和方言相對應。

表 20—5

本	紐	平	去	平	上	(平)	入	去
明	向/嘹	○	○	○	○	——	○	○
清	非/聊	○	○	○	○	囂	○	○
政	調	陰平	陰去	陽平 1	上聲	陽平 2	入聲	陽去
和	例	○	○	○	○	○	○	○

明本與清本無韻字與現代政和方言相對應。《政和縣志·方言》載"囂"字讀作[xiɔ]。

經考證,明本"20 嘹字母"擬音爲[iau](馬重奇,2010),清本《六音字典》"29 聊字母"與之對應,亦可擬音爲[iau]。

以上將明本《六音字典》"射舌有條嘹"諸字母與清本《六音字典》"簾閱彪俵聊"諸字母進行對應比較,並與現代政和方言進行歷史比較研究。清本《六音字典》"14 簾字母"缺頁,今根據表 16—1 明本《六音字典》"立/射"去聲二下有"簾曆"2 字,即給該字母擬音爲[ia]。清本《六音字典》"16 閱字母"缺頁,今根據表 17—1 明本《六音字典》"立/舌"入聲五下有"越閱粵劣軏捋鉞"7 字,即給該字母擬音爲[yɛ]。清本《六音字典》"15 俵字母"缺頁,今根據表 19—2 明本《六音字典》"比/條"去聲二下有"摽俵"2 字,即給該字母擬音爲[iɔ]。

現將各字母的音值擬測如下:

明本《六音字典》			清本《六音字典》		
16	射字母	[ia]	14	簺字母	[ia]*
17	舌字母	[yɛ]	16	閱字母	[yɛ]*
18	有字母	[iu]	24	彪字母	[iu]
19	條字母	[iɔ]	15	俵字母	[iɔ]*
20	嘹字母	[iau]	29	聊字母	[iau]

第五節 明本"交合克百化"與清本"勞羅栗粒花"對應

本節將明本《六音字典》和清本《六音字典》的以下韻部做比較:"交"與"勞","合"與"羅","克"與"栗","百"與"粒","化"與"花"。

21. 明本"21 交字母"與清本"31 勞字母"比較

表 21—1

本	紐	平	去	平	上	(平)	(去)	入	去
明	立/交	瞭	嫪了	勞憥	箸栳冗宂	——	——	○	榜髝
清	柳/勞	撈	○	勞篣	○	○	了	○	○
政	調	阴平	阴去	阳平 1	上声	阳平 2	○	入声	阳去
和	例	○	了	勞癆牢	○	撈	○	○	○

明本與清本有"勞了"2 個韻字相對應,明本、清本有"了勞撈"3 個韻字與現代政和方言相對應,據《政和縣志·方言》,可讀作[lau]。

表 21—2

本	紐	平	去	平	上	(平)	入	去
明	比/交	○	豹暴虣趵	包胞褒袍	飽	——	○	○
清	邉/勞	○	豹暴虣瀑雹爆鸨	苞庖匏	飽	包胞	○	○
政	調	陰平	陰去	陽平 1	上聲	陽平 2	入聲	陽去
和	例	包胞苞褒雹	豹暴爆瀑鮑	袍煲	飽	○	○	○

明本與清本有"豹暴虣包胞飽"6 個韻字相對應,明本、清本有"包胞豹爆暴瀑袍飽"8 個韻字與現代政和方言相對應,據《政和縣志·方言》,可讀作[pau]。

表 21—3

本	紐	平	去	平	上	(平)	入	去
明	求/交	交郊蛟鮫皐膠校挍醪	教較齩咬皴嚙窖笞酵玑	○	姣佼槁絞狡縞犒暠栲杲稿稾攪	——	○	○
清	求/勞	○	教較齩	攪	姣佼槁狡絞縞犒暠鎬鄗滈皦皎	交郊蛟鮫皋皐膠咬嘐蒿	○	酵
政	調	陰平	陰去	陽平 1	上聲	陽平 2	入聲	陽去
和	例	交郊膠皐	較咬鉸校	絞	狡搞攪稿蛟	○	○	○

明本與清本有“交郊蛟鮫皐膠教較齩姣佼槁絞狡縞犒暠”17 個韻字相對應，明本、清本有“交郊膠皐較咬狡搞攪稿”10 個韻字與現代政和方言相對應，據《政和縣志·方言》，可讀作[kau]。

表 21—4

本	紐	平	去	平	上	(平)	入	去
明	氣/交	○	靠	骹尻跤	考巧丂薧	——	○	○
清	氣/勞	○	靠	○	考巧句栲	尻骹	○	○
政	調	陰平	陰去	陽平 1	上聲	陽平 2	入聲	陽去
和	例	骹	磕	○	考巧拷	○	○	○

明本與清本有“靠骹尻考巧”5 個韻字相對應，明本、清本有“骹考巧”3 個韻字與現代政和方言相對應，據《政和縣志·方言》，可讀作[kʻau]。

表 21—5

本	紐	平	去	平	上	(平)	入	去
明	中/交	○	道導盜	鼗逃淘陶濤跳	○	——	○	稻
清	直/勞	○	道導盜	鼗逃淘陶濤鞀鞉迯檮綯翿鼉鮀匋幬燾	○	○	○	稻
政	調	陰平	陰去	陽平 1	上聲	陽平 2	入聲	陽去
和	例	○	道盜	逃濤淘掏禱	搗	○	○	叨

明本與清本有“道導盜鼗逃淘陶濤稻”9 個韻字相對應，明本、清本有“道盜逃濤淘”5 個韻字與現代政和方言相對應，據《政和縣志·方言》，可讀作[tau]，“導稻”字讀作[tʻau]。

表 21—6

本	紐	平	去	平	上	(平)	入	去
明	片/交	○	炮砲礮爆炰瀑腸	跑抛庖匏颮苞	○	——	○	抱鮑泡枹雹
清	頗/勞	○	炮砲礮	跑	○	抛	○	抱鮑萢
政	調	陰平	陰去	陽平 1	上聲	陽平 2	入聲	陽去
和	例	跑抛	炮泡	○	○	○	○	抱抛

明本與清本有"炮砲礮跑抛抱鮑"7 個韻字相對應,明本、清本有"跑抛炮泡抱"5 個韻字與現代政和方言相對應,據《政和縣志·方言》,可讀作[p'au]。

表 21—7

本	紐	平	去	平	上	(平)	入	去
明	土/交	滔慆韜叨檮	○	○	○	——	○	○
清	他/勞	○	○	○	○	慆滔韜叨弢	○	○
政	調	陰平	陰去	陽平 1	上聲	陽平 2	入聲	陽去
和	例	滔	○	○	○	○	○	稻導蹈

明本與清本有"滔韜慆叨"4 個韻字相對應,明本、清本有"滔"1 個韻字與現代政和方言相對應,據《政和縣志·方言》,可讀作[t'au],"叨檮"字讀作[tau]。

表 21—8

本	紐	平	去	平	上	(平)	入	去
明	全/交	蹧遭	○	巢	爪笊找颾搔悼	——	○	罩皂竈灶
清	曾/勞	○	○	巢颾樔漕曹騷繅艚慅螬	爪笊淖	遭	○	罩皂悼搔阜
政	調	陰平	陰去	陽平 1	上聲	陽平 2	入聲	陽去
和	例	笊	○	澡藻	找爪	糟	○	罩

明本與清本有"遭巢爪笊罩皂"6 個韻字相對應,明本、清本有"爪笊找罩"4 個韻字與現代政和方言相對應,據《政和縣志·方言》,可讀作[tsau]。

表 21—9

本	紐	平	去	平	上	(平)	入	去
明	人/交	拘	○	鐃	惱懊瘸瘐碯硇腦	——	○	鬧
清	日/勞	○	○	鐃	惱	○	○	鬧
政	調	陰平	陰去	陽平 1	上聲	陽平 2	入聲	陽去
和	例	○	○	○	惱腦	孬懦	○	鬧

明本與清本有"鐃惱鬧"3 個韻字相對應,明本、清本有"惱腦鬧"3 個韻字與現代政和方言相對應,據《政和縣志・方言》,可讀作[nau]。

表 21—10

本	紐	平	去	平	上	(平)	入	去
明	生/交	○	哨哨邏	筲捎艄艘莦	掃稍埽艄散少嘯	——	○	○
清	時/勞	捎	哨	筲梢髾蛸箱箱	掃稍	梢	○	○
政	調	陰平	陰去	陽平 1	上聲	陽平 2	入聲	陽去
和	例	捜艄筲	哨	○	掃	○	○	○

明本與清本有"哨筲捎掃稍"5 個韻字相對應,明本、清本有"艄筲掃哨"4 個韻字與現代政和方言相對應,據《政和縣志・方言》,可讀作[sau]。

表 21—11

本	紐	平	去	平	上	(平)	入	去
明	又/交	○	奥	○	抝折	——	○	○
清	鶯/勞	○	抝	○	抝	○	○	燠澳隩懊奥
政	調	阴平	阴去	阳平 1	上声	阳平 2	入声	阳去
和	例	○	懊奥澳	○	拗	○	○	○

明本與清本有"奥抝"2 個韻字相對應,明本、清本有"奥澳懊抝"4 個韻字與現代政和方言相對應,據《政和縣志・方言》,可讀作[au]。

表 21—12

本	紐	平	去	平	上	(平)	入	去
明	名/交	○	卯夘昴	茅茆旄矛蝥眊	○	——	○	貌冒耄
清	問/勞	○	卯夘昴茆忙	茅茆旄髦	○	○	○	貌冒耄瑁娼皃眊旄楣
政	調	陰平	陰去	陽平 1	上聲	陽平 2	入聲	陽去
和	例	髦	卯昴鉚	矛茅蝥眊	○	○	○	貌冒瑁

明本與清本有"卯夘昴茅茆旄貌冒耄"9 個韻字相對應,明本、清本有"髦卯昴矛茅蝥眊貌冒瑁"10 個韻字與現代政和方言相對應,據《政和縣志・方言》,可讀作[mau]。

表 21—13

本	紐	平	去	平	上	(平)	入	去
明	言/交	爻咆嚻虓	○	肴餚殽翱鼇敖淆嗷鰲遨囂	○	——	○	傲慠慜咾樂

續表

清	語/勞	爻淆唬哮	樂	肴餚殽翱鼇敖峭磝鰲璈獒熬敖鰲謷謸	○	○	○	傲慠奡謷謸
政和	調	陰平	陰去	陽平 1	上聲	陽平 2	入聲	陽去
	例	○	○	鼇肴淆熬遨睎	○	拗	○	傲

明本與清本有"爻肴餚殽翱鼇敖淆傲慠"10 個韻字相對應,明本、清本有"鼇肴淆熬遨傲"6 個韻字與現代政和方言相對應,據《政和縣志・方言》,可讀作[ŋau]。

表 21—14

本	紐	平	去	平	上	(平)	入	去
明	出/交	柴砦	躁藻慥造噪懆耖操	鈔抄勦剿	炒煼謅	——	○	○
清	出/勞	柴砦	躁藻慥造噪譟糙	○	炒煼	摻操鈔	○	○
政	調	陰平	陰去	陽平 1	上聲	陽平 2	入聲	陽去
和	例	抄操	躁糙吵臊燥	○	炒	柴	○	○

明本與清本有"柴砦躁藻慥造噪鈔炒煼"10 個韻字相對應,明本、清本有"抄操躁糙炒柴"6 個韻字與現代政和方言相對應,據《政和縣志・方言》,可讀作[ts'au]。

表 21—15

本	紐	平	去	平	上	(平)	入	去
明	向/交	昊界	孝好哮	豪亳	○	——	○	效校浩晧皓鎬効
清	非/勞	昊	孝好	豪亳濠	○	鴞哮號饕	○	效校浩傚昊
政	調	陰平	陰去	陽平 1	上聲	陽平 2	入聲	陽去
和	例	○	孝哮酵	秏亳	○	○	○	效校晧浩灝

明本與清本有"昊孝好豪亳效校浩"8 個韻字相對應,明本、清本有"孝哮亳校效浩晧皓"8 個韻字與現代政和方言相對應,據《政和縣志・方言》,可讀作[xau]。

經考證,明本"21 交字母"擬音爲[au](馬重奇,2010),清本《六音字典》"31 勞字母"與之對應,亦可擬音爲[au]。

22. 明本“22 合字母”與清本“30 羅字母”比較

表 22—1

本	紐	平	去	平	上	(平)	入	去
明	立/合	羅蘿灑牢鑼欏潦㗊癆㔩勝捽䂬	落洛駱賂貉酪	囉	老	——	樂落	栳
清	柳/羅	羅蘿灑牢籮潦澇	落洛駱賂貉絡烙輅	囉	老	○	樂濼硨	栳
政和	調	陰平	陰去	陽平 1	上聲	陽平 2	入聲	陽去
	例	○	洛落烙絡駱賂	囉	老佬	羅鑼澇牢籮蘿邏螺	樂	栳找

明本與清本有“羅蘿灑牢落洛駱賂貉囉老樂栳”13 個韻字相對應,明本、清本有“洛落烙絡駱賂囉老羅鑼澇牢籮蘿樂栳”16 個韻字與現代政和方言相對應,據《政和縣志・方言》,可讀作[lɔ]。

表 22—2

本	紐	平	去	平	上	(平)	入	去
明	比/合	婆嫂皤坡菠玻鄱褒鸔	報报薄萡鉑	保袍葆	寶宝	——	博駁䟺膊剥礡溥	播泊搏亳
清	邊/羅	婆嫂	報薄箔礴襮堡葆	保袍褒礡	寶宝	波皤坡	博駁樸亳簸箥汨	播泊汨
政和	調	陰平	陰去	陽平 1	上聲	陽平 2	入聲	陽去
	例	坡菠玻波簸䟺	布薄報萡	保葆婆補步堡叵	寶	○	博剥駁搏	播泊埠舶哺

明本與清本有“婆嫂皤坡報报薄萡保袍寶宝博駁播泊”16 個韻字相對應,明本、清本有“坡菠玻波薄報萡保葆婆寶博剥駁播泊”16 個韻字與現代政和方言相對應,據《政和縣志・方言》,可讀作[pɔ]。

表 22—3

本	紐	平	去	平	上	(平)	入	去
明	求/合	○	膏告誥礐酷硞蚵魺	歌哥高篙餻羔糕篙鶮膏	○	——	箇個个閣各桷醘	○
清	求/羅	○	膏告誥	○	○	歌哥高篙羔餻糕䂬	箇個个閣各桷榾鴿	○
政和	調	陰平	陰去	陽平 1	上聲	陽平 2	入聲	陽去
	例	哥歌高篙膏羔糕戈	告誥過窖	筹	果	鍋	各鴿個閣合郭	○

明本與清本有“膏告誥歌哥高篙餻羔糕箇個个閣各桷”16 個韻字相對應，明本、清本有“哥歌高篙膏羔糕告誥各鴿個閣”13 個韻字與現代政和方言相對應，據《政和縣志・方言》，可讀作[kɔ]。

表 22—4

本	紐	平	去	平	上	（平）	入	去
明	氣/合	柯軻苛咼嗃炣	去	舸呿	可哿涸	——	碻	盍搕敲砝搉
清	氣/羅	○	去	○	可哿	柯軻苛阿訶 珂痾疴	碻笴舸坷涸 搉榷鶴沚朏彃	○
政	調	阴平	阴去	阳平 1	上声	阳平 2	入声	阳去
和	例	柯苛軻科窠	课去	○	可	○	碻瞌扩	○

明本與清本有“柯軻苛去可哿碻”7 個韻字相對應，明本、清本有“柯苛軻去可碻”6 個韻字與現代政和方言相對應，據《政和縣志・方言》，可讀作[k‘ɔ]。

表 22—5

本	紐	平	去	平	上	（平）	入	去
明	中/合	多刀	到	駝佗沱萄陀 馱跎它跑掇 度�墮	倒島	——	琢惰奪鐸桌 棹掉橐梳朶 朵躲	剁鍒啄噣擣 擣
清	直/羅	○	到	駝佗沱萄陀 馱跎漇阤	倒島擣檮	刀多哆	惰琢奪鐸卓 倬槕櫂椓柮度	啄噣
政和	調	陰平	陰去	陽平 1	上聲	陽平 2	入聲	陽去
政和	例	多刀	到惰倒	駝陀舵萄馱 鐸掇	倒島朵	躲	桌卓奪悼	道掇啄

明本與清本有“多刀到駝佗沱萄陀馱跎倒島琢惰奪鐸啄噣”18 個韻字相對應，明本、清本有“多刀到駝陀舵萄馱倒島桌卓奪啄”14 個韻字與現代政和方言相對應，據《政和縣志・方言》，可讀作[tɔ]。

表 22—6

本	紐	平	去	平	上	（平）	入	去
明	片/合	叵波	破烞攊	吥	○	——	僕樸朴撲扑 璞頗粕拍蹼 攴皱滬叵	○
清	頗/羅	○	破	○	○	○	僕朴撲叵璞 頗粕拍樸汨	○
政	調	陰平	陰去	陽平 1	上聲	陽平 2	入聲	陽去
和	例	頗爆	破	○	○	○	粕拍僕樸璞	○

明本與清本有“破僕樸朴撲扑璞頗粕拍”10 個韻字相對應,明本、清本有“破粕拍僕樸璞”6 個韻字與現代政和方言相對應,據《政和縣志·方言》,可讀作[p‘ɔ]。

表 22—7

本	紐	平	去	平	上	(平)	入	去
明	土/合	桃妥	套	汑韬	討	——	託托拓籜拆唾涶	○
清	他/羅	桃	妥套	○	討	絛韬拖拕拸	託托拓籜朶朵垛棁拆欂蘀柝橐	○
政	調	陰平	陰去	陽平 1	上聲	陽平 2	入聲	陽去
和	例	妥縚	套	○	討	桃	托	○

明本與清本有“桃套韬討託托拓籜”8 個韻字相對應,明本、清本有“桃妥套托討”5 個韻字與現代政和方言相對應,據《政和縣志·方言》,可讀作[t‘ɔ]。

表 22—8

本	紐	平	去	平	上	(平)	入	去
明	全/合	槽艚	座竈灶佐坐矬	曹早蚤慅	棗枣左	——	作做濁濯倅砻敵擢	○
清	曾/羅	○	座竈灶佐唑	早曹	棗枣左	○	作做濯濁砻倅作椊躍	○
政	調	陰平	陰去	陽平 1	上聲	陽平 2	入聲	陽去
和	例	齪	坐座唑	早曹	左棗佐	槽	作濁琢鐲	○

明本與清本有“座竈灶佐曹早棗枣左作做濁濯倅砻”15 個韻字相對應,明本、清本有“坐座唑早曹左棗槽作濁”10 個韻字與現代政和方言相對應,據《政和縣志·方言》,可讀作[tsɔ]。

表 22—9

本	紐	平	去	平	上	(平)	入	去
明	人/合	挼捼	○	那儺挪娜囊	惱腦碯懊腴瑙	——	諾掿搦皾	糯稬偄耎
清	日/羅	○	娜	那儺	惱腦碯𡿺	○	諾	糯稬偄耎愞懦
政	調	陰平	陰去	陽平 1	上聲	陽平 2	入聲	陽去
和	例	○	○	哪挪	○	揉	揉	○

明本與清本有“那儺惱腦碯諾糯稬偄耎”10 個韻字相對應,明本、清本有“挪”1 個韻字與現代政和方言相對應,《政和縣志·方言》載“挪”字讀作[nɔ],“那娜”字讀作[na],“腦惱懦愞”字讀作[nau]。

表 22—10

本	紐	平	去	平	上	(平)	入	去
明	生/合	唆	燥噪譟喿	梭鮻艘髎	鎖嫂鏁鎻貟	——	朔縮索數槊嗍稍哈	钃
清	時/羅	○	燥	○	鎖嫂瑣	梭唆娑	朔縮索數槊稍蹜蟀褰	钃
政	調	陰平	陰去	陽平 1	上聲	陽平 2	入聲	陽去
和	例	梭	潲	○	嫂鎖瑣	嗦	索嗍縮	钃

明本與清本有"唆燥梭鎖嫂朔縮索數槊钃"11 個韻字相對應,明本、清本有"梭嫂鎖索嗍縮钃"7 個韻字與現代政和方言相對應,據《政和縣志 · 方言》,可讀作[sɔ]。

表 22—11

本	紐	平	去	平	上	(平)	入	去
明	又/合	荷猗漪阿婀	○	唯	襖	——	惡恶能	荷
清	鶯/羅	○	唯	○	襖	荷	惡能偓	荷
政	調	陰平	陰去	陽平 1	上聲	陽平 2	入聲	陽去
和	例	荷齷	沃	和	會乖	○	鴨	沃

明本與清本有"荷襖惡恶能荷"6 個韻字相對應,明本、清本有"荷"1 個韻字與現代政和方言相對應,據《政和縣志 · 方言》,可讀作[ɔ]。

表 22—12

本	紐	平	去	平	上	(平)	入	去
明	名/合	毛無霉	○	魔磨摩	姼	——	莫膜漠鏌嘆寞幕麼么訞	磨帽
清	問/羅	毛無芼	○	摩磨魔麼	○	○	莫膜漠鏌瘼	磨帽楣檐礴
政	調	陰平	陰去	陽平 1	上聲	陽平 2	入聲	陽去
和	例	饃	摸	摩魔	嫫	毛没	莫膜寞沫	帽磨

明本與清本有"毛無魔磨摩莫膜漠鏌磨帽"11 個韻字相對應,明本、清本有"摩魔毛莫膜寞帽磨"8 個韻字與現代政和方言相對應,據《政和縣志 · 方言》,可讀作[mɔ]。

表 22—13

本	紐	平	去	平	上	(平)	入	去
明	言/合	熬厫	○	鵝娥哦俄蛾莪峨吪誐訛譌囮詉	我	——	蕚愕蕚咢噩鶚	厄餓臥鏊

續表

清	語/羅	熬慜	○	鵝娥哦俄蛾莪峩硪	我	○	萼愕矶杌崿鍔鄂諤腭	餓臥
政和	調	陰平	陰去	陽平 1	上聲	陽平 2	入聲	陽去
	例	○	○	俄娥蛾峨	我	熬	鱷萼鄂噩	餓臥鏊

明本與清本有"熬鵝娥哦俄蛾莪峨我萼愕餓臥"13 個韻字相對應,明本、清本有"俄娥蛾峨熬我餓臥萼蕚噩鄂"12 個韻字與現代政和方言相對應,據《政和縣志・方言》,可讀作[ŋɔ]。

表 22—14

本	紐	平	去	平	上	(平)	入	去
明	出/合	瑳磋搓	錯繰繅澡皶糙糙鎈	臊鰷瑳	草艸	——	錯擨拨斮	剉鑿斲斮擨銼
清	出/羅	○	錯	○	草艸	瑳磋搓	錯撮	剉鑿斲擨唑挫
政和	調	陰平	陰去	陽平 1	上聲	陽平 2	入聲	陽去
	例	搓臊	錯銼輟	○	草	○	擨	挫

明本與清本有"瑳磋搓錯草艸錯剉鑿斲斮擨"12 個韻字相對應,明本、清本有"搓錯銼草挫"5 個韻字與現代政和方言相對應,據《政和縣志・方言》,可讀作[ts'ɔ]。

表 22—15

本	紐	平	去	平	上	(平)	入	去
明	向/合	欨呵訶呵啊訶	盒耗嘞歒秏	河何	好啊	——	合闔閤盍嗑曷獲熆饚矆擭	賀號号霍鶴灝咶
清	非/羅	○	盒耗榼欨	河何	好	○	合閤闔盍曷嗑獲蠖護濩穫	賀號号霍鶴灝皓呵踦紇齕扢藿擢顥
政和	調	陰平	陰去	陽平 1	上聲	陽平 2	入聲	陽去
	例	靴教	貨高	何河	曉好	豪	合喝霍藿洽	賀鶴號合

明本與清本有"盒耗河何好合闔閤盍嗑曷獲賀號号霍鶴灝"18 個韻字相對應,明本、清本有"何河合好賀號号"7 個韻字與現代政和方言相對應,據《政和縣志・方言》,可讀作[xɔ]。

經考證,明本"22 合字母"擬音爲[ɔ](馬重奇,2010),清本《六音字典》"30 羅字母"與之對應,亦可擬音爲[ɔ]。

23. 明本“23 克字母”與清本“27 栗字母”比較

表 23—1

本	組	平	去	平	上	(平)	入	去
明	立/克	○	栗慄礫躒鱺	○	○	——	○	○
清	柳/栗	○	栗慄礫嘌凓鷅剰搮櫟轢皪	○	○	○	○	○
政	調	陰平	陰去	陽平 1	上聲	陽平 2	入聲	陽去
和	例	○	栗	勒	簍	樓來	劣勒肋	漏

明本與清本有“栗慄礫”3 個韻字相對應，明本、清本有“栗”1 個韻字與現代政和方言相對應，據《政和縣志・方言》，可讀作[lɛ]。

表 23—2

本	組	平	去	平	上	(平)	入	去
明	比/克	○	帛白爤抑	咱	○	——	伯	○
清	邉/栗	○	帛白爤	○	○	○	伯	○
政	調	陰平	陰去	陽平 1	上聲	陽平 2	入聲	陽去
和	例	包	白閉	憋	北	○	伯	蔔刨

明本與清本有“帛白爤伯”4 個韻字相對應，明本、清本有“白伯”2 個韻字與現代政和方言相對應，據《政和縣志・方言》，可讀作[pɛ]。

表 23—3

本	組	平	去	平	上	(平)	入	去
明	求/克	○	○	○	○	——	格革虢鬲	嗝嘓
清	求/栗	○	○	○	○	○	格革虢鬲翮膈骼嗝愘	○
政	調	陰平	陰去	陽平 1	上聲	陽平 2	入聲	陽去
和	例	勾溝鉤	厚	猴	垢狗	○	格革鬲膈骼隔	購

明本與清本有“格革虢鬲”4 個韻字相對應，明本、清本有“格革鬲膈骼”5 個韻字與現代政和方言相對應，據《政和縣志・方言》，可讀作[kɛ]。

表 23—4

本	組	平	去	平	上	(平)	入	去
明	氣/克	○	○	喀毅	○	——	刻尅剋咳克	○
清	氣/栗	○	○	○	○	○	刻尅剋咳喀礊欬	○

續表

政	調	陰平	陰去	陽平 1	上聲	陽平 2	入聲	陽去
和	例	○	扣銙	○	克	○	克刻咳尅	○

明本與清本有"刻尅剋咳"4 個韻字相對應,明本、清本有"克刻咳尅"4 個韻字與現代政和方言相對應,據《政和縣志・方言》,可讀作[k‘ɛ]。

表 23—5

本	紐	平	去	平	上	(平)	入	去
明	中/克	○	𡒄㔾	特	○	——	○	奀
清	直/栗	○	○	○	○	○	○	○
政	調	陰平	陰去	陽平 1	上聲	陽平 2	入聲	陽去
和	例	胝	鬥奀扽	戴	鬥	○	德得	直豆

明本有"奀"1 個韻字與現代政和方言相對應,據《政和縣志・方言》,可讀作[tɛ]。

表 23—6

本	紐	平	去	平	上	(平)	入	去
明	片/克	○	胎秡	○	○	——	○	○
清	頗/栗	○	○	○	○	○	○	○
政	調	陰平	陰去	陽平 1	上聲	陽平 2	入聲	陽去
和	例	呸	○	○	○	○	魄迫珀	○

明本與清本無韻字與現代政和方言相對應。

表 23—7

本	紐	平	去	平	上	(平)	入	去
明	土/克	○	○	○	○	——	忒踢忑慝	○
清	他/栗	○	○	○	○	○	踢忒忑	○
政	調	陰平	陰去	陽平 1	上聲	陽平 2	入聲	陽去
和	例	偷	透	○	○	頭	踢特	殍

明本與清本有"忒踢"2 個韻字相對應,明本、清本有"踢"1 個韻字與現代政和方言相對應,據《政和縣志・方言》,可讀作[t‘ɛ]。

表 23—8

本	紐	平	去	平	上	(平)	入	去
明	全/克	臍	葥	擇	仔	——	則澤責仄昃節讁	○

續表

清	曾/栗	臍	○	○	仔	○	則澤責昃仄節擇崱簀簀幘讀	○
政	調	陰平	陰去	陽平 1	上聲	陽平 2	入聲	陽去
和	例	栽糟	塞	澤擇	走籽鳥	○	則仄節責鯽	○

明本與清本有"臍仔澤責仄昃則節"8 個韻字相對應,明本、清本有"擇則節仄責"5 個韻字與現代政和方言相對應,據《政和縣志・方言》,可讀作[tsɛ]。

表 23—9

本	紐	平	去	平	上	(平)	入	去
明	人/克	如或若	○	○	○	——	凹	滯濘
清	日/栗	如	○	○	○	○	凹	滯濘齷
政	調	陰平	陰去	陽平 1	上聲	陽平 2	入聲	陽去
和	例	○	○	餒	○	○	○	粘膩

明本與清本有"如凹滯濘"4 個韻字相對應,無韻字與現代政和方言相對應,據《政和縣志・方言》,可讀作[nɛ]。

表 23—10

本	紐	平	去	平	上	(平)	入	去
明	生/克	○	○	○	○	——	蝨虱錫	笠李
清	時/栗	○	○	○	○	○	蝨虱錫	笠
政和	調	陰平	陰去	陽平 1	上聲	陽平 2	入聲	陽去
	例	留	瘦掃	○	使	狸	虱錫色塞嗇瑟澀	老李

明本與清本有"蝨虱錫笠"4 個韻字相對應,明本、清本有"虱錫李"3 個韻字與現代政和方言相對應,據《政和縣志・方言》,可讀作[sɛ]。

表 23—11

本	紐	平	去	平	上	(平)	入	去
明	又/克	○	犢	○	○	——	抑厄壓阸搤扼	○
清	鶯/栗	○	○	○	○	○	抑厄壓壓	○
政	調	陰平	陰去	陽平 1	上聲	陽平 2	入聲	陽去
和	例	歐甌毆	○	○	吼	○	扼壓	○

明本與清本有"抑厄壓"3 個韻字相對應,明本、清本有"壓扼"2 個韻字與現代政和方言相對應,據《政和縣志・方言》,可讀作[ɛ]。

表 23—12

本	紐	平	去	平	上	(平)	入	去
明	名/克	眉咩乜嵋帷嚜	寗密	○	彪魘	——	鬻	湎
清	問/栗	眉咩乜	密	○	彪蝦	○	○	糸
政	調	陰平	陰去	陽平 1	上聲	陽平 2	入聲	陽去
和	例	○	墨脈密	謀	某默魅	貓咩媽	○	茂

明本與清本有"眉咩乜寗密彪"6 個韻字相對應,明本、清本有"密咩"2 個韻字與現代政和方言相對應,據《政和縣志・方言》,可讀作[mɛ]。

表 23—13

本	紐	平	去	平	上	(平)	入	去
明	言/克	○	逆鷊	○	○	——	○	○
清	語/栗	○	逆	○	○	○	○	○
政	調	陰平	陰去	陽平 1	上聲	陽平 2	入聲	陽去
和	例	○	額逆	○	○	�歪	額	○

明本與清本有"逆"1 個韻字相對應,明本、清本有"逆"1 個韻字與現代政和方言相對應,據《政和縣志・方言》,可讀作[ŋɛ]。

表 23—14

本	紐	平	去	平	上	(平)	入	去
明	出/克	○	叱嘖鳴	○	○	——	漆側測惻策折棲	○
清	出/栗	○	叱	○	○	○	漆側測惻策折㧖	○
政	調	陰平	陰去	陽平 1	上聲	陽平 2	入聲	陽去
和	例	搽擦	菜臭	○	巢	臍	漆側測策廁拆	賊

明本與清本有"叱漆側測惻折策"7 個韻字相對應,明本、清本有"側測漆策"4 個韻字與現代政和方言相對應,據《政和縣志・方言》,可讀作[ts'ɛ]。

表 23—15

本	紐	平	去	平	上	(平)	入	去
明	向/克	○	齕	○	○	——	○	○
清	非/栗	○	�POST	○	○	○	○	○

續表

政	調	陰平	陰去	陽平 1	上聲	陽平 2	入聲	陽去
和	例	○	○	侯	○	○	黑核赫嘿	候後厚

明本與清本無韻字對應。

經考證,明本"23 克字母"擬音爲[ɛ](馬重奇,2010),清本《六音字典》"27 栗字母"與之對應,亦可擬音爲[ɛ]。

24.明本"24 百字母"與清本"25 粒字母"比較

表 24—1

本	紐	平	去	平	上	(平)	入	去
明	立/百	詫	獵腊臘粒爉	○	○	——	辣粹拉摺捋鬣毼鬣燎	○
清	柳/粒	○	獵蜡臘粒鬣	○	○	○	辣粹	○
政	調	陰平	陰去	陽平 1	上聲	陽平 2	入聲	陽去
和	例	○	蠟臘獵煠	喇	○	拉	瘌辣	○

明本與清本有"獵腊臘粒辣粹"6 個韻字相對應,明本、清本有"獵腊臘辣"4 個韻字與現代政和方言相對應,據《政和縣志·方言》,可讀作[la]。

表 24—2

本	紐	平	去	平	上	(平)	(去)	入	去
明	比/百	巴爬芭疤笆鲌杌	霸弝炦	犮拔窄琶杷跋	把靶杷	——	——	百柏唎叭捌脈擽蘗	白鉑耙
清	邊/粒	巴爬	霸弝覇	拔琶杷芭	把跋	皅藒葩豝羓	拔	百柏陌擘	白
政	調	陰平	陰去	陽平 1	上聲	陽平 2	○	入聲	陽去
和	例	巴疤芭笆	霸灞	拔琶	把靶	爬扒耙叭	○	百柏陌	白爸

明本與清本有"巴爬芭霸弝拔琶杷把百柏白"12 個韻字相對應,明本、清本有"巴疤芭笆霸拔琶把靶爬百柏陌白"14 個韻字與現代政和方言相對應,據《政和縣志·方言》,可讀作[pa]。

表 24—3

本	紐	平	去	平	上	(平)	入	去
明	求/百	豈跏	賈價嫁暇駕斘稼咴呷枷斝	袈家佳嘉加枷笳假櫝岔峽岎	○	——	甲鉀袷覺隔輅裌膈槅郟夾蛤珏捔傕袡	蚱
清	求/粒	豈	賈價嫁暇駕斘假櫝耕	袈榢	○	家佳枷嘉加笳痂	甲鉀袷覺隔輅胛格	蚱檄

續表

政和	調	陰平	陰去	陽平 1	上聲	陽平 2	入聲	陽去
	例	家加枷嘉佳傢豭	賈假嫁稼駕架	假峽袈賈	○	嘎	甲夾覺隔胛	○

明本與清本有“豈賈價嫁椵駕笲袈家佳嘉加枷笳甲鉀袷覺隔鞈蚱”21個韻字相對應,明本、清本有“家加枷嘉佳賈假嫁稼駕假峽袈甲夾覺隔胛”18個韻字與現代政和方言相對應,據《政和縣志・方言》,可讀作[ka]。

表 24—4

本	紐	平	去	平	上	(平)	入	去
明	氣/百	峈揢咳	○	○	○	——	客	喀敋
清	氣/粒	○	○	○	○	○	客	○
政	調	陰平	陰去	陽平 1	上聲	陽平 2	入聲	陽去
和	例	○	○	卡	○	○	客喀卡	掐

明本與清本有“客”1個韻字相對應,明本、清本有“客”1個韻字與現代政和方言相對應,據《政和縣志・方言》,可讀作[k‘a]。

表 24—5

本	紐	平	去	平	上	(平)	入	去
明	中/百	茶矗	蹕	爺	打追	——	答荅剳鎝褡妲黕畠痄寄	蹈跢
清	直/粒	樣茶	○	○	打追	○	答荅龕嗒搭	蹈踢
政	調	陰平	陰去	陽平 1	上聲	陽平 2	入聲	陽去
和	例	爹	○	○	打	茶	答搭妲韃組	踏

明本與清本有“茶打追答荅蹈”6個韻字相對應,明本、清本有“打茶答搭妲”5個韻字與現代政和方言相對應,據《政和縣志・方言》,可讀作[ta]。

表 24—6

本	紐	平	去	平	上	(平)	入	去
明	片/百	○	怕帕帊	吧奞	拍頤	——	○	○
清	頗/粒	脬	怕帕帊	○	○	○	○	○
政	調	陰平	陰去	陽平 1	上聲	陽平 2	入聲	陽去
和	例	扒葩	怕帕脬	○	○	○	拍	○

明本與清本有“怕帕帊”3個韻字相對應,明本、清本有“怕帕”2個韻字與現代政和方言相對應,據《政和縣志・方言》,可讀作[p‘a]。

表 24—7

本	紐	平	去	平	上	(平)	入	去
明	土/百	他	齢	○	○	——	撻躂榻槍沓塔毾唱	踏蹋
清	他/粒	○	○	○	○	他佗	撻躂榻槍沓闥塔搨	○
政	調	陰平	陰去	陽平 1	上聲	陽平 2	入聲	陽去
和	例	他她它	還差	○	○	○	塔榻塌貼	○

明本與清本有"他撻躂榻槍沓"6 個韻字相對應,明本、清本有"他塔榻"3 個韻字與現代政和方言相對應,據《政和縣志・方言》,可讀作[t'a]。

表 24—8

本	紐	平	去	平	上	(平)	入	去
明	全/百	○	詐阼昨簎榨醡怎作卡閘閘牐鍘什胙	查楂柞皶蚱乍	○	——	恰洽札匝愜濈齇悏綪蕠勬	○
清	曾/粒	○	詐昨阼銼乍	查	○	查作	洽恰札匝愜劄窄迮	○
政和	調	陰平	陰去	陽平 1	上聲	陽平 2	入聲	陽去
	例	查渣	詐昨閘榨炸做鍘	○	○	○	紮劄眨軋	○

明本與清本有"詐阼昨查恰洽札匝愜"9 個韻字相對應,明本、清本有"查詐昨閘榨劄"6 個韻字與現代政和方言相對應,據《政和縣志・方言》,可讀作[tsa]。

表 24—9

本	紐	平	去	平	上	(平)	入	去
明	人/百	○	拏拿叭箘	○	那	——	吶訥冏蚋蜹	○
清	日/粒	○	挐拿拏	○	那	○	吶訥衲	○
政	調	陰平	陰去	陽平 1	上聲	陽平 2	入聲	陽去
和	例	○	拿吶鈉納	○	○	屎	那哪	○

明本與清本有"拏拿那訥吶"5 個韻字相對應,明本、清本有"拿"1 個韻字與現代政和方言相對應,據《政和縣志・方言》,可讀作[na]。

表 24—10

本	紐	平	去	平	上	(平)	入	去
明	生/百	蟋	掐耋湅霋刺	沙裟紗娑痧杪砂鈔	○	——	倏薩撒剎霎霅要嗄訍灑洒	殲

續表

清	時/粒	○	搯	○	○	沙裟紗娑鯊	倏薩	○
政	調	陰平	陰去	陽平 1	上聲	陽平 2	入聲	陽去
和	例	沙裟痧	○	傻撒	○	○	薩霎撒颯	○

明本與清本有"搯沙裟紗娑倏薩"7 個韻字相對應,明本、清本有"沙裟痧薩霎撒"6 個韻字與現代政和方言相對應,據《政和縣志・方言》,可讀作[sa]。

表 24—11

本	紐	平	去	平	上	(平)	入	去
明	又/百	鵶鴉丫阿啞掗	○	○	啞瘂瘂婭亞	——	壓挾鴨押俠狹筴匣梔	婭
清	鶯/粒	○	○	○	啞瘂瘂亞婭	鵶鴉丫	壓挾鴨押箧頰鋏峽柙夾	○
政	調	陰平	陰去	陽平 1	上聲	陽平 2	入聲	陽去
和	例	鵶	亞	○	啞	啊阿	軛押壓	○

明本與清本有"鵶鴉丫阿啞瘂瘂婭亞壓挾鴨押"13 個韻字相對應,明本、清本有"鵶阿啞壓押"5 個韻字與現代政和方言相對應,據《政和縣志・方言》,可讀作[a]。

表 24—12

本	紐	平	去	平	上	(平)	入	去
明	名/百	牳拇踇姆	脉脈麥打	蟆蟇嬤妐	馬媽瑪碼鰢	——	○	罵嗎
清	問/粒	○	脉脈麥打霡	蟆	馬	○	○	罵
政	調	陰平	陰去	陽平 1	上聲	陽平 2	入聲	陽去
和	例	○	麥拍	蟆嫲麻	馬碼	媽	○	○

明本與清本有"脉脈麥打蟆馬罵"7 個韻字相對應,明本、清本有"麥蟆馬碼"4 個韻字與現代政和方言相對應,據《政和縣志・方言》,可讀作[ma]。

表 24—13

本	紐	平	去	平	上	(平)	入	去
明	言/百	牙衙芽砑	樂岳嶽嘣尶	蕥	雅樂	——	○	訝迓砑御
清	語/粒	牙衙	樂岳嶽鷟	○	雅	○	○	訝迓
政	調	陰平	陰去	陽平 1	上聲	陽平 2	入聲	陽去
和	例	迓	嶽樂	嶽	雅	衙牙芽蚜	迓	砑

明本與清本有"牙衙樂岳嶽雅訝迓"8 個韻字相對應,明本、清本有"嶽樂

雅衙牙芽砑”7 個韻字與現代政和方言相對應,據《政和縣志·方言》,可讀作[ŋa]。

表 24—14

本	紐	平	去	平	上	(平)	入	去
明	出/百	差嵯叉扠吒	鮓蛇艖	○	○	——	插扱歃欱册冊臿	○
清	出/粒	○	鮓	○	○	差嵯瘥艖	揷扱歃欱	○
政	調	陰平	陰去	陽平 1	上聲	陽平 2	入聲	陽去
和	例	差叉岔	蚻	○	○	○	冊插	○

明本與清本有“差嵯鮓插扱歃欱”7 個韻字相對應,明本、清本有“差叉册冊插”5 個韻字與現代政和方言相對應,據《政和縣志·方言》,可讀作[ts‘a]。

表 24—15

本	紐	平	去	平	上	(平)	入	去
明	向/百	霞瑕遐猳葭蝦虾瘕颬蕸	下芐	夏廈	○	——	學孝鷽壆	暇吙下諕呷呀學
清	非/粒	霞瑕遐貑葭	下廈	夏	○	○	學狎柙匣	暇吙下夏
政	調	陰平	陰去	陽平 1	上聲	陽平 2	入聲	陽去
和	例	哈酟	下	夏廈蛤下	○	霞遐蝦	學匣盒狹俠挾	下學

明本與清本有“霞瑕遐猳葭下夏學暇吙下”11 個韻字相對應,明本、清本有“下夏廈霞遐蝦學匣下學”10 個韻字與現代政和方言相對應,據《政和縣志·方言》,可讀作[xa]。

經考證,明本“24 百字母”擬音爲[a](馬重奇,2010),清本《六音字典》“25 粒字母”與之對應,亦可擬音爲[a]。

25. 明本“25 化字母”與清本“2 花字母”比較

表 25—1

本	紐	平	去	平	上	(平)	入	去
明	求/化	瓜抓柧觚	卦掛褂罣	撾	剮骨掠刮寡	——	○	○
清	求/花	○	卦掛挂	○	寡	過撾	○	○
政	調	陰平	陰去	陽平 1	上聲	陽平 2	入聲	陽去
和	例	瓜呱	褂掛卦	刮	寡剮	○	○	○

明本與清本有“卦掛撾寡”4 個韻字相對應,明本、清本有“瓜寡卦掛褂”5 個韻字與現代政和方言相對應,據《政和縣志·方言》,可讀作[kua]。

表 25—2

本	紐	平	去	平	上	(平)	入	去
明	氣/化	誇夸姱跨胯	○	○	○	——	○	○
清	氣/花	○	跨胯絝袴	○	○	誇夸姱	○	○
政	調	陰平	陰去	陽平 1	上聲	陽平 2	入聲	陽去
和	例	跨誇垮	○	○	○	○	○	○

明本與清本有"誇夸姱"3 個韻字相對應,明本、清本有"誇跨"2 個韻字與現代政和方言相對應,據《政和縣志・方言》,可讀作[k'ua]。

表 25—3

本	紐	平	去	平	上	(平)	入	去
明	全/化	○	○	摣	○	——	○	○
清	曾/花	○	○	○	○	○	○	○
政	調	陰平	陰去	陽平 1	上聲	陽平 2	入聲	陽去
和	例	抓	○	○	○	○	○	○

明本與清本無韻字與現代政和方言相對應。《政和縣志・方言》載"抓"字讀作[tsua]。

表 25—4

本	紐	平	去	平	上	(平)	入	去
明	又/化	蛙呱喎哇咼挖	○	華蕐摦嘩譁華驊嶪	○	——	○	話嚓
清	鶯/花	○	○	○	○	蛙鼃呱喎譁騧	○	話
政	調	陰平	陰去	陽平 1	上聲	陽平 2	入聲	陽去
和	例	挖蛙	瓦畫劃	華樺	○	哇娃	兀	話

明本與清本有"蛙呱喎華話"5 個韻字相對應,明本、清本有"挖蛙哇華話"5 個韻字與現代政和方言相對應,據《政和縣志・方言》,可讀作[ua]。

表 25—5

本	紐	平	去	平	上	(平)	入	去
明	向/化	○	瓦化畫画	華花苍	○	——	活括豁髮法	乏畫泛
清	非/花	○	畫	華	○	華蕐花	活括豁适遁筈	畫乏伐
政	調	陰平	陰去	陽平 1	上聲	陽平 2	入聲	陽去
和	例	花	化	○	○	○	法	畫話

明本與清本有"畫画華花活括豁乏畫"9 個韻字相對應,明本、清本有"花化畫法"4 個韻字與現代政和方言相對應,據《政和縣志・方言》,可讀作[xua]。

經考證,明本“25 化字母”擬音爲[ua](馬重奇,2010),清本《六音字典》“2 花字母”與之對應,亦可擬音爲[ua]。

以上將明本《六音字典》“交合克百化”諸字母與清本《六音字典》“勞羅栗粒花”諸字母進行對應比較,並與現代政和方言進行歷史比較研究。

現將各字母的音值擬測如下:

明本《六音字典》			清本《六音字典》		
21	交字母	[au]	31	勞字母	[au]
22	合字母	[ɔ]	30	羅字母	[ɔ]
23	克字母	[ɛ]	27	栗字母	[ɛ]
24	百字母	[a]	25	粒字母	[a]
25	化字母	[ua]	2	花字母	[ua]

第　四　章

明本《六音字典》與清本《六音字典》比較研究(下)

第六節　明本“果直出推闊”與清本“布勒肥賠簸”對應

本節將明本《六音字典》和清本《六音字典》的以下韻部做比較:“果”與“布”,“直”與“勒”,“出”與“肥”,“推”與“賠”,“闊”與“簸”。

26. 明本“26 果字母”與清本“17 布字母”(缺)比較

表 26—1

本	紐	平	去	平	上	(平)	入	去
明	比/果	○	布	補	○	○	剥	縛
清	邊/布	○	○	○	○	——	○	○
政和	調	陰平	陰去	陽平 1	上聲	陽平 2	入聲	陽去
	例	波坡簸菠玻跛	布薄報箔	婆補步保葆堡叵	寶	○	博剥駁搏	播埠舶泊哺

明本有“布補剥”3 個韻字與現代政和方言相對應,據《政和縣志・方言》,可讀作[pɔ]。

表 26—2

本	紐	平	去	平	上	(平)	入	去
明	求/果	過	過過过	○	果菓	——	郭槨磟椁鞹	○
清	求/布	○	○	○	○	——	○	○

續表

政和	調	陰平	陰去	陽平 1	上聲	陽平 2	入聲	陽去
	例	哥歌高篙膏戈羔糕	過告誥窖	○	果	鍋	郭各鴿合個閣	○

明本有"過果郭"3 個韻字與現代政和方言相對應,據《政和縣志·方言》,可讀作[kɔ]。

表 26—3

本	紐	平	去	平	上	(平)	入	去
明	氣/果	○	課裸顆	科戈窠堝軀	○	——	○	○
清	氣/布	○	○	○	○	——	○	○
政	調	陰平	陰去	陽平 1	上聲	陽平 2	入聲	陽去
和	例	柯苛軻科窠	課去	○	可	○	瞌擴確	○

明本有"課科窠"3 個韻字與現代政和方言相對應,據《政和縣志·方言》,可讀作[k'ɔ]。

表 26—4

本	紐	平	去	平	上	(平)	入	去
明	片/果	○	○	○	○	——	○	曝暴曍焻
清	頗/布	○	○	○	○	——	○	○
政	調	陰平	陰去	陽平 1	上聲	陽平 2	入聲	陽去
和	例	頗爆	破	○	○	○	粕拍僕樸璞	○

明本無韻字與現代政和方言相對應。

表 26—5

本	紐	平	去	平	上	(平)	入	去
明	又/果	萎窩渦鍋媧蝸喎啰	○	和踒	伙夥	——	○	和
清	鶯/布	○	○	○	○	——	○	○
政	調	陰平	陰去	陽平 1	上聲	陽平 2	入聲	陽去
和	例	齷荷	沃	和	會乖	○	鴨	沃

明本有"和"1 個韻字與現代政和方言相對應,據《政和縣志·方言》,可讀作[ɔ]。

表 26—6

本	紐	平	去	平	上	(平)	入	去
明	名/果	○	捫摸摹	○	○	——	○	墓
清	問/布	○	○	○	○	——	○	○
政	調	陰平	陰去	陽平 1	上聲	陽平 2	入聲	陽去
和	例	饃	摸	摩魔	嫫	毛没	莫膜寞沫	帽磨

明本有“摸”1 個韻字與現代政和方言相對應,據《政和縣志・方言》,可讀作[mɔ]。

表 26—7

本	紐	平	去	平	上	(平)	入	去
明	向/果	○	貨涴撾嚯籥	靴和踒	○	——	○	禍祸
清	非/布	○	○	○	○	——	○	○
政	調	陰平	陰去	陽平 1	上聲	陽平 2	入聲	陽去
和	例	靴教	貨高	何河	曉好	犬豪	合喝霍藿洽	賀鶴號合

明本有“貨靴”2 個韻字與現代政和方言相對應,據《政和縣志・方言》,可讀作[xɔ]。

經考證,明本“22 合字母”和“26 果字母”韻字在現代政和方言均讀作[ɔ],爲了區别二者,“22 合字母”擬音爲[ɔ]和“26 果字母”擬音爲[o]。與清本相對應的“30 羅字母”和“17 布字母”也分别擬音爲[ɔ]和[o]。清本《六音字典》“17 布字母”缺頁,因明本《六音字典》“26 果字母”比紐去聲二下有“布”字,筆者據此給該字母擬音爲[o]。

27. 明本“27 直字母”與清本“12 勒字母”(缺)比較

表 27—1

本	紐	平	去	平	上	(平)	入	去
明	立/直	來	○	○	○	——	勒肋泐	○
清	柳/勒	○	○	○	○	——	○	○
政	調	陰平	陰去	陽平 1	上聲	陽平 2	入聲	陽去
和	例	○	栗	勒	簍	樓來	勒肋劣	漏

明本有“來勒肋”3 個韻字與現代政和方言相對應,據《政和縣志・方言》,可讀作[lɛ]。

表 27—2

本	紐	平	去	平	上	(平)	入	去
明	比/直	○	○	○	○	——	北匐	葡苩
清	邊/勒	○	○	○	○	——	○	○
政	調	陰平	陰去	陽平 1	上聲	陽平 2	入聲	陽去
和	例	包	白閉	憋	北	○	伯	葡刨

明本有“葡”1 個韻字與現代政和方言相對應,據《政和縣志・方言》,可讀作[pɛ]。

表 27—3

本	紐	平	去	平	上	(平)	入	去
明	求/直	○	○	○	○	——	○	馘聝嗝
清	求/勒	○	○	○	○	——	○	○
政	調	陰平	陰去	陽平 1	上聲	陽平 2	入聲	陽去
和	例	勾溝鉤	厚	猴	垢狗	○	格隔革鬲膈骼	購

明本無韻字與現代政和方言相對應,《政和縣志・方言》載“膈”字讀作[kɛ]。

表 27—4

本	紐	平	去	平	上	(平)	入	去
明	氣/直	慦	○	○	○	——	○	○
清	氣/勒	○	○	○	○	——	○	○
政	調	陰平	陰去	陽平 1	上聲	陽平 2	入聲	陽去
和	例	○	扣銙	○	克	○	克刻咳尅	○

明本無韻字與現代政和方言相對應。

表 27—5

本	紐	平	去	平	上	(平)	入	去
明	中/直	○	○	戴	○	——	德德得	直直
清	直/勒	○	○	○	○	——	○	○
政	調	陰平	陰去	陽平 1	上聲	陽平 2	入聲	陽去
和	例	秪	鬥奀扽	戴	鬥	○	德得	直豆

明本有“戴德得直”4 個韻字與現代政和方言相對應,據《政和縣志・方言》,可讀作[tɛ]。

表 27—6

本	紐	平	去	平	上	(平)	入	去
明	片/直	○	○	○	○	——	迫珀魄	○
清	頗/勒	○	○	○	○	——	○	○
政	調	陰平	陰去	陽平 1	上聲	陽平 2	入聲	陽去
和	例	○	○	○	○	○	迫珀魄	○

明本有“迫珀魄”3 個韻字與現代政和方言相對應,據《政和縣志·方言》,可讀作[p‘ɛ]。

表 27—7

本	紐	平	去	平	上	(平)	入	去
明	土/直	○	○	膷	○	——	○	○
清	他/勒	○	○	○	○	——	○	○
政	調	陰平	陰去	陽平 1	上聲	陽平 2	入聲	陽去
和	例	偷	透	○	○	頭	特踢	○

明本無韻字與現代政和方言相對應。

表 27—8

本	紐	平	去	平	上	(平)	入	去
明	全/直	○	載儎	栽	簺粒子	——	○	○
清	曾/勒	○	○	○	○	——	○	○
政	調	陰平	陰去	陽平 1	上聲	陽平 2	入聲	陽去
和	例	栽糟	塞	澤擇	走籽鳥	○	則鯽仄節責	○

明本有“栽”1 個韻字與現代政和方言相對應,據《政和縣志·方言》,可讀作[tsɛ]。

表 27—9

本	紐	平	去	平	上	(平)	入	去
明	生/直	獵嗇	○	○	使	——	色瑟剶劏嗇簷穡塞嚁懎澀澁蹬譅譅	勤
清	時/勒	○	○	○	○	——	○	○
政	調	陰平	陰去	陽平 1	上聲	陽平 2	入聲	陽去
和	例	留	瘦掃	○	使	狸	色塞嗇瑟澀錫虱	老李

明本有“使色塞嗇瑟澀”6 個韻字與現代政和方言相對應,據《政和縣志·

方言》,可讀作[sɛ]。

表 27—10

本	紐	平	去	平	上	(平)	入	去
明	又/直	○	○	膉	○	——	嗝餩唷	咢
清	鶯/勒	○	○	○	○	——	○	○
政	調	陰平	陰去	陽平 1	上聲	陽平 2	入聲	陽去
和	例	歐甌毆	○	○	吼	○	扼壓	○

明本無韻字與現代政和方言相對應。

表 27—11

本	紐	平	去	平	上	(平)	入	去
明	名/直	○	墨	○	○	——	默䁼矏瞐陌貊貉䝙	○
清	問/勒	○	○	○	○	——	○	○
政	調	陰平	陰去	陽平 1	上聲	陽平 2	入聲	陽去
和	例	○	墨脈密	謀	某默魅	貓咩媽	○	茂

明本有“墨”1 個韻字與現代政和方言相對應,據《政和縣志・方言》,可讀作[mɛ]。

表 27—12

本	紐	平	去	平	上	(平)	入	去
明	出/直	○	菜摵	磋搓縩纔澡	○	——	○	賊叱
清	出/勒	○	○	○	○	——	○	○
政	調	陰平	陰去	陽平 1	上聲	陽平 2	入聲	陽去
和	例	搽擦	菜臭	○	巢	臍	測側廁漆策拆	賊

明本有“菜賊”2 個韻字與現代政和方言相對應,據《政和縣志・方言》,可讀作[ts‘ɛ]。

表 27—13

本	紐	平	去	平	上	(平)	入	去
明	向/直	○	諾	○	○	——	黑赫哧覈核駭劾	�POS嗜呷
清	非/勒	○	○	○	○	——	○	○
政	調	陰平	陰去	陽平 1	上聲	陽平 2	入聲	陽去
和	例	○	○	侯	○	○	黑核赫嘿	候後厚

明本有“黑赫核”3 個韻字與現代政和方言相對應,據《政和縣志・方言》,

可讀作[xɛ]。

經考證,明本“23 克字母”“27 直字母”和“32 後字母”韻字在現代政和方言均讀作[ɛ],爲了區别三者,我們將“23 克字母”擬音爲[ɛ],“27 直字母”擬音爲[ᴇ]和“32 後字母”擬音爲[e](馬重奇,2010)。與明本相對應的清本“27 栗字母”、“12 勒字母”、“18 樓字母”也分别擬音爲[ɛ]、[ᴇ]、[e]。清本《六音字典》“12 勒字母”缺頁,因明本《六音字典》“27 直字母”立紐入聲五下有“勒肋泐”3 字,筆者據此給“12 勒字母”擬音爲[ᴇ]。

28. 明本“28 出字母”與清本“1 肥字母”比較

表 28—1

本	紐	平	去	平	上	(平)	入	去
明	立/出	○	○	侶	蘽藟屡寠縲屢壘蕊橤蕋甤蕤餧餒	——	○	類彙彚累酹淚泪惢睿叡耒
清	柳/肥	○	○	○	蘽藟寠屢縲壘樏	○	○	類彚累酹誄
政	調	陰平	陰去	陽平 1	上聲	陽平 2	入聲	陽去
和	例	○	○	垂	屢	○	○	累類淚擂鋭

明本與清本有“蘽藟屡寠縲屢壘類彙彚累酹”12 個韻字相對應,明本、清本有“屢累類淚”4 個韻字與現代政和方言相對應,據《政和縣志·方言》,可讀作[lui]。

表 28—2

本	紐	平	去	平	上	(平)	入	去
明	比/出	肥痱痱	○	吠	○	——	○	○
清	邊/肥	肥	○	吠	○	○	○	○
政	調	陰平	陰去	陽平 1	上聲	陽平 2	入聲	陽去
和	例	○	痱	吠	○	肥	○	○

明本與清本有“肥吠”2 個韻字相對應,明本、清本有“肥吠”2 個韻字與現代政和方言相對應,據《政和縣志·方言》,可讀作[pui]。

表 28—3

本	紐	平	去	平	上	(平)	入	去
明	求/出	規龜亀龜圭閨歸归膭邽珪掬逵皈	貴季桂癸	葵暌跪桂	鬼宄晷詭傀	——	○	櫃掘甂匱

續表

清	求/肥	○	貴季桂癸瑰	葵暌跪馗	鬼宄晷詭軌	規亀龜圭閨歸雉鳺	○	櫃甂掘
政	調	陰平	陰去	陽平 1	上聲	陽平 2	入聲	陽去
和	例	歸規龜圭	貴桂季	葵跪珪逵	鬼詭軌	○	○	掘櫃

明本與清本有"規龜亀龜圭閨歸归馗貴季桂癸葵暌跪鬼宄晷詭櫃掘甂"23個韻字相對應,明本、清本有"歸規龜圭貴桂季葵跪珪逵鬼詭軌掘櫃"16個韻字與現代政和方言相對應,據《政和縣志·方言》,可讀作[kui]。

表 28—4

本	紐	平	去	平	上	(平)	(去)	入	去
明	氣/出	窺闚	揆	虧虧虧	猪	——	——	倔屈	簣潰鐀憒
清	氣/肥	○	○	虧	豬	窺闚	揆	○	簣饋匱
政	調	陰平	陰去	陽平 1	上聲	陽平 2	○	入聲	陽去
和	例	虧	○	○	豬	○	○	曲	潰

明本與清本有"窺闚揆虧猪簣"6個韻字相對應,明本、清本有"虧豬潰"3個韻字與現代政和方言相對應,據《政和縣志·方言》,可讀作[k'ui]。

表 28—5

本	紐	平	去	平	上	(平)	入	去
明	中/出	○	○	搥追	○	——	䶣	硾磓碓鎚膇縋舫萑
清	直/肥	○	○	○	○	追	○	○
政	調	陰平	陰去	陽平 1	上聲	陽平 2	入聲	陽去
和	例	○	○	捶	○	○	○	墜

明本與清本有"追"1個韻字相對應,《政和縣志·方言》載"捶墜"读作[tui],似"搥鎚"二字;载"追"读作[tsui]。

表 28—6

本	紐	平	去	平	上	(平)	入	去
明	片/出	○	屁	○	○	——	○	塩圤
清	頗/肥	○	屁	○	○	○	○	○
政	調	陰平	陰去	陽平 1	上聲	陽平 2	入聲	陽去
和	例	○	屁	○	○	○	○	箔

明本與清本有"屁"1個韻字相對應,明本、清本有"屁"1個韻字與現代政

和方言相對應,據《政和縣志・方言》,可讀作[p‘ui]。

表 28—7

本	紐	平	去	平	上	(平)	入	去
明	土/出	槌鎚錘	○	頹頽	○	——	塞	膇累
清	他/肥	槌鎚	○	○	○	○	塞	累
政	調	陰平	陰去	陽平 1	上聲	陽平 2	入聲	陽去
和	例	○	○	○	○	錘槌	○	○

明本與清本有"槌鎚塞累"4 個韻字相對應,明本、清本有"錘槌"2 個韻字與現代政和方言相對應,據《政和縣志・方言》,可讀作[t‘ui]。

表 28—8

本	紐	平	去	平	上	(平)	入	去
明	全/出	○	最	垂埀隨随隋 醉錐椎隹嗺	嘴觜啐	——	○	墜隊遂贅呰 豙檖璲悴瘁 粹萃燧邃
清	曾/肥	○	最	垂埀隨醉隋	○	○	○	墜隊遂贅隋鋭
政	調	陰平	陰去	陽平 1	上聲	陽平 2	入聲	陽去
和	例	咮追	最	隋醉	嘴咀	○	○	○

明本與清本有"最垂埀隨随隋醉嘴墜隊遂贅"12 個韻字相對應,明本、清本有"最隋醉嘴"4 個韻字與現代政和方言相對應,據《政和縣志・方言》,可讀作[tsui]。

表 28—9

本	紐	平	去	平	上	(平)	入	去
明	人/出	○	○	○	餒	——	蹝婑	抐
清	日/肥	○	○	○	餒	○	○	○
政	調	陰平	陰去	陽平 1	上聲	陽平 2	入聲	陽去
和	例	○	○	○	○	○	○	○

明本與清本無韻字與現代政和方言相對應。

表 28—10

本	紐	平	去	平	上	(平)	入	去
明	生/出	雖	歲嵗岜	誰	水	——	戍	帨鋭瑞睡
清	時/肥	雖	歲	誰	水	○	戍	瑞睡
政	調	陰平	陰去	陽平 1	上聲	陽平 2	入聲	陽去
和	例	雖	歲穢	誰	水	㽰	睡	瑞

明本與清本有“雖歲嵗𡴀誰水戍瑞睡”9 個韻字相對應，明本、清本有“雖誰水歲瑞”5 個韻字與現代政和方言相對應，據《政和縣志・方言》，可讀作［sui］。

表 28—11

本	紐	平	去	平	上	(平)	入	去
明	又/出	幃圍闈帷韋帏暐	諱畏	違威煒偉湋	○	——	郁委慰蔚鬱欝萎尉熨喂煨揋懊脩	爲位衛衞胃渭謂瘋遺
清	鶯/肥	闈帷幃圍	畏諱	違	○	威	郁委慰蔚偎	爲衛謂位渭胃
政和	調	陰平	陰去	陽平 1	上聲	陽平 2	入聲	陽去
	例	威喂	畏	幃偉爲維唯緯沸	○	委萎圍	尉慰蔚熨葦	偽衛位渭胃

明本與清本有“幃圍闈帷諱畏違威郁委慰蔚爲位衛衞胃渭謂”19 個韻字相對應，明本、清本有“威畏幃偉尉慰蔚熨衛位渭胃”12 個韻字與現代政和方言相對應，據《政和縣志・方言》，可讀作［ui］。

表 28—12

本	紐	平	去	平	上	(平)	入	去
明	名/出	○	○	○	美媄渼	——	○	○
清	問/肥	○	○	○	美	○	○	○
政	調	陰平	陰去	陽平 1	上聲	陽平 2	入聲	陽去
和	例	○	○	○	美	○	○	○

明本與清本有“美”1 個韻字相對應，明本、清本有“美”1 個韻字與現代政和方言相對應，據《政和縣志・方言》，可讀作［mui］。

表 28—13

本	紐	平	去	平	上	(平)	入	去
明	言/出	○	○	危巍桅嵬	○	——	○	偽
清	語/肥	○	○	危巍	○	○	○	偽
政	調	陰平	陰去	陽平 1	上聲	陽平 2	入聲	陽去
和	例	○	○	違	○	○	○	○

明本與清本有“危巍偽”3 個韻字相對應，《政和縣志・方言》載“違”字讀作［ŋui］，誤。

表 28—14

本	紐	平	去	平	上	(平)	入	去
明	出/出	口	翠	○	○	——	出爞	秫
清	出/肥	口	翠	○	○	○	出	秫誶萃粹瘁頾
政	調	陰平	陰去	陽平 1	上聲	陽平 2	入聲	陽去
和	例	○	翠嘴	○	○	○	出	糯

明本與清本有"口翠出秫"4 個韻字相對應,明本、清本有"翠出"2 個韻字與現代政和方言相對應,據《政和縣志・方言》,可讀作[ts'ui]。

表 28—15

本	紐	平	去	平	上	(平)	入	去
明	向/出	輝暉翬虺麾煇揮餫旍揮撝唯	○	爲為惟維沸	毀朽譭	——	堉	惠蕙穗憓簒彗篲
清	非/肥	○	唯	爲維惟唯	毀朽燬	輝暉翬虺麾煇揮	○	惠穢喟慧舟卉
政	調	陰平	陰去	陽平 1	上聲	陽平 2	入聲	陽去
和	例	揮輝飛非	○	○	毀匪	○	○	惠慧

明本與清本有"輝暉翬虺麾煇揮爲為惟毀朽惠"13 個韻字相對應,明本、清本有"揮輝毀惠慧"5 個韻字與現代政和方言相對應,據《政和縣志・方言》,可讀作[xui]。

經考證,明本"28 出字母"擬音爲[ui](馬重奇,2010),清本《六音字典》"1 肥字母"與之對應,亦可擬音爲[ui]。

29. 明本"29 推字母"與清本"20 賠字母"(缺)比較

表 29—1

本	紐	平	去	平	上	(平)	入	去
明	求/推	○	頟滑汨髻薈	○	粿	——	國国骨骨	傀
清	求/賠	○	○	○	○	——	○	○
政	調	陰平	陰去	陽平 1	上聲	陽平 2	入聲	陽去
和	例	○	滑怪芥	蓋	粿傀	○	骨國刮葛鱖	○

明本有"滑粿国骨"4 個韻字與現代政和方言相對應,據《政和縣志・方言》,可讀作[kuɛ]。

表 29—2

本	紐	平	去	平	上	(平)	入	去
明	氣/推	魁奎盔悝	膾繪愧媿隗 饋殨塊	○	○	——	瓫窟郝	○
清	氣/賠	○	○	○	○	——	○	○
政	調	陰平	陰去	陽平 1	上聲	陽平 2	入聲	陽去
和	例	奎魁盔	膾塊快檜	○	○	○	窟闊渴	敲

明本有"魁奎盔膾塊窟"6 個韻字與現代政和方言相對應,據《政和縣志・方言》,可讀作[k'uɛ]。

表 29—3

本	紐	平	去	平	上	(平)	入	去
明	中/推	○	對对碓兑	堆磓嵟瘖腤	短	——	裰掇	兑袋帒及
清	直/賠	○	○	○	○	——	○	○
政和	調	陰平	陰去	陽平 1	上聲	陽平 2	入聲	陽去
	例	堆	對兑碓隊丟 帶多	達台戴	短	○	○	大袋岱

明本有"堆對兑碓短袋"6 個韻字與現代政和方言相對應,據《政和縣志・方言》,可讀作[tuɛ]。

表 29—4

本	紐	平	去	平	上	(平)	入	去
明	片/推	皮	配佩珮	坯坏	○	——	○	被
清	頗/賠	○	○	○	○	——	○	○
政	調	陰平	陰去	陽平 1	上聲	陽平 2	入聲	陽去
和	例	坯胚破	破沛佩配	○	○	皮	潑	被

明本有"坯配佩皮被"5 個韻字與現代政和方言相對應,據《政和縣志・方言》,可讀作[p'uɛ]。

表 29—5

本	紐	平	去	平	上	(平)	入	去
明	土/推	坮蕵燵熥	退螁蜕	梯匲鬅	腿蹆	——	脱跋褪	楞
清	他/賠	○	○	○	○	——	○	○
政	調	陰平	陰去	陽平 1	上聲	陽平 2	入聲	陽去
和	例	梯拖	太泰褪退	○	腿癪	○	脱太	○

明本有"退腿脱"3 個韻字與現代政和方言相對應,據《政和縣志・方言》,

可讀作[t'uɛ]。

表 29—6

本	紐	平	去	平	上	(平)	入	去
明	全/推	○	罪辠晬	裁	○	——	卒𠦑猝剢	拭
清	曾/賠	○	○	○	○	——	○	○
政	調	陰平	陰去	陽平 1	上聲	陽平 2	入聲	陽去
和	例	災哉	再罪鱰	材才財裁	宰載	○	卒紮	坐擦

明本有"罪辠裁卒"4 個韻字與現代政和方言相對應,據《政和縣志·方言》,可讀作[tsuɛ]。

表 29—7

本	紐	平	去	平	上	(平)	入	去
明	人/推	○	○	○	○	——	○	内
清	日/賠	○	○	○	○	——	○	○
政	調	陰平	陰去	陽平 1	上聲	陽平 2	入聲	陽去
和	例	○	○	○	○	○	○	内

明本有"内"1 個韻字與現代政和方言相對應,據《政和縣志·方言》,可讀作[nuɛ]。

表 29—8

本	紐	平	去	平	上	(平)	入	去
明	生/推	螺雷	賽率帥	衰瘊蓑縗褨瘦	○	——	蟀刷唰涮埍	揀
清	時/賠	○	○	○	○	——	○	○
政	調	陰平	陰去	陽平 1	上聲	陽平 2	入聲	陽去
和	例	瘦衰沙鯊	帥率	○	○	螺腡	殺刷塊煞撒	瀨

明本有"瘦衰螺率帥刷"6 個韻字與現代政和方言相對應,據《政和縣志·方言》,可讀作[suɛ]。

表 29—9

本	紐	平	去	平	上	(平)	入	去
明	又/推	禾	欲	燠	○	——	○	碨漼隈隩澳
清	鶯/賠	○	○	○	○	——	○	○
政	調	陰平	陰去	陽平 1	上聲	陽平 2	入聲	陽去
和	例	煨哀	愛我	懷	物倚	禾	○	洄

明本有"禾"1 個韻字與現代政和方言相對應,據《政和縣志·方言》,可讀作[uɛ]。

表 29—10

本	紐	平	去	平	上	(平)	入	去
明	名/推	梅坆霉黴莓苺媒煤𥧍湈枚磨糜	○	○	每尾亹	——	○	眛寐妹秣魅魀
清	問/賠	○	○	○	○	——	○	○
政和	調	陰平	陰去	陽平 1	上聲	陽平 2	入聲	陽去
	例	○	末没襪	○	尾每	梅黴坆媒尾麻蔴磨	抹	妹寐眛

明本有"尾每梅黴坆媒妹寐眛"9 個韻字與現代政和方言相對應，據《政和縣志・方言》，可讀作[muɛ]。

表 29—11

本	紐	平	去	平	上	(平)	入	去
明	言/推	兀杌	○	○	○	——	○	○
清	語/賠	○	○	○	○	——	○	○
政	調	陰平	陰去	陽平 1	上聲	陽平 2	入聲	陽去
和	例	○	吾	○	○	○	○	○

明本無韻字與現代政和方言相對應。

表 29—12

本	紐	平	去	平	上	(平)	入	去
明	出/推	○	碎𥗐	摧催崔趡漼	○	——	刲到劊塊數	
清	出/賠	○	○	○	○	——	○	○
政	調	陰平	陰去	陽平 1	上聲	陽平 2	入聲	陽去
和	例	崔催摧炊	碎蔡	○	采彩睬	○	切察	○

明本有"摧催崔碎"4 個韻字與現代政和方言相對應，據《政和縣志・方言》，可讀作[ts'uɛ]。

表 29—13

本	紐	平	去	平	上	(平)	入	去
明	向/推	灰㹨恢詼徽㣲虺䵳硋硘㲊	誨悔晦賄喙	揔回囘囬廻佪佪逥茴洄	火裹	——	忽惚或惑佛髴欻	會会佛伏僡核劾咈
清	非/賠	○	○	○	○	——	○	○
政和	調	陰平	陰去	陽平 1	上聲	陽平 2	入聲	陽去
	例	灰恢詼	悔晦	回拂	火海	硘	或忽佛活勿	會佛核匯壞亥害

明本有“灰恢詼悔晦回火硘或忽佛會佛核”14 個韻字與現代政和方言相對應，據《政和縣志・方言》，可讀作[xuɛ]。

經考證，明本“29 推字母”擬音爲[uɛ](馬重奇，2010)。清本《六音字典》“20 賠字母”缺頁，明本《六音字典》無此韻字。今據《政和縣志・方言》“同音字彙”[puɛ]下有“①杯悲②培陪③賠④⑤背裴輩倍貝壩簸⑥焙⑦不缽撥”諸字，筆者據此給“20 賠字母”擬音爲[uɛ]。

30. 明本“30 闊字母”與清本“34 簸字母”(缺)比較

表 30—1

本	紐	平	去	平	上	(平)	入	去
明	立/闊	○	羸	○	○	——	○	○
清	柳/簸	○	○	○	○	——	○	○
政	調	陰平	陰去	陽平 1	上聲	陽平 2	入聲	陽去
和	例	○	○	○	○	○	○	○

明本無韻字與現代政和方言相對應。

表 30—2

本	紐	平	去	平	上	(平)	入	去
明	比/闊	○	簸簸鈸	○	○	——	撥扒蹳發不癶缽砵茇髮	○
清	邊/簸	○	○	○	○	——	○	○
政	調	陰平	陰去	陽平 1	上聲	陽平 2	入聲	陽去
和	例	○	簸	培陪	○	賠	撥	○

明本有“簸撥”2 個韻字與現代政和方言相對應，據《政和縣志・方言》，可讀作[puɛ]。

表 30—3

本	紐	平	去	平	上	(平)	入	去
明	求/闊	○	怪恠	○	拐枴楇杲乖踝	——	葛割适遀	○
清	求/簸	○	○	○	○	——	○	○
政	調	陰平	陰去	陽平 1	上聲	陽平 2	入聲	陽去
和	例	○	滑怪芥	蓋	粿傀	○	骨國刮葛蹶	○

明本有“怪葛”2 個韻字與現代政和方言相對應，據《政和縣志・方言》，可讀作[kuɛ]。

表 30—4

本	紐	平	去	平	上	(平)	入	去
明	氣/闊	○	○	○	○	——	渴闊濶	快蒯
清	氣/籛	○	○	○	○	——	○	○
政	調	陰平	陰去	陽平 1	上聲	陽平 2	入聲	陽去
和	例	奎魁盔	快塊檜膾	○	○	○	闊渴窟	敲

明本有"快渴闊"3 個韻字與現代政和方言相對應,據《政和縣志·方言》,可讀作[k‘uɛ]。

表 30—5

本	紐	平	去	平	上	(平)	入	去
明	中/闊	○	帶締舵鮀柂戴蓬	達逵	○	——	○	大
清	直/籛	○	○	○	○	——	○	○
政	調	陰平	陰去	陽平 1	上聲	陽平 2	入聲	陽去
和	例	堆	帶對兑碓隊丢多	達台戴	短	○	○	大袋岱

明本有"達帶大"3 個韻字與現代政和方言相對應,據《政和縣志·方言》,可讀作[tuɛ]。

表 30—6

本	紐	平	去	平	上	(平)	入	去
明	片/闊	剖掊掔破	○	○	○	——	潑鏺剢	○
清	頗/籛	○	○	○	○	——	○	○
政	調	陰平	陰去	陽平 1	上聲	陽平 2	入聲	陽去
和	例	坯胚破	破沛佩配	○	○	皮	潑	被

明本有"破潑"2 個韻字與現代政和方言相對應,據《政和縣志·方言》,可讀作[p‘uɛ]。

表 30—7

本	紐	平	去	平	上	(平)	入	去
明	土/闊	○	泰太	拕拖	癱	——	○	鮀
清	他/籛	○	○	○	○	——	○	○
政	調	陰平	陰去	陽平 1	上聲	陽平 2	入聲	陽去
和	例	梯拖	太泰褪退	○	腿癱	○	脱太	○

明本有"泰太拖"3 個韻字與現代政和方言相對應,據《政和縣志·方言》,

可讀作[t'uε]。

表 30—8

本	紐	平	去	平	上	(平)	入	去
明	全/闊	災灾栽苗哉	再在縡	才財材	宰載	——	○	坐
清	曾/簸	○	○	○	○	——	○	○
政	調	陰平	陰去	陽平 1	上聲	陽平 2	入聲	陽去
和	例	災哉	再縡罪	材才財裁	宰載	○	卒紮	坐擦

明本有"灾災哉材才財宰載再縡"10 個韻字與現代政和方言相對應,據《政和縣志・方言》,可讀作[tsuε]。

表 30—9

本	紐	平	去	平	上	(平)	入	去
明	人/闊	訥齵颻	○	○	○	——	○	○
清	日/簸	○	○	○	○	——	○	○
政	調	陰平	陰去	陽平 1	上聲	陽平 2	入聲	陽去
和	例	○	○	○	○	○	○	内

明本無韻字與現代政和方言相對應。

表 30—10

本	紐	平	去	平	上	(平)	入	去
明	生/闊	簁鯊魦	○	沙砂	○	——	殺敍杀�煞撒	殲豸
清	時/簸	○	○	○	○	——	○	○
政	調	陰平	陰去	陽平 1	上聲	陽平 2	入聲	陽去
和	例	瘦衰沙鯊	帥率	○	○	螺腡	殺煞撒刷塊	瀨

明本有"沙鯊殺煞撒"5 個韻字與現代政和方言相對應,據《政和縣志・方言》,可讀作[suε]。

表 30—11

本	紐	平	去	平	上	(平)	入	去
明	又/闊	○	○	○	物蝸逶痿	——	勿弗髴拂沸 芴紱黻	○
清	鶯/簸	○	○	○	○	——	○	○
政	調	陰平	陰去	陽平 1	上聲	陽平 2	入聲	陽去
和	例	煨哀	愛我	懷	物倚	禾	○	洄

明本有"物"1 個韻字與現代政和方言相對應,據《政和縣志・方言》,可讀

作[xuɛ]。

表 30—12

本	紐	平	去	平	上	(平)	入	去
明	名/闊	麻蔴	末没歿襪韈靺	○	○	——	抹	○
清	問/籤	○	○	○	○	——	○	○
政	調	陰平	陰去	陽平 1	上聲	陽平 2	入聲	陽去
和	例	○	末没襪	○	尾每	麻蔴梅黴玫尾媒磨	抹	妹寐昧

明本有"末没襪麻蔴抹"6 個韻字與現代政和方言相對應,據《政和縣志・方言》,可讀作[muɛ]。

表 30—13

本	紐	平	去	平	上	(平)	入	去
明	言/闊	○	吾	○	○	——	○	○
清	語/籤	○	○	○	○	——	○	○
政	調	陰平	陰去	陽平 1	上聲	陽平 2	入聲	陽去
和	例	○	吾	○	○	○	○	○

明本有"吾"1 個韻字與現代政和方言相對應,據《政和縣志・方言》,可讀作[ŋuɛ]。

表 30—14

本	紐	平	去	平	上	(平)	入	去
明	出/闊	○	○	○	○	——	察督擦	○
清	出/籤	○	○	○	○	——	○	○
政	調	陰平	陰去	陽平 1	上聲	陽平 2	入聲	陽去
和	例	崔催摧炊	碎蔡	○	采彩睬	○	切察	○

明本有"察"1 個韻字與現代政和方言相對應,據《政和縣志・方言》,可讀作[ts'uɛ]。

表 30—15

本	紐	平	去	平	上	(平)	入	去
明	向/闊	○	○	懷懐槐剜劃	海	——	發蕟発喝血	伐閥罰害壞亥
清	非/籤	○	○	○	○	——	○	○
政	調	陰平	陰去	陽平 1	上聲	陽平 2	入聲	陽去
和	例	灰恢詼	悔晦	回拂	火海	徊	活或勿忽佛	壞亥害會佛匯核

明本有“海壞亥害”4 個韻字與現代政和方言相對應,據《政和縣志·方言》,可讀作[xuɛ]。

經考證,明本“29 推字母”和“30 闊字母”韻字在現代政和方言均讀作[uɛ],爲了區別二者,我們將“29 推字母”擬音爲[uɛ],“30 闊字母”擬音爲[ue](馬重奇,2010)。與明本相對應的清本“20 賠字母”和“34 簸字母”也分別擬音爲[uɛ]和[ue]。清本《六音字典》“34 簸字母”缺頁,因明本《六音字典》“30 闊字母”比紐去聲二下有“簸篏鈹”3 字,筆者據此給“34 簸字母”擬音爲[ue]。

以上將明本《六音字典》“果直出推闊”諸字母與清本《六音字典》“布勒肥賠簸”諸字母進行對應比較,並與現代政和方言進行歷史比較研究。清本《六音字典》“17 布字母”缺頁,今根據表 26—1 明本《六音字典》“比/果”去聲二下有“布”字,即給該字母擬音爲[ɔ]。清本《六音字典》“12 勒字母”缺頁,今根據表 27—1 明本《六音字典》“立/直”入聲五下有“勒肋泐”3 字,即給該字母擬音爲[ɛ]。清本《六音字典》“20 賠字母”缺頁,明本《六音字典》无此韵字。今根據《政和縣志·方言》“同音字彙”[puɛ]下有“①杯悲②培陪③賠④⑤背裴輩倍貝壩簸⑥焙⑦不缽撥”諸字,即給該字母擬音爲[uɛ]。清本《六音字典》“34 簸字母”缺頁,今根據表 30—2 明本《六音字典》“比/闊”去聲二下有“簸篏鈹”3 字,即給該字母擬音爲[ue]。

現將各字母的音值擬測如下:

明本《六音字典》			清本《六音字典》		
26	果字母	[o]	17	布字母	[o]*
27	直字母	[E]	12	勒字母	[E]*
28	出字母	[ui]	1	肥字母	[ui]
29	推字母	[uɛ]	20	賠字母	[uɛ]*
30	闊字母	[ue]	34	簸字母	[ue]*

第七節 明本“乃後述古”與清本“犁樓驢爐”對應

本節將明本《六音字典》和清本《六音字典》的以下韻部做比較:“乃”與“犁”,“後”與“樓”,“述”與“驢”,“古”與“爐”。

31. 明本"31 乃字母"與清本"33 犁字母"比較

表 31—1

本	紐	平	去	平	上	(平)	入	去
明	立/乃	犁犂	○	來逨萊耒	○	——	舐舓咶	賴頼藾癩蠆筙
清	柳/犁	犁	○	來逨萊騋徠檨爄筙	○	○	舐舓	賴癩蠆瀨籟藾誺賚徠獺塛
政	調	陰平	陰去	陽平 1	上聲	陽平 2	入聲	陽去
和	例	○	○	來	○	梨	狤	賴

明本與清本有"犁犂來逨萊舐舓賴頼藾癩蠆"12 個韻字相對應,明本、清本有"來賴"2 個韻字與現代政和方言相對應,據《政和縣志・方言》,可讀作[lai]。

表 31—2

本	紐	平	去	平	上	(平)	入	去
明	比/乃	徘牌棑諞箳	拜敗誹	筏謟砐	○	——	八捌	磖罷邁
清	邊/犁	排俳	拜敗誹	笓筏牌徘	擺	棑鎞	八	罷邁
政	調	陰平	陰去	陽平 1	上聲	陽平 2	入聲	陽去
和	例	○	拜敗湃	排牌棑	○	牌擺	八捌	罷

明本與清本有"徘牌棑拜敗誹筏八罷邁"10 個韻字相對應,明本、清本有"拜敗排牌棑牌八捌罷"9 個韻字與現代政和方言相對應,據《政和縣志・方言》,可讀作[pai]。

表 31—3

本	紐	平	去	平	上	(平)	入	去
明	求/乃	皆階謭該街雞鶏荄陔	介芥界曆疥蓋葢盖戒誡尬諣楴廨解解詿	鯕鮭蘶�	改解觧屆譬丬杚槩言	——	莢	○
清	求/犁	○	介芥界孉疥蓋葢盖戒誡栤价屆杚丬蚧炌怵	鮭瞶鯕	改解澥	皆階堦該街雞鶏喈湝揩鮭垓	○	○
政	調	陰平	陰去	陽平 1	上聲	陽平 2	入聲	陽去
和	例	鶏街皆階該	界介疥蓋誡戒尬觧屆芥丐繫概	鯕	解	○	割	○

明本與清本有"皆階謭該街雞鶏介芥界曆疥蓋葢盖戒誡艓鮭穢改解觧"23個韻字相對應,明本、清本有"鶏街皆階該界介疥蓋誡戒尬鮮届芥艓解"17個韻字與現代政和方言相對應,據《政和縣志・方言》,可讀作[kai]。

表 31—4

本	紐	平	去	平	上	(平)	入	去
明	氣/乃	○	棄	溪谿譪磙開猒	楷愷塏豈鎧覬丐匄揩	——	○	慨槪愾槩
清	氣/犁	○	棄	○	楷愷塏鍇	蹊谿溪榿磙開	○	凱覬溉嘅慨愾槩杚曁鍇
政	調	陰平	陰去	陽平 1	上聲	陽平 2	入聲	陽去
和	例	溪	槪慨溉	○	凱楷愷揩	○	给	○

明本與清本有"棄溪谿譪磙開楷愷塏慨槪愾槩"13個韻字相對應,明本、清本有"溪槪慨楷愷"5個韻字與現代政和方言相對應,據《政和縣志・方言》,可讀作[k'ai]。

表 31—5

本	紐	平	去	平	上	(平)	入	去
明	中/乃	蹄蹏	待代岱貸黛玳	台臺薹駘跆抬擡歹	底娍	——	○	怠殆逮迨衎逹達
清	直/犁	蹄蹏	待代岱貸黛	台臺薹	底	歹	○	怠殆逮曃靆
政	調	陰平	陰去	陽平 1	上聲	陽平 2	入聲	陽去
和	例	歹	貸代怠殆	台抬	底抵	呆蹄	逮	碟逐

明本與清本有"蹄蹏待代岱貸黛台臺薹底怠殆逮"14個韻字相對應,明本、清本有"歹貸代怠殆台抬底蹄"9個韻字與現代政和方言相對應,據《政和縣志・方言》,可讀作[tai]。

表 31—6

本	紐	平	去	平	上	(平)	入	去
明	片/乃	○	派衐𦒱	頁	擺賁	——	○	稗憊秕貰嬇
清	頗/犁	○	派	○	○	○	○	稗憊秕粃
政	調	陰平	陰去	陽平 1	上聲	陽平 2	入聲	陽去
和	例	○	派	○	擺	○	○	稗

明本與清本有"派稗秕憊"4個韻字相對應,明本、清本有"擺派稗"3個韻字與現代政和方言相對應,據《政和縣志・方言》,可讀作[p'ai]。

表 31—7

本	紐	平	去	平	上	(平)	入	去
明	土/乃	○	替昭	胎苔駘抬	○	——	貼帖怗呫劑穧	態
清	他/犁	○	替	○	○	苔胎駘瀨抬儓	貼帖	態
政	調	陰平	陰去	陽平 1	上聲	陽平 2	入聲	陽去
和	例	苔胎颱	替	○	○	○	貼	○

明本與清本有“替胎苔駘貼帖態”7 個韻字相對應,明本、清本有“苔胎替貼”4 個韻字與現代政和方言相對應,據《政和縣志・方言》,可讀作[t‘ai]。

表 31—8

本	紐	平	去	平	上	(平)	入	去
明	全/乃	儕齋斎齊斎	債雜褋繢賫	寨賜	載	——	節	截贊聰
清	曾/犁	儕	債雜褋笊	多寨砦	○	齋斎	節	截巀
政	調	陰平	陰去	陽平 1	上聲	陽平 2	入聲	陽去
和	例	斎	債雜在	寨砦豺穧	○	○	節	截

明本與清本有“儕齋斎債雜褋寨節截”9 個韻字相對應,明本、清本有“斎債雜寨砦節截”7 個韻字與現代政和方言相對應,據《政和縣志・方言》,可讀作[tsai]。

表 31—9

本	紐	平	去	平	上	(平)	入	去
明	人/乃	泥坭遈孃贅鈉	○	納內衲	乃迺嬭妳	——	瀛凹坳	耐奈柰顙鼐
清	日/犁	泥	納	○	乃廼嬭妳鼐奶	○	○	耐柰奈
政	調	陰平	陰去	陽平 1	上聲	陽平 2	入聲	陽去
和	例	○	納衲	○	奶乃氖	泥	凹	奈耐鼐

明本與清本有“泥乃迺嬭妳耐奈柰”8 個韻字相對應,明本、清本有“納奶乃泥凹奈耐鼐”8 個韻字與現代政和方言相對應,據《政和縣志・方言》,可讀作[nai]。

表 31—10

本	紐	平	去	平	上	(平)	入	去
明	生/乃	西篩粞獅嘆梶篲	悀細	豺楂犲豲毢	洗葸	——	薹	洒灑晒矖
清	時/犁	○	細賽	豺藻顋腮	洗	西篩	○	洒灑矖躧
政	調	陰平	陰去	陽平 1	上聲	陽平 2	入聲	陽去
和	例	西筛	赛细	○	洗	○	塞	晒洒

明本與清本有“西篩細豺洗洒灑晒矖”9 個韻字相對應,明本、清本有“西

篩賽細洗灑洒曬晒”9 個韻字與現代政和方言相對應,據《政和縣志·方言》,可讀作[sai]。

表 31—11

本	紐	平	去	平	上	(平)	入	去
明	又/乃	唉	愛爱[uɛ]	哀[uɛ]竘挨躭埃	矮躷娭娾	——	欸歖鎄靄藹餲遏隘輭閡轄	啐辞
清	鶯/犁	○	○	○	○	○	○	○
政	調	陰平	陰去	陽平 1	上聲	陽平 2	入聲	陽去
和	例	挨埃	隘唉	○	矮	○	鎄	○
			愛爱[uɛ]	哀[uɛ]				

明本有“挨埃矮鎄”4 個韻字與現代政和方言相對應,據《政和縣志·方言》,可讀作[ai]。

表 31—12

本	紐	平	去	平	上	(平)	入	去
明	名/乃	○	薴不	埋霾	買	——	○	賣勱
清	問/犁	○	○	○	○	○	○	○
政	調	陰平	陰去	陽平 1	上聲	陽平 2	入聲	陽去
和	例	○	穭	埋霾	買	○	○	賣邁

明本有“埋霾買賣”4 個韻字與現代政和方言相對應,據《政和縣志·方言》,可讀作[mai]。

表 31—13

本	紐	平	去	平	上	(平)	入	去
明	言/乃	倪呆	○	呆捱辥鑿齜辰		——	○	碍礙艾乂刈薞鍡訝
清	語/犁	○	○	○	○	○	○	○
政	調	陰平	陰去	陽平 1	上聲	陽平 2	入聲	陽去
和	例	○	○	顏涯捱呆崖	○	倪	○	艾礙

明本有“捱呆倪艾礙”5 個韻字與現代政和方言相對應,據《政和縣志·方言》,可讀作[ŋai]。

表 31—14

本	紐	平	去	平	上	(平)	入	去
明	出/乃	○	蔡�粞踩砌城磢	纔漇猜差	采埰採綵彩	——	○	○
清	出/犁	○	○	○	○	○	○	○

續表

政	調	陰平	陰去	陽平 1	上聲	陽平 2	入聲	陽去
和	例	釵差	糌	纔	猜	○	○	○
					采彩[uɛ]			

明本有“差纔𨑹”3 個韻字與現代政和方言相對應,據《政和縣志・方言》,可讀作[ts‘ai]。

表 31—15

本	紐	平	去	平	上	(平)	入	去
明	向/乃	偕諧孩骸鞋鞵	○	○	𨑹	——	瞎	獬蟹蟹蠏懈邂嗐噶𡁖薤
清	非/犁	○	○	○	○	○	○	○
政	調	陰平	陰去	陽平 1	上聲	陽平 2	入聲	陽去
和	例	○	唉	鞋孩骸諧	○	○	瞎	蟹懈械

明本有“鞋孩骸諧蟹懈瞎”7 個韻字與現代政和方言相對應,據《政和縣志・方言》,可讀作[xai]。

經考證,明本“31 乃字母”擬音爲[ai](馬重奇,2010),清本《六音字典》“33 犁字母”與之對應,亦可擬音爲[ai]。

32. 明本“32 後字母”與清本“18 樓字母”(缺)比較

表 32—1

本	紐	平	去	平	上	(平)	入	去
明	立/後	樓迹楼螻	○	鏤婁嘍摟髏軂劚	簍䣚	——	○	陋漏𨓜瘺
清	柳/樓	○	○	○	○	——	○	○
政	調	陰平	陰去	陽平 1	上聲	陽平 2	入聲	陽去
和	例	○	栗	勒	簍	樓來	劣勒肋	漏

明本有“樓簍漏”3 個韻字與現代政和方言相對應,據《政和縣志・方言》,可讀作[lɛ]。

表 32—2

本	紐	平	去	平	上	(平)	入	去
明	比/後	裦	○	○	○	——	○	鉋鮑㨴蓮刨
清	邊/樓	○	○	○	○	——	○	○
政	調	陰平	陰去	陽平 1	上聲	陽平 2	入聲	陽去
和	例	包	白闭	憋	北	○	伯	卜刨

明本有“刨”1 個韻字與現代政和方言相對應,據《政和縣志・方言》,可讀作[pɛ]。

表 32—3

本	紐	平	去	平	上	(平)	入	去
明	求/後	溝勾遘鉤鈎	夠厚遘足	猴	苟狗笱耇垢均逅鈑姤	——	○	冓搆構覯遘購煹媾詬詢彀斠
清	求/樓	○	○	○	○	——	○	○
政	調	陰平	陰去	陽平 1	上聲	陽平 2	入聲	陽去
和	例	勾溝鉤	厚	猴	垢狗	○	格隔革鬲膈骼	購

明本有“勾溝鉤厚猴垢狗購”8 個韻字與現代政和方言相對應,據《政和縣志・方言》,可讀作[kɛ]。

表 32—4

本	紐	平	去	平	上	(平)	入	去
明	氣/後	謳	叩遡扣寇釦蔻篾皰	○	○	——	○	○
清	氣/樓	○	○	○	○	——	○	○
政	調	陰平	陰去	陽平 1	上聲	陽平 2	入聲	陽去
和	例	○	扣銬	○	克	○	克刻咳尅	○

明本有“扣”1 個韻字與現代政和方言相對應,據《政和縣志・方言》,可讀作[k‘ɛ]。

表 32—5

本	紐	平	去	平	上	(平)	入	去
明	土/後	頭	透遻	偷媮	避郈	——	○	毒
清	他/樓	○	○	○	○	——	○	○
政	調	陰平	陰去	陽平 1	上聲	陽平 2	入聲	陽去
和	例	偷	透	○	○	頭	特踢	毒

明本有“偷頭透毒”4 個韻字與現代政和方言相對應,據《政和縣志・方言》,可讀作[t‘ɛ]。

表 32—6

本	紐	平	去	平	上	(平)	入	去
明	全/後	鄹鄒騶緅鯫陬諏	奏縐郰皺郯	醩糟	走蚤邮	——	○	驟

續表

清	曾/樓	○	○	○	○	——	○	○
政	調	陰平	陰去	陽平1	上聲	陽平2	入聲	陽去
和	例	栽糟	塞	泽择	走籽鸟	○	則鲫仄節責	○

明本有"糟走"2個韻字與現代政和方言相對應,據《政和縣志·方言》,可讀作[tsɛ]。

表 32—7

本	紐	平	去	平	上	(平)	入	去
明	人/後	撓都	○	柪	○	——	○	耨
清	日/樓	○	○	○	○	——	○	○
政	調	陰平	陰去	陽平1	上聲	陽平2	入聲	陽去
和	例	○	○	馁	○	○	○	粘膩

明本無韻字與現代政和方言相對應。

表 32—8

本	紐	平	去	平	上	(平)	入	去
明	生/後	○	瘦膄嗽漱潄酧掃埽	搜醻哴廋庱溲擻愁蒐	叟瞍	——	○	叟
清	時/樓	○	○	○	○	——	○	○
政	調	陰平	陰去	陽平1	上聲	陽平2	入聲	陽去
和	例	留	瘦掃	○	使	狸	色錫塞嗇瑟澀虱	老李

明本有"瘦掃"2個韻字與現代政和方言相對應,據《政和縣志·方言》,可讀作[sɛ]。

表 32—9

本	紐	平	去	平	上	(平)	入	去
明	又/後	毆謳甌漚嘔鷗搵	扨醻謅	○	吼吽	——	○	紬
清	鶯/樓	○	○	○	○	——	○	○
政	調	陰平	陰去	陽平1	上聲	陽平2	入聲	陽去
和	例	歐甌毆	○	○	吼	○	扼壓	○

明本有"甌毆吼"3個韻字與現代政和方言相對應,據《政和縣志·方言》,可讀作[ɛ]。

表 32—10

本	組	平	去	平	上	(平)	入	去
明	名/後	貓猫	○	謀侔眸牟鍪蝱	牡廑畝晦某厶	——	○	茂鈎懋沟阜貿
清	問/樓	○	○	○	○	——	○	○
政	調	陰平	陰去	陽平 1	上聲	陽平 2	入聲	陽去
和	例	○	墨脈密	謀	某默魅	貓咩媽	○	茂

明本有"貓猫謀某茂"5 個韻字與現代政和方言相對應,據《政和縣志・方言》,可讀作[mɛ]。

表 32—11

本	組	平	去	平	上	(平)	入	去
明	言/後	歪齵髃腢偶耦蕅	○	○	○	——	○	○
清	語/樓	○	○	○	○	——	○	○
政	調	陰平	陰去	陽平 1	上聲	陽平 2	入聲	陽去
和	例	○	額逆	○	○	歐歪	額	○

明本有"歪"1 個韻字與現代政和方言相對應,據《政和縣志・方言》,可讀作[ŋɛ]。

表 32—12

本	組	平	去	平	上	(平)	入	去
明	出/後	○	臭嗅湊搊摳	○	巢	——	○	鈔
清	出/樓	○	○	○	○	——	○	○
政	調	陰平	陰去	陽平 1	上聲	陽平 2	入聲	陽去
和	例	搽擦	菜臭	○	巢	臍	測側厕漆策拆	賊

明本有"臭巢"2 個韻字與現代政和方言相對應,據《政和縣志・方言》,可讀作[ts‘ɛ]。

表 32—13

本	組	平	去	平	上	(平)	入	去
明	向/後	緱吼	○	鉢鍭喉侯猴餱	○	——	○	后逅垕後候厚遂
清	非/樓	○	○	○	○	——	○	○
政	調	陰平	陰去	陽平 1	上聲	陽平 2	入聲	陽去
和	例	○	○	侯	○	○	黑核赫嘿	候後厚

明本有"侯候後厚"4 個韻字與現代政和方言相對應,據《政和縣志・方

言》,可讀作[xɛ]。

表 32—14

本	紐	平	去	平	上	(平)	入	去
明	又/後	○	○	浮蜉烰浯痞 嚭趛覆	○	——	○	○
清	鶯/樓	○	○	○	○	——	○	○
政和	調	陰平	陰去	陽平 1	上聲	陽平 2	入聲	陽去
	例	○	○	○	○	○	○	○

明本無韻字與現代政和方言相對應。

經考證(见明本"27 直字母"),明本"32 後字母"不擬音作[ɛ]而擬爲[e](馬重奇,2010),清本《六音字典》"18 樓字母"缺頁,因明本《六音字典》"32 後字母"立紐平聲一下有"樓迹楼螻"4 字,筆者據此給該字母擬音爲[e]。

33. 明本"33 述字母"與清本"21 驢字母"比較

表 33—1

本	紐	平	去	平	上	(平)	入	去
明	立/述	閭驢驴	綠绿録渌菉 騄六陸垄	○	聿律呂吕侣 莒筥遹旅膂 褸縷膂鷜軁鋋	——	○	鑢慮鑢濾礬 攄啯
清	柳/驢	○	綠録渌菉蓼	○	聿律呂侶莒 筥遹旅膂縷褸	○	戮僇	鑢慮
政和	調	陰平	陰去	陽平 1	上聲	陽平 2	入聲	陽去
	例	○	陸禄氯	○	旅褸呂侶縷 律聿履率櫚閭	驢	辱	慮

明本與清本有"綠绿録渌菉聿律呂吕侶莒筥遹旅膂褸縷鑢慮"19 個韻字相對應,明本、清本有"陸旅褸呂侶縷律聿驢"9 個韻字與現代政和方言相對應,據《政和縣志·方言》,可讀作[ly]。

表 33—2

本	紐	平	去	平	上	(平)	入	去
明	求/述	居車倨裾	具懼俱鋸炬 句俱瞿錬鉅	衢氍	舉擧柞矩柜 苣鍵距	——	菊匊掬鞠鏄 蘜蓻檋鞫媢 鏑鑿齧鏞虡 簴鵴	巨鉅拒鉄詎 钃渠蕖踞拘 局蘧遽攄懅 醵屨窶
清	求/驢	俱拘据瞿	具懼鋸炬句	裾渠蘧籧	柞舉矩踽	居車衢琚	菊匊掬鞠斲 蘜蓻檋屨	巨距倨据跼

續表

政和	調	陰平	陰去	陽平 1	上聲	陽平 2	入聲	陽去
	例	居車踞	鋸句俱懼佢	渠駒	舉矩	○	菊掬	據局拒劇距巨炬

明本與清本有“居車具懼俱鋸炬句衢舉擧杵矩菊匊掬鞠鑄詡葦樺巨”22 個韻字相對應,明本、清本有“居車鋸句俱懼渠舉矩菊掬據局拒距巨”16 個韻字與現代政和方言相對應,據《政和縣志·方言》,可讀作[ky]。

表 33—3

本	紐	平	去	平	上	(平)	入	去
明	氣/述	區嶇驅軀駒劬樞摳傴鏂鏂敂樗	去呿	○	起架	——	屈曲紬傴麯麴困鑛躯閅掘	○
清	氣/驢	○	去	○	起架	區嶇驅軀駒劬樞摳	屈紬曲傴	○
政和	調	陰平	陰去	陽平 1	上聲	陽平 2	入聲	陽去
	例	區驅嶇躯樞	去	○	○	○	曲紬屈掘倔崛	○

明本與清本有“區嶇驅軀駒劬樞摳去起架屈曲紬傴”15 個韻字相對應,明本、清本有“區驅嶇躯樞去曲紬屈掘”10 個韻字與現代政和方言相對應,據《政和縣志·方言》,可讀作[k‘y]。

表 33—4

本	紐	平	去	平	上	(平)	入	去
明	中/述	猪豬廚櫥櫥	术閦	鋤耡除縮蹰躇粗篨蟗	○	——	竹竺築鐗閩	箸筯軸凋
清	直/驢	廚猪	閦	鋤除縮躇蹰蜍蠧	○	蛛	竹竺築	箸筯軸
政和	調	陰平	陰去	陽平 1	上聲	陽平 2	入聲	陽去
	例	蛛	术	除迖	櫥廚	○	竹築竺	箸

明本與清本有“猪豬廚閦鋤耡除縮蹰躇竹竺築箸筯軸”16 個韻字相對應,明本、清本有“蛛术除竹竺築箸”7 個韻字與現代政和方言相對應,據《政和縣志·方言》,可讀作[ty]。

表 33—5

本	紐	平	去	平	上	(平)	入	去
明	土/述	宰	○	○	紆	——	朒	○

續表

清	他/驢	宰	○	○	○	蓾	畜	○
政	調	陰平	陰去	陽平 1	上聲	陽平 2	入聲	陽去
和	例	○	○	○	○	○	畜朒	○

明本與清本有"宰"1 個韻字相對應,明本、清本有"朒畜"2 個韻字與現代政和方言相對應,據《政和縣志・方言》,可讀作[t'y]。

表 33—6

本	紐	平	去	平	上	(平)	入	去
明	全/述	藷朱珠株誅殊銖侏姝諸洙邾蛛茱咮硃	渚著鑄住聚炷注註蛀霔翥鄀曙潴怵坾處淴䞤陷駐麈堅楮壴裹	徐俆儲	煮主褚	——	祝彔粥鬻燭蜀烛足	熟
清	曾/驢	藷	渚著鑄住聚炷注註蛀霔	徐	煮主麈	朱珠株誅殊銖侏姝諸洙邾儲趄	祝彔粥鬻燭妯	熟
政	調	陰平	陰去	陽平 1	上聲	陽平 2	入聲	陽去
和	例	豬朱珠蛛	注蛀鋳	儲徐	主煮	藷	粥足	熟

明本與清本有"藷朱珠株誅殊銖侏姝諸洙邾渚著鑄住聚炷注註蛀霔徐煮主祝彔粥鬻燭熟"31 個韻字相對應,明本、清本有"朱珠蛛注蛀鑄儲徐主煮藷粥足熟"14 個韻字與現代政和方言相對應,據《政和縣志・方言》,可讀作[tsy]。

表 33—7

本	紐	平	去	平	上	(平)	入	去
明	人/述	恧	肉月	○	女	——	岰陻衄鴎䅽膦恧	○
清	日/驢	○	肉月	○	女		岰	○
政	調	陰平	陰去	陽平 1	上聲	陽平 2	入聲	陽去
和	例	○	肉	○	女	○	䅽	○

明本與清本有"肉月女岰"4 個韻字相對應,明本、清本有"女肉䅽"3 個韻字與現代政和方言相對應,據《政和縣志・方言》,可讀作[ny]。

表 33—8

本	紐	平	去	平	上	(平)	入	去
明	生/述	需殳荽葰綏濡嚅	褥縟恕署庶庻杼暑藷譴憽隶好贖祟硼娍鏠雋双	書书舒紓須糈鬚疋偦諝醑湑閶蕍鄃毹毺	○	——	叔淑菽宿蓿孰夙俗粟術恤卹述倆䟉鉥娶俶	續緒叙敘序熟樹澍塾豎竪墅嗣嶼鱮豎裋飼

續表

清	時/驢	○	褥恕署庶曙	書舒紓須稰需殳胥茹輸	○	○	叔淑菽宿蓿孰夙俗粟術恤卹述踧	續緒敍序熟樹澍塾豎竪墅嗣齡杼翥
政和	調	陰平	陰去	陽平 1	上聲	陽平 2	入聲	陽去
政和	例	書輸須需胥舒抒	庶曙暑署恕墅	黍殊絮	○	○	叔菽淑俗宿粟術述肅	熟樹續豎緒敘序

明本與清本有"需殳褥縟恕署庶庻杼書书舒紓須稰叔淑菽宿蓿孰夙俗粟術恤卹述續緒叙敍序熟樹澍塾豎竪墅嗣嶼"42 個韻字相對應，明本、清本有"書輸須需胥舒庶曙暑署恕墅叔菽淑俗宿粟術述熟樹續豎緒敘序"27 個韻字與現代政和方言相對應，據《政和縣志・方言》，可讀作[sy]。

表 33—9

本	紐	平	去	平	上	（平）	入	去
明	又/述	於于盂雩樗唹吁霟盱𩃳芧	屬属囑浴宇寓瓌訏淤	兒而予余輿餘如旟瑜璵俞榆覦與臾萸腴諛窬渝窬茹嚘輀儒藞唲庾羽黍歟嶼	與予爾邇耳汝女駬噓	——	慾欲雨辱嗕溽	譽裕諭喻預絮愈芋欲鴒與裕咡蘁煜禦孺蕷豫霧愉逾踰
清	鶯/驢	盂樗雩迂腴諛	属嘱浴宇寓詡羽禹庾踽	於于兒而余予輿餘如旟璵瑜俞榆覦與萸臾畲虞儒逾踰愉歈袽	與予爾邇耳汝女歟	○	欲慾雨辱沃	譽裕諭喻預絮愈芋芌孺黍
政和	調	陰平	陰去	陽平 1	上聲	陽平 2	入聲	陽去
政和	例	愚	宇於予	餘儒庾臾諛萸羽于兒	與輿嶼	○	浴峪	芋譽欲預愉逾喻諭豫渝

明本與清本有"於于盂雩樗屬属囑浴宇寓兒而予余輿餘如旟瑜璵俞榆覦與臾萸腴諛與予爾邇耳汝女慾欲雨辱譽裕諭喻預絮愈芋"48 個韻字相對應，明本、清本有"宇餘儒庾臾諛萸羽于兒與芋譽欲預愉逾喻諭豫"20 個韻字與現代政和方言相對應，據《政和縣志・方言》，可讀作[y]。

表 33—10

本	紐	平	去	平	上	（平）	入	去
明	言/述	魚漁隅嵎喁	玉鈺獄瑀霱	愚虞蕍	語齬圄圉	——	○	禦馭遇寓禹禺餌
清	語/驢	魚漁隅嵎蜈	○	○	語齬圄圉麌	○	○	禦馭遇寓餌御

續表

政	調	陰平	陰去	陽平 1	上聲	陽平 2	入聲	陽去
和	例	○	玉鈺獄	愚隅	語	魚漁虞	○	遇禦寓

明本與清本有“魚漁隅嵎玉鈺獄愚語齬圄圉禦馭遇寓”16 個韻字相對應,明本、清本有“玉鈺獄愚隅語魚漁虞遇禦寓”12 個韻字與現代政和方言相對應,據《政和縣志・方言》,可讀作[ŋy]。

表 33—11

本	紐	平	去	平	上	(平)	入	去
明	出/述	趨趋	處虉处啑璷灵	○	鼠取聚處諏	——	傗	蒔趣
清	出/驢	○	處虉	○	鼠取娶	趋趨	○	蒔
政	調	陰平	陰去	陽平 1	上聲	陽平 2	入聲	陽去
和	例	○	處	○	娶取鼠	○	○	趨趣

明本與清本有“趨趋處虉处鼠取蒔”8 個韻字相對應,明本、清本有“處娶取鼠趣”5 個韻字與現代政和方言相對應,據《政和縣志・方言》,可讀作[tsʻy]。

表 33—12

本	紐	平	去	平	上	(平)	入	去
明	向/述	虚虗歔惐謔霱	呴煦呿	○	許滸靜詡	——	育毓旭畜犨棫域蜮閾罭彭焴嫞啞唷侑蓄滀鄐昱疫彧魆昫呴矗最哻	雨
清	非/驢	○	○	○	許滸	虚歔墟嘘	育毓旭畜竜棫蜮域罭閾朂旮煦	雨
政	調	陰平	陰去	陽平 1	上聲	陽平 2	入聲	陽去
和	例	虚墟嘘飛	浴肺	○	許	○	育蓄旭煦	雨

明本與清本有“虚虗歔許滸育毓旭畜犨棫域蜮閾罭雨”16 個韻字相對應,明本、清本有“虚墟許嘘育蓄旭煦雨”9 個韻字與現代政和方言相對應,據《政和縣志・方言》,可讀作[xy]。

經考證,明本“33 述字母”擬音爲[y](馬重奇,2010),清本《六音字典》“21 驢字母”與之對應,亦可擬音爲[y]。

34. 明本“34 古字母”與清本“9 爐字母”比較

表 34—1

本	紐	平	去	平	上	(平)	入	去
明	立/古	廬盧蘆爐炉鑪鱸艫顱轤鸕觥瀘獹辈壚臚僐蘄矑黸	禄禄鹿麓漉熝摝蔪轆韓	○	麓魯虜艣擄擼艪澛滷攎韃轆僇	——	碌娽轆簏盝硱簶趗韭琭漉蓼戮僇	路鷺露鹵頟響韵嚕韵輅潞
清	柳/爐	廬庐盧蘆爐炉鑪鱸艫顱轤鸕	禄鹿麓	○	魯虜艣擄櫓护鹵		碌娽	路鷺露
政	調	陰平	陰去	陽平 1	上聲	陽平 2	入聲	陽去
和	例	○	禄鹿攎	○	滷櫓魯擄	盧蘆鸕爐瀘	盝	路露

明本與清本有“廬盧蘆爐炉鑪鱸艫顱轤鸕瀘禄禄鹿麓麓魯虜艣擄碌娽路鷺露”26 個韻字相對應,明本、清本有“禄鹿滷櫓魯擄盧蘆鸕爐瀘盝路露”14 個韻字與現代政和方言相對應,據《政和縣志・方言》,可讀作[lu]。

表 34—2

本	紐	平	去	平	上	(平)	入	去
明	比/古	○	簿部布怖葡訡鈈僕旆	瓠步頯葫菩	輔脯補頨	——	卜腹	埠嫍
清	邊/爐	○	簿部布怖	瓠步	輔脯補甫	○	腹	捕埠
政	調	陰平	陰去	陽平 1	上聲	陽平 2	入聲	陽去
和	例	○	部布簿怖婦	菩蒲葡	補	○	腹	縛

明本與清本有“簿部布瓠步輔脯補腹埠”10 個韻字相對應,明本、清本有“部布簿菩補腹”6 個韻字與現代政和方言相對應,據《政和縣志・方言》,可讀作[pu]。

表 34—3

本	紐	平	去	平	上	(平)	入	去
明	求/古	孤弧辜姑觚枯呱罟菰骷酤沽頋顒鴣估	故固顧顾僱顓啩槑瀔唃㗅	牯糊飆凡	古鼓皷賈蠱罟瞽岵估詁椵飋鈷飋股飋	——	穀縠谷珏角鵠瀫颬轂告擉羖蕔牯	○
清	求/爐	○	固故僱顧鹽	○	古鼓皷賈蠱罟瞽岵怙	孤弧辜姑觚枯估	穀谷珏角鵠瀫股詁梏	○
政和	調	陰平	陰去	陽平 1	上聲	陽平 2	入聲	陽去
	例	姑辜孤沽鴣	故顧雇固痼崮	牯糊冇	古賈估股鼓蠱汩臌轂	咕	角谷鵠桷诂	牯

明本與清本有“孤弧辜姑觚枯故固顧顾僱古鼓皷賈蠱罟瞽岵穀轂谷珏角鴣㲉”26個韻字相對應,明本、清本有“姑辜孤沽鴣故顧雇固牯糊冇古賈估股鼓蠱角谷鴣”21個韻字與現代政和方言相對應,據《政和縣志·方言》,可讀作[ku]。

表34—4

本	紐	平	去	平	上	(平)	入	去
明	氣/古	○	庫褲袴綺挎刳	○	苦哭滸琥瘔姱喰蔖滄舒	——	殻壳餋慤	○
清	氣/爐	○	庫褲	箍	苦哭滸琥虎	○	殻酷觳	○
政	調	陰平	陰去	陽平1	上聲	陽平2	入聲	陽去
和	例	箍枯酷	庫褲	○	苦哭虎琥	○	殻	○

明本與清本有“庫褲苦哭滸琥殻壳”8個韻字相對應,明本、清本有“箍苦虎哭琥庫褲殻壳”9個韻字與現代政和方言相對應,據《政和縣志·方言》,可讀作[k‘u]。

表34—5

本	紐	平	去	平	上	(平)	入	去
明	中/古	【圖】都闍晛覩鋤清途餹悇齵啚	苧妬妒蠹紵毐柘	屠徒塗途荼瘏嵞嵞蓓賭醏堵騳貯佇竚	○	——	篤督讀犢瀆櫝獨独犨駵牘瀆匵黷騌髑騻騐贏跌	肚杜度渡襥鍍妼羜霯
清	直/爐	【圖】芏	苧妬妒蠹覩睹	屠徒途塗荼瘏	寧佇羜堵	○	篤督讀犢瀆櫝匵獨讟	肚杜度渡赭
政	調	陰平	陰去	陽平1	上聲	陽平2	入聲	陽去
和	例	都跕	毐妒蠹苧杜晝	賭徒塗塗屠脰	貯楮	嘟	讀跌犢篤獨督	肚度渡鍍踱

明本與清本有“【圖】苧妬妒蠹屠徒塗途荼瘏篤督讀犢瀆櫝獨独肚杜度渡”23個韻字相對應,明本、清本有“都毐妒蠹苧杜賭徒塗塗屠讀跌犢篤獨督肚度渡鍍”21個韻字與現代政和方言相對應,據《政和縣志·方言》,可讀作[tu]。

表34—6

本	紐	平	去	平	上	(平)	入	去
明	片/古	○	○	鋪麩麱麩髭浦旉搏痡溥拖	斧父譜圃脯黼舖甫浦毰髴餔晡誧哺逋庯鬴匍豧鄌捕韭篚鬴釜鬢暸醭	——	普仆潽訃鬔鬬赴逌鬅拖倴	袱袝雹抱

續表

清	頗/爐	○	○	○	斧父譜圃脯黼舗	鋪餔哺逋搏	普仆卜	抱
政和	調	陰平	陰去	陽平 1	上聲	陽平 2	入聲	陽去
	例	鋪	○	○	捕譜甫哺浦莆輔殕普	○	仆瀑斧	曝

明本與清本有“鋪斧父譜圃脯黼舗普仆抱”11 個韻字相對應,明本、清本有“鋪捕譜甫哺浦仆”7 個韻字與現代政和方言相對應,據《政和縣志・方言》,可讀作[p‘u]。

表 34—7

本	紐	平	去	平	上	(平)	入	去
明	土/古	○	吐兔菟鵌	○	土凸	——	突禿猯餤瘊碡魁湥魖怢鮀朏魖婗忑	○
清	他/爐	○	吐兔	○	土	○	突禿誘	○
政	調	陰平	陰去	陽平 1	上聲	陽平 2	入聲	陽去
和	例	○	兔吐	○	土	【圖】	突禿	凸

明本與清本有“吐兔突禿猯”5 個韻字相對應,明本、清本有“兔吐禿突”4 個韻字與現代政和方言相對應,據《政和縣志・方言》,可讀作[t‘u]。

表 34—8

本	紐	平	去	平	上	(平)	入	去
明	全/古	茲滋磁孳芻孜且苴菹沮疽雌貲疵資訾緇菑輜錙姿髭趄嗞鰦齊睢蒭雛嫋撮蕺齟詛咀諮咨茨粢趦恣淄嫧訿呰	祖自族蔟爼钃斵	辭辞詞祠慈租阻鉏閦助	子梓組沮滓鮎烝紫	——	足呢	鯛吁粥鯿呰
清	曾/爐	○	祖自族	辭辞詞祠慈睢雛	子梓阻爼趄走助詛	茲滋磁孳芻孜且苴菹疽沮雌疵貲資訾緇菑輜錙姿髭趄俎飺租騶	足	○

續表

政和	調	陰平	陰去	陽平1	上聲	陽平2	入聲	陽去
	例	租茲資滋姿咨孳孜撮瓷	自助	辭祠慈詞族	○	○	○	鑿蹙

明本與清本有"茲滋磁孳芻孜且苴菹沮疽雌貲疵資呰緇菑輜錙姿髭趄祖自族辭辞詞祠慈子梓足"34個韻字相對應,明本、清本有"租茲資滋姿咨孳孜撮自辭祠慈詞"14個韻字與現代政和方言相對應,據《政和縣志・方言》,可讀作[tsu]。

表 34—9

本	紐	平	去	平	上	(平)	入	去
明	人/古	駑奴拏伮砮笯弩	○	○	○	——	○	努怒觽帑
清	日/爐	駑帑拏	○	○	○	○	○	努怒弩
政	調	陰平	陰去	陽平1	上聲	陽平2	入聲	陽去
和	例	○	○	弩駑努	○	奴	○	怒

明本與清本有"駑努怒"3個韻字相對應,明本、清本有"弩駑奴怒"4個韻字與現代政和方言相對應,據《政和縣志・方言》,可讀作[nu]。

表 34—10

本	紐	平	去	平	上	(平)	入	去
明	生/古	思師獅私疏疎蔬梳蘇甦螄鯽鷥嘶廝凘偲緦蕵鴜蕬酥鸘穌鱐蘓澌司	數数鵰賜駟泗素訴愬疎嗽錫趚肆塑愫潚愫鶩鯢鶩鷿梀	○	史使所	——	肅速餗束鍊鷫束簌謖吡	粈姒祀俟胒事士仕竢使巳嚌伺思食
清	時/爐	○	數賜駟泗疏素訴愬	○	史使	思獅師私疏蔬梳蘇甦斯悚顋	肅速餗束鍊	姒粈祀俟蔬事仕士竢六嗣飼似蝨
政和	調	陰平	陰去	陽平1	上聲	陽平2	入聲	陽去
	例	梳師私思疏廝斯酥蘇腮	數塑賜素嗉訴獅潄思	黍	使所	蘆	速束	士似六嗣事祀巳仕伺俟露侍

明本與清本有"思師獅私疏疎蔬梳蘇甦數数鵰賜駟泗素訴愬疎史使肅速餗束鍊粈姒祀俟胒事士仕竢"36個韻字相對應,明本、清本有"梳師私思疏廝

斯酥蘇數塑賜素嗦訴使所速束士似六嗣事祀巳仕伺俟"29 個韻字與現代政和方言相對應,據《政和縣志・方言》,可讀作[su]。

表 34—11

本	紐	平	去	平	上	(平)	入	去
明	又/古	惡窨杇	污汙鄔噁侮惡瘀	烏武嵨鵡	舞廡撫蕪儛憮躌塢叨扶	——	屋握沃幄齷喔偓咲剭鑊渥鋈婺鋈噁誧負	○
清	鶯/爐	吁汙	○	武扶鈇	舞廡撫鵡	烏侮	屋握沃幄	飫務鶩婺互
政和	調	陰平	陰去	陽平 1	上聲	陽平 2	入聲	陽去
	例	烏汙鎢巫塢	汙惡	符壺胡葫狐弧湖蝴糊無	撫鵡嫵誣武	嗚	屋握沃	務鶩霧

明本與清本有"烏武舞廡撫屋握沃幄"9 個韻字相對應,明本、清本有"烏汙汙惡撫鵡屋握沃務鶩"11 個韻字與現代政和方言相對應,據《政和縣志・方言》,可讀作[u]。

表 34—12

本	紐	平	去	平	上	(平)	入	去
明	名/古	蒲摹	目苜木仵	模謨嫫糢	母姆伕	——	睦牧穆沐霂	霧暮慕戊募瞀嗼慔幕務
清	問/爐	蒲摹	木目苜	謨模	母姆	○	睦牧沐穆霂	霧暮慕戊募
政	調	陰平	陰去	陽平 1	上聲	陽平 2	入聲	陽去
和	例	○	木目仵	模謨	母姆拇姥	摹	沐睦穆牧	慕募暮戊墓

明本與清本有"蒲摹目苜木模謨母姆睦牧穆沐霂霧暮慕戊募"19 個韻字相對應,明本、清本有"木目仵模謨母姆摹沐睦穆牧慕募暮戊"16 個韻字與現代政和方言相對應,據《政和縣志・方言》,可讀作[mu]。

表 34—13

本	紐	平	去	平	上	(平)	入	去
明	言/古	吴梧蜈豫珸豫麌鼯娛峿敔	五伍午仵忤迕牾	○	○	——	○	寤晤悟悞
清	語/爐	吴梧蜈	五伍仵午忤迕	○	○	○	○	寤晤誤悞
政	調	陰平	陰去	陽平 1	上聲	陽平 2	入聲	陽去
和	例	○	午伍五	○	○	吴梧蜈	○	誤悟晤娛

明本與清本有"吴梧五伍午仵忤迕寤晤"10 個韻字相對應,明本、清本有

“吴梧蜈午五伍誤悟晤”9個韻字與現代政和方言相對應,據《政和縣志・方言》,可讀作[ŋu]。

表 34—14

本	紐	平	去	平	上	(平)	入	去
明	出/古	初𡾰㦗	次醋欱錯措	麄粗怚	楚紫仳礎憷亼	——	逐刺蹙躅黜捉促涿儔趄躛蹴踧諔噈	覷覰齪矚
清	出/爐	茨	次醋	○	此紫楚	麤粗	逐刺蹙躅黜捉促顣觸触蜀	覷覰措
政	調	陰平	陰去	陽平 1	上聲	陽平 2	入聲	陽去
和	例	初粗蠤	醋次刺	○	楚礎此疵	○	促捉觸	覰

明本與清本有“次醋粗楚紫逐刺蹙躅黜捉促覷覰”14個韻字相對應,明本、清本有“初粗醋次楚礎此促捉觸覰”11個韻字與現代政和方言相對應,據《政和縣志・方言》,可讀作[tsʻu]。

表 34—15

本	紐	平	去	平	上	(平)	入	去
明	向/古	夫玞敷膚呼莩俘扶砆鈇肤虢僨麂邪	賦付副茯嘑佋侊駙菰袱竁乎呼	無巫夫湖瑚糊餬壺狐孚亡毋婾棢葫蝴瓳付荷	府俯傅	——	福輻楅幅蝠伏服複復覆馥輹富福瘦傴護憁	互婦負扈𧚍緪僞冱
清	非/爐	戲符乎	賦付副茯傅赴冨武	無巫夫湖瑚糊餬壺狐玞胡誣蚨芙	府腑	敷膚呼孚莩俘諕嘑虗桴痡	福輻楅幅蝠伏服復複覆馥輹虙俯匐	互婦負扈附父户腐袱拊
政和	調	陰平	陰去	陽平 1	上聲	陽平 2	入聲	陽去
	例	夫扶孚敷膚呼俘伕孵	冨付副赴賦駙附芙菇	狗狐	府腑俯滸輔釜	○	福伏幅複覆服訃拂	父負户腐婦互袱傅侮斛護

明本與清本有“夫玞敷膚呼莩俘賦付副茯無巫夫湖瑚糊餬壺狐孚府福輻楅幅蝠伏服複復覆馥輹互婦負扈”38個韻字相對應,明本、清本有“夫扶孚敷膚呼俘冨付副赴賦駙附狐府腑俯福伏幅複覆服父負户腐婦互袱傅”32個韻字與現代政和方言相對應,據《政和縣志・方言》,可讀作[xu]。

經考證,明本“34古字母”擬音爲[u](馬重奇,2010),清本《六音字典》“9爐字母”與之對應,亦可擬音爲[u]。

以上將明本《六音字典》“乃後述古”諸字母與清本《六音字典》“犁樓驢爐”諸字母進行對應比較,並與現代政和方言進行歷史比較研究。清本《六音字典》"18 樓字母"缺頁,今根據表 32—1 明本《六音字典》"立/後"平聲一下有"樓迹楼螻"4 字,即給該字母擬音爲[e]。

現將各字母的音值擬測如下:

明本《六音字典》			清本《六音字典》		
31	乃字母	[ai]	33	犁字母	[ai]
32	後字母	[e]	18	樓字母	[e]*
33	述字母	[y]	21	驢字母	[y]
34	古字母	[u]	9	爐字母	[u]

第八節　結論

上文將明本《六音字典》三十四字母與清本《六音字典》三十四字母進行對讀比較研究,現將其聲韵調系統擬測如下:

一、聲母系統

明本《六音字典》"十五音":立 比 求 氣 中 片 土 全 人 生 又 名 言 出 向
清本《六音字典》"十五音":柳 邊 求 氣 直 頗 他 曾 日 時 鶯 問 語 出 非
擬音:l p k k' t p' t' ts n s ø m ŋ ts' x

明本《六音字典》是迄今爲止筆者發現的福建最早的方言韻書。其"十五音"與《戚參軍八音字義便覽》"十五音"(柳邊求氣低波他曾日時鶯蒙語出喜)不同,也與福建其他方言韻書不同。而清本《六音字典》"十五音"並不採用明本《六音字典》"十五音",而是更接近《戚參軍八音字義便覽》"十五音"。

二、韻母系統

1. 關於殘缺字母的音值考證問題

對於這些殘缺字母筆者採用明本《六音字典》和清本《六音字典》以及《政和縣志·方言》對讀研究法進行考證,爲這些只有存目的字母進行擬測。明本《六音字典》三十四字母中缺了 1 穿字母[yiŋ];清本《六音字典》三十四字母中缺了 6 坪字母[iaŋ]、12 勒字母[ᴇ]、13 林字母[eiŋ]、14 籭字母[ia]、15 俵字母[iɔ]、16 閱字母[yɛ]、17 布字母[o]、18 樓字母[e]、19 鈴字母[aiŋ]、20 賠字母[uɛ]、34 簸字母[ue]。

2. 關於現代政和方言讀音相同的兩個或三個字母的擬音問題

明本“3 風字母”和“4 通字母”韻字在現代政和方言均讀作[ɔŋ]，爲了區别二者，“3 風字母”擬音爲[uŋ]，“4 通字母”擬音爲[ɔŋ]。與清本相對應的“22 黄字母”和“23 籠字母”也分别擬音爲[uŋ]和[ɔŋ]。

明本“22 合字母”和“26 果字母”韻字在現代政和方言均讀作[ɔ]，爲了區别二者，“22 合字母”擬音爲[ɔ]和“26 果字母”擬音爲[o]。與清本相對應的“30 羅字母”和“17 布字母”也分别擬音爲[ɔ]和[o]。

明本“23 克字母”“27 直字母”和“32 後字母”韻字在現代政和方言均讀作[ε]，爲了區别三者，我們將“23 克字母”擬音爲[ε]，“27 直字母”擬音爲[ᴇ]和“32 後字母”擬音爲[e](馬重奇，2010)。與明本相對應的清本“27 栗字母”、“12 勒字母”、“18 樓字母”也分别擬音爲[ε]、[ᴇ]和[e]。

明本“29 推字母”和“30 闊字母”韻字在現代政和方言均讀作[uε]，爲了區别二者，我們將“29 推字母”擬音爲[uε]，“30 闊字母”擬音爲[ue](馬重奇，2010)。與明本相對應的清本“20 賠字母”和“34 簸字母”也分别擬音爲[uε]和[ue]。

3. 關於明本一個字母演變爲清本兩個字母問題

明本《六音字典》“2 本字母[ueiŋ]”韻字，經過近四百年的時間，到清本演變爲“26 闌字母[ueiŋ]”和“32 論字母[auŋ]”。

明本《六音字典》“3 風字母[uŋ]”，經過近四百年的時間，到清本演變爲“22 黄字母[uŋ]”和“23 籠字母[ɔŋ]”。

明本《六音字典》“2 本字母”擬音爲[ueiŋ/uaiŋ](馬重奇，2010)，清本“26 闌字母”韻字可與之對應，可擬音爲[ueiŋ]；“2 本字母”部分韻字與清本“32 論字母”韻字對應，這些韻字在現代政和方言讀作[auŋ]，但由於明本“6 朗字母”擬音爲[auŋ/uauŋ](馬重奇，2010)，清本“4 郎字母”與之對應，可擬音爲[auŋ/uauŋ]，爲了區别“4 郎字母”和“32 論字母”，我們特將“32 論字母”擬音爲[uaiŋ]。

4. 關於明本兩個字母合併爲清本一個字母問題

明本《六音字典》“10 坦字母[aŋ]”和“11 横字母[uaŋ]”，到清本合併爲“8 藍字母[aŋ/uaŋ]”。

現將兩種字典韻母系統對照並音值構擬如下表：

明本	清本	明本	清本	明本	清本	明本	清本
1 穿[yiŋ]*	10 攣[yiŋ]	10 坦[aŋ]	8 藍[aŋ]	19 條[iɔ]	15 俵[iɔ]*	28 出[ui]	1 肥[ui]
2 本[ueiŋ/uaiŋ]	26 闌[ueiŋ] 32 論[uaiŋ]	11 横[uaŋ]	8 藍[uaŋ]	20 嘹[iau]	29 聊[iau]	29 推[uɛ]	20 賠[uɛ]*
3 風[uŋ]	22 黄[uŋ] 23 籠[ɔŋ]	12 班[aiŋ]	19 鈴[aiŋ]*	21 交[au]	31 勞[au]	30 闊[ue/uai]	34 簸[ue]*
4 通[ɔŋ]	23 籠[ɔŋ]	13 先[iŋ]	5 連[iŋ]	22 合[ɔ]	30 羅[ɔ]	31 乃[ai]	33 犁[ai]
5 順[œyŋ]	28 龍[œyŋ]	14 備[i]	7 梨[i]	23 克[ɛ]	27 栗[ɛ]	32 後[e]	18 樓[e]*
6 朗[auŋ/uauŋ]	4 郎[auŋ/uauŋ]	15 結[iɛ]	11 籬[iɛ]	24 百[a]	25 粒[a]	33 述[y]	21 驢[y]
7 唱[iɔŋ]	3 涼[iɔŋ]	16 射[ia]	14 籭[ia]*	25 化[ua]	2 花[ua]	34 古[u]	9 爐[u]
8 聲[iaŋ]	6 坪[iaŋ]*	17 舌[yɛ]	16 閱[yɛ]*	26 果[o]	17 布[o]*		
9 音[eiŋ]	13 林[eiŋ]*	18 有[iu]	24 彪[iu]	27 直[ᴇ]	12 勒[ᴇ]*		

三、聲調系統

明本《六音字典》的聲調是以“六音”來表示，即“①平聲、②去聲、③平聲、④上聲、⑤入聲、⑥去聲”。

清本《六音字典》的聲調也是以“六音”來表示，但實際上是“八音”，即“平聲一、去聲二、平聲三、上聲四、平聲五、去聲六、入聲七和去聲八”。但去聲六韻字太少，不宜獨立成一調類，亦可説是“七音”。

《政和縣志・方言》亦是七調，即“陰平、陽平 1、陽平 2、上聲、陰去、陽去、入聲”。

據考察，經五百年的演變，平聲調從明代兩類逐漸演變爲清代三類，再演變爲現代的陰平、陽平 1 和陽平 2；去聲調由明代兩類演變爲清代三類再演變爲現代的陰去和陽去兩類；而上聲調和入聲調則基本上不變。至於它們之間的音位漸進變移情況，第五章還有專題研究。

四、關於《六音字典》音系性質

明本《六音字典》音系所反映的是明朝中葉福建省閩北政和方言音系(馬重奇，2010)。經過本章“明本《六音字典》與清本《六音字典》比較研究”，可以説明清本《六音字典》音系所反映的也是清朝末年福建省閩北政和方言音系。

總之，第二章至第四章，將明正德本《六音字典》與清光緒本《六音字典》對應比較研究，已達到了三個目的：一是通過對讀法研究，恢復明本缺一字母、清本缺十一字母之缺；二是探討兩種韻書的音系性質，據考證，明正德本《六音字典》音系所反映的是明朝中葉閩北政和方言音系，清光緒本《六音字典》音系所反映的則是清朝末年閩北政和方言音系；三是分别構擬了兩種《六音字典》的聲母、韻母的音值，同時也梳理了兩種韻書聲調系統與現代政和方言聲調系統的讀音關係。

第　五　章

近五百年來政和方言聲調演變研究

明本《六音字典》的聲調是以“六音”來表示，即“一平、二去、三平、四上、五入、六去”（本章以①平聲、②去聲、③平聲、④上聲、⑤入聲、⑥去聲示之）。

清本《六音字典》的聲調也是以“六音”來表示，但由於聲調已發生變化，因此在具體編撰時反映了編者的矛盾心理。正文前面部分記載了該韻書聲調表示法：“凡稿中注一二三四五六七八等字者，如注二字以下各字，均寫在二圈之下，如注三字即屬第三圈之下，餘傚此。……一三五屬平，各音皆仄。其實大数能然，其小可不從。”這段話有以下四層意思：一是該書設置了八個聲調，以八個圈表示，凡標●號者表示下有韻字，凡○號者表示下無韻字。二是“一三五屬平”，是説第一、第三、第五圈下的韻字屬平聲，即平聲一、平聲三和平聲五。三是“各音皆仄”，是説第二、第四、第六、第七、第八均屬仄聲，具體地説，即去聲二、上聲四、去聲六、入聲七和去聲八（本章以①平聲、②去聲、③平聲、④上聲、⑤平聲、⑥去聲、⑦入聲、⑧去聲示之）。

作者在《六音字典》中設計了八調，則硬説是“六音”，正如正文前面部分指出的：“以後人或是抄此冊者，不必捌音，定要結在六音之内裹去，就好了。”並寫出六音之法，即“雖平歲去誰平水上成入瑞去，夫平付去無平府上復入父去，各音皆然。”編者在此段話裹强調“六音之法”，與上一段話和該書設計“八調”有矛盾。其矛盾焦點就在於⑤平聲和⑥去聲。下文會專門討論。

黄典誠主編《福建省志・方言志》和福建省政和縣方志委編撰《政和縣志・方言》均考證現代政和方言共有七個聲調：陰平，陽平 1，陽平 2，上聲，陰去，陽去，入聲。

顯然，明本、清本《六音字典》與現代政和方言聲調不盡相同，有待於我們去探討和研究。在本章裹，筆者着重探討近五百年來政和方言聲調演變概況：

(一)明本、清本與現代政和方言平聲字的對應;(二)明本、清本與現代政和方言去聲字的對應;(三)明本、清本與現代政和方言上聲字的對應;(四)明本、清本與現代政和方言入聲字的對應。

第一節 明本、清本與現代政和方言平聲字的對應

明本《六音字典》有兩種平聲調:①平聲和③平聲,前已有專題研究(馬重奇,2011)。清本《六音字典》有三種平聲調:①平聲、③平聲和⑤平聲。現代政和方言亦有三種平聲調:陰平,陽平 1 和陽平 2。

首先,應该搞清楚清本《六音字典》①平聲、③平聲和⑤平聲是否並存。據考察,韻書中所設置的"⑤平聲"與"①平聲"、"③平聲"是共存的,而且數量較大。請看下表:

字母	①平聲	③平聲	⑤平聲	字母	①平聲	③平聲	⑤平聲	字母	①平聲	③平聲	⑤平聲
肥	+	+	+	林	缺	缺	缺	粒	+	+	+
花	−	+	+	籭	缺	缺	缺	闌	+	+	+
涼	+	+	+	俵	缺	缺	缺	栗	+	−	−
郎	+	+	+	閱	缺	缺	缺	龍	+	+	+
連	+	+	+	布	缺	缺	缺	聊	−	+	+
坪	缺	缺	缺	樓	缺	缺	缺	羅	+	+	+
梨	+	+	+	鈴	缺	缺	缺	勞	+	+	+
藍	+	+	+	賠	缺	缺	缺	論	+	+	+
爐	+	+	+	驢	+	+	+	犁	+	+	+
攣	+	+	+	黄	+	+	+	籢	缺	缺	缺
籬	+	+	−	籠	+	+	+	小計	21	22	21
勒	缺	缺	缺	彪	+	+	+				

由表可見,清本《六音字典》(34 字母,其中有 11 字母殘缺)既有"①平聲"和"③平聲",也有"⑤平聲"。在 23 個字母中除"籬字母"和"栗字母"以外其餘 21 個字母均有"⑤平聲"韻字。本節討論的重點只選擇以上三種不同歷史時期的平聲調之間關係及其演變軌跡。

一、明本《六音字典》平聲字與清本《六音字典》平聲字對應

(一)明本《六音字典》①平聲字與清本《六音字典》平聲字對應

1. 明本《六音字典》①平聲字與清本《六音字典》平聲字相對應的共有 512

字:[比/本]般盤槃磐;[中/本]端丹;[片/本]蟠磻;[又/本]氲温;[向/本]鼾販魂歡懽玕輩昏婚分芬;[求/風]光;[又/風]黄王惶;[向/風]楻鄷豐丰;[立/通]礱籠壠壟;[氣/通]空;[中/通]東冬箽筒䇤;[片/通]蓬鬔;[土/通]虫虿蟲桐;[全/通]叢蹤踪宗;[生/通]雙双鬆聳;[名/通]蓬;[出/通]匆蔥聰聦驄;[立/順]龍竜輪;[比/順]奔;[求/順]裙褌皹;[中/順]藤登燈灯中忠;[土/順]潭;[全/順]鍾鐘曾終;[人/順]濃;[向/順]兄凶兇胸勛;[立/朗]廊郎;[求/朗]岡崗鋼;[氣/朗]康;[中/朗]腸撞屯迍;[全/朗]䗛尊遵樽粧妝;[人/朗]瓤;[生/朗]孀喪桑;[出/朗]床牀窗窓牕;[向/朗]痕杭;[向/朗]芳坊;[立/唱]梁粱量糧粮涼;[求/唱]薑羗羌姜;[氣/唱]腔羫;[中/唱]張;[全/唱]牆墻將章;[人/唱]娘;[生/唱]相箱湘襄商觴傷;[又/唱]陽暘楊洋羊央殃;[出/唱]倡;[立/坦]藍嵐;[比/坦]邦;[求/坦]甘苷甜羹更;[氣/坦]堪龕;[片/坦]彭;[土/坦]貪;[全/坦]晴;[人/坦]南喃楠男;[生/坦]篮衫杉生;[名/坦]盲鋩;[言/坦]巖岩;[出/坦]青參参;[向/坦]蚶;[向/横]横;[立/先]連聯簾嗹;[比/先]邊籩便;[求/先]兼堅鏗慳;[氣/先]鉗謙愆諐騫;[中/先]顛巔纏;[片/先]偏;[土/先]天;[全/先]錢銭伐簷沾霑氊氈;[人/先]年黏;[又/先]鹽盐焉仍煙烟甄閻炎塩;[求/備]旗旂幾機几机譏饑磯璣畿肌朞萁箕;[中/備]知;[片/備]披疲;[全/備]糍鶿;[生/備]時塒;[又/備]衣依醫伊噫;[出/備]淒悽蚩癡痴;[向/備]羲犧奚嬉禧熹僖希稀絺欷睎攜携觿熙兮;[向/備]非霏扉菲;[立/結]籬篱;[中/結]爹;[立/有]流;[求/有]鳩樛;[氣/有]邱丘;[中/有]綢紬裯;[土/有]抽;[全/有]周舟州洲;[人/有]牛;[生/有]羞;[又/有]油憂呦幽悠;[出/有]秋啾蝵;[向/有]休庥貅猻;[求/交]交蛟鮫郊臯膠;[土/交]滔韜慆叨;[全/交]遭;[言/交]爻;[出/交]柴砦;[向/交]昊;[立/合]羅蘿潦灑牢;[比/合]婆嫂坡皤褒;[氣/合]柯軻苛;[中/合]多刀;[土/合]桃;[生/合]唆;[又/合]荷;[名/合]毛無;[言/合]熬;[出/合]瑳磋搓;[全/克]臍;[人/克]如;[名/克]咩眉乜;[比/百]巴爬芭;[求/百]豈;[中/百]茶;[土/百]他;[又/百]鴉鵶丫;[言/百]牙衙;[出/百]差嵯;[向/百]霞瑕騢遐葭;[氣/化]誇夸姱;[又/化]蛙呱喎;[比/出]肥;[求/出]規歸归圭閨龜亀龜馗;[氣/出]窺闚;[土/出]槌鎚;[生/出]雖;[又/出]幃圍闈帷;[出/出]口;[向/出]輝暉翬煇揮麾虺唯;[立/乃]犁犂;[比/乃]棑徘牌;[求/乃]皆階堦該街雞鷄;[中/乃]蹄蹏;[全/乃]儕齋斋;[人/乃]泥;[生/乃]西篩;[求/述]居裾車;[氣/述]區嶇樞摳驅軀駒劬;[中/

述]廚豬猪;[土/述]宰;[全/述]薯朱珠株殊侏姝邾洙誅諸;[生/述]需殳;[又/述]樗盂雩於於;[言/述]魚漁隅嵎;[出/述]趨趋;[向/述]虛歔;[立/古]廬庐盧鱸爐鑪炉蘆艫顱轤鸕;[求/古]孤弧辜姑觚枯;[中/古]圖;[全/古]芻滋雌茲疵貲髭資緇訾菑輜姿孜孳磁錙菹疽苴沮趄且睢雛;[人/古]駑;[生/古]思獅師私疏蔬梳蘇甦;[名/古]蒲摹;[言/古]吴梧;[向/古]夫玞膚肤呼敷莩俘。

2.明本《六音字典》①平聲字分别與清本《六音字典》平聲①、③、⑤字對應

(1)明本《六音字典》①平聲字與清本《六音字典》①平聲字相對應的共有186字:[邊/闌]盤槃般磐;[非/闌]鼾販;[非/論]魂;[鶯/黄]黄王;[非/黄]樘;[柳/籠]籠礱;[直/籠]筒篖豘;[頗/籠]篷鬔;[他/籠]蟲虫桐;[曾/籠]叢蹤踪;[時/籠]聾;[問/籠]蓬;[柳/龍]龍竜輪;[求/龍]裙褌幝;[直/龍]藤;[他/龍]潭;[日/龍]濃;[柳/郎]郎廊;[求/郎]崗岡鋼;[直/郎]腸撞;[曾/郎]贜;[日/郎]瓤;[出/郎]床牀;[非/郎]痕;[柳/涼]梁粱量糧粮涼;[曾/涼]墻牆;[日/涼]娘孃;[時/涼]相;[鶯/涼]陽暘楊洋羊央殃;[出/涼]倡;[柳/藍]嵐藍;[頗/藍]彭;[曾/藍]晴;[日/藍]南楠男喃;[時/藍]籃;[問/藍]盲鋩;[語/藍]岩巖;[非/藍]横;[柳/連]連聯簾帘嵰;[氣/連]愆嚳鉗;[直/連]纏;[曾/連]錢伐箵;[日/連]年黏;[鶯/連]鹽盐焉仍;[求/梨]旗旂;[曾/梨]糍鶿;[時/梨]時塒;[鶯/梨]伊噫;[柳/籬]籬;[直/籬]爹;[直/彪]綢紬裯;[日/彪]牛;[鶯/彪]油;[語/勞]爻;[出/勞]柴砦;[非/勞]昊;[柳/羅]羅蘿潦灑牢;[邊/羅]婆媻;[他/羅]桃;[問/羅]毛無;[語/羅]敖;[曾/栗]臍;[日/栗]如;[問/栗]眉咩乜;[邊/粒]巴爬;[求/粒]豈;[直/粒]茶;[語/粒]牙衙;[非/粒]霞遐瑕騢葭;[邊/肥]肥;[他/肥]槌鎚;[時/肥]雖;[鶯/肥]闈帷幃圍;[出/肥]口;[柳/犁]犁;[直/犁]蹄踬;[曾/犁]儕;[日/犁]泥;[直/驢]廚豬;[他/驢]宰;[曾/驢]薯;[鶯/驢]樗盂雩;[語/驢]魚漁隅嵎;[柳/爐]廬庐盧鱸爐鑪炉蘆艫顱轤鸕;[直/爐]圖;[日/爐]駑;[問/爐]摹蒲;[語/爐]吴梧。

(2)明本《六音字典》①平聲字與清本《六音字典》③平聲字相對應的共有32字:[邊/闌]盆;[鶯/黄]惶;[直/郎]屯迍;[曾/郎]尊遵樽粧妝;[非/郎]杭;[時/藍]生;[曾/連]氈霑沾;[陂/梨]疲;[柳/彪]流;[邊/羅]褒;[邊/粒]芭;[求/肥]馗;[非/肥]唯;[邊/犁]牌徘;[求/驢]裾;[時/驢]需殳;[鶯/驢]於于;[直/爐]途;[曾/爐]睢雛;[非/爐]夫玞。

(3)明本《六音字典》①平聲字與清本《六音字典》⑤平聲字相對應的共有

294 字：[頗/闌]磻蟠；[鶯/論]温氳；[非/闌]歡懽玕；[非/論]昏婚葷；[非/論]分芬；[求/黄]光；[非/籠]豐鄷；[柳/籠]壠；[氣/籠]空；[直/籠]東冬；[曾/籠]宗；[時/籠]鬆雙双；[出/籠]葱聰聦匆蔥；[邊/龍]奔；[直/龍]登燈灯中忠；[曾/龍]曾鍾鐘終；[非/龍]兄兇凶胸胷勲勛；[柳/郎]郎；[氣/郎]康；[時/郎]桑喪孀；[出/郎]窓窗牕；[非/郎]芳坊；[求/涼]羌薑姜；[氣/涼]腔羫；[直/涼]張；[曾/涼]章將；[時/涼]觴湘襄箱商傷；[邊/藍]邦；[求/藍]羹甘酣更苷；[氣/藍]堪龕；[他/藍]貪；[時/藍]衫杉；[出/藍]青參摻；[非/藍]蚶；[邊/連]邊便籩；[求/連]兼鏗堅慳；[氣/連]褰謙；[直/連]顛巔；[頗/連]偏；[他/連]天；[鶯/連]煙烟甄閻；[求/梨]幾機几譏讥饑磯璣畿肌膙綦箕；[直/梨]知；[陂/梨]披；[鶯/梨]醫衣依；[出/梨]淒悽蚩癡；[非/梨]希欷晞稀兮奚僖熹禧熙羲犧鸃睎絺攜；[非/梨]霏菲非扉；[求/彪]樛鳩；[氣/彪]邱丘；[他/彪]抽；[曾/彪]周舟洲州；[時/彪]羞；[鶯/彪]憂幽呦悠；[出/彪]秋楸啾；[非/彪]休猍貅庥；[求/勞]交蛟鮫郊皋臯膠；[他/勞]滔慆韜叨；[曾/勞]遭；[邊/羅]皤坡；[氣/羅]柯苛軻；[直/羅]刀多；[時/羅]唆；[鶯/羅]荷；[出/羅]搓瑳磋；[他/粒]他；[鶯/粒]鵶鴉丫；[出/粒]差嵯；[氣/花]誇夸姱；[鶯/花]蛙呱喎；[求/肥]規歸圭閨亀龜；[氣/肥]窺闚；[非/肥]輝暉翬煇揮麾虺；[邊/犁]桮；[求/犁]階堦皆街雞鷄該；[曾/犁]齋斋；[時/犁]西篩；[求/驢]居車；[氣/驢]區驅軀駒劬樞嶇摳；[曾/驢]朱珠株殊侏姝邾洙誅諸；[出/驢]趨趋；[非/驢]虚歔；[求/爐]孤弧辜姑觚枯；[曾/爐]芻滋雌兹疵貲髭資緇訾菑輜姿孜孳磁錙菹疽苴沮趄且；[時/爐]思獅師私疏蔬梳蘇甦；[非/爐]膚呼敷莩俘。

由上可見，明本《六音字典》①平聲共有 512 字與清本《六音字典》平聲字相對應：其中與⑤平聲 294 字相對應，占總數 57.42％；與①平聲 186 字相對應，占總數 36.33％；與③平聲 32 字相對應，占總數 6.25％。這説明經近四百年的演變，明本《六音字典》①平聲字有二分之一强演變爲清本《六音字典》⑤平聲字，有三分之一强變爲清本《六音字典》①平聲字。

（二）明本《六音字典》③平聲字與清本《六音字典》平聲字對應

1. 明本《六音字典》③平聲與清本《六音字典》平聲字相對應的共有 504 字：[立/本]瀾；[求/本]竿乾幹干鰥冠；[氣/本]昆崑坤；[中/本]壇檀單彈團；[土/本]呑；[生/本]山孫酸；[又/本]安鞍聞文紋墳坟萬万樊礬焚；[名/本]瞞；[出/本]村；[向/本]恒還肝；[求/風]狂；[氣/風]筐匡；[又/風]簧磺逢煌凰皇；

[向/風]風荒鋒峯封;[比/通]房馮;[求/通]公工功攻;[中/通]同仝銅彤童;[片/通]蜂逢;[土/通]通;[全/通]崇棕椶;[人/通]農;[名/通]蒙;[向/通]烘紅鴻弘宏;[立/順]倫隆;[求/順]羣群勤懃窮君軍恭宮巾均鈞筠;[中/順]重豚謄滕騰;[全/順]從从松層;[人/順]能;[生/順]旬純巡戎脣唇閏;[向/順]雲云紜芸耘庸傭容蓉營榮荣融雄;[比/朗]傍防;[求/朗]江矼豇泔綱剛;[氣/朗]糠;[中/朗]堂棠長唐;[土/朗]湯;[全/朗]莊存臟藏臧贓賍;[人/朗]囊;[又/朗]庵莽秧;[名/朗]芒茫忙;[又/朗]忘;[出/朗]倉蒼滄;[向/朗]杭行;[立/唱]良;[求/唱]强彊;[中/唱]塲場;[全/唱]翔祥庠漿;[生/唱]常裳償嘗;[又/唱]揚;[出/唱]昌菖閶;[向/唱]香鄉;[立/坦]襤;[比/坦]棚;[中/坦]擔担;[生/坦]叁三;[名/坦]萌麗;[言/坦]�邛妍研厓涯;[向/坦]憨降鷴緘珩桁銜衡含啣函;[立/先]匳匲奩憐;[比/先]鞭扁;[求/先]乾;[中/先]纏田鈿;[全/先]詹詹漸潛;[生/先]先仙仚僊羶;[又/先]焉禪嬋然仁絃弦延筵晨宸;[立/備]蠡蜊;[比/備]碑脾鵯;[求/備]奇錡騎碁麒期岐祈祁芪耆乩;[氣/備]其欺攲攲;[中/備]遲隄持踟痔題;[全/備]齊字寺;[人/備]尼妮;[生/備]詩絲鷥司犀;[又/備]夷姨遺怡移頤漪;[名/備]麋彌瀰羆;[言/備]疑宜儀霓輗;[出/備]妻屍尸;[又/備]微薇;[中/結]池;[立/有]留劉刘琉瑠;[比/有]彪;[求/有]求裘毬;[中/有]疇丟;[生/有]修收収蒐;[又/有]柔;[出/有]囚讐仇售酬酧疇;[立/嘹]鷯僚遼寮嘹燎廖寥聊;[立/交]勞;[比/交]包胞;[氣/交]骹尻;[中/交]鞀逃淘陶濤;[片/交]跑抛;[全/交]巢;[人/交]鐃;[生/交]筲捎;[名/交]茅茆旄;[言/交]淆肴餚殽敖鼇翱;[出/交]鈔;[向/交]豪毫;[立/合]囉;[求/合]歌哥高篙羔糕餻;[中/合]駝佗沱跎陀萄馱;[土/合]韜;[全/合]曹早;[人/合]那儺;[生/合]梭;[名/合]魔磨摩;[言/合]娥哦俄蛾峨莪鵝;[向/合]河何;[比/百]拔琶杷;[求/百]袈家佳枷嘉加笳;[全/百]查;[生/百]紗沙娑裟;[名/百]蟆;[向/百]夏;[求/化]撾;[又/化]譁;[向/化]花華苍;[比/出]吠;[求/出]葵暌跪;[氣/出]虧;[中/出]追;[全/出]垂埀隨随隋醉;[生/出]誰;[又/出]違威;[言/出]危巍;[向/出]爲為惟維;[立/乃]來逨萊。

2.明本《六音字典》③平聲字與清本《六音字典》平聲①、③、⑤字對應

(1)明本《六音字典》③平聲字與清本《六音字典》①平聲字相對應的共有14字:[他/論]吞;[問/闌]瞞;[鶯/黄]簧;[非/黄]風;[邊/籠]房;[問/郎]芒;[柳/藍]襤;[直/藍]擔担;[直/彪]丟;[時/彪]蒐;[時/勞]捎;[言/交]淆。

(2)明本《六音字典》③平聲字與清本《六音字典》③平聲字相對應的共有353字：[柳/闌]瀾；[直/闌]檀壇彈團；[鶯/闌]樊焚礬萬；[又/論]文聞紋墳；[非/闌]還恒；[求/黄]狂；[鶯/黄]皇煌凰磺逢；[邊/籠]馮；[直/籠]仝同銅童彤；[曾/籠]崇；[日/籠]農；[問/籠]蒙；[非/籠]紅鴻宏弘；[柳/龍]倫隆；[求/龍]群羣懃勤窮；[直/龍]重豚謄滕騰；[曾/龍]松層從；[日/龍]能；[時/龍]旬純巡戎脣閏；[非/龍]雲云紜芸耘庸傭容蓉營榮雄融；[邊/郎]傍防；[求/郎]江矼豇泔；[直/郎]堂棠長唐；[曾/郎]莊存臟藏臧贓贓；[日/郎]囊；[問/郎]茫忙；[鶯/郎]忘；[非/郎]行杭；[柳/涼]良；[求/涼]强彊；[直/涼]場；[曾/涼]翔祥庠；[時/涼]常嘗裳償；[鶯/涼]揚；[邊/藍]棚；[問/藍]麗萌；[語/藍]笲邛涯妍研厓；[非/藍]降鷴緘桁珩銜衡含啣函；[柳/連]憐奩匳匳；[邊/連]扁；[求/連]乾；[直/連]田纏；[曾/連]詹漸潛；[鶯/連]焉禪嬋然仁絃弦延筵晨宸；[柳/梨]蠡蜊；[邊/梨]脾鵧；[求/梨]奇錡騎碁麒期岐祈祁芪耆；[氣/梨]其；[直/梨]遲隄持踟痔題；[曾/梨]字齊寺；[日/梨]尼妮；[鶯/梨]移夷遺姨怡頤漪；[問/梨]糜彌羆瀰；[語/梨]宜儀疑輗霓；[問/梨]微薇；[直/籬]池；[柳/彪]留劉琉瑠；[求/彪]求裘毬；[直/彪]疇；[鶯/彪]柔；[出/彪]酬幬酧讐仇囚售；[柳/聊]聊遼寥僚寮燎廖嘹鷯；[柳/勞]勞；[直/勞]逃濤淘陶韜；[頗/勞]跑；[曾/勞]巢；[日/勞]鐃；[時/勞]筲；[問/勞]茅茆旄；[語/勞]肴餚殽敖鼇翱；[非/勞]毫豪；[柳/羅]囉；[直/羅]駝佗沱跎陀萄馱；[曾/羅]早曹；[日/羅]那儺；[問/羅]摩魔磨；[語/羅]鵝娥蛾峩莪俄哦；[非/羅]河何；[邊/粒]拔琶杷；[求/粒]袈；[曾/粒]查；[問/粒]蟆；[非/粒]夏；[非/花]華；[邊/肥]吠；[求/肥]葵跪暌；[氣/肥]虧；[曾/肥]垂埀隨醉隋；[時/肥]誰；[鶯/肥]違；[語/肥]危巍；[非/肥]爲維惟；[柳/犁]來逨萊。

(3)明本《六音字典》③平聲字與清本《六音字典》⑤平聲字相對應的共有137字：[求/闌]竿乾幹鰥冠；[氣/論]昆崑坤；[直/闌]丹端；[時/闌]山孫；[時/論]孫酸；[鶯/闌]安鞍；[出/論]村邨；[非/闌]肝；[氣/黄]匡筐；[非/黄]荒峰；[非/籠]峰風封鋒；[求/籠]公攻工功；[頗/籠]蜂蠭；[他/籠]通；[曾/籠]棕椶；[非/籠]烘；[求/龍]君軍恭宫巾筠鈞均；[求/郎]剛綱；[氣/郎]糠；[他/郎]湯；[鶯/郎]秧蕣庵；[出/郎]倉蒼滄；[曾/涼]漿；[出/涼]昌菖閶；[非/涼]香鄉；[時/藍]叁三；[非/藍]憨；[邊/連]鞭；[直/連]鈿；[時/連]先仙僊羶；[邊/梨]碑；[求/梨]乩；[氣/梨]欹欺攲；[時/梨]詩絲司鷥犀；[出/梨]屍尸妻；

[邊/彪]彪;[時/彪]脩修收;[邊/勞]包胞;[氣/勞]尻骹;[頗/勞]抛;[出/勞]鈔;[求/羅]歌哥高篙羔糕餻;[他/羅]帽;[時/羅]梭;[求/粒]家佳枷嘉加笳;[曾/粒]查;[時/粒]沙裟紗娑;[求/花]撾;[鶯/花]譁;[非/花]華蕐花;[直/肥]追;[鶯/肥]威。

由以上材料可見,明本《六音字典》③平聲共有 504 字與清本《六音字典》平聲字相對應:其中與③平聲相對應 353 字,占總數 70.04%;與⑤平聲相對應 137 字,占總數 27.18%;與①平聲相對應僅 14 字,占總數 2.78%。這説明經近四百年的演變,明本《六音字典》③平聲字大多數演變爲清本《六音字典》③平聲字,部分演變爲⑤平聲字,演變爲①平聲字最少。

明本《六音字典》平聲字與清本《六音字典》平聲字對應情況請看下表:

明本《六音字典》		清本《六音字典》		比例數	明本《六音字典》		清本《六音字典》		比例數
平聲	總計	平聲	小計		平聲	總計	平聲	小計	
①平	512	①平	186	36.33%	③平	504	①平	14	2.78%
		③平	32	6.25%			③平	353	70.04%
		⑤平	294	57.42%			⑤平	137	27.18%

上表可見,明本《六音字典》共有 1016 平聲字與清本《六音字典》平聲字相對應,其中:①平聲 200 字,占總數 19.69%;③平聲 385 字,占總數 37.86%;⑤平聲 431 字,占總數 42.42%。這是明本兩種平聲調到清本三種平聲調的演變情況。

二、清本《六音字典》平聲字與現代政和方言平聲字對應

1.清本《六音字典》①平聲字與現代政和方言平聲字對應

(1)清本《六音字典》①平聲與現代政和方言陰平聲相對應共有 27 字:[鶯/孿]宛淵鴛;[非/孿]軒;[邊/闌]般搬;[他/論]吞;[他/闌]灘攤;[鶯/闌]灣彎;[非/黄]風;[曾/籠]蹤踪;[氣/龍]芎;[時/涼]相;[鶯/涼]央殃;[出/涼]娼;[直/藍]擔担;[鶯/連]仍;[直/籬]爹;[直/彪]丟;[邊/粒]巴;[時/肥]雖;[鶯/爐]汙。

(2)清本《六音字典》①平聲與現代政和方言陽平聲 1 相對應共有 10 字:[邊/闌]盤;[邊/籠]房;[日/藍]南;[直/連]纏;[語/勞]淆;[邊/羅]婆;[鶯/肥]幃;[邊/犁]排;[鶯/驢]謏;[日/爐]駑。

(3)清本《六音字典》①平聲與現代政和方言陽平聲 2 相對應共有 119 字:

[求/攣]崁;[曾/攣]泉;[鶯/攣]猿;[語/攣]元原源;[非/攣]園;[柳/蘭]欄蘭攔闌斕;[邊/蘭]盤;[日/蘭]難;[問/蘭]瞞鰻;[非/蘭]鼾;[鶯/黄]黄王;[非/黄]楻;[柳/籠]籠礱;[直/籠]筒;[頗/籠]篷;[他/籠]蟲虫桐;[曾/籠]叢;[柳/龍]龍輪;[求/龍]窮裙;[日/龍]濃;[柳/郎]郎廊;[直/郎]腸;[曾/郎]臟;[日/郎]瓤;[出/郎]床牀;[非/郎]痕;[柳/涼]梁粱量糧粮涼;[曾/涼]墻牆;[日/涼]娘;[鶯/涼]陽楊洋羊;[柳/藍]襤藍林;[頗/藍]彭;[曾/藍]晴;[日/藍]南男喃;[時/藍]籃;[問/藍]芒苀;[語/藍]岩巖;[非/藍]横;[柳/連]連聯簾帘璉;[氣/連]鉗;[曾/連]錢;[日/連]年;[鶯/連]鹽盐;[求/梨]旗;[曾/梨]糍;[時/梨]時;[鶯/梨]伊;[直/籬]爹;[直/彪]綢;[日/彪]牛;[鶯/彪]油;[柳/勞]撈;[出/勞]柴;[柳/羅]羅澇牢蘿籮;[他/羅]桃;[問/羅]毛;[語/羅]熬;[問/栗]咩;[邊/粒]爬;[直/粒]茶;[語/粒]牙衙;[非/粒]霞遐;[邊/肥]肥;[他/肥]槌;[直/犁]蹄;[日/犁]泥;[曾/驢]薯;[語/驢]魚漁;[柳/爐]盧蘆鸕爐;[問/爐]摹;[語/爐]吴梧。

由上可見,清本《六音字典》①平聲有156字與現代政和方言平聲字相對應:其中與陽平2調相對應119字,占總數76.28%;與陰平調相對應27字,占總數17.31%;與陽平1調相對應10字,占總數6.41%。這説明經百餘年的演變,清本《六音字典》①平聲字絶大多數演變爲現代政和方言陽平2調,小部分演變爲陰平調字,陽平1調字最少。

2.清本《六音字典》③平聲字與現代政和方言平聲字對應

(1)清本《六音字典》③平聲與現代政和方言陰平聲相對應共有26字:[求/郎]江矼;[曾/郎]尊遵粧妝;[時/藍]生;[曾/連]詹氈;[求/梨]岐歧;[陂/梨]疲;[邊/勞]苞;[頗/勞]跑;[時/勞]筲;[問/勞]髦;[邊/粒]芭;[氣/肥]虧;[時/驢]書輸須需胥舒;[氣/爐]箍;[非/爐]夫。

(2)清本《六音字典》③平聲與現代政和方言陽平1相對應共有179字:[求/攣]權縣;[直/攣]傳;[曾/攣]全銓;[語/攣]言;[柳/蘭]鑾鸞;[求/蘭]寒汗;[直/蘭]壇彈;[語/蘭]頑;[求/黄]狂;[邊/籠]馮;[直/籠]仝同銅;[曾/籠]崇;[日/籠]農;[問/籠]蒙濛朦曚艨;[非/籠]紅鴻;[柳/龍]倫隆;[求/龍]群羣;[直/龍]筒;[曾/龍]松從;[時/龍]旬純;[非/龍]雲營雄芸容匀榮;[邊/郎]傍防;[直/郎]堂長唐屯;[曾/郎]存臟藏;[問/郎]忙;[鶯/郎]忘;[非/郎]行渾;[柳/涼]良;[求/涼]强;[直/涼]場;[曾/涼]翔祥詳;[鶯/涼]揚;[邊/藍]

棚;[直/藍]痰談;[問/藍]萌;[非/藍]含函涵;[柳/連]憐;[邊/連]扁;[直/連]纏;[鶯/連]仁禪然延;[邊/梨]脾;[求/梨]奇期騎琪麒芪祈沂;[直/梨]提痔遲馳;[曾/梨]字齊;[日/梨]尼;[鶯/梨]移夷姨遺頤怡;[問/梨]彌;[語/梨]宜儀疑;[直/籬]池;[柳/彪]劉琉留流;[求/彪]球求裘;[直/彪]疇;[柳/聊]遼嘹;[求/聊]翹;[柳/勞]勞;[直/勞]逃濤淘;[問/勞]茅茆旄;[語/勞]鼇肴熬;[非/勞]毫;[柳/羅]囉;[邊/羅]保;[直/羅]駝陀萄馱;[曾/羅]早曹;[問/羅]摩魔;[語/羅]俄娥蛾峨;[非/羅]河何;[邊/粒]拔琶;[求/粒]袈;[問/粒]蟆;[非/粒]夏;[邊/肥]吠;[求/肥]葵跪;[曾/肥]醉隋;[時/肥]誰;[柳/犁]來;[邊/犁]牌;[求/犁]騏;[直/犁]台;[曾/犁]寨;[求/驢]渠;[直/驢]除;[曾/驢]徐;[鶯/驢]餘儒庾臾萸兒於;[直/爐]塗屠徒;[曾/爐]辭辞詞祠慈;[問/爐]模謨;[非/爐]狐。

(3)清本《六音字典》③平聲與現代政和方言陽平 2 相對應只有 4 字:[柳/闌]瀾;[直/闌]壇;[日/梨]呢;[邊/犁]牌。

由上可見,清本《六音字典》③平聲有 209 字與現代政和方言平聲字相對應:其中與陽平 1 相對應 179 字,占總數 85.65%;與陰平調相對應 26 字,占總數 12.44%;與陽平 2 相對應 4 字,占總數 1.91%。這説明經百餘年的演變,清本《六音字典》③平聲字大多數演變爲現代政和方言陽平 1 調,小部分演變爲陰平調字,演變爲陽平 2 調字最少。

3. 清本《六音字典》⑤平聲字與現代政和方言平聲字對應

(1)清本《六音字典》⑤平聲與現代政和方言陰平聲相對應共有 270 字:[氣/攣]圈;[時/攣]喧宣萱;[鶯/攣]鴛;[出/攣]川;[求/闌]竿乾官閼倌冠鰥观幹;[氣/闌]寬;[氣/論]坤;[直/闌]丹端;[頗/闌]潘;[他/闌]攤;[時/闌]山;[時/論]孫酸;[鶯/闌]安鞍;[鶯/論]温氳;[出/闌]餐;[出/論]村邨;[非/闌]肝;[非/闌]歡懽;[非/論]昏婚;[非/黄]荒峰;[非/籠]峰封豐;[求/籠]公攻工功;[氣/籠]空;[直/籠]東冬;[頗/籠]蜂蠭;[他/籠]通;[曾/籠]宗;[曾/籠]棕;[時/籠]鬆;[出/籠]蔥聰匆;[非/籠]烘;[求/龍]君巾軍均宮;[直/龍]中忠;[曾/龍]鐘終;[非/龍]兄兇凶胸㑂;[氣/郎]康糠;[他/郎]湯;[時/郎]桑;[鶯/郎]秧庵;[出/郎]倉蒼;[非/郎]芳;[求/涼]羌薑;[氣/涼]腔;[直/涼]張;[曾/涼]章樟彰漿將璋;[時/涼]箱商傷;[出/涼]昌;[非/涼]香鄉;[邊/藍]邦梆;[求/藍]羹更;[他/藍]貪;[時/藍]叁三衫杉;[出/藍]青參摻;[邊/連]邊

鞭;[求/連]兼鏗堅;[氣/連]謙;[頗/連]偏;[他/連]天;[時/連]先仙;[鶯/連]煙;[邊/梨]碑;[求/梨]饑箕稽羈機譏璣磯;[氣/梨]欹欺;[直/梨]知蜘;[陂/梨]披;[時/梨]詩絲司犀;[鶯/梨]醫衣依;[出/梨]屍尸妻淒癡;[非/梨]奚希稀犧熙熹嬉禧兮;[非/梨]非;[求/彪]鳩;[氣/彪]邱丘;[他/彪]抽;[曾/彪]周舟洲州;[時/彪]脩修收羞;[鶯/彪]悠憂幽;[出/彪]秋;[非/彪]休;[邊/勞]包胞;[求/勞]交郊膠臯;[氣/勞]骹;[頗/勞]拋;[他/勞]滔;[出/勞]操;[邊/羅]坡波;[求/羅]歌哥高篙羔糕;[氣/羅]柯苛軻;[直/羅]刀多;[時/羅]梭;[鶯/羅]荷;[出/羅]搓;[求/粒]家加枷嘉佳;[他/粒]他;[曾/粒]查;[時/粒]沙裟;[鶯/粒]鴉;[出/粒]差;[氣/花]誇;[鶯/花]蛙;[非/花]花;[求/肥]歸規龜圭;[鶯/肥]威;[非/肥]揮輝;[求/犁]鷄街皆階該;[氣/犁]溪;[直/犁]歹;[他/犁]苔胎;[曾/犁]齋;[時/犁]西篩;[求/驢]居車;[氣/驢]區驅嶇軀樞;[直/驢]蛛;[曾/驢]朱珠;[非/驢]虛墟嘘;[求/爐]孤辜姑;[頗/爐]鋪;[曾/爐]兹資滋姿孳孜租;[時/爐]梳師私思疏蘇斯;[鶯/爐]烏;[出/爐]粗;[非/爐]膚呼敷俘孚。

(2)清本《六音字典》⑤平聲與現代政和方言陽平1相對應只有3字:[直/連]鈿;[邊/犁]棑;[曾/驢]儲。

(3)清本《六音字典》⑤平聲與現代政和方言陽平2相對應只有5字:[曾/孿]專磚;[頗/闌]蟠;[柳/郎]郎;[非/藍]憨。

由上可見,清本《六音字典》⑤平聲278字與現代政和方言平聲字相對應:其中與陰平調相對應270字,占總數97.12%;與陽平2相對應僅有5字,占總數1.80%;與陽平1相對應僅有3字,占總數1.08%。這説明經百餘年的演變,清本《六音字典》⑤平聲字基本上都演變爲現代政和方言陰平調,演變爲陽平1和陽平2調字很少。

清本《六音字典》平聲字與現代政和方言平聲字對應情況如下表:

清本《六音字典》		現代政和話		比例數	備註
平聲	總計	平聲	小計		
①平	156	陰平	27	17.31%	小部分
		陽平1	10	6.41%	很少
		陽平2	119	76.28%	大多數

续表

③平	209	陰平	26	12.44%	小部分
		陽平 1	179	85.65%	大多數
		陽平 2	4	1.91%	很少
⑤平	278	陰平	270	97.12%	絕大多數
		陽平 1	3	1.08%	很少
		陽平 2	5	1.80%	很少
小計	643		643	100%	

由上表可見,清本《六音字典》⑤平聲可與現代政和方言陰平聲對應;③平聲基本上可與現代政和方言陽平 1 對應,小部分與陰平聲對應;①平聲基本上可與現代政和方言陽平 2 對應,小部分與陰平聲對應。清本平聲演變爲陰平調有 323 字,占總數 50.23%;演變爲陽平 1 調有 189 字,占總數 29.39%;演變爲陽平 2 調有 128 字,占總數 19.91%。

三、結論

經對明本《六音字典》平聲調、清本《六音字典》平聲調以及現代閩北政和方言平聲調的考察與研究,筆者得出以下結論:

1. 明本《六音字典》①平聲有 512 字與清本《六音字典》平聲字相對應:其中與⑤平聲相對應 294 字,占總數 57.42%;與①平聲相對應 186 字,占總數 36.33%;與③平聲相對應 32 字,占總數 6.25%。這説明經近四百年的演變,明本《六音字典》①平聲字有二分之一强演變爲清本《六音字典》⑤平聲字,有三分之一强變爲清本《六音字典》①平聲字。明本《六音字典》③平聲有 504 字與清本《六音字典》平聲字相對應:其中與③平聲相對應 353 字,占總數 70.04%;與⑤平聲相對應 137 字,占總數 27.18%;與①平聲相對應 14 字,占總數 2.78%。這説明經近四百年的演變,明本《六音字典》③平聲字有三分之二强演變爲清本《六音字典》③平聲字,有近三分之一演變爲清本《六音字典》⑤平聲字。

2. 清本《六音字典》①平聲只有 156 字與現代政和方言平聲字相對應:其中與陽平 2 調相對應 119 字,占總數 76.28%;與陰平調相對應 27 字,占總數 17.31%;與陽平 1 調相對應僅 10 字,占總數 6.41%。這説明經百餘年的演變,清本《六音字典》①平聲字四分之三强演變爲現代政和方言陽平 2 調,近五分之一演變爲現代政和方言陰平調。清本《六音字典》③平聲 209 字與現代政和方言平聲字相對應:其中與陽平 1 調相對應 179 字,占總數 85.65%;與陰平調相對應 26 字，占總數 12.44%；與陽平 2 調相對應僅 4 字，占總數 1.91%。這説明經百餘年的演變，清本《六音字典》③平聲字近十分之九演變爲現代政和方言陽平 1 調，十分之一强演變爲現代政和方言陰平調。清本《六音字典》⑤平聲 278 字與現代政和方言平聲字相對應：其中與陰平調相對應 270 字，占總數 97.12%；與陽平 2 調相對應僅 5 字，占總數 1.80%；與陽平 1 調相對應僅 3 字，占總數 1.08%。這説明經近百餘年的演變，清本《六音字典》⑤平聲字絕大多數演變爲現代政和方言陰平調。

具體情況請看下表：

<table>
<tr><th colspan="2">明本與清本平聲字對應情況</th><th>清本平聲字</th><th>清本與現代政和方言平聲字對應情況</th><th>現代政和方言平聲字</th></tr>
<tr><td>明本</td><td>清本</td><td rowspan="3">①平聲
186＋14＝200字</td><td rowspan="3">陽平 2 調 119 字
陰平調 27 字
陽平 1 調 10 字（計 156 字）</td><td rowspan="3">陰平調
27＋26＋270＝323 字</td></tr>
<tr><td rowspan="4">①平聲 512 字</td><td rowspan="4">⑤平聲 294 字
①平聲 186 字
③平聲 32 字</td></tr>
<tr></tr>
<tr><td rowspan="3">③平聲
32＋353＝385字</td><td rowspan="3">陽平 1 調 179 字
陰平調 26 字
陽平 2 調 4 字（計 209 字）</td><td rowspan="3">陽平 1 調
10＋179＋3＝192 字</td></tr>
<tr></tr>
<tr><td rowspan="4">③平聲 504 字</td><td rowspan="4">①平聲 14 字
③平聲 353 字
⑤平聲 137 字</td></tr>
<tr><td rowspan="3">⑤平聲
294＋137＝431字</td><td rowspan="3">陰平調 270 字
陽平 2 調 5 字
陽平 1 調 3 字（計 278 字）</td><td rowspan="3">陽平 2 調
119＋4＋5＝128 字</td></tr>
<tr></tr>
<tr></tr>
</table>

綜上所述，16 世紀迄今福建閩北政和方言平聲調演變是一個長期的漸進變移過程，也是兩種平聲調向三種平聲調演變的過程。

第二節　明本、清本與現代政和方言去聲字的對應

明本《六音字典》有②去聲和⑥去聲兩種類型。清本《六音字典》有②去聲、⑥去聲和⑧去聲三種類型。然而，據筆者仔細考察，清本⑥去聲在韻書中只出現 4 次，即：

清本“1 肥字母”氣母去聲下僅有“揆”一字；

清本“25 粒字母”邊母去聲下僅有“拔”一字；

清本“28 龍字母”曾母去聲下僅有“眾俊雋鐫濬浚畯鐫”八字；

清本“29 勞字母”柳母去聲下僅有“了”一字。

此種情況與清本⑤平聲情況不一樣,上文已計,⑤平聲共有 431 字,而清本⑥去聲則只有 11 字,不知編者處於什麼原因另列這種聲調。在本節里,我們將重點討論三種不同歷史時期的去聲調之間關係及其演變軌跡。

一、明本《六音字典》去聲字與清本《六音字典》去聲字對應研究

(一)明本《六音字典》②去聲字與清本《六音字典》去聲字對應

1. 明本《六音字典》②去聲字與清本《六音字典》去聲字相對應的共有 413 字:[比/本]半糞;[求/本]貫棍灌;[氣/本]困;[中/本]旦誕單暖煖;[片/本]噴判;[土/本]嘆炭;[生/本]散筭巽;[又/本]案按;[名/本]問;[出/本]寸;[向/本]旱漢;[又/風]王;[比/通]放;[求/通]貢;[中/通]動棟;[全/通]糉粽;[生/通]宋送;[又/通]甕;[求/順]郡郡;[氣/順]�;[中/順]橙凳中;[全/順]眾俊雋濬浚縱駿峻種;[生/順]舜;[向/順]訓虹;[比/朗]范;[求/朗]艮;[氣/朗]囥礦;[中/朗]當蕩鈍遁盾;[全/朗]壯;[又/朗]暗;[名/朗]網;[又/朗]望放;[立/唱]両;[中/唱]帳脹;[土/唱]暢鬯;[全/唱]將醬癢痒瘴障;[生/唱]相;[出/唱]唱;[向/唱]向;[比/坦]柄;[求/坦]監鑑;[氣/坦]勘;[中/坦]擔担但淡亶;[全/坦]站靜;[又/坦]俺;[比/先]變辯辨辮;[求/先]劍劒見;[氣/先]欠;[中/先]奠;[片/先]騙諞片;[全/先]箭戰;[人/先]撚;[生/先]扇煽;[又/先]醼讌燕晏宴厭;[比/備]偹閉箄匣瘨;[求/備]記紀繼继既既;[氣/備]器氣炁棄弃;[中/備]治帝蒂第弟植值殖致智置寘悌;[全/備]之賫霽濟至志痣疾蒺嫉集;[人/備]日入;[生/備]四肆式試拭弑侍實寔;[又/備]意薏異翼翊翌易;[又/備]懿;[名/備]米;[出/備]焠淬;[向/備]戲;[向/備]肺;[立/結]裂;[求/結]計;[氣/結]契;[中/結]牒蝶蜨韘;[求/有]救究;[中/有]晝宙紂;[全/有]咒;[生/有]秀莠绣繡獸;[又/有]又酉幼;[立/交]了;[比/交]豹暴虣;[求/交]教較覈酵;[氣/交]靠;[中/交]道導盜;[片/交]炮砲礮;[生/交]哨;[又/交]奥;[名/交]卯夘昂;[出/交]藻造噪慥躁;[向/交]孝好;[立/合]落洛駱賂貉;[比/合]報报薄箔;[求/合]膏告誥;[氣/合]去;[中/合]到;[片/合]破;[土/合]套;[全/合]佐座竈灶;[生/合]燥;[出/合]錯;[向/合]盒耗;[立/克]栗慄礫;[比/克]帛白爛;[名/克]謐密;[言/克]逆;[出/克]叱;[立/百]獵臘腊粒;[比/百]霸罷;[求/百]賈價嫁蝦駕斝斚;[片/百]怕帕杷;[全/百]詐昨阼;[人/

百]拏拿;[名/百]脉脈麥打;[言/百]樂岳嶽;[出/百]鮓;[向/百]下;[求/化]卦掛;[向/化]畫画;[求/出]癸貴季桂;[片/出]屁;[全/出]最;[生/出]嵗歲;[又/出]諱畏;[出/出]翠;[比/乃]拜敗誹;[求/乃]介芥界蓋葢盖癬疥戒誡;[氣/乃]棄;[中/乃]待代岱貸黛;[片/乃]派;[土/乃]替;[全/乃]債雜襍;[生/乃]細;[立/述]綠渌菉録;[求/述]懼具鋸炬句;[氣/述]去;[中/述]鰴;[全/述]鑄住聚炷注註渚著霔蛀;[人/述]肉月;[生/述]褥恕署庶庻杼;[又/述]屬属囑浴宇;[出/述]處虜处;[立/古]禄禄鹿麓;[比/古]簿部怖布;[求/古]僱顧故固;[氣/古]庫褲;[中/古]苧妬妒蠹;[土/古]吐兔;[全/古]祖自族;[生/古]數数賜駟泗素訴愬;[名/古]目苜木;[言/古]五伍午仵忤迕;[出/古]次醋;[向/古]賦付副茯。

2. 明本《六音字典》②去聲字分別與清本《六音字典》去聲②、⑥、⑧字對應

(1)明本《六音字典》②去聲字與清本《六音字典》②去聲字相對應共有403字:[邊/闌]半糞;[求/闌]貫;[求/論]棍灌;[氣/論]困;[直/闌]旦單誕;[直/論]煖暖;[頗/闌]噴判;[他/闌]嘆歎炭;[時/闌]散筭;[時/論]巽;[鶯/闌]案按;[問/闌]問;[出/論]寸;[非/闌]旱漢;[鶯/黄]王;[邊/籠]放;[求/籠]貢;[直/籠]動棟;[曾/籠]粽粽;[時/籠]宋送;[鶯/籠]甕瓮;[求/龍]郡郡;[氣/龍]熏;[直/龍]橙凳中;[曾/龍]縱駿峻種;[時/龍]舜;[非/龍]訓虹;[邊/郎]范;[求/郎]艮;[氣/郎]园礀;[直/郎]當蕩鈍遁盾;[曾/郎]壯;[鶯/郎]暗;[問/郎]網;[鶯/郎]望放;[柳/涼]两;[直/涼]帳脹;[他/涼]暢鬯;[曾/涼]將醬痒瘴障;[時/涼]相;[出/涼]唱;[非/涼]向;[邊/藍]柄;[求/藍]監鑑;[氣/藍]勘;[直/藍]擔担但淡亶;[曾/藍]站靜;[鶯/藍]俺;[邊/連]變辯辨辧;[求/連]劍劎見;[氣/連]欠;[直/連]奠;[頗/連]騙諞片;[曾/連]箭戰;[日/連]撚;[時/連]扇煽;[鶯/連]醼讌燕晏宴厭;[邊/梨]偹閉箄匣瘅;[求/梨]記紀繼旣;[氣/梨]器氣炁棄;[直/梨]治帝蒂第弟植值殖致智置寘悌;[曾/梨]之賫霽濟至志痣疾蒺嫉集;[日/梨]日入;[時/梨]四肆式試拭弑侍實寔軾;[鶯/梨]意薏異翼翊翌易;[問/梨]米;[出/梨]焠淬;[非/梨]戲;[非/梨]肺;[柳/籬]裂;[求/籬]計;[氣/籬]契;[直/籬]牒蝶蜨鰈;[求/彪]救究;[直/彪]晝宙紂;[曾/彪]咒;[時/彪]秀莠琇繡獸;[鶯/彪]又酉幼;[邊/勞]豹暴虣;[求/勞]教較皦;[氣/勞]靠;[直/勞]道導盜;[頗/勞]炮砲礮;[時/勞]哨;[問/勞]卯夘昴;[出/勞]藻造噪慥躁;[非/勞]孝好;[柳/羅]落洛駱賂貉;[邊/羅]報薄箔;[求/羅]

膏告誥;[氣/羅]去;[直/羅]到;[頗/羅]破;[他/羅]套;[曾/羅]佐座竈灶;[生/合]燥;[出/羅]錯;[非/羅]盒耗;[柳/栗]栗慄礫;[邊/栗]帛白爛;[問/栗]密;[語/栗]逆;[出/栗]叱;[柳/粒]獵臘粒蜡;[邊/粒]霸覇罷;[求/粒]賈價嫁嘏駕斝;[頗/粒]怕帕杷;[曾/粒]詐昨阼;[日/粒]拏拿;[問/粒]脉脈麥打;[語/粒]樂岳嶽;[出/粒]鮓;[非/粒]下;[求/花]卦掛;[非/花]畫;[求/肥]癸貴季桂;[頗/肥]屁;[曾/肥]最;[時/肥]歲;[鶯/肥]諱畏;[出/肥]翠;[邊/犁]拜敗誹;[求/犁]介芥界蓋葢盖癬疥戒誡;[氣/犁]棄;[直/犁]待代岱貸黛;[頗/犁]派;[他/犁]替;[曾/犁]債雜襍;[時/犁]細;[柳/驢]綠淥菉録;[求/驢]懼具鋸句炬;[氣/驢]去;[直/驢]鮍;[曾/驢]鑄住聚炷注註渚著霔蛀;[日/驢]肉月;[時/驢]褥恕署庶;[鶯/驢]属囑浴宇;[出/驢]處虜;[柳/爐]祿鹿麓;[邊/爐]簿部佈布;[求/爐]僱顧故固;[氣/爐]庫褲;[直/爐]苧妬妒蠹;[他/爐]吐兔;[曾/爐]祖自族;[時/爐]數賜駟泗疏素訴愬;[問/爐]目苜木;[語/爐]五伍午仵忤迕;[出/爐]次醋;[非/爐]賦付副茯。

(2)明本《六音字典》②去聲字與清本《六音字典》⑥去聲字相對應只有 6 字:[曾/龍]眾俊雋濬浚;[立/勞]了。

(3)明本《六音字典》②去聲字與清本《六音字典》⑧去聲字相對應只有 4 字:[鶯/梨]懿;[求/勞]酵;[鶯/勞]奥;[時/驢]杼。

由上可見,明本《六音字典》②去聲共有 413 字與清本《六音字典》去聲字相對應:其中與②去聲 403 字相對應,占總數 97.58%;與⑥去聲 6 字相對應,占總數 1.45%;與⑧去聲 4 字相對應,占總數 0.97%。這説明經近四百年的演變,明本《六音字典》②去聲字絕大多數演變爲清本《六音字典》②去聲字;演變爲⑥去聲和⑧去聲的韻字極少。

(二)明本《六音字典》⑥去聲字與清本《六音字典》去聲字對應

1.明本《六音字典》⑥去聲字與清本《六音字典》去聲字相對應的有 408 字:[立/本]論亂乱爛;[比/本]拌;[求/本]幹慣裸觀;[中/本]斷断彖段煅;[片/本]泮伴;[人/本]嫩難;[生/本]蛋;[又/本]苑;[言/本]玩;[出/本]粲燦篡撰竄爨;[向/本]忿分翰喚唤宦患;[氣/風]曠壙況貺;[又/風]旺;[向/風]奉俸鳳;[立/通]衕弄;[求/通]共猶;[氣/通]壙;[中/通]重;[片/通]縫;[土/通]痛;[名/通]夢夣梦瞢;[求/順]共;[氣/順]柏;[全/順]贈增;[人/順]膿釀曌閏潤;[生/順]順頌;[向/順]運詠咏韻;[立/朗]浪;[比/朗]梆;[向/朗]忿奮;

[立/唱]諒亮;[氣/唱]控;[中/唱]丈杖;[土/唱]杖;[全/唱]上;[人/唱]讓;[生/唱]上象像尚匠;[又/唱]樣樣橡;[向/唱]鄉向;[立/坦]濫;[比/坦]病;[求/坦]絳橄;[氣/坦]抗伉亢;[生/坦]三;[向/坦]憾陷;[向/横]犯汎範;[立/先]殮煉練;[比/先]便;[求/先]件;[中/先]電玷;[片/先]徧遍;[全/先]賤;[人/先]念;[生/先]善繕膳擅羨;[又/先]刄荏訒任;[立/備]利荔蜊;[比/備]被婢俾陛幣獘敝箆蔽煏埞;[比/備]畢;[求/備]擊忮伎技跂企忌冀跮;[中/備]地;[片/備]鼻轡;[土/備]涕遞懥疐啻迪;[全/備]十桎輊鲞脊瘠鶺雉摯馬彘稚;[人/備]二式貳膩;[生/備]食是席夕十拾膝婿吧;[又/備]億憶衣;[名/備]味媚夾;[言/備]議義誼毅詣藝;[出/備]市豉妻;[向/備]縘系嗜;[又/備]未;[立/結]例離;[比/結]避;[求/結]椅;[氣/結]隙歉慊;[求/有]舅舊旧;[氣/有]咎臼;[土/有]柱;[全/有]就鷲;[生/有]受授岫胄壽袖;[又/有]侑宥囿右祐佑誘牖;[名/有]謬;[出/有]樹;[立/嘹]窈;[土/嘹]窕;[中/交]稻;[片/交]抱炮;[全/交]罩皂;[人/交]鬧;[名/交]貌冒耄;[言/交]傲慠樂;[向/交]效校浩;[立/合]栳;[比/合]播泊;[中/合]啄噣;[人/合]糯稬偄耎;[生/合]鐲;[又/合]荷;[名/合]磨帽;[言/合]餓臥;[出/合]剉戳斲斵鑿;[向/合]賀號号霍鶴灝;[人/克]滯濘;[生/克]笠;[比/百]白;[求/百]蚱;[中/百]蹈;[名/百]罵;[言/百]訝迓;[向/百]暇吡下;[又/化]話;[向/化]乏畫;[立/出]類彙彙累酹;[求/出]櫃掘甋;[氣/出]簣;[土/出]累;[全/出]墜遂隊贅;[生/出]瑞睡;[又/出]位衛衞爲謂渭胃;[言/出]僞;[出/出]秫;[向/出]惠;[立/乃]賴癩藾;[比/乃]罷邁;[氣/乃]慨愾槩;[中/乃]怠殆逮;[片/乃]稗粺憊;[土/乃]態;[全/乃]截;[人/乃]奈柰耐;[生/乃]洒灑曬;[立/述]鑢慮;[求/述]巨;[中/述]箸筯軸;[全/述]熟;[生/述]續緒叙敘序樹澍熟塾豎竪墅嶼嗣;[又/述]孺諭喻譽裕預絮愈芋;[言/述]禦馭遇寓餌;[出/述]蒔;[向/述]雨;[立/古]路鷺露;[比/古]埠;[中/古]肚杜度渡;[片/古]抱;[人/古]怒努;[生/古]事耜姒仕士祀俟後竢;[名/古]霧暮慕戊募;[言/古]寤晤;[出/古]覦覷;[向/古]互婦負扈。

2. 明本《六音字典》⑥去聲字分別與清本《六音字典》平聲②、⑥、⑧字對應

(1)明本《六音字典》⑥去聲字與清本《六音字典》⑧去聲字相對應有399字:[柳/闌]亂乿乱爛;[柳/論]論;[邊/闌]拌;[求/闌]慣幹祼觀观;[直/闌]斷彖煆叚;[頗/闌]泮伴;[日/闌]難;[日/論]嫩;[時/論]蛋;[鶯/闌]苑;[語/

闌]玩;[出/闌]燦粲篡撰竄爨;[非/闌]翰喚宦患;[非/論]忿分;[氣/黄]壙況貺;[鶯/黄]旺;[非/籠]奉俸鳳;[柳/籠]弄衖;[求/籠]共猶;[氣/籠]壙;[直/籠]重;[頗/籠]縫;[他/籠]痛;[問/籠]夢夢梦瞢;[求/龍]共;[氣/龍]柏;[曾/龍]贈增;[日/龍]膿釀孾閏潤;[時/龍]順頌;[非/龍]運詠咏韻韵;[柳/郎]浪;[邊/郎]梆;[非/郎]忿奮;[柳/涼]諒亮;[氣/涼]控;[直/涼]丈杖;[他/涼]杖;[曾/涼]上;[日/涼]讓;[時/涼]上象像尚匠;[鶯/涼]樣橡;[柳/藍]濫;[邊/藍]病;[求/藍]絳瞰;[氣/藍]抗伉亢;[時/藍]三;[非/藍]陷械;[非/藍]犯汎範;[柳/連]殮煉練;[邊/連]便;[求/連]件;[直/連]電玷;[頗/連]徧遍;[曾/連]賤;[日/連]念撚;[時/連]善繕膳擅羨;[鶯/連]刄荏訒任;[柳/梨]利荔蜊;[邊/梨]被婢俾陛幣獘敝篦蔽煏墁;[求/梨]擊忮伎技跂企忌冀跲;[直/梨]地;[陂/梨]鼻轡;[他/梨]涕遞懥疐啻廸;[曾/梨]十桎輊鍪脊瘠鶺雉摯馬彘稚;[日/梨]二弍貳膩;[時/梨]食是席夕十拾膝堉爬;[鶯/梨]億憶衣;[問/梨]味媚炏;[語/梨]議義誼毅詣藝;[出/梨]市豉妻;[非/梨]紛系嗜;[問/梨]未;[柳/籬]例離;[邊/籬]避;[求/籬]椅;[氣/籬]隙歉慊;[求/彪]舅舊旧;[氣/彪]咎臼;[他/彪]柱;[曾/彪]就鷲;[時/彪]受授岫胄壽袖;[鶯/彪]侑宥囿右祐佑誘牖;[問/彪]謬;[出/彪]樹;[直/勞]稻;[頗/勞]抱炮;[曾/勞]罩皂;[日/勞]鬧;[問/勞]貌冒耄;[語/勞]傲慠;[非/勞]效校浩;[柳/羅]栳;[邊/羅]播泊;[直/羅]啄噣;[日/羅]糯稬偄耎;[生/合]鐲;[鶯/羅]荷;[問/羅]磨帽;[語/羅]餓臥;[出/羅]剉戳斲鑿;[非/羅]賀號号霍鶴灝;[日/栗]滯濘;[時/栗]笠;[邊/粒]白;[求/粒]蚱;[直/粒]蹈;[問/粒]罵;[語/粒]訝迓;[非/粒]暇吆下;[鶯/花]話;[非/花]乏畫;[柳/肥]類彙累酹;[求/肥]櫃掘甗;[氣/肥]簣;[他/肥]累;[曾/肥]墜遂隊贅;[時/肥]瑞睡;[鶯/肥]位衛爲謂渭胃;[語/肥]僞;[出/肥]秫;[非/肥]惠;[柳/犁]賴癩蠆;[邊/犁]罷邁;[氣/犁]慨愾槩;[直/犁]怠殆逮;[頗/犁]稗秕僨;[他/犁]態;[曾/犁]截;[日/犁]柰奈耐;[時/犁]洒灑曬;[柳/驢]鑢慮;[求/驢]巨;[直/驢]箸筯軸;[曾/驢]熟;[時/驢]續緒敍序樹澍熟塾竪豎墅與嗣;[鶯/驢]孺諭喻譽裕預絮愈芋;[語/驢]禦御馭遇寓餌;[出/驢]莳;[非/驢]雨;[柳/爐]路鷺露;[邊/爐]埠;[直/爐]肚杜度渡;[頗/爐]抱;[日/爐]怒努;[時/爐]事耜姒仕士祀俟俟竢;[問/爐]霧暮慕戊募;[語/爐]寤晤;[出/爐]覷覰;[非/爐]互婦負扈。

(2)明本《六音字典》⑥去聲字與清本《六音字典》②去聲字相對應有 7 字:

[氣/黄]曠;[向/唱]鄉向;[邊/梨]畢;[柳/聊]窈;[他/聊]窕;[語/勞]樂。

(3)明本《六音字典》⑥去聲字與清本《六音字典》⑥去聲字相對應有2字:[邊/粒]拔;[氣/肥]揆。

由上可見,明本《六音字典》⑥去聲共有408字與清本《六音字典》去聲字相對應:其中與⑧去聲399字相對應,占總數97.79%;與②去聲7字相對應,占總數1.72%;與⑥去聲2字相對應,占總數0.49%。這説明經近四百年的演變,明本《六音字典》⑥去聲字絕大多數演變爲清本《六音字典》⑧去聲字;演變爲②去聲和⑥去聲的韻字極少。

二、清本《六音字典》去聲字與現代政和方言去聲字對應研究

1.清本《六音字典》②去聲字與現代政和方言去聲字對應

(1)清本《六音字典》②去聲與現代政和方言陰去聲共有281字相對應:[求/攣]卷建健;[時/攣]線;[鶯/攣]怨;[出/攣]串;[非/攣]憲獻献;[邊/闌]半;[求/闌]貫;[求/論]棍灌;[氣/論]困;[直/闌]旦單;[頗/闌]判叛;[他/闌]嘆歎炭;[曾/論]鑽;[生/本]散;[時/論]蒜;[鶯/闌]案按;[出/論]寸;[非/闌]漢;[邊/籠]放;[求/籠]貢;[直/籠]動棟;[曾/籠]粽;[時/籠]宋送;[求/龍]郡;[氣/龍]熏;[直/龍]中;[曾/龍]峻種;[時/龍]舜;[非/龍]訓虹;[邊/郎]范;[氣/郎]囥磡;[直/郎]當蕩;[曾/郎]状;[鶯/郎]暗;[問/郎]網;[鶯/郎]望;[柳/涼]两;[直/涼]帳脹;[曾/涼]將醬痒瘴;[時/涼]相;[出/涼]唱;[非/涼]向;[邊/藍]柄;[求/藍]監鑑鑒檻;[氣/藍]勘;[直/藍]擔担但淡亶;[曾/藍]站靜;[邊/連]變辯辨辮;[求/連]劍見;[氣/連]欠芡;[頗/連]騙片;[曾/連]箭戰薦荐;[日/連]撚;[時/連]扇煽;[鶯/連]燕宴厭;[邊/梨]備閉;[求/梨]記紀繼既;[氣/梨]器氣棄;[直/梨]治悌帝置值智;[曾/梨]志痣至集濟疾劑;[日/梨]日;[時/梨]四勢肆試拭弑軾;[鶯/梨]意薏異翼易;[問/梨]米;[非/梨]戲;[柳/籬]裂;[求/籬]計;[直/籬]蝶牒諜;[求/彪]救究;[直/彪]晝宙紂;[曾/彪]咒;[時/彪]秀莠繡獸;[鶯/彪]又酉幼;[邊/勞]豹暴瀑爆;[求/勞]較;[直/勞]道盜;[頗/勞]炮;[時/勞]哨;[問/勞]卯昴;[出/勞]糙躁;[非/勞]孝;[柳/羅]落洛駱賂烙絡;[邊/羅]報薄箔;[求/羅]告誥;[氣/羅]去;[直/羅]到;[頗/羅]破;[他/羅]套;[曾/羅]座唑;[出/羅]錯;[柳/栗]栗;[邊/栗]白;[問/栗]密;[語/栗]逆;[柳/粒]獵臘蜡;[邊/粒]霸;[求/粒]假嫁賈駕;[頗/粒]怕帕;[曾/粒]詐昨;[日/粒]拿;[問/粒]麥;[語/粒]嶽樂;[非/粒]下;

[求/花]卦掛;[求/肥]貴季桂;[頗/肥]屁;[曾/肥]最;[時/肥]歲;[鶯/肥]畏;[出/肥]翠;[邊/犁]拜敗;[求/犁]界介芥疥蓋誡戒屆;[直/犁]貸代怠殆;[頗/犁]派;[他/犁]替;[曾/犁]債雜;[日/犁]納;[時/犁]細;[求/驢]鋸句懼;[氣/驢]去;[曾/驢]注蛀鑄;[日/驢]肉;[時/驢]恕庶署曙墅;[鶯/驢]宇;[出/驢]處;[柳/爐]祿鹿;[邊/爐]簿部佈布;[求/爐]故顧固;[氣/爐]庫褲;[直/爐]妒蠹苧;[曾/爐]自;[時/爐]數賜訴素;[問/爐]木目;[語/爐]午伍五;[出/爐]醋次;[非/爐]賦付副赴富。

(2)清本《六音字典》②去聲與現代政和方言陽去聲共有 3 字相對應:[曾/龍]縱;[求/驢]炬;[非/爐]傅。

由上可見,清本《六音字典》②去聲共有 284 字與現代政和方言去聲字相對應:其中與陰去聲 281 字相對應,占總數 98.94%;與陽去聲 3 字相對應,占總數 1.06%。這説明經百餘年的演變,清本《六音字典》②去聲字絕大多數演變爲現代政和方言陰去聲,極少數演變爲陽去聲。

2. 清本《六音字典》⑧去聲字與現代政和方言去聲字對應

(1)清本《六音字典》⑧去聲與現代政和方言陽去聲字相對應共有 222 字:[求/攣]近;[直/攣]篆傳;[曾/攣]漩;[日/攣]韌;[時/攣]蟮鱔;[鶯/攣]院;[語/攣]願;[柳/闌]亂乿乱爛;[柳/論]論;[邊/闌]拌;[求/闌]慣;[直/闌]斷断鍛;[頗/闌]泮伴;[日/闌]難;[日/論]嫩;[問/闌]問;[語/闌]玩;[出/闌]燦;[非/闌]翰喚患幻換;[氣/黄]況;[鶯/黄]旺;[非/籠]奉鳳;[柳/籠]弄;[求/籠]共;[直/籠]重;[頗/籠]縫;[問/籠]夢問;[日/龍]膿潤;[時/龍]順頌;[非/龍]運韻;[柳/郎]浪;[邊/郎]梆;[柳/涼]諒亮;[直/涼]丈;[他/涼]杖;[曾/涼]上;[日/涼]讓;[時/涼]上象像尚;[鶯/涼]樣;[柳/藍]濫;[邊/藍]病;[氣/藍]抗伉;[非/藍]陷;[非/藍]犯範;[柳/連]殮煉練;[邊/連]便;[求/連]件;[直/連]甸;[日/連]念;[時/連]善繕膳擅羨;[鶯/連]任;[柳/梨]利蠣;[邊/梨]幣婢篦;[求/梨]妓忌伎;[陂/梨]鼻;[他/梨]涕締;[曾/梨]十稚;[日/梨]二貳膩;[時/梨]食席是蝕飾恃;[語/梨]義蟻毅藝;[出/梨]市豉妻;[非/梨]系;[柳/籬]例;[求/彪]舅舊;[氣/彪]臼;[他/彪]柱;[曾/彪]就;[時/彪]壽袖受授售;[鶯/彪]侑宥右佑誘;[出/彪]樹;[頗/勞]抱;[曾/勞]罩;[日/勞]鬧;[問/勞]冒瑁貌;[語/勞]傲;[非/勞]效校浩;[柳/羅]栳;[邊/羅]播泊;[直/羅]啄;[生/合]鐲;[問/羅]磨帽;[語/羅]餓臥;[出/羅]挫;[非/羅]賀鶴號;[邊/粒]白;[非/

粒]下;[鶯/花]話;[非/花]畫;[柳/肥]類累;[求/肥]櫃掘;[時/肥]瑞;[鶯/肥]位衛渭胃;[非/肥]惠慧;[柳/犁]賴;[邊/犁]罷;[頗/犁]稗;[曾/犁]截;[日/犁]奈耐;[時/犁]晒洒;[求/驢]巨據距;[直/驢]箸;[曾/驢]熟;[時/驢]熟樹續豎緒敘序;[鶯/驢]芋譽預喻諭;[語/驢]遇禦寓;[非/驢]雨;[柳/爐]路露;[直/爐]肚度渡;[日/爐]怒;[時/爐]事士仕祀俟似六嗣;[鶯/爐]務騖;[問/爐]慕募暮戊;[語/爐]誤晤;[出/爐]覷;[非/爐]互婦負袱父户腐。

(2)清本《六音字典》⑧去聲與現代政和方言陰去聲字相對應只有13字:[他/籠]痛;[直/連]電;[鶯/梨]懿;[鶯/梨]臆億憶;[鶯/勞]奧澳懊;[氣/犁]概慨溉;[非/爐]附。

由上可見,清本《六音字典》⑧去聲共有235字與現代政和方言去聲字相對應:其中與陽去聲222字相對應,占總數94.47%;與陰去聲13字相對應,占總數5.53%。這説明經百餘年的演變,清本《六音字典》⑧去聲字絕大多數演變爲現代政和方言陽去聲,極少數演變爲陰去聲。

3. 清本《六音字典》⑥去聲字與現代政和方言陰去聲字相對應僅有3字:[曾/龍]眾俊;[柳/勞]了。

現將明本《六音字典》去聲、清本《六音字典》去聲與現代政和方言去聲調字對應的具體情況列表如下:

<table>
<tr><th colspan="2">明本與清本去聲字對應情況</th><th rowspan="2">清本去聲字</th><th rowspan="2">清本與現代政和方言去聲字對應情況</th><th rowspan="2">現代政和方言平聲字</th></tr>
<tr><th>明本</th><th>清本</th></tr>
<tr><td rowspan="2">②去聲413字</td><td rowspan="2">②去聲403字
⑥去聲6字
⑧去聲4字</td><td>②去聲:403+7=410字</td><td>陰去聲281字
陽去聲3字(小计:284字)</td><td rowspan="2">陰去調
281+3+13=297字</td></tr>
<tr><td>⑥去聲:6+2=8字</td><td>陰去聲3字</td></tr>
<tr><td>⑥去聲408字</td><td>⑧去聲399字
②去聲7字
⑥去聲2字</td><td>⑧去聲:4+399=403字</td><td>陽去聲222字
陰去聲13字(小计:235字)</td><td>陽去調
3+222=225字</td></tr>
</table>

根據以上材料,我們認爲,明本《六音字典》②去聲字絕大多數與清本《六音字典》②去聲字相對應;明本《六音字典》⑥去聲字絕大多數與清本《六音字典》⑧去聲字相對應。清本《六音字典》②去聲字絕大多數與現代政和方言陰去聲字相對應;⑧去聲字絕大多數與現代政和方言陽去聲字相對應;⑥去聲字韻字太少,不宜獨立形成一個調類。

第三節　明本、清本與現代政和方言上聲字的對應

在本節裏，我們將明本《六音字典》上聲字、清本《六音字典》上聲字與現代政和方言上聲字對應比較。

一、明本《六音字典》上聲與清本《六音字典》上聲對應

1. 明本《六音字典》上聲字與清本《六音字典》上聲字相對應共有332個：[比/本]坂本；[求/本]管；[氣/本]館稛；[人/本]煖；[生/本]損傘産；[又/本]婉緩椀盌碗宛晚爰；[名/本]滿；[出/本]揣喘惴忖鏟；[求/風]廣鑛；[又/風]枉往；[向/風]諷謊恍；[立/通]籠；[氣/通]孔；[中/通]凍董；[片/通]紡；[土/通]桶統；[全/通]總揔；[生/通]摠聳；[名/通]蚊；[向/通]誆駈；[求/順]拱拳；[氣/順]恐肯；[中/順]待；[土/順]冢寵；[全/順]腫踵種煄准準；[生/順]笋筍；[比/朗]榜；[求/朗]講敢；[中/朗]黨党漲涱；[片/朗]謗；[土/朗]倘；[生/朗]磉顙；[又/朗]影；[名/朗]罔惘莽；[出/朗]創；[向/朗]髣訪仿；[立/唱]两；[全/唱]掌槳獎；[生/唱]賞想；[又/唱]養；[言/唱]仰；[出/唱]廠敞；[向/唱]饗响享；[立/坦]覽攬；[求/坦]減感敢；[氣/坦]坎慊；[中/坦]膽胆；[土/坦]坦；[全/坦]井斬；[生/坦]省；[出/坦]醒；[向/坦]喊；[立/先]斂；[比/先]匾；[求/先]檢；[氣/先]謇蹇遣；[中/先]典；[土/先]筅；[人/先]染；[生/先]鮮；[又/先]冉奄掩偃；[立/備]李娌；[比/備]比彼妣；[求/備]麂已；[氣/備]起豈啟；[中/備]氐抵裏邸砥；[土/備]體体；[全/備]止趾址旨指姊；[人/備]你；[生/備]屎菡死；[又/備]已苢苡；[名/備]美；[出/備]耻齒；[向/備]喜；[向/備]斐翡靡；[立/有]柳；[求/有]九玖久；[全/有]酒；[人/有]紐扭鈕；[生/有]首手守；[又/有]有；[出/有]醜贖；[向/有]韮韭朽；[立/嘹]了；[比/交]飽；[求/交]姣佼槁縞翯犒絞狡；[氣/交]考巧；[全/交]爪笊；[人/交]惱；[生/交]掃稍；[又/交]拗；[出/交]炒燺；[立/合]老；[比/合]寶宝；[氣/合]可哿；[中/合]倒島；[土/合]討；[全/合]棗枣左；[人/合]腦惱碯；[生/合]鎖嫂；[又/合]襖；[言/合]我；[出/合]草艸；[向/合]好；[全/克]仔；[名/克]髟；[比/百]把；[中/百]打追；[人/百]那；[又/百]啞瘂瘂婭亞；[名/百]馬；[言/百]雅；[求/化]寡；[立/出]藥藟窶屢縲壘；[求/出]鬼宄晷詭；[氣/出]猪；[生/出]水；[名/出]美；[向/出]毀譭朽；[求/乃]改解；[氣/乃]楷愷塏；[中/乃]底；[人/乃]乃迺嬭妳；

[生/乃]洗;[立/述]遖呂侶莒聿旅律膂褸縷筥;[求/述]杵舉矩;[氣/述]起架;[全/述]煮主;[人/述]女;[又/述]爾邇耳與予汝女;[言/述]語齬圄圉;[出/述]取鼠;[向/述]許滸;[立/古]魯虜艣擄;[比/古]補輔脯;[求/古]古罟岵鼓皷賈蠱瞽;[氣/古]苦哭滸琥;[片/古]圃譜斧脯父黼舖;[土/古]土;[全/古]子梓;[生/古]史使;[又/古]舞廡撫;[名/古]母姆;[出/古]紫楚;[向/古]府。

2. 與明本《六音字典》上聲相對應的清本《六音字典》上聲字共有 332 個:[邊/闌]坂;[邊/論]本;[求/論]管;[氣/闌]館;[氣/論]稛;[日/論]煖;[時/闌]損傘産;[鶯/闌]婉緩椀盌碗宛晚爰;[問/闌]滿;[出/闌]揣喘惴忖鏟;[求/黄]廣鑛;[鶯/黄]枉往;[非/黄]諷謊恍;[柳/籠]籠;[氣/籠]孔;[直/籠]凍董;[頗/籠]紡;[他/籠]桶統;[曾/籠]總揔;[時/籠]搃聳;[問/籠]蚊;[非/籠]誆駏;[求/龍]拱拳;[氣/龍]恐肯;[直/龍]待;[他/龍]冢寵;[曾/龍]腫踵種煄准準;[時/龍]笋筍;[邊/郎]榜;[求/郎]講敢;[直/郎]黨党漲涱;[頗/郎]謗;[他/郎]倘;[時/郎]磉顙;[鶯/郎]影;[問/郎]罔惘莽;[出/郎]創;[非/郎]髣訪仿;[柳/涼]两;[曾/涼]掌奬槳;[時/涼]賞想;[鶯/涼]養;[語/涼]仰;[出/涼]廠敞;[非/涼]饗响享;[柳/藍]覽攬;[求/藍]減感敢;[氣/藍]坎慊;[直/藍]膽胆;[他/藍]坦毯;[曾/藍]井斬;[時/藍]省;[出/藍]醒;[非/藍]喊;[柳/連]斂;[邊/連]匾;[求/連]檢;[氣/連]謇蹇遣;[直/連]典;[他/連]筅;[日/連]染;[時/連]鮮;[鶯/連]冉奄掩偃;[柳/梨]李娌;[邊/梨]比彼妣;[求/梨]麂已杞;[氣/梨]起豈啟;[直/梨]氐抵裏邸砥;[他/梨]體体;[曾/梨]止趾址旨指姊;[日/梨]你;[時/梨]屎菌死;[鶯/梨]巳苢苡;[問/梨]美;[出/梨]恥齒;[非/梨]喜;[非/梨]斐翡靡;[柳/彪]柳;[求/彪]九玖久;[曾/彪]酒;[日/彪]紐扭鈕;[時/彪]首手守;[鶯/彪]有;[出/彪]醜贖;[非/彪]韭韮朽;[柳/聊]了;[邊/勞]飽;[求/勞]姣佼槁縞暠犒絞狡;[氣/勞]考巧;[曾/勞]爪笊;[日/勞]惱;[時/勞]掃稍;[鶯/勞]拗;[出/勞]炒熠;[柳/羅]老;[邊/羅]寶宝;[氣/羅]可哿;[直/羅]倒島;[他/羅]討;[曾/羅]棗枣左;[日/羅]腦惱碯;[時/羅]鎖嫂;[鶯/羅]襖;[語/羅]我;[出/羅]草艸;[非/羅]好;[曾/栗]仔;[問/栗]彯;[邊/粒]把;[直/粒]打追;[日/粒]那;[鶯/粒]啞瘂瘂婭亞;[問/粒]馬;[語/粒]雅;[求/花]寡;[柳/肥]藥藟窶屢縲壘;[求/肥]鬼宄晷詭軌;[氣/肥]豬;[時/肥]水;[問/肥]美;[非/肥]毀燬朽;[求/犁]改解;[氣/犁]楷愷塏;[直/犁]底;[日/犁]乃廼嬭妳;[時/犁]洗;[柳/驢]遖呂侶莒聿旅律膂縷褸筥;

[求/驢]杵舉矩;[氣/驢]起架;[曾/驢]煮主;[日/驢]女;[鶯/驢]爾邇耳與予汝女;[語/驢]語齬圄圉;[出/驢]取鼠;[非/驢]許滸;[柳/爐]魯虜艣擄;[邊/爐]補輔脯;[求/爐]古罟岵鼓皷賈蠱瞽;[氣/爐]苦哭滸琥;[頗/爐]圃譜斧脯父黼鋪;[他/爐]土;[曾/爐]子梓;[時/爐]史使;[鶯/爐]舞廡撫;[問/爐]母姆;[出/爐]紫楚;[非/爐]府。

二、清本《六音字典》上聲與现代政和方言上聲對應

清本《六音字典》上聲字與现代政和方言上聲字相對應共有 197 個:[求/攣]団;[直/攣]轉;[時/攣]選;[鶯/攣]遠;[出/攣]癬;[柳/闌]懶;[邊/論]本;[求/闌]稈;[求/論]管;[氣/論]捆;[日/論]煖;[時/闌]損傘産;[鶯/闌]碗宛;[鶯/論]穩;[問/闌]滿;[出/闌]鏟喘;[鶯/黄]往;[直/籠]董;[他/籠]桶;[曾/籠]總;[問/籠]蚊;[求/龍]拱;[氣/龍]恐;[曾/龍]種腫准;[時/龍]筍;[邊/郎]榜;[求/郎]講敢;[土/順]冢;[時/郎]磉;[問/郎]莽;[出/郎]創;[柳/涼]两;[曾/涼]獎掌;[時/涼]賞想;[鶯/涼]養;[語/涼]仰;[非/涼]響享;[柳/藍]覽攬;[求/藍]減感橄;[氣/藍]坎;[直/藍]膽;[他/藍]坦毯;[曾/藍]井斬;[時/藍]省;[問/藍]蜢;[出/藍]醒;[非/藍]喊;[柳/連]斂臉;[邊/連]匾;[求/連]檢;[氣/連]遣;[直/連]典;[他/連]筅;[日/連]染;[時/連]鮮蘚;[鶯/連]掩;[柳/梨]李娌;[邊/梨]比;[求/梨]麂已杞;[氣/梨]起豈啟;[直/梨]砥抵邸裹詆;[他/梨]體;[曾/梨]止趾址旨指姊;[時/梨]死屎;[出/梨]恥齒;[非/梨]喜;[非/梨]匪;[柳/彪]柳;[求/彪]九玖久;[他/彪]丑;[曾/彪]酒;[日/彪]紐扭;[時/彪]首手守狩;[鶯/彪]有;[出/彪]醜;[非/彪]韭;[邊/勞]飽;[求/勞]狡;[氣/勞]考巧;[曾/勞]爪;[日/勞]惱;[時/勞]掃;[鶯/勞]拗;[出/勞]炒;[柳/羅]老;[邊/羅]宝;[氣/羅]可;[直/羅]倒島;[他/羅]討;[曾/羅]棗左;[時/羅]鎖嫂;[語/羅]我;[出/羅]草;[非/羅]好;[邊/粒]把;[直/粒]打;[鶯/粒]啞;[問/粒]馬;[語/粒]雅;[求/花]寡;[柳/肥]屢;[氣/肥]豬;[時/肥]水;[問/肥]美;[非/肥]毀;[求/犁]解;[氣/犁]楷愷;[直/犁]底;[日/犁]乃奶;[時/犁]洗;[柳/驢]旅褸呂侶縷律聿;[求/驢]舉矩;[曾/驢]煮主;[日/驢]女;[鶯/驢]與;[語/驢]語;[出/驢]娶取鼠;[非/驢]許;[柳/爐]櫓魯擄;[邊/爐]補;[求/爐]古賈鼓蠱;[氣/爐]苦虎哭琥;[頗/爐]譜;[他/爐]土;[時/爐]使;[鶯/爐]撫鵡;[問/爐]母姆;[出/爐]楚此;[非/爐]府。

通過對照比較,明本《六音字典》上聲與清本《六音字典》上聲相對應的字共有 332 個；清本《六音字典》上聲與現代政和方言上聲相對應的字共有 197 個。這説明經過近五百年的歷史長河裏，福建政和方言上聲調基本上是對應的，没有多大的變化。

第四節　明本、清本與現代政和方言入聲字的對應

在本節裏，我們擬將明本《六音字典》入聲字、清本《六音字典》入聲字與現代政和方言入聲字對應比較。

一、明本《六音字典》入聲與清本《六音字典》入聲對應

1. 明本《六音字典》入聲字與清本《六音字典》入聲字相對應共有 370 個：[立/備]靂履；[比/備]必碧壁逼偪嗶筆笔潷；[求/備]吉亟極棘急及頡給級；[氣/備]乞訖喫吃；[中/備]的狄逖翟荻笛棣商敵適；[片/備]辟霹僻闢癖臂疋匹鄙；[土/備]敕勅剔飭；[全/備]積績勣職隲只寂執稷即質；[人/備]匿溺；[生/備]豖視析示氏息熄失矢昔惜室釋識熾逝悉蟋筮螫舄耤；[又/備]一壹乙益泄逸佚鳦邑挹弋揖掖液奕弈驛馹懌；[名/備]覓蜜密秘泌；[出/備]七柒咫戚；[向/備]橘；[立/結]列烈；[求/結]揭竭偈結絜潔詰擷訐刧；[氣/結]缺蹷；[中/結]秩；[立/合]樂；[比/合]博駁；[求/合]箇個个閣各桷；[氣/合]確；[中/合]棹琢鐸惰奪；[片/合]僕樸朴撲扑璞粕拍頗叵；[土/合]託托拓籜；[全/合]作做濁濯倅砉；[人/合]諾；[生/合]朔索縮數槊稍；[又/合]惡恶能；[名/合]漠莫膜鏌；[言/合]噩愕；[出/合]錯；[向/合]合曷閤闔盍獲嗑；[比/克]伯；[求/克]格革虢鬲；[氣/克]刻咳尅剋；[土/克]踢忒；[全/克]則澤責仄昃節；[人/克]凹；[生/克]蝨虱錫；[又/克]抑厄厴；[出/克]漆側測惻策折；[立/百]辣粹；[比/百]百柏；[求/百]甲鉀覺隔袷峆；[氣/百]客；[中/百]答荅；[土/百]撻躂榻榻沓塔；[全/百]恰洽札匝愜；[人/百]吶訥；[生/百]儵薩；[又/百]壓挾押鴨；[出/百]插扱猷欱；[向/百]學；[向/化]活豁括；[土/出]塞；[生/出]戍；[又/出]郁委慰蔚；[出/出]出；[立/乃]舐瘍；[比/乃]八；[土/乃]貼帖；[全/乃]節；[求/述]匊掬鞠諊菊䓘橘鞫；[氣/述]曲粬屈傴；[中/述]竹竺築；[全/述]祝彝燭粥鬻；[人/述]衂；[生/述]叔淑菽宿蓿夙俗粟孰術恤衂述；[又/述]辱慾欲雨；[向/述]育毓旭畜勖棫域蜮罭閾；[立/古]碌䘵；[比/古]腹；[求/古]穀珏角觳谷鵠；[氣/古]殼；[中/古]篤督讀犢瀆櫝匱獨；[片/古]普仆；[土/古]

秃誘突;[全/古]足;[生/古]肅速餗觫束;[又/古]屋幄握沃;[名/古]睦牧沐穆霂;[出/古]刺逐蹙躅黜捉促;[向/古]福蝠楅幅輻服伏輹復複覆馥。

2.清本《六音字典》入聲字與明本《六音字典》入聲字相對應共有370個:[柳/梨]靋履;[邊/梨]必碧壁逼偪嗶筆滗笔蓽;[求/梨]吉亟極棘急及頡給級;[氣/梨]乞訖喫吃;[直/梨]的狄逖翟荻笛棣商敵適;[陂/梨]辟霹僻襞癖臂疋匹鄙;[他/梨]勅敕剔飭;[曾/梨]積績勣職隲只寂執稷即質;[日/梨]匿溺;[時/梨]豕視析示氏息熄失矢昔惜室釋識熾逝悉蟋筮螫舄耤;[鶯/梨]一壹乙益泄逸佚鳦邑挹弋揖掖液奕弈驛馹懌;[問/梨]覓蜜密秘泌;[出/梨]七咫戚;[非/梨]橘;[柳/籬]列烈;[求/籬]揭竭偈結絜潔詰擷訐劫;[氣/籬]缺鑿;[直/籬]秩;[柳/羅]樂;[邊/羅]博駁;[求/羅]箇個个閣各桷;[氣/羅]確;[直/羅]棹琢鐸惰奪;[頗/羅]僕朴撲璞粕拍頗叵;[他/羅]託托拓籜;[曾/羅]作做濁濯倅砮;[日/羅]諾;[時/羅]朔索縮數槊稍;[鶯/羅]惡能;[問/羅]漠莫膜鏌;[語/羅]蕚愕;[出/羅]錯;[非/羅]合曷閤闔盍獲嗑;[邊/栗]伯;[求/栗]格革虢鬲;[氣/栗]刻咳尅剋;[他/栗]踢忒;[曾/栗]則澤責仄昃節;[日/栗]凹;[時/栗]蝨虱錫;[鶯/栗]抑厄壓;[出/栗]漆側測惻策折;[柳/粒]辣粹;[邊/粒]百柏;[求/粒]甲鉀覺隔袷韐;[氣/粒]客;[直/粒]答荅;[他/粒]撻韃榻榼沓塔;[曾/粒]恰洽札匝愜;[日/粒]吶訥;[時/粒]倏薩;[鶯/粒]壓挾押鴨;[出/粒]插扱歃欱;[非/粒]學;[非/花]活豁括;[他/肥]塞;[時/肥]戍;[鶯/肥]郁委慰蔚;[出/肥]出;[柳/犁]舐舓;[邊/犁]八;[他/犁]貼帖;[曾/犁]節;[求/驢]匊掬鞠謅菊葷橶鞠;[氣/驢]曲粬屈傴;[直/驢]竹竺築;[曾/驢]祝彝燭粥鬻;[日/驢]屻;[時/驢]叔淑菽宿蓿夙俗粟孰術恤卹述;[鶯/驢]辱慾欲雨;[非/驢]育毓旭畜勛棫蜮域罭閾;[柳/爐]碌娽;[邊/爐]腹;[求/爐]穀珏角觳谷鵠;[氣/爐]殼;[直/爐]篤督讀犢瀆櫝匱獨;[頗/爐]普仆;[他/爐]秃誘突;[曾/爐]足;[時/爐]肅速餗觫束;[鶯/爐]屋幄握沃;[問/爐]睦牧沐穆霂;[出/爐]刺逐蹙躅黜捉促;[非/爐]福蝠楅幅輻服伏輹復複覆馥。

二、清本《六音字典》入聲與现代政和方言入聲對應

清本《六音字典》入聲字與现代政和方言入聲字相對應共有200個:[柳/梨]靋履;[邊/梨]必碧壁逼筆滗畢蓽;[求/梨]吉亟極棘急及頡給級;[氣/梨]乞訖;[直/梨]的狄敵適荻翟笛;[陂/梨]匹僻疋霹譬;[他/梨]剔;[曾/梨]織積職只績質;[日/梨]匿溺;[時/梨]失惜析晰昔逝悉釋室晳;[鶯/梨]一乙益邑驛液逸佚挹;[問/梨]覓蜜密秘;[出/梨]七柒;[柳/籬]列烈;[求/籬]潔刧揭謁結

竭；[氣/籬]缺；[直/籬]秩；[柳/羅]樂；[邊/羅]博駁；[求/羅]各個閣鴿；[氣/羅]確；[直/羅]奪卓；[頗/羅]粕拍僕樸璞；[他/羅]托；[曾/羅]作濁；[時/羅]索縮；[問/羅]莫膜；[語/羅]萼鄂；[非/羅]合；[邊/栗]伯；[求/栗]格革鬲膈；[氣/栗]刻咳尅；[他/栗]踢；[曾/栗]則仄節責；[時/栗]虱錫；[鶯/栗]壓；[出/栗]測側策；[柳/粒]辣；[邊/粒]百柏陌；[求/粒]甲覺隔胛；[氣/粒]客；[直/粒]答搭；[他/粒]塔榻；[曾/粒]劄；[時/粒]薩；[鶯/粒]壓押；[出/粒]插；[非/粒]學匣；[鶯/肥]慰蔚；[出/肥]出；[邊/犁]八；[他/犁]貼；[曾/犁]節；[求/驢]菊掬；[氣/驢]曲粬屈；[直/驢]竹築竺；[他/驢]畜；[曾/驢]粥；[時/驢]叔菽淑俗宿粟術述；[非/驢]育旭煦；[邊/爐]腹；[求/爐]角谷詰鵠；[氣/爐]殼；[直/爐]讀犢篤獨督；[頗/爐]僕；[他/爐]突禿；[時/爐]速束；[鶯/爐]屋握沃；[問/爐]沐睦穆牧；[出/爐]促捉觸；[非/爐]福伏幅複覆服。

通過對照比較，明本《六音字典》入聲與清本《六音字典》入聲相對應的字共有 370 個；清本《六音字典》入聲與現代政和方言入聲相對應的字共有 200 個。這説明經過近五百年的歷史長河裏，福建政和方言入聲調基本上是對應的，没有多大的變化。

第五節　結論

上文分析探討了明本《六音字典》、清本《六音字典》與現代政和方言聲調的演變情況，我們發現，平聲調和去聲調演變力度比較大，上聲和入聲基本上不變。具體情況請看下表：

明本《六音字典》與清本《六音字典》對應			
①平聲 512 字	①平聲	186 字	36.33%
	③平聲	32 字	6.25%
	⑤平聲	294 字	57.42%
③平聲 504 字	①平聲	14 字	2.78%
	③平聲	353 字	70.04%
	⑤平聲	137 字	27.18%

清本《六音字典》與現代政和方言對應			
①平聲 156 字	陰平	27 字	17.31%
	陽平 1	10 字	6.41%
	陽平 2	119 字	76.28%
③平聲 209 字	陰平	26 字	12.44%
	陽平 1	179 字	85.65%
	陽平 2	4 字	1.91%
⑤平聲 278 字	陰平	270 字	97.12%
	陽平 1	3 字	1.08%
	陽平 2	5 字	1.80%

續表

④上聲 332 字	④上聲	332 字	100%	④上聲 197 字	上聲	197 字	100%
②去聲 413 字	②去聲	403 字	97.58%	②去聲 284 字	陰去	281 字	98.94%
	⑥去聲	6 字	1.45%		陽去	3 字	1.06%
	⑧去聲	4 字	0.97%	⑥去聲 3 字	陰去	3 字	100%
⑥去聲 408 字	②去聲	7 字	1.72%				
	⑥去聲	2 字	0.49%	⑧去聲 235 字	陽去	222 字	94.47%
	⑧去聲	399 字	97.79%		陰去	13 字	5.53%
⑤入聲 370 字	⑦入聲	370 字	100%	⑦入聲 200 字	入聲	200 字	100%

上表展示了平聲調從兩類逐漸演變爲三類的過程,展示了去聲調由兩類演變爲三類再演變爲兩類的過程,也説明了上聲調和入聲調基本上不變的概況。我們認爲,平聲調和去聲調的演變過程是一種漸進變移的演變過程。就如徐通鏘在《歷史語言學》中所指出的:"音位的漸進變移反映音變的具體過程,這就是説,音變要經歷一定的時間長度。如果音系中有兩個不同的音位 A 和 B,其中 A 通過變異向 C 的方向轉移,但還没有完成演變的全過程,而這時候的 B 通過變異向 A 的方向演變,正好趕上 A 向 C 的方向轉移,那麼 B 與 A 就會合流,一起向 C 演變,反映時間在音變過程中的作用。這也是青年語法學派音變理論中的一個重要觀點,認爲音變只能在某一時段中起作用;如果没有趕上這一時段,即使處於同樣的語音條件下也不會發生同樣的音變。"

前文所述,明本①平聲與清本⑤平聲字對應居多,①平聲次之,③平聲最少。根據音位的漸進變移理論,明本①平聲向清本⑤平聲方向發展的同時,通過變異亦向清本①平聲和清本③平聲轉移。明本③平聲與清本③平聲字對應居多,⑤平聲次之,①平聲最少。明本③平聲向清本③平聲方向發展的同時,通過變異也向清本⑤平聲和清本①平聲轉移。在近四百年長時段裏,明本兩種平聲調音位的漸進變移,有調位的漸進,亦有調位變移與合流,從而,由明本兩種平聲調演變爲清本的三種平聲調。而清本①平聲主要向現代政和方言的陽平 2 調漸進,少數字通過變異亦向陰平聲轉移;清本③平聲主要向現代政和方言的陽平 1 調漸進,少數字通過變異亦向陰平聲轉移;清本⑤平聲主要向現代政和方言的陰平聲漸進;演變例太少,屬於例外。因只有百餘年時段,清本

①平聲、③平聲、⑤平聲分別與現代政和方言的陽平 2、陽平 1、陰平三種聲調基本上對應的。

明本②去聲向清本②去聲方向發展的同時，通過變異亦向清本⑥去聲和清本⑧去聲轉移；明本⑥去聲向清本⑧去聲方向發展的同時，通過變異亦向清本②去聲和清本⑥去聲轉移。這樣，就形成了清本三種去聲調類：②去聲、⑥去聲和⑧去聲。直至現代政和方言，清本②去聲和⑧去聲基本上與陰去和陽去對應，⑥去聲归入陰去調，已不存在了。

至於上聲和入聲，基本上是對應的。

第 六 章

清本《六音字典》聲韻調配合表

新近發現的閩北方言韻書手抄本《六音字典》有兩種：一是明朝正德乙亥年(即公元 1515 年)陳相手抄本《六音字典》(簡稱明本《六音字典》)，一是清朝光緒二十年歲次甲午陳家箎手抄本《六音字典》(簡稱清本《六音字典》)。它們所反映的音系分别爲明朝正德年間和清朝光緒年間福建閩北政和方言音系。

本章先簡介清本《六音字典》的音系，然後着重設計其聲韻調配合表。

一、清光緒本《六音字典》音系

1.聲母系統

清本《六音字典》正文前均有“十五音”，表示十五聲母。現與現代政和方言聲母系統比較如下：

清本《六音字典》“十五音”：	柳	邊	求	氣	直	頗	他	曾	日	時	鶯	問	語	出	非
《政和縣志·方言志》聲母系統：	l	p	k	k‘	t	p‘	t‘	ts	n	s	ø	m	ŋ	ts‘	x

2.韻母系統

清本《六音字典》有“三十四字母”，其中“6 坪字母”“12 勒字母”“13 林字母”“14 籠字母”“15 俵字母”“16 閬字母”“17 布字母”“18 樓字母”“19 鈴字母”“20 賠字母”“34 籔字母”缺頁。現將明、清二種《六音字典》進行對讀研究，並運用歷史比較法，將清本韻部系統進行擬測。

“6 坪字母”：經考證，明本“8 聲字母”擬音爲[iaŋ](馬重奇，2010)，清本《六音字典》“6 坪字母”缺頁，因明本《六音字典》“8 聲字母”比紐平聲一下有“坪平並”三字，筆者據此給“6 坪字母”擬音爲[iaŋ]。

“12 勒字母”：經考證，明本“27 直字母”擬音爲[ᴇ](馬重奇，2010)，清本

《六音字典》"12 勒字母"缺頁,因明本《六音字典》"27 直字母"立組入聲五下有"勒肋泐"3 字,筆者據此給"12 勒字母"擬音爲[ᴇ]。

"13 林字母":經考證,明本"9 音字母"擬音爲[eiŋ](馬重奇,2010),清本《六音字典》"13 林字母"缺頁,因明本《六音字典》"9 音字母"立組平聲一下有"林淋霖苓囹翎鴒綾"八字,筆者據此給"13 林字母"擬音爲[eiŋ]。

"14 籭字母":經考證,明本"16 射字母"擬音爲[ia](馬重奇,2010),清本《六音字典》"14 籭字母"缺頁,因明本《六音字典》"16 射字母"立組去聲二下有"籭曆"2 字,筆者據此給該字母擬音爲[ia]。

"15 俵字母":經考證,明本"19 條字母"擬音爲[iɔ](馬重奇,2010),清本《六音字典》"15 俵字母"缺頁,因明本《六音字典》"19 條字母"比組去聲二下有"裱俵"2 字,筆者據此給該字母擬音爲[iɔ]。

"16 閲字母":經考證,明本"17 舌字母"擬音爲[yɛ](馬重奇,2010),清本《六音字典》"16 閲字母"缺頁,因明本《六音字典》"17 舌字母"立組入聲五下有"越閲粤劣軏捋鉞"7 字,筆者據此給"16 閲字母"擬音爲[yɛ]。

"17 布字母":經考證,明本"26 果字母"擬音爲[o](馬重奇,2010),清本《六音字典》"17 布字母"缺頁,因明本《六音字典》"26 果字母"比組去聲二下有"布"字,筆者據此給該字母擬音爲[o]。

"18 樓字母":經考證,明本"32 後字母"擬音爲[e](馬重奇,2010),清本《六音字典》"18 樓字母"缺頁,因明本《六音字典》"32 後字母"立組平聲一下有"樓樓楼螻"4 字,筆者據此給該字母擬音爲[e]。

"19 鈴字母":經考證,明本"12 班字母"擬音爲[aiŋ](馬重奇,2010),清本《六音字典》"19 鈴字母"缺頁,因明本《六音字典》"12 班字母"立組平聲一下有"鈴聆伶零零零菱蔆棱蓮"10 字,筆者據此給該字母擬音爲[aiŋ]。

"20 賠字母":經考證,明本"29 推字母"擬音爲[uɛ](馬重奇,2010),清本《六音字典》"20 賠字母"缺頁,明本《六音字典》無此韻字。今據《政和縣志・方言》"同音字彙"[puɛ]下有"①杯悲②培陪③賠④⑤背裴輩倍貝壩簸⑥焙⑦不缽撥"諸字,筆者據此給"20 賠字母"擬音爲[uɛ]。

"34 簸字母":經考證,明本"30 闊字母"擬音爲[ue](馬重奇,2010),清本《六音字典》"34 簸字母"缺頁,因明本《六音字典》"30 闊字母"比組去聲二下有"簸簸鈸"3 字,筆者據此給"34 簸字母"擬音爲[ue]。

筆者把清本《六音字典》與明本《六音字典》進行對讀研究,根據現代政和方言音系,考證出清本《六音字典》"三十四字母"的音值。現特列表如下(音標[]後加上*號者爲缺頁韻):

1 肥[ui]	6 坪[iaŋ]*	11 籬[iɛ]	16 閱[yɛ]*	21 驢[y]	26 闌[ueiŋ]	31 勞[au]
2 花[ua]	7 梨[i]	12 勒[ᴇ]*	17 布[o]*	22 黄[uŋ]	27 栗[ɛ]	32 論[uaiŋ]
3 涼[iɔŋ]	8 藍[aŋ/uaŋ]	13 林[eiŋ]*	18 樓[e]*	23 籠[ɔŋ]	28 龍[œyŋ]	33 犁[ai]
4 郎[auŋ/uauŋ]	9 爐[u]	14 籮[ia]*	19 鈴[aiŋ]*	24 彪[iu]	29 聊[iau]	34 簸[ue]*
5 連[iŋ]	10 攣[yiŋ]	15 俵[iɔ]*	20 賠[uɛ]*	25 粒[a]	30 羅[ɔ]	

3.聲調系統比較

清本《六音字典》正文前面部分記載了聲調表示法:"凡稿中注一二三四五六七八等字者,如注二字以下各字,均寫在二圈之下,如注三字即屬第三圈之下,餘倣此。……一三五屬平,各音皆仄。其實大数能然,其小可不從。"這段話有以下四層意思:一是該書設置了八個聲調,以八個圈表示,凡標●號者表示下有韻字,凡○號者表示下無韻字。二是"一三五屬平",是説第一、第三、第五圈下的韻字屬平聲,即平聲一、平聲三、平聲五。三是"各音皆仄",是説第二、第四、第六、第七、第八均屬仄聲,具體地説,即去聲二、上聲四、去聲六、入聲七、去聲八。四是"其實大数能然,其小可不從",應該是説韻字數量大的,可以自成一調;数量小的,可以不从其調。考察全書體例,清本《六音字典》每個字母之下,横列"十五音",每個聲母之下均有8個圓圈,凡有調無字者,以○表示;凡有調有字者,以●表示。根據韻書設計,清本《六音字典》有以下八調:一平聲,二去聲,三平聲,四上聲,五平聲,六去聲,七入聲,八去聲。

二、清光緒本《六音字典》聲韻調配合表

本表共設計7幅表格,它們分别是:

[卷一]"肥花涼郎連"五部聲韻調配合表

[卷二]"坪梨藍爐攣"五部聲韻調配合表

[卷三]"籬勒林籮俵"五部聲韻調配合表

[卷四]"閱布樓鈴賠"五部聲韻調配合表

[卷五]"驢黄籠彪粒"五部聲韻調配合表

[卷六]"闌栗龍聊羅"五部聲韻調配合表

[卷七]"勞論犁簸"四部聲韻調配合表

[卷一]“肥花涼郎連”五部聲韻調配合表

字母	1 肥字母[ui]	2 花字母[ua]	3 涼字母[iɔŋ]	4 郎字母[auŋ/uauŋ]	5 連字母[iŋ]
聲調	平去平上平去入去	平去平上平去入去	平去平上平去入去	平去平上平去入去	平去平上平去入去
柳 l	○○○蘂○○○彙	○○○○○○○○	涼兩良兩○○○諒	郎○榔○郎○○浪	連輦憐斂○○○練
邊 p	肥○吠○○○○○	○○○○○○○○	○○○○○○○○	○范傍榜○○○梆	○辯扁匾邊○○便
求 k	○貴葵鬼規○○櫃	○卦○寡過○○○	○○强○羌○○○	崗艮江講剛○○○	○見乾檢慳○○件
氣 k'	○○虧豬窺揆○饋	○跨○○誇○○○	○○○繈腔○○控	○磡○慷康○○○	愆芡○遣虔○○○
直 t	○○○○追○○○	○○○○○○○○	○帳場○張○○杖	腸鈍屯黨皺○○○	纏奠畋典顛○○佃
頗 p'	○屁○○○○○○	○○○○○○○○	○○○○○○○○	○○○謗○○○○	○諞○○偏○○褊
他 t'	槌○○○○○塞累	○○○○○○○○	○杖○○○○○杖	○湯○倘湯○○○	○○○筅天○○○
曾 ts	○最垂○○○○墜	○○○○○○○○	牆障翔獎章○○上	臟壯存○○○○○	錢薦塹○○○○賤
日 n	○○○餒○○○○	○○○○○○○○	娘○○○○○○讓	瓤曩囊○○○○○	年撚○染○○○念
時 s	雖歲誰水○○戍瑞	○○○○○○○○	相相常想觴○○像	埇巽○顙桑○○遜	○扇○鮮先○○善
鶯 ø	闈畏違○威○鬱爲	○○○○蛀○○話	央○揚養○○○樣	○暗○穩秧○○慍 ○望忘○○○○○	鹽燕莚偃烟○○刄
問 m	○○○美○○○○	○○○○○○○○	○○○○○○○○	芒網茫惘○○○盲	○○○○○○○○
語 ŋ	○○危○○○○僞	○○○○○○○○	○○○仰○○○○	○○○○○○○○	○○○○○○○○
出 ts'	口翠○○○○出秫	○○○○○○○○	倡唱鏘敞昌○○○	床○○創窓○○○	○○○○○○○○
非 x	○唯爲毀輝○○穢	○畫華○華○活畫	○向○響香○○○	痕○渾○葷○○○ ○○○彷芳○○忿	○○○○○○○○

[卷二]“坪梨藍爐攣”五部聲韻調配合表

字母	6 坪字母[iaŋ]*	7 梨字母[i]	8 藍字母[aŋ/uaŋ]	9 爐字母[u]	10 攣字母[yiŋ]
聲調	平去平上平去入去	平去平上平去入去	平去平上平去入去	平去平上平去入去	平去平上平去入去
柳 l	○○○○○○○○	○○螭李○○靂利	嵐○○覽○○○濫	廬祿○鹵○○碌路	攣○○○○○○戀
邊 p	○○○○○○○○	○閉脾比碑○必婢	○柄棚○邦○○病	○簿瓠甫○○腹捕	○○○○○○○○
求 k	○○○○○○○○	旗繼奇麂肌○吉技	○鑒箝感羹○○紺	○僱○鼓孤○股○	拳卷權囝○○○近
氣 k'	○○○○○○○○	芞氣其起欹○憩嚱	○勘○坎堪○○抗	○庫箍虎○○酷○	勸○○券棬○○○
直 t	○○○○○○○○	○治題詆知○諟地	擔啖痰膽○○○○	圖苧屠寧都○督肚	○○傳轉○○○篆
頗 p'	○○○○○○○○	○髀疲痂披○褫鼻	彭○○○○○○○	○○○圃餔○普抱	○○○○○○○○
他 t'	○○○○○○○○	篩○○體○○剔遞	○○○袒貪○○○	○吐○土○○禿○	○○○剶○○○傳
曾 ts	○○○○○○○○	鶩之字指○○只桎	晴靜○井○○○○	○祖辭子芻○足○	泉○全○專○○賤
日 n	○○○○○○○○	○入尼你○○溺二	南○○○○○○○	帑○○○○○○努	○○○輭○○○韌
時 s	○○○○○○○○	時四○屎詩○示十	籃○生省三○○三	○數○史思○肅事	○線船徙喧○○墡
鶯 ø	○○○○○○○○	伊意移巳醫○益億	諳俺○黯○○○○	吁○扶舞烏○屋飫	猿怨鼋遠鴛○○院
問 m	○○○○○○○○	莫米麋美莫○覓味 ○○微○○○○未	盲○芃蜢○○○○	蒲木謨母○○牧霧	○○○○○○○○
語 ŋ	○○○○○○○○	○睨宜○○○○閾	岩○笻○○○○○	吳仵○○○○○誤	元○言○○○○願
出 ts'	○○○○○○○○	○焠○恥尸○七妻	○○○醒青○○○	茨次○此鱻○刺覷	○串○癬川○○○
非 x	○○○○○○○○	○戲姨喜希○橘綌 ○肺○肸霏○○○	○○降喊蚶○○憾 横○○○○○○汎	戲賦無府敷○伏互	園憲完○○○○眩

[卷三]"籬勒林簾俵"五部聲韻調配合表

字母	11 籬字母[iɛ]	12 勒字母[ᴇ]*	13 林字母[eiŋ]*	14 簾字母[ia]*	15 俵字母[iɔ]*
聲調	平去平上平去入去	平去平上平去入去	平去平上平去入去	平去平上平去入去	平去平上平去入去
柳 l	籬裂○○○○列例	○○○○○○○○	○○○○○○○○	○○○○○○○○	○○○○○○○○
邊 p	○○○○○○○避	○○○○○○○○	○○○○○○○○	○○○○○○○○	○○○○○○○○
求 k	○計○○○○偈椅	○○○○○○○○	○○○○○○○○	○○○○○○○○	○○○○○○○○
氣 k‘	○契○○○○缺欷	○○○○○○○○	○○○○○○○○	○○○○○○○○	○○○○○○○○
直 t	爹牒池○○○秩○	○○○○○○○○	○○○○○○○○	○○○○○○○○	○○○○○○○○
頗 p‘	○○○○○○○○	○○○○○○○○	○○○○○○○○	○○○○○○○○	○○○○○○○○
他 t‘	○○○○○○○○	○○○○○○○○	○○○○○○○○	○○○○○○○○	○○○○○○○○
曾 ts	○○○○○○○○	○○○○○○○○	○○○○○○○○	○○○○○○○○	○○○○○○○○
日 n	○○○○○○○○	○○○○○○○○	○○○○○○○○	○○○○○○○○	○○○○○○○○
時 s	○○○○○○○○	○○○○○○○○	○○○○○○○○	○○○○○○○○	○○○○○○○○
鶯 ø	○○○○○○○○	○○○○○○○○	○○○○○○○○	○○○○○○○○	○○○○○○○○
問 m	○○○○○○○○	○○○○○○○○	○○○○○○○○	○○○○○○○○	○○○○○○○○
語 ŋ	○○○○○○○○	○○○○○○○○	○○○○○○○○	○○○○○○○○	○○○○○○○○
出 ts‘	○○○○○○○○	○○○○○○○○	○○○○○○○○	○○○○○○○○	○○○○○○○○
非 x	○○○○○○○○	○○○○○○○○	○○○○○○○○	○○○○○○○○	○○○○○○○○

[卷四]"閱布樓鈴賠"五部聲韻調配合表

字母	16 閱字母[yɛ]*	17 布字母[o]*	18 樓字母[e]*	19 鈴字母[aiŋ]*	20 賠字母[uɛ]*
聲調	平去平上平去入去	平去平上平去入去	平去平上平去入去	平去平上平去入去	平去平上平去入去
柳 l	○○○○○○○○	○○○○○○○○	○○○○○○○○	○○○○○○○○	○○○○○○○○
邊 p	○○○○○○○○	○○○○○○○○	○○○○○○○○	○○○○○○○○	○○○○○○○○
求 k	○○○○○○○○	○○○○○○○○	○○○○○○○○	○○○○○○○○	○○○○○○○○
氣 k‘	○○○○○○○○	○○○○○○○○	○○○○○○○○	○○○○○○○○	○○○○○○○○
直 t	○○○○○○○○	○○○○○○○○	○○○○○○○○	○○○○○○○○	○○○○○○○○
頗 p‘	○○○○○○○○	○○○○○○○○	○○○○○○○○	○○○○○○○○	○○○○○○○○
他 t‘	○○○○○○○○	○○○○○○○○	○○○○○○○○	○○○○○○○○	○○○○○○○○
曾 ts	○○○○○○○○	○○○○○○○○	○○○○○○○○	○○○○○○○○	○○○○○○○○
日 n	○○○○○○○○	○○○○○○○○	○○○○○○○○	○○○○○○○○	○○○○○○○○
時 s	○○○○○○○○	○○○○○○○○	○○○○○○○○	○○○○○○○○	○○○○○○○○
鶯 ø	○○○○○○○○	○○○○○○○○	○○○○○○○○	○○○○○○○○	○○○○○○○○
問 m	○○○○○○○○	○○○○○○○○	○○○○○○○○	○○○○○○○○	○○○○○○○○
語 ŋ	○○○○○○○○	○○○○○○○○	○○○○○○○○	○○○○○○○○	○○○○○○○○
出 ts‘	○○○○○○○○	○○○○○○○○	○○○○○○○○	○○○○○○○○	○○○○○○○○
非 x	○○○○○○○○	○○○○○○○○	○○○○○○○○	○○○○○○○○	○○○○○○○○

[卷五]"驢黄籠彪粒"五部聲韻調配合表

字母	21 驢字母[y]	22 黄字母[uŋ]	23 籠字母[ɔŋ]	24 彪字母[iu]	25 粒字母[a]
聲調	平去平上平去入去	平去平上平去入去	平去平上平去入去	平去平上平去入去	平去平上平去入去
柳 l	○綠○適○○戮鑢	○○○○○○○○	籠隴瓏籠壟○○弄	騮○流柳○○○○	○腊○○○○辣○
邊 p	○○○○○○○○	○○○○○○○○	房放馮○○○○○	○○○○彪○○○	巴覇拔把吧拔陌白
求 k	俱懼裾杵居○匊距	○○狂廣光○○○	○貢○○公○○共	觩救求玖樛○○舅	豈賈袈○家○覺蚱
氣 k‘	○去○起區○屈○	○曠○○匡○○況	○○○孔空○○壙	○○○○邱○○咎	○○○○○○客○
直 t	廚鐵除○蛛○竹箸	○○○○○○○○	筒動仝凍東○○重	綢紂疇○○○○○	檫○○打○○答蹈
頗 p‘	○○○○○○○○	○○○○○○○○	篷○○捧蜂○○縫	○○○○○○○○	脬怕○○○○○○
他 t‘	宰○○○鼓○畜○	○○○○○○○○	虫○○桶通○○痛	○○○丑抽○○柱	○○○○他○闥○
曾 ts	薯鑄徐煮株○羇熟	○○○○○○○○	叢稷崇總棕○○○	○咒○酒周○○就	○銼查○查○札○
日 n	○肉○女○○衂○	○○○○○○○○	○○農○○○○○	牛忸○紐○○○○	○挐○那○○吶○
時 s	○褥胥○○○踧樹	○○○○○○○○	聾送○搓鬆○○○	蒐秀○狩脩○○岫	○搯○○沙○倏○
鶯 ø	樗浴兒爾○○辱孺	黄王隍枉汪○○旺	○甕○○癰○○○	油酉柔有憂○○宥	○○○啞鴉○篋○
問 m	○○○○○○○○	○○○○○○○○	蓬○蒙蚊○網○夢	○○○○○○○謬	○麥蟆馬○○○罵
語 ŋ	魚○○語○○○禦	○○○○○○○○	○○○○○○○○	○○○○○○○○	牙嶽○雅○○○訝
出 ts‘	○處○取趋○○蒔	○○○○○○○○	○○○○蔥○○○	○○酬醜秋○○樹	○鮓○○差○揷○
非 x	○○○許虛○旭雨	楻○○恍荒○○○	○○紅詛烘○○○ 丰○○琫楓○○奉	○○遊韭猴○○○	霞下夏○○○學夏

[卷六]"闌栗龍聊羅"五部聲韻調配合表

字母	26 闌字母[ueiŋ]	27 栗字母[ɛ]	28 龍字母[œyŋ]	29 聊字母[iau]	30 羅字母[ɔ]
聲調	平去平上平去入去	平去平上平去入去	平去平上平去入去	平去平上平去入去	平去平上平去入去
柳 l	闌卵灡懶○○○亂	○栗○○○○○○	龍○蘢○○○○○	○繚聊了○○○療	羅賂囉老○○樂栳
邊 p	盤半攙坂○○○拌	○帛○○○○伯○	○畚朋○崩○○○	○○○○○○○○	婆報袍寶波○駁播
求 k	裩貫寒稈官○○裸	○○○○○○恪○	窮祀窮拱君○○共	○○翹○○○○○	○膏○○餻○箇○
氣 k‘	環○○館寬○○○	○○○○○○欬○	芎燻蛩恐焄○○柏	○○○○○○○○	○去○可阿○笴○
直 t	○單檀○丹○○鍛	○○○○○○○○	藤中豚待中○○仲	○○○○○○○○	○到萄倒刀○卓啄
頗 p‘	盤噴弁○藩○○伴	○○○○○○○○	○噴○○○○○○	○○○○○○○○	○破○○○○叵○
他 t‘	灘炭○○攤○○○	○○○○○○踢○	潭○○寵○○○○	○窕○○○○○○	桃妥○討絛○朶○
曾 ts	攢瓚○○○○○○	臍○○仔○○則○	逡縱崧種繒眾○贈	○○○○○○○○	○竈早棗○○作○
日 n	難○○○○○○戁	如○○○○○凹滯	濃○能○○○○潤	○○○○○○○○	○娜那惱○○諾耎
時 s	○散○損山○○○	○○○○○○蝨笠	○舜戎筍○○○順	○○○○○○○○	○燥○嫂梭○縮鐲
鶯 ø	灣案樊婉安○○阮	○○○○○○抑○	○○○○○○○○	○○遙○○○○○	○唯○襖荷○惡荷
問 m	門○○滿○○○問	眉密○彪○○○宊	○○○○○○○○	○○○○○○○○	毛○摩○○○漠帽
語 ŋ	銀○頑○○○○玩	○逆○○○○○○	○○○○○○○○	○○○○○○○○	熬○鵝我○○矶餓
出 ts‘	○○○揣飧○○饌	○叱○○○○漆○	○○○○○○○○	○○○○○○○○	○錯○草瑳○錯挫
非 x	蕘旱桓○肝○○幻	○�○○○○○○	○虹雄○勲○○運	○○○○囂○○○	○盒河好○○合皓

[卷七]"勞論犁簸"四部聲韻調配合表

字母	31 勞字母[au]	32 論字母[uaiŋ]	33 犁字母[ai]	34 簸字母[ue]*
聲調	平去平上平去入去	平去平上平去入去	平去平上平去入去	平去平上平去入去
柳 l	撈○勞○○了○○	○○○○○○○論	犁○來○○○舐瀨	○○○○○○○○
邊 p	○豹苞飽包○○○	○○盤本○○○○	排拜笓擺棑○八罷	○○○○○○○○
求 k	○教攪鎬交○○酵	○棍○管○○○○	○蓋鮭改階○○○	○○○○○○○○
氣 k'	○靠○巧尻○○○	○困○稇琨○○○	○棄○楷蹊○○凱	○○○○○○○○
直 t	○道陶○○○○稻	○煖○○墩○○斷	蹄待台底歹○○怠	○○○○○○○○
頗 p'	○炮跑○抛○○抱	○○○○○○○○	○派○○○○○憊	○○○○○○○○
他 t'	○○○○慆○○○	吞○○○○○○○	○替○○苔○貼態	○○○○○○○○
曾 ts	○○颼爪遭○○罩	○鑽○○○○○○	儕債多○齋○節截	○○○○○○○○
日 n	○○鐃惱○○○鬧	○○○煖○○○嫩	泥納○乃○○○柰	○○○○○○○○
時 s	捎哨梢掃梢○○○	○巽○損孫○○蛋	○細鰓洗西○○曬	○○○○○○○○
鶯 ø	○抝○抝○○○燠	○○○穩煴○○藴 ○○文○○○○汶	○○○○○○○○	○○○○○○○○
問 m	○卯茅○○○○瑁	○○○○○○○○	○○○○○○○○	○○○○○○○○
語 ŋ	爻樂肴○○○○傲	○○○○○○○○	○○○○○○○○	○○○○○○○○
出 ts'	柴藻○炒摻○○○	○寸○○村○○○	○○○○○○○○	○○○○○○○○
非 x	昊孝豪○鴞○○浩	魂○○○昏○○○ ○○○紛分○○忿	○○○○○○○○	○○○○○○○○

由上表可見,該配合表與明朝正德本《六音字典》聲母系統和韻母系統基本上一致,所差異的在於聲調六調和八調的不同。

第　七　章

清本《六音字典》"土音"研究

關於文讀和白讀，徐通鏘在《歷史語言學》已有明確的定義："'文'與'白'代表兩種不同的語音系統，大體説來，白讀代表本方言的土語，文讀則是以本方言的音系所許可的範圍吸收某一標準語（現代的或古代的）的成分，從而在語音上向這一標準語靠近。……這些情況説明，文讀形式的産生是外方言、主要是權威方言影響的結果，是某一個語言系統的結構要素滲透到另一個系統中去的表現，因而音系中文白異讀之間的語音差異實質上相當於方言之間的語音對應關係。如果説，方言間的語音對應關係是語言分化的結果，那麼音系内部由文白兩種形式的區别所體現的對應關係則是語言匯合或統一的産物。"清本《六音字典》裏有着豐富的"土音"材料，反映了 20 世紀末福建閩北方言的底層。

本章對清本《六音字典》中 82 個"土音"字進行整理，並與同字别音者進行比照。经考察，有 28 个土音例（追、作、密、了、打、放、樹、杖、累、抱、起、共、縮、豈、如、唯、能、無、掘、塞、口、影、缺、架、宰、猶、贖、笠）与明本《六音字典》同，其餘 54 例是後起的土音字。这些土音字大致分爲四個情況：一是土音與文讀音字音節（包括聲、韻、調）"某同而某、某不同者"；二是土音與文讀音字音節"某、某同而某不同者"；三是土音與文讀音字音節"某、某、某均不同者"；四是只出現土音字，無文讀音字者。文中凡加【 】者指字母；凡加[ ]者指聲母；①、②、③、④、⑤、⑥、⑦、⑧，分别指平聲一、去聲二、平聲三、上聲四、平聲五、去聲六、入聲七、去聲八。

第一節　土音與文讀音音節"某同而某、某不同者"

在本節裏,我們整理出陽聲韻、陰聲韻、入聲韻字音節的三種不同情況,即"聲母同而韻母、聲調不同者","韻母同而聲母、聲調不同者","聲調同而聲母、韻母不同者"。

(一)聲母同而韻母、聲調不同者

據統計,《六音字典》"土音"與"文讀音"聲母同而韻母、聲調不同者共有12例。

1. 中古陽聲韻字在"土音"、"文讀音"中對應情況(3例)

梆:【郎字母】邊母"⑧梆擊～土音",擬音爲[pauŋ^{8}];【藍字母】邊母"⑤梆",擬音爲[paŋ^{5}]。按:二者同爲邊母,但前者【郎字母】去聲八,後者【藍字母】平聲五。《廣韻》:梆,博江切,幫母江韻平聲;高本漢、王力、董同龢均擬音[pɔŋ],普通話讀作 bāng。可見,後者聲母爲[p]且韻母爲[aŋ]、平聲,近於中古音,應爲文讀音;前者韻母爲[auŋ]且去聲,不合,應爲土音。

橄:【粒字母】求母"⑧橄土音",擬音爲[ka^{8}];【藍字母】求母"④橄",擬音爲[kaŋ^{4}]。按:二者同爲求母,但前者【粒字母】去聲八,後者【藍字母】上聲四。《廣韻》:橄,古覽切,見母談韻上聲;高本漢、王力、董同龢均擬音[kɑm],普通話讀作 gǎn。可見,後者陽聲韻且上聲,近於中古音和普通話,應爲文讀音;前者陰聲韻去聲,不合,應爲土音。

忙:【勞字母】問母"②忙土音",擬音爲[mau^{2}];【郎字母】問母"③忙",擬音爲[mauŋ^{3}]。按:二者同爲問母,但前者【勞字母】去聲二,後者【郎字母】平聲三。《廣韻》:忙,莫郎切,明母唐韻平聲;高本漢、王力、董同龢均擬音[mɑŋ],普通話讀作 máng。可見,後者爲陽聲韻、平聲近於中古音,應爲文讀音;前者爲陰聲韻、去聲,不合,應爲土音。

2. 中古陰聲韻字在"土音"、"文讀音"中對應情況(5例)

追:(1)【粒字母】[直]④追土音,擬音爲[ta^{4}];(2)【肥字母】[直]⑤追逐隨也,擬音爲[tui^{5}]。按:二者聲母同爲直母,但前者爲【粒字母】上聲調四,後者爲【肥字母】平聲調五。《廣韻》:追,陟隹切,知母脂韻平聲;高本漢擬音[ȶ^{w}i]、王力擬音[ȶwi]、董同龢擬音[ȶjuei],普通話讀作 zhuī。可見,後者韻母爲[ui]且平聲，近於中古音和普通話，應爲文讀音；前者韻母爲[a]且上聲，應爲土音。

了：(1)【勞字母】[柳]⑥了土音，擬音爲[lau^{6}]；(2)【聊字母】[柳]④了，擬音爲[liau^{4}]。按：二者聲母同爲柳母，但前者爲【勞字母】去聲調六，後者爲【聊字母】上聲調四。《廣韻》：了，盧鳥切，來母蕭上；高本漢、王力擬音[lieu]、董同龢擬音[liɛu]，普通話讀作 liǎo。可見，後者韻母爲[iau]且上聲，近於中古音和普通話，應爲文讀音；前者韻母爲[au]且去聲，不合，應爲土音。

壻：【郎字母】時母“①壻女夫也土音”，擬音爲[sauŋ^{1}]；【梨字母】時母“⑧壻”，擬音爲[si^{8}]。按：二者同爲時母，但前者【郎字母】平聲一，後者【梨字母】去聲八。《廣韻》：壻，蘇計切，心母齊韻去聲；高本漢、王力均擬音[siei]、董同龢擬音[siɛi]，普通話讀作 xù。可見，後者韻母爲[i]且去聲，近於中古音，應爲文讀音；前者陽聲韻且平聲，不合，應爲土音。

待：【龍字母】直母“④待土音”，擬音爲[tœyŋ^{4}]；【犁字母】直母“②待”，擬音爲[tai^{2}]。按：二者同爲直母，但前者【龍字母】上聲四，後者【犁字母】去聲二。《廣韻》：待，徒亥切，定母咍韻上聲；高本漢擬音[dhăi]、王力擬音[dhɒi]，董同龢擬音[dhʌi]，普通話讀作 dài。可見，後者韻母爲[ai]且去聲，近於中古音，應爲文讀音；前者爲陽聲韻、上聲，不合，應爲土音。

笊：【犁字母】曾母“②笊土音”，擬音爲[tsai^{2}]；【勞字母】曾母“④笊”，擬音爲[tsau^{4}]。按：二者同爲曾母，但前者【犁字母】去聲二，後者【勞字母】上聲四。《廣韻》：笊，側絞切，莊母肴韻上聲；高本漢擬音[tʂau]，王力、董同龢均擬音[tʃau]，普通話讀作 zhào。可見，後者韻母爲[au]且上聲，近於中古音和普通話，應爲文讀音；前者韻母爲[ai]且去聲，不合，應爲土音。

3. 中古入聲韻字在“土音”、“文讀音”中對應情況(3 例)

作：(1)【粒字母】[曾]⑤作土音，擬音爲[tsa^{5}]；(2)【羅字母】[曾]⑦作，擬音爲[tsɔ^{7}]。按：二者聲母同爲曾母，但前者爲【粒字母】平聲調五，後者爲【羅字母】入聲調七。《廣韻》：作，則落切，精母鐸韻入聲；高本漢、王力、董同龢均擬音[tsɑk]，普通話讀作 zuò。可見，後者羅字母、入聲近於中古音，應爲文讀音；前者粒字母、平聲不合，應爲土音。

密：(1)【栗字母】[問]②密土音不疏，擬音爲[mɛ^{2}]；(2)【梨字母】[問]⑦密，擬音爲[mi^{7}]。按：二者聲母同爲問母，但前者爲【栗字母】去聲調二，後者爲【梨字母】入聲調七。《廣韻》:密,美畢切,明母質韻入聲;高本漢、王力擬音[mǐět]、董同龢擬音[mjět],普通話讀作 mì。可見,後者韻母爲[i]且入聲,近於中古音,應爲文讀音;前者韻母爲[ɛ]且去聲,不合,應爲土音。

莫:【梨字母】問母"①莫$_{土音}$"、"⑤莫$_{土音}$",擬音爲[mi1][mi5];【羅字母】問母"⑦莫",擬音爲[mɔ7]。按:二者同爲問母,但前者【梨字母】平聲一,後者【羅字母】入聲七。《廣韻》:莫,慕各切,明母鐸韻入聲;高本漢、王力、董同龢均擬音[mɑk],普通話讀作 mò。可見,後者韻母爲[ɔ]且入聲,近於中古音,應爲文讀音;前者韻母爲[i]且平聲,不合,應爲土音。

(二)韻母同而聲母、聲調不同者

據統計,《六音字典》"土音"與"文讀音"韻母同而聲母、聲調不同者共有2例。

1. 中古陽聲韻字在"土音"、"文讀音"中對應情況(1例)

打:(1)【粒字母】[問]②打$_{土音}$,擬音爲[ma2];(2)【粒字母】[直]④打,擬音爲[ta4]。按:同爲【粒字母】,但前者聲母爲問母、去聲調二,後者爲直母、上聲調四。《廣韻》:打,都挺切,端母青韻上聲;高本漢、王力擬音[tieŋ]、董同龢擬音[tiɛŋ];《六書故》都假切,端母馬韻上聲;普通話讀作 dǎ。可見,後者聲母爲[t]且上聲,近於普通話,應爲文讀音;前者聲母爲[m]且去聲,不合,應爲土音。

2. 中古陰聲韻字在"土音"、"文讀音"中對應情況(1例)

哮:【勞字母】語母"①哮$_{土音}$",擬音爲[ŋau1];【勞字母】非母"⑤哮",擬音爲[xau5]。按:二者同爲【勞字母】,但前者語母平聲一,後者非母平聲五。《廣韻》:哮,許交切,曉母肴韻平聲;高本漢、王力、董同龢均擬音[xau],普通話讀作 xiào。可見,後者聲母爲[x],應爲文讀音;前者聲母爲[ŋ],不合,應爲土音。

(三)聲調同而聲母、韻母不同者

據統計,《六音字典》"土音"與"文讀音"韻母同而聲母、聲調不同者共有3例。

1. 中古陽聲韻字在"土音"、"文讀音"中對應情況(2例)

件:【涼字母】鶯母"⑧件$_{每～土音}$",擬音爲[iɔŋ8];【連字母】求母"⑧件$_{條～也}$",擬音爲[kiŋ8]。按:二者同爲去聲調八,但前者【涼字母】鶯母,后者【連字母】求母。《廣韻》:件,其輦切,群母仙韻上聲;高本漢、王力擬音[ghǐɛn]、董同龢擬音[ghjæn],普通話讀作 jiàn。後者韻母爲[iŋ]且求母,近於中古音,應爲文讀音;前者零聲母且韻母爲[iɔŋ],不合,應爲土音。

放:(1)【籠字母】[邊]②放土音,擬音爲[pɔŋ^{2}];(2)【郎字母】[鶯]②放,擬音爲[auŋ^{2}]。按:二者同爲去聲二,但前者韻母爲【籠字母】邊母,後者爲【郎字母】鶯母。《廣韻》:放,分網切,非母陽韻上聲;高本漢擬音[pi^{w}aŋ]、王力擬音[pĭwaŋ]、董同龢擬音[pjuɑŋ],普通話讀作 fàng。可見,前者聲母爲[p]且韻母爲[ɔŋ],近於中古音,應爲文讀音,誤爲土音;後者爲零聲母且韻母爲[auŋ],不合,應爲土音。

2. 中古陰聲韻字在"土音"、"文讀音"中對應情況(1 例)

樹:(1)【彪字母】[出]⑧樹土音,擬音爲[ts'iu^{8}];(2)【驢字母】[時]⑧樹~水,擬音爲[sy^{8}]。按:同爲去聲調八,但前者韻母爲【彪字母】出母,後者爲【驢字母】時母。《廣韻》:樹,臣庾切,母韻聲;高本漢、王力擬音[ʑĭu]、董同龢擬音[ʑjuo],普通話讀作 shù。可見,後者韻母爲[y]且聲母爲[s],近於中古音和普通話,應爲文讀音;前者韻母爲[iu]且聲母爲[ts'],不合,應爲土音。

第二節　土音與文讀音音節"某、某同而某不同者"

在本節裏,我們整理出陽聲韻、陰聲韻、入聲韻字音節的三種不同情況,即"聲母、韻母同而聲調不同者","韻母、聲調同而聲母不同者","聲母、聲調同而韻母不同者"。

(一)聲母、韻母同而聲調不同者

據統計,《六音字典》"土音"與"文讀音"聲母、韻母同而聲調不同者共有 6 例。

1. 中古陽聲韻字在"土音"、"文讀音"中對應情況(4 例)

杖:(1)【涼字母】[他]⑧杖土音,擬音爲[t'iɔŋ^{8}];(2)【涼字母】[他]②杖兵器倚也,擬音爲[t'iɔŋ^{2}]。按:同爲【涼字母】他母,但前者去聲調八,後者去聲調二。《廣韻》:杖,直兩切,澄母陽韻上聲;高本漢擬音[ȡhiaŋ]、王力擬音[ȡhĭaŋ]、董同龢擬音[ȡhjaŋ],普通話讀作 zhàng。可見,後者聲母爲[t],應爲文讀音;前者聲母爲[t'],不合,應爲土音。

洞:【籠字母】直母"②洞土音",擬音爲[tɔŋ^{2}];【籠字母】直母"⑧洞",擬音爲[tɔŋ^{8}]。按:二者同爲【籠字母】直母,但前者去聲二,後者去聲八。《廣韻》:

洞,徒弄切,定母東韻去聲;高本漢、王力、董同龢均擬音[dhuŋ],普通話讀作 dòng。可見,後者去聲八陽去,近於中古音,應爲文讀音;前者去聲二陰去,不合,應爲土音。

窮:【龍字母】求母"①窮土音",擬音爲[kœyŋ¹];【龍字母】求母"③窮",擬音爲[kœyŋ³]。按:二者同爲【龍字母】求母,但前者平聲一,後者平聲三。《廣韻》:窮,渠弓切,群母東韻平聲;高本漢、王力均擬音[ghǐuŋ],董同龢擬音[ghjuŋ],普通話讀作 qióng。可見,前者和後者均擬音爲[kœyŋ],無 i 介音,只是平聲一和平聲三的差別,與中古音和普通話不合,應均爲土音。

膿:【龍字母】日母"⑧膿土音",擬音爲[nœyŋ⁸];【龍字母】日母"①膿",擬音爲[nœyŋ¹]。按:二者同爲【龍字母】日母,但前者去聲八,後者平聲一。《廣韻》:膿,奴冬切,泥母冬韻平聲;高本漢、王力、董同龢均擬音[nuoŋ],普通話讀作 nóng。可見,後者平聲一近於中古音,應爲文讀音;前者去聲八不合,應爲土音。

2. 中古陰聲韻字在"土音"、"文讀音"中對應情況(1 例)

蜊:【梨字母】柳母"⑧蜊~蚊土音",擬音爲[li⁸];【梨字母】柳母"③蜊",擬音爲[li³]。按:二者同爲【梨字母】柳母,但前者去聲八,後者平聲三。《廣韻》:蜊,力脂切,來母脂韻平聲;高本漢、王力均擬音[li]、董同龢擬音[ljei],普通話讀作 lì。可見,後者平聲近於中古音,應爲文讀音;前者去聲,不合,應爲土音。

3. 中古入聲韻字在"土音"、"文讀音"中對應情況(1 例)

拔:【粒字母】邊母"③拔~貢土音",擬音爲[pa³];【粒字母】邊母"⑥拔~貢超~",擬音爲[pa⁶]。按:二者同爲【粒字母】邊母,但前者平聲三,後者去聲六。《廣韻》:拔,蒲撥切,並母末韻入聲;高本漢、王力、董同龢均擬音[bhuɑt],普通話讀作 bá。可見,前者和後者均擬音爲[pa],近於普通話,但聲調分別爲平聲和去聲,均非入聲調,不合,應均爲土音。

(二)韻母、聲調同而聲母不同者

據統計,《六音字典》"土音"與"文讀音"韻母、聲調同而聲母不同者共有 5 例。

1. 中古陽聲韻字在"土音"、"文讀音"中對應情況(1 例)

傳:【攣字母】他母"⑧傳土音",擬音爲[t'yiŋ⁸];【攣字母】直母"⑧傳",擬音爲[tyiŋ⁸]。按:二者同爲【攣字母】去聲八,但前者他母,後者直母。《廣韻》:

傳，知戀切，知母仙韻去聲；高本漢擬音[ȶĭ^{w}en]、王力擬音[ȶĭwɛn]、董同龢擬音[ȶjuæn]，普通話讀作 zhuàn。可見，後者聲母爲[t]，近於中古音，應爲文讀音；前者聲母爲[t‘]，不合，應爲土音。

2. 中古陰聲韻字在"土音"、"文讀音"中對應情況（2 例）

累：(1)【肥字母】[他]⑧累土音，擬音爲[t‘ui^{8}]；(2)【肥字母】[柳]⑧累，擬音爲[lui^{8}]。按：同爲【非字母】去聲調八，但前者聲母爲他母，後者爲柳母。《廣韻》：累，良僞切，來母支韻去聲；高本漢擬音[lĭ^{w}e]、王力擬音[lĭwe]、董同龢擬音[ljue]，普通話讀作 lèi。可見，後者聲母爲[l]且韻母爲[ui]，近於中古音和普通話，應爲文讀音；前者聲母爲[t‘]，不合，應爲土音。

姨：【梨字母】非母"③姨土音"，擬音爲[xi^{3}]；【梨字母】鶯母"③姨"，擬音爲[i^{3}]。按：二者同爲【梨字母】平聲，但前者非母，後者鶯母。《廣韻》：姨，以脂切，以母脂韻平聲；高本漢擬音[i]、王力擬音[ji]、董同龢擬音[jei]，普通話讀作 yí。可見，後者爲零聲母，近於中古音，應爲文讀音；前者聲母爲[x]，不合，應爲土音。

3. 中古入聲韻字在"土音"、"文讀音"中對應情況（2 例）

畜：【驢字母】他母"⑦畜六畜土音"，擬音爲[t‘y^{7}]；【驢字母】非母"⑦畜"，擬音爲[xy^{7}]。按：二者同爲【驢字母】入聲七，但前者他母，後者非母。《廣韻》：畜，許竹切，曉母屋韻入聲；高本漢、王力均擬音[xĭuk]、董同龢擬音[xjuk]，普通話讀作 xù。可見，後者聲母爲[h]且韻母爲[y]，近於中古音，應爲文讀音；前者聲母爲[t‘]且韻母爲[y]，不合，應爲土音。

熟：【驢字母】曾母"⑧熟生～土音"，擬音爲[tsy^{8}]；【驢字母】時母"⑧熟"，擬音爲[sy^{8}]。按：二者同爲【驢字母】去聲八，但前者曾母，後者時母。《廣韻》：熟，殊六切，禪母屋韻入聲；高本漢、王力均擬音[ʑĭuk]、董同龢擬音[ʑjuk]，普通話讀作 shú。可見，後者聲母爲[s]且韻母爲[y]，近於中古音，應爲文讀音；前者聲母爲[ts]，不合，應爲土音。

（三）聲母、聲調同而韻母不同者

據統計，《六音字典》"土音"與"文讀音"聲母、聲調同而韻母不同者共有 9 例。

1. 中古陽聲韻字在"土音"、"文讀音"中對應情況（4 例）

林：【藍字母】柳母"①林土音"，擬音爲[laŋ^{1}]；【林字母】柳母"①林"，擬音爲

[leiŋ¹]。按:二者同爲柳母平聲一,但前者【藍字母】,後者【林字母】。《廣韻》:林,力尋切,來母侵韻平聲;高本漢擬音[lǐəm]、王力擬音[lǐěm]、董同龢擬音[ljem],普通話讀作 lín。可見,後者韻母爲[eiŋ],主要母音比較弇,近於中古音,應爲文讀音;前者韻母爲[aŋ],主要母音比較侈,不合,應爲土音。

賤:【攣字母】曾母"⑧賤土音",擬音爲[tsyiŋ⁸];【連字母】曾母"⑧賤",擬音爲[tsiŋ⁸]。按:二者同爲曾母去聲八,但前者【攣字母】,後者【連字母】。《廣韻》:賤,才線切,從母仙韻去聲;高本漢、王力均擬音[dzhǐɛn]、董同龢擬音[dzhjæn],普通話讀作 jiàn。可見,前者韻母爲[yiŋ],後者韻母爲[iŋ],均與中古音不合,應均爲土音。

壙:【籠字母】氣母"⑧壙土音",擬音爲[k'ɔŋ⁸];【黄字母】氣母"⑧壙",擬音爲[k'uŋ⁸]。按:二者同爲氣母去聲八,但前者【籠字母】,後者【黄字母】。《廣韻》:壙,苦謗切,溪母唐韻去聲;高本漢、王力、董同龢均擬音[khuɑŋ],普通話讀作 kuàng。可見,前者聲母爲[k']且韻母爲[ɔŋ]、去聲八,後者聲母爲[k']且韻母爲[uŋ]、去聲八,均與中古音不合,應均爲土音。

共:(1)【籠字母】[求]⑧共土音,擬音爲[kɔŋ⁸];(2)【龍字母】[求]⑧共,擬音爲[kœyŋ⁸]。按:二者同爲求母、去聲調八,但前者韻母爲【籠字母】,後者韻母爲【龍字母】。《廣韻》:共,渠用切,群母鐘韻去聲;高本漢擬音[ghǐʷoŋ]、王力擬音[ghǐwoŋ]、董同龢擬音[ghjuoŋ],普通話讀作 gòng。可見,前者韻母爲[ɔŋ],近於普通話,應爲文讀音,誤爲土音;後者韻母爲[œyŋ],不合,應爲土音。

2. 中古陰聲韻字在"土音"、"文讀音"中對應情況(4 例)

抱:(1)【爐字母】[頗]⑧抱土音攬~,擬音爲[p'u⁸];(2)【勞字母】[頗]⑧抱,擬音爲[p'au⁸]。按:同爲片母、去聲調六,但前者韻母爲【古字母】,後者韻母爲【交字母】。《廣韻》:抱,薄浩切,並母豪韻上聲;高本漢、王力、董同龢均擬音[bhɑu],普通話讀作 bào。可見,後者韻母爲[au],近於中古音和普通話,應爲文讀音;前者韻母爲[u],與中古音不合,應爲土音。

起:(1)【驢字母】[氣]④起土音升也,擬音爲[k'y⁴];(2)【梨字母】[氣]④起,擬音爲[k'i⁴]。按:同爲氣母、上聲調四,但前者韻母爲【驢字母】,後者韻母爲【梨字母】。《廣韻》:起,墟裏切,溪母之韻上聲;高本漢擬音[khi]、王力擬音[khǐə]、董同龢擬音[khji],普通話讀作 qǐ。可見,後者聲母爲[k']且韻母爲

[i]，近於中古音和普通話，應爲文讀音；前者聲母爲[k‘]且韻母爲[y]，與中古音不合，應爲土音。

炇：【栗字母】問母"⑧炇土音"，擬音爲[mɛ8]；【梨字母】問母"⑧炇"，擬音爲[mi8]。按：二者同爲問母去聲八，但前者【栗字母】，後者【梨字母】。炇：《嶺外代答》音"魅"，明母脂韻去聲；高本漢、王力均擬音[mi]，董同龢擬音[mjĕi]，普通話讀作 mèi。可見，後者韻母爲[i]，近於中古音，應爲文讀音；前者韻母爲[ɛ]，與中古音不合，應爲土音。

去：【羅字母】氣母"②去土音"，擬音爲[k‘ɔ2]；【驢字母】氣母"②去"，擬音爲[k‘y2]。按：二者同爲氣母去聲二，但前者【羅字母】，後者【驢字母】。《廣韻》：去，羌舉切，溪母魚韻上聲；高本漢擬音[khĭʷo]、王力擬音[khĭo]，董同龢擬音[khjo]，普通話讀作 qù。可見，後者聲母爲[k‘]且韻母爲[y]，近於中古音，應爲文讀音；前者聲母爲[k‘]且韻母爲[ɔ]，不合，應爲土音。

3. 中古入聲韻字在"土音"、"文讀音"中對應情況(1 例)

沃：【驢字母】鶯母"⑦沃灌也土音"，擬音爲[y7]；【爐字母】鶯母"⑦沃"，擬音爲[u7]。按：二者同爲鶯母入聲七，但前者【驢字母】，後者【爐字母】。《廣韻》：沃，烏酷切，影母沃韻入聲；高本漢、董同龢均擬音[ʔuok]，王力擬音[uok]，普通話讀作 wò。可見，後者韻母爲[u]，近於中古音，應爲文讀音；前者韻母爲[y]，不合，應爲土音。

第三節　土音與文讀音音節"某、某、某均不同者"

在本節裏，我們整理出陽聲韻、陰聲韻、入聲韻字音節的三種不同情況，即"聲母、韻母、聲調均不同者"。

據統計，《六音字典》"土音"與"文讀音"聲母、韻母、聲調均不同者共有 9 例。

1. 中古陽聲韻字在"土音"、"文讀音"中對應情況(1 例)

能：(1)【羅字母】[鶯]⑦能土音，擬音爲[ɔ7]；(2)【龍字母】[日]③能，擬音爲[nœyŋ3]。按：聲母、韻母、聲調均不同者。《廣韻》：能，奴登切，泥母登韻平聲；高本漢、王力、董同龢均擬音[nəŋ]，普通話讀作 néng。可見，後者为陽聲韻且聲母爲[n]、平聲，近於中古音和普通話，應爲文讀音；前者爲陰聲韻且入聲，不合，應爲土音。

2. 中古陰聲韻字在“土音”、“文讀音”中對應情況(7 例)

豈:(1)【粒字母】[求]①豈土音反是,擬音爲[ka^{1}];(2)【梨字母】[氣]④豈,擬音爲[k‘i^{4}]。按:聲母、韻母、聲調均不同者。《廣韻》:豈,袪狶切,溪母微韻上聲;高本漢擬音[khjĕi]、王力擬音[khĭəi]、董同龢擬音[khjəi],普通話讀作 qǐ。可見,後者聲母爲[k‘]且韻母爲[i]、上聲,近於中古音和普通話,應爲文讀音;前者聲母爲[k]且韻母爲[a]、平聲,不合,應爲土音。

如:(1)【栗字母】[日]①如土音,擬音爲[nɛ^{1}];(2)【驢字母】[鶯]③如咸也～何又譬～又猶也,擬音爲[y^{3}]。按:聲母、韻母、聲調均不同者。《廣韻》:如,人諸切,日母魚韻平聲;高本漢擬音[ȵʑĭʷo]、王力擬音[ȵʑĭo]、董同龢擬音[ȵjo],普通話讀作 rú。可見,後者韻母爲[y],近於中古音和普通話,應爲文讀音;前者韻母爲[ɛ],不合,應爲土音。

唯:(1)【羅字母】[鶯]②唯土音,擬音爲[ɔ^{2}];(2)【肥字母】[非]③唯,擬音爲[xui^{3}]。按:聲母、韻母、聲調均不同者。《廣韻》:唯,以追切,以母脂韻平聲;高本漢擬音[ʷi]、王力擬音[jwi]、董同龢擬音[juei],普通話讀作 wéi。可見,後者聲母爲[h]且韻母爲[ui]、平聲,近於中古音和普通話,應爲文讀音;前者韻母爲[ɔ]且去聲,不合,應爲土音。

無:(1)【羅字母】[問]①無土音,擬音爲[mɔ^{1}];(2)【爐字母】[非]③無未有,擬音爲[xu^{3}]。按:聲母、韻母、聲調均不同者。《廣韻》:無,武夫切,微母虞韻平聲;高本漢、王力擬音[mĭu]、董同龢擬音[mjuo],普通話讀作 wú。可見,前者聲母爲[m]且韻母爲[ɔ],近於中古音,應爲文讀音,誤爲土音;後者聲母爲[h]且韻母爲[u],不合,應爲土音。

痂:【梨字母】頗母“④痂疥～土音”,擬音爲[p‘i^{4}];【粒字母】求母“⑤痂”,擬音爲[ka^{5}]。按:二者聲母、韻母、聲調均不相同。《廣韻》:痂,古牙切,見母麻韻平聲;高本漢、王力、董同龢均擬音[ka],普通話讀作 jiā。可見,後者聲母爲[k]且韻母爲[a]、平聲,近於中古音,應爲文讀音;前者聲母爲[p‘]且韻母爲[i]、上聲,不合,應爲土音。

細:【闌字母】日母“⑧細土音”,擬音爲[nueiŋ^{8}];【犁字母】時母“②細”,擬音爲[sai^{2}]。按:二者聲母、韻母、聲調均不相同。《廣韻》:細,蘇計切,心母齊韻去聲;高本漢、王力均擬音[siei],董同龢擬音[siɛi],普通話讀作 xì。可見,後者爲陰聲韻且聲母爲[s],近於中古音,應爲文讀音;前者陽聲韻且聲母爲[n],

不合，應爲土音。

多：【犁字母】曾母“③多土音”，擬音爲[tsai^3]；【羅字母】直母“⑤多”，擬音爲[tɔ^5]。按：二者聲母、韻母、聲調均不相同。《廣韻》：多，得何切，端母歌韻平聲；高本漢、王力、董同龢均擬音[tɑ]，普通話讀作 duō。可見，後者聲母爲[t]且韻母爲[ɔ]，近於中古音，應爲文讀音；前者聲母爲[ts]且韻母爲[ai]，不合，應爲土音。

3. 中古入聲韻字在“土音”、“文讀音”中對應情況(1例)

縮：(1)【驢字母】[直]③縮土音～頭不出，擬音爲[ty^3]；(2)【羅字母】[時]⑦縮，擬音爲[sɔ^7]。按：聲母、韻母、聲調均不同者。《廣韻》：縮，所六切，生母屋韻入聲；高本漢擬音[ʂĭuk]、王力擬音[ʃĭuk]、董同龢擬音[ʃĭuk]，普通話讀作 suō。可見，後者聲母爲[s]且韻母爲[ɔ]、入聲，近於中古音，應爲文讀音；前者聲母爲[t]且韻母爲[y]、平聲，不合，應爲土音。

第四節　只有土音字，無文讀音對應者

在本節裏，我們整理出《六音字典》中只有“土音”字而無“文讀音”字 33 例。

(一)中古陽聲韻字读作“土音”情況(10例)

影：(1)【郎字母】[鶯]④影土音，擬音爲[uŋ^4]。按：《廣韻》：影，於丙切，影母庚韻上聲；高本漢擬音[ʔĭɐŋ]、王力擬音[ĭɐŋ]、董同龢擬音[ʔjɐŋ]，普通話讀作 yǐng。可見，該土音字韻母爲[uŋ]，與中古音韻母不合，應爲土音。

麕：【梨字母】邊母“③麕鼻～正音土音”，擬音爲[pi^3]；無與之對應的文讀音字。按：《廣韻》：麕，同麇，居筠切，見母諄韻平聲；高本漢、王力均擬音[kĭuĕn]、董同龢擬音[kjuĕn]，普通話讀作 jūn。可見，該土音字聲母爲[p]且韻母爲[i]，與中古音不合，應爲土音。

生：【藍字母】時母“③生土音”，擬音爲[saŋ^3]；無與之對應的文讀音字。按：《廣韻》：生，所庚切，生母庚韻平聲；高本漢擬音[ʂɐŋ]，王力、董同龢均擬音[ʃɐŋ]，普通話讀作 shēng。可見，該土音字韻母爲[aŋ]，主要元音太侈，與中古音不合，應爲土音。

囝：【攣字母】求母“④囝土音”，擬音爲[kyiŋ^4]；無與之對應的文讀音字。

按:《集韻》:囝,九件切,見母仙韻上聲;高本漢、王力均擬音[kĭɛn],董同龢擬音[kjæ̆n],普通話讀作 jiǎn。可見,該土音字韻母爲[yiŋ],與中古音不合,應爲土音。

荒:【黄字母】非母"⑤荒土音",擬音爲[xuŋ5];無與之對應的文讀音字。按:《廣韻》:荒,呼光切,曉母唐韻平聲;高本漢擬音[xʷɑŋ],王力擬音[xuɑŋ],董同龢擬音[xuɑŋ],普通話讀作 huāng。可見,該土音字韻母爲[uŋ],與中古音不合,應爲土音。

壟:【籠字母】柳母"⑤壟田~土音",擬音爲[lɔŋ5];無與之對應的文讀音字。按:《廣韻》:壟,力踵切,來母鍾韻上聲;高本漢擬音[lĭʷoŋ],王力擬音[lĭʷoŋ],董同龢擬音[ljuoŋ],普通話讀作 lǒng。可見,該土音字爲平聲調,與中古音不合,應爲土音。

衕:【籠字母】柳母"⑧衕土音",擬音爲[lɔŋ8];無與之對應的文讀音字。按:《廣韻》:衕,徒弄切,定母東韻去聲;高本漢、王力、董同龢均擬音[dhuŋ],普通話讀作 tòng。可見,該土音字聲母爲[l],與中古音不合,應爲土音。

豘:【籠字母】直母"①豘豬~土音",擬音爲[tɔŋ1];無與之對應的文讀音字。按:《廣韻》:豘,徒渾切,定母魂韻平聲;高本漢、王力、董同龢均擬音[dhuən],普通話讀作 tún。可見,該土音字韻母爲[ɔŋ]且聲母爲[t],與中古音不合,應爲土音。

爰:【闌字母】鶯母"④爰土音",擬音爲[ueiŋ4];無與之對應的文讀音字。按:《廣韻》:爰,雨元切,雲母元韻平聲;高本漢擬音[jĭʷɐn]、王力擬音[ɣĭʷɐn],董同龢擬音[ɣiuɐn],普通話讀作 yuán。可見,該土音字韻母爲[ueiŋ]且聲調爲上聲,與中古音不合,應爲土音。

熏:【龍字母】氣母"②熏土音",擬音爲[k'œyŋ2];無與之對應的文讀音字。按:《廣韻》:熏,許雲切,曉母文韻平聲;高本漢、王力均擬音[xĭuən],董同龢擬音[xjuən],普通話讀作 xūn。可見,該土音字聲母爲[k']且韻母爲[œyŋ]、去聲,與中古音不合,應爲土音。

(二)中古陰聲韻字读作"土音"情況(14 例)

口:【肥字母】[出]①口土音,擬音爲[ts'ui1]。按:《廣韻》:口,苦後切,溪母侯韻上聲;高本漢擬音[khəu]、王力擬音[khəu]、董同龢擬音[khu],普通話讀作 kǒu。可見,該土音字聲母爲[ts']且韻母爲[ui]、平聲,與中古音不合,應爲土音。

架：(1)【驢字母】[氣]④架～厝土音，擬音爲[k'y⁴]。按：《廣韻》：架，古訝切，見母麻韻去聲；高本漢、王力、董同龢均擬音[ka]，普通話讀作 jià。可見，該土音字聲母爲[k']且韻母爲[y]、上聲，與中古音不合，應爲土音。

宰：(1)【驢字母】[他]①宰～豬土音，擬音爲[t'y¹]。按：《廣韻》：宰，作亥切，精母咍韻上聲；高本漢擬音[tsăi]、王力擬音[tsɒi]、董同龢擬音[tsʌi]，普通話讀作 zǎi。可見，該土音字聲母爲[t']且韻母爲[y]、平聲，與中古音不合，應爲土音。

猶：(1)【籠字母】[求]⑧猶土音原也，擬音爲[kɔŋ⁸]。按：《廣韻》：猶，以周切，以母尤韻平聲；高本漢擬音[i̯ə̯u]、王力擬音[jĭəu]、董同龢擬音[ju]，普通話讀作 yóu。可見，該土音字韻母爲[ɔŋ]且去聲八，與中古音不合，應爲土音。

醉：【肥字母】曾母"③醉土音"，擬音爲[tsui³]；無與之對應的文讀音字。按：《廣韻》：醉，將遂切，精母脂韻去聲；高本漢擬音[tsʷi]、王力擬音[tswi]、董同龢擬音[tsjuei]，普通話讀作 zuì。可見，該土音字平聲三，與中古音不合，應爲土音。

篦：【梨字母】邊母"⑧篦～梳土音"，擬音爲[pi⁸]；無與之對應的文讀音字。按：《廣韻》：篦，毗至切，並母脂韻去聲；高本漢、王力均擬音[bhi]、董同龢擬音[bhjei]，普通話讀作 bì。可見，該土音字去聲八，與中古音不合，應爲土音。

走：【爐字母】曾母"④走緊行也土音"，擬音爲[tsu⁴]；無與之對應的文讀音字。按：《廣韻》：走，子苟切，精母侯韻上聲；高本漢擬音[tsʔu]，王力擬音[tsəu]，董同龢擬音[tsu]，普通話讀作 zǒu。可見，該土音字韻母爲[u]，與中古音不合，應爲土音。

鰦：【驢字母】直母"②鰦魚～土音"，擬音爲[ty²]；無與之對應的文讀音字。按：《廣韻》也无此韻字。可見，該土音字應爲土音。

薯：【驢字母】曾母"①薯番～土音"，擬音爲[tsy¹]；無與之對應的文讀音字。按：《廣韻》：薯，常恕切，禪母魚韻去聲；高本漢擬音[ʑĭʷo]，王力擬音[ʑĭo]，董同龢擬音[ʑjo]，普通話讀作 shǔ。可見，該土音字聲母爲[ts]且平聲，與中古音和普通話不合，應爲土音。

柱:【彪字母】他母“⑧柱$_{\text{楝～音注土音}}$”,擬音爲[tʻiu^{8}];無與之對應的文讀音字。按:《廣韻》:柱,直主切,澄母虞韻上聲;高本漢、王力均擬音[ȡhǐu],董同龢擬音[ȡhjuo],普通話讀作 zhù。可見,該土音字聲母爲[tʻ]且韻母爲[iu],與中古音不合,應爲土音。

仔:【粟字母】曾母“④仔$_{\text{土音}}$”,擬音爲[tsɛ^{4}];無與之對應的文讀音字。按:《廣韻》:仔,即裏切,精母之韻上聲;高本漢擬音[tsi]、王力擬音[tsǐə],董同龢擬音[tsji],普通話讀作 zǐ。可見,該土音字韻母爲[ɛ],與中古音不合,應爲土音。

咩:【粟字母】問母“①咩$_{\text{土音}}$”,擬音爲[mɛ^{1}];無與之對應的文讀音字。按:《廣韻》:咩,迷爾切,明母支韻上聲;高本漢擬音[mǐě]、王力擬音[mǐe],董同龢擬音[mje],普通話讀作 miē。可見,該土音字韻母爲[ɛ]且平聲,與中古音不合,應爲土音。

乜:【粟字母】問母“①乜$_{\text{土音}}$”,擬音爲[mɛ^{1}];無與之對應的文讀音字。按:《廣韻》:乜,彌也切,明母麻韻上聲;高本漢擬音[mʔǎ]、王力擬音[mǐa],董同龢擬音[mia],普通話讀作 miē。可見,該土音字韻母爲[ɛ]且平聲,與中古音不合,應爲土音。

優:【羅字母】鶯母“⑦優$_{\text{土音}}$”,擬音爲[ɔ^{7}];無與之對應的文讀音字。按:《廣韻》:優,於求切,影母尤韻平聲;高本漢擬音[ʔǐə̯u]、王力擬音[ǐə̯u]、董同龢擬音[ʔju],普通話讀作 yōu。可見,該土音字韻母爲[ɔ]且入聲,與中古音不合,應爲土音。

(三)中古入聲韻字读作“土音”情況(8例)

掘:(1)【肥字母】[求]⑧掘$_{\text{鋤也土音}}$,擬音爲[kui^{8}];無文讀音字相對應。按:《廣韻》:掘,衢物切,群母物韻入聲;高本漢、王力擬音[ghǐuət]、董同龢擬音[ghjuət],普通話讀作 jué。可見,該土音字韻母爲[ui]且去聲八,與中古音入聲不合,應爲土音。

塞:(1)【肥字母】[他]⑦塞$_{\text{土音}}$,擬音爲[tʻui^{7}]。按:《廣韻》:塞,蘇則切,心母德韻入聲;高本漢、王力、董同龢均擬音[sək],普通話讀作 sè。可見,該土音字韻母爲[ui]且聲母爲[tʻ],與中古音不合,應爲土音。

缺:(1)【籬字母】[氣]⑦缺$_{\text{土音～破}}$,擬音爲[kʻiɛ^{7}]。按:《廣韻》:缺,傾雪切,溪

母薛韻入聲；高本漢擬音[khĭʷet]、王力擬音[khĭwɛt]、董同龢擬音[khjuæt]，普通話讀作 quē。可見，該土音字韻母爲[iɛ]，與中古音不合，應爲土音。

贖：(1)【彪字母】[出]④贖土音，擬音爲[ts'iu⁴]。按：《廣韻》：贖，神蜀切，船母燭韻入聲；高本漢擬音[dʑhĭʷok]、王力擬音[dʑhĭwok]、董同龢擬音[dʑhjuok]，普通話讀作 shú。可見，該土音字韻母爲[iu]且聲母爲[ts']、上聲，與中古音不合，應爲土音。

笠：(1)【栗字母】[時]⑧笠土音，擬音爲[sɛ⁸]。按：《廣韻》：笠，力入切，來母緝韻入聲；高本漢擬音[lĭəp]、王力擬音[lĭĕp]、董同龢擬音[ljep]，普通話讀作 lì。可見，該土音字聲母为[s]且去聲，與中古音不合，應爲土音。

礫：【栗字母】栁母"②礫瓦～土音"，擬音爲[lɛ²]；無與之對應的文讀音字。按：《廣韻》：礫，郎擊切，來母錫韻入聲；高本漢、王力均擬音[liek]，董同龢擬音[liɛk]，普通話讀作 lì。可見，該土音字韻母爲[ɛ]且去聲二，與中古音不合，應爲土音。

倅：【羅字母】曾母"⑦倅作～土音"，擬音爲[tsɔ⁷]；無與之對應的文讀音字。按：《廣韻》：倅，臧没切，精母没韻入聲；高本漢、王力、董同龢均擬音[tsuət]，普通話讀作 cuì。可見，該土音字韻母爲[ɔ]，與中古音不合，應爲土音。

節：【栗字母】曾母"⑦節土音"，擬音爲[tsɛ⁷]；【犁字母】曾母"⑦節土音"，擬音爲[tsai⁷]；無與之對應的文讀音字。按：《廣韻》：節，子結切，精母屑韻入聲；高本漢、王力擬音[tsiet]，董同龢擬音[tsiɛt]，普通話讀作 jié。可見，前者韻母爲[ɛ]，後者韻母爲[ai]，均與中古音不合，應爲土音。

第五節　結論

經考察，清本《六音字典》共出現"土音"字 77 例。其中土音與文讀音字音節(包括聲母、韻母、聲調)"某同而某、某不同者"有 16 例，占總數 22.08%；"某、某同而某不同者"有 20 例，占總數 25.97%；"某、某、某均不同者"有 9 例，占總數 11.69%；只有土音字，無文讀音對應者有 32 例占總數 41.56%。具体情況如下表：

土音與文讀音異讀情況		陽聲韻	陰聲韻	入聲韻
“某同而某、某不同者”:16 例	聲母同而韻母、聲調不同者:11 例	3 例	5 例	3 例
	韻母同而聲母、聲調不同者:2 例	1 例	1 例	——
	聲調同而聲母、韻母不同者:3 例	2 例	1 例	——
“某、某同而某不同者”:20 例	聲母、韻母同而聲調不同者:6 例	4 例	1 例	1 例
	韻母、聲調同而聲母不同者:5 例	1 例	2 例	2 例
	聲母、聲調同而韻母不同者:9 例	4 例	4 例	1 例
“某、某、某均不同者”:9 例	聲母、韻母、聲調均不同者:9 例	1 例	7 例	1 例
只有土音字,無文讀音對應者:32 例		10 例	14 例	8 例
合計:77 例		26 例	35 例	16 例

上表可見,陰聲韻土音例最多,每一種類型均有,共 35 例,占總數44.45%;陽聲韻其次,每一種類型均有,共 26 例,占總數 33.77%;入聲韻再其次,“韻母同而聲母、聲調不同者”“ 聲調同而聲母、韻母不同者”缺例外,其他類型均有,共 16 例,占總數 20.76%。

經考察,在 77 例“土音”中,一般爲陽聲韻與陽聲韻對應,陰聲韻與陰聲韻對應,入聲韻與入聲韻對應。

但還存在五種情況並不是這樣,共有 21 例:

第一,中古陽聲韻字的“土音”是陰聲韻,共 4 例:【粒字母】[求]“⑧橄土音”,擬音爲[ka^{8}];【勞字母】[問]“②忙土音”,擬音爲[mau^{2}];【粒字母】[問]②打土音,擬音爲[ma^{2}];【梨字母】邊母“③鼊鼻~正音土音”,擬音爲[pi^{3}]。

第二,中古陽聲韻字的“土音”是入聲韻,僅 1 例:【羅字母】[鶯]⑦能土音,擬音爲[ɔ^{7}]。

第三,中古陰聲韻字的“土音”是陽聲韻,共 4 例:【郎字母】[時]“①壻女夫也土音”,擬音爲[sauŋ^{1}];【龍字母】[直]“④待土音”,擬音爲[tœyŋ^{4}];【闌字母】[日]“⑧細土音”,擬音爲[nueiŋ^{8}];【籠字母】[求]⑧猶土音原也,擬音爲[kɔŋ^{8}]。

第四,中古陰聲韻字的“土音”是入聲韻,共 1 例:【羅字母】[鶯]“⑦優土音”,擬音爲[ɔ^{7}]。

第五,中古入聲韻字的“土音”是陰聲韻,共 11 例:【粒字母】[曾]⑤作土音,擬音爲[tsa^{5}];【栗字母】[問]②密土音不疏,擬音爲[mɛ^{2}];【梨字母】[問]“①莫土音”、“⑤莫土音”,擬音爲[mi^{1}]、[mi^{5}];【粒字母】[邊]“③拔~貢土音”,擬音爲[pa^{3}];【驢字母】[曾]“⑧熟生~土音”,擬音爲[tsy^{8}];【驢字母】[直]③縮土音~頭不出,擬音爲[ty^3];【肥字母】[求]⑧掘鋤也土音,擬音爲[kui^8];【彪字母】[出]④贖土音,擬音爲[ts'iu^4];【栗字母】[時]⑧笠土音,擬音爲[$sɛ^8$];【栗字母】[柳]"②礫瓦～土音",擬音爲[$lɛ^2$]。

總之,中古陽聲韻字在《六音字典》裏作"土音"的,有讀作陰聲韻的,有讀作入聲韻的;中古陰聲韻字作"土音"的,有讀作陽聲韻的,有讀作入聲韻的;中古入聲韻字作"土音"的,有讀作陰聲韻的。這些例字,《六音字典》均注明"土音",反映了20世紀末福建閩北方言"底層"的異源層次。

徐通鏘在《歷史語言學》中還指出:"文讀形式產生之後在語言系統中就出現了文與白的競爭,競爭的總趨勢一般都是文讀形式節節勝利,而白讀形式則節節'敗退',最後只能憑藉個別特殊的詞語與文讀形式抗爭。這種過程大體上可以分爲三個階段。"這三個階段是"文弱白强"、"文白相持"和"文强白弱"。那32例只有土音字而無文讀音對應者,則是"文弱白强"的一種表現,文讀形式的運用範圍受到極爲嚴格的辭彙條件的限制。45例土音屬"文白相持",文白共存,體現爲雅/土的風格色彩的差别。而《六音字典》還有大量的韻字找不到相對應的土音字,屬"文强白弱",與第一種現象的情況正好相反。如果説第一種現象的文讀形式要受到辭彙條件的嚴格限制,那麽第三種現象則是白讀形式要受到辭彙條件的限制。

下　編

明清韻書《六音字典》二種

（手抄本整理）

明正德本韻書《六音字典》之一

清光緒本韻書《六音字典》之二

六音字典

陳　相著
馬重奇整理

明朝正德乙亥年正月二日
手抄本

叁拾肆字母

穿本風通順朗唱聲音
坦橫班先備結射舌有
條嘹交合克百化果直
出推闊乃後述古

十五音

立比求气中片土全

人生又名言出向

六音

一平二去三平

四上五入六去

一穿字母

缺

二本字母

立 ①襴圇③瀾⑥論亂乱爛

比 ①般盤槃磐鎜②半撲糞坌畚③盆搬④坂跰本⑥拌飯土音米煮熟曰～

求 ①裙又音宮②棍貫灌③竿乾幹干鰥冠④管幹慣裸觀

气 ②困③昆崑焜鶤坤④懇墾匠綰館綑稛款

中 ①端丹②旦誕單暖煖土音③壇檀單彈剸團④頓遏詛剸墩墪撉敼⑥斷断彖塅叚緞煆

片	①跘盤鬆蟠磻②噴判⑥泮伴畔拚
土	②嘆攤炭③吞檔
全	②趲圳③薦荐
人	④暖煖⑥嫩難
生	②巽算筭散③山孫酸④產傘損⑥蛋瞬
又	①瘟氳昷溫囫②案按彎灣③安鞍尪紈聞煩文紋雯墳坟萬万
	樊礬焚④穩刎浲土音宛宛婉碗椀盌阮挽晚爰緩⑥奐奂煥宦
	換煴苑斡榦幹聞
名	③瞞④滿⑥悶
言	⑥玩翫
出	②寸③村④喘惴忖揣端腄舛剷鏟⑥粲燦纂篡撰竄爨
向	①鼾玕販魂葷昏惛婚悃歡懽分吩芬訜～話語不定②漢旱哻
	礬③番翻淮垣恒肝繁焚渾環還韓販④反返怴粉紛⑥忿份分

飯翰喚喚宦患憂慮病難禍苦宦患皆曰～

三風字母

求①光③狂誑④廣礦

气③筐匡⑥曠壙況貺

又①黄鰉鱑王惶②王③簧磺逢蓬煌凰皇④枉往影土音⑥旺汪

～洋又姓

向①楻酆豐丰豊②許③風瘋慌荒鋒峯封④諷謊恍慌捧棒⑥奉俸巷鳯鳳

四通字母

立	①礱籠壠壟垅②寵櫳③朧嚨④篭⑥衕弄
比	②放土音③房枋馮⑥棚～畘
求	②貢肛③公蚣工功攻⑥共土音猶土音如也如土音猶也
气	①空③埪牆～④孔⑥壙孔也
中	①東冬笭苳零疼桐箭筒㨂㹢烔爞②動棟③同仝銅洞彤童瞳
	④涷董懂⑥重
片	①帆帆蓬鬔②噴③蜂蠭④紡⑥縫
土	①虫虫蟲桐～椮～油③通熥④桶統⑥痛
全	①叢宗踪蹤②稯粽③崇棕椶④總揔
人	①儂我也②戇～倧不靈③農
生	①雙双鬆聳②宋送③遈④摗聳高～⑥倧痴貌
又	②雍邕甕罋蕹蓊～菜
名	①蓬②網③蒙④懞懵蚊⑥儚惛也夢夣梦瞢眠～

出 ①囪悤匆蔥聰聰畚③熜

向 ①轟②谼訌③烘紅鴻弘宏④誆駈瞞～

五順字母

立 ①龍龙竜輪②崙侖③倫～常五～經～隆興～～盛

比 ①奔犇②崩鵬硼磅～砂

求 ①莙裙褌幝②耙郡供共③君君羣群宮焪軍皸勻均鈞筠恭巾

弓芎躬窮勤懃④拱拲共⑥共娂

气 ①穹天也②窘迫困熏③囷圓廩菌埪銎斧孔④恐肯肎⑥柏柛

～蠟

中 ①登燈灯衷中忠藤籐②橙凳中③重豚豬也又音壇仲朧膡滕

騰驣④塚塚墓也待土也候也濛偃水也口其濛音蒙又涿音逐

	都不同
土	①潭④冢大也又～宰寵恩愛也尊榮也嗵～嗒欲吐不能言
全	①鍾愛育也鐘曾諄終②眾駿峻浚濬俊雋種憎縱從③從从松
	曾層餕④腫踵種煄橦准準有度又～繩⑥贈增～濟～送
人	①濃③能⑥膿釀臸閏潤
生	②舜③僧春搼旬絨純巡戎脣唇閏土音重月循茸④笋筍⑥順
	頌頙誦
又	①殷慇③翁焧④永尹允壅擁隱踴勇⑥用
名	⑥捫撫持也摸也悶們懣煩也鬱也
言	①銀③嚚誾顒頭大仰也又溫和
出	①春椿～木多壽衝衝充冲②銃④蠢愚～粗～
向	①兄凶兇殈兇胸曛勛功勞②訓虹熊③雲云紜紛～訟訜～芸
	～番耘庸傭容蓉營榮荣融雄⑥運詠咏韻

六朗字母

立 ①廊郎男子③狼④朗⑥浪

比 ②范③帮挷旁傍塝隣防④榜膀髈綁⑥蚌梆

求 ①岡崗鋼棡②碙鋼缸艮杠湏贛③江矼杠掆豇綱剛泔疘罡④講肱敢

气 ①康②囥磡③糠穅④匟~凳

中 ①腸屯迍搪撞當②沌蕩當鈍遁盾③堂螳~螂棠甘~長唐塘溏④黨党漲涱

片 ②膨脹也有④謗

土 ①糖②燙鍚③湯④蘯倘氽

全 ①尊遵樽罇粧妝莊裝臟②壵壯③庄存狀臟藏臧贓賍

人	①瓤瓜匏内之~③囊④曩昔古也
生	①霜孀糯喪桑②喪③礵④磉顙爽
又	②暗③菴莽庵秧④影土音形~
名	②網③茫忙芒杧④罔惘莽
言	○
出	①床牀窗窓窻牕②闖③倉蒼瘡滄④創始造也建立也生家立
	業
向	①痕齦杭油~③杭茶~行筕⑥項混溷慁豯
餘音	
又	②望放③忘亡亾凡几⑥妄謊
餘音	
向	①方芳坊妨③蚄蝲~④髣~髴○同也訪問倣依樣也⑥忿奮
	憒

七唱字母

立 ①梁粱量糧粮粁涼輛两②両刄③良④兩两両⑥量大~亮喨响~諒

比 〇

求 ①姜羌羌薑③强彊麞~~獐

气 ①彊畺腔控④强⑥控告也謽詞不屈

中 ①張②賬帳痮脹仗③塲場④長漸大之形⑥丈~夫杖相~

片 〇

土 ②暢鬯⑥杖土音撸~

全 ①牆墻將章②將~帥醬~油癢痒瘴癀~瘴障遮~保~③漿漿翔祥庠④掌槳奬⑥上

人　①娘⑥讓𧞤要土音欲用意

生　①相箱廂湘襄鑲商觴傷②上相③常嫦姮裳償嚐嘗④賞想鯗

⑥上象像尚匠

又　①陽昜暘楊洋羊佯央殃③鴦揚④養養𠏳攁⑥様様橡恙

名　○

言　④仰圹坊⑥懲危匿也

出　①倡②唱③昌菖鯧閶槍④搶廠敞曠也明也

向　②向餉餉饟③香萫～茹鄉④饗响享亯⑥鄉向先前也

八聲字母

立　①靈土音②領嶺袊封～衣～③嚨土音喉～

比　①坪平土音並土音～齊④餅夾～

求 ①檠②鏡③驚怕～行土音○發步

气 ①輕不重⑥扂廬門双閉貌

中 ②擲③呈程莖土音條～大～曰條小曰～④鍚⑥鄭姓埞細長

之田定土音的寔～居

片 ①闧死閂～命③栟～壁棚板

土 ①程姓③廳聽听土音④抽⑥定土音

全 ①正～月②正不偏③淡土音饏～口無味

人 ④惹土音亂矓曰～

生 ①鱗土音魚～②姓性土音～氣③聲声成土音完～

又 ①贏營守土音牧土音～牛⑥映照也

名 ①名⑥命

言 ①擎②徹危險摧撞～正音確⑥硯

出 ④請召～鏟鉄～⑥誘土音引動也

九音字母

向　①鄉白音香～村

立　①林淋霖苓囹翎鴒綾③伶齡琳臨靈霛灵夌凌陵鱗粦麟鄰

④稟廩懔蛉⑥令令另吝

比　①彬斌贇豳邠兵賓賔檳濱②屏迸並竝併并殯③平評萍枰蘋

苹頻顰貧憑凴凭笄屏～風④秉炳丙擯稟牝箳匾土音

求　①荊京勍巠經金今②敬禁勬③襟禽檎琴衾芩矜吟唫藑瓊琼

芹咸鹹④景警儆錦槿鑵謹覲緊⑥竟境競兢涇逕徑悭脛踁頸

妗

气　①矜欽卿②慶磬③擒捡取土音④頃傾

中　①陳蔯貞禎徵懲徰瀓澄珍殄丁叮②錠鎮定③停砧埕廛沉廷

庭霆第④鼎頂嵿⑥陣陳診烶

片 ①嬪娉②騁④品⑥儐接賓以禮曰～鬢鬓髩併合～

土 ②賺賺聽聴听④郢逞艇

全 ①精蒸烝烝晶真眞嗔斟諶忱旍津箴針旌征侵②浸㓎政症証

證進晋晉縉甑③尋蟳蠅繩绳情晉秦蓁④振賑震輾碾展炡整

枕煩眕軫遪⑥淨盡尽

人 ①人壬②耳③甯寧叮～凝④忍⑥認佞

生 ①申呻伸紳辛甡心身升陞昇新薪②成城乘性信③辰晨神宸

④審嬸稔沈姓又音廷溺也陜訊⑥聖圣勝剩堘塍甚慎穽阱腎

盛迅

又 ①英瑛因囙咽姻絪烟煙土音罌嬰纓櫻鸚鷹陰隂音②應应蔭

廕印④影飲引蚓⑥胤

名 ①眠喕③明民鳴④銘茗澠黽皿盟閩憫旻閔敏冥寘瞑螟

⑥命

言　③迎

出　①清深琛爯稱夋親②秤稱沁清③臣丞承誠成

盛⑥朕眹寢瀞靖倩

向　①眩頭～目花興㒷㒷馨②昤③盈楹寅夤形刑

型垶淫婬嬴羸瀛籯⑥欣忻

十坦字母

立　①藍嵐③襤④覽覧攬擥欖⑥嬾濫纜纜

比　①邦②柄③棚⑥病

求　①甘苷酣[illegible]羹尷更②監鑑降③箝哽④減感埂敢⑥絳橄

气　①嵌堪龕坑②勘④坎砍刋慊⑥抗伉亢

中 ②躭耽擔担但談淡亶③擔担映光照射開④膽胆詹石藥名

片 ①彭髭蟛④怦心急也又中直貌

土 ①貪攤④坦

全 ①晴②站靜④井靳

人 ①南喃喟楠男⑥腩

生 ①籃衫杉生③三叁甥④省⑥三

又 ②俺④晻晻畘

名 ①喃盲邙鋩杧③萌麗

言 ①巖岩③笷卭昂姸研厓涯崖

出 ①青眚參参②讖懺㦤錚④醒

向 ①蚶③憨㦏降鵬緘咸珩桁筧銜銜衡衡含啣函④喊噉⑥慽陷

十一横字母

求 ②門④梗桿簳笴

向 ①橫衡（合縱連～）橫（仄聲斜～正反）⑥犯氾汎範梵

十二班字母

立 ①鈴聆伶零零[illegible]菱蔆棱蓮④冷冷（不熱）

比 ①班斑冰氷頒③瓶鉼皈反（土音）④板版⑥辦办

求 ①跟艱肩庚姦奸趕耕畊間橺②更諫④耿炯烱迥繭狷亙柬揀

簡梗（桔～）⑥間澗

气 ①牽掌④犬⑥看看

中 ①填②店訂③亭釘甜覃④等等等點点戥典⑥簟憚墊誕殿軑

甸佃鄧

片 ①烹攀⑥瓠盼盼

土　①探撢汀虹蚗蟶③攤～簺

全　①爭榛臻②諍簪澂澄③蠶蚕殘④盞盏戔翦剪⑥掙棧搌

人　②乳赧赦

生　①槮滲潛珊②柵信土音③先土音～前生星笙牲猩猩森参参

哂土音④省

又　①恩鶯鸚

名　①蠻蛮鰻饅④猛⑥孟始也勉慢謾

言　③顔顏④眼研土音⑥雁鴈岸硬

出　①田③千臏

向　①亨③行嫌嫺嫻閑閒④悍罕罕很狠⑥行幸倖杏荇蘅莧恨限

十三先字母

立	①連嗹慩聯臁鐮簾嵰③匳匲奩籢憐廉濂④璉輦斂歛⑥殮煉
	練
比	①邊籩哽便②變辨辯辮卞汴③鞭扁萹蝙④匾貶⑥便辯
求	①兼堅鏗慳②劍劒儉見③幹癎④檢⑥件物~~數
气	①鉗箝謙愆慊僉騫②欠④謇蹇遣譴虔
中	①顛巔恬纏②奠③癲廛躔纏田鈿④典又音等⑥電玷坫
片	①偏②騙諞片⑥徧遍
土	①天添④筅忝忝
全	①錢銭伐沾霑毡氊氈檐簷蟾趱瞻②占佔尖箭牮戰③詹詹洊
	漸潛暫煎④戔漸⑥賤
人	①年黏②撚拈図④染⑥念
生	②扇煽庑敞③先仙屳僊苮䙴躚䆋④鮮殀暹陝⑥善羡善繕膳
	饍擅先

又 ①焉仍厭臙胭炎閻鹽塩盐湮堙甄煙烟②醃讌燕晏宴燕鷰饜
厭③焉蟬禪嬋然燃仁賢贒絃弦延筵涎神又音心辰又音心晨
又音心宸又音心④冉苒髯衍琰偃淹奄掩揜演閃⑥孕娠任荏
姙妊醃刄刃仞訒艶豔爓爛焰燄焱
名 ①綿棉緜緡④免冕浼勉俛⑥麵麪面
言 ③嚴迎④玁儼⑥硯唁彥喭諺驗驗
出 ①前媊③遷迁扦搴攓韆戔箋籛簽芊僉殲鮮鱻④淺諂⑥韱籛
向 ①還土音④穎頴顯顕險⑥現見

十四備字母

立 ①梨棃②力立③離离漓璃瓈黎藜蠡蠣蜊蛤～蔾蒺罹厘貍鸝
④里理鯉娌李醴禮礼⑤歷曆歴靂笠粒泣莅蒞履⑥莀麗灑肆

隸詈吏利浰痢俐荔厲勵蜊	**比** ①跛②備偹詖閉痺𤻃匣箄③碑脾鼙枇杷琵～琶④比毘佛号	庇妣匕彼⑤必碧璧逼偪嗶筆萆笔潷⑥被婢脾俾裨畢賁篦媲	貔陛敝蔽幣弊獘煏堛	**求** ①旗旂几机幾機譏饑磯璣畿妃姬飢肌𦠆基綦箕雞鷄未②記	紀繼继既既③奇踦錡騎琦棋碁麒期乩岐祈祁祇地神芪耆④	已屺麂䴈⑤吉頡桔杞給亟極急及級笈戟棘激⑥擊忮伎技跂	跂企舉足望人忌刮颳閪稽稭冀兾～望	**气** ①蜞唭②器噐氣氣气炁性～生～力棄弃嘰笑也③其欺欹攲	崎～嶇④起豈啟⑤戛乞訖迄喫吃～虧又食也⑥棟林嗽	**中** ①知②治治帝蒂褅締智知弟悌弟第值殖置置植致螮蝃③遲	緹隄弛踟～躕行不進貌持挈執也痔瘍生～姪侄笞奈題④氏	底碭舐砥抵邸低裏裡裹⑤的狄逖翟荻笛滌棣商嫡滴敵適⑥

	地
片	①被披疲困毗磇砒②吡④譬辟散疿林⑤辟霹僻甓癖臂疋匹
	辟鄙⑥鼻洟轡馬索
土	①鬄緆黐③䮂④體体醍⑤敕勅飭剔擿裼惕踢⑥涕啻遞懥疐
	疐迪
全	①糍鶿茲②之賫齎霽濟至志痣𦙍誌蒺～藜疾嫉集③齊字寺
	④止芷趾址旨指脂耑朿姊⑤積績勣功～職隲只枳～橈寂執
	稷汁即蟄𨑞質幟唧唎～踖戠⑥十桎輊耋又音脊背～瘠鶺雉
	摯馬彘稚
人	②日入③尼妮④你⑤匿惹溺尕⑥二弍貳廿二十也膩
生	①時峕塒哂②四肆式試拭弒侍恃實寔③詩絲鷥蕬司犀樨呞
	所④菌屎死⑤豕視析誓逝氏始枲示習息熄昔惜逝識熾織失
	矢悉蟋室釋蝕～日～月螫筮舃䄷晹飾⑥食是席夕汐膝埞婿

	戹扂拾掇也妝也斂也又與十同十數名
又	①衣依伊咿噫兮醫②意薏綺翌易翼翊異異瞖翳懿③夷夸胰
	姨遺貽詒怡移瘆匜迤頤漪奚㚇梔黃～藥名④以目苡苢苔～
	已矣顗⑤一壹乙益縊溢邑鳦挹逸弋曳拽揖掖液洩泄又音設
	漏～繹驛馹懌奕弈佚施⑥億憶驥倚衣著衣也
名	①伾丕②米③迷醾醿縻麋蘪蘼弼彌襧襏～雨衣奭弭羆④美
	媄⑤覓覔蜜簺密宻宓祕秘泌苾⑥味謎炏湄媚
言	①擬③嶷疑宜儀蟻霓麑倪俾益也又音呆姓輗⑥議義睨鯢誼
	乃毅詣藝蓺埶
出	①癡痴棲栖悽凄蚩②焠淬顇攡啛③妻尸屍黳④斥侈瘆恥耻
	齒⑤七柒戚繊慼輯緝戢咠咠葺咫咠⑥市豉妻
向	①羲曦犧奚傒嬉禧熹熺僖俙希稀絺欷晞睎攜携畦觿熙頤兮
	妃②戲戱④喜憙囍蟢嬉⑤橘桔覢⑥翕係系謁繫饒綌嗜耆鑴

斎齐肩屭

餘音

又 ③微薇⑥未㭱水激石貌

餘音

向 ①非霏扉菲悱飛②費廢未肺匪④篚斐翡靡⑥未㭱

十五結字母

立 ①篱籬離②裂㸹⑤列烈⑥例㔏㓼割也直破分也離

比 ③䠥㣯㣯〜㣯〜裂烑裞⑥避辟逃〜別土音各〜

求 ②計③傑杰⑤孑揭擖揭竭偈刦刧絜潔挈拗結詰擷纈襭袺以

衣貯物而扱訐⑥椅籋鑈鑷

气 ②契③佉⑤鈌㔾疾峡缺土音〜破⑥隙怯慊謙歉

中	①爺爹②牒蝶蜨糊～韘帙③池篪箎⑤揲疊疊迭跌瓞軼秩耊
	耋恎哲喆⑥弟同輩年幼曰～年長曰兄
片	①編篇枇批鈚錍撇擎②㓟斃撆④瞥瞥⑤別鼈鱉
土	①啼②剃⑤鐵銕鉄銅～⑥裫綳布帶
全	①匙②捷祭際炙𡨪制製掣③支吱嗶～枝肢芝梔這⑤接折浙
	𥜮䅬浹節癤壇⑥折土音～本消～
人	⑤聶攝揖躡鑷啞涅揑碮緤褹～輒
生	①些②世𠯑貰勢③施施水中黑蟲䗐楔熱⑤褻襲燮爕箑薛屑
	抴絏洩泄設⑥涉跋～又幹～陟升也
又	③爺爷④椅⑤擽擘～門⑥易早～便～
名	②篾篾撼芟也摩～滅消～
言	②業孽蠥妖～萌～皃災嵲臬頁碣⑤桀～王夏～商紂周幽
出	②棘土音凡有刺者皆曰～④扭扯拖～挪～⑤切竊窃徹轍澈

濕溼隰妾唼 鳧雁聚食聲 霎 雨聲水聲 ⑥ 蠘

向 ⑤ 脅脇恊協叶愶 火氣 ⿰風赤 熱氣 血～ 脈 蝎 桑蟲又音合 蠍 毒蟲 ⑥

穴壙～墓～巢～

十六射字母

立 ② ⿱⺮歷曆 ⑤ ⿰鬲殳⿰革巤～ 鞋 ⿰莭鳥 伯～

比 ② 摒軿 ⑤ 壁 板～ 鐴 犁～

求 ② 屐了～ 杖 杈艾擷 又音結捋取 咖 ③ 迦 釋～ 伽～ 藍 ⑤ 孓 孑～

生在污水中再化蚊

气 ③ 枝 土音 ⑥ ⿰支皮 石不平 ⿰月齒 口中断

中 ⑤ 摘謫 ⑥ ⿰米翟宅⿸广乇⿰忄乇⿰犭乇

片 ③ ⿰女屏 ④ ⿰足屏躄閂

土 ⑤竹折土音開⑥宅侂犵

全 ①遮罝罝嗟蹉～跎嵯嗟②樜蔗籍柘又音苧③邪④姐⑤跡迹

蹟者赭只磧脊土音背～⑥蹠跖腳掌也鷓～鴣蔗姓

人 ⑤讘多言也詁～語細也囁口動又私罵又～嚅矚目動貌鑷～

鉗峇山窟峆兩山相合喏唱咾甲由～

生 ②射～箭溜～卸脫瀉吐～譌話～舍盧～館～赦免～寬宥③

蛇尨～④寫～字捨舍棄也施～⑤剶㔉削去鑤㓼削也腽肉腤

臢也殹腽銛～眠睫長也⑥謝多～情～情義又姓榭凋也榭台

～欄杆社～稷麝～香鹿～

又 棳柴～役不使也衙～耶～疑鎁鋣鏌～劍名③亦又總也佘姓

④野田洋也山對～

名 ○

言 額～頭数～⑤骼胳瘠～

出 ①賖無現奢〻侈〻華撦裂起車輪〻俥〻剁②跅岥〻④扯扭

挪〻且苟〻⑤赤紅〻也詠私訟也根也内侮也伋憂也

向 ③㙤裂開⑤嚇哧謔唬威〻強〻口大言驚人

十七舌字母

立 ⑤越閲粤劣軏捋鉞

比 ○

求 ②寄譏飢土音餓也③篕⑤夬獗決訣抉赽刔劂撅譎暨飆⑥敿

擊也

气 ①旱蚤土音不晚快土音易也③開土音〻折⑤

厥闕灍𤁡鬫鈌蕨薇

中 ⑤輒

片 ○

土 ①獺水～

全 ②潹岩～虀薺苦～④紙帋⑤拙䈬餟輟止也綴

⑥絕断也高也

人 ①撋兩手相摩

生 ②舌稅④膸髓徙土音遷移曰～⑤雪說⑥抈

又 ①蛇土音⑤悅說曰刖断足也又姓

名 ○

言 ①鵝土音②月⑥外魏艾土音～葉

出 ①炊吹②脃脆⑤毳歠啜

向 ①歲嵗㞙土音②薈鱖翹③蕨土音蘮也⑤歇～宿～息

十八有字母

立 ①榴流③磂硫瑠琉留橊劉刘④栁柳鰡蛐⑥溜霤

比 ③彪滮淲驫飍

求 ①鳩丩朻樛②究赳赳朻救灸③求裘毬俅虯虬④九玖久乆⑥

舊舊旧舅

气 ①邱坵丘北蚯⑥咎臼柩

中 ①綢紬裯～綅②晝伷冑宙紂籕③儔疇躊丟④門帮～～門

片 ○

土 ①籌抽③簕筫餕餿四丑⑥柱～枋

全 ①周週賙惆舟州洲②咒呪③啁④酒⑥就鷲大鵬

人 ①牛瘤膉④鈕紐鼿杻扭

生 ①羞②秀莠琇繡狩獸③修收収搜④首手守箒帚⑥受授綬妯

岫袖袂胄壽壽䛳寿長命多㞢也

又 ①油憂優呦幽攸悠麀②又酉幼蕕③由繇猶酋猷泅卣蝣蝤遊

迂游尤泘友郵柔𠱥④有⑥侑宥囿右祐佑釉柚誘蜏牖

名　①繆缪⑥謬

言　○

出　①秋烁湫啾鶖秌鰍蝵鰍䲡③囚讎仇售酬酧醻

④肘醜䰩贖土音⑥㮋樹土音

向　①休烋庥貅猇④韮韭朽

十九條字母

立　④了掠憭瞭⑤罯⑥鐐撩繚燎橑廖料窌~窕

比　②㧒俵③標标麃彪驫猋杓④表婊裱殍莩

求　①橋茄②嶠渠土音伊也伊土音吾對~③僑驕嬌憍撟喬翹苕

㪷④矯皦憿噭曒皎皎⑤轎屩⑥叫嘂蕎蕎簥轎較

气	②竅⑤却卻郤腳⑥[illegible][illegible]蹻[illegible]～[illegible]
中	①朝嘲調凋彫雕錭[illegible]條刁[illegible]刟迢②弔吊肇兆釣瘹乾干土音
	中土音～穴的土音～力
片	①薸[illegible][illegible]瓢漂瞟飄旚④嫖票
土	①超挑②糶③祧恌⑥窕[illegible]兆剔也佻銚眺趒跳
全	①昭招憔顦～懆蕉鷦魈②照炤醮[illegible]嚼③焦噍燋樵爝釗椒④
	蘸⑤借酌勺芍著着⑥石岩鼫～鼠
人	①澆墝磽嬈鐃②葉你土音③堯蕘④鳥蔦梟繞遶⑥尿[illegible]屎～
生	①蕭瀟簫宵霄焇消逍②少笑咲肖鞘削③硝[illegible]斫④小少⑤殼
	谷土音米～拾土音⑥翹蓆羨土音稱～
又	①韶劭洮姚搖颻嗂窯～匋遙謠瑤②沼邵紹詔要當～③夭要
	腰喓妖殀邀④擾⑤若箬約弱龠⑥耀燿曜矅曜睔躍鷂要求也
名	苗[illegible]描②淼渺緲眇杪杳藐邈⑥廟庙妙

言　⑤虐瘧謔戲~

出　②厝③燒④悄⑤尺鑠爍灼焯妁約綽逴爵皭碩雀鵲⑥峭誚

向　①梟灱灲囂買傲烋亮諶也②藥葯救土音~命④曉

二十嘹字母

立　③鷯獠僚遼寮嘹燎[口卯]膠廖寥聊④了⑥窈

土　⑥窕窈~

二十一交字母

立　①瞭②嫪了土音③勞憥④[竹老]栳冗宂⑥橯[言勞]

比　②豹趵暴虣③包胞褒袍~複④飽

求	①交校蛟鮫挍郊皐醪膠②咬較效鞽皦窖筈酵耴教④攪姣佼
	栲杲稿稾槁縞犒鄗絞狡
气	②靠③跤骹尻④考巧丂覈
中	②道導盜③鼗逃跳淘陶濤⑥稻
片	②炮砲礮爆炰瀑臕③庖跑匏爬苞抛⑥抱枹炮泡雹
土	①滔韜慆叨檮
全	①蹧遭③巢④找爪笊爪搔悼⑥罩皂竈灶鏁～
人	①抝③鐃④懊瘸瘎碯硇惱腦⑥鬧
生	②哨帰邏③筲艄艘莦捎④掃埽稍艄散少嘯
又	②奧④拗折也折土音～斷
名	②卯夘昴③茅茆矛蟊苗蟲旄毛⑥貌冒耄
言	①爻咆嚎號③肴餚殽淆嗷起～敖鰲鼇遨翱囂⑥傲慜慠驕～
	咾樂

出 ①柴訾②操躁懆藻慥造耖噪③抄鈔勦勦④炒煼謅

向 ①昊昦②孝哮好③豪毫⑥效校浩晧皓鎬効

二十二合字母

立 ①羅蘿鑼欏潦灑癆癰勞朥膏~牢捽笿②落酪洛駱賂貉③囉

④老⑤樂落⑥栳

比 ①婆漊坡菠玻鄱皤褒鎛②報报薄萡鉑③保葆袍④寶宝⑤溥

博[illegible]賻剝駁磻⑥搏播泊亳

求 ②告誥嚳酷膏硞蚵魺③歌哥鴚高膏篙篙羔糕餻⑤閣各桷醘

箇個个

气 ①柯軻苛咼喎炣②去（土音）③疴呿（臥聲）④可哿涸⑤礚⑥盍搕

[illegible]吱搉

中	①多刀②到③駝佗它沱跎跎陀萄搋度愋墮馱④倒島⑤朶朵躲桌棹掉琢鐸惰奪橐梼⑥剁鋜啄噣搗擣
片	①叵波②破炌搉③吥⑤僕樸朴蹼撲扑攴璞粕拍頗皱濇叵
土	①桃妥②套③汑幍④討⑤託托拓拆籜唾涶
全	①槽鏪②佐坐座矬竈灶③曹早蚤慅④棗枣左⑤作做酢濁濯擢倅嵤
人	①挼挼③那挪儺娜曩④懊腝腦惱瑙碯⑤諾搭搦䂵⑥糯稬偄㚅
生	①唆②燥噪譟喿(鳥聲)③梭鮻艘尠④鎖鏁鎻肖嫂⑤朔嗍索縮數槊稍哈⑥钃
又	①猗漪荷阿婀(~娜美貌)③唯(土音應是)④襖⑤惡恶能(土音)⑥荷
名	①毛霉無(土音)③魔磨摩④妼⑤莫膜嗼漠鏌寞

幕麽么詸⑥磨帽

言 ①熬厫③娥哦誐俄蛾峨莪鵝吪誐訛譌囮④我⑤蕚萼咢愕噩

鰲⑥厄餓臥鏊鏕~餅~

出 ①瑳磋搓②繰繅澡敖糙糅鎈錯差~失~③臊鱢䐹④草艸⑤

擻挼錯差~失~斮⑥剉銼戳斲斵鑿

向 ①欱呵訶呵啊訶②嘶歊盍菓~耗秏③河何④好啊⑤合闔閤

盍熆餘矍嗑曷獲擭⑥賀號号霍鶴灝晧

二十三克字母

立 ②栗慄礫躒鱳鮊~

比 ②帛白爛抑土音揚反③咱⑤伯

求 ⑤格革虢鬲⑥嗝啯

气	③喀毅⑤刻咳克尅剋
中	②鐅卪③特⑥奀不大也弟仔～
片	②胉⿰片支拆聲
土	⑤忒忑慝踢
全	①臍②葥③擇④仔⑤謫澤責仄昃則節竹～柴～又音拉四季
	八～
人	①如土音或土音若土音⑤凹壑也⑥滯濘滑也又音能
生	⑤蝨虱錫⑥笠土音箬～李土音梨～二果
又	②⿰牜替驅牛⑤抑厄阨搤扼擪
名	①嘪咩眉嵋乜帷土音帳～壽～②宻密土音不疏④鬽魘⑤驀
	⑥湎
言	②逆鷊
出	②嘖叱鳴⑤漆榛側測～度惻愴也痛也折策

向　②齕齧也

二十四百字母

立　①詫②獵爉腊臘粒土音小隻⑤拉摺辣粹捋鬣毻鬛~鏑燎火輕燒過即止

比　①巴芭疤笆鲃爬杁②霸罷炛火声③犮拔窄琶跋④把靶杷⑤百柏喇叭門口也捌分也又作八㼏分~擛以手分開同擘蘗黄~藥名⑥白素也鉑~鈑耙耖~

求　①跏豈土音反是②賈價嫁稼唊呷椵福也大也遠也又音古駕枷架棚~罣笄③家佳嘉加枷頸刑笳袈假櫃岔峡岎⑤甲鉀袹韐袷裌膈隔槅郟夾蛤珏捔傕覺⑥蚱~蜢正音查

气　①峈挌咳小兒笑貌又音刻~嗽⑤客⑥喀欬聲殻笑声

中 ①茶嚞②蹕〜跢③爺土音父也④打追土音⑤答苔剳鎝褡妲〜己紂妃又姓黖晶痄〜棚寄土音〜信⑥蹅跢

片 ②怕帕杷③吧奤④拍教坊〜柝頤頭〜扁

土 ①他②齡⑤撻躂榻㯓塔毾鬣〜沓唱〜達語不正⑥踏蹋蹋〜

全 ②胙詐筰榨醡阼昨怎作土音卡閘閘牐鍘什③查楂柞皻蚱乍暫也⑤恰洽瀸齇㥦愜綪匝札蓋劄動

人 ②拏拿叭筃牽船竹索④那⑤訥言難也囼呐蚋蜹

生 ①蟋②掐臿蝔草聲涑霎小雨之声刺割声③紗杪砂沙鈔娑裟痧⑤薩撒刹霎小雨霅小雨耍嗄倏詉強事言語灑洒以水噴也⑥殤瘦病生〜又音豸

又 ①呪鴉鵶鳥〜揠丫阿④啞瘂瘂娅亞⑤壓挾〜價〜持俠狹筴押鴨匣柙⑥婗

名 ①拇拇踇姆娘奶又音母嬤〜②脉脈血〜麥打土音③蟇蟆蝦

～孆公～妐妻④馬媽瑪碼鰢～鮫⑥罵嗎

言　①牙芽砑～硝衙②樂岳嶽嘅艪③蕥④雅樂礼～⑥砑研～訝

嗟～疑怪迓御迎也

出　①差嵯扠叉吒②蛇鮭鮓⑤扱册冊欲歃臿插

向　①蝦虾霞瑕猳瘕病～廬遐颬葭蕸②下芐③夏廈⑤學斈鷽壆

⑥下暇評論～語聲一多言呷呀吡學

二十五化字母

求　①瓜抓柧觚②卦掛褂罣③擓擊也④剮骨摦碎割千刀萬～刮

～削又摩也寡小也單獨也孤特也又～妻賢妻也又諸侯自稱

曰～人言～德也

气　①誇夸娙跨胯

全 ③攎五指取物

又 ①蛙蝦蟇哇呱咼喎口戾不正也又音過姓也挖③搲嘩譁諠～華葉蕐驊～騮崋⑥話呱小兒啼

向 ②瓦化畫画③花華苍⑤法活括豁髮⑥乏泛畵

二十六果字母

比 ②布③補修～土音⑤剝削皮也⑥縛捆～

求 ①過經～～絡②過過过惡～④果菓⑤郭槨廓椁外棺鞹皮去毛也

气 ②課裸顆③科戈窠堝烹煉金銀之～驅土音趕追也

片 ⑥曝暴嚩熤晒也～干

又 ①窶窩藏受賊物渦鍋媧古之神聖女化萬物者也又姓又音蛙

蝸嗃趕牛声又小兒應声唼③和踒④伙家～物件也夥伴～⑥	和交～唱～調～	名②把摸摹⑥墓	向②貨涴撾嘫籥土音炭～③靴和踒⑥禍祸		二十七直字母		立①來土音到～⑤勒肋泐剝～	比⑤北匐⑥蔔苩蘿～	求⑥馘聝嗝	气①慫通～	中③戴土音～帽⑤德德得⑥直直	片⑤迫珀魄魂

土　③膷～力

全　②載儎③栽④簺棋～粒算盤～子莩～結～

生　①𤢖𠿒④使土音～用⑤色瑟𠛲劀嗇簥穡塞嚁口不能言㴔澀

澁翜譅䜧⑥勤土音不倦

又　③膉脰肉也肥也⑤哺餇哊⑥昝詩声

名　②墨⑤默䵲嚜嘿陌貊貉䖀

出　②菜摵③磋磨～搓合手～索繅繰澡洗也⑥賊吡馬牛声

向　②諾土音⑤黑赫哧嚇核駭劾⑥趌氣急嗐呷譺～語声

二十八出字母

立　③侶土音客～④藥蕊橤蕋花結～豨蕤藟壘縲屢屦窶餒餧⑥

類彙彚酹淚泪惢累睿叡耒

比	①肥疕痱③吠犬~
求	①規雉鳰龜龜亀圭閨邽珪歸𢷎归帰㙺逵皈②癸貴季桂③桂
	葵睽跪④鬼宄晷詭傀~儡⑥匱櫃掘土音挖也甂土音水~
气	①闚窺②揆③虧虧虧④猪土音牛~⑤倔~強屈欝~⑥簣潰
	鐀憒
中	③搥擊也追逐隨也⑤䶗小春⑥硾磓磓鎚膇縋劯萑草木垂
片	②屁⑥塩圤泥漿
土	①槌鎚錘秤~鉄~石~③頽頹⑤塞土音不通⑥膇重墜下腫
	病也累土音
全	②最③錐椎隹垂埀嗺隨随隋醉④嘴觜啐⑥砦瓶~遂豙墜檖
	璲悴瘁粹萃隊燧邃贅
人	④綏⑤踒婑⑥抐
生	①雖②嵗歲㞙③誰④水⑤戍⑥帨銳瑞睡

又 ①韋帬暐幃圍闈帷②諱畏③威煒違偉湋⑤鬱鬰欝～屈委萎

蔚尉熨慰喂煨揋懊恦郁⑥位衛衞胃渭謂為罻遺贈也

名 ④美媄渼

言 ③危桅巍嵬⑥偽

出 ①口土音②翠⑤出爩⑥秫

向 ①輝暉翬皹煇揮旟褌麾撝唯應是之声虺③爲為惟維沸土音

水大熱滾④毀譭朽⑤堉⑥惠蕙穗憓篲彗篲

二十九推字母

求 ②頟滑汔髻薈④粿⑤國国骨骨⑥傀～儡

气 ①魁奎盔悝②膾繪愧媿隗饋殨塊⑤壑窟郝姓

中 ②對对碓兑③堆磓以石投水也嗺口滿貌瘖脂生～④短⑤裰

	掇⑥兑袋帒及土音
片	①皮②配佩珮③坯坏初～⑥被
土	①炱擡炲熖湯～②退蜺蜕③梯匿剔④腿蹆⑤脫䠤褪⑥楞
全	②罪辠晬③裁⑤卒卆猝刹⑥拭土音
人	⑥内
生	①螺雷土音～公～响②賽率帥③衰瘊蓑縗褖瘦土音不肥⑤
	蟀蟋～刷唰鳥理毛涮洗～埽垢～⑥揀土音
又	①禾②欲土音好也③燠火～熟⑥碨渨隈隩澳
名	①梅玫霉久雨到～黴杤濕而生黑點莓苺～茲媒煤𥎊湈枚磨
	散糜～粥④每尾亹⑥昧寐妹秣魅魆
言	①兀杌
出	②碎礨③摧催崔趡漼⑤封剉割也剢切也塊土音數
向	①灰灰恢詼徽徽虺䨴硋硘㱶～身③揌回囘囬廻徊佪迴徘～

不進之貌茴大～洄水逆流②誨悔晦賄喙④火裏⑤忽惚或惑

迷～佛髴事物同曰髣～欻風吹起⑥會会佛佅儶神～核劾咈

不然之辞

三十闊字母

立②羸病也困也敗也瘦也老～

比②簸篏鈸⑤撥扒蹳癹不癶鉢砵芨華～髮正音法

求②怪恠④拐枴楇呆乖踝⑤葛～藤割砍～～禾适遁人名南宮～

气⑤渴濶闊⑥快蒯

中②帶縹舵舥柂戴蓬③達逹⑥大

片①剖掊掔破土音～壞⑤潑～水鏺劉

土②泰太③拕拖④癱⑥躂～皮

全　①災灾栽苗古災字哉②再在蕠③才財材④宰載⑥坐土音

人　①蚋食貌䖃齧也颯風動

生　①籮鯊魦③沙砂⑤殺絘敹�煞撒⑥殲生～豸虫～

又　④物蝍逶痿⑤勿弗艴拂沸茀紱黻

名　①麻蔴②末沒殁襪韈靺⑤抹塗～

言　②吾我也予也

出　⑤察詧擦

向　③懷懐槐剜～毛劃以刀割物④海⑤發䒥発喝～詩血土音～
脉⑥伐閥罰害壞亥

三十一乃字母

立　①犁犂③來耒逨萊⑤舐碭咶土音⑥賴頼賴癩箂藾

比 ①棑徘牌腓笄②拜敗誹③筏㛲簰⑤八捌⑥把〜倒罷休也邁
老〜

求 ①皆階堦該荄陔街雞鷄②介芥〜菜界世〜隔尬尷〜枅門
〜楒柴〜癬疥瘡〜廨官舍又公〜解觧戒警〜誡顭頭〜葢盇
盖〜世③鯕鮭觭〜貨頰面〜④解觧〜散〜脫屆箉竹分折〜
爿左右〜〜片杚槩平鬥斛者改更易也〜挽言土音⑤莢豆〜

气 ②棄土音拋也③溪谿嵠磎〜河開啟也欬④愷豈〜悌塏高爽
也鎧〜甲覬〜覦楷拭垢丐乞〜匄鈘也揩法也⑥慨愾〜嘆慷
〜概槩大〜丈率也及也

中 ①蹄蹏尻〜②代世也替也岱泰山貸借也黛青〜粉玳〜瑁
待候等也③駘跆踢也台星名又〜鼎三公之位抬擡扛也臺薹
閣〜歹不好也悖送行德行曰〜④底土音尾〜茵遮〜⑥怠倦
也懈〜殆危〜逮迨及也磆碗〜達達土音透〜

片	②派水分流也𠂢水衆貌岎分③㶀過愛④擺搖～～手肦片也
	⑥稗粃似禾憊憊惡也疲痡病也
土	②替換代也𩋗鞁～③胎𦙶懷孕苔青～駘地名～蕩廣大之意
	又劣馬⑤貼補～帖礼～字～怗安服也呫尝也劑～数穧禾把
	⑥態形象也體～
全	①儕自～齊齋斋臊反斎學堂②債欠～䌪緕～苧絲襍五彩相
	合雜～碎㩉～糞③寨營～𪘂～塞④載年也⑤節土音年～⑥
	截～鋸櫼柴～䤝列前
人	①坭泥土～涅塗也㧣打～𪎆～劑鈉打鐵③納內入也～籵衲
	補～④乃迺語詞奶嬭妳乳母⑤𪏻～糊又行貌凹凸反坳地～
	下也凹同⑥鼐鼎～耐忍～～心奈～何無～柰榇果名
生	①西～方粞米碎獅獸名又音師簁篩簏～樨木～桂花名䈂竹
	～②恓～惶細～嫩③蹀急行貌犲豺～狼鬛發多開～毸張羽

④洗滌也～垢葸恐懼⑤闔～縫～密⑥洒灑汛水也晒曬曝也

又 ①唉非然声②愛爱③哀悢閔也非痛之狀於声挨㧚～延埃塵

～④矮躷身短娭嬍～稱母娭喜樂⑤欸～呵嘆声歎急氣声䲸

黄～靄瑞～又雲集狀藹和氣餲味変也遏絶也以逆相隘咹窄

狹也閡止也塞也閉也蹳～尻⑥唛誶利害声

名 ②蕒苦～菜名不土音～～作③埋藏～霾風雨蒙霧④買賣反

⑥賣出～住～勱勉力也

言 ①倪姓呆不穩③呆～人頑～捱延～停～䶩牛～草鎧殺羊出

胎闤閉門声㝵戶樞声⑥碍礙阻～關～艾乂～葉刈割也[illegible]

～又音偽䫫無憂愁訝疑～別作迓非

出 ②蔡山～又姓棲栖米粉踩走也砌城磡③纔絶猜相～～疑差

衙役④采雜免埰卿大夫地採摘也～取綵～調彩文～～色

向 ①偕俱也强力也諧和～孩～兒骸～骨鞋鞵～襪④閂閂～⑤

瞎～眊⑥獬～豸蠏蟹蠏螃～懈倦也～怠邂～逅不期而會嗐

嘆声又大開口噧高声喊喝声薤～韮

三十二後字母

立 ①樓樓樓螻北～③鏤～刻婁離～嘍～囉摟牽～髏骷～剅細

切剾剜～④簍～籃甌瓟⑥陋鄙～漏～泄鍽～杓瘺瘡～

比 ①裒⑥鉋錫～齙～牙皰皺手擊人頭刨～削

求 ①溝～壑勾曲～劬～鐮鉤鈎釣～②夠足也厚厚土音不薄足

土音③猴似猿④苟～且狗犬也笱魚

詈耇老人之稱垢坸塵汙也瓟～甌菜名鈒刻也鏤姤遇也陰陽

相遇也易卦名⑥蒟積草搆結牽也構結也造也覯見遇也遘遇

也結～購以財買物煹舉火也媾～合詬詢罵詈彀弓矢持滿之

限斠平斗斛者

气 ①鏂②叩訌扣宼釦蔻簆皰面瘡

土 ①頭首也也起〜口〜面②透通〜超自投下也出也走也③偷

窃取婾薄也④鈄以言掇誘扒開取物⑥毒土音〜死〜人

全 ①鄹鄒姓騶〜虞緅青赤色鯫小魚陬正月為〜諏擇也②奏〜

告縐〜紗謅〜樂音美皺皺𣦢〜③醩糟酒〜④走緊行又跑〜

蚤蝨〜虱⑥驟馬疾行

人 ①撓〜屈乱〜坳〜嫪不順也③枴橋軟〜⑥耨耘也

生 ②瘦腴肥反〜脊嗽咳〜漱漱瀚滌也〜口瘖土音目反掃埽土

音〜箒③搜索也尋〜趍趨行不進廋廋匿也溲牛〜馬擻〜抖

愁患〜蒐索求也聚人民也治兵也又獵名④叟長老之稱瞍有

目而無眸子謂之〜⑥叟土音老也

又 ①毆打也謳長吟也〜歌甌茶〜漚水上泡嘔〜吐鷗水鳥摳衣

不躓步②抝㑊違也詏言逆幼山彎曲山④吼吽虎声⑥㖃犬吠	声	名 ①貓猫〜犬③謀計〜侔仝也齊等眸目瞳人牟奪也又牛鳴又	姓鍪鍪〜蟊食苗蟲④牡牝反又〜丹花畆畝畮田〜畎〜某厶	未通名以〜字代也⑥茂達生也〜盛榮〜誠謀也懋懋勉勤也	〜盛阜高山貿交易也又姓	言 ①歪〜斜齵齒參差也髃腢膊前骨也今人曰肩頭偶匹〜雙也	又〜然耦並耕也雙也藕蓮根	出 ②臭〜氣嗅鳥哀鳴声湊添〜搊摳絜衣④巢土音鳥居床⑥嗾	〜春〜搖	向 ①緱〜結又刀劍頭纏絲吼食物③㗋咒語㜌〜姆女名喉〜嚨	侯矦諸〜公〜又姓餱千料⑥后君妃也後也又姓逅邂〜不期	而遇也垕土神後〜尾先反候伺〜侍〜厚厚豐〜足〜

餘音

又③浮沉反蜉〜蝣烰火氣蒸上浯水貌痞腫也嚭噽大也春秋有伯〜○伯梨之孫也為吳太宰覆又音複○天〜地載○〜載

三十三述字母

立①閭〜山驢驴〜馬②綠緑青〜錄記也謄也騄〜駬駿馬也菉〜荳〜竹渌水名又水清也又姓六數名陸旱路也水對〜又高平曰〜又姓又同六坴〜梁越地又土塊曰〜又姓④聿自循也又發語詞律〜法〜例嵂嗚也呂吕陰律名言陰氣旅地陽氣也又長也又姓侶徒伴也朋也筥〜篇莒草可為席又姓旅客寓也道也眾也又姓又同膐膐膂〜力又眷骨遹自也遵也鷸知天將雨鳥褸襤〜縷絲〜駅疾飛⑥膚細切肉也鑢以刀鋸物慮思〜

謀〜憂〜濾漉去澤之水瀘瘕〜攄舒捞也戲慢侵也

求

①居〜住倨〜傲裾襟〜衣後又衣盛貌車〜駕②具辦也俱皆

也懼惧怕也句〜讀瞿姓昛小兒初語炬鉅火把鋸刀〜〜金③

衢街〜氍〜俞④舉擧〜薦〜起柠柜舂〜矩規〜苣菜名似茉

䑲距尻〜瓜〜⑤匊兩手奉物曰〜掬開也曲禮受珠玉者以〜

兩手承文恐隊落也躹屈身鞠〜養〜躬又窮勞詾鞫究問罪人

鞠裏也菊〜花映芳𨁂跤〜泦水文頚頭納水中齣笄簪〜頭㖼

訊罪人輂檋大駕車馬也又禹山行用之能令不滑虡鍾〜簴簨

〜篋⑥巨大也鉅火鋼拒抗〜怇慢恐也詎未知之詞洰渠蒲〜

又伊也蘧芙〜踞箕人傲〜坐形拘執也〜束局合〜蘧自得貌

又姓遽急迫又戰慄也據攄憑〜契〜懅惧慚醵礼器屨草履窶

貧無礼

气

①區分別嶇崎〜傴〜僂樞戶輪嘔山峻摳挈衣使不躓步又探

也毆〜逐驅馳〜又馬子又逐趕也〜牛〜豬〜蚊軀駒〜驢劬
敂勤也勞也樗木名②去往也求反呿臥声④起土音升也架土
音造屋⑤曲歌〜又彎〜粬麯麴酒母囷圓廩蛣似蠅屈鬱〜鋸
金未煉𠜾曲刀掘穿也傴不伸也

中

①猪豬牛〜犬〜櫥相〜櫥匱也廚庖〜②朮蒼〜鰍〜魚③鋤
〜頭掘土之器耡粗耕〜又起民合相佐助也躕躇躊〜猶豫也
又住足也除去之也篨〜籧蠩生〜縮土音〜頭不出⑤竹筍老
成〜竺天〜國名築砌〜〜牆篫〜物斸斸〜⑥箸筯碗對〜進
飯器軸抽也卷〜又車輪水又輻〜壽〜緖白布

片

○

土

①宰土音○殺也〜牛〜豬④皻掃〜樓〜又粗粟⑤朒縮也伸
反

全

①朱紅色又姓硃〜砂珠珍〜〜玉株相也蛛蜘蛛網蟲銖錙〜

殊異也～別茱～萸侏～儒短人咮禽食姝美也邾地名洙水名
誅責也殺也諸眾凡也藷～芋②渚水州溪渭著明也翥飛舉箸
～羅曙曉也潴水所停曰～怵惕也竦懼也又與誅同笁樂器所
以調弦住處居也注浸也註～解釋～炷香火咮雞鳴霔時雨蛀
齩物虫黈天子冕貯財～駐立馬～劄麈麋屬堅積土楮紙也聚
積～結～鑄以鉄～鼎壴樂也又姓裹③徐俆緩也安行又姓儲
君太子又積眾④煮烹～褚綿絮又姓主專也賓對～又王～⑤
蜀西～燭烛蠟～祝～頌～贊又姓馵馬後佐足白也粥糜～飯
～鬻～賣足充～又手～⑥熟青反又煮得曰～
人②肉月肌～血～④女未嫁謂～已嫁謂婦若父母於子雖嫁亦
曰～⑤衂刀傷䘐折骨衄鼻出血庮庯～屋將倒抐伸反枘屈木
恧慚～①忸惛～心亂也
生①荽荾芫～香料菜綏安～需用也濡沾～殳～杖也兵器嚅囁

〜②褥〜毯縟細也繁采暑炎熱署⿸广署官舍衙〜庶庻眾也謶多

言⿰亻庶〜羅杼竽機〜梭也妤婕〜女官贖〜回原物恕以己休人

曰〜又中心為〜祟鬼〜当妖星茜以竹縛物⿰口束吸吮也⿰口戌使犬

[illegible]声○〜[illegible]齭傷醋③書书詩〜史〜經〜舒紓寬〜〜暢又姓

須立待又必也鬚口毛疋相也又吏〜胥疏也有才智也諝才智

之稱糈糧也又音思祭神米也醑美酒湑露貌耔秄敗也贏反鄃

清河郡毹毺氍〜⑤叔父弟淑善也菽〜荳俶始也粟穀也⿰金粟〜

金宿隔夜又星〜蓿苜〜夙早也又〜昔恤䘏滑愛也賉賑也俗

風〜惡〜孰誰也述傳〜又姓術法〜鉥長針鮇魚名⑥續接連

緒基〜敘敍述〜〜起序次〜又〜頭又庠〜熟青反相〜塾鄉

學豎竪立也〜匾〜柱又小子鱮即連魚豎立也直也又童僕也

未冠者之又稱又貞姓裋所著褐毛布衣也嶼山在水中又海中

洲又海中洲上石山也墅田廬也村也圃也又准野字飼食養即

～豬嗣繼也後～又姓樹～水澍時雨也又水深

又

①於于郎居也又語詞姓唹笑也吁嘆声盂鉢也忏憂痛也盱望也緆殷冕芋大也雩舞山～名樗惡木②屬属類也囑吩咐浴沐也洗滌也吁嗟歎宇寓～宙天地四方曰～往古來今曰宙訏大也淤～堆～結③餘～剩俞姓榆桑～又姓瑜璵美玉覦覬～渝水名又变也窬穿～如咸也～何又譬～又猶也茹茅根又吞也而承上啟下詞咡吻也輀喪居儒碩學之稱又士也薷香～兒孫～小～又子也唲小兒言也又曲從貌又名言貌又強笑貌臾須～俄頃也又姓腴膏～之田肥田萸菜～庾量名又姓諛諂～予與我也余我也又姓羽舒聚也又禽毛也黍～稷歟與疑辭嶼水中有山旟旗～輿車也④與賜兵也予仝上賜也爾汝女你也邇近也耳口主言～主聽駬騄～駿馬也嘘～～吹聲⑤慾欲淫～私～雨～雨辱恥～汙～嗕羌別種名溽濕熱⑥欲愛願也鵒與

相關譽稱羨也名〜裕饒寬也有餘之意裕充〜絮繰餘為〜不

繰為又敝綿也又柳綿〜咡口旁也嚅危也煜耀盛也火光也禦

止也捍也當應答孺稚也〜子幼小之稱〜者親慕兒親慕父母

謂之〜子又姓之意小芋蕷薯預先也豫悦也澦喻曉譬〜諭告

曉也誓也又姓愉和悦之色愈更也逾踰越也

名 ○

言 ①魚水〜〜蝦漁捕魚人又優〜隅邱〜〜陬喁眾口聲下又聲

應嵎〜峽日出處②玉珠〜金〜鈺堅金鳿鳥名獄圄牢〜③虞

患也又姓愚不優曰〜 鄅地名④語〜言齬相值也圄图〜圉

掌馬人⑥禦馭進也使待〜撫〜統〜治也天子用物皆曰〜禹

〜王湯〜禺母猴屬又姓遇逢合也寓寄託也餌粉餅也

出 ①趨趋疾行也〜走②處虜处屍也制也定也止也息也留也又

姓嘍先賞也[illegible]驅牛聲[illegible]驅迫④鼠貓〜取索獲也收愛也攬資

也聚取處～事～和諏諮事⑤偣～佩不伸⑥蒔～田趣～味情

～志～

向

①虛虗～空㦆怯也譃妄也㽳病～痞歔耗鬼②呴～～言語順

也喣吹～也又與煦同曰笑貌溫潤之也呿臥聲④許承～應～

又姓滸水名⿱艹許虎～即也藥名續斷詡～大言也又和也普也⑤

育鯍長養生～⿰飠育焴～菜⿰忄育喅唷⿰亻育賣也畜六～～牲蓄聚也～

養淯聚滯鄐晉邑又姓昱日光疫瘟～又音役彧文盛棫小木叢

生域界區也蜮水鬼閾門限罭網罟魊小兒鬼昫日出溫呴溫也

和～矗直也聳上齊也高起也最勖勉也旭日初出也哻～腫⑥

雨～水落～晴对

三十四古字母

立

①盧姓蘆〜葦爐炉火〜鑪金〜鐵〜廬〜舍廬山名瀘水名鸕〜鷀顱頭骨轤轆〜上汲水圓轉木艫舡〜獹田犬鱸〜魚⿰歹盧壚皮〜臚戻也又腹前曰〜又傳也癚癰類⿰虘攴隱也矑日也黸黑也

②鹿鹿章〜漉井上汲水熝煉〜麓摝⿰扌录搖也⿰飠录⿰录殳祿禄俸〜福〜口〜

④麓〜足魯不敏又〜國擼舡搖則進艪艣舡〜澛鹵美味湯也⿰扌鹵搖動⿰忄虜⿰忄鹵⿰忄劳〜心感虜〜寇擄〜劫〜搶僇辰也

⑤簬簏盝箱〜碌劳〜⿰录皮〜皮娽〜〜猶碌碌簶留趢小兒行⿰黑鹿⿰黑录垢黑漉水〜蓼〜莪長大戮僇殺也刑〜

⑥鹵鹹〜鹽〜⿰言鹵言不定⿰口虜呼犬⿰口录笑也又鳥声嚕語也路道逢也露雨〜〜水露輅殷〜鷺〜鷥潞州名

比

②簿冊賬葡〜萄部六〜塯地名又侖〜鋇刀以介背僕奴〜又音布偏也怖怛也旆旗旒

③步郶瓠葫〜蘆菩〜薩

④輔〜左幫〜脯幹物⿰糸甫〜綴完衣補〜衣修〜

⑤卜占〜〜卦腹〜腑〜肚

⑥埠舡泊頭媍老母

求

①孤～獨寡呱小兒啼聲弧懸～父～母婺觚鄉飲之爵罟魚罟

菰山～香富～又音骷～髏姑～待又～媽酤沽買也又賣也殆

枯～槁辜罪嘷小兒嘑声鴣鷓～怙～恃②故又緣由固堅又執

～滯也哠𠰸羜啜～哺也顧顾回首視物也僱召人役使曰工～

嗀口声唃唂雉鳴③牯物反黏～麵糊～粘又粘有實也④古昔

也囊也從前曰～估～值～價罟魚網岵山無草詁訓～嘏～福

又音賈盬鈷茶～鼓皷瞽嵌股～份蠱～惑瘑～疕賈商也又音

嫁姓⑤穀榖珏粟也米～谷山～空～深～又仝穀角頭～牛～

箛英轂輪之中樞曰～觳盛酒巵又～觫懼貌告鵠鴻～擉～以

扠物羖羜牯牡也拇反

气

②庫倉～錢～褲袴絝挎～持刳判～④苦～味瘔～憷筈～竹

哭啼～滸水涯琥～珀即虎唌魖～鬼蔰～茵豆鄜地名虓⑤殼

壳皮～縠疋～愨誠願

中
①都盡皆曰～又皇～國～又京師曰～闍城台睍覩目見匋～

倒清尻～途伏地跿不履悇怀憂𪘏音楚圖畫彩也啚板～②苧

紵麻～妬妒女無子曰～又忌也又～嫉毒～藥柘桑～又音者

蠹～蝕齧書蟲又蛙也③塗埿也～抹又糊～途道路也唋吐也

荼～蘼又神～蒤～蘼徒但也眾也步行也～弟又師對瘏馬病

不行屠～戶豬～牛～賭～賻𪐴堵牆～貯貯居藏曰～佇立也

竚⑤篤～實誠～篫以手～物督殰病～讀誦念也牘尺～案～

瀆櫝匵櫃也黷黑垢瀆溝～犢獨牛仔觸犢牛相～獨独孤～又

～單惟～又專～䴷麥餅趨小兒行貌趺土音～倒⑥肚腸～杜

～鶥度法～踱鍍渡濟也又過江之舟韃～線羜五月羊䛙語不

了

片
③麩麱麬麮麥皮灰浦水濱鋪～列～張又床～蒲雉肉搏以手

圐之痡不能行溥大也廣也徧也詩小雅～天之下孟子引詩作

普葡蛋～④甫始大也浦～港黼～黻圃種菜～園⿰米甫餹餌晡視

貌餔食也晡申時曰～暯～曰～誧謀大也哺食在口也又返～

逋逃亡庯不能行⿺走甫匍～匐豧肥豚郙亭名捕擒捉舖店也脯盡

簠～簋器名鬴釜鑊也又鬥屬⿱父甫斧～鉞～斤父漁～某～譜家

～宗～⿰目菐眼暗日花醭酢生自～也⑤普遍也～通潽水名訃～

聞仆～偃⿰足卜越⿰足伏自踼赴至也告也⿺走复行⿺走甫～趁葡⿱宀复伏也⑥袱

包～袝衣齊貌雹土音雨抱土音攬～

土

②吐～瀉嘔～兔鼠～菟～蕬⿰虎兔鳥～虎也④土坭也凸凹反⑤

秃無髮也～頭⿰扌秃杖指～⿸疒秃首瘍也⿰言秃狡猾碡田器⿰禾突耘田湥突

唐～⿰亻突傏～怢忽忘⿰黑兔黑～朏臀也⿰突刂刺入⿰亶刂刀傷忑忐～

全

①茲今也孳～畜滋～潤～益磁～器石可引針嗞～嗟鼒鼎～

齊衣不縫孜～勤睢關～蒭～蕘雛芻乳鳥⿰女芻有娠撮捎取也菆

功肉且葅澤草曰〻苴麻無子曰〻沮水名又姓疽癰〻趄齟齬

詛咀〻嚼諮咨問也茨茅〻又積也又姓粢祭米資〻質〻財姿

豐〻趦〻趄恣縱肆淄水名鄑鄉名緇黑色菑耕田一歲曰〻又

作災輜載之物車錙〻銖貲〻財雌疵破病也醇反美反訿訾毀

也誠也誚也呰髭須也上曰〻下曰須②自己也從也祖〻翁〻

母族房〻蔟〻花爼〻豆钃刺也斸③租苗〻利〻借〻阻〻止

〻霸鉏耘器閦助幫〻扶〻詞句〻言〻祠〻堂慈〻愛仁〻〻

悲辭辞退〻措〻〻訟〻謝④子父對又地支名又先生曰夫子

組〻綬沮止遏也抑也滓澱濁也朿止也跐走也紫赤也音此梓

音辭○杉樹⑤足滿也無欠也又姓又去声過也哫言求媚⑥呰

〻皺吁鳥声喌喌呼雞呰口毀

人

①奴〻僕〻婢孥妻子伮勁力駑駘下乘砮石可為金笯鳥籠弩

似箭⑥怒〻氣怨〻喜反詉〻惡努帑勉也用力

生

①師～傅老～又先生獅～子獸名螄～螺疏疎稀也～遠又親

反蔬蔬菜～梳梳嘶馬鳴声又音要廝賤役即東～澌思又所念

～想偲詳勉緦三月服葳葳苦～草～蘇蘓姓酥酒名酴～醂穌

甦死而復生癬病蕬～欄私利己曰～公反司～寇②泗～水駟

～者一乘四馬兩服兩驂是也又姓嗽咳～音瘦賜增～賞～錫

賜也又音趚側行肆放～愬塑坭堆結素白也平～常～嗉鳥得

食處摗暗取物愫直情塐埏也象物訴～呈告～數数数額～算

～嗽吹火声㪗打声穌怒也鋉鋸声疎～章～表④史籍也～經

～書使令役也所～也處～寓～⑤肅嚴～～靜鷫驌～驌良馬

朿束～縛～帶又約～又修速緊急也餗鼎實易鼎四爻覆公～

觫觳～簌謖人名佩偦～不伸⑥耜耒～似如也～像姒褒～使

遺人聘問曰～巳地支名祀俟竢糇竢待也候也伺候也思有心

～士學以居位曰～又未娶亦曰～又～卒又事也大事曰公小

事曰〻仕為官曰〻事世務大曰政小曰〻又法度曰政動作雲為奉也食

又 ①惡驚嘆窅深目也深遠貌杇塗墁器論語糞土之牆不可〻也②污汙〻穢鄔地名又姓⿰虎鳥虎也侮慢侵也輕也戲弄惡憎嫌也愛反瘀血壅病○形銷鑠而〻傷③烏黑也又〻鴉嶋武文對又〻王鵡鸚〻能言④蕪荒〻撫巡〻〻起養舞儛廡〻廊憮愛也躌踐履塢熓火藏煉扶〻持佐助也又姓⑤屋〻宇居〻齷〻齪握幄帷〻喔雞鳴声又咿强笑貌偓〻佺鶩水鳥剭刑誅也〻刀⿰屋阝地名渥沾濡沃溉灌也又姓肥鶩馳〻婺女星父弧母〻⿺走烏走輕貌噁怒也⿰言有呼人負敗也又〻荷

名 ①蒲菖〻摹〻字〻寫②目面〻眼〻苜〻蓿木柴也草〻仵土音〻倅③模〻樣規〻〻範謨典〻嫫〻母黃帝妃糢〻糊④母娘奶也父〻姆伯〻踇足大拇指其寔音牳⑤睦和〻不忤曰〻

牧畜養穆深遠沐浴潔也霂霢〜⑥務從其事曰〜霧雲〜𤅛〜
瞀目昏瞙不現慔勉也戊天干名暮幕慕依戀不忘曰〜募廣求
也招也〜化又姓

言

①吳姓蜈〜蚣琝〜琅多劍珸琝琨〜石次玉者梧木名〜相麌
群聚鼯〜鼠娛樂也娪美女呼女敔作禦②五數名伍丘〜牾逆
戻也午地支名又對〜仵〜倅忤〜逆迕逆也⑥寤醒也寐反悟
覺也六書正語右文通用寤晤謬也錯〜失〜悞欺也惑也又作
誤失〜

出

①初初夯始也終反②次亞於止者曰〜飲醋酒〜酸〜錯措〜
舍舉反③麄粗不嫩也〜大怚心不精也④紫紅也仳小也楚清
〜礎柱下石也憷辛苦痛嚇呵叱人⑤逐放驅也疾也又遂〜篤
實也涿〜郡地名黜捉捕〜〜拏促近密也短迫蹙速也諔言急
促趗行局步〜躅蹢〜行貌蹵蹴蹙迫急也促踢也躡蠟也蹴〜

踖行而恭謹諔詭也又音寂靜也安也嘁口相就以取氣刺傷也

又君殺大夫曰〜⑥齪矚目〜覰覷看也〜見

向

①夫妻之良人曰〜又丈夫男子之稱又〜子即先生也又姓扶

玞砆碔〜石收玉鈇判斫刀又〜鉞膚肤肌〜虤虎自怒也又音

孝評召也呼喚也又稱〜敷鳧水鳥如鴨也腳短喙又舒〜鴨也

山名莩麻有子者又葭中白皮又音表餓死也俘囚取也郛郭也

②嘑虎吼豧副佐也正對〜付卑授也怤心〜駙副也延也疾也

又〜馬都尉官名賦稅〜稅以足良〜詩〜不歌而誦茯〜苓菰

土音山〜香〜吹〜嚼窢風声乎將信而未然者呼嗚声③孚信

實又合〜對〜夫發語詞巫〜流亡無未有毋無莫也嘝何也瑚

〜璉宗廟盛瑚〜形似枯枝槲〜椒湖大陂曰〜五〜五〜者太

〜之別名餬葫大蒜〜蘆糊米〜又〜塗不清蝴〜蝶壺瓳鑉飲

器酒〜茶〜荷草狐〜狸又音姑④府藏俯不齊也曲也低也仰

反傅師〜著又麗也⑤福畐神德也祥也享又州名〜福藏也蝠

楅以橫木著牛角以防觸也幅幾〜條〜輻服衣〜又降〜伏埋

〜又偃也伺也又三〜六月火匿也潛也火故庚日必〜又起〜

複裏〜復再回也瘦病重發也趨地行輹覆〜對載天〜地載馥

香氣護衛保也又〜書仔穫度也⑥互交〜又〜鄉𢪃絚𪐆〜黏

冱寒凝婦負恃也忘德曰〜扈

明正德　乙亥年正月二日沙福地

共一百一十二扁皮在外

陳家箎 著
馬重奇 整理

六音字典

清朝光緒二十年歲次甲午暮春
手抄本

三拾肆字母

肥花涼郎連坪梨藍爐
攣籬勒林籮俵閱布樓
鈴賠驢黃籠彪粒闌栗
龍聊羅勞論犁簸

凡稿中注一二三四五六七八等字者如注二字以下各字均寫在

二圈之下如注三字即屬第三圈之下餘倣此

凡有不明識之字照稿所抄看樣即如響字傍注韻字複加〻者是

響同韻也餘皆然

一三五屬平各音皆仄其實大数能然其小可不從

光緒二十年歲次甲午暮春　陳家箎

柳立邊比求求氣氣直中頗片他土曾全

日人時生鶯又問名語言出出非向

以後人或是抄此册者不必捌音定要結在六音之內裏去就好了

寫出六音之法○雖平歲去誰平水上戍入瑞去

夫平付去無平府上複入父去

各音皆然

一肥字母

柳　○○○●蘂花心須也藟葛〜褱音巨貧無禮也欙山行乘〜屨
頻數又疾也縲〜絏又索也又黑索也壘深〜高〜○⊙○●彙
與蝟同茂也又類也字〜誄銘〜累系也系類肖似也種〜酹酒
沃也餟祭又餞祭

邊　●肥瘦之反也多肉也○●吠犬〜○○⊙○○

求　○●貴尊也富〜又物不賤也季稚也少也叔〜〜月〜世瑰玫
〜花名桂花名月〜折〜癸宿名呼庚〜●葵菜名常傾葉向日
不令照其根睽日入也違也跪足也拜〜●鬼歸也〜神〜怪詭
異也詐也戾也又責也軌同〜晷日〜宄奸〜●規雉鳺鳥名子
〜歸還也〜來圭玉也〜璧〜障閨宮中小門也幽〜亀龜介虫

⊙○●櫃～櫝瓻水～正音吉掘鋤也土音

氣 ○○●虧盈～月將～吃～●猪豕也牛～●窺闚小視●揆道

～百～○●饋餉也進食於尊簣土籠匱恒也又乏也

直 ○○○○●追隋也逐也⊙○○

頗 ○●屁氣下泄也○○⊙○○

他 ●槌擊也擲鎚與銈同○○○○⊙●塞土音●累土音

曾 ○●最●垂埀隨順也從也妄～醉土音隋落也懈也●○⊙○

●墜鋭隊遂就也贅隋

日 ○○○●餧○⊙○○

時 ●雖●歲●誰孰也仔也～仔●水～之爲言準也山～綠～○

⊙●戍●瑞睡

鶯 ●闈帷幃圍●畏諱避忌也又生曰名死曰～●違○●威⊙

●郁委慰蔚偎●為衛謂與之言也位正也立也渭水名淇～胃

問○○○●美○○○○

語○○●危巍高大也○○⊙○●偽詐~虚~

出●口土音●翠○○○⊙●出出入●秫早~誶言多誚也萃英

~粹美也瘁顇

非○●唯●為作~維思~惟獨~唯●毀謗也譭朽~木●輝光

~虺麾旗属暉日光也輝揮翬⊙○●穢汙~喟惠恩~慧卉詩

岩嘉~卉花

二花字母

柳邊求○●卦掛挂○●寡少也多~●過檛⊙

氣○●跨胯絝袴即褲○○●誇矜~夸浮也奢也姱⊙○○

直頗他曾○○日時

鶯 ○○○○●蛙鼃鳴～嘩笑～呱喎騧○○●話

問語出非 ○●畫●華○●華蕐年～花梅～⊙●活豁适遢括筈

●畫乏貧～匱也伐征～也

三涼字母

柳 ●涼清～寒～梁山～津～粱高～稻～量酌～粮糧●两輛●

良明良●两○⊙○●諒亮明朗也

求 ○○●强康彊○●羌姜齊～邑～薑山～蜣～蜋蛣～⊙○○

氣 ○○○●襁彊●腔羥韁⊙○●控

直 ○●帳脹丈夫●塲○●張⊙○●杖丈

他 ○●杖兵器倚也暢鬯通暢悵○○○⊙○●杖土音

曾 ●墻牆嬙●障保～痒將瘴嶂醬●翔翱～祥嘉～休～詳精～

	庠學名上〜●獎槳掌●章典也文〜將樟豫〜彰煥〜璋珪〜
	弄漿壺〜酒〜⊙○●上崇也君也
日	●娘孃○○○○⊙○●讓
時	●相〜知〜想●相助也●常綱〜經〜嘗烝〜裳錦〜霓〜償
	報也●想賞●觴盈〜湘湖〜襄箱商壤傷⊙○●像象匠尚上
鶯	●央中殃禍陽陰〜秋〜楊〜柳綠〜洋汪〜德〜羊鴹牛〜羔
	〜暘○●揚頌〜柳〜颺●養○⊙○●様橡件每〜土音
語	○○○●仰印心慕也○⊙○○
出	●倡娼●唱●鏘鏗〜●敞廠●昌熾昌菖〜滿名〜瑲鎗玉〜
	鏗〜閶吳〜○⊙○
非	○●向鄉盎鞅恙○●响饗嚮享●香臭之对也芹鄉里也家〜
	鴦⊙○○

四郎字母

柳	●郎廊筤○●榔琅蜋○●郎⊙○●浪
邊	○●范●傍防膀螃●榜○⊙○●梆擊～土音
求	●崗岡鋼肱●艮●江～河扛對舉也矼豇豆名泔●講港敢●
	剛綱⊙○○
氣	○●磡囥○●慷●康穅糠⊙○○
直	●腸簹鐺撞●鈍盾遯遁蕩宕當●屯迍堂長唐棠●黨党漲涱
	●驐去畜勢即～豬⊙○○
頗	○○○●謗○⊙○○
他	○●湯○●倘儻或●湯⊙○○
曾	●⿰酉藏●壯狀●存藏臧臟遵樽尊罇妝粧莊贓賍尊⊙○○○○

日 ●瓤●曩●囊○○⊙○○

時 ●壻女夫也土音●巽爽～快○●顙磉礎●桑木名喪～制驦

孀⊙○●遜蛋蝨

鶯 ○●暗闇○●穩當影土音●秧葊庵⊙○●慍

問 ●芒釯盲邙●網輞●茫慌～忙●惘莽罔蟒○⊙○●吂

餘音

鶯 ○●望朢放賊●忘不記也○○⊙○○

出 ●床牀闖覘○○●創刱初也通創愴●窓窗牕倉蒼滄蹌鶬

⊙○○

非 ●痕○●渾行杭○●葷⊙○○

餘音

非 ○○○●彷髣恍仿相似也訪妨舫●芳坊祊⊙○●忿奮

五連字母

柳 ●連姓也聯漣簾帘門〜嫌同簾璉●輦●憐奩匳匲●斂臉○
⊙○●練煉殮演

邊 ○●辯辨變辮●扁●匾●邊便籩鞭⊙○●便宜也湹

求 ○●見劍劒●乾卦名燥也●檢儉●慳鏗堅肩兼蒹鶼⊙○●
件條〜也

氣 ●愆諐鉗●芡欠○●遣蹇衍謇繾兗●虔騫謙⊙○○

直 ●纏●奠●畋田纏●典腆●顛鈿鎮巔⊙○●甸電雷〜玷佃
治田也

頗 ○●諞騗片○○●偏翩⊙○●褊遍

他 ○○○●筅●天靝⊙○○

曾	●錢伐姓也邅瞻簷覘●薦荐餞箭戰洊●塹漸潛漸蔪毡霑詹
	佔沾苫○○⊙○●賤
日	●年粘黏拈●撚○●染○⊙○●念
時	○●扇煽○●鮮燹蘚●先仙僊神也膻⊙○●善墡膳羨擅繕
鶯	●鹽盐閹厭髯焉仍因也就也醃●燕讌醼宴晏斁厭鷃●莚仁
	慈愛也宸絃弦然延筵焉禪嬋晨●偃掩冉奄●烟煙甄闍禋⊙
	○●刄荏軔訒賃任誠也
	六坪字母
	缺
	七梨字母

柳

○○●螭蠡范〻蜊●李穠〻桃〻娌俚○⊙●靂履●利戾茘

儷蜊〻蚑土音盭同戾蠣牡〻礪砥〻

邊

○●閉俻箄匽瘻手〻畢完〻●脾鼙鵧嗃鼻〻正音土音●比

彼妣毗●碑○⊙●必碧璧筆笔逼偪〻迫蓽嗶滗去滓●婢陛

俾使也幣獘斃蔽敝煏㙄㦤楅褲庇被篦〻梳土音

求

●旗旂有鈴曰〻●繼記既紀●奇〻異〻碼祈騎跨馬朞期基

朞錡釜屬岐崎碕〻山𡾊〻歧分〻〻途騏剞〻劂刀也麒跂跧

企望也沂淇〻名畸椅蓍芪靈草即〻草鬐耆六十曰〻琪美玉

祺祁盛也大也萁豆〻●麂已杞荊〻入七●肌膮饑〻餓譏讥

畿磯璣機幾箕簸〻又星名乩下也降也几稽嵇山陟〻綦極也

羈馬絡頭羇旅寓圮橋也⊙●吉亟急速也殛極棘急及頡人名

蒼〻級伋夫子孫名〻人名笈仕賢士〻士薊給杞荊〻栒〻●

技妓忌忮驥冀激檄擊伎〻倆企跂跧

氣	○芞同気●氣炁棄器●其亓丌指物詞淒～●起豈啟芑詩言
	采～●欷敧傾～觭欺自～相～⊙●憩息也作憇乞求也訖戟
	汲吃喫隙郄吸●噏笑聲柹林
直	○●治第植值殖生也多也貨～侄姪郅帝弟悌蒂根～作蔕置
	寘智致●題堤亦作堤平～馳遲持箎塤～竹音柔而清踟～躕
	提貤移也低卑下也氐本也又宿名羝觸藩～鴟祗敬也痔胝●
	詆抵氐大抵俗作抵裏表～邸舍也旅也砥●知蜘⊙●禔峙屹
	立也適翟敵笛篴狄荻的逖逷商蹢䈴～～長皃棣●地
陂	○●髀呃吐痰啡臥聲●疲●痂疥～土音●披丕誹陂⊙●褫
	鄙臂譬擘闢僻辟癖霹擘匹疋●鼻轡
他	●銻～羅黏粘也○○●體体○○●剔飭勑敕勑●遞递涕娣
	啻憶忿～疐懫諦棣杕締楴螮滌惕廸
曾	●鷩糍莳莓～●之語助辭濟志至痣疾蒺集嫉賫霽劑●字寺

齊躋蠐●指旨姊止沚趾麟～址祉○○●只織職積執贄稷陟

寂即績勣質隲蓺●桎薙咥毳室穉稚雉耋脊瘠蟄十什十人為

～鵜輊摯縶馬

日 ○●入日●尼怩柅妮呢●你汝也⊙○●溺匿惄●二弍貳數

名膩

時 ●時旹塒榯鰣●四肆拭實寔式軾哂試笥侍側立也弑○●屎

菡糞也死●詩伺候也絲司墀栖鷥犀⊙●示筮噬豕視兕矢失

室識誌熾逝晢晰析昔寫耤惜淅息熄螫悉蟋媳氏釋式樣～●

十拾蝕飾夕壻食是邔恃席膝

鶯 ●伊彼也噫●意薏異翼翊翌易瘞●移扅夷遺姨怡頤漪彝笞

猗飴畦●已苢苡●醫衣依倚也⊙●益芅即羊桃也泄乙十幹

名一壹始數名逸佚安也鳦佾舞列也馹驛液掖腋斁射懌奕弈

鷁邑弋輯緝揖挹翕戢以所～用也與也●億臆憶饐懿謚衣㥲

鎰

問 ●莫土音●米弭粥葺獮●麋彌羆貔瀰禰●美●莫土音○●

覓奭閟秘泌蜜密●味媚謎尖

語 ○●睨●宜儀疑匙㔭輗霓○○○○●閲藝詣誼羿議蟻螘毅

義擬

出 ○●焠火與水為~淬燒劍入水○●恥齒●尸屍鳲妻萋淒悽

蚩蟲也~~朴厚貌癡●七數名咫斥戚吃喫食也又~虧●妻

以女與人豉市

非 ○●戲●姨土音●喜●希欷晞稀兮奚傒僖熹禧熙曦羲犧羲

鑴佩~晞絺携⊙●橘鷸●紛系嗜系

餘音

非 ○●肺○●胏廢翡蜚芾費匪斐悱靡縻菲●霏菲妃非扉○○

○

餘音

問 ○○●微薇○○○○●未

八藍字母

柳 ●嵐藍襤林土音○○●覽博～攬○○○●濫婪惏梵

邊 ○●柄●棚○●邦梆⊙○●病

求 ○●鑒鑑監檻艦轞●箝●感敢減橄撼動也●羹甘酣粳更苷亙竟也⊙○●紺闞絳瞰

氣 ○●勘○●坎慊●堪刊阬龕⊙○●抗亢伉匹也頏匟～床

直 ●擔担儋耽躭●啖但徒也語辭亶～然信也淡澹噉同啖亦作餤擔担儋●痰餤談～論譚通談●膽胆○○○○

頗 ●彭○○○○○○○

他 ○○○●徂坦毯旦笪音妲●貪⊙○○

曾 ●晴睛●靜暫蹔站○●井卦名井田斬○○○○

日 ●南楠柟枏男諵喃○○○○○○○

時 ●籃○●生土音●省●三衫杉芟○○●三

鶯 ●諳闇治喪廬●俺○●黯○○○○

問 ●盲芒苙鋩○●芃厖尨庬泯萌氓●蜢艋○⊙○○

語 ●岩巖碞嵒○●笻邛涯妍研厓○○⊙○○

出 ○○○●醒●青參驂摻⊙○○

非 ○○●降桁鵬衡銜珩啣含涵函緘椷減莖草木枝條也●喊●

蚶蜮憨愚也⊙○●慽

餘音

非 ●横○○○○○○●汎範犯帆

九爐字母

柳 ●爐庐盧鱸爐鑪炉蘆艫顱轤鸕●禄鹿麓○●鹵魯櫓亦作艣

虜艣所以進舡亦作櫓擄护○○●碌娽●路道～鷺～鷥白～

露霜～

邉 ○●簿部佈布●瓠步●甫補輔脯○○●腹●捕埠

求 ○●僱顧盬固故○●鼓皷古賈蠱怙罟瞽岵●孤弧辜姑觚估

市稅枯○●股角詁穀谷珏梏鴣轂～觫○

氣 ○●庫府～褲●箍●虎琥苦哭滸○⊙●酷殼鰕○

直 ●圖芏●苧覩睹蠹朽～妬妒嫉～●屠徒途塗荼瘏●宁佇久

立也羜堵●○●督篤讀犢瀆櫝匵讟獨●肚杜赭度法～渡

頗 ○○○●圃譜斧脯釜鬴父黼鋪●餔哺鋪逋搏○●普仆偃也

	卜●抱土音
他	○●吐兔○●土○⊙●禿誘突○
曾	○●祖自族●辭辞詞祠慈雎雛●子梓阻狙趄走緊行也土音
	助詛●芻滋俎祭器也雌茲疵眥髭資緇訾菑輜姿孜孳餈磁錙
	菹疽苴沮趄租騶且只~○●足○
日	●帑駑拏○○○○○○●努弩怒
時	○●數賜駟泗疏素訴愬○●史使令也役也●思斯獅師悚私
	疏蔬梳蘇甦顋⊙●肅速餗觫束●事治也奉也六嗣飼仕~宦
	也士祀姒耜似類也俟候也竢涘楱
鶯	●吁汙○●扶蚨武●舞廡撫鵡●烏侮戲弄也⊙●屋幄握沃
	●飫務騖婺互護交互也
問	●蒲摹●木目苜●謨模●母姆○○●牧沐穆睦霂●霧暮慕
	戊募

語 ●吳梧蜈●仵五伍五人為〜午忤迕○○○○○●誤悞晤寤

出 ●茨●次醋○●此紫赤楚●麤粗○●刺逐蹙顣觸触躅黜捉

促迫也短也蜀●覷覰措

非 ●戲芐符乎語助疑辭●賦貢〜付授也傅師〜赴富副茯武文

〜●無巫夫胡湖瑚壺狐誣糊餬蚨、玞芙●府腑●敷膚呼謼嘑

虖乎荸桴俘囚也痡病也○●伏潛也虙輻輹俯低頭也蝠楅福

服復複覆幅馥匐●互參〜附父戶腐扈婦負袝拊

十孿字母

柳 ●孿裣襜紩○○○○○○●戀變巒

求 ●拳㩲●卷建絹捲倦健鍵●權顴縣●囝土音涓蠲捐娟鵑根

⊙○●近

氣	●勸眷○○●券●棬圈⊙○○
直	○○●傳●轉囀○⊙○●篆傳
他	○○○●剶○○○●傳土音
曾	●泉○●全旋筌銓痊璿璇悛竣○●專耑遄顓磚甎⊙○●賤
	土音漩又土全
日	○○○●輭耎軟愞○○●韌柔～
時	○●線●船舡●徙選蓰●喧暄宣萱藼諼⊙○●墡蟮鱔
鶯	●猿蝯猨寃袁丸彈丸芫淵緣鳶橼沿媛●怨●黿●遠●鴛○
	○●院暈日月傍氣
語	●元原源騵嫄○●言○○○○●願原鄉～
出	○●串習也○●癬●川穿○○○
非	●園园軒●憲獻献讞懸●完黿萑圓員鉉玄○○○○●眩絢

十一籬字母

柳●籬●裂○○○○●列烈冽鬣罯●例類也離

邊○○○○○○○●避

求○●計○○○○●偈竭楔謁詰訐揭擷潔結傑杰絜劫蛣桀●

椅

氣○●契○○○○●缺土音壓怯●歉隙郄慊

直●爹●牒蝶蜨韘諜艓●池○○○●秩○

十二勒字母

缺

十三林字母

缺

十四厓字母

缺

十五俵字母

缺

十六閬字母

缺

十七布字母

缺

十八樓字母

缺

十九鈴字母

缺

二十賠字母

缺

二十一驢字母

柳○●綠淥菉錄蓼○●逷呂侶伴也莒旅膂縷褸聿筥律○○●

戮僇●鑢慮

求●俱拘據瞿●懼具鋸炬句●裾渠蘧籧●杵舉矩踽●居車琚

衢○●匊掬鞠諊鞫華樺屨菊●距倨巨据踞

氣○●去○●起~倒土音架~厝土音●區驅軀駒劬樞嶇摳○

●屈紬曲傴○

直●廚猪●⿰魚致魚~土音●除縮土音不出鋤除蜍躇躕⿰足屠○●蛛

蜘~⊙●竹竺築●箸筯軸

他●宰~猪土音○○○●菽⊙●畜六畜土音○

曾●薯番~土音●鑄住止也聚炷注註蛀渚著霔●徐●煮麈主

君也●株誅殊銖侏短小貌朱姝諸儲邾洙珠趄○●粥祝燭粥
鬻妯●熟生～土音
日 ○●肉月○●女○○●衄○
時 ○●褥曙恕署庶●胥紓茹糈須輸需殳舒書○○●踧叔淑宿
蓿孰夙俗風俗也粟術恤卹述菽●樹翥澍熟塾續竪豎墅與緒
杼敘序嗣
鶯 ●樗盂雩迂腴諛●浴詡屬羽禹宇寓庾噣踽●兒而於于往也
余我也予我也輿餘如旟璵瑜畬與虞儒俞然也楰窬覦逾踰愉
萸臾歈袽敝衣●爾邇耳與予賜也汝女歟○⊙●辱欲慾雨沃
灌也土音●孺諭喻譽裕預絮愈黍芋芌
語 ●魚漁隅嵎蜈○○●語齬圄圉麌○⊙○●御馭禦遇奇～～
合寓餌
出 ○●處處○●取娶鼠●趋趨○○●蒔

非 ○○○●許滸●虛墟噓歔○●旭旮畜育毓勗勖棫蜮域罭閾
煦●雨風雨

二十二黃字母

求 ○○●狂●廣鑛●光觥胱⊙○○
氣 ○●曠擴纊○○●匡筐劻眶○○●況貺壙
鶯 ●黃簧璜王●王●隍皇遑煌篁凰蝗惶磺媓逢縫●枉往迬●
汪⊙○●旺
非 ●楻風○○●恍俸諷誑謊迋●荒土音楓峰⊙○○

二十三籠字母

柳		邊	求	氣	直			頗	他	曾		日
●籠礱硥●隴龍壠●瓏●篭●壟田~土音⊙○●弄哢衕土	音	房●放土音●馮○○○○○	○●貢贑○○●公攻工功○○○共土音同也猶土音原也	○○○●孔●空悾○○●壙土音	●筩竹~筩截竹為~豘豬~土音●動棟洞土音●仝同異銅	鐵童子侗蒙無知貌暗罿曈彤愚也憧●涷董●東~南悚愚也	冬秋~⊙○●重洞	●篷[illegible]髼○○●捧紡●蜂逢○○●縫	●虫蟲桐恫痌○○●桶統●通○○●痛	●叢豵蹤踪瑽驄●糉粽嵏●崇淙騣鬃●總捴●○棕椶宗琮	○○○	○○●農○○○○○

時　●聾●送宋○●摠聳●鬆艭双雙雙○○○

鶯　○●甕瓮○○●癰饔雝邕○○○

問　●蓬○●蒙濛幪夢懵夢瞢朦矇艨梦寢●蚊蝱蚉蝡蝱蟁均同

蚊平聲○○網○●夢夢寢梦瞢雲〜地名問

出　○○○○●蔥聰聦驄怱匆蟌○○○

非　●丰美好也○○●琫諷●楓峰烽逄夆葑風封豐酆鋒⊙○●

奉俸鳳

餘音

非　○○●紅洪鴻洚通洪宏閎黌弘●訌駈●烘○○○

二十四彪字母

柳　●騮騏〜旒旗〜○●流周〜留去〜劉安〜遛逗〜琉瑠●柳

	邊	求			氣	直	他	曾	日	時		鶯
翠～罶○○○○	○○○○●彪○○○	●觩斛●救究追～詠通救鞣曲也楺屈木也●求謀～裘箕～	球琳～毬繡～逑好～匹也頄●玖九久長～遠也赳●樛鳩桑	～丫同⊙○●舅娘～舊旧新～	○○○○●邱丘○○●匛匶咎臼廐疚	●綢紬裯椆丟●紂晝宙肘●疇屬籌○○⊙○○	○○○●丑辰名●抽○○●柱楝～音注土音	○●咒○●酒●周舟洲州○○●就鷲	●牛●忸○●紐扭揪鈕○○○○	●蒐●秀綉繡莠琇獸○●狩守首手●脩修飾也葺也羞收○	○●岫胄伷嘯歗授受袖壽屬售	●油㕣叺●酉幼又●柔蹂踐也●有●憂幽呦悠⊙○●宥侑

酭 勸食也 右佑 助也 祐囿洧牖誘

問 ○○○○○○○●謬繆袂

出 ○○●酬疇酹讐仇 讎也 囚售●醜贖～田土音羞●秋穐鰍啾

鍬⊙○●樹～木土音

非 ○○●遊猷遒蝣標輶卣訧蕕㕣厹●韭韮朽●[犭休]貅休 美也息

也 庥咻○○○

二十五粒字母

柳 ○●蜡粒臘獵鬣○○○○●辣辢○

邊 ●巴 瓟～爬 搔～●覇[罒百]霸●拔～貢土音琶 琵～杷 枇～芭 芭

蕉侯～●把跋●[目巴]蔿葩 詩～豝 五～羓 帝～●拔～貢 超～●

陌柏 松～百 千～擘●白 紅～

求 ●豈土音●賈假櫃嘏笴駕嫁價貨～耕●袈幏○●家國～痂佳美好也枷金～嘉加增～笳清～○●覺格隔甲古文鉀袷韐胛背～●蚱～蜢橄土音

氣 ○○○○○○●客○

直 ●榤茶○○●打追土音○○●答荅盒嗒搭●蹈蹋踐～

頗 ●脬膀胱也●怕帕帊○○○○○○

他 ○○○○●他佗○●闥撻墖榻榼沓搨蹋○

曾 ○●銼詐乍初也暫也咋笮●查○●查作土音○●札劄匝愜洽恰窄迮○

日 ○●拏拏拿○●那○○●吶訥衲○

時 ○●搯○○●沙紗鯊娑裟○●倏薩○

鶯 ○○○●啞瘂癥亞次也醜也婭●鴉鵶丫○●篋頰壓挾鋏峽鴨押柙夾○

問　○●麥脉脈霡打~鉄土音●蟆●馬○○○●罵

語　●牙衙●嶽樂鷟岳○●雅○○○●訝迓

出　○●鮓○○●差瘥艖嵯○●挿扱歃欲○

非　●霞瑕遐豭葭●下底也廈●夏○○○●學狎柙匣●夏暇吒

下賤也

二十六闌字母

栁　●闌欄蘭斕攔●卵●瀾鑾鸞巒●懶嬾○○○●亂不治也乿

乱爛

邊　●盤盆槃般磐鞶●半糞●攀●坂○○○●拌

求　●裩褌幝●貫●寒汗●稈琯痯綰芊逭盥●官倌菅鰥乾干竿

觀观冠關涫⊙○●祼雚鸛亇觀观幹慣冠盰

氣　●環鐶○○●館欵侃剛直也●寬髠琨○○○

直　○●單誕旦●檀壇彈團漙鄲○●丹赤色端敦⊙○●鍛煆段

斷象

頗　●盤屈足●噴判叛●弁胖○●藩膰蹯幡磻潘蟠璠○○●伴

陪也泮丱總角也頖

他　●灘攤●炭歎嘆○○●攤○○○

曾　●攢●瓚纘鄼篹贊讚○○○⊙○○

日　●難○○○○⊙○●戁難細土音

時　○●散箄饊○●損傘繖產●山水孫子⊙○○

鶯　●灣彎●案按●樊燌焚蘩礬韓繁癏闤鬟寰圜萬●婉緩椀盌

碗畹琬晼踠楥腕惋宛晚媛菀蜿爰土音●安鞌鞍⊙○●阮苑

問　●門戶瞞鰻○○●滿○○○●問

語　●銀垠○●頑○○○○●玩澣浣晥莞

出　○○○●揣喘惴忖鏟剗●飧餐湍⊙○●饌篹篡瑑燦粲竄簒
撰譔孌

非　●薨鼾販●旱暵熯漢●桓還恒絙○●肝歡懽驩玕⊙○●幻
宦患盰瀚翰換渙喚奐

二十七栗字母

栁　○●栗慄嘌溧鷅剽摽礫瓦〜土音櫟轢皪○○⊙○○○

邊　○●帛爛白○○○⊙●伯叔〜○

求　○○○○○○●恪格革翮虢鬲膈骼嗝○

氣　○○○○○○●欬刻尅剋喀咳髻○

他　○○○○○○●踢忒怎○

曾　●臍○○●仔土音○○●則擇澤責昃仄崱節土音簀簀幘讀

○

日 ● 如 土音 ○ ○ ○ ○ ⊙ ● 凹 ● 滯濘齆

時 ○ ○ ○ ○ ○ ⊙ ● 蝨虱錫 ● 笠 土音

鶯 ○ ○ ○ ○ ○ ⊙ ● 抑厄擪壓 ○

問 ● 眉 咩 土音 乜 土音 ● 密 土音 ○ ● 彪虨 ○ ⊙ ○ ● ⿱丷火 土音

語 ○ ● 逆 ○ ○ ○ ⊙ ○ ○

出 ○ ● 叱 ○ ○ ○ ⊙ ● 漆側測惻策折塝 ○

非 ○ ● 趌 ○ ○ ○ ○ ○ ○

二十八龍字母

栁 ● 龍竜輪艈朧蘢踚 ○ ● 靇窿倫綸隆淪掄遖崙蜦 ○ ○ ○ ○ ○

邊 ○ ● 畚坌糞⿱穴朋崩堋 ● 朋鵬硼 ○ ● 崩奔痭 ○ ○ ○

求	●窮土音裙褌裩幝●耙郡鵘●窮藭芹群羣蛩穹懃邛勤●拱
	拳●君軍供奉養也恭宮巾筠鈞銁均龔○○●共
氣	●芎●燻土音●蛩●恐肯鞏●焄○○●柏
直	●藤滕籐虅●中橙隥磴墱凳蹬嶝鐙●豚騰滕褈重謄●待土
	音●中不偏也忠燈灯登簦嬁○○●仲伯～次也
頗	○●噴○○○○○○○
他	●潭○○●寵冢○○○○
曾	●逡行不進也●縱駿峻種●崧嵩菘松淞凇鬙層從蓯●種准
	腫踵準隼煄●繒矰憎橧曾鍾鐘終怎●眾俊雋鐫濬浚畯鐫○
	●贈增
日	●濃儂穠膿齈繷○●能濘○○⊙○●潤閏釀膿土音瓓朒蝅
時	○●舜瞬●戎湻醕純脣巡旬袀循鶉諄詢恂荀滷錞鐘窀愔嗃
	焞狥侚閏珣●筍笋簨○⊙○●順頌

非 ○ ● 虹訓訾 ● 雄融虹訌絨容蓉庸茸慵墉鏞傭鄘溶鎔熔瑢榕

匀雲云語也耘芸棼紜澐橒榮瑩營嶸縈螢熒滎髶愹 ○ ● 勲勛

兄塤臐獯匈纁醺熏薰兇凶胸胷馴壎焮昕 ⊙ ○ ● 運咏詠泳韻

韵

二十九聊字母

栁 ○ ● 繚窌 ● 聊遼寥僚寮燎廖嘹鐐瞭鷯 ● 了決也慧也 ○ ⊙ ○

● 療

求 ○ ○ ● 翹 ○ ○ ⊙ ○ ○

他 ○ ● 窕 ○ ○ ○ ○ ○ ○

鶯 ○ ○ ● 遙瑤珧[illegible] ○ ○ ⊙ ○ ○

非 ○ ○ ○ ○ ● 囂 ⊙ ○ ○

三十羅字母

栁 ●羅牢蘿灑籮潦澇●賂落洛絡駱貉烙輅●囉●老○○●樂濼硨●栳

邊 ●婆漊●報薄箔礴褓堡葆●袍褒䃶保守也●寶宝●波皤坡⊙●駁樸博亳地名簸箥汩●播泊汩

求 ○●膏告誥○○●餻糕筶節篙羔高歌哥⊙●箇個个東西廂也桷榾閣各鴿○

氣 ○●去土音○●可哿●阿柯苛訶珂軻痾疴⊙●笴舸坷涸搉榷確鶴泏朏韠○

直 ○●到●萄陀駝佗彼也沱沲跎馱阤●倒擣禱島●刀多哆⊙●卓倬棹櫂惰琢椓柮奪鐸度●啄噣

頗	他		曾		日	時		鶯	問		語	
○●破○○○○⊙●叵僕朴撲樸頗璞汩粕拍○	●桃●妥套○●討●絛幍拖拕攡⊙●朶朵垛棁託托拆橐拓	蘀柝槖籜○	○●唑竈佐助也座灶●早曹●棗枣左○⊙●作作起也做濯	濁椊躩咎倅作～土音○	○●娜●那儺●惱腦碯堖頭～○⊙●諾●耎愞懦偄糯稬	○●燥○●嫂銷琑●梭唆娑婆～舞貌⊙●縮朔槊稍數蹜蟀	索索●鐲	○●唯土音○●襖●荷⊙●惡能土音優土音●荷	●毛芼無土音○●摩磨魔麼○○⊙●漠莫膜鏌瘼●帽楣磨	䃺礳	●熬熬○●鵝娥蛾峩莪俄～頃哦硪●我○○●矶杌蕚崿鍔	鄂諤愕腭●餓臥

出　○●錯○●草艸●瑳磋搓○●錯撮●挫剉鑿斮戳唑

非　○●盍榼欱耗●河何曷也問也●好○⊙●合曷嗑～～爭言
闔闔盇蠖護獲濩穫●皓呵灝踦號号賀紇齕扢鶴藿霍擢顥

三十一勞字母

柳　●撈取也○●勞簩○○●了土音○○

邊　○●豹鴇暴虣瀑雹爆●苞庖匏●飽●包胞⊙○○

求　○●教較䁶●攪●鎬鄗滈鬲縞犒皦皎狡絞姣佼槁●交合也
郊蛟鮫咬嘐膠皋臯蒿⊙○●酵

氣　○●靠○●巧丂考栲●尻骹⊙○○

直　○●道導盜●陶濤韜鞉鼗逃逃檮綯翿鼉鮀匋淘幬燾○○⊙
○●稻

頗 ○●炮砲礮●跑○●抛⊙○●抱菢炮面瘡

他 ○○○○●慆滔韜弢弓衣叨⊙○○

曾 ○○●飉巢橾漕曹騷繅艚慅螬●爪淖笊●遭⊙○●罩悼搔

土音皁皂黑色也又～隸

日 ○○●鐃●惱○⊙○●鬧

時 ●捎掠也●哨●梢髾筲蛸箾箾飯帚●掃稍●梢～公⊙○○

鶯 ○●拗○●拗○⊙○●燠澳隩懊奧

問 ○●卯夘昴茆忙土音●茅茆髦旄旄～○○○○●瑁媢貌皃

義同上面形也眊耄冒旄～倪帽

語 ●爻淆虓哮土音●樂●肴崤磝螯翱鼇敖璈嫯熬獒鷔謷謸餚

殽○○⊙○●傲奡謷謸慠

出 ●柴呰●藻造譟噪躁慥糙○●炒燺●摻操鈔⊙○○

非 ●昊●孝好●豪濠毫○●鴞哮號饕⊙○●浩效校傚昊

三十二論字母

字母	
柳	○○○○○○○●論
邊	○○●盤盆●本畚○○○○
求	○●棍灌○●管○⊙○○
氣	○●困困○●梱衮梱捆閫壼悃●琨昆鯤崑坤䡅緄⊙○○
直	○●煖暖土音○○●墩驐去畜勢暾⊙○●斷断
他	●吞○○○○⊙○○
曾	○●鑽○○○⊙○○
日	○○○●煖○⊙○●嫩
時	○●巽潠蒜○●損●孫酸⊙○●蛋蝨
鶯	○○○●穩●煴溫氳緼蒕⊙○●蘊藴醞慍韞

出○●寸○○●村邨⊙○○

非●魂○○○●昏婚葷⊙○○

餘音

非○○○●紛棼粉蚡刎坌●分氛芬枌汾⊙○●忿憤分汶

餘音

又○○●文聞紋墳○○⊙○●汶

三十三犁字母

柳●犁○●來到也逨萊騋徠捒棶筙○○⊙●舐碭音底●瀨賴

籟藾蘲誺賚徠獺癩瘷

邊●排俳●拜敗誹●笓竹~土音筂牌徘●擺●棑鎞⊙●八●

罷邁

求 ○●蓋葢盖芥⿸疒解疥⿰亻戒价善也界介保～大也戒誡屆杚斗～

爿蚧炌忦●鮭鮬鯕●改解澥●階堦喈皆街湝揩雞鷄該魨垓

⊙○○

氣 ○●棄○●楷鍇愷塏●蹊谿溪暚磎開⊙○●凱覬溉嘅慨愾

槩杚暨鍇

直 ●蹄蹏●待代世～也貸黛岱●台臺薹●底●歹⊙○●怠殆

逮⿰目逮⿰隶逮

頗 ○●派○○○⊙○●僀稗秕粃

他 ○●替○○●苔胎駘⿰扌苔抬儓⊙●貼帖●態

曾 ●儕●債⿱⺮尔土音雜襍●多土音寨砦又同柴○●齋斋⊙●節

土音●截巀

日 ●泥●納○●乃語辭廼汝也鼐奶嬭妳○⊙○●柰奈耐

時 ○●細賽●䚡顋腮豺●洗●西篩⊙○●曬洒灑躧

三十四簸字母

缺

參考文獻

陳彭年[宋] 1008 《大宋重修廣韻》,書成於仁壽元年。
陳 相[明] 1515 《六音字典》,明正德乙亥年手抄本。
蘭 茂[明] 1442 《韻略易通》,書成於明英宗正統七年。
陳登昆 陸尚淋[清] 《安腔八音》,福安范坑陳祖蔚先生抄本。
陳家箎[清] 1894 《六音字典》,清朝光緒二十年政和手抄本。
黄 謙[清] 1894 《增補匯音妙悟》,光緒甲午年文德堂梓行版。
晉安彙集[清] 1749 《戚林八音》,福建學海堂木刻本。
梁僧寶[清] 1955 《四聲韻譜》,北京古籍出版社。
廖綸璣[清] 《拍掌知音》,梅軒書屋藏。
林端材[清] 1795 《建州八音字義便覽》,初版清乾隆六十年,福建師大館校抄本。
無名氏[清] 1928 《增補匯音》,上海大一統書局石印本。
謝秀嵐[清] 1818 《匯集雅俗通十五音》,文林堂出版,高雄慶芳書局影印本。
葉開温[清] 1894 《八音定訣》,光緒二十年甲午端月版。

編者不詳 1987 《渡江書十五音》,東京外國語大學亞非言語文化研究所影印本。
曹廣衢 1984 《一點意見——讀〈閩西北方言"來"母字讀 s-的研究〉》,《中國語文》第 5 期。
戴慶廈 2006 《語言學基礎教程》,商務印書館。
丁啟陣 2002 《論閩西北方言來母 s 聲現象的起源》,《語言研究》第 3 期。
董同龢 1948 《上古音表稿》,國立中央研究院歷史語言研究所第十八本,商務印書館。
董同龢 2001 《漢語音韻學》,中華書局。
福建省建甌縣地方志編纂委員會編 1994 《建甌縣志・方言卷》,中華書局。
福建省建陽縣地方志編纂委員會編 1994 《建陽縣志・方言志》,群眾出版社。
福建省南平市地方志編纂委員會編 2004 《南平地區志》,方志出版社。
福建省浦城縣地方志編纂委員會編 1994 《浦城縣志・方言志》,中華書局。
福建省順昌縣地方志編纂委員會編 1994 《順昌縣志・方言志》,中國統計出版社。

福建省松溪縣地方志編纂委員會編　1994　《松溪縣志・方言志》,中國統計出版社。
福建省武夷山市地方志編纂委員會編　1994　《武夷山市志・方言志》,中國統計出版社。
福建省政和縣地方志編纂委員會編　1994　《政和縣志・方言卷》,中華書局。
高本漢[瑞典],潘伍雲、楊劍橋、陳重業、張洪明編譯　1997　《漢文典》,上海辭書出版社。
葛劍雄　1997　《中國移民史》,福建人民出版社。
黄典誠　1998　《福建省志・方言志》,方志出版社。
黄典誠　1998　《閩北方言》,《福建省志・方言志・第四章》,地方志出版社。
黄建國　1999　《閩北方言與文字文化》,《閩北文化》,海峽文藝出版社。
黄金文　2000　《方言接觸與閩北方言演變》,臺灣大學出版社。
黄金文　2000　《方言接觸中的規律面向:從音變規律的"條件項"論閩北方言陽平乙調清化送氣音》,《臺灣聲韻論叢》(九)。
黄金文　2001　《"方言變體"間的競爭:論閩北方言陽平乙調清化不送氣音》,《臺灣漢學研究》第1期。
李　榮　1982　《音韻存稿》,商務印書館。
李如龍　1983　《閩西北方言"來"母字讀 s-的研究》,《中國語文》第4期。
李如龍　1991　《閩北方言》,《閩語研究》,語文出版社。
李如龍　潘渭水　1998　《建甌方言詞典》,江蘇教育出版社。
梁玉璋　2003　《閩北的方言》,《武夷山文化研究》,海峽文藝出版社。
林連通　潘渭水　1998　《建甌話音檔》,上海教育出版社。
劉曉南　1998　《南宋崇安二劉詩文用韻與閩北方言》,《中國語文》第3期。
劉曉南　1999　《宋代閩音考》,岳麓書社。
羅傑瑞　1986　《閩北方言的第三套清塞音和清塞擦音》,《中國語文》第1期。
馬重奇　2009　《明閩北韻書手抄本〈六音字典〉音系性質及其聲韻調配合表》,《福建師大學報》第6期。
馬重奇　2010　《新發現明朝閩北方言韻書〈六音字典〉音系研究》,《中國語文》第5期。
馬重奇　2011　《明代閩北政和方言韻書〈六音字典〉平聲調研究》,《方言》第4期。
馬重奇　2011　《明代閩北政和方言韻書〈六音字典〉去聲調研究》,《古漢語研究》第3期。
馬重奇　2011　《明代閩北政和方言韻書〈六音字典〉入聲調研究》,《福建論壇》第11期。
馬重奇　2011　《明代閩北政和方言韻書〈六音字典〉上聲調研究》,《福建師範大學學報》第6期。
梅祖麟　羅傑瑞　1971　《試論幾個閩北方言中的來母S聲字》,(臺灣)《清華學報》第9卷1—2期。
潘茂鼎　梁玉璋　1962　《談談〈漢語方言概要〉閩北方言部分的一些問題》,《福建師範學院學報》(哲社版)第1期。
潘渭水　1994　《建甌話中的衍音現象》,《中國語文》第3期。
邵榮芬　1995　《吴棫〈韻補〉和宋代閩北建甌方音》,《中國語文》第5期。
王　力　1956　《漢語音韻學》,中華書局。
王　力　1980　《漢語史稿》,中華書局。

王　力　1980　《漢語音韻》,中華書局。

王福堂　1994　《閩北方言中弱化聲母和第九調的我見》,《中國語文》第 6 期。

無名氏　1955　《擊木知音》,臺中瑞成書局。

蕭雲屏　1922　《潮語十五音》,汕頭市科學圖書館發行。

徐通鏘　1996　《歷史語言學》,商務印書館。

曾光平　1987　《閩西北方言"來"母字讀 S-的再研究》,《河南大學學報》(哲社版)第 2 期。

詹文華　1993　《閩北的方言與歷史行政區劃》,《福建史志》第 2 期。

張世珍　1913　《潮聲十五音》,汕頭文明商務書局石印本。

張雙慶　2010　《閩北地區五個方言的詞法特點》,《漢語方言語法新探索》,廈門大學出版社。

鄭曉峰　2005　《閩北方言與南部吳語的共同點舉隅》,《吳語研究》(第三屆國際吳方言學術研討會論文集),上海教育出版社。

平山久雄[日]　1974　《中國語閩南閩北祖方言の聲調調值》,《東京大學文學部研究室報告》(5)。

平田昌司[日]　1988　《閩北方言"第九調"的性質》,《方言》第 1 期。

平田昌司　尾崎雄二郎等編[日]　1988　《漢語閩北方言的來母 s 化現象》,《漢語史諸問題》,京都大學人文科學研究所。

秋谷裕幸[日]　2008　《閩北區三縣市方言研究》,《語言暨語言學專刊》甲種十二之二,(臺灣)中研院語言學研究所。

Walter Henry Medhurst(國麦都思)[英]　1831　《福建方言字典》(Dictionary of the Hok-keen dialect of the Chinese language,according to the reading and colloquial idioms),新加坡出版。

W. C. white 編　1901　《建寧方言詞典》。

Zev handel 著　陳寶賢譯　2004　《閩北方言的調值與"弱化聲母"的擬測》,《方言》第 1 期。

後　記

我於 1978 年 2 月考入福建師範大學中文系。在學期間，我修完了許多課程，尤其很好地修完《古代漢語》《現代漢語》《漢語方言》等基礎課和選修課程。大學四年級，還與本系老師一起聆聽過厦門大學黄典誠先生開設的《音韻與方言》、中國社科院邵榮芬先生講授的《切韻學》等系列課程，因此對漢語音韻學和漢語方言學産生了濃厚的興趣。

1982 年 1 月畢業，獲文學學士學位。後留校任古代漢語教研室助教，協助葉雲林先生、王爾康先生、林海權先生和陳玄榮先生搞好 79 級、80 級本科生《古代漢語》課的教學工作。1985 年 9 月我破格晋昇爲講師。1986 年赴重慶參加中國音韻學研究會和西南師範大學聯合舉辦的"古漢語研究班"，先後聆聽西南師範大學劉又辛先生《訓詁學》、林序達先生《語法學》、翟詩雨先生《方言學》，北京大學唐作藩先生《切韻學》，中山大學李新魁先生《等韻學》，華中理工大學尉遲治平先生《古音學》，四川大學梁德曼先生《語音學》、經本植先生《文字學》，中華書局趙誠先生《古文字學》等系列專題課程，同時還聆聽過北京大學周祖謨先生、中國社科院楊耐思先生、美國俄亥俄州立大學東亞系主任薛鳳生先生的學術講座。"古漢語研究班"學習，令我受益匪淺，這是自己學術生涯中新的轉折點。1991 年 8 月我晋昇爲副教授，1995 年 8 月破格晋昇爲教授。

1992 年 7 月至 2000 年 7 月期間，我被任命爲福建師範大學中文系副主任，負責全系研究生培養、科研工作和學科建設等工作。1997 年我兼任校語言研究所所長。2000 年 7 月至 2011 年 10 月，我被調往校部機關工作，先後任校研究生處處長、研究生院常務副院長等職，負責全校研究生教育和學科建設工作。2000 年 9 月，我校中文系漢語言文字學專業在學術界許多老一輩專家鼎力支持和熱情幫助之下被國務院學位委員會批準爲博士學位授予單位，我有幸作爲博士點學科帶頭人開始招收博士研究生。

三十幾年來，我是雙肩挑的教師，既要做好繁重的行政工作，又要搞好院系的教學和科研。但我時刻牢記自己是一名教師，不能因爲行政工作忙而忽略教學和科研。因此，我勤勤懇懇幹了幾十年，在海内外出版一些學術著作，也在《中國語文》《方言》《中國語言學報》《古漢語研究》《漢語學報》《語言研究》以及大學學報等權威刊物上發表了不少論文，並獲得許多高層次的獎項和科研項目。這些成績都是學術界朋友提携幫助的結果。

2013 年 3 月 19 日，全國哲學社會科學規劃辦公室向全國發出了《關於做好 2013 年〈國家哲學社會科學成果文庫〉申報工作的通知》。因我的國家社科基金項目《新發現明清時期兩種福建閩北方言韻書手抄本音系研究》成果鑒定優秀，達到申報國家哲學社會科學成果文庫的條件，因此也就參加了申報工作，經過專家組的認真評審通過了立項。全國哲學社會科學規劃辦公室指定該成果送交商務印書館編審出版。商務印書館語言學著作期刊編輯室主任蔡長虹先生與我多次聯繫，責任編輯徐從權先生非常認真負責地審讀了我的書稿，最後才得以付梓出版。這裏要特别感謝蔡先生和徐先生。

這裏還要感謝中國社會科學院語言研究所張振興先生和湖南師範大學蔣冀騁先生，謝謝他們審讀了我的書稿，並爲我撰寫“推薦意見”，我則以此爲序，以作紀念，聊表謝忱。

馬重奇

2014 年 3 月 5 日於福州倉山書香門第

圖書在版編目(CIP)數據

明清閩北方言韻書手抄本音系研究/馬重奇著. —北京：商務印書館，2014
(國家哲學社會科學成果文庫)
ISBN 978 - 7 - 100 - 07351 - 6

Ⅰ. ①明…　Ⅱ. ①馬…　Ⅲ. ①閩北話—方言研究—明清時代　Ⅳ. ①H177.1

中國版本圖書館 CIP 數據核字(2014)第 037545 號

明清閩北方言韻書手抄本音系研究
馬重奇　著

商　務　印　書　館　出　版
(北京王府井大街36號　郵政編碼 100710)
商　務　印　書　館　發　行
北　京　瑞　古　冠　中　印　刷　廠　印　刷
ISBN 978 - 7 - 100 - 07351 - 6

2014 年 4 月第 1 版　　開本 710 × 1000　1/16
2014 年 4 月北京第 1 次印刷　　印張 44¾　插頁 3
定價：156.00 圓